평생교육론

LIFELONG EDUCATION

강찬석 · 강혜정 · 김미자 · 연지연
이강봉 · 이병호 · 조현구 · 황우갑 공저

학지사

머리말

이제 평생교육은 대세를 넘어 필수가 되었다. UN과 UNESCO는 '지속가능성'을 위한 '지속가능발전목표'를 제시하고, 그 목표를 달성하는 데 평생교육이 중심적인 역할을 해야 한다는 것을 강조하고 있다. 지금 전 지구적으로 가장 큰 관심사는 환경 파괴에서 지구의 생명을 지켜 내고, 핵전쟁의 위협에서 인류와 그 문명을 지켜 내는 것이라 할 수 있다. 환경 파괴를 막으려면 현대의 물질문명과 소비문명을 바꾸어야 하고, 그러자면 삶의 가치관과 행복의 정의를 바꾸어야 한다. 또 전쟁위협에서 세계평화를 지켜 내기 위해서는 의사결정의 민주적 통제가 보장되고, 민주주의의 바탕이 되는 인간존엄성에 대한 사무친 인식과 문화적 다양성에 대한 포용력을 길러야 한다. 전 지구적인 '지속가능성'을 확보하는 것이 결국은 개인의 인식 전환으로 귀결되고, '존재하기 위한 학습' '행동을 위한 학습' '더불어 살아가기 위한 학습' 등 평생에 걸친 학습과 교육이 필요함을 시사한다.

이 책은 평생교육으로 세상을 바라보는 관점을 제공한다. 첫 번째 관점은 학습하는 인간, 교육적 존재로서 인간을 규정하는 것이 스스로 부족함을 인정하는 것임을 아는 겸허한 자세이다. 학습이 어느 한순간 완료되는 것이 아니라 평생에 걸쳐 이루어져야 한다는 것을 받아들이는 겸허함이야말로 평생학습 · 평생교육이 제공하는 관점이다. 그리고 두 번째 관점은 오늘의 나는 축적된 지식의 산물로서 수많은 선배의 경험과 업적을 딛고 서 있으며, 벽돌 한 장을 놓는 역할을 할 뿐임을 받아들이는 것이다. 이 책은 평생교육이 무엇이고, 어떤 역사적 배경과 철학적 배경 위에 있으며, 현재의 제도적인 시스템으로 어떻게 정착되었는지, 그리고 앞으로 나아갈 방향과 과제를 전망한다. 따라서 이 책은 대학에서 평생교육을 전공하는 사람이나 평생교육사 자격증을 취득하고자 하는 사람 또는 평생교육에 관심이 있는 모든 사람에게 도움이 되었으면 하는 바람으로 집필되었다.

이 책은 총 4개의 부와 15개의 장으로 구성되어 있다.

제1부는 평생교육의 관점을 다룬다. 평생교육의 관점은 세상이 평생교육을 바라보는 관점과 평생교육이 세상을 바라보는 관점으로 이루어져 있다. 먼저, 평생교육을 바라보는 관점은 평생교육의 개념이 형성되고 제도화되는 과정을 통해 파악할 수 있다. 제1부에서 다루는 4개의 장은 평생교육을 바라보는 관점과 관련되어 있다. 즉, 평생교육의 개념과 등장 배경(제1장: 강찬석 박사), 평생교육의 철학적 배경(제2장: 김미자 박사), 성인학습자의 이해(제3장: 김미자 박사), 평생교육의 역사(제4장: 황우갑 박사)이다. 일단 평생교육의 개념 형성과 제도화가 이루어지면, 그때부터 평생교육은 하나의 독자적인 생명력을 갖게 되어 세상과 상호작용한다. 평생교육의 패러다임, 방법론이나 프로그램이 사회석 요구에 최적으로 맞추도록 계속 개선되는가 하면, 그러한 평생교육적 도구가 기존의 학교교육을 변화시키고, 국가정책에도 새로운 아이디어를 제공한다. 그러면서 평생교육의 개념과 영역은 계속 확장되고, 좀 더 분명해진 모습을 갖추어 간다. 평생교육은 아직도 성장하고 변화하는 중이기 때문에 끝은 열려 있고, 자기혁신이 계속되는 한 생명력은 지속될 것임을 알 수 있다.

제2부는 평생교육의 시스템을 다룬다. 시스템이란 전체 환경에 속하면서 그것을 구성하는 하위 시스템(sub system)을 갖추어 상호 기능적인 연관성과 연결성을 갖고, 특정한 목표와 역할을 수행하는 개방적인 구성체를 말한다. 평생교육의 시스템은 평생교육의 이념, 평생교육의 영역, 평생교육전문가인 평생교육사, 평생교육기관, 학점은행제와 학습계좌제, 평생교육을 진흥하기 위한 여러 장치 등 하위 시스템을 갖추고 있다. 제2부에서는 제5장부터 제9장에 걸쳐서 우리나라의 평생교육 제도와 정책을 개관하고(제5장: 이병호 박사), 평생교육 · 평생학습 진흥을 위한 주요 제도(제6장: 조현구 박사), 평생교육의 6대 영역(제7장: 이병호 박사), 평생교육의 현장과 이슈(제8장: 강찬석 박사), 주요 외국의 최근 평생교육정책(제9장: 이강봉 박사)에 대해 살펴본다.

제3부는 평생교육의 실천과 운영을 다룬다. 평생교육의 시스템을 갖추면 다음 단계로 평생교육의 이념을 구현하기 위하여 구체적으로 누가 어떤 활동을 할 것인가 그리고 활동 주체를 어떻게 운영할 것인가로 넘어간다. 「평생교육법」상 평생교육의 주체는 평생교육기관이다. 여기서는 구체적으로 평생교육기관의 경영(제10장: 강혜정 박사), 평생교육 프로그램 개발(제11장: 연지연 박사), 평생교육방법론(제12장: 조현구 박사) 그리고 평생교육 리더십(제13장: 강혜정 박사)에 대해 살펴본다.

이 책의 마지막인 제4부는 평생교육의 미래를 다룬다. 미래 변화의 핵심은 '인공지능(AI) 시대'의 도래일 것이다. 중국은 'AI굴기'를 기치로 내걸고 2025년에 세계 1위의 AI

강국이 될 목표로 유아기부터 평생에 걸친 AI 교육을 실시하고 있다. 2018년부터 개발하여 사용하고 있는 중국 AI 교과서 서문에는 "인류의 미래는 인공지능에 의해 천지개벽하는 변화가 발생할 것으로 예상한다. 인공지능 인재양성과 교육에 국가의 미래가 달려 있다. 인공지능은 이제 감제고지(瞰制高地)의 위치를 차지하게 되었다. 인공지능 교육은 아기에서부터 시작되어야 하고 반드시 유치원과 초등학교 수업에서 중요한 위치를 차지해야 한다."(이성국, 2021, p. 111)라고 밝히고 있다. 제14장(강찬석 박사, 강혜정 박사)과 제15장(황우갑 박사)에서는 'AI 시대의 에듀테크와 평생교육'과 앞으로의 '우리나라의 평생교육 과제와 전망'을 다룬다.

이 책은 대학에서 강의를 하거나 평생교육 현장에서 활동하고 있는 평생교육 전공 박사들이 집필하였다. 각각 해당 분야의 전문가로서 활동한 경험이 바탕이 되어 있기 때문에 평생교육에 대한 내용을 이해하기 쉽게 전달하려 노력한 흔적을 찾을 수 있을 것이다. 하지만 모자란 부분도 많이 있을 것으로 본다. 독자 여러분의 많은 관심과 아낌없는 충고를 바란다.

끝으로, 이 책을 추천해 주신 온정적 합리주의 평생교육박사회(CRD)와 이 책의 출판을 위해 아낌없는 지원을 해 주신 학지사 김진환 사장님, 교정과 편집 과정에서 애써 주신 편집부 유가현 과장님과 홍은미 님에게 깊은 감사를 드린다.

2023년 3월

필자 일동

차례

제2부 | 평생교육 시스템

제 1 부

평생교육의 관점

이 책의 제1부는 평생교육의 관점을 다룬다. 평생교육의 관점은 세상 사람들이 평생교육을 바라보는 관점과 평생교육이 세상을 바라보는 관점으로 이루어져 있다. 먼저, 평생교육을 바라보는 관점은 평생교육의 개념 형성과 제도화되는 과정을 통해 파악될 수 있다. 평생교육의 개념이 형성되기까지 우선 필요성이 인식되고, 그 필요성에 대한 공감과 이론적 토대가 마련되어 마침내 제도화되는 과정을 거치게 된다. 일단 평생교육의 개념 형성과 제도화가 이루어지면, 그때부터 평생교육은 하나의 독자적인 생명력을 갖게 되어 세상과 상호작용을 한다. 평생교육의 패러다임, 방법론이나 프로그램이 사회적 요구에 최적으로 맞추도록 계속 개선되는가 하면, 그러한 평생교육적 도구가 기존의 학교교육을 변화시키고, 국가정책에도 새로운 아이디어를 제공한다. 그러면서 평생교육의 개념과 영역은 계속 확장되고 좀 더 분명해진 모습을 갖추어 간다. 평생교육은 아직도 성장하고 변화하는 중이기 때문에 끝은 열려 있고, 자기 혁신이 계속되는 한 생명력은 지속될 것이다.

제1장

평생교육의 개념과 등장 배경

"인간의 기본적인 욕구 가운데 즐거움의 욕구는 그 본질이 학습이다."
-윌리엄 글래서-

학습목표

1. 평생교육의 등장 배경과 개념을 이해할 수 있다.
2. 평생교육의 유사 개념을 구별하고, 관련 개념을 설명할 수 있다.
3. 평생교육의 4기둥을 이해하고 설명할 수 있다.

학습개요

어떠한 인간도 완벽한 존재는 없다. 그래서 평생에 걸친 발달과제를 안고 살아간다. 인간 발달의 필수 조건은 학습이다. 그래서 인간을 교육적 존재라고 부르기도 한다. 우리는 평생교육학이 있기 전부터 평생에 걸쳐 학습해 왔다. 경험에서 배운 노하우를 구전으로든 문자로든 전승하면서 후대에 물려주고, 축적된 지식을 통하여 환경에 더 잘 적응할 뿐 아니라 적극적으로 이용하는 데까지 나아갔다. 요즘은 오히려 인간이 과학 기술을 통해 환경을 지배한다는 말이 나올 정도이다. 평균 수명이 늘어나 100세 시대를 살고 있고, 앞으로 200세를 넘어 더 오랜 수명을 누릴 수 있는 과학적 테크놀로지가 개발되고 있으니 인간이 수명까지도 정복하려는 정도에 이르렀다는 평가는 결코 과장이 아니다. 이처럼 인간은 학습을 통해 진화해 왔고, 보다 나은 생활환경과 사회환경을 창조하여 풍요를 누리고 있다.

1965년에 랑그랑(Lengrand)이 평생교육 개념을 제시하고, UNESCO나 OECD, EU와 같은 국제기구에서 평생학습 · 평생교육에 적극적인 관심을 갖는 것은 다양한 동기가 있겠지만, 인간은 학습을 통해 발달한다는 큰 명제가 있기 때문이다. 개인의 내면적 성장이나 자기실현의 차원에서든, 인력개발을 통한 국가발전 전략의 차원에서든, 무지에서의 해방을 통한 세계 평화나 민주주의 발전을 위한 것이든 말이다.

평생학습 · 평생교육의 4기둥은 우리가 평생에 걸쳐 배우고 익혀야 하는 분야를 알려 준다. 즉, 존재하기 위한 학습, 행동하기 위한 학습, 알기 위한 학습, 함께 더불어 살아가기 위한 학습이다. 이는 끝이 열려 있는 무한하고 광활한 미지의 세계임과 동시에 겸손하게 옷깃을 여미게 만드는 '평생학습 · 평생교육의 기둥'이다.

1. 평생교육의 개념

1) 등장 배경

평생교육 개념이 등장한 것은 20세기 후반, 구체적으로는 UNESCO 성인교육부장으로 있던 랑그랑이 1965년 12월에 개최된 유네스코 세계성인교육발전위원회(International Commitee for the Advancement of Adult Education)에서 '영속교육(L'education permanente)'이라는 제목의 기조논문을 발표하였는데, 이것이 영문으로 'lifelong education'으로 번역되어 전 세계 회원국에 배포되고, 우리나라에서는 '평생교육'으로 번역되면서부터이다(조화태, 윤여각, 김재웅, 김태준, 2007; 차갑부, 2021; 최은수 외, 2010).

'평생교육'이란 말은 직관적으로 '평생에 걸친 교육' '평생에 걸쳐 교육을 받아야 하는 존재로서의 인간'을 떠올리게 된다. 랑그랑이 1965년에 최초로 제시한 개념도 이런 직관을 뒷받침한다. 그는 "인간은 태어나 죽을 때까지 평생을 통해 교육받을 권리가 보장되어야 한다. 이제 파편화되고 분절되어 있는 교육제도들은 인간의 종합적 발달이라는 축을 중심으로 해체되고 재구성되어야 하며, 이것은 가히 교육의 혁명을 의미하는 것이다."(한숭희, 2011, p. 31)라고 말한다. 다베(Dave, 1973)는 평생교육의 개념적 특징 20가지를 제시하면서 그 첫째 특성으로, "그 개념의 의미가 기초하고 있는 세 가지 기본적인 용어는 '삶(life)' '평생(lifelong)' '교육(education)'이다. 이러한 용어와 용어에 부여된 해석에 따라 평생교육의 범위와 의미가 결정된다."(p. 14)라고 말한다. 다베(1973)의 의견에 따라 평생교육 개념이 기초하고 있는 '삶' '평생' '교육'에 대해 살펴봄으로써 평생교육 개념의 등장 배경을 살펴보기로 한다.

인간은 사회적 동물로서 사회적 학습을 통해 문화를 축적할 수 있었기 때문에 지구상에서 지배적인 위치를 차지하게 되었다. 이것은 인간이 학습 능력이 있는 데다 집단지성을 가능하게 하는 의도와 마음을 읽는 능력이 상대적으로 출중하고, 다른 동물에 비해 가르치려는 의지와 능력이 뛰어나기 때문이다(김준홍, 2019). 이 내용을 조금 더 부연해서 살펴보자. 우선, 인간을 둘러싼 삶의 조건은 계속 변화되기 때문에 새로운 환경에 적응하기 위해서는 과거의 경험이나 역사를 되돌아보아 해법을 찾거나 새로운 대응방법을 부단히 익혀 나가야 한다. 따라서 인간은 평생에 걸친 학습과 교육이 필요한 '교육적 존재'라 할 수 있다. 그리고 사람은 단순히 환경에 적응하는 수단이나 기술을 익히는 것뿐만 아니라 의도와 마음을 읽고 필요한 것을 상대방에게 정확하게 줄 수 있는 능력, 즉 집단지성을 통해 협력하여 시너지를 내고, 또한 협력을 이끌어 낼 수 있는 능력을 키우기 위한 노력이 필요하다는 것을 알 수 있다. 이것은 개체성의 한계를 초월하여 전체적인 이익에 봉사할 수 있는 인격을 갖추는 것과 관련이 되며, 삶의 목적이 개체적 생존을 넘어 전체적인 국가, 인류, 생태계 전반의 발전에 기여할 수 있는 존재로 진화하는 것과 관련이 된다. 따라서 인격수양과 인간됨의 이 영역은 도덕과 사회질서의 규범적 영역과 겹치게 될 뿐만 아니라 생존과 탁월함의 필수 요소가 된다는 것을 알 수 있다.

어쨌든 인간은 생존과 인격 완성, 나아가 자기실현을 위하여 평생에 걸쳐 학습하고 교육을 받아야 하기 때문에 이런 '평생교육현상'은 인류의 출현과 함께 언제나 있어 왔다고 할 수 있다. 다만, 20세기 후반에 등장한 평생교육의 개념과 그에 바탕한 이론을 현대적 평생교육, 현대적 평생교육론이라 하고, 그 이전의 평생교육을 고전적 평생교육, 고전적 평생교육론으로 부르고 있다. 고전적 평생교육의 시기는 다시 산업혁명 이후에 공교육제도 확립 이전과 이후로 나뉜다. 공교육제도의 확립은 산업혁명의 후발 주자인 독일 지역의 프로이센이 1768년 프리드리히 2세(Friedrich Ⅱ, 1712~1786) 때 의무교육법을 제정하고, 프랑스 나폴레옹에게 패전한 후 1807~1808년에 행한 피히테(Fichte, 1762~1814)의 '독일 국민에게 고함'이란 연설을 계기로 국가주도의 의무교육체제의 확립과 국민의 국가에 대한 헌신을 통해 국력을 기를 수 있다는 데 눈을 뜨게 되면서부터 공교육제도의 혁명이 일어났다(이돈희, 2015). "국가나 공공조직이 일반국민을 대상으로 보편적 교육을 실시하는 학교제도를 공교육"(이돈희, 2015, p. 2)이라 할 때, 서방 세계에서 공교육제도의 보편화는 프로이센의 국력신장과 독일 통일 과정이 보여 준 모범과 궤를 같이 함과 동시에 산업사회에서 시민계급의 육성에 대한 자각과 후발 국가들의 선진화 전략으로 각광받으면서 19세기 중후반까지 진행되었다. 일반국민을 대상으로 한 공교육, 즉 학교교육제도는 그 이전의 봉건적 신분질서 속에서의 교육과는 달랐다. 봉건제하에서의 교육은 그 대상이 일반국민이 아닌 지배계급이었고, 공적 영역이 아닌 사적 영역으로 진행되었으며, 교과목은 주로 자유교양(liberal arts) 분야였다. 산업사회 이전의 직업 · 기술 분야는 도제학습이나 특정 직업 분야의 경험과 노하우로 전수되었기 때문에 일반화될 수 있는 성격이 아니었다. 그래서 종교, 법률, 수리, 철학과 같은 진리탐구의 분야인 자유교양 영역에 치중했고, 이 분야는 계속 평생교육의 주제로 지속되었다. 한편, 국가주도의 학교교육체제는 산업사회를 토양으로 하는 국민국가 시대의 산물이기 때문에 산업사회를 튼튼히 지탱해 줄 수 있는 인력 양성과 국가에 헌신하는 정신을 가진 국민 양성이 중요할 수밖에 없다. 산업사회에서 임노동이 일반화되고, 과학 기술과 발명을 통한 산업 발전이 이루어지면서 신분보다는 능력이 중시되고, 실력에 따라 선별되는 새로운 시민계급이 탄생하였다(한숭희, 2011). 교과목은 인간 생활에 필요한 인문, 과학, 예술, 체육 등 모든 영역으로 확대되었다. 학교교육체제에서는 국가에서 인정하는 학력과 학위가 하나의 사회적 지위가 되었다. 산업사회의 요구와 부합된 학교교육체제는 19세기와 20세기에 걸쳐 지배적 교육 양식으로 군림하였다(김신일, 2005).

국민교육시대의 국가주도 교육시스템은 국가예산이 투입되고, 예산은 무한정이 아니기 때문에 선택과 집중을 해야 한다. 그래서 학교교육의 주 대상은 교육의 효과성과 필요성 면에서 아동이나 청소년이 되었다. 교육은 학교교육을 의미했고, 교육학은 아동교육(pedagogy)과 동의어가 되었다. 교육목표와 교육내용, 교사의 임용은 국가가 관리했고, 학생들을 가르치는 교수 활동이 교육이라고 정의하는 교수 패러다임이 자리 잡았다. 교수 패러다임 속에서 교육은 교육자, 교육내용(contents), 학습자의 3요소로 구성되고, 교육자가 주어진 교육내용을 학생들에게 주입시키는 소위 '주입식 교육'의 양상을 띠게 되었으며, 학습자는 수동적 위치에 머물러 있었다. 하지만 19세기를 넘어 20세기 후반으로 진입하면서 구체적인 삶의 현장에서 필요한 교육을 적시에 제공해 주지 못하는 학교교육의 문제가 드러나기 시작하였다. 평생교육의 개념이 등장한 것은 근본적으로 여기에 근원을 둔다. 교육 수요를 원활하게 충족시켜 준다면, 굳이 새로운 교육 개념이 제시될 필요를 느끼지 않는 것이 인간이 가진 관성의 법칙이기 때문이다. 평생교육론의 등장에 영향을 미친 흐름은 크게 다음의 3가지 양상으로 진행되었다.

첫째, 성인교육(adult education)의 활발한 전개이다. 19세기 후반에서 20세기 초반 산업기반 기술훈련이 많이 필요하고, 특히 미국으로의 이민자 급증에 따른 미국화와 시민권프로그램에 대한 성인교육 수요가 많았다(Merriam, Caffarella, & Baumgartner, 2009). 제2차 세계대전 이후엔 제대군인에 대한 재교육 수요가 폭발하고, 제3세계 신생국 독립과 해방을 기치로 한 문해교육 수요가 많았다(Field, 2001). 성인교육은 아동교육과는 다른 새로운 교육 원리로서의 '안드라고지(andragogy)'가 1950~1960년대에 제시되고 1970년대 이후 널리 받아들여졌다. 지금의 평생교육 개념은 UNESCO의 '국제성인교육회의(CONFINTEA International Conferences on Adult Education)'를 거치면서 형성되었다. 즉, 1960년 몬트리올에서 개최된 제2차 성인교육회의에서 '평생교육'이란 단어가 직접 언급되진 않았지만, 로비 키드(Roby Kidd) 총회 의장은 “교육을 전 인류의 권리이자 책임인 평생 과정으로 인식할 필요가 있다.”(Ireland, 2014, p. 34)라고 강조했고, 성인교육의 중요성이 확인되었다. 이를 계기로 성인교육국제위원회(1962년), 성인교육추진국제위원회 회의(1965년)가 개최되었고, 1965년 랑그랑은 ‘성인교육추진국제위원회’에 ‘평생교육’이란 제목의 논문을 발표하였다. 그 후 1968년 제15차 유네스코 총회에서 ‘세계교육의 해’ 기념과제로서 평생교육의 문제가 다루어지기 시작하였다.

둘째, 민주주의의 확산이다. 민주주의란 인간의 존엄성을 바탕으로 한 천부인권을 보장하기 위하여 사회계약에 의해 설립된 국가를 국민이 주인이 되어 운영하는 정치제도이다. 인간존엄성에 바탕하고 있기 때문에 인류가 발견한 정치제도 중에서 가장 인간본성에 부합하는 것이 민주주의라 할 수 있다. 인간존엄성은 민주주의 제도하에서 선택의 자유를 통해서, 그리고 인권보장을 통해서 구현된다. 재산이나 사회적 지위를 무시하고 1인 1표의 투표권이 보장되고, 누구나 선거에 출마할 수 있는 평등한 권리가 보장되는 것도 인간존엄성의 제도적 표현이다. 자유와 평등 이외에도 다양한 기본권이 규정되고 그 내용이 새로이 밝혀지거나 추가되고 있다. 인간 발견의 정도에 따라 인권의 범위가 계속 새로워지고 있고, 인간의 자기발견이 계속되는 한 살아 있는 생명체처럼 민주주의는 계속 새로워질 것이다. 미국은 「헌법」을 통해 ‘행복추구권’이 기본권으로 규정되었고, 또 대부분의 나라에서 교육을 받을 권리가 교육기본권으로 규정되어 있다. 우리나라의 「헌법」 제31조 제1항에서도 “모든 국민은 능력에 따라 균등하게 교육을 받을 권리를 가진다.”라고 규정되어 있다. 다시 「교육기본법」 제3조에서는 “모든 국민은 평생에 걸쳐 학습하고, 능력과 적성에 따라 교육을 받을 권리를 가진다.”라고 규정되어 있다. 민주주의는 국민이 주인이 되어 운영되는 것이기 때문에 성공적으로 운영되기 위해서는 주인의식, 책임의식, 참여의식 등 시민정신의 함양과 사회 공동체에 기여할 수 있는 역량개발이 부단히 이루어져야 한다. 국민의 의식수준과 역량에 따라 그 사회의 민주주의 발달 정도가 결정된다고 할 때, 민주시민의식과 역량개발을 도모하는 교육의 역할이 얼마나 중요한지 실감할 수 있다.

민주주의가 발달하면서 세대를 넘어, 특히 투표권을 가진 성인에 대한 교육이 보다 중요해지고 평생에 걸친 교육이 부단히 이루어지는 것이 필요하다는 인식이 확산되었다. 매슬로(Maslow)에 따르면, 인간의 욕구 중 생리적 욕구와 안전의 욕구가 만족되어야 상위의 욕구인 사랑과 소속감, 자기존중, 자기실현의 욕구가 충족된다. 가장 기본적인 욕구인 안전이 뒷받침을 해 줘야 그 토대 위에 인간다운 욕구가 골고루 충족되어 행복한 삶을 누릴 수 있다는 것이다. 안전의 핵심은 평화이다. 민주주의는 정치권력의 평화적 교체, 갈등을 대화를 통해 평화적으로 해결하는 갈등해결방식, 자유롭고 개방적인 상호작용의 존중으로 '평화'를 구현하는 수단이 된다. 민주주의가 실현할 수 있는 가치가 많고, 평화와 행복을 가져다주는 토대가 되기 때문에 민주주의를 발전시키는 핵심인 '역량 있는 민주시민'을 기르는 교육, 특히 평생교육의 역할이 강조되지 않을 수 없는 것이다. 한숭희(2011)는 평생교육은 민주사회를 기반으로 탄생하였다고 전제하면서, 민주사회에서의 교육은 공정한 기회뿐 아니라 분배의 정의가 필요하고, 능력에 따라 교육받는 것에서 필요에 따라 교육받는 것으로, 공정한 선발에서 대중교육으로의 개방으로 전환된다고 주장한다.

셋째, 학교교육의 한계가 뚜렷해졌기 때문이다. 민주주의 교육에서 주입식 교육방식의 학교교육 패러다임은 민주적 역량을 기르는 데 도움이 되기는커녕 오히려 권위주의를 부추기는 등 역행하는 측면이 있음을 부인할 수 없다. 그리고 학교교육의 교수 패러다임은 변화무쌍한 생활 정보를 제때 제공할 수 없는 태생적 한계를 지닌다. 사람은 본래 능동적 학습자로서 자신에게 필요한 것은 적극적으로 배우려 든다. 현실은 학교교육의 교수 패러다임에서 설정하는 학습자의 수동적 지위를 용납하지 않는 것이다. 삶의 현장에서의 진실이 상부구조인 제도를 바꾼다는 측면에서 볼 때, 1960년대 평생교육에 대한 논의를 자본주의와 가부장제의 변혁을 도모하는 급진적 사회운동의 교육적 표현으로 봐서는 안 되고, 「플라우든 보고서(Plowden Report)」에서 밝혀진 바와 같이 초등교육에 대한 보편적 국가교육의 참담한 결과와 관련지어야 한다는 필드(Field, 2001)의 주장에 공감한다. 「플라우든 보고서」는 영국교육과학부에서 3년여의 자료수집을 거쳐 1967년에 펴낸 초등교육에 대한 실태조사 보고서로서 "초등교육의 더 암울한 구석들은 많은 편협성, 아이들의 필요성 그리고 출신가정환경에 대한 이해 부족, 교사들에 대한 지속적인 훈련의 부족 그리고 전문적인 접촉 기회의 부족을 보여 준다."(Central Advisory Council for Education, 1967, p. 461)라고 결론짓고 있다. 아동이 학교에서 교육을 받으면 밝고 환하게 살아나는 게 정상일 텐데, 실제는 정반대로 위축되고 어두워지며 학습을 기피하는 모습을 보인다는 것이다. 창의적이고 자유로운 인간됨이 저해되고 있음을 이 보고서에서는 '편협성'이라는 말로 표현하고 있고, 학생들의 필요가 반영되지 못하고 있는 것을 '필요성'이라는 말로 표현하고 있다.

또한 학교교육은 학교라는 장소의 문제가 아니라 교사의 질이 결정적인데, 실제 교사에 대한 교육훈련이 부족하다는 것을 지적하고 있다. 학교교육 모델의 실패에 대해 메거리(Megarry, 1979)는 청소년기가 학습에 가장 좋은 시기이며 학교가 가장 좋은 장소라는 잘못된 가정에 입각해 있기 때문에 실패하였다고 지적하고, 충분한 동기가 있으면 누구나 배울 수 있고, 강박성은 동기를 파괴한다고 주장하였다(Field, 2001 재인용). 이제 학교교육이 교육의 전체를 담아내지 못하는 것은 분명하고, 교육론은 교수 패러다임에서 탈피하여 교육 현상 전체를 담아낼 수 있는 '학습 관리' 패러다임으로의 전환이 필요하게 되었다(김신일, 2005). 교육을 학습 관리로 보았을 때 학습과 교육이 밀접하게 결합된 본래 모습이 드러난다. 학교는 국가에 의해 관리되는 특수한 학습 관리의 유형이고, 그 외 다양한 타율적/자율적 학습 관리 유형이 있을 수 있게 되어 모든 교육 현상을 교육이라는 틀 안에 포괄할 수 있게 된다. 이때의 교육은 다름 아닌 평생교육이다. 학교가 교육의 전부가 아니라는 것이 받아들여질 때 비로소 평생교육이 드러난다. 다시 말하면, 교육의 패러다임이 탈학교로 전환되었을 때 비로소 '학교 외의 열린교육 중심' '누구든지 언제 어디서라도' 교육을 받을 수 있는 평생교육 패러다임이 드러나는 것이다(이상오, 2005, p. 190). "이반 일리치의『학교 없는 사회(Deschooling Society)』는 전통적 학교교육체제를 혁명적으로 변화시킴으로써 평생교육체제로 전환하는 데 가장 심대한 영향력을 미치게 되었다. 그는 이 책에서 학습망(learning web)이라는 개념을 등장시킴으로써 학교교육의 중심을 '학교'라고 하는 물리적 체계에서 '학습망'이라고 하는 학습 활동의 네트워크로 전환시켰다. 이 사상은 이후 평생교육의 근간이 되는 '학습사회(learning society)'를 구상하는 계기가 되었다."(한숭희, 2011, pp. 26-27)

2) 평생교육의 개념

우리가 평생교육의 개념을 얘기할 때 가장 먼저 그 개념을 만든 랑그랑(1975)의 의견을 들어 보는 것이 순서일 것이다. 랑그랑은 평생교육이란 "우리가 마음속에 지속적으로 갖고 있는 교육과정의 통합과 전체성이다."(p. 20)라고 정의하였다. 그는 UNESCO 사무국에서 성인교육 실무를 담당했기 때문에 성인교육과는 별도로 평생교육의 개념을 새로이 만드는 것에 대해 해명하면서, "우리가 말하는 평생교육은 모든 측면과 차원을 포함한 완전한 의미의 교육, 인생의 첫 순간부터 마지막 순간까지 중단 없는 발달 그리고 그 발달의 여러 지점과 연속적인 단계 사이의 밀접하고 유기적인 상호관계까지 포함한다."(p. 20)라고 하였다. 성인교육은 성인을 대상으로 주로 학교 밖에서 비형식적으로 이루어지는 교육인 데 비해, 평생교육은 인생의 첫 순간부터 마지막 순간까지 인간 발달을 지원하는 모든 종류의 교육을 포괄한다는 의미이다.

랑그랑의 입장은 "인간은 위대한 잠재 능력과 선천적 도덕성을 가지고 있다."(차갑부, 1994, p. 132)라는 인간주의 철학에 바탕한 교육인간학의 취지와도 맥을 같이한다. "교육인간학에서는 교육과 학습을 통하지 않고서는 절대 인간일 수 없으며, 인간으로 형성되지도 않는다고 본다."(이상오, 2005, p. 176). 우리나라의 많은 학자는 랑그랑이나 교육인간학적 입장에서 평생교육을 정의하고 있다. 김종서, 김승한, 황종건, 정지웅, 김신일(1987)은 평생교육은 경제 · 기술 환경의 변화에 제때 부응하지 못하는 학교교육의 비판에서 비롯되었다기보다는 교육은 원래 평생교육이었고, 학습은 본래 평생학습이었기 때문에 교육의 본래 모습을 회복하는 것을 평생교육으로 보았다. 그리고 "평생교육은 삶의 질 향상의 이념 실현을 위하여 태아에서 무덤에 이르기까지 교육의 수직적 통합과 가정교육, 사회교육, 학교교육의 수평적 통합을 통한 학습사회를 건설함으로써 최대한의 자아실현과 사회발전 능력의 함양을 목적으로 한다."(김종서, 황종건, 김신일, 한숭희, 2002, pp. 3-4)라고 정의하고 있다. 랑그랑이 '인간 발달을 돕는 것'에 중점을 둔 데 비해 김종서 등(2002)의 경우는 '삶의 질 향상'이란 이념 추구를 제시하는 점이 다를 뿐이다. 다베(1976)는 '인간 발달'과 '삶의 질 향상'을 통합하여, "개인의 성장과 사회적 발전이 밀접하게 연관되어 있음을 강조하면서 평생교육을 개인과 사회의 삶의 질을 높이기 위한 인간적 · 사회적 · 직업적 발달의 실현 과정"(p. 34: 조화태 외, 2007 재인용)으로 보고 있다. 여기서 "평생교육이 추구하는 목적이 무엇인가?"라는 물음이 제기되고, 이것은 "교육이란 무엇이며 왜 학습해야 하는가?"라는 물음으로 이어진다.

어쨌든 '인간 발달'을 위해서든 '삶의 질 향상'을 위해서든 평생교육은 그 목적이 달성되도록 하기 위해 시간적으로 나면서부터 죽을 때까지 평생에 걸친 수직적 통합 과정이어야 하며, 모든 교육과정, 모든 형태의 교육이 수평적으로 통합되어야(lifewide) 한다는 것이다(김도수, 1999; 이옥분, 2005; 차갑부, 2004; 최운실, 1990). 이것은 인간은 완벽하지 못하기 때문에 평생에 걸쳐 발달해야 한다는 전생애발달론에도 부합하고, 완벽하지 못한 인간으로 구성된 인간사회 역시 완벽하지 못하기 때문에 계속해서 진화해 나가야 한다는 사회진화론과도 부합된다. '발달을 통한 삶의 질 향상'이 진화의 내용이고 삶의 중요한 목적이자 방향이며, 교육을 통해 달성된다고 할 때 그것을 돕는 교육은 전생애에 걸쳐 모든 교육방법이 동원되어야 한다는 측면에서 교육은 모름지기 평생교육이어야 한다는 주장은 설득력을 갖게 된다. 그리고 평생교육은 하나의 개념이며, 이상이며, 정책을 지도하는 원리이지 구체적인 실체로 제시되는 것은 아니다. 이 부분은 랑그랑(1975)도 밝혔고 많은 학자가 동의하고 있다(김도수, 1999; 최운실, 1990; 한숭희, 2011). 평생교육이 구체적인 실체로 제시되면 더 이상 정책을 지도하고 교육을 개혁하는 원리로 작동되기 어렵다. 평생교육의 개념은 교육을 끊임없이 돌아보게 하고 자기혁신을 하게 하여 '살아 있는 교육'이게끔 이끌어 준다.

한편, 우리나라 「평생교육법」 제2조에 규정된 "학교의 정규교육과정을 제외한 학력보완교육, 성인 문자해득교육, 직업능력 향상교육, 인문교양교육, 문화예술교육, 시민참여교육 등을 포함하는 모든 형태의 조직적인 교육 활동"으로 정의한 평생교육 개념을 수용하는 입장이 있다. 그 근거는 사람이 태어나서 죽을 때까지 모든 영역에 걸쳐 이루어지는 통합적인 교육으로서의 평생교육은 '평생'이란 용어에 초점이 맞춰져 있고, '교육'과 구분되지 않으며, 실질적으로 평생교육이 일어나는 분야와 동떨어진 분야까지 포괄하는 추상적인 개념이기 때문이다. 그래서 평생교육을 "학교의 정규 교육과정을 제외하고 성인이 된 이후부터 사망할 때까지 이루어지는 모든 형태의 조직적인 교육 활동"(최은수 외, 2010, p. 21)으로 본다. 이 입장은 「평생교육법」으로 인해 폐지되기 전 「사회교육법」상의 '사회교육'과 동일하다는 비판을 받고 있다(오혁진, 2011). 「사회교육법」 제2조에서 "사회교육"이라 함은 "다른 법률에 의한 학교교육을 제외하고 국민의 평생교육을 위한 모든 형태의 조직적인 교육 활동을 말한다."라고 규정하고 있다. 전체 교육 영역을 평생교육으로 보고 그중에서 학교교육을 제외한 조직적인 교육 활동을 사회교육으로 규정했는데, 그 대상이 성인뿐만 아니라 청소년까지도 포함하는 것이었다. 성인이 아닌 조직적인 교육 활동이 학교에서 이루어지느냐 학교가 아닌 사회에서 이루어지느냐로 간단하게 나눈 '사회교육'의 개념 규정이 훨씬 명확하다. 평생교육은 학교교육과 사회교육을 포괄하는 위상을 자연스럽게 갖게 되는데, 사회교육을 평생교육으로 규정함으로써 과거 사회교육의 경험과 역사가 단절되어 버리고, 평생교육의 위상이 애매해져서 평생교육이라는 용어를 쓸 때마다 랑그랑이 제안한 광의의 평생교육인지, 사회교육이 대체된 현 「평생교육법」상의 협의의 개념인지 살펴야 한다는 게 비판의 요지이다. 또한 학교교육을 제외해 버리면 양자가 단절되어 평생교육의 이념이나 정신이 학교교육을 혁신하는 데 도움이 되지 못한다.

교육을 '교수 패러다임'이 아닌 '학습 관리'로 바꾸었을 때 평생교육을 어떻게 규정할 것인가를 살펴볼 필요가 있다. 이러한 패러다임의 전환은 전술한 바와 같이 학교교육의 문제점에서 비롯된 것이지만 교수와 학습은 늘 함께했고, 관점을 교수(자)에서 학습(자)로 바꾼 것뿐이다. 아무리 훌륭한 교수 활동과 콘텐츠가 있어도 학습자가 받아들이지 않으면 실패한 교육이 된다는 점에서 학습자중심주의로의 전환은 자연스러운 것이라 볼 수 있다. 학교교육이 대세를 장악하고 학교에서의 졸업장이나 학위가 결정적인 능력 평가의 기준이 되는 시절엔 공급자인 교수자 중심이 되겠지만, 학교가 불신을 받고 실제 생활 현장에서의 실력 내지 직무와 직접 관련이 있는 교육 훈련을 증명하는 대안적인 자격증이 더 높이 평가되는 상황이라면 학위나 졸업장은 평가절하될 것이다.

그리고 학습자 중심주의는 교육의 민주화와도 맞아떨어진다. 실제로 이런 상황이 1970년대부터 서서히 전개되었다. 1972년 UNESCO 본부의 요청에 의해 세계교육개혁비전으로 제출한 「포르 보고서(Fauré Report)」는 진보적 입장의 저자들로 구성되었고, 보고서의 제목은 '존재하기 위한 학습(Learning to be)'이었다. 그리고 교육개혁을 지속적으로 이끌어 가는 원리로 '학습사회'를 제시하였다(Fauré et al., 1972). '학습사회'는 1970년 랑그랑(1975)이 제시한 "교육사회"(p. 91)를 대체하는 이념이었다. "평생학습 사회는 사회의 인적 · 물적 · 정신적 자원이 평생교육을 지원하도록 구조화된 사회이다."(Fauré et al., 1972: 김창엽, 성낙돈, p. 126 재인용). 「포르 보고서」는 평생교육의 방향을 결정하는 가장 중요한 문서로서 '평생교육 보물 1호'로 평가받는다(이희수, 조순옥, 2007). 그리고 UNESCO는 1976년 제19차 총회에서 '성인교육 발전에 관한 권고'를 결의하면서 처음으로 평생학습이라는 용어를 사용하였고, 평생교육이라는 말을 평생학습이라는 말로 바꾸면 혼란을 초래할 것을 우려하여 평생교육 · 학습(lifelong education and learning)으로 병기하는 방식을 취하였다(차갑부, 2004). 그 후 1980년대 이후 신자유주의를 거치면서 교육에서의 국가책임의 원리로부터 학습에서의 자기책임의 원리로 전환되고, 자기주도적인 성인학습의 원리가 평생학습에 도입되면서 평생학습은 자기주도적인 학습 내지 학습자중심주의로 굳어졌다. 자기주도적 성인학습 원리가 학교교육에도 심대한 영향을 미침으로써 학교교육의 민주화에 기여한 것은 말할 나위가 없다. 학습자중심주의로의 교육론의 전환은 지식진부화 속도가 급속하게 빨라진 지식정보화사회 상황에서 제도화된 교육으로는 그 속도를 따라잡을 수 없기 때문에 학습자 스스로 필요한 교육을 요구하고 습득해 나가야 시대에 뒤떨어지지 않고 생존할 수 있다는 자연적인 필요성의 반영이기도 하다. 이제는 학습력이 관건인 시대가 되었다(차갑부, 2021). 이러한 시대 흐름이 평생교육을 '인적자본론'적 국가 발전의 도구로 인식한 OECD의 입장을 강화시켜 주면서 본래의 '전인적 개발'에서 '직업능력 개발'에 치중하는 양상이 전개되고 있다. 이러한 맥락에서 "평생교육에서 평생학습으로의 전환은 해방을 버리고 직업주의와 짝하는 것으로 해석하는 것이 하나의 정형화된 결론으로 굳어지고 있다."(이희수, 조순옥, 2007, pp.

204-205; Barros, 2012)라는 평가를 받기도 한다. 그러나 "21세기를 여는 열쇠로서의 평생학습은 끊임없이 변화하는 노동시장의 요구에 대처하고 자기 존재의 변화하는 시간 구조와 리듬을 터득하는 데 매우 중요한 역할을 할 것"(Delors et al., 1997, p. 126)으로 기대된다.

평생교육이 평생학습의 패러다임으로 전환될 때 평생교육은 "인간의 학습 본능을 실현하는 교육 본래의 개념이고, 동시에 인간의 교육적 실천을 현실화하기 위한 이상형이고 이념이다."(한준상, 2000: 장원섭, 2008, p. 101 재인용). 그리고 "평생교육은 학습사회를 배경으로 이루어지는 인간의 평생학습 형태를 지원하고 관리하며 제도화하는 새로운 방식의 교육 원리 및 시스템이다."(한숭희, 2011, p. 18) 등으로 정리될 수 있을 것이다. 한마디로 평생교육은 '평생학습에 대한 조직적인 관리 활동'이라고 할 수 있다. 하지만 학습패러다임을 기초로 평생교육을 정의하려면, 먼저 모든 학습이 전부 조직적인 학습관리 활동의 대상일 수는 없다는 점을 고려해야 한다. 이것은 학습과 교육의 구분과도 관련이 있지만, 교육은 '바람직한 변화'를 위한 '의도적인 활동'이 키워드이기 때문이다. 그래서 "무엇을 위한 학습인가?"를 정할 필요가 있다. 지금까지 '발달을 통한 삶의 질 향상' '선한 의지에 바탕한 자기실현'이란 방향이 언급되었다. 인간주의(humanism)에 기초한 교육 인간학적 전제가 깔려 있다고 할 수 있다. 이 부분은 개개인에게 가치 있는 평생에 걸친 학습을 위해 조직된 사회인 학습사회와 연결된다(Leicester & Parker, 2001).

그리고 학습 패러다임 속에서 학습자중심주의를 내세우지만, 김준홍(2019)이 언급한 바와 같이 인간은 가르치려는 의지와 능력이 뛰어나기 때문에 지구상 최상위 포식자로 살아남았다는 부분을 생각할 필요가 있다는 것이다. 이것을 고려하여 인간은 생존하기 위해 학습하는 본능도 있지만, 공유하고 가르쳐서 높은 수준으로 이끌어 가려는 교육 본능도 있다는 점도 반영될 필요가 있다. 특히 사전지식이 있어야 다음 단계의 학습이 가능한 누적적 학습일 경우엔 교수자 주도의 교육이 필요하다. 특히 기초교육은 이후의 학습을 촉발하고 계속교육으로 이어지는 전형적 누적적 성격을 가진다. 이럴 경우엔 지식이 심화되는 과정을 잘 아는 사람이 과정을 기획하고 관리할 필요가 있다. 그리고 교육을 많이 받을수록 교육을 더 원하는 것으로 알려져 있다(Delors et al., 1997). 이처럼 학습은 가르치는 것과 상호 시너지를 갖는 특징이 있다(강영중, 2010). 이런 맥락에서 드로드 등(Delors et al., 1997)이 "평생교육을 조직해 내기 위해서 우리는 이제 교수와 학습을 완전히 서로 별개의 모습으로, 그리고 어떤 점에서는 어느 하나가 절대 우위에 있거나 상호 경쟁적인 관계의 모습으로 간주하려는 태도를 버려야 한다. 그와는 반대로 우리는 현대 교육의 단계 및 환경이 갖고 있는 보완적 특성을 살려야 한다."(pp. 126-127)라고 한 말에 귀 기울일 필요가 있다. 이어서 이들은 "교육은 교육에 능동적으로 참여하는 시민을 위해 있어야 한다. 각자는 모두 다양한 교육 조건하에 배울 수 있다. 이상적인 학습사회라 함은 학습자와 가르치는 자가 서로 대체될 수 있는 사회이다."(p. 138)라고 하였다. 다시 말하면, 교육은 능동적인 학습자를 지원하는 방향으로 가야 하고, 교육이 학습자중심주의 패러다임을 갖는다 하더라도 교수와 학습이 통합된 '교학상장주의'로 가야지 어느 하나만 지나치게 강조해선 안 된다는 것을 알 수 있다. 그리하여 평생교육 시스템은 평생학습을 효과적으로 지원하는 방향이어야 한다.

지금까지 살펴본 것을 종합하여 평생교육의 개념을 규정한다면, '평생교육이란 발달을 통한 삶의 질 향상을 위하여 진행되는 평생학습을 지원하기 위하여 태아부터 죽을 때까지 평생에 걸쳐서, 그리고 모든 형태의 교육과 학습을 통합한 조직화된 교육원리 내지 시스템'으로 정의하기로 한다.

3) 평생교육의 특성

앞에서 정의 내린 평생교육의 개념적 특성을 살펴보자. 교수와 학습의 융합, 나아가 평생교육과 평생학습이 융합된 교학상장의 토대 위에서 평생교육의 개념적 특성을 제시한 데이브(Dave, 1973)의 견해가 우리와 가장 잘 부합된다고 본다. 데이브(1973)는 평생교육의 개념적 특성을 다음의 20가지로 제시하였다(pp. 13-27).

- 그 개념의 의미가 기초하고 있는 세 가지 기본적인 용어는 '삶(life)' '평생(lifelong)' '교육(education)'이다. 이러한 용어와 용어에 부여된 해석에 따라 평생교육의 범위와 의미가 결정된다.
- 교육은 형식적인 학교교육이 끝날 때 종결되는 것이 아니라 평생의 과정이다. 평생교육은 개인의 전체 수명을 포괄한다.
- 평생교육은 성인교육에만 국한되는 것이 아니라 학령 전 교육, 초등, 중등교육 등 모든 교육 단계를 포괄하고 통합한다. 그래서 평생교육은 교육을 전체성 속에서 보는 것을 추구한다.
- 평생교육은 형식적인 교육과 비형식적인 교육을 모두 포함하며, 계획된 학습뿐만 아니라 부수적인 학습도 포함한다.

- 가정은 평생학습 과정을 시작하는 데 첫째이면서, 가장 미묘하고 결정적인 역할을 한다. 이것은 한 개인의 전체 수명 동안 가족학습 과정을 통해 지속된다.
- 지역사회는 아이가 그 지역사회와 교류하기 시작할 바로 그때부터 평생교육제도에 중요한 역할을 하며, 평생 전문 분야와 일반 분야 모두에서 그 교육적 기능을 지속한다.
- 학교, 대학, 훈련센터 같은 교육기관은 물론 중요하지만 평생교육기관 중 하나일뿐이다. 그들은 더 이상 국민 교육의 독점권을 누리지 못하고 사회의 다른 교육 기관과 격리되어 존재할 수 없다.
- 평생교육은 수직적 또는 종적 차원을 따라 연속성과 명확성을 추구한다.
- 평생교육은 삶의 모든 단계에서 수평적이고 깊이 차원에서 통합을 추구한다.
- 엘리트주의적 교육 형태와는 달리 평생교육은 보편적인 성격이다. 교육의 민주화를 표방한다.
- 평생교육은 내용, 학습 도구 및 기법, 학습 시간에서 유연성과 다양성으로 특징지어진다.
- 평생교육은 새로운 발전이 일어나는 대로 학습의 자료와 매체를 적응시켜 나가는 역동적인 교육 접근법이다.
- 평생교육은 대안적인 패턴과 형태의 교육을 허용한다.
- 평생교육은 일반 교육과 전문 교육의 두 가지 큰 요소로 구성된다. 이러한 요소는 서로 완전히 다르지는 않고, 본질적으로 상호 관련되고 상호작용적이다.
- 개인과 사회의 적응적이고 혁신적인 기능은 평생교육을 통해 성취된다.
- 평생교육은 기존 교육체계의 단점을 보완하는 교정 기능을 수행한다.
- 평생교육의 궁극적인 목표는 삶의 질을 유지하고 향상시키는 것이다.
- 평생교육에는 기회, 동기부여, 교육 가능성 등 크게 세 가지 전제 조건이 있다.
- 평생교육은 모든 교육의 조직 원칙이다.
- 운영 차원에서, 평생교육은 모든 교육의 총체적 체계를 제공한다.

평생교육을 현행 「평생교육법」에서와 같이 "학교의 정규 교육과정을 제외하고 성인이 되고 난 이후부터 사망할 때까지 이루어지는 모든 형태의 조직적 교육 활동"으로 협의로 정의할 경우의 특징은 다음과 같다(최은수 외, 2010, pp. 21-22).

- 평생교육은 융통성을 갖는다. 이로 인해 다양한 유형과 형태의 교육이 가능하다. 평생교육은 근로자, 주부, 노인 등 그 대상이 다양하고, 교육 장소도 회사, 관공서,

도서관, 백화점, 교회, 공원 등 그 어느 곳에서도 가능하며, 교육내용도 인간과 사회의 모든 국면을 다룰 수 있다.

- 평생교육은 교육의 민주적 특성을 가지고 있다. 평생교육은 특정 엘리트 계층을 위한 것이 아니라 모든 사람이 참여할 수 있는 보편적인 교육의 원칙에 근거한다. 따라서 교육의 기회균등과 확대에 기여한다.
- 평생교육은 현재 시행되고 있는 학교교육체제의 단점을 보완해 준다. 특히 학교교육에서 제공할 수 없는 다양한 사회적 · 직업적 능력을 개발할 수 있는 기회를 제공한다.
- 평생교육은 개인, 조직, 사회, 국가에게 변화에 적응할 수 있는 능력을 길러 주고 혁신할 수 있는 다양한 기회를 제공해 준다.
- 평생교육은 학습자의 자발성을 특성으로 한다. 평생교육에 참여하는 학습자는 외부의 강제나 통제에 의해서라기보다 스스로 필요해서 그리고 실무나 실생활에 활용하기 위해서 자기주도적으로 참여하는 특성을 갖는다.
- 평생교육은 학습자의 삶의 질 향상과 자아실현을 추구한다. 평생교육의 궁극적인 목적은 학습자 개개인의 삶의 질을 향상시키고 그들의 역량을 키워 달성하고자 하는 일을 성취함으로써 행복한 삶과 자아실현을 가능하게 하는 것이다.

협의의 평생교육 개념에서는 '성인교육'을 평생교육으로 보는 특성이 제시되어 있는 것을 알 수 있다.

2. 평생교육의 유사 개념과 관련 용어

1) 평생교육의 유사 개념

평생교육과 유사 용어는 대표적으로 사회교육, 성인교육, 계속교육, 추가교육, 순환교육, 비형식 교육, 지역사회 교육을 들 수 있다(김종서 외, 2002).

(1) 사회교육

1982년에 제정되어 1999년에 「평생교육법」으로 대체되기 전 「사회교육법」 제2조에서는 "사회교육(social education)"이라 함은 "다른 법률에 의한 학교교육을 제외하고 국민의 평생교육을 위한 모든 형태의 조직적인 교육 활동을 말한다."라고 정의하고 있다. 「사회교육법」에서는 전체 교육을 평생교육으로 보고, 학교교육이 아닌 모든 교육을 사회교육으로 정의하였다. 유아교육도 사회교육으로 볼 때는 광의의 사회교육으로, 유아교육을 제외할 때는 협의의 사회교육으로 보았다. 「평생교육법」상의 평생교육은 학교교육을 평생교육의 범주에 포함시키지 않고, 과거 사회교육에 해당하는 것을 평생교육으로 보고 있고, 예시한 6대 분야는 주로 성인교육의 영역을 들고 있다. 즉, 현행 「평생교육법」 제2조에 규정된 평생교육이란 "학교의 정규 교육과정을 제외한 학력보완교육, 성인 기초·문자해득 교육, 직업능력 향상교육, 인문교양교육, 문화예술교육, 시민참여교육 등을 포함한 모든 형태의 조직적 교육 활동"을 말한다. 한편, 일본에서는 「생애학습 진흥법」에 '사회교육'이라는 용어를 쓰고 있다(오혁진, 2011).

(2) 성인교육

성인교육(adult education)은 1700년대 영국을 중심으로 유럽으로 확산된 문해교육에서 유래되고, 자유교육(liberal education), 즉 인문교육을 지칭하는 것으로 직업교육은 배제하는 것이었다(최은수 외, 2010; 한숭희, 2011). 그런데 제2차 세계대전 이후 무지에서 인간을 해방시켜 세계 평화를 기할 목적으로 1947년 설립된 UNESCO가 역점을 두고 시작한 사업이 문맹퇴치였고, UNESCO 교육원(Institute for Education)이 1949년 최초로 개최한 국제성인교육회의(CONFINTEA)에서는 자유교육과 민주교육이 강조되었다. 성인교육은 학교교육과는 달리 성인의 생활 세계의 요구와 직결되는 교육 내용이나 방법이 추진되어야 하기 때문에 자유교육뿐 아니라 직업교육을 포함하는 방향으로 개념이 확대되었다. 그래서 지금의 성인교육은 "청년 이후의 성인에 해당하는 모든 성인학습자의 요구에 입각하여 성인학습자의 자질을 향상시키기 위해 이루어지는 모든 교육적 과정을 가리킨다."(조화태 외, 2011, p. 33)

UNESCO에서 정의하는 '성인학습 및 교육'(유네스코에서는 학습과 교육을 병기하고 있음)은 "광범위한 성인 인구를 위한 형식, 비형식 및 무형식 학습과 교육을 포함하고, 인생 과정에 걸친 학습과 교육을 다루고 있으며, 소외되거나 불이익을 받는 성인 및 청년에게 특별한 초점을 두고 있다."(UNESCO, 2016, p. 28) UNESCO는 시간이 지남에 따라 국가의 변화하는 학습 및 교육 요구에 대응하여 성인교육에 대한 정의를 개선해 왔다. 첫 번째 정의는 1976년(UNESCO)에 만들어졌고, 1997년 5차 국제성인교육회의

(CONFINTEA V: UNESCO Institute for Education)에서 업데이트되었으며, 2015년에 '글로벌 조사보고서'(UNESCO, 2015)가 나온 이후 더욱 개선되고 향상되었다. 1976년에 유네스코 총회에서 처음 채택한 '성인교육'의 개념에는 다음의 내용이 포함되어 있다(조화태 외, 2011, p. 33).

- 성인이 참여하는 모든 조직적인 교육 활동
- 성인이 그들의 소질과 능력을 키워 지식을 획득하고, 직무능력이나 자질 향상 또는 직업 전환을 위해 실시하는 교육 활동
- 조화롭고 영속적인 사회 · 경제 · 문화 발전을 위해 성인의 태도와 행동을 변화시켜 주는 조직적인 교육 활동
- 성인을 대상으로 국가나 사회가 실시하는 조직적인 교육 활동

일본의 「생애학습진흥법」에 '사회교육'이 포함되어 있는 반면, 미국의 「평생학습법」에는 '성인교육'이 포함되어 있다(오혁진, 2011).

(3) 계속교육

영국의 전통에서 성인교육이 자유교육, 즉 인문교육을 지칭하고 직업교육을 배제하는 것인 데 비해 성인직업교육은 별도로 계속교육(continuing education)으로 불렸다(Jarvis, 1995: 한숭희, 2011, p. 23 재인용). "계속교육이란 용어는 주로 직업 현장에서 필요한 단기간의 보충 교육을 의미하는 것으로서 직업훈련(vocational training)과 동의어로 사용되고 있다."(한숭희, 2011, p. 24) 계속교육은 "사회변화에 적응하고 직업적 지식 및 기술 발달을 위한 영역에만 한정되어 일반교육 및 직업입문교육은 배제되고, 지도자 양성, 인사관리, 재무관리, 시설관리 등의 능력을 향상시키는 교육을 포함하는 개념으로 인식되고 있다."(최은수 외, 2010, p. 24)

(4) 추가교육

추가교육(further education)은 영국 특유의 교육제도로서 10년제 의무교육을 마친 청소년에 대한 비교적 장기간에 걸친 학교 외의 조직적인 교육 활동을 말한다(김종서 외, 2002; 최은수 외, 2010). 즉, 영국에서 중등교육 이후의 교육 중 대학 등의 고등교육(higher education)을 제외한 비학위 고등교육 부문을 추가교육이라 불렀다(한숭희,

2011). 추가교육은 1944년 영국의 「교육법」에서 법제화된 용어가 되었고, 그 내용을 요약하면, 첫째, 의무교육을 마친 연령층을 대상으로 하는 전일제 또는 시간제 교육을 말하고, 둘째, 여기에는 여가 기간을 이용한 모든 조직적인 문화적 · 창조적 활동을 포함하며, 셋째, 국민은 누구나 희망에 따라 이 교육프로그램에 참여할 수 있고, 넷째, 국가 및 지방교육 당국(교육위원회)은 이 모든 다양한 형태의 교육을 실시하기 위한 시설과 운영의 책임을 맡아야 한다는 것 등이다(김종서 외, 2002; 한숭희, 2011).

(5) 순환교육

본래 순환교육(recurrent education)의 개념은 스웨덴의 경제학자인 렌(G. Rehn)이 1950년대 초 노동시장의 변화에 민감하게 반응하는 탄력적인 교육제도가 필요하다는 점을 지적하고 구상한 데서 유래하였다. 그 후 1968년 OECD 교육부장관회의에서 당시 스웨덴의 교육부 장관이었던 올로프 팔메(Olof Palme)가 기조 연설에서 순환교육을 언급하며, 순환교육이 인플레이션 없는 완전고용 실현을 위한 경제정책의 보완적인 도구이자 전략이라 소개함으로써 처음으로 국제회의에 등장하였다(이희수, 조순옥, 2007). 그러다 순환교육은 1973년 OECD 유럽회의에서 산업사회의 활력과 생산성 향상을 위해 학교교육과 직업교육의 순환성을 강조하면서 평생학습의 전략으로 제안되었다. 즉, 순환교육은 학교와 직업 현장을 왕래하면서 이론과 실천의 조화를 꾀하고, 실력 있는 사람을 길러 내는 교육 활동이다(조화태 외, 2011). 순환교육은 형식교육과 성인교육을 더 밀접하게 통합하여 평등한 교육기회를 더욱 증진시키고, 인력수요를 충족시키고, 사회적 유연성을 증가시킨다(OECD, 1975). 기업의 사내 연수나 직업교육 훈련을 대학에 위탁하거나 학비를 지원하는 형태를 취하기도 하고, 일정 기간 유급 휴가를 줘서 정규 교육기관이나 연구기관에 파견교육을 시키는 형태를 취하기도 한다. 이희수와 조순옥(2011)에 따르면, "순환교육은 OECD만의 평생교육 철학을 나타내는 하나의 독립된 개념이라기보다는 UNESCO가 추구한 평생교육 이념을 실현시키기 위한 구체적인 전략, 방법론 차원에서 접근하였기 때문에, 추구하는 목표나 철학에서 UNESCO의 그것과 어떤 반대되는 대립되는 주장은 발견하기 어렵다."(p. 221) "UNESCO의 '존재하기 위한 학습'이 선언적 의의를 지녔다면 '순환교육'은 평생학습을 위한 전략 내지 정책을 대표한다고 할 수 있을 것이다."(p. 207) 이렇게 평생학습의 개념 안에서 순환교육이 실천전략으로 논의되다가 1996년 '만인을 위한 평생학습'으로 통합 · 대체되었다(이희수, 조순옥, 2007). "OECD가 주도한 순환교육적 평생교육은 '순환교육'(1973)에서 실체화되어 인적

자원개발론과 학습경제론을 거쳐 '모두를 위한 평생학습'(1996)으로 자리하고 있다."(권두승, 1996; 김창엽, 2005, pp. 166-167).

(6) 비형식 교육

교육의 유형을 형식 교육(formal education), 비형식 교육(non-formal education), 무형식 교육(informal education)으로 분류한 것은 쿰스(Coombs)였다(Coombs & Ahmed, 1974: 한숭희, 2011 재인용). 비형식 교육은 형식 교육인 학교교육을 제외한 조직적인 교육활동을 말한다. 이것은 우리나라 「평생교육법」상의 평생교육의 범위와 거의 일치한다. 학교교육과 다른 점은 졸업장이나 학위를 수여하지 않는 점이다. 비형식 교육을 통해서는 주로 '교육이수 확인증(certificate)'이 발급된다. 비형식 교육은 조직화되고 의도된 교육활동이기 때문에 교육을 전문으로 설립된 연수원, 교육원, 학교(비학위과정) 등의 시설뿐 아니라 교육 이외의 사회 · 경제 · 문화 활동을 주로 하면서 부차적으로 교육을 행하는 백화점, 도서관, 박물관, 병원, 언론기관, 복지관, 소방서 등 관공서의 시설이 포함된다. 무형식 교육이란 가정교육과 같이 눈에 보이는 정해진 틀이 없이 이루어지는 교육을 말한다. 교육을 형태상으로 교수자, 학습자, 콘텐츠의 3요소를 구비한 경우에 사용되는 용어라는 입장에서 본다면, 무형식 교육이란 말은 어색하다고 하여 무형식 학습이란 말을 사용하는 경향도 있다. 무형식 교육 내지 무형식 학습은 현장 직무훈련에서 중요성이 부각되고 있다(Jacobs, 2010).

(7) 지역사회교육

지역사회교육(community education)이란 지역사회 주민들의 집단적인 생활 향상을 위한 비형식 교육을 말한다. 학교교육처럼 정해진 커리큘럼이 있는 것이 아니라, 지역사회에서 가장 필요로 하는 문제에 집중하고, 지역사회의 수요에 부응하면서 교육 목표와 과정을 설계하고, 지역 내 모든 인적 · 물적 자원을 동원한다는 점에 특색이 있다. 지역발전을 도모하는 실천 활동에 중점을 두기 때문에 흔히 지역사회개발(community development), 지역사회운동(community action)과 함께 등장한다(김종서 외, 2002). 우리나라는 1969년도에 한국지역사회교육협의회가 설립되어 "한 아이를 잘 키우려면 온 마을이 필요하다."라는 아프리카 속담을 인용한 것에서 알 수 있듯 '자녀교육문제'에 역점을 두고 있다. 가정과 학교, 지역사회의 연계를 통한 평생교육의 장을 구축하여 끊임없는 프로그램 개발과 전문화된 지도자 양성에 주력해 왔다. 주요 프로그램을 보면 부모 리더십, 아버지다움 연구, 시민 리더십, 학교 안전, 차세대 리더십, 인문교육 등이 진행되고 있다. 영국의 경우 지역사회교육은 학교가 지역사회 주민의 요구를 충족시켜 주기 위하여 지역사회학교(community school)를 설립 · 운영한 데서 유래되었다(김종서 외, 2002).

2) 평생교육 관련 용어

앞서 언급한 바와 같이 1976년 이후 평생교육이란 말은 평생학습으로 대체되었고, 혼란을 피하기 위해 평생교육 · 평생학습을 병기하고 있다. 미국을 비롯한 많은 나라가 「평생학습법」을 제정하여 사용하고 있는데, 우리나라는 「평생교육법」을 제정하여 시행하고 있다. 이는 국가가 교육에 대한 전권을 행사하던 역사적 흐름으로 볼 수 있다(한숭희, 2011). 이러다 보니 본래 자기주도적이고 자율적인 학습을 지원하기보다는 오히려 통제하는 데 초점이 맞춰지고, 학습 욕구가 분출되고 가르치려는 의욕이 넘치는 교육적 존재로서의 본능의 역동성이 억눌려 평생교육 확산의 저해 요인으로 작용할 가능성이 잠재되어 있다. 어쨌든 「평생교육법」이 시행되고 있기 때문에 다른 나라엔 없는 평생교육 개념부터 평생교육기관, 평생교육사, 평생교육 프로그램 등의 용어가 있다. 여기서는 간단히 개념을 소개하고, 해당 부분에서 상세한 설명을 할 것이다. 이 절에서 사용하는 평생교육은 협의의 개념으로 사용하고 있음을 밝힌다. 협의의 개념은 현 「평생교육법」상의 개념이며, 광의의 개념은 UNESCO나 여기서 제시하는 일생을 통한 통합적 개념을 말한다(황종건, 1992).

(1) 평생교육기관

「평생교육법」상의 평생교육은 사실상 성인교육을 지칭하고, 비형식 교육의 형태를 취하기 때문에 평생교육기관이란 성인교육기관에 다름 아니다. 교육서비스를 제공하는 제도화된 기관 가운데 「초 · 중등교육법」과 「고등교육법」상의 교육기관을 제외한 모든 종류의 비형식 교육기관을 말한다. 「초 · 중등교육법」의 적용을 받지만, 학력 인정을 못 받는 공민학교는 평생교육기관으로 분류된다.

(2) 평생교육사

평생교육사는 평생교육의 기획, 진행, 분석, 평가 및 교수 업무를 수행하는 평생교육

전문 인력이다. 「사회교육법」이 시행되던 시절에는 사회교육자, 사회교육 전문요원 등의 이름으로 불렸다. 「평생교육법 시행령」 제17조에 규정된 평생교육사의 직무범위는, ① 평생교육 프로그램의 요구분석 · 개발 · 운영 · 평가 · 컨설팅, ② 학습자에 대한 학습정보 제공, 생애능력 개발 상담 · 교수, ③ 그 밖에 평생교육 진흥 관련 사업 계획 등 관련 업무로 규정되어 있다. 이에 따라 평생교육사는 평생교육기관 운영자, 평생교육 프로그램 개발자, 평생교육 프로그램 평가자, 평생교육 컨설턴트, 평생교육상담사, 평생교육 교수자, 평생교육기획자 등 다양한 직무를 수행할 수 있는데, 평생교육이 확산되면서 새로운 직무 영역이 등장할 것이므로 지금 그 역할이 고정되어 있는 것은 아니라 할 것이다.

(3) 평생교육 프로그램

우리나라 「평생교육법」에서는 평생교육의 영역을 학력보완교육, 성인 문자해득교육, 직업능력 향상교육, 인문교양교육, 문화예술교육, 시민참여교육 등을 포함하는 모든 형태의 조직적인 교육 활동으로 규정하고 있는데, 이런 활동과 관련된 교육 콘텐츠를 평생교육 프로그램이라 한다. 비형식 교육에서도 학점은행제의 도입으로 평생교육적 접근을 통해 학교를 졸업하거나 학위를 받을 수 있는 길이 열려 있지만, 보통 학교교육에서와는 달리 '교육이수 확인증'이나 '민간 자격증'을 발급하기도 한다. 이런 경우에는 단위 강좌(course)가 아니라 복수 강좌인 '과정(program)'으로 운영되기도 한다. 직업훈련 영역이나 학력 인정, 자격증 과정의 경우에는 프로그램의 질 관리(quality control, quality management)가 매우 중요하다. 우리나라의 경우 평생교육진흥원에서 이 역할을 주로 담당한다.

3. 평생교육의 4기둥

밀레니엄을 앞두고 평생학습이 21세기를 여는 열쇠로 등장하면서 유럽연합집행위원회(European Commission)는 1996년을 '유럽평생학습의 해'로 선언하고 유럽 각국에 대해 미래사회를 대비한 평생학습 정책을 수립 · 추진해 줄 것을 요청하였다. 그리고 OECD는 1995년도에 『학교교육을 넘어선 학습(Learning Beyond School)』을 통해 6가지 미래사회의 학습 원리를 제시하였다. 즉, ① 학습을 기본적 일상생활로 만든다는 것, ② 학습에의 접근성의 용이, ③ 학습자 요구의 적극 수용, ④ 학습에 도움되는 다양한 기법의 활용, ⑤ 학습 토대 구축을 위한 정부의 노력, ⑥ 협동 작업을 통한 학습 프로그램 구안 등이다(조화태 외, 2007). OECD의 학습 원리는 1996년 OECD 교육장관들의 '만인을 위한 평생학습(lifelong learning for all)'을 정책틀로 채택하는 데로 이어졌다(OECD, 2001). OECD의 학습 원리는 학습이 일상생활의 일부가 되도록 어떤 식으로 지원해야 할지에 대한 평생교육의 원리가 제시되어 있는 셈이고, 어떤 학습을 해야 하는지에 대한 방향 제시가 되어 있지는 않다. 이에 비해 UNESCO가 제시한 평생교육의 4기둥은 어떤 학습을 평생 동안 해야 하는지에 대한 방향 제시를 하면서 이 4가지 학습을 중심으로 교육이 조직화되어야 한다는 것을 제시하고 있다. 평생교육이 어떤 내용적 방향성을 갖는지에 대한 막연함이 해소되고 좀 더 분명한 방향성을 갖게 되었다는 점에서 의의가 있다.

UNESCO 21세기 세계교육위원회에서는 1996년에 『학습: 그 안에 숨겨진 보물(Learning: The Treasure Within)』이라는 종합 보고서를 제출하였다. 이 보고서는 21세기를 준비하는 교육의 원리로 "네 가지의 근본적인 학습 유형을 중심으로 교육이 조직되어야 한다."(Delors et al., 1997, p. 108)라고 강조하고 있다. 교육의 4기둥으로서 제시된 학습은 존재하기 위한 학습(learning to be), 행동하기 위한 학습(learning to do), 알기 위한 학습(learning to know), 함께 살아가기 위한 학습(learning to live together)이다. 여기서 교육을 보는 UNESCO의 관점을 확인할 수 있다. 즉, 교육은 학습을 지원하기 위해 조직된 활동이며, 평생교육은 평생학습을 지원하기 위한 조직화된 교육적 활동이라는 입장을 확인할 수 있다. 그리고 학습은 형식, 비형식, 무형식의 형태로 평생에 걸쳐서 이루어지는 것이므로 곧 평생학습이며, 교육 역시 학습을 지원하는 조직화된 활동이므로 본질적으로 평생교육이다. "UNESCO의 평생교육론은 교육론으로 귀결된다."(윤여각, 2015, p. 49) 그런 의미에서 '교육의 4기둥'은 '평생교육의 4기둥'으로 불러도 무방하고 '학습 내지 평생학습의 4기둥'으로 불러도 된다. 그리고 「들로르 보고서」의 교육의 4기둥을 다룬 장의 마지막 '요청과 제언'의 첫머리는 "평생교육(education throughout life: 번역서에서는 '교육은 전 생애를 통해'로 번역되어 있다)은 4기둥에 기초해야 한다."(Delors et al., 1997, p. 122)로 시작한다. 그래서 여기서는 보고서의 원 제목인 '교육의 4기둥' 대신 '평생교육의 4기둥'으로 부르기로 한다.

1) 존재하기 위한 학습

'존재하기 위한 학습(learning to be)'은 1972년의 「포르 보고서」인 『존재하기 위한 학습(Learning to Be)』을 배경으로 구상되었고, 기술 발전의 결과로 초래된 비인간화에 대한 우려가 날로 심각해지는 데 대한 문제의식을 갖고 있다(Keevy & Chakroun, 2015). 존재하기 위한 학습은 자기답게 되는 것을 교육의 목적으로 삼고 있고(김창엽, 2005), 형식교육이 지식의 획득만을 강조하는 경향이 있지만, 앞으로는 좀 더 폭넓게 인격의 지속적 성숙을 향해 나아가도록 정책적인 노력이 필요하다.

들로르 등(1997)은 "학습을 넓게 확대된 관점에서 보면 그것은 개인으로 하여금 자신의 창조적 잠재력을 발견하고 계발하여 확장시키는 일, 곧 각자에게 숨겨진 보물을 드러낼 수 있게 해 주는 것이라고 할 수 있다. 그러므로 교육은 기술, 능력, 경제적 잠재력과 같은 특수한 목표를 달성하기 위한 과정으로서의 도구적 관점을 넘어서서 자신을 완전한 사람으로 개발하는 과정, 곧 존재하기 위한 학습으로 간주되어야 한다."(pp. 108-109)라고 강조하고 있다. 또한 "존재하기 위한 학습은 개인의 인성을 보다 잘 성장시키고, 항상 보다 큰 자율성 · 판단력 · 책임감을 가지고 행동할 수 있게 해 준다. 따라서 교육은 인간의 어떤 잠재력도 소홀히 해서는 안 된다. 여기에는 기억력, 추리력, 미적 감각, 체력, 의사소통 기술이 포함된다."(p. 123)

2) 행동하기 위한 학습

이를 통해 개인이 환경에 창조적으로 대응하게 해 준다. 행동하기 위한 학습(learning to do)은 배운 바를 실천하는 영역으로 직업훈련과 밀접한 관련을 갖는다. 지금은 '인공지능 시대(AI 시대)'로서 단순한 노하우 수준의 기술은 거의 기계로 대체되므로 그 대신에 복합적인 인간 능력이 요구되는 상황이 되었다. 직업훈련을 통해 터득한 기술뿐 아니라 커뮤니케이션 능력, 사회적 행동력, 팀워크를 위한 소양, 진취성, 솔선수범, 직관력, 직감, 판단력, 사람들을 한 팀으로 묶는 능력 등이 요구된다.

"행동하기 위한 학습은 직업 기술을 습득할 뿐 아니라, 보다 넓게는 여러 상황에 대처하고 팀을 이루어 일할 수 있는 능력을 얻는 데 쓰인다. 이는 또한 젊은이들이 겪는 다양한 사회 경험과 직무 경험을 통해 획득되는데, 그러한 경험은 지역적 · 전국적 맥락에서 볼 때 비형식적이기도 하며, 공부와 일을 번갈아 하는 수업을 포함해서 볼 때 형식적이기도 하다."(Delors et al., 1997, p. 122-123)

3) 알기 위한 학습

이를 통해 이해의 도구를 획득한다. 알기 위한 학습(learning to know, learning to learn)은 학습하는 방법에 대한 학습(learning to learn: 번역서에서는 '학습하기 위한 학습'으로 번역되어 있다)을 전제로 하며, 집중력, 기억력, 사고력을 요구한다. 집중력은 지적 발견과정에서 매우 중요하고, TV가 지배하는 상황에서 어릴 적부터 주의집중력을 기르는 게 중요하다. 기억력은 대중매체가 퍼부어 놓은 단순 정보의 늪에 빠지는 것을 방지해 주므로 어릴 적부터 기억력 훈련을 할 필요가 있다. 일관된 사고력을 기르기 위해서는 구체성과 추상성, 연역법과 귀납법을 조화시켜야 한다.

"알기 위한 학습은 충분하고 광범위한 일반 지식을 소수의 주제까지 깊이 있게 적용할 수 있도록 조합하는 데 쓰인다. 이는 또한 학습하는 방법에 대한 학습이라고 할 수 있으며, 전 생애를 거쳐 교육의 혜택을 받을 수 있도록 한다."(Delors et al., 1997, p. 122)

4) 함께 살아가기 위한 학습

이를 통해 모든 활동에 다른 사람들과 함께 참여하게 해 준다. 비폭력 교육, 타인 발견에 앞서 자신을 알기, 다른 종교와 관습의 역사에 대한 학습, 불우이웃 돕기 위한 지역사회 개선 사업, 인본주의적 활동, 세대 간 지원활동 등 사회봉사 참가 등이 있다.

"함께 살아가기 위한 학습(learning to live together)은 타인을 이해하고 상호 의존성을 인정하면서 이루어진다. 이는 다원주의 · 상호이해 · 평화의 가치를 존중하는 정신으로 타인과 함께 공동 과업을 수행하고 갈등을 관리하는 법을 배우면서 얻어진다."(Delors et al., 1997, p. 123)

토론문제

1. 인간은 왜 평생 동안 학습해야 하는지 논하시오.
2. 평생교육과 성인교육은 같은가, 다른가? 다르다면 어떻게 다른지 논하시오.
3. 존재하기 위한 학습을 잘 수행하기 위한 질문을 작성해 보시오. 그리고 나머지 평생교육의 4기둥 각각에 대해서도 그 학습을 잘 수행하기 위한 질문을 작성해 보시오.

참고문헌

강영중(2010). 배움을 경영하라: '교육 CEO' 강영중의 배움 이야기. 서울: 대교출판.

권두승 편(1995). 평생교육론. 서울: 교육과학사.

김도수(1999). 평생교육. 서울: 양서원.

김신일(2005). 평생학습사회의 교육학 패러다임. 평생학습사회, 1(1), 151-170. UCI: G704-SER000015054.2005.1.1.008

김종서, 김승한, 황종건, 정지웅, 김신일(1987). 평생교육원론. 서울: 교육과학사.

김종서, 황종건, 김신일, 한숭희(2002). 평생교육개론. 서울: 교육과학사.

김준홍(2019). 어떻게 호모 사피엔스는 지배적 동물이 되었나?. 2019 봄 카오스 강연. https://www.youtube.com/watch?v=Ts8CxM89KVE

김창엽(2005). 'Learning To Be'와 'Learning: the Treasure Within' 비교 연구. 평생교육학연구, 11(3), 151-176.

김창엽, 성낙돈(2009). 평생교육의 목적으로서의 삶의 질의 개념에 대한 시론적 접근. 평생학습사회, 5(1), 123-146.

오혁진(2011). 1990년대 말 평생교육법 제정 과정 분석을 통한 평생교육 개념 혼란의 기원과 논리 검토. 평생교육학연구, 17(1), 119-142.

윤여각(2015). 평생교육 개념의 재검토: 유네스코의 랑그랑 · 포르 · 다베 · 들로 보고서를 중심으로. 평생교육학연구, 21(4), 31-53.

이돈희(2015). 공교육의 정치적 중립성에 관한 연구. 학술원논문집(인문 · 사회과학편), 54(1), 1-37.

이상오(2005). 평생교육론: 역사 · 조건 · 전망. 서울: 문음사.

이옥분(2005). 평생교육개념의 통합성과 전문화. 한국교육사상연구회 제30회 학술논문집, 1-21.

이희수, 조순옥(2007). 「Learning to be」와 「Recurrent Education」에 대한 비교. 평생교육학연구, 13(4), 203-230.

장원섭(2008). 평생교육 담당자들의 평생교육 개념 이해에 대한 질적 면접 연구. Andragogy Today: Interdisciplinary Journal of Adult & Continuing Education, 11(2), 101-121.

조화태, 윤여각, 김재웅, 김태중(2007). 평생교육개론. 서울: 한국통신대학교출판부.

차갑부(1994). 인간주의 성인교육에 관한 연구. 교육문제연구, 6, 131-145.

차갑부(2004). 평생교육의 이해. 서울: 학지사.

차갑부(2021). 평생교육론: 학습력사회의 교육학. 경기: 교육과학사.

최운실(1990). 한국의 평생교육. 서울: 교학사.

최은수, 기영화, 최성우, 이기성, 전주성, 박경실, 전기선, 진규동, 한우섭, 최영준, 김대식, 김주섭, 송민열, 신재홍, 최용범(2010). 평생교육론. 서울: 학지사.

한숭희(2011). 학습사회를 위한 평생교육론(3판). 서울: 학지사.

한준상(2000). 모든 이를 위한 안드라고지: Lifelong education. 서울: 학지사.

황종건(1992). 사회교육체계의 재정립. 함종한, 허경회 공저. 한국교육의 새로운 선택(pp. 141-169). 서울: 21세기 정책연구원.

황주홍 역(1994). 서양정치사상: 플라톤에서 아렌트까지. 브라이언 레드헤드 저. 서울: 문학과 지성사.

Barros, R. (2012). From lifelong education to lifelong learning: Discussion of some effects of today's neoliberal policies. *European Journal for Research on the Education and Learning of Adults, 3*(2), 119-134.

Central Advisory Council for Education (1967). *The plowden report: Children and their Primary Schools.* London: HMSO.

Coombs, P., & Ahmed, A. (1974). *Attacking Routledge. Rural poverty: How nonformal education can help.* Baltimore: The Johnes Hopkins University. Press.

Dave, R. H. (1973). *Lifelong education and school curriculum. Interim findings of an exploratory study on school curriculum, structures and teacher education in the perspective of lifelong education.* Hamburg: Unesco Institute for Education.

Dave, R. H. (1976). *Foundations of lifelong education.* Paris: UNESCO Institute for Education.

Delors, I., Mufti, I. A., Amagi, I., Carneiro, R., Chung, F., Geremek, B., & Nanzhao, Z. (1997). 21세기 교육을 위한 새로운 관점과 전망 (*Learning: The treasure within. Report to UNESCO of the international commission on education for the twenty-first century*). (김용주, 김재웅, 정두용, 천세영 공역). 서울: 도서출판 오름. (원저는 1996년에 출판).

Fauré, E., Herrera, F., Kadodoura, A., Lopes, H., Petrovsky, A. V., Rahnema, M., & Ward, F. C. (1972). *Learning to be: The world of education today and tomorrow.* Report to UNESCO of the international commission on the development of education. UNESCO.

Field, J. (2001). Lifelong education. *International Journal of Lifelong Education, 20,* 1-2, 3-15. Doi: 10.1080/09638280010008291

Ireland, T. D. (2014). Sixty years of CONFINTEA: A retrospective analysis. In UNESCO(2014), *Adult education in eetrospective: 60 years of CONFINTEA* (pp. 29-52). Brasilia Office.

Jacobs, R. (2010). 체계적 현장직무 교육훈련, S-OJT [(*Structured on-the-job training* (revised)].

(이찬 역). 서울: 크레듀. (원저는 2003년에 출판).

Jarvis, P. (1995). *Adult and continuing education: Theory and practice* (2nd ed.). Routledge.

Keevy, J., & Chakroun, B. (2015). *Level-setting and recognition of learning outcomes: The use of level descriptors in the twenty-first century.* Paris: UNESCO.

Leicester, M., & Parker, S. (2001). From adult education to lifelong learning. In Aspin, D., Chapman, J., Hatton, M., Sawano, Y. (Eds.)., *International handbook of lifelong learning* (pp. 109-118). Springer, Dordrecht. Doi: 10.1007/978-94-010-0916-4_7

Lengrand, P. (1975). *An introduction to life-long education.* UNESCO Press. (Originally published: 1970).

Megarry, J., & Schuler, T. (Eds.), (1979). *World yearbook of education 1979: Recurrent education and lifelong learning.* London: Routledge.

Merriam, S. B., Caffarella, R. S., & Baumgartner, L. M. (2009). 성인학습론 [*Learning in Adulthood: A comprehensive guide* (3rd ed)]. (기영화, 홍성화, 조윤정, 김선주 공역). 서울: 아카데미프레스. (원저는 2009년에 출판).

OECD (1975). *Recurrent education: Trends and issues.* Centre for Educational Research and Innovation. OECD.

OECD (2001). *Lifelong learning for all: Policy directions.* OECD.

UNESCO (2015). *Recommendation on adult learning and education.* UNESCO Institute for Lifelong Learning (UIL).

UNESCO (2016). *3rd global report on adult learning and education.* Hamburg: UNESCO Institute for Lifelong Learning.

제2장

평생교육의 철학적 배경

" 사상이나 이상을 갖고 살아가는 것은 영원한 기쁨이며, 즐거움의 꽃이다."

–R. W. 에머슨–

학습목표

1. 교육철학의 개념과 기능을 이해하고 설명할 수 있다.
2. 평생교육의 철학적 배경을 이해하고 설명할 수 있다.
3. 평생교육의 이념과 가치를 이해하고 설명할 수 있다.

학습개요

평생교육은 기관이 지향하는 이념이나 실무자와 학습자가 가지고 있는 사상, 가치 등에 직접적으로 영향을 받기 때문에 평생교육 현장에서 평생교육의 철학과 실행은 분리되어 생각할 수 없다. 이 장에서는 평생교육 철학의 기초가 되는 교육철학의 개념과 기능을 살펴본다. 그리고 평생교육의 철학적 배경인 인문주의, 진보주의, 행동주의, 인본주의, 비판주의 평생교육 철학적 토대에 대해 살펴본다. 이러한 평생교육에 대한 철학적 토대는 평생교육자와 학습자에게 교육에 대한 근본적인 원리와 교육에 대한 문제를 해결해 나가는 기준을 제공해 줄 수 있다.

평생교육 현장에서 교육의 성격은 기관의 이념이나 기관장, 평생교육 실무자의 교육철학에 의해 결정된다. 철학과 실천은 상호 배타적으로 분리될 수 있는 것이 아니기 때문에 개인이나 사회 구성원들이 보편적으로 공유하는 철학적 입장이나 가치는 개인의 행동과 사회 현상을 이해하는 중요한 단서일 수 있다(김한별, 2019). 학습자가 학습하게 되는 교육내용과 교육방법도 평생교육 사상이 어떠한가에 의해 결정된다(김진화, 2011). 따라서 평생교육의 다양한 실천 현장을 이해하기 위해서는 평생교육 실천 현장에 참여하고 있는 기관장, 실무자 등 기관 구성원들이 갖고 있는 철학적 입장 등을 파악하는 것이 무엇보다 중요하다. 이 장에서는 교육철학의 개념, 교육철학의 기능, 평생교육과 관련하여 대표적인 철학적 입장을 살펴본다.

1. 교육철학의 개념

철학(philosophy)이라는 용어는 고대 희랍어의 필로소피아(φιλοσοφία, 지혜에 대한 사랑)에서 유래하였으며, 필로소피아라는 말은 다시 필로스(philos=사랑)와 소피아(sophia=지혜)라는 두 말이 합쳐져서 이루어진 것이다(신득렬, 이병승, 우영효, 김회용, 2014). 즉, 필로소피아는 지혜를 사랑하는 것이라는 뜻으로, 여기서 지혜는 일상생활에서의 실제 활용하는 지식이 아닌 자신과 그것을 둘러싼 세계를 관조하는 지식을 의미하며, 인생관, 가치관이 포함된다(신득렬 외, 2014).

철학은 세계와 인간의 삶에 대한 근본 원리, 즉 인간의 본질, 세계관 등을 탐구하며 또한 존재, 지식, 가치, 이성, 인식 그리고 언어, 논리, 윤리 등의 일반적이며 기본적인 대상의 실체를 연구하는 학문으로, 이 말은 프로타고라스(Protagoras)에 의해서 만들어졌다고 한다(위키백과, 2021. 1. 24. 검색). 고대 희랍의 헤라클레이토스(Heraclitus)는 대부분의 사람들이 마치 술에 취한 듯 습관적 수면 상태에 빠져 지적으로 전신 마비증을 앓고 있다고 지적하면서, 철학은 이 습관적 수면 상태에서 사람들을 깨워 진리와 진리의 아름다움을 지각하고 인식하게 하는 길이라고 주장하였다(황주홍, 1994). 철학의 임무는 단순한 세계 해석의 차원이 아닌 세계 변화의 차원을 갖는 것이며, 철학적 방법이란 질문, 비판적 토론, 이성적 주장 그리고 체계적 진술을 포함한다(황주홍, 1994). 철학은 인간의 삶의 의미나 지식의 본질에 대한 궁극적인 지식이나 절대적 진리를 체계적으로 추구한다(성태제 외, 2020).

이런 일반적인 의미로서의 철학은 어느 문화권에나 오래전부터 존재하여 왔다. 하지만 지혜에 초점을 맞추느냐 아니면 사랑에 초점을 맞추느냐에 따라서 뜻이 달라질 수 있는데, 대체로 소크라테스(Socrates)나 플라톤(Plato)은 사랑을 강조하였다는 점에서 사랑의 철학이라고 볼 수 있다(신득렬 외, 2014). 이에 비해 아리스토텔레스(Aristoteles)는 지혜를 강조했기 때문에 지혜로서의 철학이었다. 철학은 본질적으로 인간의 가치를 추구하는 학문이다. 즉, 철학은 전문 철학자들이 남긴 깊이 있는 지식체계가 아니라 인간의 사고과정과 같은 보편적인 삶의 태도를 의미한다고 볼 수 있다(정가을, 2018). 고대 철학자 에피쿠로스(Epicuros)는 오직 철학만이 행복을 가져다 줄 수 있다고 보았다(황송이, 2020). 철학은 고대 그리스에서는 사실 학문 그 자체를 논하는 단어였고 전통상으로는 세계, 인간, 사물과 현상의 가치와 궁극적인 뜻을 향한 본질적이고 총체적인 천착을 의미하였다. 동양의 서구화 이후 철학은 대체로 고대 희랍 철학에서 시작하는 서양철학 일반을 지칭하기도 하나 철학 자체는 동서로 분리되지 않는다(황송이, 2020).

교육관으로서의 교육철학은 바람직한 교육에 대한 견해와 신념을 가리키는 것이고, "교육에 관계하는 사람으로서의 교육이란 무엇인가?"라는 질문에 대해 교육철학은 자기 나름대로의 교육의 개념과 목적 내용과 방법 등에 대한 견해나 신념체계를 일컫는 것이다(신득렬 외, 2014). 학문으로서의 교육철학은 교육사, 교육심리학, 교육사회학, 교육행정학 등과 같이 교육학의 하위 영역 중 하나로, 교육과학이 과학적 개념과 방법론으로 교육 현상을 탐구하는 분야라면, 교육철학은 철학적 개념과 방법론으로 교육의 의미와 행위를 탐구하는 분야이다(신득렬 외, 2014).

오늘날 교육철학은 인간과 교육의 본질에 대한 진리를 추구하거나 교육적 이론 또는 실제의 근거를 제공하던 이론적 역할에서 점진적으로 우리 사회에서 제도적 · 일상적으로 접하는 교육적 담론과 실천의 밑바탕에 놓여 있는 언어적 의미체계가 실제적인 세계와 관계를 맺는 방식에 대하여, 교육 현실이 바람직한 것인지를 비판적으로 검토하는 실천적 사고 활동으로 옮겨 가고 있다(Blake, Smeyers, Smith, & Standish, 2003: 성태제 외, 2020 재인용).

2. 교육철학의 기능

철학은 인류의 역사에서 사물의 본질 또는 근본에 관한 물음으로 시작되었으며, 인간을 위한 사유체계의 학문으로 정립되었고, 또한 철학은 과거부터 미래까지 인간에게 있어 삶의 현상에 끊임없이 물음을 던지게 하고, 해결의 실마리를 발견하기 위해 지혜를 발휘하게 하는 중요한 역할을 하고 있다(황송이, 2020). 따라서 철학을 가르치는 것은 인간의 본질에 맞는 타당한 교육을 하는 것을 의미한다. 그렇다면 교육철학이란 무엇인가? 오사다(1938)는 개개인의 교육의 현상적 사실의 밑바탕에 깔려 있는 교육의 본질을 끄집어 내는 것이 교육철학의 임무라고 하였다(김정환, 강선보, 신창호, 2014 재인용). 교육이념에는 교육을 통해 이루고자 하는 이상적인 결과 또는 추구하는 근본적인 가치가 반영되어야 하는데, 우리나라의 교육이념은 「교육기본법」 제2조에 홍익인간의 이념이 중심 가치로 제시되어 있다(김지영, 2017). 우리나라 교육이념은 「교육기본법」 제2조에서 "홍익인간(弘益人間)의 이념 아래 모든 국민으로 하여금 인격을 도야(陶冶)하고 자주적 생활 능력과 민주시민으로서 필요한 자질을 갖추게 함으로써 인간다운 삶을 영위하게 하고 민주국가의 발전과 인류공영(人類共榮)의 이상을 실현하는 데 이바지하게 함을 목적으로 한다."라고 명시하였다.

「교육기본법」에 나타난 홍익인간 이념은 우리나라의 건국이념과 교육이념으로 "인간과 인간 세상을 이롭게 한다."라는 의미이다(김지영, 2017).

이러한 교육이념을 바탕으로, 이 교육과정이 추구하는 인간상은 다음과 같다(박병용, 2010).

- 지성과 감정, 의지를 균형 있게 갖추어 원만한 인격을 지닌 전인적 성장의 바탕 위에 개개인의 고유한 개성의 발달과 진로를 개척하는 사람
- 기초 능력의 기반 위에 새로운 생각을 하는 도전으로 창의성을 발휘하는 사람
- 문화적 소양, 다원적인 가치에 대한 이해를 바탕으로 품위와 격식이 있는 삶을 영위하는 사람
- 세계와 소통하는 시민으로서 배려와 나눔의 정신으로 공동체 발전에 참여하는 사람

민주시민으로서의 자질을 높이는 교육은 어느 특정 영역의 교과교육에서뿐만 아니라 전반적인 교육과정에서 충실히 수행해야 하며, 모든 지적 교육의 영역에서 함께 책임져야 할 부분이다(박병용, 2010). 이를 위해 우리 교육 현장에서 지식정보화 사회로의 변화에 대한 능동적인 대처 방안 마련과 새로운 교육 수요에 대한 적극적 해결책 모색이 중요 목표가 되어야 한다(박병용, 2010). 이러한 변화는 철학교육에 있어서도 마찬가

지이다. 철학교육이 과거에 비해 조금씩 늘어나고 있음에도 불구하고, 철학교육은 아직 그 본연의 역할을 제대로 해 오지 못하는 것으로 평가되고 있다. 그 근본적인 이유는 철학이 우리의 일상과 밀접하게 연결되어 있음을 제대로 보이지 못했기 때문이다(박병용, 2010).

교육철학(敎育哲學, philosophy of education)은 교육학의 영역 중 교육을 왜 해야 하느냐, 교육을 왜 받아야 하느냐에 관한 영역으로 교육의 목적을 설명하는 영역이다. 교육철학에서는 교육의 개념이나 목적 등 교육에 관한 원리나 교육과 관련한 내용을 철학적으로 연구한다(위키백과, 2021. 1. 23. 검색). 교육철학은 교육에 관한 전반적인 내용을 철학적으로 연구하는 활동이다. 이러한 교육철학 연구 활동은 철학의 4가지 기능을 통해 가능한데, 구체적으로 살펴보면 〈표 2-1〉과 같다.

〈표 2-1〉 교육철학의 기능

기능	내용
분석적 기능	분석적 기능은 이론적 혹은 일상적 언어의 의미와 거기에 내포된 논리적 관계를 명백히 하며, 각종의 가치 기준을 밝히는 행위를 말한다. 어떤 교육적 의미체계가 있을 때 그것이 어떠한 신념과 가정, 가치관과 이론적 배경에서 성립하고 있는가를 분석하여 밝혀내는 활동이며, 이러한 활동이 곧 교육철학이 갖는 분석 기능이다.
평가적 기능	평가적 기능은 주어진 어떤 준거(criterion), 기준(standard), 규범(norm)에 비추어 어떤 실천, 이론, 주장, 원리의 만족도를 밝히는 행위를 의미한다. 교육철학의 평가적 기능은 주어진 어떤 기준 혹은 준거에 비추어 어떤 교육적 의미체계나 교육 현실을 평가하는 활동을 가리킨다.
사변적 기능	교육철학의 사변적 기능은 교육에 대한 새로운 의미체계, 즉 이론이나 설명체계를 구안하여 제시하는 활동을 가리킨다. 다시 말해, 어떠한 인간관과 세계관, 지식관과 세계관, 아동관과 교사관을 형성해 내고, 그에 따라 교육은 이러저러한 것이라든지 또는 이러저러 해야 한다고 제안하거나 주장하는 일이 사변적 기능이다.
통합적 기능	통합적 기능은 하나의 현상이나 과정을 전체로서 파악하고 여러 부분과 차원을 통합하여 이해하려는 행위이다. 교육학은 이론적으로 심리학, 사회학, 인류학, 역사학, 철학, 행정학, 경제학 등 다양한 학문과 관련되어 있다. 그러므로 교육과 관련하여 다양한 학문 영역에서 발견된 이론과 새로운 제안을 전체로 통합하는 일관된 이해가 필요하다.

출처: 신득렬 외(2014), pp. 273-276 재구성.

또한 넬러(Kneller, 1963)는 철학의 기능을 다음과 같이 제시하였다(김정환, 강선보, 신창호, 2014 재인용). 첫째, 철학은 사색을 통하여 우주 만물을 조직적으로 인식하게 하며, 둘째, 선악(善惡: 착한 것과 악한 것), 정사(正邪: 바른 일과 사악한 일), 미추(美醜: 아름다움과 추함)의 모범이 되는 표준을 마련하여 주며, 셋째, 여러 개념을 다듬게 해 주며, 넷째, 개개의 학문과 과학이 빠지기 쉬운 독선적인 생각을 전학문체계의 높은 전망에서 시정해 준다.

3. 철학교육의 역할과 방향

"새 술은 새 부대에 담아라."라는 속담처럼, 21세기 급변하는 세계화와 다원화의 물결 앞에서 지식사회의 지형이 달라지고, 이로 말미암아 산업구조가 변모하는 문화변동의 상황에서는 교육적 요구 또한 달라질 수밖에 없고, 우리 교육도 이러한 흐름에 호응하여 교육의 전 영역에서 비판적이면서도 적극적이고 주도적인 준비를 해 나가야 한다(박병용, 2010). 이제는 지식의 단순한 전수가 아니라 지식 창출과 문제해결 능력을 기르는 일이 교육의 핵심을 차지한다. 즉, 새로운 정보를 산출할 수 있는 창의적인 사고 능력, 엄청난 양의 정보 가운데에서 가장 유용한 정보를 선별할 수 있는 비판적인 사고 능력, 그리고 자신과 주변 세계를 전체 속에서 가늠할 수 있는 총체적이고 종합적인 사유능력을 기르는 일이 교육의 중심이 되어야 한다(박병용, 2010). 여기에 문제해결의 올바른 방향을 알 수 있는 통찰력과 여러 대상을 두루 생각하는 자신의 사유 내용을 사회의 공동체 구성원과 공유할 수 있는 사회적 의사소통 능력을 기르는 일은 중요하다. 이러한 능력의 함양은 어느 특정 영역의 지식교육이나 훈련에서 이루어지는 것이 아니라 총체적인 지적 교육 가운데서 이루어지는 것으로, 여기서 특히 '철학'교육을 주목하고 중요시하는 이유는 다른 어떤 교과보다도 철학교육이 이러한 능력을 기르는 교육에 주체적으로 집중하여 실질적 성과를 거둘 수 있다고 보기 때문이다(박병용, 2010).

철학적 사고의 기본 정신에 대하여 〈표 2-2〉와 같이 언급하였다(손동현 외, 2005: 박병용, 2010 재인용).

〈표 2-2〉 철학적 사고

철학적 사고	내용
비판적 사고	철학적 사고는 늘 '참'을 준거로 하여 참과 거짓을 가리는 비판적 사고의 수행이다. 이는 삶의 위기를 극복하려는 의식의 발로로 결국은 '문제'의 발견으로 이어지고, 나아가 이 문제의 해결을 위한 실마리의 모색으로 이어진다.
무전제의 개방적 사고	철학적 사고는 그 어떤 기존의 지식도 비판적 검토 없이 받아들이지 않는다. 마찬가지로 철학적 사고는 그 어떤 지식도 이유 없이 배척하지 않는다. 모든 가능한 관점에서 모든 가능한 사유 실험을 수행하며 사물을 파악하고자 한다. 철학적 사고는 이렇게 개방적인 사고를 통해 '참'에 접근하고자 할 뿐이다. 여기서 새로운 것을 발견하는 창의성이 구현된다. 철학적 사유의 창의성이란 그 개방성에서 나오는 필연적 결과이다.
근본적 원리적 사고	철학적 사유는 고정된 출발점을 전제하지 않을 뿐 아니라 특정의 목표점을 미리 정하지도 않는다. 철학적 사유는 중단하지 않고 물음을 던짐으로써 사물의 근본에 이르고자 하며 그것은 곧 원리의 발견을 지향하는 것이다. 그리고 철학적 탐구가 지향하는 원리란 대개 인간의 지성을 넘어서는 것으로 포착되기 어렵지만, 본성상 그것은 궁극적인 것이다.
전체에 대한 사고	철학적 사유는 세계 전체를 그 사고 대상으로 한다. 세계의 어느 한 부분이나 한 측면만을 탐구하고자 할 때 그것은 곧 분과학문의 영역을 열어 나가는 길에 들어서는 것이 된다. 세계 전체를 탐구 대상으로 삼기 때문에 철학적 사유는 분과학문의 탐구에 방향을 제시하고 그 각각의 위상 및 의의에 대해 의미 있는 발언을 할 수 있다.
자기반성적 사고	철학적 탐구는 세계 전체를 그 대상 영역으로 삼고 있지만, 주관성 및 주체성은 자기반성적 사고에서 비로소 대상적 인식에서와는 전혀 다른 방식으로 파악된다.

출처: 박병용(2010), pp. 14-15 재구성.

이러한 철학적 사고의 기본 정신을 바탕으로 철학적 사유를 가능하게 하는 철학교육은 다음과 같은 교육적 의의를 가질 수 있다(박병용, 2010).

- 비판적이고 개방적인 사고를 통해 문제해결 등을 모색하는 창의성을 고양시키는 교육을 수행할 수 있다.
- 인류 사회 전체에 대한 통합적 견해를 가질 수 있도록 도움을 줄 수 있다.
- 자신의 자아정체성을 형성하는 데 계기를 마련해 자기 자신의 인생관을 성숙시키는 데 도움을 줄 수 있다.

- 세계관과 개인적 인생관 형성과 자신이 추구해야 될 바람직한 이상적인 세계 및 바람직한 자아에 대한 견해가 유기적으로 조화롭게 잘 어울려 모든 영역에 걸치는 총체적 인격의 형성에 기여할 것이다.
- 이러한 안목과 견식은 공동체 안에서 훌륭하고 바람직한 삶을 영위할 수 있도록 공동체 의식과 도덕성 등을 함양하는 데 확고한 기초가 되는 바탕으로 기여할 것이다.

철학적 사고의 기본 정신을 바탕으로 하는 철학교육의 의의는 평생교육에 있어서 중요한 의미를 부여해 준다고 할 수 있다. 철학을 단순히 고차원의 이론적 · 학술적 연구 작업이나 그 결과물로만 보는 것이 아니라, 철학을 앞에서 제시한 같은 철학적 사고과정 자체로 보고 철학교육을 이러한 사고에 친숙하게 함으로써 학습자의 세계관, 가치관, 인생관의 형성에 기여하는 성찰의 학습으로 본다면 철학교육은 평생교육 목표에 이바지할 수 있다(박병용, 2010). 평생교육에서 철학적인 활동은 인간과 삶의 본질에 관해 관심을 가지고 탐구하는 과정에서의 몰입과 열정을 쏟게 만드는 그 자체를 의미한다고 볼 수 있다(황송이, 2020). 철학교육은 학습자가 세계의 존재 의미와 자신의 삶의 의의에 대해 의문을 가지게 하는 중요한 기초 교양교육을 담당할 수 있으며, 더불어 비판적 · 개방적 · 창의적인 사고력의 계발과 모든 영역에 걸치는 인격의 형성, 세계화 시대에 적합한 공동체 의식을 함양할 수 있다(박병용, 2010). 이제 남은 문제는 이러한 철학교육을 평생교육과 어떻게 연결시키느냐이다. 평생교육 현장에서도 철학교육을 통하여 학습자 자신에 대한 이해와 존중을 바탕으로, 자신 스스로에 대해서는 긍정적인 자아상을 함양하고, 타인에 대해서는 그들의 관점을 이해하고 배려하며, 사회 구성원으로서 사회적 연대감을 바탕으로 공동체 의식을 함양할 수 있다(김지영, 2017).

4. 평생교육의 철학적 배경

교육이란 그 시대의 사회적 · 정치적 · 경제적 조건에 영향을 받으며, 사회의 각 부분이나 영역에 영향을 끼친다. 즉, 교육은 사회적 요구에 의해 생겨나서 교사와 학생 또는 학생과 학생 간의 인간관계를 중심으로 전개되는 사회 현상으로, 교육은 광범위한 사회적 영역, 즉 사회 통합, 건강, 시민 참여, 사회적 포용에 긍정적인 영향을 미치는 것으로 널리 받아들여지고 있다(홍민식, 2006).

평생교육은 학습자 스스로 삶의 질적 향상과 자기 자신에게 의미 있는 개인적 가치와 시대 정신을 고양하고 향유할 수 있게 만들어 주는 교육이념이다(한준상, 1987). 평생교육의 이념이 구현되기 위해서는 사회가 교실화되는 '교육사회(educative society)'가 건설되어야 하고, 제도적 학교 교육이라는 학교교육사회(schooled socitey)의 한계를 극복하여, 학습자 스스로 능동적이고 주체적인 삶을 살아가며 사회 변화를 능동적으로 만들어 가는(learning to become) 교육사회가 건설되어야 한다(한준상, 1987).

플라톤에 따르면, 철학은 모든 연구, 깊이 생각하고 이치를 따지는 사색과 자아 성찰에 불가결의 것인데도 불구하고 사람들은 이것을 골치 아프게 여기고 있는 그것이다(김정환, 강선보, 신창호, 2014). 또한 철학은 생성 · 소멸에 의하여 이치에 어그려져 어지럽지 않고, 변하지 아니하는 불변의 실재를 볼 수 있게 학문을 사랑하는 마음가짐으로 진리와 지혜를 사랑하는 일이다(김정환, 강선보, 신창호, 2014).

역사적으로 철학자들은 신이 가진 능력에 도달하기 위해 진리에 가까이 다가가려고 노력하였고, 많은 사람이 보편적인 진리임을 확신하는 것에서는 반드시 의문을 제기했는데, 그 대표적인 철학자로 소크라테스를 들 수 있다(황송이, 2020). 그는 "너 자신을 알라."라는 델포이 신전의 경구를 즐겨 인용했는데, 이것은 자신의 무지함을 인식하여 끊임없이 의문을 제기하는 일상적인 사유 활동을 의미한다(황송이, 2020). 또한 소크라테스는 "자신의 말에 잘못이 있다면 기꺼이 반론을 받아들이고, 타인이 틀렸다고 생각할 때는 기꺼이 반론을 제기할 수 있는 사람과만 토론한다."라고 하였다(황송이, 2019).

평생교육에서 성인학습자는 끊임없이 생각하는 존재이므로, 그들의 삶에서 다양한 삶의 근원적 물음에 대하여 스스로 사고하는 과정에서 가치 있는 일을 생각하고 올바른 판단을 할 수 있어야 한다. 따라서 성인의 사고 과정은 철학교육을 통해서 익숙해지는 것이 필요하다. 철학교육의 이러한 측면은 평생교육에서도 적용될 수 있는 것이라 볼 수 있다. 이 절에서는 평생교육에서 다양한 현상과 밀접한 관련이 있는 철학적 입장에 대해 구체적으로 살펴본다.

1) 인문주의 철학

(1) 개요

인문주의(humanism)는 서구의 가장 전통적인 교육철학으로, 고대 그리스의 소피스트(Sophist), 소크라테스, 플라톤 등으로부터 출발하여 매우 깊은 역사적 전통을 가지고 있다(김한별, 2019). 스콜라철학이 신학과 형이상학을 중심으로 하는 '신에 대한 연구'였다면, 14~16세기에 이탈리아를 중심으로 유럽의 여러 나라에서 일어난 르네상스 인문학은 고대의 고전을 중심으로 하는 인간의 재발견, 즉 '인간에 관한 연구'였다(나일수, 2002: 박상옥, 2014 재인용). 인문주의 철학은 단지 배우는 것 그 자체를 위해 학습하는 것을 강조하며, 넓은 의미에서 고전적인 인문주의, 종합적인 교육, 전통적 지식을 강조한다(Floyd, 2010: 고희원, 2016 재인용). 인문적 전통은 인문학, 종교, 철학이 과학보다 우위에 있다고 여기며, 과학과 기술에 의한 가치는 비판 가능하다고 본다(Elias & Merriam, 1995: 고희원, 2016 재인용).

인문학은 중세를 거치면서 대학이라는 형식 교육의 틀에 갇혀 일종의 학문 또는 교과로 정형화되었고, 오늘날 인문학은 제도권 교육인 형식 교육의 한계에 갇히게 되어, 세계화와 지식정보화 사회의 도래로 학문에서도 실용성, 경제적 효율성과 효과성을 중시하는 흐름 속에서 인문학과 인문 정신 본래의 가치가 도외시되는 '인문학의 위기'가 언급되고 있다(박상옥, 2014).

인문주의는 존재론적 존재로서, 철학 사유체계의 근원으로서 인간의 존재를 중요시하고 인간의 능력과 성품 그리고 인간의 현재적 소망과 행복을 귀중하게 생각하는 정신으로, 인간 중심적 사고에 따른 인류 사회의 존엄, 가치를 중시한다(위키백과, 2021. 1. 24. 검색). 인문주의 전통은 인류가 추구해야 할 절대 진리와 가치에 주목하며, 여기서 주목하는 절대 진리란 시대적 · 상황적 · 문화적 조건 등에 따라 달라지는 인간의 실제적이고 세밀한 삶의 모습을 초월하여 존재하는 보편적 윤리, 도덕, 논리, 지식 등을 가리킨다(김한별, 2019).

인문주의 교육은 다음과 같은 원리와 내용을 강조한다(최은수, 김미자, 최연희, 윤한수, 2017; 한우섭 외, 2019).

- 진리는 시간, 장소, 사람 등과 같은 환경에 의존하지 않는 보편적이다.
- 훌륭한 교육은 진리를 탐구하고 이해하는 것으로, 진리는 위대한 고전 속에서 찾을 수 있다.
- 사람에게 자유의 가치를 가르치고, 그 가치를 알고 활용할 수 있는 능력을 갖출 수 있다.
- 교육은 이성적인 능력을 개발하는 것이며, 이를 위해서는 교양교육이 강조되어야 한다.

• 사람의 관계에서 감정 차이가 발생할 때 경험의 범위를 확장시켜 그 차이에 대해 적절하게 반응할 수 있다.

이러한 인문주의 교육의 본질은 교육을 통해서 인간의 이성을 개발하고 진리를 알게 하며 그것을 따르게 하는 것이다(한우섭 외, 2019).

(2) 인문주의와 평생교육

프리든버그(Friedenberg, 1956)는 인문주의 성인교육이 시민의 자질향상, 여가선용, 자아관 개선, 인간존엄성 자각 등의 목적에 기여한다고 하였다(고희원, 2016). 인문주의 교육은 정신훈련을 통해 이론을 아는 것이며, 그렇게 해서 알게 된 이론적 지식은 다양한 삶의 상황에서도 적용될 수 있다(최은수 외, 2017). 인문주의 성인교육은 인간 정신의 지적 능력 개발을 강조하면서도 보다 넓은 의미에서 지적 · 도덕적 · 영적 · 미적 차원의 폭넓은 교양인을 길러 내는 데 목적을 두고 있다(배을규, 2006: 고희원, 2016 재인용). 인문주의 교육철학은 교육에서 우선적으로 인문학적 소양과 도덕성의 신장을 강조하였는데, 이러한 교육의 목적에 대한 인문주의적 입장은 평생교육의 장면에서 중요한 영향을 미쳤다(김한별, 2019). 인문주의 교육에서 학습자는 언제나 지식, 개념, 이론적 이해를 추구하는 교양 있는 학습자이다(Elias & Merriam, 1995: 고희원, 2016 재인용). 무디(Moody, 1976)는 인간은 끊임없이 진리를 추구하며, 도덕적 특성을 발달시키려 하고, 정신적 · 종교적 이상을 추구하며, 삶과 자연의 이치 속에서 미를 찾는 평생학습자라고 하였다(고희원, 2016). 평생 교육적 맥락에서 인문주의 교육철학은 많은 사람이 자신이 처한 사회적 · 경제적 조건을 뛰어넘어서 자유 · 인문 · 교양 · 예술 · 문화에 대한 지식을 지속적으로 학습할 수 있는 기회를 확대하는 노력이 중요하다(김한별, 2019). 다른 철학적 관점과 구별되는 점은, 인문주의 교육 프로그램에서 노인은 풍부한 삶의 경험을 가지고 새로운 교육 경험을 통합하고 활용하는 데 가장 능력이 있는 학습자로 인식된다(Floyd, 2010: 고희원, 2016 재인용). 많은 대학과 성인 집단에서 애용되고 있는 고전읽기 교육 프로그램은 인문주의 교육 형태로 학습자가 경험이 많은 교수자와 함께 고전을 읽어 나가는 사이에 지적 이해력을 높이고, 현재의 경험이나 문제를 위대한 사상과 연관 지어 생각할 수 있으며 현대의 보편적인 이념이나 진리도 찾아낼 수 있다(최은수 외, 2017).

인문주의 관점에서 학습자에게 교수자는 권위와 지식을 갖추고 있는 전문가로서 지식의 원천이고 학습계획자이다. 교수자는 학습자의 학습 과정을 분명히 지시하고 통제하며, 이에 비해 학습자는 교수자에게 의존적인 수동적인 존재이다(최은수 외, 2017). 패터슨(Paterson, 1979)은 교육자가 교육적으로 가치 있는 것을 스스로 결정하여 학습자에게 가르쳐야 할 의무를 가져야 한다고 주장하였다(고희원, 2016). 이러한 관점은 평생교육의 이념과는 배치되는 점으로 비판받을 수 있으나, 인간 본성을 강조하는 면에서 평생교육 교육관에 영향을 미치고 있다(권대봉, 2001: 고희원, 2016 재인용). 인문주의 교육철학은 사회에서 기본적으로 필요한 역량을 기르고, 이를 바탕으로 인문학적 상상력을 발휘할 수 있는 힘을 키울 수 있도록 한다. 인문주의 입장에서 지지하고 강조하는 가치에 바탕을 둔 프로그램은 성인을 대상으로 하는 문자해득교육, 기초학력 증진 교육, 미적 감각을 계발하는 각종 예술교육 프로그램의 개발 등이 인문주의 입장에서 지지하는 가치를 바탕으로 하고 있다(김한별, 2019).

평생교육에서 인문학 강좌가 소외계층을 대상으로 그 영역을 확장하게 된 것은 미국의 작가인 얼 쇼리스(Earl Shorris)의 '클레멘트 코스(Clemente Course)'가 소개되고 이것이 우리나라의 상황에 알맞게 적용되어 운영된 것이 큰 영향을 끼쳤는데, 클레멘트 코스 인문학 과정의 목적은 이러한 사회적 약자가 자신의 삶에 대해 성찰과 자신의 정체성을 확립하고, 정치적 삶을 일깨워 그들을 '공적 삶(public life)'에 '다시 참여(re-engagement)' 할 수 있게 하는 것이다(박상옥, 2014).

2) 행동주의 철학

(1) 개요

행동주의(behaviorism) 교육철학은 20세기 이전에 팽배했던 귀납법의 논리 전개 방식을 강조한 과학적 현실주의 및 경험주의, 과학적 관찰과 측정을 통한 지식의 탐구를 강조한 논리실증주의에 기초를 두고 있다(최은수 외, 2017). 행동주의는 교육철학의 한 사조라기보다는 심리학의 주요 이론적 입장이라고 할 수 있는데, 행동주의 심리학에서는 학습을 '인간 행동의 조작적 변화'로 정의하며, 환경의 조작과 통제를 통하여 인간 행동을 의도적 형태로 변화시킬 수 있다고 주장한다(김한별, 2019).

행동주의 평생교육은 20세기 초부터 발전하기 시작한 심리학 이론에 근거를 두고 있다. 초기의 행동주의는 왓슨(Watson)에 의해 19세기 말에 발달한 동물심리학의 성과와 생리학자 파블로프(Pavlov)의 조건반사학(條件反射學), 제임스(James)의 기능주의 등의 영향을 받고 형성되었으며, 행동주의의 등장은 사람과 동물의 공통적인 행동의 성질과 기능을 연구하는 길을 열었고, 조건 부여에 의한 습득행동(習得行動)의 중시는 교육의 가능성에 관해서도 시사(示唆)하는 바가 크다(네이버 지식백과, 2021. 6. 26. 검색). 행동주의 성인 교육자들은 손다이크(Thorndike), 파블로프(Pavlov), 스키너(Skinner)와 왓슨의 심리학적 업적에 근거하여 통제, 행동 수정, 강화를 통한 학습, 목표 관리를 강조한다(Elias & Merriam, 1995: 고희원, 2016 재인용).

프로그램 학습(programmed instruction)은 강화나 처벌의 계획적 제공을 통해서 인간의 행동을 통제할 수 있다는 행동주의 영향을 교육 영역에서 보여 주는 사례로, 학습자가 교육목표에 도달할 수 있도록 단계적으로 학습 내용을 제시하고, 내용에 대한 학습 수준이 바람직할 경우 적절한 강화를 제공함으로써 보다 발전된 다음 단계로 이행할 수 있도록 한다(김한별, 2019). 이처럼 행동주의 관점은 교수목표의 설정을 통한 교수체제의 체계화, 교수 과정에서의 강화, 조건화를 활용한 효과적인 교수방법의 사용, 교육의 책무성의 강조, 능력 위주의 절대평가 등의 새로운 모습을 보여 주었다(고희원, 2016; 최은수 외, 2017). 이를 구체적으로 살펴보면 〈표 2-3〉과 같다.

〈표 2-3〉 행동주의 교육철학

행동주의 교육철학	내용
교육목표의 사용	자극을 제공하여 발생되는 학습자의 반응을 교육목표로 설정하여, 이를 통해 교육이 어떻게 구성되고 진행되어야 하는가를 명확하게 설정할 수 있다.
교육의 책무성	교육의 책무성이란 교육목표를 달성함으로써 교육의 역할을 다해야 한다는 것이다. 특히 행동주의에서 교육의 책무성은 교육 실시 결과에 대한 평가를 강조한다.
능력 위주의 교육	교육목표 수준을 정해 놓고 그 수준에 도달하도록 하는 교육을 실시하는 것이다. 능력 위주의 교육은 학습자 간의 상대평가보다는 일정 기준 이상의 교육목표가 달성되었는지를 기준으로 하는 절대평가의 방식을 채택한다.

출처: 한우섭 외(2019), p. 51 재구성.

(2) 행동주의와 평생교육

엘리아스와 메리엄(Elias & Merriam, 1995)은 사회와 공동의 이익을 위해 상호 의존성과 협동을 강화하는 것 또한 행동주의 성인교육의 본질적인 목표라고 하였다(고희원, 2016). 따라서 행동주의 성인교육의 궁극적인 목표는 인간과 사회, 개인의 생존을 보장하는 행동을 유발하는 것이라고 볼 수 있다(조윤정, 최은수, 2009: 고희원, 2016 재인용).

행동주의 입장에서 학습자는 기본적으로 환경의 영향을 받을 수밖에 없으며, 학습자는 조절, 통제 가능한 존재라고 본다. 따라서 교육자는 학습자의 학습 결과를 예견하고 학습활동을 관리 · 통제하며 지도하는 존재로, 학습자의 바람직하지 않은 행동을 제거하고 인류의 생존을 위한 목표를 성취할 수 있도록, 학습자의 행동을 촉발하고 강화하는 환경을 만드는 것이 교육자의 책임이라고 믿는다(배을규, 2006; Floyd, 2010: 고희원, 2016 재인용).

오늘날 행동주의 영향은 평생교육의 실천 현장에서 확인할 수 있는데, 모든 조직의 성과 증진을 목적으로 조직 구성원에게 제공하는 인적자원개발(HRD)의 주요 활동 역시 행동주의 전통과 긴밀히 관련되어 있다. 즉, 조직이 기대하는 업무수행 능력을 전략적으로 향상시키기 위하여 업무 수행의 구조와 환경을 개선함으로써 학습자의 학습 결과를 향상시키려는 시도는 환경 조건에 대한 통제를 통해서 학습자의 행동 수준의 변화를 기대하려는 가정을 내포하고 있다(김한별, 2019).

인문주의 관점에서의 교육자 및 학습자 역할과 구별되는 점은, 행동주의 관점에서 교육자는 학습자들의 개인차를 고려하여 학습을 진행하고, 평가 방법을 달리해야 한다는 것이다(고희원, 2016). 이러한 개별화 전략은 노울즈(Knowles)가 제시한 자기주도적 학습(selfdirected learning)과 맞물려 있으므로 행동주의 학습자관은 노울즈가 강조한 성인 학습자의 특성 중 하나인 자기주도성과 연결될 수 있다.

엘리아스와 메리엄(1995)에 따르면 행동주의 교육자들은 학습자들의 개인차를 보다 효율적으로 다루고 개인적인 수준에서의 직무 기술의 습득을 강조한다(고희원, 2016 재인용). 행동주의 영향으로 능력 위주의 교육, 교수-학습체제의 정립, 강화 및 조건화 등의 방법이 평생교육에서도 다양하게 활용되고 있다(한우섭 외, 2019).

이처럼 행동주의는 성인교육의 교육과정에 큰 영향을 주었는데, 사회에서 필요한 직업기술을 습득할 것을 강조하였고, 개인차를 효과적으로 다루는 능력 위주의 교육과 학습방법 중요성을 강조하였다. 행동주의 교육자들은 성인 학습자에게 목표를 달성하기 위한 충분한 시간을 제공하고 다양한 방식으로 소재를 제시하며, 특히 능력을 구체화시키는 학습은 정식 수업에서부터 인생 경험, 직업 경험에 이르기까지 다양한 방법에 의해 이루어진다(권대봉, 2001; Floyd, 2010: 고희원, 2016 재인용). 이때 교육자는 학습자의 새로운 행동에 대하여 교육자가 적절한 반응을 보여야 한다. 즉, 학습자는 교육자에게 자신들의 행동에 대해 즉각적인 피드백을 받을 수 있도록 학습자와 교육자의 상호작용이 잘 이루어질 수 있는 환경이 제공되어야 한다.

3) 진보주의 철학

(1) 개요

진보주의(progressivism) 교육사상은 종래의 교육이 교사와 교과서가 중심이 되었던 것을 바꾸어 아동과 생활이 중심이 되어야 한다고 하는 주장이다(림영철, 림광명, 2001). 진보주의는 인문주의와 대비되는 이론을 제시하였으며, 진보주의 학자들은 인문주의가 교사중심적이고 수동적인 학습자의 모습을 제시한다고 비판하면서 아동중심의 교육, 경험중심의 교육을 강조하였다(한우섭 외, 2019). 주요한 진보주의 교육자로는 제임스(James), 듀이(Dewey), 킬패트릭(Kilpatrick) 등을 들 수 있다(한우섭 외, 2009). 진보주의 철학에서 진보는 곧 변화를 의미하고 만물은 끊임없이 변화한다고 하는 철학 위에 세워졌으며, 인간은 변화에 적응하며 살아가야 하므로 현재 우리의 문제를 해결하기 위해서는 지적인 사고 능력을 키워야 한다고 주장한다(림영철, 림광명, 2001).

진보주의 교육운동의 핵심은, 과거의 전통적인 교육이 성인중심교육 내지는 교사중심교육이었다는 것을 비판하고 이를 아동중심교육으로 전환시키고자 하는 데 있다(김정환, 강선보, 신창호, 2014).

진보주의 대표 학자인 듀이는 새로운 관점으로 학습자의 요구, 흥미, 경험, 바람 등을 포함하여 학습자에 초점을 두었으며, 교육을 단순히 성장의 준비 과정으로 여길 것이 아니라 계속적인 정신의 성장과 삶의 계몽으로 재인식되어야 한다고 보았다(배을규, 2006; 고희원, 2016 재인용).

진보주의 철학은 교육을 학교교육으로 한정하지 않고 우연적이고 의도적인 모든 교육 활동을 교육의 범주에 포함시키는 확대된 교육관으로서 학습자 개인의 요구, 흥미, 경험을 중시함으로써 교육에 대한 전통적인 관점에서 탈피하고자 하였다(최은수 외, 2017).

진보주의 교육에서는 다음과 같은 방법 등을 사용한다(위키백과, 2021. 6. 14. 검색).

- 집단적 활동으로서의 회의 · 협의 · 계획 · 참여 등 사회화의 방법
- 지적 경험 · 실제적 경험 · 사회적 경험 · 미적 경험 · 정의적 경험 등 다방면의 경험적 방법
- 지식 · 이해 · 기능 · 태도 · 흥미 등의 종합적 학습방법의 중시
- 자주적 · 능동적인 학습을 위해 아동 자신이 문제를 선택 · 계획하고, 실행 · 평가하는 문제법 · 구안법(構案法)

(2) 진보주의와 평생교육

진보주의 교육철학은 아동교육뿐만 아니라 평생교육에도 많은 영향을 미치게 되었다. 즉, 직업능력 향상을 위한 실용적 훈련, 경험에 의한 학습, 과학적 연구, 지역사회 참여와 사회문제의 대응 등 진보주의에서 강조하는 점들은 평생교육의 발전 과정에서 잘 나타나고 있다(한우섭 외, 2019).

진보주의 교육 운동의 시기와 성인교육의 성장 · 발전 시기가 거의 일치하여, 진보주의 교육운동이 성인 교육자의 사고와 행동에 지대한 영향을 미쳤다고 볼 수 있다(배을규, 2006: 고희원, 2016 재인용). 엘리아스와 메리엄(1995) 또한 미국 대부분의 성인교육자가 교육은 반성적 탐구의 실천이라는 근본적인 진보주의 원리를 인정한다는 면에서, 어떤 학파보다 진보주의 관점이 미국의 성인교육운동에 중대한 영향을 미쳤다고 하였다(고희원, 2016). 성인교육의 실천 중 일부는 진보주의에 의해 촉발되었으며, 이는 제2언어로의 영어교육 프로그램, 지역사회학교, 벽이 없는 대학, 농촌지도, 직업교육, 평생교육을 위한 초석을 다지는 데 공헌하였다(Elias & Merriam, 1995: 고희원, 2016 재인용).

교수자와 학습자 간의 관계에서도 기존의 입장과 다른 면을 제시하고 있다. 교수자가 지식을 제공하는 유일한 원천을 인정하는 인문주의와는 달리 진보주의에서 교수자의 책임은 복잡한 교육과정을 조직하고, 학습자의 학습 행위를 자극하고, 학습 상황을 조사하고, 학습 과정과 결과를 평가하고, 학습자에게 피드백을 제공하는 데 있다는 입장이다(최은수 외, 2017).

4) 급진주의 철학

(1) 개요

엘리아스와 메리엄(1995)에 따르면, 18세기부터 19, 20세기까지 지속된 급진주의 교육사상은 무정부주의, 마르크스주의, 사회주의, 좌파, 프로이트 사상과 같은 다양한 급진적인 운동에 역사적인 뿌리를 두고 있다(고희원, 2016). 급진주의 교육자들은 교육을 급진적인 사회 변화를 성취하기 위한 하나의 수단으로 전제하였다(Elias & Merriam, 1994/ 기영화 역, 2002). 칼 마르크스(Karl Marx)는 평등한 사회, 계급 없는 사회를 실현하기 위해서는 사회, 정치, 경제의 구조를 혁명적으로 변혁시켜야 한다는 급진주의 사상을 전개하였으며, 이를 받아들인 프레이리(Freire)와 일리치(Illich)는 제도화된 교육이 사회의 불평등한 권력 및 계급 구조를 강화하고 영속시키는 데 활용된다고 주장하였다(배을규, 2006: 고희원, 2016 재인용). 프레이리는 마르크스주의를 바탕으로 의식화라는 개념을 강조하였다. 그는 인간은 자신의 역사, 문화를 창조하고 자신의 의식 수준을 스스로 높일 수 있는 주체적인 존재로 간주하고, 사회를 바람직하게 변화시키기 위해서 의식 있는 사람이 되어야 한다고 주장하였다. 대표적인 급진주의 교육학자는 프레이리, 일리치, 굿맨(Goodman) 등이 있다(한우섭 외, 2019).

(2) 급진주의와 평생교육

급진주의 관점에서 교육의 목적은 개인의 행동과 반성을 통해 사회에 필요한 변화를 이끌고 억압에 맞서는 것으로, 급진주의 철학에서 교육자는 학습 환경을 통제하던 권력의 자리에서 내려와야 하며, 급진주의 교육자는 학습의 내용과 결과를 결정하기보다는 학습자의 개인 해방과 사회 변혁을 위한 학습을 지원하고 촉진하는 역할을 해야 하며, 학습자의 대화와 생각의 변화에 초점을 맞추어야 한다(배을규, 2006; Floyd, 2010: 고희원, 2016 재인용). 학습자는 자유성을 지닌 개인으로 지속적인 성찰과 행동을 통하여 새로운 문화, 역사를 창조하고 변화를 주도할 수 있는 존재이다(배을규, 2006).

대표적인 급진주의 교육학자인 프레이리는 학생으로 하여금 받아들이고 보관하게 하는 전통교육을 은행저축식교육이라고 비판하면서 해방, 대화, 문제제기교육을 제안하였다(조윤정, 최은수, 2009). 또한 학습자가 실제로 마주할 수 있는 삶의 상황과 사회문제에 대해 토론하게 하여, 한 집단으로서 문제해결 방법을 찾아내기 위해 비판적 성찰과 문제제기 기법을 활용하도록 한다(Floyd, 2010: 고희원, 2016 재인용). 급진주의 철학의 관점에서 성인교육은 이러한 교육을 통해 개인, 사회의 실제적인 삶의 문제와 현상을 검토 · 분석하여 개인과 사회의 변화를 도모하고자 하였다(배을규, 2006). 또한 급진주의 교육사상은 사회 전반에 걸친 거시적인 개혁사상과 장기적인 안목을 제공함으로써, 성인 교육자가 갖기 쉬운 단편적 시각, 사회적 병리에 대한 비판적 태도에 대한 대안을 제시한다(Meriam & Brockett, 1997: 한우섭 외, 2019 재인용).

5. 평생교육의 이념과 가치

1) 평생교육의 이념

사상 또는 이념은 세계와 인생을 종합적으로 이해하는 이성의 작용을 말하는 것으로 사회사상은 사회를 종합적으로 이해하는 이성의 작용으로서, 사회의 바람직한 모습에 관한 체계적인 생각이나 태도라고 할 수 있다(교육과학기술부, 2003).

평생교육의 이념은 인간이 그의 삶의 질을 향상시키고 나아가 행복해지려는 소원을 실현하기 위하여, 그리고 급변하는 현대 사회에 적응하기 위하여 평생에 걸쳐서 교육을 받을 수 있도록 제반 교육적 여건을 갖추어야 한다는 것으로, 이와 같은 평생교육의 이념은 학교 외 교육으로 하여금 학교교육의 결함을 보완하고 성인들의 계속교육을 책임지도록 하고 있다(림영철, 림광명, 2001).

우리나라 「교육기본법」에서 제시하고 있는 교육이념과 평생교육 이념에 대해 살펴보면 다음과 같다. 「교육기본법」 제2조(교육이념)에서는 교육은 홍익인간(弘益人間)의 이념 아래 모든 국민으로 하여금 인격을 도야(陶冶)하고 자주적 생활 능력과 민주시민으로서 필요한 자질을 갖추게 함으로써 인간다운 삶을 영위하게 하고 민주국가의 발전과 인류공영(人類共榮)의 이상을 실현하는 데 이바지하게 함을 목적으로 한다(전문개정 2007. 12. 21.).

1965년 UNESCO 성인교육추진위원회에서는 랑그랑(Lengrand)의 보고서를 통해 나타난 평생교육 이념(김진화, 2011)에 대해 다음과 같은 내용을 제안하였다.

- 탄생에서 죽음에 이르기까지 인간의 전 생애에 걸쳐 교육의 기회를 제공해야 한다.
- 인간 발달의 종합적인 통일성이라는 관점에서 여러 가지 교육을 균형 있게 통합시켜야 한다.
- 평생교육의 실현을 위해 근무 일수의 조정, 교육 휴가, 문화 휴가 등의 조치를 촉진시켜야 한다.
- 초 · 중 · 고 · 대학도 지역사회학교로서의 역할과 지역문화센터로서의 역할을 수행하기 위해 힘써야 한다.
- 기존의 교육에 대한 편협된 인식의 틀을 근본적으로 바꿔, 교육이 본질적인 모습으

로 돌아가기 위해 평생교육의 이념을 확산시키는 일에 노력해야 한다.

이러한 평생교육의 이념은 전 세계로 빠르게 확산되었으며, 우리나라는 'UNESCO 한국위원회'의 주체로 '평생교육발전세미나'(1973년)가 열리면서 평생교육이 우리 사회에 도입되기 시작했고, 이후 평생교육 이념은 1980년 제5공화국 「헌법」 제29조 5항에 "국가는 평생교육을 진행해야 한다."라는 내용이 포함됨으로써 국가의 중요한 정책 기조가 되었다(김진화, 2011).

2) 평생교육의 가치

가치(價値, value)는 인간의 정신적 노력의 목표로 간주 되는 객관적 당위이며, 가치관은 인간이 자기를 포함한 세계나 그 속의 만물에 대하여 가지는 평가의 근본적 태도나 보는 방법으로, 클럭혼(C. Kluckhohn, 1951)은 "가치란 행위의 다양한 방법, 수단, 목적 중에서 행위자가 선택하는 데 영향을 미치는 것으로 개인 혹은 집단이 가지고 있는 명시적인 혹은 암시적인 이념이다."라고 정의하고 있다(박광준, 2006).

가치론의 기원은 그리스 시대이지만 본격적인 연구는 19세기 후반부터 독일 · 오스트리아 문화권을 중심으로, 이후 20세기 영미 문화권으로 확산되어 철학에서 주로 다루어져 왔는데, 이러한 연구는 그 연구 대상의 가치를 따르는 것이 아니라 그것과는 구분되는 진리 가치를 추구한다(이상준, 2020). 예를 들어, 경제의 가치에 대한 경제학의 연구는 재물의 가치를 추구하여 그것을 기준으로 평가되는 것이 아니라, 재물의 가치와 구분되는 학문의 진리 가치를 추구하며 그것을 기준으로 평가된다. 마찬가지로, 교육의 가치에 대한 교육학의 연구는 교육의 가치와 구분되는 학문의 진리 가치를 추구하고 그것을 기준으로 평가되어야 한다. 그동안 '교육학'에서 진행되어 온 '교육의 가치'에 대한 논의는 학교에서 추구하는 다양한 가치를 받아들이거나, 다른 학문이 교육학 대신 교육의 가치에 대한 논의의 근거를 제공해 줄 수 있을 것이라는 전제를 받아들이고 있었다. 또한 특정한 결과를 가져오는 것이 교육의 가치임을 주장하는 논의도 한 축을 차지하고 있었다.

이상준(2020)의 연구에서 '교육의 가치'에 대한 정범모, 이홍우, 이돈희의 논의를 검토한 결과 공통적인 특성은 다음과 같다.

첫째, 학교가 추구하는 가치를 '교육의 가치'로 분류하였다. 이러한 논의는 세 명의 학자 모두 학교나 제도를 교육과 동일시하는 개념적 문제에서 비롯되었다고 할 수 있다. 학교나 제도를 교육과 동일시하는 '교육' 개념을 바탕으로 진행되는 논의는 학교 안의 공간에서 일어나는 비교육인 정치, 경제, 사회, 문화, 종교를 교육으로 오인하게 되고, 학교 밖의 공간에서 일어나는 교육인 가정교육, 직장교육, 학원교육, 각종 회관교육, 가상공간교육은 인식할 수 없게 된다. 이러한 구분 없이 학교와 교육을 동일한 개념으로 취급하는 '교육' 개념을 바탕으로 진행되는 '교육의 가치'에 대한 논의는 학교에서 추구하는 모든 가치를 교육의 가치로 취급하는 것으로, 가치의 다원성을 인정하지 않고 가치 간의 경계를 무너뜨려 내재적 가치와 외재적 가치의 구분을 불가능하게 하는 가치일원화의 문제를 일으킬 수 있다.

둘째, 교과의 가치를 '교육의 가치'로 분류하였다. 이는 세 명의 학자 모두 학교나 제도를 교육과 동일시하는 개념적 문제에서 교과 내용과 교육 내용을 동일시하고, 특정한 결과를 가져오는 모든 것을 교육과 동일시하는 개념적 문제에서 교과의 목표를 달성하는 수단과 교육을 동일시하는 착오에서 기원하였다고 할 수 있다.

교육과 교과는 서로 구분되는 경계를 가진 별도의 영역으로 구획되기 때문에 서로 다른 종류의 가치를 가진다. 교과는 학교에서 주로 수업 시간에 다루는 학문, 예술, 도덕 등으로 이루어진 문화 내용이라고 할 수 있으며, 교과의 가치는 학문의 가치인 진(眞), 도덕의 가치인 선(善), 예술의 가치인 미(美) 등으로 이루어졌다고 할 수 있다. 그러나 그것을 소재로 이루어진 교육과 교과는 서로 구분되는 경계를 가진 별도의 영역으로 구획되기 때문에 서로 다른 종류의 가치를 가진다.

셋째, 교육학 이외의 학문이 교육의 가치에 대한 연구를 주도하여야 한다고 주장하거나, 교육학 이외의 학문이 수행한 연구 성과로 교육의 가치를 설명하였다. 이러한 논의는 세 명의 학자 모두 교육학이 아닌 다른 학문의 개념이나 이론을 차용하여 교육을 규정하고자 시도한 개념적 문제에서 비롯되었다고 할 수 있다. 그러한 시도는 세 명의 학자에게 국한된 것이 아니라, 우리나라 대학원의 '교육학과' 박사전공 분류에서도 쉽게 발견된다.

넷째, 특정한 목적을 위한 수단으로서 교육의 가치를 강조하였다. 이러한 논의는 세 명의 학자 모두 특정한 결과나 기능으로 교육을 규정하고자 한 개념적 문제와 교육을 이론으로 포착하는 대신에 명제로 정의하려는 문제에서 비롯되었다고 볼 수 있다. 특정한 결과나 기능을 가져오는 요인은 무수히 많다. 그러므로 특정한 삶의 양상을 규정하기 위해서는 결과나 기능이 아닌 그 자체가 준수하는 독특한 규칙을 밝혀내야 한다. 이는 그 내규를 선으로 표현하였을 때, 그 교차하는 선들이 개념적 구조인 울타리를 만들어 안과 밖을 구분하는 것과 같다고 볼 수 있다. 만약 교육을 특정한 목적을 위한 수단으로 정의하는 방식을 택한다면, 그물이 없는 뜰채로 고기를 잡으려고 하거나 망치로 시계를 조립하려고 하는 것과 다름없다. 하나의 영역이 가지는 가치는 그 영역만이 자체적으로 가질 수 있는 내재적 가치와 다른 영역과의 관계 속에서 가질 수 있는 외재적 가치로 구분할 수 있다는 점에서, 교육의 외재적 가치를 추구하는 것을 무조건 부적절하다고 평가할 수는 없다.

교육의 가치는 우리가 매일 체험하면서 살아가지만, 그것을 포착할 수 있는 개념의 미비로 인하여 크게 인식되지 못하였다고 볼 수 있다. 교육학이 그동안 참칭되어 온 '교육'과 '교육의 가치'를 개칭하여 해체한 후의 작업은 비워진 교육과 교육의 가치라는 기표(signifiant)에 새로운 기의(signifie)를 불어넣는 것이다. 이러한 작업은 교육학이라는 학문의 새로운 패러다임 정립과 일상생활에서 감추어진 가치를 드러내어 보다 풍요로운 삶을 향유할 수 있게 하는 두 측면의 가치를 지닌다는 점에서 교육의 가치에 대한 개념과 용어의 재건이 필요하다. 이를 위하여 다음의 두 가지 방향의 연구를 제언하고자 한다. 하나는 교육적 가치론에 대한 연구이다. 가치론은 철학의 영역에서 주로 다루어져 왔으며, 가치를 어떻게 정당화할 것인가는 윤리학, 정치학, 경제학, 사회학, 인류학, 종교학, 법학, 미학을 비롯한 다양한 학문의 연구 영역이 되어 왔다. 교육에는 앞서 열거한 다양한 학문이 제시한 가치의 정당화 방식과 구분되는 자체의 정당화 메커니즘을 내재하고 있을 것으로 추정된다. 교육적 가치론은 교육이 내재하고 있는 고유의 가치 정당화 메커니즘을 개념적으로 밝히고 그것에 의해서 교육의 가치 자체에 대한 정당화뿐만 아니라 다른 학문이 드러내고 있는 가치 정당화의 맹점을 보완하는 방식의 연구를 수행하여야 할 것이다.

평생교육은 근본적으로 교수자와 학습자 등 사회와 사람에 대한 관심을 가지고 있기 때문에 어떤 사회가 바람직한가, 어떤 사람이 바람직한가에 관한 가치를 가지지만, 사회와 사람에 관하여 교육 이외의 제도들도 각자가 가지고 있는 고유한 그 자체로서의 가치를 가진다. 교육 활동은 학습자가 가치 있는 삶을 살도록 지적인 안목을 갖도록 해 주는 활동이며, 도덕적으로 온당하게 실시되어야 한다(김규태 외, 2016). 이러한 교육 활동은 평생교육에서도 동일하게 적용된다. 즉, 평생교육 활동은 학습에 참여하는 학습자가 가치 있는 삶을 살 수 있도록 해 주는 활동으로서 그 방법은 도덕적으로 사리에 어긋나지 않고 바르게 실시되는 것이다. '교육의 가치'를 평생교육에 적용해 보면, 첫째, 평생교육기관이 추구하는 가치를 '평생교육의 가치'로 분류할 수 있다는 것이다. 둘째, 교과의 가치를 '교육의 가치'로 분류하였는데, 이는 평생교육기관에서 실시하는 교육 내용에 포함되어 있는 가치가 평생교육의 가치로 분류될 수 있다는 것이다.

6. 교육사회학적 관점

교육사회학은 교육에 대한 연구로서 교육체계와 교육의 과정에서 발생하는 집단의 관계를 사회학적인 연구에서 성취된 지식, 기술, 방법 등으로 연구하는 학문이다(김규태 외, 2016). 교육은 단순한 경제적 수익을 넘어서 광범위한 사회적 영역에 영향을 미치며, 경제적 차원을 넘어서는 정책적 시사점을 지니고 있는데, 예를 들면 교육은 사회통합, 건강, 시민 참여, 사회적 관용에 긍정적 영향을 미치는 것으로 널리 받아들여지고 있다(홍민식, 2006). 이러한 교육의 사회학적 관점은 평생교육에서도 동일하게 적용된다. 평생교육의 교육사회학적인 측면에서 OECD에서 연구한 결과를 살펴보면, OECD는 경제적 성공이 중요한 목표이긴 하지만 삶의 다른 측면에서의 성공도 중요하다고 보고 있다. 건강, 시민 참여, 사회 통합 같은 다른 정책의제들이 교육의 잠재적인 성과로서 새롭게 그 의미를 부여받고 있다(홍민식, 2006). 이러한 정책적 관심의 변화에 맞추어 OECD는 경제적 발전에서 웰빙(well-being)으로 통칭되는, 보다 넓은 의미의 교육의 사회적 성과로 연구의 초점을 확대하였다. 웰빙의 개념은 명확히 정립되지 않았으나 건강, 사회 통합, 신뢰, 사회 참여, 일반적인 삶의 만족을 포함하는 것으로 보고 있다(홍민식, 2006). 이 절에서는 OECD에서 추진된 '학습의 사회적 성과(Social Outcomes of Learning)' 사업의 연구 결과를 중심으로 교육의 사회적 측면에서의 성과와 그 시사점을 살펴본다(홍민식, 2006).

새롭게 발견되는 교육의 가치, 시민참여와 건강까지……

학습은 사회적 측면의 제반 영역에 영향을 미칠 것이나, 이번 연구에서는 제1단계로 시민참여와 건강에 미치는 영향에 집중하였다. 교육은 다양한 형태의 시민 참여와 강한 연관이 있는 것으로 널리 받아들여지고 있다. 시민 참여는 광범위한 영역이나 투표하는 행위 같은 행동적 측면과 관용의 수준 같은 태도를 모두 포함하는 것으로 보고 있다.

그러나 교육과 시민 참여 간의 연계에 대한 보편적이고 광범위한 공감대에도 불구하고, 그러한 관계의 기저에 있는 인과 메커니즘은 거의 통찰되지 못하였다.

학습의 사회적 성과 연구 결과에 따르면, 높은 수준의 교육은 높은 정도의 양질의 시민 참여와 관련되어 있다. 아울러, 다양한 이론과 약간의 실증적 결과가 최소한 이들 관계의 일부는 인과관계에 있다는 것을 보여 준다.

OECD는 교육과 시민사회 참여 간의 관계를 세 가지의 메커니즘으로 설명할 수 있다고 한다.

첫째, 절대적 모형(absolute model)에서는 개인의 교육 수준이 참여의 결정 요인이 된다는 것이다. 교육이 시민정신과 관련된 지식과 기술을 함양하거나 태도 · 신뢰 · 관용과 같은 다른 규범적인 측면에 영향을 미침으로써 개인들에게 직접적으로 영향을 준다.

둘째, 선별 모형(sorting model)에서는 사회적 환경과 개인의 상대적인 교육 수준이 참여를 촉진한다고 한다. 이 모형에 따르면, 교육은 개인의 사회적 지위에 영향을 미침으로써, 시민정신과 관련된 태도와 행동에 간접적으로 영향을 끼친다. 시민 및 사회 참여가 개인의 사회적 계층의 상대적인 위치에 의해 정해지고, 그러한 위치는 일반적으로 교육의 영향이라는 것을 전제로 하고 있다.

셋째, 누적 모형(cumulative model)에서는 동료의 평균적인 교육 수준에 따라 참여의 수준이 결정된다는 것이다. 시민정신과 관련된 태도와 행동에 대한 교육의 영향은 사회 집단 내 및 집단 간의 평균적인 교육 수준과 분포에 달려 있다.

절대적 모형은 시위 등 표현과 관련된 정치적 활동, 투표, 자발적인 단체에의 참여, 조직 신뢰를, 선별 모형은 경쟁 중심의 정치적 참여를, 누적 모형은 대인 신뢰를 가장 잘 설명한다고 한다.

OECD는 학교 교육이 시민참여에 영향을 미치게 되는 몇 가지 요인을 지적하고 있다. 우선 행정 절차에 익숙해지는 능력 배양, 조직 참여에 필요한 업무를 수행할 수 있는 능력 등의 시민 기술(civic skills) 계발, 일반적인 인지 능력 등이 시민 참여에 영향을 미치는 요소이다. 아울러 사회적 · 정치적 이슈에 대한 개방적인 토론 같은 교수방법, 학생회 · 청소년 단체에의 참여 습관, 학급업무에의 자원봉사와 같은 서비스 학습, 사회적 규범을 습득하도록 하는 규율 등도 중요한 역할을 한다. 아울러 교육의 내용뿐만 아니라 학습방법도 시민정신 함양과 사회 참여에 중요하다. 예를 들어, 시민 참여에는 책임의 강조, 개방된 대화, 실질적이고 집단 지향적인 업무에서의 이론과 아이디어의 존중과 적용 등을 강조하는 학습 환경이 다른 형태의 학습방법보다 더 효과적이다.

(후략)

출처: 홍민식(2006). KDI 경제정보센터(2006년 11월호).

토론문제

1. 평생교육에 있어 다양한 현상과 밀접한 관련이 있는 철학적 입장을 성인교육에 적용할 때 장단점에 대해 토론하시오.
2. 안드라고지, 페다고지에 대한 교육적 가치의 같은 점과 다른 점에 대해 토론하시오.
3. 교육사회학적 관점에서 사회 통합, 건강, 시민 참여, 사회적 관용의 영향에 대해 토론하시오.

참고문헌

고희원(2016). 수도권 평생교육 담당자의 성인교육철학. 고려대학교대학원 석사학위논문.

교육과학기술부(2003). **고등학교 윤리와 사상**. 서울: 지학사.

김규태, 이인학, 김도진, 이기영, 박지은, 류관열, 백경숙(2016). **교육사회학**. 경기: 공동체.

김정환, 강선보, 신창호(2014). **교육철학**. 서울: 박영story.

김지영(2017). 홍익인간 이념 구현을 위한 공존지향 아동인성교육 프로그램개발 및 적용. 서울교육대학교대학원 박사학위논문.

김진화(2011). **평생교육 프로그램개발론**. 경기: 교육과학사.

김한별(2019). **평생교육론**. 서울: 학지사.

박광준(2006). **사회복지의 사상과 역사**. 경기: 양서원.

박병용(2010). 철학교육에 있어서 논술교육의 방향에 관한 연구. 경상대학교대학원 석사학위논문.

박상옥(2014). 인문학 교육에서 북한이탈주민의 학습경험: 치유와 자립의 학습과정. Andragogy Today, 17(1), 151-152.

배을규(2006). **성인교육의 실천적 기초**. 서울: 학지사.

성태제 외(2018). **최신교육학개론**. 서울: 학지사.

신득렬, 이병승, 우영효, 김회용(2014). **교육철학 및 교육사**. 경기: 양서원.

림영철, 림광명(2001). **평생교육개론**. 서울: 형설출판사.

이상준(2020). "교육의 가치" 담론에 대한 비판적 분석. 한국교원대학교대학원 박사학위논문.

정가을(2018). 영화를 활용한 어린이 철학교육 모형 탐색. 동아대학교대학원 석사학위논문.

최은수, 김미자, 최연희, 윤한수(2017). **평생교육론**. 경기: 공동체.

한우섭, 김미자, 신승원, 연지연, 진규동, 신재홍, 송만열, 김대식, 최용범(2019). **평생교육론**. 서울: 학지사.

한준상(1987). **사회교육론**. 서울: 청아출판사.

홍민식(2006). '새롭게 발견되는 교육의 가치, 시민참여와 건강까지…'. **KDI 경제정보센터**, 2006년 11월호.

황송이(2020). NIE를 활용한 어린이 철학교육 지도방안 연구. 동아대학교대학원 석사학위논문.

황주홍 역(1994). **서양 정치 사상**. 서울: 문학과 지성사.

Elias, J. L., & Merriam, S. B. (1995). *Philosophical foundations of adulteducation* (2nd ed.). Malabar, FL: Frieger.

Elias, J. L., & Merriam, S. B. (1997). **성인교육의 철학적 기초** (*Philosophical foundations of adult education*). (기영화 역). 서울: 학지사. (원저는 1994년에 출판).

Floyd, T. D. (2010). *An exploratory study of the philosophy and teaching styles of Georgia workforce educators and entrepreneurship instructors* (Doctoral dissertation, Auburn University).

위키백과. 2021. 01. 24. 검색. 철학

위키백과. 2021. 06. 14. 검색. 진보주의 교육

제3장

성인학습자의 이해

"진보한다는 것은 변하는 것을 뜻한다.
완전하다고 하는 것은 이미 몇 번인가 변하였다는 것을 말한다."
—W. 처칠—

학습목표

1. 성인학습의 개념과 특성을 이해하고 설명할 수 있다.
2. 성인학습자의 참여 동기 및 유형을 이해하고 설명할 수 있다.
3. 안드라고지의 기본 전제를 이해하고 설명할 수 있다.

학습개요

성인학습의 주체는 성인이다. 이는 성인의 특성에 대한 이해를 바탕으로 성인의 학습에 대한 지원이 이루어질 수 있다. 현대 사회에서 성인의 학습 활동이 두드러지는 이유는 성인 인구의 증가에 따른 성인의 학습 요구가 증대되었고, 테크놀로지의 발전과 새롭게 변화된 사회 · 경제 구조 등으로 다양하다. 성인교육의 목적은 성인이 속해 있는 사회에서 저마다 자신의 능력을 개발하고, 사회적으로 다양한 발전과업에 참여할 수 있도록 돕는 것이다.

성인학습이론은 안드라고지가 대표적이다. 이 장에서는 성인학습자의 개념과 특성, 성인학습자의 참여 동기 및 유형에 대해 살펴보고, 성인학습자에 대한 이론인 안드라고지 등을 살펴보고자 한다. 이러한 성인학습자에 대한 이해는 성인교육에 있어 통합적 관점을 제공해 줄 수 있다.

1. 성인학습자의 개념 및 특성

1) 성인학습자의 개념

성인학습은 '성인(成人)'과 '학습(學習)'의 합성어로서 성인이라는 자격을 갖춘 사람들이 학습을 하는 행위나 현상을 의미한다(김석구, 2014). 권두승과 조아미(2019)는 성인은 생물학적 성숙뿐만 아니라 자율성, 책임감, 심리적 · 사회적 성숙, 사회적 역할 등이 주요 기준이 된다고 하였다. 성인이라는 개념은 연령의 증가에 따른 역할 및 기능의 관점이나 생물학적인 연령에 의한 발달과업에 따라 정의할 수 있다. 즉, 성인이란 생물학적 의미에서 적정 연령에 도달한 자로서 자신의 삶에 대해 기본적인 책임과 의무를 수행해 낼 수 있으며, 자신의 능력 개발과 자질 향상을 통하여 사회적으로 생산적인 일을 수행하고 스스로 의사결정을 할 수 있는 사람을 의미한다고 할 수 있다(김석구, 2014).

UNESCO(1976)에서는 성인을 연령 중심으로 구분하기보다는 자신이 속한 사회에서 자신의 능력을 개발하고, 지식을 확장시키며, 자신의 기술적 · 전문적 자질을 향상시키고, 자신의 행동과 태도를 새로운 방향으로 바꿀 수 있는 존재로 보았다(김석구, 2014). 이와 같은 의미로 성인은 사회에서 성인으로서 해야 할 행동에 대한 기대, 요구하는 생산적인 일과 역할을 수행하고, 자신의 삶에 대해 책임과 의무를 수행하는 사람으로 규정하는 것이 일반적인 정의라고 할 수 있다(권두승, 조아미, 2019).

노울즈(Knowles, 1980)는 심리적 성숙도와 사회적 역할에 따라 성인의 의미를 규정하고, 성인의 개념을 다음과 같이 요약하였다(김석구, 2014 재인용).

첫째, 생물학적 정의로, 인간이 생식할 수 있는 연령에 이르게 될 때 성인으로 간주한다.

둘째, 법적인 정의로, 투표권을 행사할 수 있고, 운전면허를 취득할 수 있으며, 부모의 동의 없이 결혼할 수 있는 등 법이 규정한 일정한 연령에 도달했을 때 성인이 된다.

셋째, 사회적 정의로, 결혼과 부모됨, 전일제 노동, 참정권과 같은 성인으로서 자신의 삶에 대한 책임과 자기 주도적인 자기 개념에 도달했을 때 성인이 된다는 관점이다. 또한 자신을 성인으로 인식하거나 사회적으로 성인의 역할을 수행하는 사람 모두가 성인에 포함된다.

학습의 정의를 살펴보면, 학습(learning)은 연습이나 경험의 결과로 일어나는 행동의 지속적인 변화로(Morgan, King, & Robinson, 1979: 성태제 외, 2020 재인용), 학습은 개체가 주어진 상황에서 경험을 반복함으로써 그 상황에 대한 개체의 행동과 행동 잠재력이 변화하는 것으로 이 같은 행동 변화는 개체의 생득적 반응 경향이나 성숙 또는 일반적 상태에 의하여 설명될 수 없는 것(Bower & Hilgard, 1981: 성태제 외, 2020 재인용)으로 정의된다. 학습은 연습이나 경험의 결과로 일어나는 행동의 지속적인 변화로 정의된다. 학습이란, ① 행동의 변화이며, ② 이 변화는 연습 · 훈련 또는 경험에 의한 변화로서 성숙에 의한 변화 학습으로 간주되지 않으며, ③ 이 변화는 비교적 영속적이어야 한다. 따라서 동기 · 피로 · 감각적 순응 또는 유기체의 감수성의 변화 등은 제외된다. ④ 한편, 순수심리학적인 견해는 진보적 또는 퇴보적인 행동의 변화를 모두 학습으로 간주하나, 교육적인 견해로는 바람직한, 진보적인 행동의 변화만을 학습으로 간주한다(교육학용어사전, 1995; 네이버 지식백과, 2021. 7. 17. 검색). 학습이라는 것은 좋은 방향이든 나쁜 방향이든 행동의 변화로 나타나는 것으로, 교육적인 견해로는 바람직한, 진보적인 행동의 변화만을 학습으로 간주하며, 그 효과가 오래 지속되어야 한다(권두승, 조아미, 2019).

성인학습자를 정의하기 위해서는 학습자로서 아동, 성인의 다른 점에 대해 알아보는 것이 필요하다. 이를 위해 학습자로서 성인(adult)과 아동(children) 간의 차이점에 대해 살펴보면 〈표 3-1〉과 같다.

〈표 3-1〉 학습자로서 성인과 아동 간의 차이점

성인	아동
• 포괄적이고 실용적인 '인생 경험'을 보유하는데, 이러한 경험은 학습을 구조화시키고 제한시킨다. 학습은 주로 이전 경험에서 획득된 의미, 가치, 기술, 전략을 전환하거나 확장시키는 데 초점을 둔다.	• 덜 실용적인 '인생 경험'을 한다. 학습은 주로 기본 의미, 가치, 기술과 전략을 형성하고 축적하는 데 초점을 둔다.
• 경험은 주로 가족, 직장, 공동체에서의 역할과 기대와 관련된 요인의 변화를 강요한다. 지속적인 생산성, 자아정체성, 책임감, 타인과의 상호작용을 위한 개인 욕구의 변화를 강요한다.	• 경험은 주로 육체적 성장과 사회화와 관련된 요인의 변화를 강요한다. 미래의 가정, 직장과 공동체에서의 역할을 준비하기 위한 변화를 강요한다.
• 현재의 인생 상황과 미래의 기대와 관련된 '학습 욕구'를 보유한다.	• 현재와 미래의 경험을 이해하기 위하여 의미와 전략을 발달시키는 것과 관련된 '학습 욕구'를 보유한다.
• 일반화시키는 능력, 추상적 사고를 보유한다.	• 성인보다 특별하거나 구체적 사고를 사용하려는 경향이 있다.

• 자신의 욕구를 말로 표현하고 자신의 학습 전략을 기술하는 경향이 있다. '학습 전략'과 요구를 자신의 학습 프로그램을 계획할 때 협상하고 협력하도록 만든다.	• 자신의 욕구나 '학습 전략'을 비구두적으로 표현하려는 경향이 있다. 자신을 전문가적 관찰자나 해석가로 하여금 자기를 위한 학습 프로그램을 계획하도록 격려한다.
• 사회에서 책임을 질 수 있는 상태를 부여받고 생산적이길 기대한다.	• 사회에 대한 책임감을 부여받지 않고 놀이를 하고 배우기를 기대한다.

출처: 김석구(2014), p. 12.

성인의 학습은 아동 학습에서 강조된 인지적 · 심리적 변화 과정뿐만 아니라, 이전의 경험에서 획득한 경험의 전환과정과 사회적 상황과 맥락이 중요한 학습을 의미한다.

스미스(Smith, 1982)는 성인학습자가 학습을 할 때 나타나는 현상으로서 그 특성을 다음과 같이 제시하고 있다(김석구, 2014 재인용).

첫째, 성인학습자는 여러 가지 다양한 역할과 책임을 가지고 있어서 이것이 아동과 성인의 학습 성향을 구별하게 한다.

둘째, 성인은 다양하고 포괄적인 인생 경험과 학습 경험을 축적하고 보유하면서 학습 형태나 학습환경에 대해 뚜렷한 선호를 가진다.

셋째, 성인은 신체적 · 심리적 · 사회적 영역에서 여러 발달 단계의 과정을 거쳐 왔다.

넷째, 성인은 학습에의 불안감을 갖고 있는데, 이러한 성인학습자의 특성은 그들이 학습해야 할 필요를 느낄 때, 그리고 무엇을, 왜, 어떻게 학습하는지에 대한 책임감을 가지고 있을 때 학습을 가장 잘 한다고 하였다.

메리엄과 브로켓(Merriam & Brockett, 1997)은 성인학습을 교수-학습의 대응 관계에 있어서 교육자가 수행하는 일에 대응하는 측면으로서 학습자의 내부에서 일어나는 인지적 과정을 의미하는 것으로, 또한 메이어(Mayer, 1982)는 성인학습을 경험의 결과로 인하여 사회에서 성인이라고 간주되는 사람들의 지식, 태도 그리고 행동이 비교적 지속적으로 변화되는 과정이라고 정의하였다(김석구, 2014; 한우섭 외, 2019). 성인학습에 대한 정의가 많은 사람에게 받아들여질 수 있는 보편적인 정의는 없지만, 여기에서는 메이어(1982)가 규정한 정의를 원용하였다.

2) 성인학습자의 특성

성인학습자는 끊임없이 변화하는 지식정보사회 속에서 자신의 생활 양식과 패턴을 반영하여 삶의 가치와 목적을 실현하기 위해 학습 경로를 설정하고 평생학습을 생활화하고 있다. 이러한 과정 속에서 성인학습자는 자신만의 독특한 학습 특성을 나타내고 있다(신다은, 2015). 성인학습자의 특성은 개인의 심리적 상태 및 특성을 의미하는 것으로, 이는 평생학습 참여에 직간접적으로 영향을 주는 동시에 학습 참여를 이끄는 데 기초적인 역할을 한다(신수경, 2013). 성인학습자는 전 생애 동안 다양한 생활 세계에서 자신의 주도적 성장과 새로운 삶의 창조를 위해 평생학습을 생활화하고 전략화하는 자기주도적 성장의 주체이며, 다양한 지식과 정보를 관리하는 개인적 지식 관리자인 동시에 새로운 가치를 창출하는 자기창조자(self-creator)의 속성을 가진 존재이다(김진화, 2011: 신다은, 2015 재인용; 한준상, 1999).

노울즈는 성인학습자의 특성을 다음과 같이 제시하였다(김한별, 2010: 신수경, 2013 재인용).

첫째, 학습자의 자아개념이 수동적 · 의존적 자아개념에서 점차적으로 독립적이고 주도적인 자아개념으로 변화한다.

둘째, 성인은 풍부한 사회적 경험을 보유하고 있어, 이러한 경험이 학습 과정에 많은 영향을 미치게 된다.

셋째, 성인의 학습 준비도는 신체적, 인지적 발달이 거의 완성되었기 때문에 사회적 지위와 역할이라는 다른 차원의 요소와 관련이 있다.

넷째, 성인은 자신들이 당면하고 있는 생활과 관련되는 문제나 문제적 상황을 중심으로 학습하려는 성향을 가지게 된다.

김석구(2014)는 학자들의 논의를 통해서 도출된 성인학습자의 일반적인 학습 성향을 다음과 같이 제시하였다.

첫째, 성인학습자는 독립적인 자아 개념을 가지고 있어, 스스로 무엇을 이루고자 하는 동기가 존재하며, 학습 활동의 계획이나 실천에서 자신을 행위 주체자로 의식하며, 학습 활동에 기본적으로 책임을 지는 자기주도적인 경향을 보인다.

둘째, 성인학습자는 자신의 능력과 자질을 최대한 발휘하는 기회를 만들어 자아실현을 하기 위해 학습한다. 자아실현 동기는 자신의 성장 · 발달을 도모하고, 유능한 사회 구성원으로서의 역할을 수행한다.

셋째, 성인학습자는 생활 경험을 통해 다양한 경험을 쌓음으로써, 선택적으로 학습에 참여하며, 학습 환경, 학습 형태에 대해 뚜렷한 선호를 가지고 자발적으로 지식을 습득한다.

넷째, 성인학습자는 자신의 삶에서 여러 가지의 발달과업을 수행하기 위해 또는 생애 주기에서 뜻하지 않은 위기 등이 발생하였을 때, 이에 적응하기 위해서 자신의 필요와 요구에 따라 학습한다.

다섯째, 성인학습자는 직업 경험과 생활 경험, 학습 경험 등 다양한 학습 경험을 가지고 학습에 참여한다. 때문에 학습 활동에서 지금까지 축적된 경험을 활용하고, 실제 생활에 필요한 생활 중심적인 태도를 지닌다.

이와 같은 성인학습자의 학습 성향은 안드라고지론의 기본 전제와 공통된 부분이 많다. 자아개념으로서 자기주도적인 자아로 발달하며, 삶에서 풍부한 경험의 학습 자원화, 경험의 자아정체성 확립에 활용 등의 경험의 역할, 자아실현, 개인의 성장과 발달 도모 등 내적인 학습 동기, 발달과업, 생애과업, 직업적 과업에 대한 준비와 신속하게 적응하기 위한 학습 준비, 어떤 것을 학습하려 할 때 왜 그것을 배워야 하는지를 알려고 하는 학습의 필요성 등이 안드라고지론의 기본 전제와 일치하고 있다.

또한 김성헌(2005)은 여러 학자가 기술하고 있는 성인학습자의 특징을 다음과 같이 제시하였다.

첫째, 흔히 성인은 선택적으로 학습 상황에 참여하며, 자신의 요구와 관련되는 수업 상황을 기대한다.

둘째, 성인은 삶에서 다양한 생활 경험을 가지고 학습 상황에 들어가며 그러한 경험은 성인학습의 효율성에 커다란 영향을 미칠 수 있다.

셋째, 대부분의 성인은 구체적이고 직접적인 목표를 가지고 있다.

넷째, 성인은 자기주도적 학습자가 되기를 원하며, 학습목표 측면에서 자신을 행위 주체자로 의식한다.

다섯째, 고령인 학습자는 신체적 특성으로 인해, 밝은 조명과 안락한 의자, 큰 글자 및 음성을 요구한다.

여섯째, 성인은 자기 자신을 어떻게 지각하느냐에 따라 후속 학습에 영향을 미치게 되는데 긍정적 자아개념을 가진 성인은 보다 훌륭한 학습자이다.

맥커레이처(Mackeracher, 2003)와 포거티와 피트(Fogarty & Pete, 2004)는 성인학습자의 학습 특성을 〈표 3-2〉와 같이 설명하였다(김석구, 2014 재인용).

〈표 3-2〉 맥커레이처, 포거티와 피트의 성인학습자의 학습 특성

맥커레이처	포거티와 피트
• 성인은 전 생애에 걸쳐 학습할 수도 있고, 성인은 시간에 따라 변화하고, 전 생애를 넘어서 경험과 이전 학습을 축적한다. • 성인의 삶에서 시간의 역할은 성인학습 과정에 중요한 시사점을 제공하고, 성인은 학습 과정에 기존의 자아감과 학습 상호작용 간에 나타나는 인지된 위협에서 자아를 보호하려는 경향을 나타낸다. • 자기주도성과 다른 사람들과의 관계성은 성인들이 어떻게 학습하기를 더 좋아하는지에 대해 도움을 준다.	• 성인학습자는 자신들의 욕구에 대해 잘 조직화되고 수준 높은 활동을 요구하고 자신의 학습에 대해서 실용적이고, 실제적으로 사용할 수 있는 아이디어나 기술 등을 원한다. • 성인학습자는 즉시 이용이 가능한 학습을 바란다. 자신의 일과 학습이 연결되고, 기존의 일과 연관되는 새로운 추가 학습을 원한다. • 성인학습자는 자신의 상황과 학습이 어떻게 연결되며, 그것이 적용 가능한 것인지에 대해 알기를 원한다. 이론이나 증거가 되는 연구에 대한 관심이 많고 단순히 보이는 실제적인 것뿐만 아니라 이를 지지하는 근거를 이해하고자 한다. • 성인학습자는 학습을 통해 특정 주제에 대해 자신이 알고 있는 것보다 더 많은 것을 알려고 한다. 수준이 높거나 화려한 경력을 가진 전문가를 만나고 싶어 한다. 또한 이미 상당한 학습 경험을 가지고 있기 때문에 경험에서 얻어진 지식 간의 연결을 원한다.

출처: 김석구(2014), p. 15 재구성.

(1) 성인학습자의 개인적 특성

성인학습자의 개인적 특성은 학습자의 개성과 요구로 나누어 보면 다음과 같다(권두승, 조아미, 2019).

- 학습자의 개성: 개성은 자신의 환경에 대하여 상대적으로 일관성 있고, 지속적인 반응을 초래하게 하는 자신의 독특한 심리적 특성이다. 즉, 개성이란 어떤 사람의 행위를 구별하도록 하는 심리적 특성이다.
- 학습자의 요구: 요구(need)란 현재의 상태나 수준과 바라고 원하는 이상적인 소망이나 수준 간의 차이를 지칭하는 개념으로, 성인학습자는 대체로 개인적인 차원에서의 요구는 물론 그가 속한 조직이나 사회의 요구를 충족시키기 위하여 학습 활동에 참여하게 마련이다.

(2) 성인교육자의 개인적 특성

성인교육자의 개인적 특성으로서 학습 지도에 가장 크게 영향을 미치는 요인의 하나로 교수양식을 지적할 수 있는데, 교수양식은 학습 지도 방법과 밀접한 관련이 있는 것으로, 교육자가 교육 현장에서 학습자들에게 학습 기회를 제공함에 있어서 선호하는 교수방식을 의미하는 것이다.

3) 성인학습과 경험

린드만(Lindeman)은 "성인교육에 있어서 가장 중요한 요인이 되는 것은 학습자의 경험에서부터 비롯된다."라고 언급하였다(신수경, 2013). 이러한 면에서, 경험이라는 것은 성인학습자가 적극 활용할 수 있는 아주 훌륭한 교과서라고 볼 수 있으며, 이와 유사하게, 노울즈는 성인교육은 젊은이들에 비해 엄청나게 다양한 경험에서 나오는 것이라고 하였다(신수경, 2013). 성인은 나이가 들수록 다양한 경험을 축적하게 된다. 노울즈는 성인들은 자신들이 경험한 것을 토대로 스스로를 규정한다고 하였다. 예를 들어, 자신을 부모, 배우자, 직장인, 봉사단 일원, 지역사회 활동가 등 자신의 경험을 바탕으로 스스로를 규정한다는 것이다(신수경, 2013).

4) PAH[1] 통합적 관점에서의 성인학습자의 학습 특성 분석

성인학습자의 학습 특성은 페다고지(pedagogy) 학습 원리와 안드라고지(andragogy) 학습 원리로 그 현상을 포괄하여 설명할 수 없으며, 점차 다원화되고 있는 성인학습자의 학습 특성을 조망하기 위해 새로운 학습 원리에 대한 논의가 필요한 실정이다. 이와 관련하여 하세와 케니언(Hase & Kenyon, 2000)은 휴타고지(heutagogy) 학습 원리를 제안하였다(신다은, 2015). 휴타고지 학습정향성은 타인에 의해 행동하는 의존적인 성향에서 벗어나 학습자가 자신의 학습 내용과 방법을 선택하여 자신의 학습 경로를 결정하고 주도하는 자기결정학습 관점을 가진다. 이때 교수자는 학습자에게 평생학습 환경과 학

---

1) 다음 세 개념을 통칭함.

페다고지(pedagogy): 아동을 가르치는 기술과 과학을 의미함.

안드라고지(andragogy): 성인의 학습 방법에 관한 하나의 관점이나 이론, 성인들의 학습을 돕기 위한 기술과 과학을 의미함.

휴타고지(heutagogy): 학습자가 자신의 학습 내용과 방법을 선택하는 자기결정학습 관점을 가짐.

습 조건을 제공하며, 역량(competence)을 넘어 능력(capability)을 개발할 수 있도록 지원하는 특성을 조망한다(Ashton & Newman, 2006; Hase & Kenyon, 2000; Hase, Tay, & Goh, 2006: 신다은, 2015 재인용). 휴타고지 학습정향성은 학습자가 직접 참여하는 연구형 학습과 생성적 학습 특성이 나타나며, 학습자는 필요한 지식과 정보를 능동적으로 탐구하고 활용하는 특성이 강조된다(신다은, 2015).

〈표 3-3〉 PAH 통합적 관점에서의 성인학습자의 학습 특성 분석

구성 영역	페다고지	안드라고지	휴타고지
자아개념	• 의존성	• 자기주도성/자율성	• 자기결정성/독립성
학습 주체	• 교수자	• 교수자/학습자	• 학습자
학습 동기화	• 외재적 • 전문가의 권유	• 내재적 • 개인적 요구 반영	• 내재적 • 자기 변화 및 성장
교수자 역할	• 학습 설계 및 전달	• 퍼실리테이터	• 학습 환경 제공
학습 내용	• 주제중심적	• 문제중심적	• 문제해결중심적
학습 방법	• 강의중심학습	• 실천중심학습	• 탐구중심학습
학습 결과	• 학습목표 달성 • 진학 및 승진	• 효과적 역할 수행 • 역량 개발	• 자기 향상, 변화 • 능력 개발

출처: 신다은(2015), p. 15.

2. 성인학습자의 참여 동기 및 유형

성인학습자의 학습 참여 동기를 체계적으로 유형화하고 그 구조적 특성을 규명하려는 시도는 호울(Houle, 1961)의 연구를 기점으로 하여 몰스타인과 스마트(Morstain & Smart, 1974)의 연구 등 지속적으로 수행되어 왔다. 구체적인 내용을 살펴보면 〈표 3-4〉와 같다(서보준, 서명환, 신성철, 2015).

〈표 3-4〉 성인학습자의 유형

호울의 유형		몰스타인과 스마트의 유형
목표지향형 동기	학습자는 특정 목표를 달성하거나 개인의 욕구를 충족시키기 위한	• 외부적 기대 – 다른 사람의 지시에 따르기 위해 – 형식적 권위를 지닌 사람의 기대사항들을 수행하기 위해

	하나의 수단으로 학습을 활용한다.	– 다른 권위자가 추천하는 것을 수행하기 위해 • 직업적 진보(전문성 향상) – 직업에서 더 높은 지위를 차지하기 위해 – 직업적 진보를 보장하기 위해 – 경쟁에서 뒤떨어지지 않기 위해
활동지향형 동기	학습자는 특정 지식이니 정보의 습득보다는 활동 그 자체와 인간관계, 상호작용 등을 목적으로 참여한다.	• 사회적 관계 – 개인적 교제와 우정에 관한 요구를 충족시키기 위해 – 새로운 친구를 사귀기 위해 – 이성 회원을 만나기 위해 • 도피/자극 – 지루함에서 벗어나기 위해 – 가정이나 일에서 휴식을 취하기 위해 – 남은 생애에서는 뚜렷한 차이를 내기 위해 • 사회적 복지 – 인류에 봉사할 수 있는 능력 향상을 위해 – 공동체에 대한 봉사를 준비하기 위해 – 공동체 작업에 참여할 수 있는 능력 향상을 위해
학습지향형 동기	학습자는 지식 그 자체를 습득하고자 하는 열망으로 학습을 통해 알고 성장하는 그 자체를 목적으로 참여한다.	• 인지적 흥미 – 단지 학습 자체를 위해 – 자신을 위하여 지식을 추구하기 위해 – 알고 싶어 하는 마음을 충족시키기 위해

출처: 권두승, 조아미(2019), pp. 47-48; 서보준 외(2015), p. 107 재구성.

3. 안드라고지

20세기 초반, 성인이 학습자로 등장하게 된 시대적 현상을 주목하여 학술적으로 개념화된 용어가 성인학습자로, 이와 관련하여 린드만(1926)은 성인학습자의 학습 특성을 나타내는 안드라고지라는 개념을 최초로 소개하였지만, 이는 성인학습이라는 개념으로 구체화되지 못하였다(Jarvis, 1987: 신다은, 2015 재인용). 그 후, 다양한 학자에 의해 후속 연구가 진행되면서 점차 성인학습자의 학습 특성과 관련하여 포괄적으로 탐구되었으며, 이를 통해 안드라고지 학습 원리가 이론적으로 정립되었다(Knowles, 1984: 신다은, 2015 재인용).

1) 성인학습의 원리

노울즈(Knowles, 1976)는 성인교육자가 성인학습자에 대해 지켜야 할 학습 원리에 대해 〈표 3-5〉와 같이 제시하였다(서보준 외, 2015).

〈표 3-5〉 성인학습의 원리

원리	내용
문제중심학습	성인학습자는 자신의 문제를 스스로 해결하려고 학습 활동에 참여하므로 교사 중심이 아닌 문제해결 중심의 학습이 필요하다.
경험중심학습	성인의 모든 과거 경험에서 비롯되고, 이로 인한 문제의 해결은 경험중심학습이 효과적이다.
의미 있는 경험 제시와 활용	학습 내용으로서의 경험은 학습자 자신의 관심, 준비도, 이해력, 연령, 인지력 등과 관련 있을 때만 학습자에게 의미 있는 경험으로 작용하고 문제해결에 도움을 줄 수 있다.
자유로운 경험 관찰과 축적의 가능성	자유로운 학습 분위기 조성이 가능해야 학습자의 학습 참여에 대한 동기가 부여되고, 학습 불안감을 해소시켜 주며, 필요한 경험을 축적해 나갈 수 있다.
자기주도적 학습	학습목표, 학습 내용, 방법, 장소, 결과의 평가 등은 반드시 학습자에 의해 설정되고 성취하도록 지도해야 한다.
피드백 과정	학습목표 성취 후 반드시 피드백을 주어야 한다.

출처: 서보준 외(2015), pp. 103-104 재구성.

다켄왈드와 메리엄(Darkenwald & Merriam, 1986)은 성인의 학습 준비도는 자신이 이전에 경험한 학습의 양에 의해 좌우되는데, 지식을 많이 축적할수록 새로운 정보를 더 잘 흡수하며 복잡한 사고방식에 따라 사고하게 되며, 내재적인 동기는 보다 영속적이고 절실한 학습을 창출한다고 하였다. 그리고 학습에 대한 강화는 부적 강화보다 정적 강화가 더 효율적이며, 의미 있는 자료와 과업은 그렇지 못한 자료와 과업보다 더 쉽게 학습되며 더 오래 기억된다고 하였다. 또한 성인학습자의 학습 활동은 수동적인 참여보다는 능동적인 참여가 학습을 고양시킨다고 하였다. 이러한 내용은 안드라고지론의 기본 전제를 뒷받침해 주는 학습 원리로 적용되고 있다(김석구, 2014 재인용; 〈표 3-6〉 참조).

〈표 3-6〉 페다고지와 안드라고지의 기본 전제 비교

구분	페다고지	안드라고지
학습자 자아 개념	의존적	자기주도적
	학습자의 역할은 의존적인 것으로 정의된다. 사회는 학습자가 학습해야 할 내용, 시기, 방법을 교사가 전적으로 책임지고 결정할 것으로 기대한다.	처음에는 의존적이었다가 점차 자기주도적으로 변화해 가는 것은 성숙의 일반적인 과정이다. 그러나 사람마다 그 속도와 시기는 다르다. 교육자는 이러한 변화를 자극시키고 지도할 책임이 있다. 성인은 특정 상황에서 의존적일 수도 있지만 일반적으로 자기주도적이고자 하는 강한 심리적 욕구를 가지고 있다.
학습자 경험의 역할	학습자의 경험은 학습자원으로서 그다지 가치를 지니지 않음	학습자의 경험은 자신은 물론 타인에게도 풍부한 학습자원이 됨
	학습자가 학습 현장에 가지고 오는 경험은 거의 이용 가치가 없다. 그것은 출발점의 역할을 할 수도 있다. 그러나 학습자가 가장 많이 얻게 되는 경험의 원천은 교사, 교재의 저자, 시청각 자료 제작자 및 여타 전문가들이다. 따라서 교육방법은 강의, 읽기과제의 부과, 미리 준비된 시청각 자료의 제시와 같은 전달식 방법에 의존한다.	인간은 성장함에 따라서 자신뿐만 아니라 타인을 위한 학습자원으로 활용될 수 있는 경험을 축적시켜 나간다. 더구나 피동적으로 얻는 것보다는 경험을 통해서 얻는 지식 및 기술에 더 큰 의미를 부여한다. 따라서 주된 교육기법으로 실험, 토의, 문제해결, 시뮬레이션 연습, 현장 경험 등에 의한 방법이 활용된다.
학습 준비도	생물학적 발달 단계와 사회적 압력	생애주기의 발달과업과 사회적 역할의 변화
	사람은 사회(특히 학교)가 학습해야 한다고 요구하는 어떤 것이든 강요를 받으면 학습하게 되어 있다. 같은 연령이면 대부분의 경우 동일한 내용을 학습할 수 있다. 그러므로 같은 연령의 학습자들이 단계적으로 학습해 나갈 수 있도록 교육과정이 표준화되어야 한다.	사람은 실제 생활과 관련된 문제에 잘 대처해 나가기 위해 학습의 필요성을 느끼게 될 때 기꺼이 학습한다. 교육자는 '알기 위한 요구'를 발견하도록 여건을 조성해 주며 학습자를 지원하기 위한 도구와 절차를 제공할 책임이 있다. 학습 프로그램은 실제 생활에의 적용을 중심으로 조직되어야 하고 학습자의 학습 준비도에 따라 계열화되어야 한다.
학습 지향성	미래를 위한 준비, 과목 지향	즉시적 활용, 성과 지향
	학습자가 교과 내용을 습득하는 과정을 교육이라고 할 때 학습자가 습득한 지식의 대부분은 장래의 생활을 대비한 것이다. 따라서 교육과정은 과목(고대에서 현대까지의 역사, 단순한 것에서 복잡한 수학이나 과학)의 논리를	성인학습자는 학습에 있어 즉시적인 활용과 문제나 과업 및 성과에 대한 경향성을 강조한다. 아동들은 자기가 배운 것을 나중에야 적용하지만, 성인은 현재의 삶 속에서 문제를 경험하기 때문에 학습한 것을 삶 속에 즉시 적용한다.

	따르는 교과 내용 단위(예, 코스) 속에 조직화되어야 한다. 사람들은 학습에 대해 과목(주제) 중심의 지향성을 가진다.	즉, 성인에게 교육은 지금 직면하고 있는 생활 문제를 다루는 능력을 향상시키는 과정인 것이다. 따라서 성인들은 필연적으로 형식적인 교과과정보다는 비형식적인 학습이 필요하다.
학습 필요성	실생활과 격리된 앎의 필요성	왜 그것을 배워야 하는가를 아는 것
	학습자들은 시험에 통과되고 진급하려면 교사가 가르친 것만 알면 된다. 그러나 그들은 자식들이 배운 것을 어떻게 삶에 적용할 것인가에 대해서 알 필요가 없다. 학습자들은 교사가 가르치는 것을 학습해야 한다고 인식한다.	성인들은 그들이 학습하기 전에 왜 그것을 학습할 필요가 있는지 알고자 한다.
학습 동기	학업 성취 등 외재적 동기	내재적 동기
	학습자는 외재적 동기(성적, 교사의 지시, 부모의 압력)에 의해 학습에 동기화된다.	성인은 외재적 동기(나은 직업, 승진, 연봉)에 반응하기도 하지만 보다 강력한 동기는 내적 동기(직무 만족, 자아존중감, 삶의 질)에 의해 동기화된다.

출처: 김석구(2014), pp. 18-19.

2) 안드라고지에 근거한 성인학습자 성향

안드라고지론에 근거한 6가지 기본 전제를 바탕으로 학습자 성향을 구체적으로 살펴보면 다음과 같다(권두승, 조아미, 2019; 김석구, 2014).

(1) 학습할 필요

성인은 무엇인가를 학습하기 이전에 왜 그것을 배워야 하는가를 안다(Knowles, 1989). 터프(Tough, 1979)는 성인은 그들이 무엇인가 배울 때, 그 학습에서 얻게 되는 혜택과 더불어 그것을 학습하지 않을 경우 부정적인 결과가 무엇인지에 대한 답을 찾아내는 데 상당한 노력을 기울인다고 하였다. 안드라고지의 핵심 원리 가운데 하나는 성인학습자는 학습을 시작하기 전에 학습에 대한 이유를 알고 싶어 한다는 것이다. 일반적으로 성인학습자들이 지니고 있는 알고자 하는 욕구에는, ① 왜, 그러한 학습이 필요하고 중요한지, ② 학습이 실제로 어떻게 실행되는지, ③ 학습 내용이 무엇인지를 알고 싶어 하는 욕구가 있다는 것을 전제로 한다.

이 원리는 또 다른 보편적 전제, 즉 성인이 자신들의 학습을 계획하는 과정에서 서로 협력해서 참여해야 한다는 전제가 있다. 많은 성인학습 프로그램의 가장 큰 특징은 프로그램의 계획 및 진행에 학습자를 참여시키는 것으로, 심지어 학습 내용이 미리 정해진 상황에서도 학습 전략에 대한 통제를 공유하면 더욱 효과적인 학습이 된다. 성인학습자가 학습 프로그램에 파트너로 협력하고 참여하는 경우, 독립적인 학습자로서의 자아개념을 만족시킬 뿐만 아니라 그들이 가진 '알고자 하는 욕구'도 충족된다.

(2) 자아개념의 변화

성인의 자아개념은 긍정적이고 자기주도적으로 변화한다(Knowles, 1990). 노울즈(Knowles, 1989)는 "성인이란 한 개인이 필수적인 자기 지식에 관한 자아개념을 인식하는 시점이며 한 인간은 성장 · 성숙하면서부터 점차 자기주도적으로 변한다."라고 하였다. 노울즈는 인간의 자아개념에 대해 자기주도적 성향을 지니는 것으로 간주한다. 이와 같이 노울즈는 교육을 통해 자기주도성을 키우고 자기주도적인 사람으로 변모되어야 함을 지적하여 인간의 교육 가능성과 변화 가능성 및 잠재성에 대해 인식하고, 성인학습자를 교육 가능하며 주체적인 존재로 여긴다(Smith, 2002).

사실 인간이 심리적으로 성인이 되는 시기는 자신을 자기주도적으로 보는 시점으로, 그 시점에서 그는 또한 다른 사람에게도 자기주도적으로 지각되기를 원하는 욕구를 경험하게 된다. 성인은 스스로 자신에 대해 의사결정을 할 수 있고 그 결과를 직시할 수 있으며 자신의 인생을 스스로 다룰 수 있다. 따라서 성인은 자율적인 개인으로서의 자아개념이 인정되지 않는 상황에서의 학습을 거부하는 경향이 있다(권두승, 조아미, 2001). 노울즈는 성인을 신체적 나이보다는 심리적 · 정신적 나이로서 책임감과 자율성을 갖추고 있느냐가 중요한 기준으로 여겼다. 특히 이와 같은 맥락에서, 노울즈(1980)는 교육이 개인을 새 상황에 직면할 수 있도록 준비하며, 미지의 것을 탐구해 나갈 수 있는 능력을 함양하며, 교육은 평생의 과정으로 여겼다.

(3) 경험의 역할

성인학습자의 풍부한 경험은 학습 자원화되거나 새로운 학습의 바탕이 된다(Knowles, 1990). 모든 성인은 그들이 아동 · 청소년이었을 때와는 다른 경험을 하게 된다. 노울즈(Knowles, 1980)는 성인에게 있어 경험은 곧 그 사람 자체라고 본다. 한 개인은 성숙함에 따라 경험을 축적하게 되며, 이 경험은 풍부한 학습자원이 됨과 동시에 새로운 학습을 전개하기 위한 폭넓은 토대가 된다. 성인은 인생 설계, 결혼, 자녀 양육, 사회생활 등을 통한 그 자신의 축적된 경험을 통해서 자신이 누구인가를 규정한다(남윤석, 1988). 그래서 성인은 자신의 경험이 쓸모가 없거나 그 가치가 경시되는 환경에 처할 때 그것은 그들의 경험만이 배척당한다고 생각하지 않고 그들의 인격이 통째로 거부당한다고 생각한다(Knowles, 1980).

아동과 성인의 경험에 대한 이러한 차이는 학습에 대해서 최소한 다음과 같은 세 가지 결과로 나타난다(Knowles, 1980).

첫째, 성인의 경험은 다른 사람의 학습에 공헌한다. 대부분의 학습에서 그들은 스스로가 가장 중요하고 풍부한 자원이 된다.

둘째, 성인은 새로운 경험과 이전의 경험을 관련지을 수 있는 충분한 기반을 가지고 있다. 그리고 새로운 학습은 과거의 경험과 관련지을 때 의미를 가지는 경향이 있다.

셋째, 성인은 많은 고정된 습관과 사고방식을 가지고 있기 때문에 덜 개방적인 경향이 있다.

이와 같은 성인학습자에게서 누적된 경험이란 교육의 방향과 방법을 결정짓는 데 중요한 요소로 영향을 미친다. 이와 같이 성인의 학습에 있어 경험은 매우 필수불가결한 요소이며, 내용의 전달보다는 경험에서 배우는 방법이 곧 자기실현의 열쇠라고 여긴다.

(4) 학습 준비도

성인학습자는 알 필요가 있는 것을 학습할 준비가 되어 있다. 노울즈(Knowles, 1990)는 성인들은 그들의 실제 삶의 상황에서 더 효과적으로 대응하기 위해 그들이 할 수 있는, 그리고 알아야 할 필요가 있는 것을 학습할 준비가 되어 있다고 하였다.

인간은 여러 발달 단계를 거쳐 성장하고 성숙해 가며, 한 발달 단계에서 다음 단계로 넘어가기 위해서는 개인이 알 필요가 있는 것을 학습할 때 가장 잘 배운다는 것은 우리 문화에서 널리 수용되고 있는 사실이다. 이러한 관점에서 노울즈(Knowles, 1980)는 성인의 발달이란 단순히 연령에 따른 생리학적인 것이 아니라, 사회적 역할에 따라 전환과 위기를 맞는 것이라고 하였다. 요컨대, 발달 단계별로 상이한 발달과업 및 사회적 역할에 걸맞는 성인학습 준비를 강조한다.

(5) 학습지향성

성인은 아동과는 다른 시각을 가지고 교육에 임하게 되는데, 이것은 그들의 학습을 바라보는 입장이 다르기 때문이다. 성인학습자는 학습에 있어 즉시적인 활용과 문제나 과업 및 성과에 대한 경향성을 강조한다. 노울즈(Knowles, 1980)는 현재의 문제를 해결하기 위한 문제중심적(problem-centered) 혹은 성과중심적(performance-centered) 교육을 하는 것이 안드라고지의 가정 중의 하나라고 하였다. 성인에게 교육은 지금 직면하고 있는 생활 문제를 다루는 능력을 향상시키는 과정인 것이다. 노울즈(Knowles, 1990)는 성인교육의 실천 원리로서 추상적 개념에 근거한 교육이 아니라, 성인의 실재적인 문제에 근거한 구체적인 교육 내용이 중요하다고 여겼다. 이러한 생각은 학습 적용 시기에 대한 그의 논지에도 함축되어 있는데, 성인의 자율적인 욕구와 필요에 따라 성인학습이 일어나기 때문에 현재적이고 즉각적인 적용에 관심을 둔다. 따라서 성인의 학습은 정보 전달을 위한 교실 수업보다 문제해결 집단을 통해 더 효율적으로 일어난다.

(6) 학습동기

성인학습에 대한 안드라고지의 접근은 무엇이 성인의 학습동기를 불러일으키는가에 대해서 아동과는 본질적으로 다른 가정을 전제로 한다. 성인학습자는 내적으로 동기화되어 학습에 참여한다(Knowles, 1990). 성인의 학습 동기는 성인학습이 생활문제에 대한 해결을 어느 정도 관여하느냐 혹은 어느 정도 해결해 주느냐에 의하여 결정된다(Knowles, Holton, & Swanson, 1998). 스미스(Smith, 2002)는 성인학습자들이 학습 활동에 참여하는 동기 수준은 학습이 삶과 직장의 일과 어느 정도 연결되어 있는지와 직접적으로 관련되어 있음을 밝혔다. 따라서 노울즈(Knowles, 1980)는 안드라고지가 내적 과정이라고 말한다. 안드라고자의 학습은 성인학습자가 자신의 인지적 · 정서적 · 생리적 기능을 포함하여 성인학습자 자신이 주도권을 가지고 전 존재가 참여하는 것을 말한다.

3) 개인차와 성인학습: 안드라고지를 넘어

성인학습에서 개인별 차이에 대한 연구에서 중요한 전제는 교수자가 성인학습자의 개인별 능력과 양식, 선호도에 따른 차이를 수용할 수 있도록 수업을 유연하게 조정해야 한다는 것이다(Jonassen & Grabowski, 1993; 최은수 역, 2016).

개인별 차이는 성인학습 과정에 영향을 미치는 가장 중요한 변수로, 안드라고지에서는 개인별 차이가 교수-학습 전략에 다양한 영향을 미친다는 것을 인정하고 그와 관련된 연구가 전개되어 왔다(권두승, 조아미, 2019). 개인별 차이를 이해함으로써 안드라고지를 훨씬 효과적으로 실천할 수 있으며, 효과적인 성인학습 전문가라면 개인별 차이를 이해함으로써 성인학습 체험을 여러 가지 방식으로 조정하게 된다(최은수 역, 2016). 특히 성인학습에 대한 심리학적 접근에 대한 관심이 증폭되었다는 것은 성인학습에서 개인별 차이가 영향을 미친다는 것을 의미한다고 볼 수 있다(권두승, 조아미, 2019).

안드라고지에서 성인학습자에 관한 개인별 차이와 관점에 대해 살펴보면 다음과 같다(최은수 역, 2016).

- 안드라고지 핵심 원리를 성인학습자의 인지 능력과 학습양식 선호도에 맞게 적용한다.
- 개인별 차이를 파악함으로써 특정 학습자에게 어떤 원리를 적용시킬 수 있는지를 알 수 있다.
- 효과적인 성인학습 전문가는 개인별 차이를 이해함으로써 학습 경험의 목표를 확장한다.

토론문제

1. 성인의 긍정적이고 자기주도적 자아개념의 변화를 위한 평생교육 내용과 방법에 대해 토론하시오.
2. 성인학습자의 학습동기를 증진하기 위한 방안에 대해 토론하시오.
3. 성인학습에서 성인의 경험을 활용하는 교수-학습 방안에 대해 토론하시오.

참고문헌

권두승, 조아미(2019). 성인학습 및 상담. 경기: 교육과학사.

김석구(2014). 안드라고지론에 근거한 학습자 성향, 학습 참여 특성 및 SNS활용이 학습성과 인식에 미치는 영향. 아주대학교대학원 박사학위논문.

김성헌(2005). 성인학습자의 영어발음 인지치유. 단국대학교대학원 석사학위논문.

김진화(2011). **평생교육프로그램개발론**. 경기: 교육과학사.

남윤석(1988). M. S. Knowles의 성인교육론 연구. 연세대학교 교육대학원 석사학위논문.

서보준, 서명환, 신성철(2015). **평생교육론**. 경기: 공동체.

서울대학교 교육연구소 편저(1995). **교육학용어사전**. 서울: 하우.

성태제, 강대중, 강이철, 곽덕주, 김계현, 김천기, 김혜숙, 송해덕, 유재봉, 이윤미, 이윤식, 임웅, 홍후조(2020). **최신 교육학개론(3판)**. 서울: 학지사.

신다은(2015). 성인학습자의 평생학습정향성에 관한 연구. 동의대학교대학원 석사학위논문.

신수경(2013). 성인학습자들의 자기계발 학습 참여 과정 연구. 전남대학교대학원 석사학위논문.

최은수, 신승원, 강찬석 공역(2016). **성인학습: 이론과 실천.** 샤란 메리엄, 로라 비에레마 공저. 경기: 아카데미프레스.

한우섭, 김미자, 신승원, 연지연, 진규동, 신재흥, 송민열, 김대식, 최용범(2019). **평생교육론(2판).** 서울: 학지사.

Houle, C. O. (1961). *Inquiring mind.* Madison: University of Wisconsin Press.

Jarvis, P. (1987). Malcolm Knowlesin. In P. Jarvis (Ed.), *Twentieth century thinkersin adult education.* London: Croom Helm.

Knowles, M. S. (1980). *The modern practice of adult education: From pedagogy to andragogy* (2nd ed.). New York: Cambridge University Press.

Knowles, M. S. (1984). *The adult learner:* A neglected species (3rd ed.). Houston, TX: Gulf Publishing.

Knowles, M. S. (1989). *The making of an adult educator: An autobiographical journey.* San Francisco: Jossey-Bass.

Knowles, M. S. (1990). *The adult learner:* A neglected species (4th ed.). Houston, TX: Gulf Publishing.

Knowles, M. S., Holton, E. F. III., & Swanson, R. A. (1998). *The adult learner* (5th ed.). Houston: gulf.

Lindeman, E. C. (1926). *The meaning of adult education* (1989 ed.). Norman, OK: University of Oklahoma.

Mayer, R. E. (1982). Learning. In H. E. Mitzel (Ed.), *Encyclopedia of educational research.* New York: Free Press.

Morstain, E. R., & Smart, J. C. (1974). Reasons for participation in adult education courses: A multivariate analysis of group differences. *Adult Education, 24*(2), 83-98.

Smith, M. K. (2002). *Malcolm Knowles, informal adult education, self-direction and andragogy.* The encyclopedia of informal education. [On-line]. http://www.infed.org/thinkers/et-knowl.htm.

Tough, A. M. (1979). *The adult's learning projects: A fresh approach to theory and practice in adult learning* (2nd ed.). Toronto: Ontario Institute for Studies in Education.

네이버 지식백과. 2021. 7. 17. 검색. 학습.

제4장

평생교육의 역사

"인간의 본능 중에서 학습 능력만큼 인간을 본래의 모습에서 멀리 벗어나도록 만드는 것은 없다. 이 학습 능력이 인간의 행동양식을 점진적으로 변화시키는 원동력인 것으로 드러난다. 인간이라는 존재의 조건을 크게 바꿔 놓은 것도 바로 이 학습 능력이다."

—K. G. 융—

학습목표

1. 근현대 동서양 평생교육의 역사에 대해 설명할 수 있다.
2. 근현대 동서양의 주요 평생교육자에 대해 설명할 수 있다.
3. 근현대 한국 평생교육의 역사에 대해 설명할 수 있다.
4. 근현대 한국 주요 평생교육자에 대해 설명할 수 있다.

학습개요

근현대 동서양 평생교육은 자본주의 발달과 함께 빈민, 노동, 여성에 대한 관심에서 시작하였다. 이 시기에는 성인학교, 커피하우스, 시민대학, 준토, 민중대학, 기숙시민대학, 개방대학, 공민관 등 다양한 평생교육기관이 발달하였다. 근현대 동서양 평생교육자로는 코메니우스, 페스탈로치, 그룬트비, 토니, 린드만, 듀이, 플리트너, 타오싱즈 등이 있다.

근현대 한국의 평생교육은 서구 근대 문물 수용을 위한 실학과 개화운동에서 시작하였다. 일제 강점기에는 민족의식 고취와 절대 독립을 목표로 조선여자교육협회와 신간회 운동 · 문자보급운동 등이 활발하게 전개되었다. 해방 이후에는 성인문해교육과 학력보완교육을 기초로 산업화 토대 구축을 위한 직업교육에 힘썼으며, 1980년 「헌법」에 평생교육 명시, 2000년 「평생교육법」 제정을 통해 시민교육 · 교양교육 · 문화예술교육 등 평생교육이 크게 발전하였다. 근현대 한국평생교육자로는 서재필, 이상재, 이승훈, 안창호, 차미리사, 안재홍, 배민수, 함석헌 등이 있다.

1. 동서양 근대 평생교육의 역사

1) 19세기 이전 동서양 근대 평생교육의 역사

19세기 이전 서구 근대 평생교육은 중세에 대한 반성을 거쳐 기독교라는 종교적 신념의 실천하에서 빈민과 노동계급에 대한 관심에서 시작되었으며, 인간은 누구나 평생 동안 학습할 수 있다는 신념의 구체적 실천에 기반을 두었다(Jarvis, 2011). 특히 이 시기 서구 근대 평생교육은 산업화 시기 노동계급에 대한 성인교육에서 그 기원을 찾을 수 있다. 산업혁명을 선도한 영국의 경우 평생교육은 두 가지 흐름으로 전개되었다.

첫째, 산업화에 노동력을 제공하는 노동계급을 산업자본주의 사회에 적응하게 하고 중간계급의 가치를 전파하기 위한 방법으로 노동자 대상 평생교육을 실시하였다. 교사로 선정된 교회의 목사나 마을의 유지와 같은 중간계급이 성경을 교재로 삼아 노동자들에게 초보적 수준의 읽기, 쓰기, 산술을 가르쳤다. 대표적인 기관으로는 일요학교(sunday school), 성인학교(adult school), 야간학교(night school), 기계공학교(mechanics institute) 등이 있다(Harrison, 1961). 이것은 산업화 초기 아직 노동계급의 학습 역량이 충분히 갖춰져 있지 않은 시기에 숙련된 근대 산업 인력의 시급한 육성을 위한 위로부터의 평생교육이었다. 그러나 일정한 시간이 지나 노동계급의 역량이 축적되기 시작하면서부터 노동계급에 의해 아래로부터의 평생교육이 자발적으로 일어나기 시작하였다.

중간계급을 통한 다양한 기초학습을 통해 정신적 각성을 거듭한 노동계급은 자본가에 대한 저항 과정에서 자조(self-help)의 전통을 만들었다. 그 결과 커피룸(coffee room), 커피하우스(coffee house), 독서룸(reading room), 독서클럽(book club) 등의 모임이 번창하였다. 이 시기 인쇄술의 발명과 함께 신문, 서적, 인쇄물이 확산되었고, 이는 노동자 계급 스스로 평생학습을 실천하는 상호향상회(mutual improvement societies)로 발전하게 되었다(홍유희, 2011). 노동자들의 정신적 각성은 대학교육에도 큰 변화를 가져왔다. 귀족계급 중심으로 운영되어 온 대학도 노동자와 여성의 평생교육 참여 욕구를 받아들여 대학확장운동이 본격적으로 시작되었다. 이에 따라 19세기 후반 영국 케임브리지 대학교는 노동자의 교육적 욕구 충족과 여성에 대한 고등교육 기회 제공을 위해 이들에게 공개강좌를 개설하는 대학확장운동(university extension movement)을 전개하였다(양병찬, 1995). 이는 오늘날 대학 개방의 효시가 되었다.

독일에서는 18세기 중반 이후 레싱(Lessing), 실러(Schiller), 칸트(Kant) 등 근대 계몽주의자의 사상이 평생교육 발전에 큰 영향을 끼쳤다. 시민의 계몽정신은 노동자들이 학습을 시작하는 계기를 만들었다. 19세기 중반에는 독서동아리, 박물관 동아리, 문학 서클 등이 조직되었다. 이 시기 노동자운동과 소시민 진보주의는 독일 성인교육의 발전에 원동력이 되었다. 1871년 국민교육확장협회가 조직되어 산하에 학습동아리가 만들어지고, 국민도서관이 설립되어 일반 노동자 대상 공개강의도 시작되었다(박성희, 권양이, 2019). 이러한 산업화 시기에 성인 대상 평생교육은 독일이 근대민족국가를 형성하고 빠르게 근대화로 나가는 데 큰 인적 기반을 제공하였다. 이 시기 독일의 평생교육은 자유주의적 · 시민적 성인교육운동을 지향하였다. 1860년경 독일 최초로 독서 클럽이 생겨나 19세기 말에는 430개까지 확대되었고, 합창 · 체조 · 박물관 연구회 등 여러 형태의 공동체 모임이 생겨났다. 1871년에는 시민계몽활동을 촉진하기 위해서 강연회, 학습여행, 도서관, 계속훈련기관 설립 등 다양한 활동을 촉진하는 민족교육확산협회가 결성되었다. 또한 대학확장운동, 직업교육운동, 사회주의적 성인교육운동 등도 전개되었다(이병준, 2006). 또한 이 시기 독일 시민대학은 사회문화적 교양인의 양성, 학습자 중심의 토론과 경험중심학습에 바탕을 둔 성인학습자 중심의 교육을 강조하고, 이른 시기에 노동자 교육과 시민교육이 분리되었다(박성희, 권양이, 2019).

근대 미국의 평생교육은 독립 이전인 1680년 시작된 준토(Junto)에서 시작되었다. 준토는 정기적인 토론 클럽으로 1741년에는 독립적인 성인교육기관으로 발전하였다. 1861년에는 지역단위 문화강좌의 하나인 라이시움(Lyceum)이 시작되어 후에 전국적인 연합체가 되었다. 1866년 시작한 샤토쿠아(Chautauqua)는 농민교육의 하나로 시작되었으나 후에 여름 성경학교로 발전하였다(Houle, 1992).

프랑스의 근대 평생교육은 민중교육(éducation populaire)의 전통에서 출발한다. 민중교육은 노동자교육과 시민교육, 평생교육에 이르기까지 프랑스 근대교육 전반에 흐르고 있는 정신이다. 계몽주의 철학자 루소(Rousseau)는 교육이 인간의 사회적 · 정치적 해방을 위한 도구로 모든 이를 위한 교육이 필요하다고 주장하였다. 콩도르세(Condorcet)는 교육이 특정 계층이 아닌 모든 사람에게 평등하게 제공되어야 한다는 일반교육 원칙과 국가 담당의 공교육 이상을 명확히 제시하였다(이기라, 2017). 19세기 프랑스의 민중교육은 성인을 대상으로 하는 다학제적 교육과정 개발을 목표로 지식인들이 주도하는 세속적 공화주의, 가난과 비참함에 맞서는 투쟁으로 부유한 명사에서 청년 노동자와 농부에 이르기까지 계급을 초월하여 실천했던 사회적 기독교주의, 노동계급 고유의 문화와 가치 보전을 위해 노동거래소를 중심으로 회합, 도서관, 경제 · 철학 · 역사 공부를 위한 야간강좌 개설 등을 실천했던 혁명적 노동자주의 흐름으로 나뉜다(이기라, 2017).

19세기 이전 동아시아에서 근대 평생교육은 근대 산업화를 이끈 서구와는 다른 차원에서 전개되었다. 근대 이전인 명 · 청대에 중국은 당대 세계의 중심 국가로서 서구에 자국의 우수한 문화를 전파하기도 하였다. 그러나 근대 이후에는 상황이 역전되어 발달한 서양의 과학 기술을 빠르게 수입해야 하였다. 이에 따라 이 시기 중국의 근대 평생교육은 서양교육의 도입과 사회 전반에 걸친 변화에서 시작되었다. 이 시기 보편적 평등교육에 대한 노력은 1851년 청조에 반기를 들고 일어난 태평천국의 난 때 태평군이 아동, 부녀, 사병, 군중에 대한 교육을 중시하였다는 사례에서 찾을 수 있다. 당시 아동은 매일 학교를 다니고, 성인은 일요일에 학습하며, 부녀, 사병, 농민에 대한 교육도 실시하였다(구자억, 1999).이 시기 외국 선교사의 활동과 서양문화의 수용으로 여성교육의 중요성에 대한 인식이 높아지기 시작했고, 이는 여성 지위에 대한 인식의 변화로 이어졌다(이경자, 2020).

일본의 근대화도 서구 문물 · 제도의 본격적 수입과 맥을 같이한다. 일본의 근대 평생교육은 1870년(메이지 3년) 근대 통일국가를 추진했던 메이지(明治) 정부가 도덕적 · 정치적 · 종교적 신념체제를 국민 사이에 정착시키기 위한 국민교화형 성인대상교육에서 시작되었다. 여기에 문명개화와 부국강병을 더하는 개화와 계몽을 강조했으며, 이 시기 문부성에서 현재의 평생교육에 해당하는 사회교육을 담당했고 다양한 담화회와 강연회를 개최하였다(허정무, 1999).

동서양 근대 평생교육자들은 사회적 약자에 대한 관심과 이들의 계속 학습을 위해 다양한 형식 · 비형식 · 무형식 학습 지원을 통해 모든 이를 위한 학습의 정신을 실천해 왔다. 이 시기에 평생교육의 중요성을 일깨우고 다양한 실천 활동을 했던 서양 근대 평생교육자로는 코메니우스, 페스탈로치, 그룬트비 등이 있다.

서양 성인교육사상의 선구자로 '범교육'을 강조한 보헤미아의 교육자 코메니우스(Comenius, 1592~1670)는 인간의 전 생애에 걸친 교육을 주창하고 지성 · 덕성 · 신앙의 조화를 강조하였다(최진경, 2010). 그가 주창한 범교육의 주요한 관심은 세상에 태어난 모든 사람이 예외 없이 그들의 고유한 인간의 속성을 계발하기 위하여 교육을 받아야 한다는 것이다. 그는 모든 사람을 위한, 모든 것, 모든 방법을 실천하는 범교육(凡教育)

을 강조하였다. 코메니우스에게 있어 모든 사람의 교육은 여성, 가난한 사람, 장애자와 그들을 위한 교육을 포함하고 있다. 이러한 범교육의 목적은 모든 지식을 합리적으로 표현하며, 자율성과 자기결단 능력에서 비롯된 합리적 비판 의식과 능력을 기르고 새로운 인간성 회복과 생존의 터전이 되는 사회 개혁과 구원에 있다(이숙종, 2006).

18세기 빈민과 사회적 약자에 대한 교육을 강조하고 실천한 인물로 스위스의 교육자 페스탈로치(Pestalozzi, 1746~1827)를 들 수 있다. 근대 국민대중교육론의 기초를 제공한 그는 죽음에 이르기까지 빈민에게 사랑의 손길을 뻗쳤고, 교육이란 선천적으로 신이 인간 안에 소질로 깃들게 하여 준 여러 힘을 사랑의 손과 사랑의 대지로 부드럽고 조화롭게 발전시키는 것으로 인식하였다. 그는 민족의 중요성과 국민교육을 강조하였고, 이를 가정교육 · 직업교육 · 평생교육 · 종교교육까지 확장하는 데 기여하였다(김정환, 2008).

페스탈로치의 교육사상은 덴마크의 성인교육자 그룬트비(Grundtvig, 1783~1872)에 큰 영향을 미쳤다. 성인교육을 통해 덴마크 근대사에 큰 영향을 미친 그룬트비는 인간의 존엄, 자유, 평등, 계몽과 자유로운 상호작용을 중시하였다. 그는 위기의 덴마크를 구하기 위해 계급과 직업에 관계없이 모든 덴마크인이 다닐 수 있는 계절학교이자 성인교육기관인 평민대학을 설립하였다. 그는 평민대학의 목적을 삶의 계몽에 두었다(강선보, 2005b).

2) 20세기 동서양 근대 평생교육의 역사

근대 초기 증기기관의 발명과 함께 에너지원으로 석탄 사용이 급속도로 확산하면서 산업화를 이끌었다. 19세기 말 20기 초에는 석유의 정제 기술이 발전하고 전기의 발견, 디젤 엔진의 발명 등으로 산업혁명은 새로운 국면을 맞이하게 되었다.

20세기 들어 영국에서는 대학확장운동과 함께 1905년 노동자교육협회가 조직되어 현재까지 큰 영향력을 발휘하고 있다. 이 노동자교육에 커다란 발자취를 남긴 인물은 맨스브리지(Mansbridge)와 토니(Tawney)이다. 맨스브리지(Mansbridge, 1876~1952)는 성인 인문교육의 대중화에 힘써 왔다. 그는 영국 노동자교육협회(Workers' Educational Associtionː WEA)를 창립하여 영국 노동자 평생교육에 커다란 족적을 남겼으며, 대학확장운동, 노동과 학습 간의 독특한 교육협력체를 만들어 근대 성인교육의 개척자라는 평가를 받는다(Jarvis, 2011). 토니(Tawney, 1880~1962)도 맨스브리지와 함께 WEA를 주도하며 노동계급에게 당시 정치적 · 산업적으로 분출하던 노동운동의 정신을 연결시켰고,

정규적이고 체계화된 성인교육을 위한 새로운 불씨를 일으켰다(고세훈, 2019). 그러나 토니는 맨스브리지가 추구한 자유교양교육 중심의 노동교육과 또 다른 흐름인 사회변혁 도구로서의 노동교육을 종합하고자 힘썼다(곽태진, 강선보, 2017).

20세기 미국의 사회적 과제는 이민의 증가와 전쟁으로 인한 대공황의 극복이었다. 따라서 이민세대를 대상으로 하는 공립학교의 성인교육과 경제공황에 대한 대응으로 공공 직업훈련과 사회교육이 활발하게 전개되었다(김남선, 2001). 또한 1921년 노동운동이 활발해짐에 따라 노동교육국이 설립되었는데, 이는 영국의 노동자교육협회를 모방한 것이었다. 이 시기 사회변혁을 목표로 한 노동대학의 설립과 활동이 활발하게 이루어졌다(김정일, 2005).

이 시기 독일 평생교육의 가장 큰 특징은 1919년 「헌법」에 국가의 성인교육 진흥 의무를 명시한 바이마르 공화국의 시민대학 설립이다. 교육 소외계층이 대학 수준의 일반 교양교육을 받고, 삶의 질 향상을 목적으로 정치나 사상적으로 치우치지 않는 중립적 교육을 지원하였다(박성희, 권양이, 2019). 바이마르 공화국 시기는 독일 평생교육의 황금기로 '민족교육의 새방향' '성인교육의 새방향'이라는 평가를 받는다. 이 시기 시민대학은 지식인들에 의해 주도되었으며 지역별로 특성화되었고, 다양한 성인교육방법을 사용하여, 강의식에서 탈피한 토론에 의한 학습을 강조하였다. 또한 지역중심의 성인교육이었으며, 당대 지식인들이 그 시대의 문제 상황을 어떻게 교육적으로 풀 것인가에 대한 고민을 실천하였다(이병준, 2006).

프랑스에서는 19세기 말 유대인 장교 드레퓌스(Dreyfus)가 간첩 혐의로 종신형을 선고받았다가 풀려나는 과정에서 이 사건을 계기로 1898년 인쇄공이었던 드에름(Deherme)에 의해 민중대학이 탄생되었다. 이후 그는 민중대학협회의 결성을 주도했고, 1901년에는 전국적으로 124개의 협회를 만들었다. 이 협회는 모든 조건에 있는 시민들이 상호교육을 추구하며 노동자들이 업무 후에 와서 쉬고 배우고 노는 회합을 목표로 활동했으나 두 차례 세계대전을 겪으면서 위축되었다(이기라, 2017).

중국은 1905년에 과거제를 폐지하였다. 이는 국가 위기와 세계 정세에 대응하기 위한 조치였다. 이것은 교육 대상의 확대로 나이, 성별에 차별을 두지 않고 누구나 교육을 받을 수 있는 계기를 만들었다(이경자, 2018). 1921년 중화민국 임시정부는 사회교육국을 설치하였다. 청 말에서 중화민국 시기까지 중국의 성인교육은 실업교육, 사회교육, 통속교육, 기초교육 등의 시행을 통해 광범위하게 진행되었다(구자억, 1999).

이 시기 일본 메이지 천황은 1908년 국민교화에 상징적인 상하일치, 근검실천, 미풍

양속을 강조하는 갑신조서(甲申詔書)를 발표하였다. 일본에서 근대지식인 성인교육은 대정(大正)시대를 맞아 소시민층 지식인을 중심으로 각종 출판의 유행과 교양에 대한 관심, 강연회와 공개강좌의 형식으로 실천되었다. 그러나 소화(昭和)시대를 맞아 국민정신 함양과 교화가 다시 강조되기 시작했고, 1937년에는 중일 전쟁과 함께 국민정신총동원령이 내려지면서 성인 평생교육도 이런 목적에 활용되었다(허정무, 1999).

이 시기의 평생교육자들은 노동자, 농민, 빈민, 여성 등 사회적 약자에 대한 성인교육 프로그램의 개발과 실천을 통해 평생교육 확산에 크게 기여하였다. 또한 평생교육의 의의와 방향 정립 등 이론 정립에도 기초를 놓았다. 이 시기의 대표적인 평생교육 실천가로는 부버(Buber), 맨스브리지, 토니, 린드만(Lindeman), 듀이(Dewey), 플리트너(Flitner), 타오싱즈(陶行知) 등이 있다.

유대교 신학자이자 성인교육사상가 부버(Buber, 1878~1965)는 인간과 인간 사이의 진정한 '만남의 철학'을 강조하였다. 그는 성인교육의 목적이 자신과 사회를 위해 기여할 수 있는 통일된 인격의 소유자를 양성하는 것과 개인과 공동체 간의 관계 정립을 통해 참된 공동체를 형성하는 것이라고 주장하였다(강선보, 2005a). 그는 성인학습자의 자율성과 경험을 강조하고, 진리의 발견 과정에 능동적으로 참여하고, 행동과 실행, 이론과 실제의 통일을 강조하였다. 또한 전통적 교육기관에서는 특정 분야를 체계적으로 훈련시키지만, 성인교육기관은 사회시민으로서 봉사하도록 훈련시키는 것이 중요하다고 봤다. 따라서 이를 위해 성인교육에서 공동체적 책임과 비판의식의 개발을 특히 강조하였다(강선보, 2005a).

부버와 같은 시기에 태어나 활동한 영국의 맨스브리지는 근대 성인교육의 개척자로서, 특히 노동자 교육의 선구자였다. 그는 기독교 윤리 이상주의, 대학 확장교육, 협동조합 운동의 세 가지 원천하에서 성인교육의 혁신에 기여하였다. 그는 당시 엄혹한 독점자본주의 현실에 맞서 빈곤 상태에 빠져 있으며, 삶의 희망을 상실한 노동자의 각성을 촉구하면서 그 대안으로 체계적인 노동자 교육을 이끈 선구적 인물이다. 뒤이어 영국의 성인교육자 토니는 성인의 교육 목적과 요구를 위해 신중하게 설계된 교육 서비스 제공에 대해 철학적이며 실천적인 통찰력을 일깨운 최고의 문서로 평가받는『1919 보고서』를 낸 영국 재건부의 회원으로 성인교육정책에 큰 영향을 끼쳤다(Jarvis, 2011).

『성인교육의 의미(The Meaning of Adult Education)』를 저술하여 근대 미국 성인교육에 큰 영향을 미친 린드만(Lindeman, 1885~1953)은 교육을 평생의 과정으로 여겼으며, 비직업적 특성을 강조하고, 성인이 자기 자신을 새로운 상황에 적응시켜야 할 때 학습이 시작되며, 성인에 내재한 교육적 잠재력을 강조했고, 함께 행하고 생각하는 것을 중시하였다(Jarvis, 2011). 린드만은 사회과학연구에서 참여연구방법을 제시하고 이를 교육과 동일시하였으며, 성인교육을 삶의 변화를 일으키는 방법으로 인식하고 실천하였다(홍유희, 2013).

듀이(Dewey, 1859~1952)는 미국 실용주의를 대표하는 교육사상가로 교육이란 유기체로서 인간이 태어나서 죽을 때까지 환경과의 부단한 상호작용을 통해 자신의 경험을 재구성함으로써 삶을 유지하고 성장해 가도록 돕는 것이라고 역설하였다. 또한 그는 변화를 중시하고 변화 속에서 살아가는 인간 유기체의 경험에 주목하여 인간이 살아가는 동안 학습을 통해 일어나는 성장을 강조하였다(이병승, 최현주, 2014).

독일의 플리트너(Flitner, 1889~1990)는 성인교육 실천가로 명성을 떨쳤다. 독일 시민대학운동에 이론적 기초를 제공했으며, 기존의 교육학을 성인교육학으로 확장시켰다. 그는 성인교육이 자신이 놓여 있는 현재의 삶의 과제를 해결하는 것으로 치우친 정치적 견해나 세계관을 갖지 않는 중립성을 강조하였다. 이를 위한 성인교육의 과제로 공동체의식을 키우고, 개인 스스로 의미와 활동을 발견해 내는 능력을 강화시키며 토론과 의사소통에 기반을 둔 문제해결학습을 강조하였다(이병준, 박응희, 2008).

타오싱즈(陶行知, 1891~1946)는 중국의 성인교육자로 미국 컬럼비아 대학교에서 존 듀이의 실용주의 철학을 배웠다. 귀국 후 1927년 당시 85%에 달하는 중국의 농민문맹퇴치를 위해 향촌교육운동을 전개하였다. 그는 '생활이 곧 교육이며, 사회가 곧 학교'라는 생활교육론을 실천하였다. 타오싱즈는 교육과 생활을 별개의 것으로 보는 견해를 비판하며 생활을 위해 투쟁하는 중에 교육의 필요성이 생기고, 그렇게 해서 생긴 교육은 생활을 일정한 수준까지 향상시키며, 또 향상된 생활이 교육에 영향을 주어 변화를 가져온다고 생각하였다(한용진, 강성현, 김귀성, 이승원, 쓰즈키 쓰구오, 2004).

3) 20세기 동서양 현대 평생교육의 역사

20세기에 전 세계는 두 차례 걸쳐 세계대전을 겪었다. 제2차 세계대전 이후 냉전의 위기 속에 세계는 전후 복구와 세계경제 회복, 개발도상국에 대한 지원과 빈곤문제 해결을 위한 방안의 하나로 평생교육을 제도적으로 강화하였다.

현대에 들어와 영국에서 평생교육은 비약적으로 발전하였다. 평생교육은 정규 교육과정을 마친 성인들이 계속 학습하는 과정에서 생애 전체에 걸쳐 이루어지는 것으로 확대되었다. 영국의 개방대학교는 성인교육제도의 발달, 교육방송체제의 확립, 교육 기회의 평등을 지지하는 정책을 배경으로 등장하였다(최상덕, 2008).

미국에서는 평생교육의 획기적인 발전은 1960년대와 1970년대에 제정된 여러 평생교육과 성인학습 관련법에 의한 것이다. 1966년 「성인교육법」이 제정되어 하층계급의 교육수준 향상에 크게 기여하였다. 이 법은 성인들을 위한 교육 기회를 확대해 영어능력을 향상시키고, 직업 훈련과 고용을 위한 기초교육을 증진하고자 하였다. 1976년 제정된 「평생학습법」은 성인교육을 모든 국민을 위한 평생교육으로 규정하고 있다(김종서, 김신일, 한숭희, 강대중, 2014).

제2차 세계대전 종전 이후 독일은 1952년부터 「성인교육법」을 제정하고 시민대학에 대한 지원을 명시하고 있다. 이 시민대학은 각 지역의 전통 및 공익과 관련한 지역사회 문제해결에 중점을 두고 학습자의 요구에 기반을 둔 학습자 중심의 교육을 지원하고 있다. 서독에서는 시민대학과 기숙시민대학이, 동독에서는 직업아카데미, 문화의 집, 우라니아(Urania) 등이 운영되었으며, 1990년 통일 이후에는 시민대학과 기숙시민대학으로 통합되었다(박성희, 권양이, 2019).

프랑스의 민중대학은 소외계층의 자기교육, 이를 통한 사회변혁을 추구하는 민중교육의 전통의 정치이념을 가장 잘 계승하고 있다. 민중대학은 학생을 선발하지 않고, 지역사회의 발전에 기여하고, 각 민중대학의 다양성과 고유한 운영방식을 존중하였다. 제2차 세계대전 이후 알사스 지역을 중심으로 1963년 라인 민중대학이 세워졌고, 68혁명 이후 젊은 지식인들이 결집하여 지속적인 사회 참여를 모색하였다. 1987년 아비뇽(Avignon)에서 프랑스민중대학협회(AUPF)가 결성되었으며, 현재 프랑스 전역에 100여 개가 있다(이기라, 2017).

1949년 중화인민공화국 수립 이후 중국의 성인교육은 당시 80%에 달하는 비문해자를 줄이기 위해 1959년까지 성인문맹퇴치에 집중하였다. 1965년까지는 성인 초 · 중등교육을 중심으로 성인고등교육도 초보적 발전이 있었다. 그러나 1965년부터 시작된 문화대혁명으로 성인교육은 커다란 위기를 맞이했고, 1976년 10월 문화대혁명 종결 이후 다시 다양한 형태로 발전하기 시작하였다(구자억, 1999).

1945년 종전 이후 일본은 국민교화의 성인교육에서 탈피하여 국민교양 강화를 목표로 사회교육을 새롭게 추진하였다. 그 대표적인 사업이 공민관(公民館)이다. 이는 종전 후 가장 중요한 과제였던 민주주의 습득, 과학사상의 보급, 평화산업의 진흥을 목표로 주민과 지역단체가 자주적으로 운영하는 시설로 공민학교, 도서관, 박물관, 공공회관,

집회소를 겸한 문화교양기관이었다(허정무, 1999). 이 공민관은 종래 국민교화형 획일학습을 거부하고, 지역성과 자율성에 기초해 일본의 지역별 특성을 반영한 대표적인 평생학습시설이다.

현대 동서양 평생교육은 인간의 자기 성찰과 자유로운 탐구를 존중하는 UNESCO의 평생교육 이념과 인적 개발의 관점에서 직업능력 개발을 중시하는 OECD의 평생교육 이념이 병존하면서 평생교육에 대한 인식의 지평을 넓히는 계기를 마련하였다. 또한 기존 교육학과 다른 성인교육의 독자성에 대한 깊이 있는 성찰을 통해 성인교육학(andragogy)이 학문적으로 주목을 받기 시작했으며, 미소 양극화 체제 사이에서 제3세계의 발전에 따라 경제적 약자에 대한 성인 교육적 관심도 크게 증가하였다. 이 시기의 대표적인 평생교육 실천가로는 노울즈(Knowles), 프레이리(Preire), 허친스(Hutchins) 등이 있다.

노울즈(Knowles, 1914~1997)는 그룬트비, 린드만, 호울 등에게서 영향을 받은 미국의 인본주의 성인교육자로 『성인교육의 실제(The Modern Practice of Adult Education)』를 집필하여 성인교육학에 대한 인식과 지평을 크게 넓힌 학자였다. 그는 성인학습자의 특성이 자기주도성이 강하고, 학습자의 경험이 중요한 가치를 지니며, 실제 생활의 문제를 해결하고자 하는 학습 의지가 강하고 학습 내용의 즉각적 활용을 기대한다고 강조하였다. 노울즈는 학문 연구 대상으로 소외되어 있던 성인을 새로이 부각시켜 성인교육이라는 새로운 학문체계 구성에 크게 기여하였다(강선보, 변정현, 2006).

브라질의 성인교육자 프레이리(Preire, 1914~1997)는 『페다고지(Pedagogy of the Oppressed)』를 집필했으며, 빈곤 · 불의 · 문맹의 상태에서 벗어나 진정한 인간성을 창조하는 문제제기식 교육을 강조하였다. 그는 대화교육을 강조했는데, 그는 스스로 알기 위한 교육, 사고와 실천이 동반된 교육, 세계에 더불어 존재하는 교육, 인간 존엄성에 바탕을 두는 교육을 중시했으며, 사회적 약자의 교육여건 개선에 평생을 바쳤다(조진숙, 2019).

허친스(Hutchins, 1899~1977)는 『학습하는 사회(The Learning Societies』)를 집필하여 성인학습자들이 지향해야 할 자기학습을 통한 올바른 삶의 자세를 제시하였다. 그는 미국사회에 만연한 실용주의를 비판하고 사회를 올바르게 변화시킬 확고한 책임의식이 성인교육에서 중요함을 강조하였다. 사회개혁은 합리적 지성을 갖춘 성인에 의해 달성될 수 있으며, 이런 합리적 지성을 계발하기 위한 계속적인 자기교육은 건전한 사회개혁을 위한 거의 유일한 방안이라고 강조하였다(홍윤택, 이병승, 2019).

2. 근현대 한국 평생교육의 역사

1) 19세기 이전 한국 근대 평생교육의 역사

한국의 근대 평생교육의 맹아는 실학에서 출발하였다. 실학은 조선시대를 지배한 성리학의 관념론에 맞서 실사구시(實事求是), 이용후생(利用厚生)을 목표로 당대 현실 문제를 개선하고 새로운 문화를 수용하여 사회혁신에 노력하였다. 중농주의 실학자 정약용의 성인교육사상은 현실 개선을 위한 진보주의와 실용주의적 특성, 중국 중심의 사고에서 벗어나 국사교육을 중시한 주체성 교육, 자기 성찰에 바탕을 둔 건전한 인격 형성의 토대로서 도덕교육 중시와 창조적 교육관을 특징으로 한다(박준영, 2005). 그러나 다산과 정조로 상징되는 실학 기반의 유교국가 혁신 노력은 정조의 갑작스러운 죽음 이후 무산되었다. 조선은 세도정치와 쇄국정치를 통해 더 무능하고 더 폐쇄적인 사회로 전근대성을 벗어나지 못하였다. 실질적으로 한국의 근대 평생교육은 1876년 강화도조약 이후의 갑신정변과 동학농민운동으로 이어지는 자주적 근대화의 노력과 좌절, 그 결과로서 을사늑약, 한일강제병합을 거친 일제 강점이라는 민족의 수난과 그에 대한 능동적 대응이라는 특수한 환경에서 시작되었다.

개화기의 근대적 평생교육에 영향을 미친 것은 개화사상으로, 이는 실학의 전통을 기반으로 형성되었다. 이에 따라 이 시기는 근대학교의 설립이 본격화되었다. 1883년 민간이 세운 원산학사, 1883년 조선정부가 세운 동문학(同文學), 1886년 육영공원(育英公院)과 기독교계 학교들이 설립되었다. 이런 근대학교의 설립은 개화사상의 표본이며, 시민의식의 구체적 내용을 심어 주었다. 이 시기 사회교육으로 시민의식을 높여 준 것은 1896년 배재학당에서 서재필 등이 중심이 되어 학생 대상으로 개최했던 협성회 활동이 있다. 토론은 자유권, 평등권, 참정권 등에 대한 주제를 강조하였다. 이 시기 평생교육 활동은 봉건적 지배 질서에 대한 개혁의지와 자유민권 의식을 고취시켰다(전숙자, 1996). 또한 이 시기는 교육 근대화를 위해 선진교육사상을 받아들여 신교육, 실업교육, 외국어교육 등을 추진했고, 여성교육관에 대한 변화로 여성교육을 당연시하게 되었다(서재복, 2009).

이 시기의 한국의 평생교육은 문명개화와 자주국가 건설이 커다란 과제였다. 해외 시찰을 통해 미국과 유럽 등의 선진문화를 보고 경험한 선구적 지식인들은 평생교육기관의 설립, 대중 강연과 저술 활동을 통해 조선인의 각성에 힘썼다. 대표적인 평생교육 실천가로는 서양 근대문물을 소개한 『서유견문』의 저자 유길준과 독립협회를 이끌고 최초로 한글신문을 발간한 서재필 등이 있다. 유길준(1856~1914)은 서양 과학기술과 문명을 조선의 사회개화와 부국강병 달성의 원천으로 보고 교육개혁을 강조하였다. 『서유견문』에서 학교 설립의 필요성을 강조하고 학교를 시작하는 학교, 문법학교, 대학으로 나눠 대학은 연구된 지식에 새로운 연구를 더하는 교육으로 가치를 부여하였다(안영후, 2003).

서재필(1864~1951)은 1884년 청년지사로 갑신정변을 이끌었다. 해외 망명 후 돌아와 독립협회를 조직하여 민중계몽에 앞장섰을 뿐만 아니라, 의학 분야 발전에도 기여하였다. 평등사상 실현으로서의 성인교육, 만인의 깨우침과 부국부강, 자기 스스로 학습하는 성인학습자, 쓰임새 높은 성인교육의 과정, 대화 중심의 자유학습을 강조하였다(한준상 외, 2000).

2) 일제강점기 한국 근대 평생교육의 역사

20세기 초에 자주 국가를 향한 조선의 꿈은 일본에 의해 좌절되었다. 1905년 을사늑약을 통해 조선의 외교권을 빼앗은 일제는 1910년 한일 강제병합을 단행하였다.

한일병합 전까지 27년 동안 조선은 봉건사상과 고전주의가 강한 힘을 가지고 있었고 국민교육의 이념이 확립되지 못한 한편, 제도와 시설이 불완전한 가운데 성장하는 시기였다. 또한 식민지 시대 36년 동안은 일본의 제국주의가 식민지를 만들려는 교육으로 시설이 늘고 제도가 정비되었다 하더라도 조선인의 자주적 민족교육이 파멸되는 시기였다(이만규, 2010). 일제는 식민지배 이후 조선인이 체계적인 교육을 받으면 정치적 독립의지가 높아질 것 우려하며 의도적으로 식민체제에 순응하는 인간을 만들기 위해 조선인에 대한 교육을 제한하였다(노영택, 2011).

현재의 평생교육에 해당하는 사회교육이라는 용어와 개념은 일제 식민통치가 시작되기 직전인 대한제국 말기에 개화파 지식인들에 의해 도입되었다. 이는 식민지 시대 이후에는 조선총독부에 의한 사회교육정책과 독립을 목표로 조선 민중에 의한 다양한 교육으로 계승되었다(이정연, 2010). 1929년 1월 조선일보에 '조선의 성인교육'이라는 사설이 실려 있는 것으로 보아 1920년대 후반부터 성인교육이라는 용어도 함께 사용되었다(조선일보, 1929년 1월 11일 4면).

일제강점기에는 절대독립을 위한 수단의 하나로 다양한 형태의 평생교육운동이 전개되었다. 기독교, 천도교, 불교 청년단체 등에 의한 교육기관이 설립되었으며, 농민과 노동자 교육운동도 활발하게 전개되었고, 평등교육을 목표로 여성교육도 활발하게 이루어졌다(노영택, 2011). 이러한 다양하고 꾸준한 평생교육의 실천은 조선민족의 정신적 각성을 이끌었고, 이는 절대독립의 튼튼한 기초가 되었다.

1920년 4월 배화여학교 사감 차미리사를 중심으로 조선여자교육협회가 조직되어 여성교육의 보급과 여성 해방에 힘썼다. 이 단체는 한글을 깨우치지 못한 부녀자에 대한 교육과 여자야학 강습소 설립, 정기적인 토론회 · 강연회를 개최하고 농한기와 방학을 이용해 전국 순회강연에 나서 큰 호응을 얻었다(김형목, 2009).

일제강점기 성인교육에 커다란 기여를 한 단체는 신간회였다. 1927년 2월 15일 서울 중앙YMCA 회관에서 창립한 신간회(新幹會)는 전국에 150여 개 지회와 4만 명의 회원을 가진 일제강점기 최대 좌우연합 항일운동단체였다. 신간회는 일제의 자치론을 수용하자는 타협주의자들에 맞서 비타협민족주의자와 사회주의자가 민족협동전선을 구축하고 일제 식민통치에 맞섰다. 신간회는 특히 일제 식민지교육을 비판하고, 조선인 본위교육과 교육개선운동을 실천하였다. 전국 각지의 신간회 지회들은 농민들의 문맹퇴치와 민족의식 및 완전 독립사상 고양을 위한 야학의 설치와 야학교육을 고취하고 전개하였다. 야학운동은 당시 전국의 거의 모든 지방 지회의 운동이었다(신용하, 2017).

신간회의 자매단체였던 근우회(槿友會)도 같은 시기 성인여성교육 발전에 크게 기여하였다. 근우회는 여성계몽 교육운동에 힘썼다. 부인강좌와 강연회, 여성문제 토론회 등을 통해 여성지도력 계발에 힘썼다. 또한 각 지회에서는 야학을 설치해 문맹 여성에 대한 교육과 민족의식 고취를 위해 노력하였다(최은오, 2012).

또한 일제강점기 평생교육의 주요 과제는 문맹퇴치였다. 이 시기는 성인문해교육이 곧 성인교육을 의미할 만큼 당시 조선 인구의 대다수를 차지했던 비문해자의 문해 능력 제고가 최우선 과제였다. 조사에 따르면 이 시기 조선의 주요 지식인들의 부인조차 대부분 문맹인 상황이었다(삼천리, 1935). 이런 상황에서 당시의 선각자들은 문맹 퇴치의 시급성을 강조하고 농한기를 이용한 청년 지식인들의 귀향 참여를 호소하였다.

1929년 7월 조선일보는 전국 규모의 '귀향남녀 문자보급운동'을 전개하였다. "아는 것이 힘, 배워야 산다."라는 표어를 내건 조선일보의 문자보급운동은 1927년 1월부터 '한글'난을 창설한 때부터 시작된 것으로 볼 수 있다. 문자보급운동은 첫해에 409명이 참여하였고, 이때 기초적인 한글을 깨친 사람은 2,849명으로 보고되었다. 1930년에는 문자보급반에 참여한 학생이 900명으로 늘어났다. 이 해에 문자를 깨우친 사람은 1만 567명에 달하였다. 조선일보가 이 해 배포한 한글 원본은 9만 부였다. 1931년 신춘사업으로 춘계문자보급반 강좌를 개설하였다. 이 해에 한글 원본 20만 부를 무료로 배포하였다. 당시 조선일보 발행 부수가 3만 부에도 못 미쳤던 것에 비교할 때 대단한 부수였다. 참가 학생 수는 1,800명으로 늘어났다. 전국에서 강습생이 2만 800명으로 집계되었고, 자기 손으로 이름을 쓸 수 있게 된 사람이 1만 명에 달하였다(정진석, 1999). 동아일보는 1931년 브나로드(Vnarod: 민중 속으로)라는 슬로건을 내걸고 문자보급운동을 전개하였다. 이 두 신문사의 문자보급운동은 1934년까지 계속되었으나, 1935년 일제에 의해 중지되었다(윤복남, 1990).

일제는 1937년 중일전쟁을 일으켜 아시아에 대한 침략을 본격화하였다. 또한 1938년 3월에는 제3차 교육령을, 1943년 3월에는 4차 교육령을 시행했으며, 이는 한국인의 황국신민화를 위한 극단적 동화정책이었다(김형목, 2009). 이에 따라 신사참배와 창씨개명을 강요하고 조선어 사용의 금지, 일어 사용이 강조되었으며, 조선인 중심의 평생교육은 크게 억압당하였다.

이 시기의 한국의 평생교육은 민중 계몽을 통한 절대독립 의식 고취가 커다란 과제였다. 일제의 억압에 맞선 많은 민족지도자가 평생교육을 통해 민족의 자존을 지키고 인재 육성에 힘썼다. 대표적인 평생교육자로는 이상재, 이승훈, 안창호, 차미리사, 조만식, 안재홍, 최용신 등이 있다.

이상재(李商在, 1850~1927)는 독립협회를 조직하고, 만민공동회를 개최하였다. 황성기독교청년회(현, 서울YMCA) 총무로서 청년, 성인교육에 힘썼고 신간회 초대회장도 지냈다. 이상재는 도덕성에 기초한 하나님 나라의 구현, 민족의 독립과 근대적 시민국가의 건설, 평등한 유기적 공동체 구현, 사회 변화를 위한 근본적 토대로서의 교육, 민중의 자발적 의식화 과정으로서의 성인교육을 강조하였다(오혁진, 2016). 성인교육자로서 이상재는 서구문물의 무분별한 수용이나 배척이 아니라, 각자가 가진 고유의 문화적 가치를 인정하고 우리가 가진 문화와 정신에 기초하여 지덕체를 훈련하는 전인교육을 실천하였다(최은수 외, 2020).

이승훈(李昇薰, 1864~1930)은 독립운동가로 신민회 활동을 했으며, 자신의 전 재산을 바쳐 평안북도 정주에 오산학교를 세워 수많은 인재를 배출하였다. 이승훈은 겸손의 리더십, 실사구시를 추구하고 솔선 행동하는 리더십, 민족을 사랑하는 배려와 협력의 리더십, 민족의 독립을 위한 육성의 리더십을 실천하였다(최은수 외, 2020). 이승훈은 기독교 정신에 굳건한 토대를 두고 배우면 바로 응용하고 실천하는 평생교육자의 삶을 살았다. 또한 삶 자체가 교육적 삶의 모형이었고 실천의 교과서였다(김도일, 2014).

안창호(安昌鎬, 1878~1938)는 독립운동가로 독립협회, 신민회, 흥사단 활동을 통해 절대독립에 힘썼다. 그는 점진학교, 평양대성학교, 동명학원 등 교육기관 설립 운영에 힘썼으며, 신민회, 흥사단, 청년학우회와 같은 사회단체를 통해서도 지속적으로 민족 계몽에 노력하였다. 또한 파차파 캠프와 같은 이상촌을 만들어 해외독립운동의 근거지 구축에 힘썼다(한국교육철학회, 2020). 대중교육과 계몽에 힘쓴 그는 힘의 철학에 기초한 독립운동사상, 신민주의 교육사상, 통합의 정치사상을 실천했으며, 대공주의를 주창하고, 애기애타를 강조하였다(최은수 외, 2020).

차미리사(車美理士, 1879~1955)는 독립운동가로 1920년대 조선여자교육회, 조선여자교육협회 창립을 주도하고 근우회 발기인으로도 참여하였다. 후에 근화여학교(덕성여대 전신)를 설립하여 여성의 사회 진출과 실업교육에 힘써 근대여성의식 고취와 여성인재 개발에 크게 기여하였다(강지연, 2010; 한상권, 2008).

조만식(曺晩植, 1883~1950)은 독립운동가로 일제강점기에 평양을 중심으로 활동한 성인교육자였다. 평양 숭실중학 출신으로 물산장려운동을 주도하고 신간회 평양지회장을 지냈다. 그는 오산학교와 숭실 전문학교 등을 통해 성인 인재교육에 힘썼으며, 평양에 백선행 기념관 등을 지어 평생교육시설 확충에도 기초를 놓았다(황우갑, 2018). 그는 일제강점기라는 어두운 현실에서 빛을 밝히는 등대처럼 성인학습자들에게 조국독립과 민족자립이라는 비전을 제시하였다(최은수 외, 2020).

안재홍(安在鴻, 1891~1965)은 민족운동가로 일제강점기 물산장려회 이사, 조선일보 사장과 신간회 총무간사를 지냈다. 중앙학교 학감으로 인재를 양성했으며 조선사정조사연구회, 태평양문제연구회 등에 참여했고, 1929년 조선일보 문자보급운동을 주도 성인교육 발전에도 기여하였다. 1934년 조선학운동을 주도 정인보와 함께 다산 정약용의 문집인 『여유당전서』의 교열 · 간행에도 힘썼다(황우갑, 2019; 황우갑, 최은수, 2018).

최용신(崔容信, 1909~1935)은 경기도 안산 지역에서 농촌계몽운동으로 문맹퇴치교육운동과 이상촌운동을 실천했고, 비판적 저항운동의 측면으로 야학운동과 기독교 민족계몽운동에 힘썼다(이명주, 2016).

3) 한국 현대 평생교육의 역사

1945년 8월 15일 조선은 일제의 패망과 국내외 독립운동의 울력이 어우러져 일제의 억압과 굴레에서 벗어나 광복을 맞이하였다. 그러나 남북은 38선을 경계로 분단되었고, 미소에 의해 3년간 군정이 실시되었다. 1945년에서 1948년까지 3년간 남한의 미군정기는 민주주의 교육이념이 뿌리를 내리며, 새로운 교육체계가 형성되었고, 교육 기회의 확대로 교육열이 크게 확산되는 시기였다(허대녕, 2009). 해방 3년 신탁통치 반대, 미소 공동위원회 개최, 좌우대립과 좌우합작, 남조선 입법의원 설치, 5 · 10 총선거로 이어지는 숨 가쁜 정치 일정 속에서 대한민국 정부 수립을 위해 정치체제, 경제구조, 교육 방향에 대한 다양한 논의가 활발하게 이루어졌다.

남한에서는 1945년 12월 미군정 조선교육심의회에서 국가교육 이념으로 국조 단군의 건국 이념인 '홍익인간(弘益人間)'이 국가교육 이념으로 정해졌고, 현재의 6 · 3 · 3 · 4 학제도 이때 만들어졌다(허대녕, 2009).

해방과 함께 성인교육 분야에서 시급한 것은 문해교육이었다. 이 당시 한글학자와 교육계 지도자들은 한글교사 양성과 교재 발간에 힘써 1946년 1월까지 2천 명의 교사를 양성했으며, 『한글첫걸음』과 『초등국어독본』을 발간하여 전국에 배포하였다. 당시 미군정은 학무국에 성인교육과를 설치하고 성인교육위원회도 운영하였다. 1946년 4월에는 성인교육과를 성인교육국으로 확대 개편하고, 완전한 문맹퇴치와 민주주의 교육을 목표로 성인교육 프로그램 개발과 지도자 양성에 주력하였다. 1946년 7월에는 문맹 퇴치를 근간으로 한 성인교육 프로그램에 대한 인식을 높이기 위해 성인교육주간을 선포하였다. 이 당시 성인문맹 퇴치운동의 근간은 정규학교에 부설로 설치된 공민학교 운영으로 여기에는 소년반과 함께 성인반, 보수반 등이 운영되었다(김종서, 2001). 당시 미군정의 성인문해교육 정책은 남한 내에서 미국의 입지를 강화하고, 미국식 교육을 한국에 이식하며, 반공이데올로기를 확산하고 자본주의 시장경제체제의 구축이라는 미군정의 목표와 맥이 닿아 있다(임송자, 2014). 또한 1946년 9월 미군정의 성인평생교육정책은 일제 식민지교육의 잔재를 청산하고 민주주의에 입각한 새로운 교육을 지향하는 교육운동으로 미국의 진보주의 교육자 듀이의 교육이론이 근간이 되었다(허대녕, 2009).

북한에서도 1946년 11월부터 농한기를 이용해 3단계에 걸쳐 농촌문맹 퇴치운동을 전개하였다. 이를 위해 북한 정권은 성인학교를 만들어 문맹자의 취학 조건을 보장하며,

한글학교 시설을 강화하고, 교재를 배포하며 정치 · 교양사업을 실시하고 교원을 위한 강습회와 연구회도 조직 및 운영하였다. 이 시기 남북한은 현재의 평생교육사의 전신이라고 할 수 있는 성인교육사를 양성하여 국가주도의 문맹퇴치운동을 전개해, 오늘날과 같은 높은 성인문해율의 기반을 마련하였다(이희수, 2006).

1948년 5월 10일 총선거가 실시되고, 그해 8월 15일 광복 3주년을 맞이하며 대한민국 정부가 수립되었다. 새 정부도 미군정하에서 실시되어 온 문맹퇴치운동을 계속 추진하였다. 당시 문맹퇴치 중심의 성인교육 정책의 지속성과 안정성 도모가 사회교육문화 정책의 시급한 과제였다. 이에 1949년 3월 문교부가 주도해 성인교육의 방법과 국가와 지방공공단체의 임무, 성인교육을 위한 학교의 종류, 공민학교의 설치 및 폐지, 사회교육을 위한 문화시설의 설치 등을 담은 사회교육법의 제정이 시도되었다. 그러나 법제화되지는 못하고 성인교육 관련 조항은 「교육법」에 통합되었다가 1982년에야 「사회교육법」이 제정됨으로써 마무리되었다(전광수, 2012).

1953년 한국전쟁의 휴전과 함께 정부는 국가 재건 차원에서 1954년부터 1958년까지 전국문맹퇴치 5개년 계획을 전국적으로 실시하였다. 이 계획은 농한기를 이용해서 공민학교 성인교육반을 중심으로 이루어졌고, 이 성인반은 일선 학교를 중심으로 설치되었다. 당시 군에서도 비문해 장병에 대한 교육을 실시하여 문해 능력을 갖출 수 있도록 지원하였다. 그리고 1958년 이 사업은 문맹일소의 목적을 달성한 것으로 간주되어 종료되었다. 이 시기 문맹퇴치교육은 초등 2학년 수준의 국문 해득을 목표로 했으며, 민주시민으로서의 자질을 높이고 전쟁으로 폐허가 된 국가의 재건을 목표로 했으나, 보완적이고 간접적인 수준에 머물렀다(오혁진, 허준, 2011). 이 시기 문맹퇴치 사업은 이승만 정부가 정치적 목적을 실현하기 위해 국민회, 대한부인회 등의 사회단체와 학도호국단 조직을 동원하여 반공주의를 주입시키는 등 관제운동의 성격이 강한 한계를 지니고 있다(임송자, 2014).

1961년 5 · 16 군사정변으로 집권한 박정희 정부는 6월 재건국민운동을 강력하게 실시하였다. 1차로 최일선 지도자를 중심으로 교육을 실시하였다. 1963년 민정이양기까지 「헌법」 개정안 해설 계몽을 위한 교육, 우리가 잘 살 수 있는 길이라는 국민교육과 문맹퇴치교육을 적극 실시하였다. 이를 통해 세대 교체와 지도 세력 육성, 군부가 원하는 국민을 길러 내기 위해 국민을 교도하고 계몽하며 군정이 표방하는 가치를 주입하고자 하였다(김현주, 2014).

1961년 가나안 농군학교가 개교하였다. 기독교 정신에서 나온 근로 · 봉사 · 희생의

3대 정신을 바탕으로 60년대에는 농민교육에 집중해 책임 있는 농촌지도자 양성에 힘썼고, 후에 육군 사병교육, 민족정신교육, 국제교육 등으로 평생교육 활동 분야를 넓혔다(림영철, 이병화, 이종만, 1993). 아울러 이 시기에는 민간 평생교육 단체들의 활동도 활발해졌다.

1970년대 새마을교육은 농촌 지역의 환경 개선과 생산 증대, 국민의식 전환이라는 요인과 외국의 지역사회 개발운동에 영향을 받아 지도자의 강력한 정책 개발과 결정이 이루어졌고, 이후 도시와 직장 새마을교육으로 확산되어 범국민적 지역사회교육으로 발전하였다(이병호, 2009). 새마을운동은 전근대적 신분제에 근거했던 종속적 의식구조를 근대적 산업사회에 걸맞은 주체적 시민적 의식구조로 전환시켰다. 당시 새마을교육은 새마을운동의 성공에 필수적이었던 지도자의 리더십, 거버넌스 구축, 네트워킹 설정, 경쟁의식 등의 형성에 큰 영향을 미쳤다. 이를 통해 시민계급 형성에 기여하고, 합리적 의식구조를 개혁시키고, 가부장제 극복을 통한 여권 신장에 중요한 계기가 되었다(정용교, 이광동, 김진, 안인술, 2017). 이 시기 방송통신고등학교, 한국방송통신대학, 산업체 부설학교, 개방대학교 등이 설립되었으며, 경제 수준의 향상으로 여가 활용과 생활의 질 향상을 위한 민간 사회단체의 교양강좌 개설, 언론 기관의 문화센터 등이 개설되었다(최종진, 신근영, 박균달, 2018). 또한 심화되어 온 사회적 모순, 특히 노동 문제가 정치적 민주화운동과 결합되면서 지식인, 종교인, 학생들의 사회 참여 노력으로 나타났다. 이들이 주도한 노동야학은 학생들로 하여금 사회 현실을 객관적 시각에서 조망해 보고 사회 구조와 교육 모순 해결에 힘썼다(이훈도, 1997).

1980년 5공화국 「헌법」에 처음으로 평생교육의 이념이 명시되었고, 1982년 「사회교육법」이 제정되어 평생교육의 기본 체제가 구축되는 등 법체제가 정비되었다. 1985년 이화여자대학교에서 사회교육 전문요원 양성 과정이 최초로 개설되었고, 1990년 독학 학위제, 1998년 학점 은행제가 운영되기 시작하였다. 1999년 경기도 광명시가 전국 최초로 평생학습도시를 선언하였다(이희수, 김영경, 이소연, 박지영, 조윤정, 2013).

1999년 「사회교육법」이 「평생교육법」으로 바뀌어 제정되었다. 「평생교육법」은 국가 및 지방자치단체의 평생교육시설 설치, 평생교육사 양성, 평생교육 프로그램 개발 및 평생교육기관에 대한 경비 보조 등을 명시하고 있다(최종진 외, 2018). 이 시기에 평생교육은 양적 · 질적으로 크게 발전하였다. 2000년부터 평생교육사 양성 자격제도가 실시되었고, 2001년 평생학습도시 조성사업과 평생학습 축제 개최, 2002년 제1차 평생교육진흥기본계획 수립, 2004년 평생학습대상 시상식 개최, 2006년 성인문해교육에 대한 국가 지원, 2008년 대학 평생교육 활성화와 평생교육진흥원 설립, 2010년 평생학습 계좌제 운영 등 평생학습 체제가 공고화되었으며 평생학습 문화 확산을 위한 다양한 정책도 추진되었다(이희수 외, 2013).

1987년 민주화 이후 오랜 기간 한국평생교육의 소외계층 민간교육에 힘써온 야학, 성인문해교육기관들도 전국적 조직화와 정책 활동에 나섰다. 1989년 성인교육연구자 중심으로 한국문해교육협회가 창립되어 꾸준한 활동을 해 오고 있으며, 1997년 전국야학협의회도 본격적인 네트워크 활동에 들어갔다. 또한 1998년 현장 성인문해교육기관들이 중심이 되어 전국성인문해 기초교육협의회를 조직해 성인문해교육에 대한 법적 근거를 주장하고 「성인문해교육법」 제정에 나서 2003년 「평생교육법」 개정과 함께 2006년부터 성인문해교육에 대한 국가 지원이 공식화되었다. 2003년 4년제 대학교 최초로 숭실대학교에 평생교육학과가 설립되어 평생교육에 대한 학문적 연구역량 강화와 인재 배출에 힘써오고 있다.

한국의 평생교육은 1987년 민주화와 1991년 지방자치 실시 이후 양적 · 질적으로 크게 발전하였다. 그동안 4차례에 걸쳐 평생교육진흥기본계획이 수립 · 추진되었다. 김영삼 정부는 1995년 사회교육 개혁을 통해 평생학습의 정책적 기초를 마련했으며, 김대중 정부는 IMF 위기를 극복하기 위해 인적자원 개발과 평생학습도시의 기틀을 마련하였다. 노무현 정부는 소외계층 및 교육안전망 구축에 힘썼고, 이명박 정부는 평생학습 계좌제와 평생학습 중심 대학 육성이라는 정책과제를 추진하였다. 박근혜 정부는 베이비붐 세대의 은퇴라는 사회적 이슈에 따라 100세 시대 국가평생학습체제 구축에 노력했고, 문재인 정부는 K-MOOC 운영, 평생교육 바우처 실시 등 평생교육 안전망 구축에 힘썼다(박선희, 조계표, 2020).

이 시기에 활동한 주요 평생교육 실천가로는 배민수(裵敏洙), 함석헌(咸錫憲), 김용기(金容基), 황종건(黃宗建) 등이 있다. 배민수(裵敏洙, 1897~1968)는 그룬트비의 성인교육 사상을 농촌 개혁에 적응하려고 노력한 인물이었다. 기독교 목사인 그는 협동조합운동과 같은 공동체 상호부조 활동을 지향하고 현장에서 농촌을 경제적 피폐에서 벗어나게 하려고 힘썼다. 또한 농민 및 여성의 계몽과 생활의 개선을 도모하여 신생활 수용에 앞장섰다(오혁진, 김미향, 2014).

함석헌(咸錫憲, 1901~1989)은 재야민주화 운동가이자 교육자로 한국 평생교육 발전에 이바지하였다. 오산학교를 졸업하고 오산학교 교사로 후진을 양성하였다. 덴마크 평민대학을 모델로 한 평양송산농사학원을 운영했으며, 1957년 간디의 톨스토이농장을 본

받아 기독교 생활공동체이자 학습공동체인 씨올농장을 설립했으며, 후에 구화고등공민학교를 인수 · 운영하였다. 또한 일요성서집회, 고전 강좌와 각종 강연 등을 통해 민주주의 회복에 힘썼다(오혁진, 2016).

김용기(金容基, 1909~1988)는 해방 이후 국가가 평생교육에 관심을 가지기 이전 가나안농군학교를 통해 사회 각 분야의 국민에게 정신적 각성을 불러일으킨 평생교육자였다. 그는 일제강점기에는 봉안이상촌과 삼각산 농장을 개척하고 1954년부터 가나안 농장과 가나안농군학교를 설립 평생교육에 힘썼다. 소외계층을 배려하고, 생태가치 중심의 자립적 지역공동체 건설을 실천했으며, 인류 보편적 가치를 추구하고자 노력하였다(오혁진, 2008a).

황종건(黃宗建, 1929~2006)은 평생교육자로서 페스탈로치에게 영향을 받아 해방 후 한국 평생교육 연구에 토대를 놓았다. 그는 『현대교육총서』 『한국의 사회교육』 등 관련 연구를 통해 현재의 평생교육에 해당하는 사회교육의 개념을 정리했으며, 1966년 한국교육학회 속에 한국사회교육연구회를 창립하고 초대회장으로 활동하며 『한국의 성인교육』을 발간하였다. 1977년 한국사회교육협회, 1989년 한국문해교육협회를 창립하여 평생교육과 문해교육의 학문적 지평을 넓혔다(히고 코우세이, 2006).

역사는 과거를 돌아보고 미래 방향을 탐색하기 위해 소중한 기록이다. 평생교육의 역사를 살펴보는 것도 21세기 평생교육의 미래 과제 성찰에 유효한 근거를 제공한다. 지난 수세기 동서양 평생교육은 근대 이후 인간의 자유가 점차 확산되고 평등의식이 발전에 나가는 과정과 맥을 같이한다. 근대 초기 중소 지주 등 시민계급에 국한되었던 읽고 쓰는 권리는 19세 중반 기본권 확보 노력의 하나인 차티스트 운동을 통해 남성 노동자들의 선거권 쟁취로 확대되었다. 그리고 1920년대 들어서야 서양에서도 여성에게 선거권이 주어지기에 이른다. 이런 빈민, 노동자, 여성 등으로 기본권이 확대되어 나가는 과정에서 그 정신적 각성과 사회문제 해결에 평생교육이 커다란 기여를 하였다는 것을 알 수 있다.

이런 경험과 역사는 우리나라의 경우도 유사하였다. 1876년 불평등한 강화도조약 체결에서 1905년 을사늑약, 1910년 한일 강제병합에 이르는 과정은 일제 식민지배가 공고화 · 구체화하는 과정이었다. 이에 맞서 많은 선각자는 미국, 일본, 유럽 등에 유학하며 서양 선진문물을 익히고 돌아와 국내에서 인재를 키웠고, 이를 통한 정신적 자각과 새로운 지식의 습득과 민족운동의 조직화는 1945년 8월 광복의 커다란 자산이 되었다. 해방 이후에도 평생교육의 중요성을 느낀 많은 지식인이 미국, 유럽 등으로 유학을 떠났고, 이들이 돌아와서 서구 근대화의 경험을 한국 사회에 확산시켜 오늘날 선진 대한민국을 만드는 토대가 되었다.

우리나라는 1945년 독립한 국가 중에 유일하게 산업화 · 민주화 · 정보화를 동시에 이룩하며 근대화 혁명을 달성하였다. 이런 근대화 성취의 중요한 원천 가운데 하나가 교육이었음은 우리나라 평생교육의 역사와 선구적 활동을 했던 평생교육자의 삶을 통해 확인할 수 있다. 이런 평생교육, 평생학습, 평생 배움의 에너지는 미래 지구촌과 우리 한국 사회의 문제해결에 긍정적인 힘으로 작용할 것이다.

토론문제

1. 평생교육의 역사에 대해 관심을 가져야 하는 이유를 토론하시오.
2. 동서양 근현대 평생교육 역사의 주요 특징과 문제의식에 대해 토론하시오.
3. 우리나라 근현대 평생교육 역사의 주요 특징과 해결과제는 무엇인지 토론하시오.

참고문헌

강선보(2005a). 만남의 교육철학. 서울: 원미사.

강선보(2005b). 그룬트비의 성인교육사상. 한국교육학연구, 11(1), 25-52.

강선보, 변정현(2006). 노울즈의 성인교육론에 대한 종합적 고찰: 교육사상과 실천적 교육과정을 중심으로. 교육문제연구, 26, 1-28.

강선보, 정혜진(2012). 그룬트비의 평생교육 사상과 실제. 한국교육학연구, 18(2), 5-23.

강지연(2010). 차미리사의 근대여성교육활동에 관한 연구. 한국외국어대학교 교육대학원 석사학위논문.

고세훈(2019). R. H. 토니: 삶, 사상, 기독교. 대우학술총서 622. 서울: 아카넷.

구자억(1999). 중국교육사. 서울: 원미사.

곽태진, 강선보(2017). 노동자교육운동의 흐름을 통해서 본 토니의 성인교육사상. 한국교육학연구, 23(3), 117-142.

김남선(2001). 평생교육개론. 서울: 형설출판사.

김도일(2014). 남강 이승훈의 삶과 교육 활동에 대한 기독교교육적 고찰. 기독교교육논총, 38, 55-84.

김정일(2005). 미국 노동교육의 발전 과정과 평생교육적 시사. 평생교육 · HRD 연구, 1, 25-61.

김종서(2001) 한국 문해교육연구. 한국교육사고 연구논문 04. 서울: 교육과학사.

김종서, 김신일, 한숭희, 강대중(2014). 평생교육개론. 서울: 교육과학사.

김정환(2008). 페스탈로치의 생애와 사상. 서울: 박영사.

김현주(2014). 5.16 군정기 재건국민운동본부의 국민교육활동. 대구사학, 117, 193-232.

김형목(2009). 한국독립운동의 역사 35: 교육운동. 독립기념관 한국독립운동사 편찬위원회.

노영택(2011). 일제하민중교육운동사. 서울: 학이시습.

림영철, 이병화, 이종만(1993). 민간단체 농촌사회교육의 과제와 전망. 농업교육과 인적자원개발, 25(3), 62-73.

박선희, 조계표(2020). 평생교육정책의 정부별 변천 과정 탐색. 한국행정사학지, 49, 171-194.

박성희, 권양이(2019). 독일 시민대학 100년 발달시 및 성인교육에의 시사점. 교육문화연구, 25(1), 339-357.

박준영(2005). 다산 교육관의 현대적 의의. 교육사상연구, 16, 23-37.

삼천리(1935). 영부인 학력등급기-영부인(令夫人)에 삼등급 있다. 1935년 6월호.

서재복(2009). 한국 개화기 근대학교의 교육 이념 연구. 교육종합연구, 7(2), 90-108.

신용하(2017). 신간회의 민족운동. 서울: 지식산업사.

안영후(2003). 개화기 유길준의 교육개혁이론. 지방교육경영, 8(1), 121-139.

양병찬(1995). 영국 고전대학의 개혁과 대학 확장 제안. 사회교육학 연구, 1(1), 141-159.

오혁진(2008a). 일가 김용기의 지역공동체 평생교육 사상에 관한 연구. 평생교육학연구, 14(1), 33-56.

오혁진(2008b). 그룬트비히 교육사상에 기초한 한국사회교육의 전개 과정과 의의. 평생교육학연구, 14(4), 1-28.

오혁진, 허준(2011). 1950년대 전국문맹퇴치교육의 사회교육사적 의미. 평생교육학연구, 17(4), 265-291.

오혁진, 김미향(2014). 배민수의 사회교육사상에 관한 연구. 평생교육학연구, 20(4), 31-53.

오혁진(2016). 한국사회교육사상사. 서울: 학지사.

윤복남(1990). 한국문해교육의 사회사적 고찰. 고려대학교 교육대학원 박사학위논문.

이경자(2018). 서양 교육 수용에 따른 중국교육의 변화 연구. 중국지식네트워크, 12(12), 63-88.

이경자(2020). 중국 근대교육의 변화에 대한 반성. 중국지식네트워크, 16(16), 221-250.

이기라(2017). 프랑스 민중교육의 전통과 '학교 밖' 시민교육: 정치적 이념과 제도화 과정을 중심으로. 교육사상연구, 31(2), 29-47.

이만규(2010). 조선교육사. 서울: 살림터.

이명주(2016). 일제강점기 사회교육자 최용신의 교육 이념과 실천 연구. 아주대학교 대학원 석사학위논문.

이병승, 최현주(2014). 존 듀이의 철학에 비추어 본 평생교육의 과제와 전망, 53, 79-105.

이병준(2006). 독일 근대의 성인교육운동에 대한 역사적 탐구. 교육사상연구, 18, 101-118.

이병준, 박응희(2008). 빌헬름 플리트너(W. Flitner)의 성인교육철학 연구. 교육사상연구, 22(2), 223-242.

이병호(2009). 지역사회 발전을 위한 평생교육정책 과정 추이 분석: 새마을교육과 평생학습도시 정책을 중심으로. 숭실대학교 대학원 박사학위논문.

이숙종(2006). 코메니우스의 교육사상. 서울: 교육과학사.

이정연(2010). 한국사회교육의 기원과 전개. 서울: 학이시습.

이훈도(1997). 광복 이후 한국 야학의 유형과 교육사적 의의. 교육철학, 15, 275-300.

이희수(2006). 북한 정권 수립기 문맹퇴치운동의 정치사회화 기능에 관한 연구. 평생교육학연구, 12(4), 183-130.

이희수, 김영경, 이소연, 박지영, 조윤정(2013). 해방 후 평생학습의 전개 과정 분석. 한국평생교육, 1(1), 1-143.

임송자(2014). 미군정기 우익정치 세력과 우익학생단체의 문해 · 계몽운동. 한국민족운동사연구, 79, 183-130.

임송자(2014). 이승만 정권기 문해교육 정책과 문맹퇴치 5개년 사업. 사림, 50, 35-66.

조진숙(2019). 프레이리 대화교육의 평생교육적 의미 고찰. 평생교육의 네 가지를 중심으로. 교육사상연구, 33(1), 105-124.

전광수(2012). 정부 수립기의 사회교육법 법제화 과정 분석: 1949년 사회교육법 입법을 중심으로. 평생교육학연구, 18(2), 131-151.

전숙자(1996). 근대화 교육과 시민의식. 성곡논총, 27(3), 87-119.

정용교, 이광동, 김진, 안인술(2017). 1970년대 새마을교육의 실천과 성과: 새마을지도자의 증언을 중심으로. 민족문화논총, 65, 137-167.

정진석(1999). 문자보급을 통한 농촌계몽과 민족운동. 문자보급운동 교재. '문맹퇴치와 신년 세 계획'. 서울: LG상남언론재단.

조선일보(1929). 1929년 1월 11일자. 4면.

최상덕(2008). 평생학습사회 실현을 위한 영국 대학 개혁 정책의 역사적 고찰. 평생교육학연구, 14(3), 51-75.

최은오(2012). 일본 강점기 근우회의 조직과 활동. 전북대학교 교육대학원 석사학위논문.

최은수, 연지연, 권기술, 강찬석, 김미자, 황우갑(2020). 한국 근대성인교육자의 온정적 합리주의 리더십. 민세안재홍기념사업회 · CR리더십연구원 편. 민세학술연구총서 10권. 서울: 도서출판 선인.

최종진, 신근영, 박균달(2018). 평생교육의 역사적 고찰을 통한 문제점과 활성화 방안. 한국행정사학지, 44, 125-152.

최진경(2010). 평생교육학의 선구자 코메니우스의 'Pampaedia'(범교육학)에 나타난 평생교육 이해와 시사점. 평생교육학연구, 16, 113-132.

한상권(2008). 차미리사 평전. 서울: 푸른역사.

허정무(1999). 일본 성인교육의 전개 과정과 성인교육학의 발전. Andragogy Today, 2(3), 75-105.

홍유희(2011). 산업화 시기 영국 노동계급의 토착적 성인교육활동: 상호향상회(mutual improvement societis)를 중심으로. 한국교육사학회. 한국교육사학, 33(2), 171-198.

홍윤택, 이병승(2019). 히친스의 성인교육철학 탐구: 『학습하는 사회』를 중심으로. 교육사상연구, 33(1), 125-150.

한국교육철학회(2020). 일제강점기 저항과 계몽의 교육사상가들. 서울: 박영스토리.

한용진, 강성현, 김귀성, 이승원, 쓰즈키 쓰구오(2004). 동아시아 근대교육사상가론. 서울: 문음사.

한준상, 기영화, 김대용, 김복영, 이상오, 이희수, 정영수, 최병익(2000). 근대한국성인교육사상. 서울: 원미사.

황우갑(2018). 성인교육자 조만식의 변혁적 리더십. 숭실대 CR글로벌리더십연구소. 인문사회과학연구, 12(1), 147-167.

황우갑, 최은수(2018). 안재홍의 성인교육 활동과 사상 탐색. 한국성인교육학회. Andragogy Today, 21(4), 49-74.

황우갑(2019). 성인교육자 민세 안재홍. 서울: 선인.

허대녕(2009). 오천석과 미군정기 교육정책. 서울: 한국학술정보.

히고 코우세이(2006). 해방 후 한국에서의 사회교육 학설의 형성에 관한 연구(1): 황종건의 사회교육론. 한국교육문제연구, 23, 27-44.

Elias, J. L., & Merriam, S. (2012). 성인교육의 철학적 기초 (*Philosophical foundations of adult Education*). (기영화 역). 서울: 학지사. (원저는 1994년에 출판).

Freire, P., & Macedo, D. (2014). 문해교육: 파울로 프레이리의 글읽기와 세계 읽기 (*Literacy: Reading the word and the world*). (허준 역). 서울: 학이시습. (원저는 1987년에 출판).

Houle, C. (1992). *The literature of adult education: A bibliographic essay.* SF: Jossey-Bass.

Harrison, F. J. C. (1961). *Learning and living 1790-1960: A study in history of the English adult education movement.* Toronto, ON: University of Toronto Press, p. 84.

Jarvis, P. (2011). 20세기 성인교육철학 (*Twentieth century thinkers in adult & continuing education*). (강선보, 노경란, 김희선 변정현 공역). 서울: 동문사. (원저는 2001년에 출판).

Lindeman, E. C. (2013). **성인교육의 의미** (*The meaning of adult education*). (김동진, 강대중 공역). 서울: 학이시습. (원저는 1961년 출판).

제2부

평생교육 시스템

제2부는 평생교육의 시스템을 다룬다. 시스템이란 전체 환경에 속하면서 그것을 구성하는 하위 시스템(sub system)을 갖추어 상호 기능적인 연관성과 연결성을 갖고 특정한 목표와 역할을 수행하는 개방적인 구성체를 말한다. 평생교육의 시스템은 평생교육의 이념, 평생교육의 영역, 평생교육 전문가인 평생교육사, 평생교육기관, 학점은행제와 학습계좌제, 평생교육을 진흥하기 위한 여러 장치 등 하위 시스템을 갖추고 있다. 무릇 교육은 국가의 백년대계로서 현재의 생존과 미래를 준비하는 핵심 수단이기 때문에 국가가 정책과 제도로 운영하고 있다. 더 나아가 평생교육은 UNESCO를 중심으로 전 세계적인 시스템으로 운영되고 있다. 우리나라는 교육법률주의에 따라, 「헌법」과 「교육기본법」, 「평생교육법」을 중심으로 국가주도의 평생교육 시스템을 운영하고 있다. 제2부에서는 제5장부터 제9장에 걸쳐서 우리나라 평생교육제도를 개관하고, 평생교육의 영역, 평생교육의 현장과 이슈, 주요 외국의 평생교육 정책에 대해 살펴본다.

제5장

우리나라의 평생교육 제도와 정책

바람직한 정책목표의 결정을 위해서 정책문제의 정확한 파악은 반드시 선행되어야 한다.

—H. 허그우드 & L. 군—

학습목표

1. 우리나라 평생교육 제도와 정책의 시대별 변화를 이해할 수 있다.
2. 우리나라 평생교육 주요 제도의 내용을 설명할 수 있다.
3. 우리나라 향후 평생교육 정책 방향에 대해 제안할 수 있다.

학습개요

평생교육에 대해 UNESCO의 권고가 전 세계적으로 파급되어 추진한 기본 틀은 모든 국민을 위한 평등한 교육정신 구현과 국민의 삶의 질 향상과 지역사회 발전이라는 기본 개념을 바탕으로 우리나라도 평생교육 관련법의 제정 또는 개정을 통하여 평생교육 제도와 정책이 시대별로 구분되어 계속 발전하여 왔다.

이 장에서는 우리나라 평생교육정책의 제도와 정책 관련법 추진 경과와 평생교육정책 발달 과정을 4기로 나누어 설명하고자 한다. 평생교육제도의 유형과 정책은 어떠한 관계가 있는지 이를 우리나라 평생교육정책의 발달 과정별로 구분하여 설명한다. 그리고 평생교육정책의 변화에 따른 주요 평생교육제도는 무엇이 있는지를 제시하고 설명한다. 특히 우리나라의 평생교육의 전환점을 이룬 「평생교육법」의 제정 이전의 1982년 「사회교육법」 제정 이후 시대의 평생교육 정책과 내용 그리고 1999년 「평생교육법」 개정 이후의 우리나라 평생교육 제도와 정책을 구분하여 설명하고, 후반부에서는 평생교육이 지역사회 발전을 위해 기여할 수 있는 평생학습정책의 향후 추진 방향을 추론한다.

1. 평생교육 제도와 정책

평생교육정책은 평생학습사회 구현을 위한 평생교육 분야에서의 국가적 차원의 공공정책을 의미한다. 정책을 "어떤 사회를 어떻게 만들겠다고 하는 것을 권위 있게 결정해 놓은 것"(노화준, 2009)이라고 정의한다면, 평생교육정책은 평생교육 분야에서의 정부 개입 행동을 의미한다. 그러므로 평생학습시대의 모토인 '열린교육 평생학습사회' 구현을 위하여 정부가 시행하는 제정책과제, 즉 학습동아리, 평생학습도시 정책, 학점계좌제 등이 평생학습과 관련된 체계적 수단으로서의 평생교육정책이 된다. 따라서 평생교육정책은 평생학습사회 구현을 위해서 실제적이며 구체적인 방법으로 중요한 기능을 한다. 평생학습 구현을 위한 국가적 차원의 공공정책인 평생교육정책은 '학습국가 건설'을 비전으로 삼고, 이를 위한 일관된 정책을 수립하는 것을 목표로 한다. 학습국가란 국민의 삶의 질 향상을 국가경영의 최우선으로 하는 국가를 의미한다. 일반적으로 우리는 학습국가 건설을 통해 개인적 차원에서는 자아실현 및 고용 가능성 증진을, 사회적 차원에서는 지역학습 역량 강화와 사회 통합을, 국가적 차원에서는 고용 · 학습 · 복지의 사회학습망을 통한 국가 경쟁력 강화를 이룩하고자 한다.

한편, 평생교육정책을 결정하는 데 영향을 미치는 요인은 먼저 평생교육정책이 형성되는 사회적 상황, 경제적 상황, 대상 집단이 되는 학습자 성향, 세계 각국의 교육이념에 영향을 미치는 국제기구의 사고 동향 그리고 사회를 대변하는 지적 · 경제적 인식이 상호 유기적으로 작용하는 것이라고 할 수 있다. 즉, 학습자, 국내 사회 변동, 국제기구의 인식 변화, 사회 · 경제 및 지적 인식의 전환 등 네 영역이 평생교육정책 형성에 주요한 영향을 주게 된다. 평생교육에서 이렇듯 총체적 진단이 필요한 이유는 평생교육의 대상과 유형 및 범주가 매우 다양하고 광범위하여 부분을 통한 전체의 추정적 예단이 아니라, 전체를 전체로서 보다 정확하게 이해하기 위한 총체적 진단 작업이 필요하기 때문이다.

평생교육 지원을 위한 정책개발 과정에서는 정확한 정책 대상과 현황 파악 및 공론화를 통한 정책방향에 대한 합의가 중요하다. 따라서 평생교육정책이 시행되기 전에 일반적으로 정책 연구와 전문가 협의회, 정책토론회 등을 통한 의견수렴 과정을 거친다. 평생교육 지원을 위한 정책집행 과정에서는 정책의 목표와 방향 실현, 정책의 일관성 및 지속성 확보, 부처 간의 연계 및 조정 강화, 정책 추진의 용이성 및 현실성 등을 고려하여 추진되고 있는데, 이는 단기적 차원이 아니라 중장기적인 평생학습 지원 정책을 수립하고 있다. 또한 이러한 평생교육정책 집행을 위하여 법·제도 등 추진체제 정비와 함께 교육부 평생교육업무 추진 조직의 개편, 평생교육정책 예산 등이 책정되어, 각각의 평생교육 영역 차원에서 실행되고 있다.

2000년 들어서 정부는 평생교육 중장기 5개년계획을 수립하여 추진하였으며, 1996년에 평생교육 진흥기본계획을 수립한 후 제1차 평생학습 진흥기본계획이 2003년부터 2007년까지, 제2차 평생학습 진흥기본계획이 2008년부터 2012년까지 수행하도록 구안되어 있다. 제2차 평생교육 진흥기본계획이 내포하는 정책적 의미는, 첫째, 국가가 평생교육정책의 연속적이고 안정적 추진을 도모한다는 것이고, 둘째, 한국 사회 저변에 평생교육 진흥에 대한 공감대가 형성되었음을 보여 주고 있으며, 셋째, 정부가 평생교육 관련 정책을 효과적으로 추진하려는 의지를 보여 주고 있다는 것이다(교육과학기술부, 2008).

과거에는 그다지 중요한 역할을 담당하지 않았던 학교 이외의 다양한 교육기관과 조직이 점점 중시되고 있으며, 나아가 새로운 유형의 교육 기관과 조직이 등장함으로써 교육제도의 구조에 변화가 일어나고 있다. 따라서 교육제도의 성격이 평생에 걸친 교육과 학습을 포괄하는 새로운 것으로 바뀌지 않을 수 없게 되었다.

교육에 관한 제도가 학교중심 제도에서 평생교육 제도로 이행하고 있는 과도기이기는 하지만 아직은 학교와 대학의 비중이 크다. 그러나 교육 활동에 사회적으로나 개인적으로 커다란 변화가 일어나고 있기 때문에 제도의 범위와 성격이 변하고 있는 것이다. 새로운 교육기관들을 사회적으로 인정하고 적절히 관리하기 위한 새로운 법률이 제정되고, 다양하게 전개되는 학습 활동을 지원하고 인증하기 위한 제도적 장치가 출현하고 있다. 이는 교육에 대한 국가 정책의 방향에도 변화가 일어나고 있는 것이다.

평생교육시대에 교육제도가 어떻게 변하고 있는지 살펴보고, 평생교육제도의 주요 유형을 검토함으로써 한국 평생교육제도의 성격을 가늠하고, 아울러 평생교육제도에 대한 관점을 발전시킬 필요가 있다.

교육제도가 학교본위제도를 벗어나 평생교육제도를 지향하리라고 진망한 문헌 가운데 포르(Faurè)가 위원장이었던 유네스코 세계교육연구위원회의 보고서(1972)인 『존재를 위한 학습(Learning To Be)』이 영향을 끼쳤다. 이 보고서는 세계 각국이 지향해야 할 교육개혁의 방향으로 학습사회(learning society)의 건설을 제시하였다. 「포르 보고서」는 새 시대 교육제도의 개혁 방향으로 평생학습사회를 향한 개혁의 21개 원칙을 제시하였는데, 그중 제도와 관련된 것은 다음과 같다.

첫째, 모든 사람은 누구나 그의 전 생애를 통하여 학습을 계속할 수 있어야 한다. 평생교육 사상은 학습사회의 초석이다.

둘째, 다양한 생활 경험이 교육에서 복원될 수 있도록 교수 활동의 공간과 시간을 새로 분배하여야 한다.

셋째, 모든 교육은 여러 다양한 수단을 통해 제공되어야 하고 또한 획득될 수 있어야 한다. 교육에서 중요한 것은 개인이 어떤 과정을 밟느냐에 있지 아니하고, 무엇을 얼마만큼 배우고 획득하느냐에 있다.

넷째, 전반적으로 개방적인 교육체제를 형성하여 사람들이 교육체제 안에서 횡적으로나 종적으로 자유롭게 이동할 수 있어야 하며, 선택 가능한 범위가 넓어야 한다.

다섯째, 어느 교육정책과 문화정책에서도 취학 전 아동의 교육은 기본적 선행 조건이다.

이러한 원칙은 평생학습사회를 위한 교육제도가 지향해야 할 특성으로서 UNESCO가 지속적으로 강조하고 있다. 「포르 보고서」가 제시한 이 원칙은 데이브(Dave, 1973)가 제시한 평생교육 개념의 20개 특성과 밀접하게 관련되어 있다. 데이브는 UNESCO의 교육연구소를 중심으로 활동했던 평생교육론자로서 평생교육의 이념과 이론적 배경 형성에 기여하였다. 그는 자신이 정리한 평생교육 개념의 20개 특성 가운데 가장 핵심적인 특성을 총체성(totality), 통합성(integration), 유연성(flexibility), 민주성(democratization)의 4가지로 요약하였다.

평생교육론자들이 지향하는 교육제도는 기존의 학교중심 교육제도를 훨씬 넘어선다. 즉, 학교뿐만 아니라 가정 · 지역사회 · 기업 등에서의 교육을 총체적으로 포괄하는 교육제도를 구상하는 것이다. 그러나 유의해야 할 점은 기존의 학교 중심 교육제도에 다른 모든 교육을 편입시키자는 것이 아니라, 교육제도의 유연성과 민주성을 동시에 추구함으로써 교육제도의 성격을 근본적으로 바꾸자는 개혁지향성을 내포하고 있다.

그리핀(Griffin, 1987)은 현대의 평생교육을 성인교육을 주요 정책대안으로 제시하면서 성인교육 정책유형을 시장 모형, 진보자유복지 모형, 사회통제 모형의 3가지로 분류하였는데, 교육학자들에게서 모형 분류의 기준이 모호하다는 비판을 받고 있다. 그린(Green, 2000)은 국가가 평생교육정책과 재정에 관한 결정을 주도하는 국가주도 모형, 평생교육의 수요와 공급의 원리에 기초한 시장주도 모형, 평생교육 관련 이해 단체가 주축이 되어 정책 결정에 참여하는 사회집단참여 모형으로 분류하였다(최은수 외, 2019).

김종서 등(2000)은 우리나라 평생교육 상황을 고려하여 [그림 5-1]처럼 국가 통제의 강하고 약함, 교육비 부담이 사부담과 공부담의 두 축에 따라서 통제 모형, 사회주의 모형, 시장 모형, 복지 모형으로 분류하였다(김신일 외, 2019).

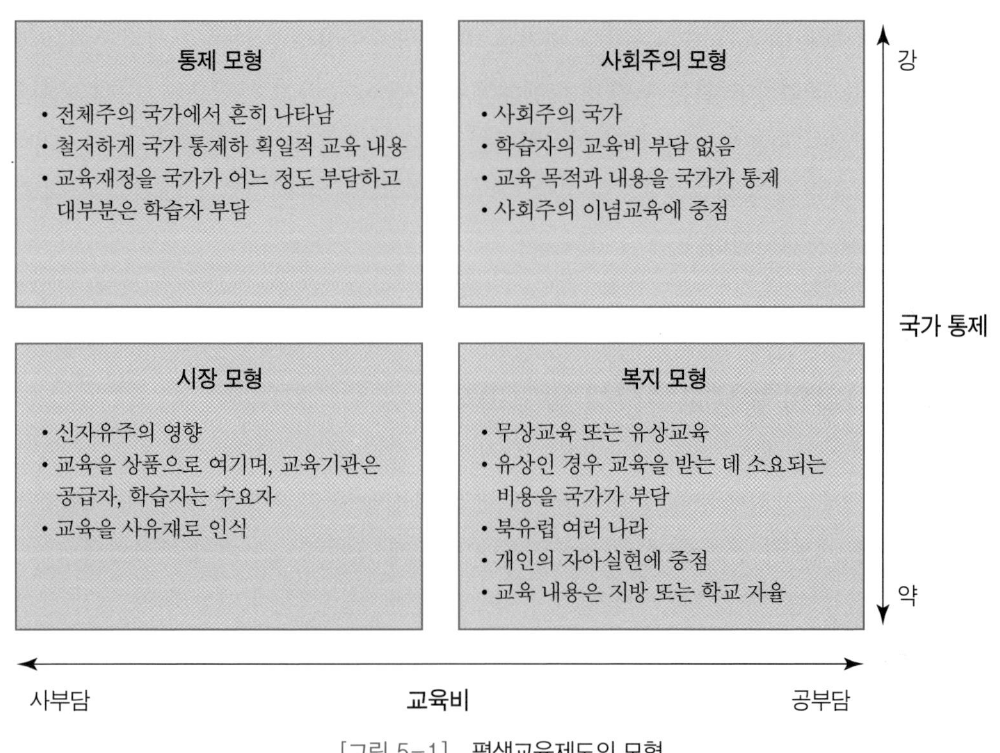

[그림 5-1] 평생교육제도의 모형

출처: 김신일 외(2019), p. 143 재인용.

평생교육정책은 공공기관이 바람직하다고 판단하는 사회적 목표를 가지며, 이를 달성하기 위한 공공적 수단을 확보하고, 대상을 향하여 적용하고, 권위 있는 결정에 의하여 수립된 기본 방침의 특성을 지녀야 한다. 이러한 의미에서 평생교육정책의 구상과 실현에서는 평생교육의 정책목표, 정책수단, 정책대상과 같은 구성요소가 중요한 역할을 담당하게 된다. 이와 같은 점을 감안하여 볼 때, 평생교육정책이란 국민의 평생학습이 사회 발전과 통합을 위한 기초 생명력으로 기능하고, 스스로 성장할 수 있도록 사회적 인프라를 구축하고 학습 기회를 확대하며 학습문화를 촉진하고 학습 결과를 인증하는 제반체제를 구축하는 일과 관련된다고 볼 수 있다. 평생교육정책은 물론 고립된 영역으로서의 단순한 교육제도로만 존재하는 것일 수 없으며, 당대의 사회구조적 조건,

국가가 표방하는 이념적 가치, 평생학습에 대한 사회적 요구 등을 긴밀하게 반영하는 종합적인 국가체제의 연장선상에서 이해되지 않을 수 없다. 따라서 평생교육정책은 정책적 차원에서 참여민주사회 실현, 사회통합과 불평등 해소, 개인의 학습 욕구 실현, 경제적 경쟁력 제고를 포괄할 수 있는 다양한 목적 지향성을 지녀야 한다. 최은수(2012)는 정책은 그 자체에 내포된 가치관이나 목적에 따라 국가 · 정부로 하여금 사회정의를 실현하고 공익을 구현하기 위한 역할을 수행하게끔 만들어 준다고 하였으며, 이때 사회정의란 그 자체로서 다분히 개인적인 이익보다는 공익을 수반하다고 하였다. 우리나라에서도 다양한 유형의 평생교육제도가 발전함에 따라 평생교육정책도 시대적 특성에 맞추어 다양하게 전개되었다.

2. 우리나라의 평생교육정책 발달과정

교육부(1997)는 우리나라의 평생교육정책 발달 과정을 성인 기초교육 단계, 계속교육의 정착 단계, 제도적 구축 단계, 평생학습시대의 도래 단계로 나누어 구분하였다.

1) 평생교육과 성인 기초교육 단계(1945~1950년대)

1945년 8월 15일 대한민국의 민족해방과 1948년 정부수립에 이르기까지 미군정 3년 동안은 일제 식민지교육을 불식하고 새로운 민주적 교육제도를 마련하는 과도기였다. 미군정은 우리나라 교육계의 지도급 인사로 구성된 '조선교육심의회'로 하여금 새로운 학제를 마련하여 1946년 9월 1일부터 실시하게 하였다. 1948년 대한민국 정부가 수립되고 교육관계 법규의 기본법인 「교육법」이 1949년 말에 제정 · 공포됨으로써 우리나라의 학제가 수립되기에 이르렀다.

「교육법」은 학교교육 위주의 제정 내용이었다. 그러나 평생교육과 관련된 조항에서 "학교 기타 교육을 위한 시설에서만 아니라 정치, 경제, 사회, 문화의 모든 영역에서도 항상 강력히 실현되어야 하며 공민, 과학, 실업과 사범 교육은 중시하여야 한다."라고 하였다. 그리고 국가와 지방자치단체는 의무교육을 받지 못하고 학령을 초과한 모든 국민에게 민주국가의 공민으로서 필요한 교양을 교육하기 위하여 적절한 교육시책을 강구 · 실시할 것을 촉구하였다. 공장, 사업장 기타 교육에 활용할 수 있는 시설은 그 본래의 용도에 지장이 없는 한 교육을 위하여 이를 이용할 수 있다는 규정도 명문화하였다.

광복 이후 1950년대 말까지 평생교육의 정책과 행정은 학교교육제도의 정착과 더불어 모든 영역에서 성인교육의 공민교육을 실시하는 데 역점을 두었다. 그 주요 프로그램이 문맹퇴치였다. 일제강점기 식민지교육은 동화교육과 우민화정책을 위한 교육으로 국어 말살 정책을 실시하였기 때문이다. 대다수 국민이 한글을 읽지 못하여 문맹률이 78%나 되었다. 그러므로 자유 민주주의를 건국이념으로 한 우리나라는 그 무엇보다 아동들에게는 초등학교 6년의 의무교육이 필요하였다. 그동안 일본인이 담당했던 교육직을 충당할 교사를 양성·재교육하는 일과 더불어 교육 기회를 박탈당한 국민에게는 문맹퇴치 사업을 전개함으로써 민주국가의 국민으로서 최소한의 자질을 갖추게 하는 것이 국가정책의 최우선 과제였다. 당시 국가 최우선 과제는 교원 양성과 재교육, 문맹퇴치와 한글 보급, 공민학교와 고등공민학교의 개설, 문맹퇴치 5개년 계획, 농촌계몽활동과 문고 설치 등이었다. 이 시기에는 성인 대상 문맹퇴치를 위한 기초교육이 중시되었다.

2) 평생교육과 계속교육의 정착 단계(1960~1970년대)

1960년 4·19 학생의거와 1961년 5·16 군사정변 그리고 제3공화국에서의 1979년 12·12 사태로 제4공화국이 마감하기까지 1960년대와 1970년대의 우리나라는 격동기였다. 그러나 1962년부터 시작된 경제개발 5개년 계획이 5차에 걸쳐 추진되면서 경제제일주의에 의한 국정지표는 국가 발전을 위한 교육체제로 바뀌면서 다음과 같은 지역사회 개발, 산업 발전, 인력 충원과 인력 개발로 확대되었다. 주요 사업으로 재건국민운동 전개와 마을문고 설치·운영, 사설강습소 설치 및 학원교육, 향토학교와 새마을교육, 도서관의 법제화와 정비, 미취학 및 근로청소년 교육, 해외교포의 교육 등이었다. 이 기간 특히 교육의 사회화 정신 실현을 위한 지역사회 학교 건설, 향토학교운동, 온마을교육운동에 이르기까지 오랜 이념적 연원을 가지는 새마을교육이 주요 교육 활동의 하나가 되었다(문교부, 1979).

3) 평생교육을 위한 제도적 구축 단계(1980~1990년대)

1980년대에 이르러서는 산업구조의 고도화에 따른 고급 인력의 수요 증대와 함께, 방송통신대학과 개방대학교, 독학에 의한 학위취득제도, 대학부설 평생교육원과 사회교육원, 각종 언론사나 백화점의 문화센터, 도서관 확충 등이 추진되었다. 1982년 「사회교육법」 제정과 1999년 「평생교육법」의 제정으로 평생교육을 위한 제도가 구축되었다.

(1) 평생교육의 「헌법 규정」과 「사회교육법」 제정

1980년대에서 1990년대까지 평생교육정책의 특징은 종전의 사회교육이라는 개념 대신 평생교육이라는 포괄적 개념의 도입과 적용이 있었다는 것이다. 이 개념은 누구나, 언제, 어디서나, 원하는 교육을 받을 수 있는 '열린교육, 평생학습사회' 건설을 위한 평생교육의 이념을 구현하기 위함이다. 평생교육의 용어를 현실화하고, 2차 교육개혁의 일환으로서 종전의 「사회교육법」을 「평생교육법」(1999)으로 전면 개정하여 시행하기에 이르렀다.

(2) 방송통신대학과 개방대학교의 신설

미취학청소년이나 근로자를 위한 평생교육차원에서 산업체 부설 중 · 고등학교와 야간 특별학급, 방송통신대학이 1970년대부터 평생교육정책의 일환으로 신설되었다. 1980년대 이후에는 정규 중 · 고등학교의 취학 기회 확대와 산업구조의 고도화에 따른 고급 인력의 수요가 증대되어 중 · 고등학교 수준의 학생은 격감한 반면, 대학수준 취업자의 교육수요가 증대하게 되었다. 대학의 개방은 1980년 7월 30일 교육개혁 조치에 따라 산업사회의 요구에 부응하는 직업기술 인력을 양성하고 평생교육의 이념 구현과 계속교육 기회의 부여 및 직장인의 재교육을 실시하기 위한 평생교육방법이다.

(3) 독학에 의한 학위취득

독학에 의한 학위취득제도는 고등학교를 마친 후 경제적 · 시간적 제약 때문에 대학에 진학하지 못한 사람일지라도 자학과 자습을 가능하게 하였다. 다양한 교육기관과 각종 매체를 이용하여 학습한 후 국가기관이 실시하는 시험 절차를 거쳐 학사학위를 취득할 수 있도록 하는 제도이다. 대학진학에 대한 과잉 욕구를 해소하고 능력사회, 평등사회를 구현함과 동시에 고등교육의 대중화를 촉진하기 위한 정책이다. 고학력사회에 대비한 제도이면서 평생학습사회의 구현에 기여할 수 있다는 데 그 의의가 있다고 할 수 있다.

(4) 대학에서의 평생교육

대학에서의 평생교육은 대학의 확장, 대학의 개방, 대학의 성인교육 등 계속교육을 위한 방법으로 영국과 미국에서 널리 행해지고 있다. 우리나라의 경우 1970년대 이래 정규 대학생이 아닌 일반 성인을 위한 프로그램을 전개하여 왔으며, 대학의 교수와 연구 기능 그리고 사회봉사가 대학의 3대 기능의 실천에 해당한다. 1980년대부터 대학에 상설로 부설하여 체계적인 평생교육이 실시되고 있다. 그 명칭은 사회교육원, 평생교육원이 가장 많이 쓰이고 있으나, 미술디자인교육원, 영농교육원, 국제평생교육원, 산업교육원, 여성교육원, 정보사회교육원, 전산원 등 다양한 기능별 이름으로도 특화되어 있다.

(5) 각종 문화센터와 회관에서의 평생교육

대학부설 평생교육원이나 사회교육원 이외에도 1980년대 이후 특징적인 현상은 각종 언론사나 백화점의 부설 문화센터가 설립되었다는 것이다. 그리고 각종 단체나 시설 또는 회관 등에서 평생교육 프로그램을 운영하고 있다. 즉, 각 언론사와 대형 백화점은 그들의 문화센터를 개설하였고, 청소년회관, 여성회관, 사회복지관이나 근로자복지관, 마을회관, 종교단체 부설회관, 노인회관, 시민회관, 구민회관 등에서 평생교육 차원으로 유아부터 노인에 이르는 다양한 연령층을 대상으로 교육하였다.

(6) 기타 사회교육으로서의 평생교육

우리나라의 도서관은 계속 늘고 있으며, 사회적 요청에 따른 국민의 평생교육과 각종 프로그램도 점차 확대 실시되고 있다. 도서관은 국립중앙도서관, 국회도서관, 공공도서관, 대학도서관, 학교도서관, 전문 · 특수도서관을 합하여 2000년에 9,865개였으며, 그 가운데 공공도서관은 1980년에 110개였던 것이 1999년에는 381개로 대폭 증설되었다. 박물관은 문화재를 수집 · 보존하고 국민에게 이를 관람하게 하였다. 평생교육시설로서 박물관대학을 개설하여 국가의 문화를 이해하게 하는 사회교육적 기능을 수행하였다.

4) 평생교육 · 평생학습시대의 도래 단계(2000년대~현재)

2001년 1월 정부는 교육부를 교육인적자원부로 개편하고 교육인적자원부 장관을 부총리로 승격시켜 국가 인적자원 정책을 총괄 · 조정하도록 하였다. 교육인적자원부는 2001년도 평생교육정책의 기본 방향을 '국가인적자원개발을 촉진하는 열린 평생학습사회의 구현'으로 설정하였다.

(1) 교육개혁과 평생학습사회 이념의 대두

우리의 평생교육정책 중 평생학습사회에 대한 관심이 대두된 시점은 1995년 5 · 31 교육개혁안이다. 이후 1999년 8 · 31 「평생교육법」 제정과 2007년 12월 14일 「평생교육법」 전부 개정으로 이어지면서 평생학습사회에 대한 국가적 인식이 강화되었다.

제1차 교육개혁방안(1995. 5. 31.)은 "누구나, 언제, 어디서나 원하는 교육을 받을 수 있는 '열린교육사회, 평생학습사회' 에듀토피아(Edutopia) 건설"을 위한 열린교육사회, 평생학습사회 기반 구축을 목표로 하였다. 구체적으로 시간등록제, 학점은행제도입 등으로 학습 기회 확대, 여성 및 노인의 재교육 기회 확대, 교육 프로그램 다양화와 성인 학습자의 다양한 교육 욕구 수용, '국가 멀티미디어교육 지원센터 설립' 등 첨단매체를 통한 원격교육 기회 확대 등을 핵심 내용으로 하였다.

이와 함께 제2차 교육개혁방안(1996. 2. 9.)에서는 평생직업교육 기반 구축, 문하생 학력인정제도, 교육구좌제 도입과 「사회교육법」의 개정방안에 대하여 언급하였다.

제3차 교육개혁방안(1996. 8. 20.)에서는 '열린학습사회를 위한 사회교육 개혁 방안으로서 사회교육추진체계와 전담기구의 설치, 지방사회교육 기능 및 활동체의 유기적 통합, 「사회교육법」에서 「평생학습법」으로의 확대 개편' 등이 제시되었으며, 제4차 교육개혁방안(1997. 6. 2.)에서 '「평생학습법」의 기본 방향과 시안'을 작성하였다.

(2) 학점은행제 시행

「평생교육법」에 앞서 제정 · 시행된 것은 성인을 위한 대안적 형태의 성인 고등교육제도인 학점은행제이다. 실질적으로 「평생교육법」보다도 더 많은 영향을 준 것은 학점은행제라고 할 수 있다. 학점은행제는 1995년 5 · 31 교육개혁 방안에서 열린교육, 평생학습사회 구축을 위한 제도적 기반으로 언제 어디서나 학습자 개인이 객관적으로 평가 인정된 교육과정을 이수한 경우 학점으로 인정받을 수 있도록 하고, 이것이 누적되어 일정 기준을 충족시키면 학위를 취득할 수 있도록 하는 평생교육 형태의 고등교육제도이다. 학점은행제의 도입은 독학학위제를 실시하였음에도 불구하고 여전히 해결되지 않는 고등교육에의 열망을 해결하기 위한 것이었다.

(3) 「사회교육법」 개정 및 「평생교육법」 제정

1999년 8월 「평생교육법」의 제정과 2000년 3월 「평생교육법」의 시행으로 평생학습체제 구축에 큰 획을 그었다. 「평생학습법안」이 발의된 것은 '문민정부'에서였지만 정작 그 법이 제정 · 시행된 것은 '국민의 정부'에서였다.

국민의 정부 당시 사회적 배경으로 가장 크게 자리한 것이 지식기반사회의 이데올로기이다. 지식은 어느 새 국민의 정부를 이끌어 가는 국가 이데올로기로서뿐만 아니라 경제를 이끌어 가는 기저가 되었다. UNESCO의 「학습: 그 안에 숨겨진 보물(Learning: The Treasure Within)」, OECD의 「모두를 위한 평행학습(Lifelong Learning for All)」, EU의 「평생교육의 해」 제정 등이 1990년대 중반에 나오게 된 것은 지식기반경제의 대두와 밀접한 관계가 있다.

「평생교육법」은 평생교육의 진흥을 국가의 의무로 규정하고 있는 「헌법」 및 「교육기본법」의 규정에 따라 종전의 「사회교육법」을 전면 개정하여 「평생교육법」으로 1999년 8월 31일 공포하였다. 「평생교육법」은 「교육기본법」 아래 「초 · 중등교육법」 「고등교육법」 「평생교육법」으로 그 체제를 유지하고 있으며, 근본적으로 '열린교육사회 · 평생학습사회'의 구현을 기본 방향으로 하고 있다. 2007년 「평생교육법」 전부 개정을 통하여 평생교육 정책 강화 및 국민의 평생학습 활성화의 기반이 마련되었다.

(4) 「평생교육법」의 시행과 평생학습 지원체제 구축

종전의 「사회교육법」을 「평생교육법」으로 전면 개정하고 「평생교육법 시행령」을 정비(2000. 3. 13.)하였으며, 「평생교육법 시행규칙」을 새로 제정 · 공포(2000. 3. 31.)함으로써 하나의 법체계를 형성하게 되었다. 「평생교육법시행령」이 2000년 3월에 시행됨으로써 평생교육법상의 각종 제도와 지원 체제가 도입 · 구축되기 시작한 것도 2000년부터이다. 그러므로 2000년도는 「평생교육법」의 시행으로 평생학습체제 구축 원년으로 기록될 만하다. 지금까지 교육인적자원부의 평생학습정책과 평생학습정책을 중심으로 입안 · 추진하던 정부독점체제에서 평생교육센터와의 파트너십체제라는 발전된 모습으로 나아가게 되었으며, 「평생교육법」의 시행으로 인하여 많은 새로운 체제와 제도가 도입된 해로 기록된다.

「평생교육법」에서는 국가의 평생교육을 전담 · 지원하는 기관으로서 국가수준의 평생교육센터와 시 · 도 수준의 지역평생교육정보센터 그리고 시 · 군 · 구 지역에 평생학습관을 설치 · 운영하도록 규정하고 있다. 이에 따라 2000년 3월 29일 중앙의 평생교육센터가 한국교육개발원 내에 설치되어 국가수준의 평생교육전담 · 지원기구로서 기능을 수행하여 오늘날과 같은 평생학습체제 구축에 일익을 담당하고 있다가, 2007년 「평생교육법」 전부개정에 따라 평생교육원이 개원하면서 업무가 이관되었다.

(5) 평생학습도시 선정

평생학습도시 사업은 지역사회의 수준에서 평생교육의 활성화를 도모하는 대표적인 정책이다. 평생학습도시란 개인의 자아실현, 사회적 통합 증진, 경제적 경쟁력 제고를 통해 궁극적으로 개인의 삶을 제고하고 도시 전체의 경쟁력을 향상시킬 수 있도록 언제, 어디서, 누구나 원하는 학습을 즐길 수 있는 학습공동체건설을 도모하는 총체적 도시 재구조화 운동이며 지역사회 주민에 의한, 시민을 위한, 시민의 지역사회교육운동이라 할 수 있다(양병찬, 2002).

우리나라에서 평생학습도시는 학습을 통한 도시의 번영과 사회적 통합, 지속 가능한 발전을 지향하는 네트워킹 학습사회를 의미하며, 개인과 관련하여 평생학습도시는 개인의 자아실현, 사회통합 증진, 경제적 경쟁력을 높여 궁극적으로 개인의 삶의 질을 제고하고 도시 전체의 경쟁력을 향상시킬 수 있도록 언제, 어디서, 누구나, 원하는 학습을 즐길 수 있는 학습공동체의 건설을 도모하는 총체적 도시재구조화 운동이다(최은수 외, 2010).

평생학습도시의 주요 목적은 지자체 및 교육청의 인적 · 물적 평생학습 자원을 공동으로 활용하는 지역학습 공동체를 구축하는 것, 그리고 지역사회 평생교육 시설 및 단체 간의 협력을 도모하여 지역주민의 평행학습 기회를 확대하고 교육 서비스의 질 향상을 위한 평생학습 인프라를 구축하는 것이다.

지역사회의 성장과 발전에 대하여 두 가지 접근을 생각해 볼 수 있는데, 첫 번째 접근은 지역사회가 가지지 못하는 외부의 자원이나 인력을 유치하는 방법이며, 두 번째 접근은 지역이 자체적으로 보유하고 있는 내부 역량을 극대화하는 시도이다(김한별, 2019).

평생학습도시 조성 사업은 시 · 군 · 구를 대상으로 지역 내 평생교육 기반(조직, 예산, 인력 등) 조성과 지역 평생학습 네트워크 구축을 통해 지역 평생교육 진흥 사업을 지원한다. 그리고 이미 지정된 평생학습도시를 대상으로 학습형 일자리 창출, 고용–복지 연계, 국가 시책과 연계한 지역자원 활용 등 지역 현안을 반영한 사업을 지원하는 평생학습도시 특성화 사업도 포괄한다.

우리나라의 평생학습도시는 1999년 광명시가 평생학습도시를 선언한 이후 매년 계속 증가하여 왔으며, 2021년 평생학습도시로 서울 동작구, 강원 양구군, 충북 괴산군, 영동군 경북 상주시, 영천시 등 6개 시 · 군 · 구를 신규 지정하였다.

2021년 현재 평생학습도시 지정 현황은 〈표 5-1〉과 같다(교육부, 국가평생진흥원, 2021).

〈표 5-1〉 평생학습도시 지정 현황

광역	기초 자치 단체	평생 학습 도시	지정 연도[1]						
			2001~2007년	2011~2016년	2017년	2018년	2019년	2020년	2021년
서울	25	20	관악구, 성북구, 양천구, 영등포구, 강동구, 강서구, 마포구	은평구, 강남구, 금천구, 노원구, 도봉구, 서대문구, 송파구, 용산구	–	구로구, 중랑구	성동구	동대문구	동작구
부산	16	15	해운대구, 연제구, 사상구	영도구, 부산진구, 금정구, 남구, 사하구, 서구, 기장군, 동구	북구, 중구	수영구	동래구	–	–
대구	8	5	달서구, 동구	수성구, 북구	–	–		남구	–
인천	10	6	연수구, 부평구, 미추홀구	남동구, 서구	계양구	–		–	–
광주	5	5	남구, 광산구, 동구	북구, 서구	–	–		–	–

대전	5	4	유성구, 대덕구	동구, 서구	–	–		–	–
울산	5	5	울주군, 중구	북구, 동구	–	남구		–	–
세종[2)]	0	1	–	–	–	–	세종	–	–
경기	31	31	광명시, 부천시, 이천시, 구리시, 수원시, 시흥시, 안산시, 용인시, 평택시, 과천시, 안양시	남양주시, 포천시, 가평군, 군포시, 김포시, 성남시, 양주시, 의왕시, 의정부시, 화성시, 고양시, 양평군, 연천군, 오산시	여주시	파주시	광주시, 하남시	동두천시, 안성시	–
강원	18	13	삼척시, 화천군, 강릉시, 횡성군	동해시, 인제군, 평창군, 홍천군, 철원군, 영월군	–	춘천시	–	원주시	양구군
충북	11	10	청주시, 단양군, 제천시, 진천군	옥천군, 음성군, 증평군, 충주시	–	–	–	–	괴산군, 영동군
충남	15	13	금산군, 부여군, 서산시, 아산시, 태안군, 서천군, 천안시	당진시, 홍성군, 예산군, 논산시, 공주시	–	보령시	–	–	–

전북	14	11	진안군, 전주시, 익산시, 김제시, 남원시, 정읍시, 군산시	완주군	부안군	–	고창군	무주군	–
전남	22	14	순천시, 목포시 (신안 · 무안)[3], 곡성군, 광양시, 여수시, 강진군, 영암군	담양군, 화순군, 고흥군	영광군, 완도군		해남군	나주시	–
경북	23	11	안동시, 칠곡군, 경산시, 구미시	포항시, 경주시, 영주시, 청도군	의성군	–	–	–	상주시, 영천시
경남	18	14	거창군, 창원시, 김해시, 남해군, 양산시, 하동군, 진주시, 통영시	창녕군, 합천군, 함안군	밀양시, 산청군	–	–	거제시	–
제주[4]	0	2	제주시, 서귀포시	–	–	–	–	–	–
계	226	180	76	66	10	7	7	8	6

출처: 교육부, 국가평생교육진흥원(2021), pp. 464-465;
국가평생교육진흥원(2021). 내부 자료.

주1) 2008~2010년, 평생학습도시 지정 중단.

주2) 세종시는 특별자치시로서 법에 따라 기초자치단체의 지위를 부여하는 특례 적용.

주3) 목포 · 신안 · 무안은 컨소시엄 형태로 신청 · 지정(1개 도시로 환산).

주4) 기초자치제도를 폐지한 제주특별자치도는 관할 시 · 군 · 구를 '0'으로 처리.

평생 · 직업교육관련 예산 측면을 살펴보면, 2021년 교육부의 교육 본예산은 총 70조 9707억 원 중 평생 · 직업교육 예산은 불과 1조 534억 원으로 약 1.5% 정도이다(교육부, 국가평생진흥원, 2021). 2019~2021년 평생직업교육 체제 구축 사업의 세부 사업별 예산 현황은 〈표 5-2〉와 같다.

〈표 5-2〉 2019~2021년 평생직업교육 체제 구축 사업의 세부 사업별 예산 현황

(단위: 억 원, %)

사업명	예산액 (백분율)			사업 내용	운영 주체
	2019년	2020년	2021년		
평생학습진흥 지원	10 (0.73)	10.9 (0.66)	12.8 (0.47)	• 평생학습계좌제 운영 • 평생교육사 제도 운영 • 대한민국 평생학습 박람회	11.23국가평생교육진흥원
국가평생교육 통계 구축	10 (0.73)	14.2 (0.86)	12.4 (0.45)	• 평생교육통계조사 • 평생학습 개인실태조사 • OECD 국제성인역량조사	12.20한국교육개발원 한국직업능력개발원
국가장애인 평생교육 진흥센터 설치·운영	35 (2.57)	46.5 (2.82)	46.2 (1.69)	• 장애인 평생교육 진흥 • 장애인평생교육진흥센터 운영	42.57국립특수교육원
평생교육 바우처 지원	25 (1.84)	34.4 (2.09)	73.8 (2.71)	• 평생학습 바우처 지원금 • 평생교육 바우처 사업 운영	44.40국가평생교육진흥원
평생교육 검정• 고시 지원	8 (0.59)	8.0 (0.49)	7.7 (0.28)	• 검정고시 프로그램 운영 지원 • 검정고시 운영 활성화 지원 등	7.90국가평생교육진흥원
대학중심의 평생학습 활성화 지원	241 (17.71)	241.3 (14.64)	241.3 (8.85)	• 대학의 평생교육 체제 지원	241.20국가평생교육진흥원
성인문해교육 프로그램 운영 지원	45 (3.31)	49.0 (2.97)	59.0 (2.16)	• 성인문해교육 프로그램 지원 • 성인문해교육 활성화	51.00국가평생교육진흥원
한국형 온라인 공개강좌 콘텐츠 개발 및 활용 활성화	114 (8.38)	164.4 (9.97)	258.8 (9.49)	• K-MOOC 개발 및 운영 • 매치업 운영	134.30국가평생교육진흥원

국가평생교육 진흥원 출연	79 (5.80)	85.7 (5.20)	87.1 (3.19)	• 학점은행제·독학학위제 운영 • 국가평생교육진흥원 운영	83.93국가평생교육진흥원
지역평생교육 활성화 지원	14 (1.03)	14.3 (0.87)	14.8 (0.54)	• 평생학습도시 조성 지원 • 기초자료 개발 및 성과 관리	14.37지방자치단체 국가평생교육진흥원
고교 취업연계 장려금 지원	780 (57.31)	739.0 (44.84)	1,669.0 (65.19)	• 고교 취업연계 장려금 지원	한국장학재단
중앙취업지원 센터 운영 지원		18.0 (1.09)	22.0 (0.81)	• 중앙취업지원센터 설치·운영	한국직업능력개발원
현장실습 기업 현장 교육지원		205.0 (12.44)	205.0 (7.52)	• 기업 현장실습 지도·관리	한국직업능력개발원
고졸자 후속관리 지원 모델 개발		17.5 (1.06)	17.5 (0.64)	• 단위학교 고용 서비스 제공	한국직업능력개발원
계	1,361 (100.0)	1,648.2 (100)	2727.4 (100)	전체 교육 분야 예산(70조 9,707억 원)의 0.11%임.	

출처: 교육부, 국가평생교육진흥원(2021), p. 43; 교육부(2019, 2020, 2021). 2019, 2020, 2021년도 교육부 소관 예산 및 기금운용계획 개요 내용 재구성.

주1) 음영 처리된 사업은 사업 내용을 고려할 때 평생교육 예산에 해당됨.

주2) 2019, 2020년은 최종예산, 2021년은 본예산임.

(6) 평생학습진흥종합계획 수립 · 추진

교육인적자원부는 「평생교육법」의 시행에 따라 새로운 평생교육제도가 도입됨에 따른 종합적이고 체계적인 평생학습진흥계획이 필요하다는 판단하에 2001년 상반기부터 한국교육개발원 평생교육센터와 공동으로 효율적인 국가 인적자원 개발을 촉진할 수 있는 '평생학습종합발전계획'을 마련하였다. 이 종합계획은 지금까지 추진되어 온 각종 평생학습정책을 상세하게 엮어 국민에게 알림은 물론, 앞으로 추진해야 할 정책을 소개하고 그 구체적인 실천 방안을 제시, 소요예산까지 추계하여 밝힘으로써 우리나라 평생학습 진흥을 위한 정부 의지를 종합한 것이라고 할 수 있다.

(7) 「평생교육법」 개정

1980년대 교육개혁심의회에서 출발하여 1990년대 교육개혁위원회 시대를 거쳐 2000년대 국민의 정부에서 「평생교육법」의 시행으로 교육개혁안이 정책으로 실현되는 교육개혁의 완결적 의미를 어느 정도 갖게 되었다. 2007년 「평생교육법」 전부개정을 통해 국가와 광역 · 기초 자치단체 단위의 추진체제를 정비하고, 평생교육의 총괄적인 집행기구로서 한국교육개발원의 평생교육센터 · 학점은행센터, 한국방송통신대학교의 독학학위검정원 등 3개의 기관을 통합하여 '평생교육진흥원'을 설립하는 등 국가 평생교육추진체제를 재정비하였다(교육과학기술부, 2008).

3. 평생교육 관련법 추진

우리나라 평생교육정책에 영향을 미친 이슈를 정책 실시 시기에 따라 그 특징을 살펴보면, 1950년대는 민주주의 교육의 방향 정립기로서 6-3-3-4 단선형 학제로의 개편, 문맹퇴치를 위한 성인교육과 사범대학 창설 등을 들 수 있다.

1960~1970년대는 비약적인 경제 성장에 따른 정치 · 사회 · 문화 분야에서의 급격한 변화의 시기에 교원 교육제도의 개혁, 교원 현직교육을 위한 교육대학원 설립, 중학교 무시험 입학제 도입, 지방대학 확충 및 전문대학 설치, 방송통신대학 및 방송통신고등학교 설립, 새마을교육, 고등학교 평준화정책 실시, 사범학교를 2년제 교육대학으로 승격하고 사범대학을 4년제로 일원화하는 등의 정책을 들 수 있다.

1980년대는 교육내실화 추구를 위한 노력의 일환으로 교육혁신을 내세워 주요 교육정책으로 교육 전담 방송 실시, 대학졸업정원제 실시, 교육재원 확보를 위한 교육세 신설, 대학입학 본고사 폐지 및 고교 내신 성적의 반영, 평생교육체제의 확립, 교육투자의 획기적 확대, 우수교원의 확보, 교육행정의 자율화 등을 들 수 있다.

1990년대 이후에는 교육의 본질적 가치 실현과 교육복지 구현을 통하여 교육의 선진화를 실현하기 위한 대학평가 인정제, 사학에 대한 재정지원 정책, 수행평가 도입, 새학교문화 창조 추진, 학교운영위원회의 구성 및 운영, 유아교육의 공교육화 추진, 시 · 도교육청 평가, 교원노조 법제화, 우수인력확보를 위한 BK21 사업, 학점은행제 도입 및 운영, 독학에 의한 학위취득제 등을 들 수 있다(정일환, 2000).

1) 「사회교육법」 제정

사회교육은 그 범위가 넓기 때문에 다양성을 띠고 있다. 학교에서의 사회교육, 준 학교 형태의 사회교육, 도서관, 박물관과 같은 시설에 의한 사회교육, 민간단체에 의한 사회교육, 공공기관 및 산업체의 사회교육, 사설학원 형태의 사회교육, 매스미디어 등의 유형이 있을 수 있으며, 정부의 행정 부서도 거의 모든 부서에 관련되어 있다. 관련된 법령만도 「교육법」「사회교육법」「도서관법」「박물관법」「사설강습소에 관한 법률」「농촌진흥법」「행정법」「직업훈련기본법」「공무원교육훈련법」 등 100여 개에 달하고 있다.

「사회교육법」은 모두 6장 30조로 구성되었다. 제1장은 총칙, 제2장은 국가 및 지방자치단체의 임무, 제3장은 전문요원, 제4장은 사회교육시설, 제5장은 학교 및 대중매체와 사회교육, 제6장은 보칙으로 되어 있다. 그리고 제2조에서는 사회교육을 다음과 같이 정의하고 있다. "'사회교육'이라 함은 다른 법률에 의한 학교교육을 제외하고 국민의 평생교육을 위한 모든 형태의 조직적인 교육 활동을 말한다."

「사회교육법」이 제정 · 공포됨에 따라 그 하위법규인 「사회교육법 시행령」(1983. 9. 10.), 「사회교육법 시행규정」(1985. 10. 25.), 「사회교육법 시행업무처리지침」(1985. 10. 25.)이 제정되었다. 이와 같은 법체제가 구비되었으나 문교부의 사회교육 활동은 예산이나 행정기구 면에서 확정된 흔적을 찾아볼 수 없다. 다만, 1986년에 무인가 학교로 운영되어 오던 근로 청소년 학교 18교를 학력인정 사회교육시설로 지정하였으며, 사회교육전문요원 양성을 위하여 대학의 사회교육 관련 학과에 필요한 과정을 설치 · 운영하도록 하였다(김종서 외, 2000).

학교중심의 교육에서 탈피하고자 하는 제도적 노력이 농민교육 등을 중심으로 이루어지기 시작하여 사회교육 관련 법규가 정부 각 부처별로 산발적으로 제정되다가 1980년에는 우리 「헌법」에 평생교육진흥 조항이 삽입되기에 이르렀고, 1982년에 「사회교육법」이 제정 · 공포된 이후 이 법의 시행령 및 시행규정 등이 제정 · 공포되어 현재에 이르고 있다. 이로써 평생교육적 차원의 법제가 보완되고, 이에 따라 평생교육이 크게 발전하였다.

「사회교육법」(1982. 12. 31.)을 통하여 정부는 학교교육 외에 국민의 평생교육을 위한 조직적인 교육 활동을 사회교육으로 정의하고, 일정한 시간 이상 실시되는 사회교육과정에는 대통령령이 정하는 바에 따라 국민교양에 필요한 일정한 교육 내용을 포함하도록 하였다.

교육부는 대학부설 사회교육원을 확충하고 다양한 교육과정을 개설하여 대학의 지역사회 봉사기능을 제고하였다. 급변하는 산업사회 대응 및 복지사회 구현을 위한 시대적 필요성에 부응하기 위하여 대학의 사회교육기능 활성화 방안을 수립하여 추진하였다. 또한 대통령령이 정하는 일정한 사회교육과정을 이수한 경우에는 그에 상응한 사회적 대우가 부여되도록 하였으며, 국가와 지방자치단체는 사회교육시설의 설치, 전문요원의 양성, 교육자료의 개발, 단체 또는 시설 · 사업장 등에 대한 사회교육활동 장려 등의 방법으로 사회교육을 진흥하도록 하였다. 한편, 사회교육에 관한 정책을 심의 · 조정하기 위하여 문교부에 사회교육정책조정위원회를 두도록 하고, 일정 규모 이상의 사회교육단체, 사회교육시설 또는 사업장에는 사회교육전문요원을 두도록 하였다.

지식 · 기술이 확대되고 생활 환경이 급변하는 산업사회에서 한평생 보람된 생활을 누리기 위해서는 누구든지 평생을 통한 교육이 불가피하게 되었고, 이에 따라 「헌법」 제29조(1987. 10. 29. 개정 이전, 2008년 현재에는 제31조)에서는 평생교육의 진흥을 국가의 임무로 규정하고 있으므로 이러한 헌법정신에 따라 사회교육을 제도화하고, 모든 국민에게 평생을 통한 사회교육의 기회를 부여하여 국민의 삶의 질을 향상하게 함으로써 정의로운 민주복지사회의 건설과 문화 창달에 기여하는 것이다(교육과학기술부, 2008).

2) 「평생교육법」 제정

제5공화국의 「헌법」 조항에 평생교육진흥 조항이 규정됨에 따라 1982년 「사회교육법」이 제정되었고, 1999년에 「평생교육법」으로 법명이 개정되고 법의 내용이 전부개정되었다. 즉, 우리 사회가 산업사회에서 지식사회로 변화함에 따라 필연적으로 도래한 새로운 교육문명으로서 평생학습시대가 도래하였으므로, 이에 대응하는 총체적인 평생학습 지원체제를 구축함으로써 '누구나, 언제, 어디서나' 원하는 교육을 받을 수 있는 '열린 교육사회, 평생학습사회'를 추구하는 교육복지국가(Edutopia) 체제가 구축되어야 한다. 따라서 그를 통해 학습강국, 인재대국의 국정가치를 구현할 수 있어야 한다는 전제하에 국가와 광역 · 기초 자치단체 단위의 평생교육 추진체제를 정비하였다. 평생교육의 총괄적인 집행기구로서 한국교육개발원의 평생교육센터 · 학점은행센터, 한국방송통신대학교의 독학학위검정원 등 3개의 평생교육기관을 '평생교육진흥원'으로 통합 평생교육 진흥 및 평가인정 사업을 효율적으로 운영하게 함으로써 평생학습사회 구현을 위한 종합적 · 체계적인 평생교육 사업 추진을 도모함과 동시에, 기존의 '평생교육법' 체계상의 문제점을 해결하기 위한 차원에서 법 개정이 추진되었다(교육과학기술부, 2008).

새롭게 마련된 「평생교육법」은 「교육기본법」 아래 「초 · 중등교육법」 「고등교육법」 「평생교육법」으로 체제를 유지하고 있으며, '열린교육사회, 평생학습사회'의 구현을 기본 방향으로 하고 있다. 「평생교육법」은 지식기반사회의 도래에 따라 국민의 학습권과 학습에 대한 선택권 및 평생교육의 기회균등을 보장하기 위하여 평생교육에 필요한 수단 및 제도를 다양화 · 체계화함으로써 누구나, 언제, 어디서나 원하는 교육을 받을 수 있는 열린교육사회 · 평생학습사회의 건설을 지향하고 있다.

「평생교육법」에서 사용되고 있는 평생교육의 개념은 '학교교육을 제외한 모든 형태의 조직적인 교육활동'(제2조)으로 정의하고 있는데, 이는 이전 「사회교육법」상에서 사회교육을 정의하던 방식에서 크게 벗어나 있지 못한 한계를 보여 주고 있다. 즉, 평생교육을 학교교육과 학교 외 교육을 아우르는 교육의 총체적인 범주로 개념화할 때 「평생교육법」상의 평생교육에 대한 정의는 평생교육을 사회교육에 한정지은 협의적 개념으로 사용한 것이라 할 수 있다.

평생교육이 국가정책으로 논의되기 시작한 것은 1980년대이지만, 이때의 개념은 평생교육보다는 사회교육에 가까웠다. 즉, 제도교육의 범주 밖에서 이루어지고 있는 교육활동에 대한 관심을 가지기 시작했던 것이다. 이에 비해, 1990년대 이후에는 보다 평생교육의 개념에 가까워지기 시작한다. 학교교육을 받지 못한 사람들에게 어떻게 학교교육에 준하는 교육을 받을 수 있는 기회를 제공할 수 있을 것인가에 대한 관심이 모든 국민의 전 생애에 걸친 교육 혹은 학습에 대한 관심으로 확장되기 시작한 것이다. 1999년에는 「사회교육법」을 전부개정하여 「평생교육법」을 제정하고, 2007년에는 「평생교육법」 전부를 개정하였다.

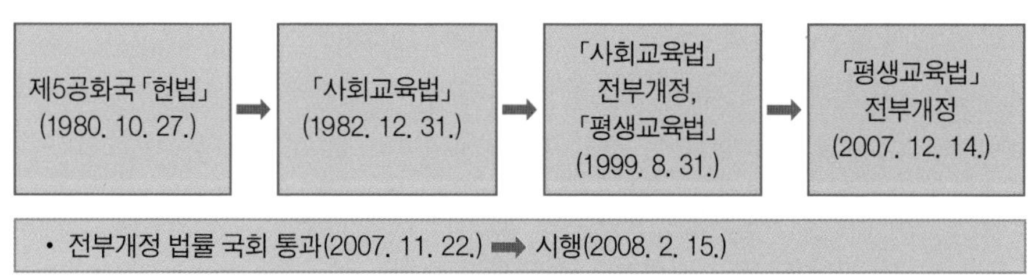

[그림 5-2] 평생교육법의 추진 과정

출처: 교육과학기술부(2008), p. 9 재구성.

[그림 5-2]는 「평생교육법」의 추진 과정을 법 개정을 중심으로 도식화한 것으로, 2007년 개정된 「평생교육법」은 1980년대 논의되기 시작하여 학교교육 범주 밖에서 이루어지는 좁은 의미의 사회교육 단계를 거쳐 '누구나, 언제, 어디서나' 원하는 교육을 받

을 수 있는 평생교육 단계로 발전하였다고 해석할 수 있다.

교육과학기술부(2008)는 평생교육법 제정 취지를 다음과 같이 규정하고 있다.

(1) 「평생교육법」의 법적 체계 개편 및 평생교육 개념의 명확화

첫째, 「평생교육법」의 법적 체계를 「헌법」 제31조 제1항 및 제5항, 「교육기본법」 제10조 등에 근거하여 학습자의 학습권과 평생학습의 원리에 맞춘 학습자 중심의 새로운 법적 체계를 마련하기 위함이다.

둘째, 평생교육의 개념을 "학교의 정규 교육과정을 제외한 학력보완교육, 성인 기초 · 문자해독 교육, 직업능력 향상교육, 인문교양교육, 문화예술교육, 시민참여교육 등을 포함하는 모든 형태의 조직적인 교육 활동"으로 정의한다.

셋째, 평생교육의 개념 규정에서 평생교육의 영역을 구체화함으로써 기존의 법령상에 있어 평생교육의 영역과 대상이 불명확함으로써 발생하는 정책상의 혼란을 방지하기 위한 목적을 가지고 있다.

(2) 지식기반사회, 창조경제사회에 있어서 '인재대국' 건설을 위한 평생학습 기반의 조성

첫째, 「평생교육법」은 급변하는 세계화 · 정보화 · 창조경제사회에서 누구나, 언제, 어디서나 배울 수 있는 평생학습 기회 확대에 이바지하게 한다.

둘째, 평생학습은 학령기에 놓친 교육 기회를 보상하는 소극적 차원을 넘어 산업사회에서 지식사회로 변환함에 따라 필연적으로 도래하는 새로운 교육문명이며, 이에 따라 총체적인 평생학습 지원체제 구축의 필요성이 증대하였다.

셋째, 평생교육의 효율적 추진을 통한 '학습강국, 인재강국'의 건설을 위하여 무엇보다도 평생교육 추진체제의 개편 및 평가인정체제의 구축할 필요가 있었다.

(3) 국가 및 지방자치단체의 평생학습 정책지원 강화

첫째, 국가 및 지방자치단체는 평생교육기관의 학습비 지원, 평생교육기관 상호 간의 네트워크 구축, 평생학습도시 사업, 중앙단위 평생교육진흥위원회 및 지역단위 평생교육협의회의 설치 · 운영을 통한 지역주민을 위한 평생교육 관련 사업 조정 및 협력 증진을 도모해야 한다.

둘째, 한국교육개발원의 평생교육센터 · 학점은행센터, 한국방송통신대학교의 독학학위검정원 등 3개의 독립된 기관에서 분산 · 운영 중이던 여러 기관을 평생교육진흥원으로 통합함으로써 평생교육의 활성화를 위한 책무성과 효율성을 강화할 수 있는 제도를 마련하기 위함이었다.

(4) 평생학습과정 이수자의 사회적 대우 확대와 학습 의욕 고취

첫째, 종래 초·중등 학력인정 중심이었던 학력인정 평생교육시설을 전문대학 학력인정 수준으로 확대함과 동시에 초·중등학력인정 문자해독 교육프로그램 지정·운영을 통한 성인기초교육 대상자의 평생학습 의욕을 고취한다.

둘째, 유·무급 학습휴가제, 학습계좌제 및 학습비 지원 등 금전적·비금전적 보상을 통해 평생학습 기회를 촉진하기 위함이다.

(5) 기초교육 기회 확대와 고등교육 수준의 평생학습 기회 촉진

첫째, 대학의 평생교육원 등 다양한 평생교육기관을 통해 성인교육의 기회를 확대하였다.

둘째, 학점은행제, 전공대학, 사내대학 및 원격대학 형태의 평생교육시설 등 다양한 학력인정제도를 통해 고등교육 수준까지 국민의 능력 향상에 중점을 두었다.

(6) 「평생교육법」 입법의 기본 방향

평생교육의 활성화를 위하여 국가와 광역·기초 자치단체 단위의 추진 체제를 정비하고, 평생교육의 총괄적인 집행기구로서 한국교육개발원의 평생교육센터·학점은행센터, 한국방송통신대학교의 독학학위검정원 3개의 기관을 통합하여 '평생교육진흥원'을 설립하는 등 국가 평생교육추진체제를 재정비하였다.

[그림 5-3]은 「평생교육법」 개정 입법 기본 방향을 요약·정리하여 도식화한 것이다. 이를 분석해 보면, 「평생교육법」 입법의 기본 방향은 '창조적 학습자 육성'을 통한 자아실현·고용가능성·사회통합 재고의 국가경쟁력 강화이다. 따라서 평생학습정책 지원 강화는 이러한 기본 방향을 충실히 수행하기 위한 것으로써 평생학습 참여를 촉진하고 평가 인정 체제를 강화하며 통합적 평생학습 기반을 구축하는 것을 내용으로 한다. 평생학습사회를 구현함으로써 학습 강국·인재대국을 건설하여, 개인적 차원에서는 자아실현을 통한 충족된 삶을, 경제적 차원에서는 고용가능성이 높은 양질의 노동력을, 정치적 차원에서는 사회통합을 재고하여 성숙한 민주주의를 발전시키고자 하는 것이다.

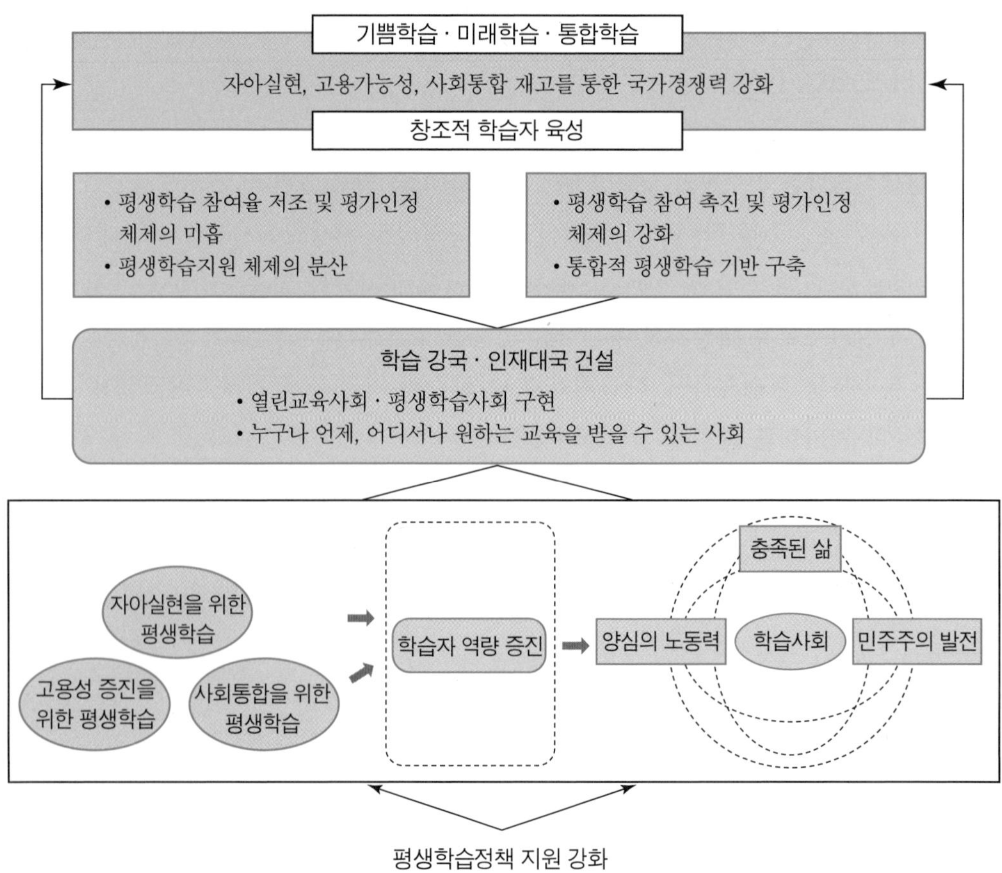

[그림 5-3] 「평생교육법」 입법의 기본 방향

출처: 교육과학기술부(2008), p. 6.

3) 평생교육 관련법과 평생교육 정책

일반적으로 정책의 구체적 실현을 위해 필요한 법 제정이 요구된다. 시대적 요구에 맞는 평생교육정책의 시행을 위해 평생교육 관련법 제정이 이루어져 왔다. 해방 이후 우리나라 평생교육과 관련하여 개정된 법률과 평생교육 정책과의 변화 과정을 표로 작성해 보면 〈표 5-3〉과 같다.

〈표 5-3〉 평생교육 관련법과 평생교육정책

	성인기초교육 및 계속교육의 정착 단계(해방 이후~1970년대)
「교육법」 제정 · 공포 (1949. 12. 31.)	• 우리나라 학제 수립 • 성인교육의 공민교육 실시 • 사범학교 창설 • 문맹퇴치 • 농촌계몽활동과 문고 설치 • 사설강습소와 학원교육 • 향토학교와 새마을교육운동 • 도서관의 법제화와 정비 • 미취학 및 근로청소년 교육 • 해외교포교육
	평생교육을 위한 제도적 구축 단계(1980~2001년)
제5공화국 「헌법」 제정 (1980. 10. 27.) 「사회교육법」 제정 · 공포 (1982. 12. 31.)	• 평생교육의 「헌법」 규정과 「사회교육법」 제정 • 방송통신대학교와 개방대학교의 신설 • 독학에 의한 학위취득 • 대학에서의 일반 성인을 위한 프로그램 전개 • 대학부설 체계적인 평생교육 실시 (사회교육원, 평생교육원) • 상설어학원이나 계절제의 각종 프로그램을 대학별 전개 • 각종 문화센터와 회관에서의 평생교육 • 공공도서관 증설 및 박물관 대학 개설
	평생교육 · 평생학습 시대의 도래 단계(2000년대~현재)
「사회교육법」 전부개정 (1999. 8. 31.) 「평생교육법」 제정 · 공포 (2000. 3. 31.)	• 국가 인적자원 개발을 촉진하는 열린 평생학습사회의 구현 • '열린교육사회, 평생학습사회' 에듀토피아 건설 • 시간등록제, 학점은행제 도입 • 여성 및 노인의 재교육 기회 확대 • 첨단 매체를 통한 원격교육 기회 확대 • 2000년 「평생교육법」의 시행으로 평생학습체제 구축 원년으로 기록 • 평생교육센터, 지역평생교육정보센터, 시 · 군 · 구의 평생학습관 설치 운영 • 평생학습도시 선정 및 평생학습 축제 개최 • 평생학습진흥종합계획 수립 추진
	국가 평생교육 추진 체제 재정비
「평생교육법」 전부 개정 (2007. 12. 14.)	• 국가와 광역 · 기초 자치단체 단위의 추진 체제 정비 • 한국교육개발원의 평생교육센터 · 학점은행센터, 한국방송통신대학교의 독학학위검정원 3개 기관을 통합하여 '평생교육진흥원'을 설립

〈표 5-3〉에서 보여 주듯이, 우리나라 평생교육 관련법과 평생교육정책은 크게 3단계로 구분할 수 있다. 1단계는 해방 이후부터 1970년대로 '성인기초교육 및 계속교육의 정착 단계', 2단계는 1980~2001년의 '평생교육을 위한 제도적 구축 단계', 3단계는 2000년대부터 현재까지로 '평생교육 · 평생학습 시대의 도래 단계'이며, 2007년은 「평생교육법」 전부개정이 이루어진 해로서 '국가 평생교육추진체제 재정비'의 시기라고 할 수 있다. 또한 평생학습도시는 OECD가 1992년 세계 각국에 권고한 이래, 우리나라의 경우 2001년 대전 유성구, 경기 광명시, 전북 진안군을 평생학습도시로 선정하면서 평생교육정책의 중요한 일환으로 전개되고 있다. 평생학습도시 관련 「평생교육법」 및 「평생교육법 시행령」을 살펴보면 〈표 5-4〉와 같다.

〈표 5-4〉 「평생교육법」 제15조, 「평생교육법 시행령」 제7조

「평생교육법」

제15조(평생학습도시)

① 국가는 지역사회의 평생교육 활성화를 위하여 시 · 군 및 자치구를 대상으로 평생학습도시를 지정 및 지원할 수 있다.

② 제1항에 따른 평생학습도시 간의 연계 · 협력 및 정보 교류의 증진을 위하여 전국평생학습도시협의회를 둘 수 있다.

③ 제2항에 따른 전국평생학습도시협의회의 구성 · 운영에 필요한 사항은 대통령령으로 정한다.

④ 제1항에 따른 평생학습도시의 지정 및 지원에 필요한 사항은 교육과학기술부장관이 정한다.

「평생교육법 시행령」

제7조(평생학습도시협의회)

① 법 제15조 제2항에 따른 전국평생학습도시협의회(이하 "도시협의회"라 한다)는 교육과학기술부장관이 평생학습도시로 지정한 시 · 군 · 구의 장 및 교육장으로 구성한다.

② 국가 및 지방자치단체는 도시협의회의 운영 및 활동에 필요한 인력 및 경비를 지원할 수 있다.

출처: 국가법령 정보센터(www.law.go.kr)

그러나 평생교육 관련법이 제정되고 시행된다고 해서 평생교육 추진 체제가 자동적으로 성립되는 것은 아니다. 「평생교육법」 시행에 따른 역사적 의의 못지않게 평생교육정책 개발 · 결정 · 집행 과정에서 관련법 제정의 한계성 또한 논의되어야 한다. 2007년 「평생교육법」도 평생교육 중심에서 평생학습 사회로 개편되어야 하며, 협의의 평생교육 개념에서 광의의 평생교육 개념으로 점진적으로 전환할 필요가 있다. 그리고 평생교육에 대한 지방 자치단체의 참여를 활성화하여야 한다. 지역사회 발전을 위한 평생교육정

책의 개발 · 결정 · 집행을 위해 지방자치단체의 적극적 참여가 중요하기 때문이다.

4. 지역사회 발전과 평생학습 정책

평생학습은 교육조직에서뿐만 아니라 기업, 정부, 정부의 대행기관에서의 정책과 관습으로 제도화되어 평생학습운동으로 전개되고 있다. 평생학습운동은 1960년대 초반 평생교육을 모든 교육 계획을 위한 상위 개념으로 만들기 위한 UNESCO의 결정에 의해 본격적으로 시작되었으며, 평생학습은 다양하게 이론화된 '조직학습' '학습도시'를 포함하고 있다(Longworth, 2006).

1) 평생학습사회를 위한 정책 실현

평생교육의 관점에서 사회는 그 자체로 학습의 장이 된다. 인간은 본성적으로 학습을 하는 존재인 동시에 사회를 이루어 사는 존재이기 때문이다(김신일, 1999). 평생교육의 관점은 인간의 사회 활동 속에서 보여 주는 학습 행위에 초점을 맞춘다. 그런데 학습사회는 인간의 삶을 해석하기 위한 한 가지 관점으로만 존재하는 것은 아니다(한숭희, 2004).

바넷(Barnett, 1998)은 학습사회의 개념이 매우 다양하다고 지적하며 다음의 4가지로 정리한다.

첫째, 가장 흔하게는 지속적인 인간자본 공급을 강조하는 개념이다.

둘째, 학습은 내재적으로 가치 있는 속성을 지닌 것으로 개인의 삶의 질에 기여한다는 점을 강조하는 개념이다. 이런 학습사회에 관한 논의는 흔히 평생학습, 항시교육, 계속교육, 성인교육 등을 반영한다.

셋째, 개인이 사회 소속감을 완전히 느끼도록 삶의 기회를 열어 놓는 개념으로, 시민으로서 개인을 강조하고 사회민주화를 지향한다.

넷째, 사회조정의 한 유형으로서 집단학습과 사회학습을 중시한다.

평생학습시대는 지식과 정보의 양이 급속하게 늘어남에 따라 학교를 졸업한 뒤에도 끊임없이 자신의 지식과 정보를 업그레이드해야 하는 시대이다. 평생학습은 평생고용과 평생복지를 위한 필수 조건으로 학교로 상징되는 시공간의 이중 장벽을 깨고 '평생 공부하고 또 공부한다'는 것을 뜻한다. 이러한 평생학습 모델에서는 누구라도 원하는 시간과 장소에서 필요한 내용을 학습하고 그 결과를 학교교육의 결과와 동등하게 인정받는다. 즉, 다양한 자격증이 학교 졸업장과 등가의 권위를 갖게 된다. 학교제도와 노동시장이 함께 유연해지면서 평생교육의 여건이 갖춰진 사회, 이것이 학습사회이다(김영철, 2007). 평생학습사회는 사회 전체 구성원의 다종다양한 요구에 부합하는 자유로운 학습이 가능한 제반 조건을 갖춘 학습 이상사회로 평생교육의 이념이 추구하는 이상이 실현된 사회이다(양홍권, 2004).

김영아(2007)는 평생학습도시 정책에서 처음 정책이 도입되는 배경에 대해서는 적합한 진단과 대응을 했지만, 정책을 달성하기 위한 목표나 방향은 아직 명확하지 않으며 주민 참여나 관련 집단의 참여, 지원체제 구축, 모니터링 체제 구축과 운영, 효과적인 파트너십과 네트워크 등은 미흡하다고 평가하였다. 아울러 평생학습도시 정책의 형성과정에 대한 보다 치밀한 분석연구가 질적 연구 위주로 보완되어야 한다고 제언하였다.

이러한 연구 결과로 평생학습도시 구축도 표방과 현실 사이의 간극이 있음을 알 수 있다. 세계는 지금 자유시장 경제원리에 따라 교육행정 권한을 중앙통제관리 방식보다는 지방 · 지역 중심으로 책임과 권한을 이양하는 추세이다. 우리나라도 평생학습사회의 활성화를 위해 중앙에 집중하기보다 지역에 과감히 이양하는 정책을 확대해 나가야 한다.

2) 지역사회의 평생학습사회 실현 정책

주민은 실제로 일상생활의 공간인 지역사회에서 평생학습을 체험하게 된다. 따라서 평생학습정책은 지역사회에 기반을 두어 추진되어야 하며, 지역에서 언제나 계속적인 학습이 일어날 수 있도록 학습 환경과 조건을 정비하여야 한다. 즉, 지역을 하나의 학습공동체로 만들어 가는 것이 필요한데, 이를 위해서는 평생학습의 지역화가 강조될 수밖에 없다. 지역사회의 모든 주민과 집단으로 하여금 그들의 지식과 기능과 태도를 끊임없이 개발하도록 자극하고 그 기회를 제공하는 학습사회가 실현되어야 하는 것이다(교육인적자원부, 한국교육개발원, 2001).

(1) 평생학습의 지역화 비전

평생학습의 지역화 정책은 결국 지역평생학습 체제구축을 기반으로 하여 추진된다.

즉, 학교 · 가정 · 지역사회 · 기업 등 지역의 모든 교육 기반이 하나의 종합적인 체제인 평생학습체제를 구축하게 되는 것이다. 이 평생학습체제 구축의 궁극적인 목적은 삶의 질 향상과 경쟁력 확보를 통해 지속 가능한 지역 발전이라고 할 수 있다. 즉, 개인적 차원에서는 개인의 능력 향상과 삶의 질 향상이 공히 이루어지며, 또한 지역의 경제적 · 사회적 · 문화적 · 정치적 발전을 목적으로 지역평생교육이 강조되고 있는 것이다. 무한경쟁시대의 도래라는 시대적 변화와 함께 특히 경제적인 측면이 강조되어 왔던 것이 사실이다. 그러나 여기에서 지역 발전이란 자아실현과 경제적 경쟁력 제고, 사회적 통합이 모두 포함되는 총체적인 발전을 의미하는 것이다. 이러한 맥락에서 '지역평생학습체제 구축의 비전'을 [그림 5-4]와 같이 도식화할 수 있다. [그림 5-4]에 따르면, 지역평생교육의 비전은 요람에서 무덤까지 가정, 학교, 일터, 지역사회 등 모든 가용학습자원을 활용하여 지역에 거주하는 모든 주민의 핵심 역량인 인적 자본과 사회적 자본을 형성할 수 있게 함으로써, 개인의 자아실현, 경제적 경쟁력 제고, 사회적 통합 등을 통하여 궁극적으로 지역주민의 삶의 질 향상과 지역사회의 발전을 목적으로 설정한다. 따라서 지역평생학습체제는 지방자치단체의 주도로 지역단위 인적자원의 양성과 활용, 재교육, 문화 · 예술 등 여가 활동, 그리고 이를 위한 인프라 및 제도의 구축 등을 의미하는 지역사회 평생학습 및 이의 총체적 지원 활동이라고 할 수 있다.

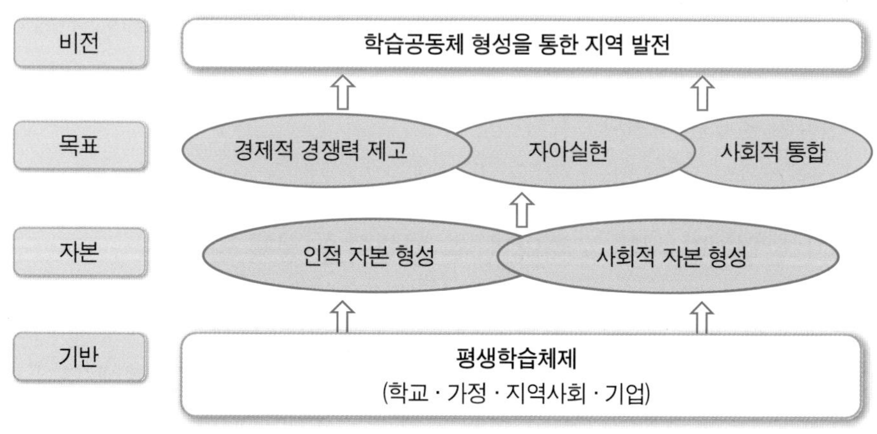

[그림 5-4] 지역평생학습체제 구축의 비전

출처: 교육인적자원부, 한국교육개발원(2001), p. 67.

(2) 평생학습의 지역화 전략

최근 들어 강조되고 있는 평생교육정책의 지역화는 지역 평생학습체제 구축으로 구현된다. 평생학습의 지역화를 위해서는 지역주민의 평생학습 기회의 확대, 공공성 보장을 위한 지역평생학습지원체제 구축, 지역 평생교육 주체 간 역할 분담과 협력, 총체적 접근으로서의 평생학습도시 전략 등이 추진되어야 한다(교육인적자원부, 한국교육개발원, 2001).

평생교육의 지역화 비전을 달성하기 위해서는 지역주민의 학습 요구에 대한 총체적인 접근이 요구된다. 이를 위해서 지역평생학습네트워크가 구축되어 중앙정부와 지방정부, 교육청과 시 · 도청, 평생교육센터 · 지역평생교육정보센터 · 평생학습관 등 평생교육지원전담기구, 평생교육 유관 기관 및 단체, 공공기관 및 민간기관들이 서로 협력하여야 한다. 네트워크를 통한 종합적인 접근은 교육 서비스의 중복을 피하는 데 도움을 준다. 자원이 감소하고 재정 확보 경쟁이 증가하는 시대에 살고 있는 우리는 평생교육에 있어서도 가능하다면 효율성을 높이기 위해 노력해야 한다.

최근 많은 선진국에서는 평생학습도시의 건설을 통하여 지역평생교육의 종합화를 이루려고 하고 있다. 평생학습도시 전략은 궁극적으로 지역의 학습공동체를 지향하고 있다. 하나의 생태계로서 우리가 사는 지역은 생활의 장으로 시민의 기본적인 요구를 충족시키는 공간이다. 따라서 학습도시란 학습을 폭넓게 증진하는 도시, 지역사회의 모든 부문 간에 지역 파트너십을 효과적으로 개발하는 도시, 개인과 조직, 단체, 기업이 학습에 참여할 수 있도록 지원하고 동기를 유발하는 도시로서 지역평생학습에 대한 총체적인 접근 전략이 필요한 것이다.

3) 제4차 산업혁명 시대 도래와 향후 평생학습 정책 방향

우리는 지금 AI 시대, 제4차 산업혁명 시대를 맞고 있다. 이와 같은 전환의 시대에 필요한 평생학습사회는 지속적으로 성장할 수밖에 없을 것이다. 전 생애에 걸쳐 다양한 계층에서 발생되는 문제를 해결하기 위한 노력으로 정부는 평생학습정책 기본 방향을 지속적으로 수정 보완해 나가야 한다.

첫째, 교육과 학습의 환경 변화에 따른 수요자의 학습 욕구를 충족시킬 수 있는 다양한 온 · 오프라인을 통한 평생학습 프로그램 개발 정책을 수립하고 이를 위하여 정부는 충분한 평생교육 관련 예산 확보를 위한 노력을 경주하여야 한다.

둘째, 제4차 산업혁명에 따른 기술 혁신과 코로나19의 확산 등은 인간 사회에 중대한 변화를 가져왔으며, 이에 따라 개인의 지식, 기술, 역량 등을 증진시키고 행동을 개선하기 위한 평생학습 정책 개발을 게을리해서는 아니 된다. 이는 국가와 지역사회가 앞장서야 하며 개인이나 조직의 모든 변화 가능성을 예측하고, 전 국민이 언제 어디서나 전 생애에 걸쳐 시간과 공간의 제약을 벗어나 평생학습을 할 수 있는 기반을 조성하고, 지속적이며 안정적인 평생학습 체제를 구축하려는 노력이 무엇보다 중요하다.

토론문제

1. 우리나라에 적합한 평생교육제도의 유형은 무엇인지 토론하시오.
2. 현재의 우리나라 주요 평생교육제도에 대해 사례별로 장·단점에 대해 토론하시오.
3. 향후 우리나라의 바람직한 평생교육정책 방향과 추진되어야 할 과제는 무엇이 있는지 토론하시오.

참고문헌

교육과학기술부(2008). 평생교육법, 평생교육법시행령, 평생교육법시행규칙 해설자료. 교육과학기술부.

교육부, 국가평생교육진흥원(2019). **평생교육백서(제19호)**. 서울: 교육부.

교육부, 국가평생교육진흥원(2020). **평생교육백서(제20호)**. 서울: 교육부.

교육부, 국가평생교육진흥원(2021). **평생교육백서(제21호)**. 서울: 교육부.

교육부, 평생교육진흥원(1997~2009). **평생교육백서(제1~4호)**. 서울: 교육부.

교육부, 평생교육진흥원(2009). **평생교육백서(제4호)**. p. 36. 서울: 교육부.

교육인적자원부, 한국교육개발원(2001), **평생교육백서(제5호)**. 서울: 교육인적자원부.

김신일(1999). 학습권론의 형성과 전개. **평생교육연구**, 5(1), 1-16.

김신일, 강대중, 김민호, 김현수, 양은하, 양홍권, 이지혜, 채재은, 최돈민, 최선주, 현영섭(2019). **평생교육론**. 경기: 교육과학사. p. 141.

김영아(2007). 평생학습도시 정책의 형성과정 평가 연구. 전북대학교 대학원 박사학위논문.

김영철, 김미숙, 전은희, 박종현, 손정숙, 고영종, 문진철(2007). 대한민국 교육정책사 연구. 한국교육개발원, 교육인적자원부, CR2007-54.

김종서, 황종건, 김신일, 한숭희(2000). **평생교육개론**. 서울: 교육과학사.

김종철(1996). **한국교육정책 연구**. 서울: 교육과학사. p. 680.

김한별(2019). **평생교육론**. 서울: 학지사.

노화준(2010). **정책분석론**. 서울: 박영사. p. 46.

문교부 편(1979). **새마을운동**. 서울: (주)고려 서적.

양병찬(2002). **지역을 살리기 위한 평생학습마을 · 도시만들기**. 서울: 한국교육개발원.

양홍권(2004). 지역혁신형 학습도시시스템 구축과정에 관한 연구: 일본 카케가와시의 평생학습도시 사례를 중심으로. 서울대학교 대학원 박사학위논문, 256-258.

이병호(2010). 지역사회 발전을 위한 평생교육 정책 과정 추이 분석: 새마을교육과 평생학습도시 정책을 중심으로. 숭실대학교대학원 박사학위논문, 7-39.

이병호, 최은수(2009), 한국의 평생교육정책과정 추이 분석에 관한 연구, 숭실대학교평생교육연구소, **평생교육 · HRD연구**, 5(3), 221-246.

이상오(2005). **평생교육론**. 서울: 문음사.

장수명(2007). 인적자본론으로 본 평생교육. **Andragogy Today**, 10(3), 25-61.

정일환(2000). **교육정책론**. 서울: 원미사, pp. 42-25.

정정길(1992). **정책학원론**. 서울: 대명출판사.

최은수(2012). **평생교육정책론**. 서울: 학지사.

최은수, 기영화, 최성우, 이기성, 전주성, 박경실, 전기선, 진규동, 한우섭, 최영준, 김대식, 김주섭, 송민열, 신재홍, 최용범(2010). **평생교육론**. 서울: 학지사.

최은수, 한우섭, 김미자, 신승원, 연지연, 진규동, 신재홍, 송민열, 김대식, 최용범(2019). **평생교육론**(2판). 서울: 학지사.

한숭희(2004). **평생교육론: 평생학습사회의 교육학**. 서울: 학지사.

Barnett, R. (1998). 'In' or 'For' the learning society?. *Higher Educations Quarterly, 52*(1), 7-21.

Choi, E. S. (2008). Trends and policy process of lifelong educational policies in Korea. *Andragogy, Today: International Journal of Adult & Continuing Education, 11*(1), 220-221.

Easton, D. (1965). *A system analysis of political life*. New York: John Wiley and Sons.

Ellinger, A. D. (2006). The role of "learning-committed leaders" in lifelong learning. In S. B. Merriam, B. C. Courtenay, & R. M. Cervero (Eds.), *Global issues and adult education: Perspectives from Latin America, Southern Africa, and the United States* (pp. 469-481). San Francisco, CA: Jossey-Bass.

Green, A. (2000) Lifelong learning and the learning society: Different European models of organization. In A. Hodgson (Ed.), *Political politics and the future of lifelong learning* (pp. 35-48) London: Kogan Page.

Griffin, C. (1987). *Adult education: As social policy*. London: Croom Heim.

Lasswell, H. D. (1975). *Research in policy analysis: Handbook of political science, 6*. Montrey: Addison-Wesley.

Longworth, N. (2006). *Learning cities, learning regions, learning communities*. London: Routhledge.

Merriam, S. B. (1988). *Case study research in education: A Qualitative approach*. San Francisco, CA: Jossey-Bass Publishers.

Merriam, S. B., & Associates. (2007). *Non-western perspectives on learning and knowing*. Malabar, FL: Krieger Publishing Company.

Merriam, S. B., Courtenay, B. C., & Cervero, R. M. (2006). *Global issues and adult education*. San Francisco, CA: Jossey Bass.

제6장

평생교육 · 평생학습 진흥을 위한 주요 제도[1)]

"사람이 배우지 않음은 재주 없이 하늘에 올라가려고 하는 것과 같고,
배워서 지혜가 원대하면 길조의 구름을 헤치고 푸른 하늘을 보며 높은 산에 올라가서
온 천하를 바라보는 것과 같다."
–장자(莊子)–

학습목표

1. 평생교육사, 학점은행제, 평생학습계좌제의 개념을 설명할 수 있다.
2. 평생교육사, 학점은행제, 평생학습계좌제의 현황을 이해할 수 있다.
3. 평생교육사, 학점은행제, 평생학습계좌제의 향후 과제에 대하여 논의할 수 있다.

학습개요

이 장에서는 우리나라 「평생교육법」상 평생교육을 진흥하기 위한 주요 제도인 평생교육사, 학점은행제, 평생학습계좌제의 개념을 살펴보고, 구체적인 내용과 현재의 현황 및 실질적인 문제점을 이해하고, 그 문제점에 대한 대안을 제시함으로써 평생교육제도의 발전적 방향을 제시한다. 「평생교육법」이 「헌법」에 규정된 국가의 평생교육 진흥 의무를 실현하기 위한 법률이기 때문에 「평생교육법」에 포함되어 있는 평생교육진흥계획 수립, 국가평생교육진흥원 설치, 평생학습도시, 평생교육 종합정보시스템 구축과 운영, 평생교육기관의 설치 등 제반 제도가 평생교육 진흥을 위한 장치이지만 평생학습도시는 제5장이나 제8장에서도 다루었기 때문에 생략하고, 여기서는 학습자중심주의 입장에서 평생학습자가 평생학습에 참여하고자 하는 동기를 유발하는 제도적 장치 중 주요한 제도인 평생교육사, 학점은행제, 평생학습계좌제를 선별하여 다루고자 한다.

1) 이 장은 국가평생교육진흥원이 발행한 「2019 평생교육백서」, 「2020 평생교육백서」, 「2021 평생교육백서」의 내용을 발췌하여 재구성하였다.

1. 평생교육사

1) 평생교육사의 의미

「헌법」 제31조 제5항에서 국가는 평생교육을 진흥해야 하는 의무를 가진다고 하였다. 따라서 국가는 「평생교육법」 제24조에 근거하여 평생교육을 진흥하기 위한 전문인력으로 평생교육의 기획, 진행, 분석, 평가 및 교수 업무를 수행하는 평생교육사를 양성하고 있으며, 구체적인 내용은 〈표 6-1〉과 같다. 양성된 평생교육사는 「평생교육법」과 「평생교육법 시행령」에서 규정하고 있는 기준에 따라 평생교육기관에 배치되어 평생교육 업무를 수행한다.

〈표 6-1〉 「평생교육법」 제24조

① 교육부장관은 평생교육 전문인력을 양성하기 위하여 다음 각 호의 어느 하나에 해당하는 사람에게 평생교육사의 자격을 부여하며, 자격을 부여받은 사람에게는 자격증을 발급하여야 한다. 〈개정 2008. 2. 29., 2009. 5. 8., 2013. 3. 23., 2019. 12. 3., 2021. 3. 23.〉

1. 「고등교육법」 제2조에 따른 학교(이하 "대학"이라 한다) 또는 이와 같은 수준 이상의 학력이 있다고 인정되는 기관에서 교육부령으로 정하는 평생교육 관련 교과목을 일정 학점 이상 이수하고 학위를 취득한 사람
2. 「학점인정 등에 관한 법률」 제3조제1항에 따라 평가인정을 받은 학습 과정을 운영하는 교육훈련기관(이하 "학점은행기관"이라 한다)에서 교육부령으로 정하는 평생교육 관련 교과목을 일정 학점 이상 이수하고 학위를 취득한 사람
3. 대학을 졸업한 사람 또는 이와 같은 수준 이상의 학력이 있다고 인정되는 사람으로서 대학 또는 이와 같은 수준 이상의 학력이 있다고 인정되는 기관, 제25조에 따른 평생교육사 양성기관, 학점은행기관에서 교육부령으로 정하는 평생교육 관련 교과목을 일정 학점 이상 이수한 사람
4. 그 밖에 대통령령으로 정하는 자격 요건을 갖춘 사람

② 평생교육사는 평생교육의 기획 · 진행 · 분석 · 평가 및 교수 업무를 수행한다.

③ 다음 각 호의 어느 하나에 해당하는 사람은 평생교육사가 될 수 없다. 〈개정 2016. 5. 29., 2021. 3. 23.〉

1. 제24조의2에 따라 자격이 취소된 후 그 자격이 취소된 날부터 3년이 지나지 아니한 사람(제28조제2항제1호에 해당하여 자격이 취소된 경우는 제외한다)
2. 제28조제2항제1호부터 제5호까지의 어느 하나에 해당하는 사람

④ 평생교육사의 등급, 직무 범위, 이수 과정, 연수 및 자격증의 교부 절차 등에 필요한 사항은 대통령

> 령으로 정한다.
> ⑤ 제1항에 따라 발급받은 자격증은 다른 사람에게 빌려주거나 빌려서는 아니 되며, 이를 알선하여서도 아니 된다. 〈신설 2019. 12. 3.〉
> ⑥ 교육부장관은 제1항에 따른 평생교육사의 자격증을 교부 또는 재교부 받으려는 사람에게 교육부령으로 정하는 바에 따라 수수료를 받을 수 있다. 〈신설 2009. 5. 8., 2013. 3. 23., 2019. 12. 3., 2021. 3. 23.〉

출처: 국가법령정보센터(www.law.go.kr)

평생교육사는 1982년에 「사회교육법」이 제정되면서 사회교육전문요원으로 양성되기 시작하였고, 1986년에 최초로 20명의 사회교육전문요원이 양성된 이후 2021년까지 총 15만 5백여 명의 평생교육사가 양성되었다. 평생교육사의 명칭은 1999년 「사회교육법」에서 사회교육전문요원이 「평생교육법」으로 전부개정되면서 평생교육사로 변경되었고, 사회교육전문요원의 1 · 2등급 자격체계가 평생교육사 1 · 2 · 3등급 자격체계로 바뀌게 되었다. 2007년에 「평생교육법」이 전부개정되면서 양성과정의 이수과목에 대한 학점이 2학점에서 3학점으로 증가되었고, 평생교육 실습과목이 비학점에서 학점화로 변경되었으며, 실습 시간 또한 120시간에서 160시간으로 늘었다. 평생교육사 1급 자격은 승급과정을 통해서만 취득이 가능하도록 개편되었다. 2013년 「평생교육법」 일부가 개정되면서 평생교육사 자격증 교부가 국가평생교육진흥원으로 일원화되어 평생교육사 자격증은 국가평생교육진흥원에서 교부 · 재교부하게 되었다.

평생교육사의 배치는 「평생교육법」 제26조와 「평생교육법 시행령」 제22조에 의하여 대상 기관과 기준을 규정하고 있다. 의무 배치 대상 기관은 국가 및 시 · 도평생교육진흥원, 시 · 군 · 구 평생학습관, 학력인정 평생교육시설을 제외한 장애인 평생교육시설 및 「평생교육법」에 따른 평생교육시설, 학점은행기관 그리고 그 밖에 타 법령에 따라 평생교육을 주된 목적으로 하는 시설 · 법인 또는 단체이다. 법으로 규정된 평생교육기관 외에도 시 · 도교육청 및 지역 교육지원청, 시 · 도청 및 시 · 군 · 구청, 읍 · 면 · 동 평생학습센터의 평생교육전담 조직에서도 평생교육의 진흥을 위하여 평생교육사를 배치하고 있으며, 평생교육사의 배치 기관이 점점 확대되고 있다.

평생교육사의 수행직무는, 첫째, 평생교육 프로그램에 대한 요구 분석, 기획과 관련된 프로그래머로서의 역할, 둘째, 개발된 교육과정을 효율적으로 진행 · 운영하는 운영자로서의 역할, 셋째, 교육과정의 효과를 분석하고 평가하는 평가자로서의 역할, 넷째, 학습자에게 학습 정보를 제공하고 생애 개발을 지원하는 상담자로서의 역할, 다섯째,

개발된 교육과정을 학습자에게 전달하고 강의하는 교수자로서의 역할 수행 등이다.

2) 평생교육사 자격 취득

평생교육사는 평생교육 이념을 실현하기 위하여 전문성과 실무 능력을 갖춘 평생교육 담당자를 양성 · 배치 · 연수함으로써 보다 질이 좋은 평생교육을 실시하기 위한 자격제도이다. 평생교육사 자격은 1급, 2급, 3급으로 되어 있으며, 「평생교육법 시행령」 제18조에 근거하여 양성과정과 승급과정을 거쳐서 자격증을 취득한다. 양성과정과 승급과정은 [그림 6-1]과 같이 구분된다. 양성과정은 대학, 학점은행기관 등 평생교육사 양성기관에서 운영하는 관련 과목(〈표 6-2〉 참조)을 이수하여 일정 학점 이상 취득하는 과정(2급, 3급 진입 가능)이며, 승급과정은 일정 자격요건을 갖춘 평생교육사 자격증 소지자가 상위 급수로 승급하기 위해 이수하는 연수과정(1급 승급과정, 2급 승급과정)이다.

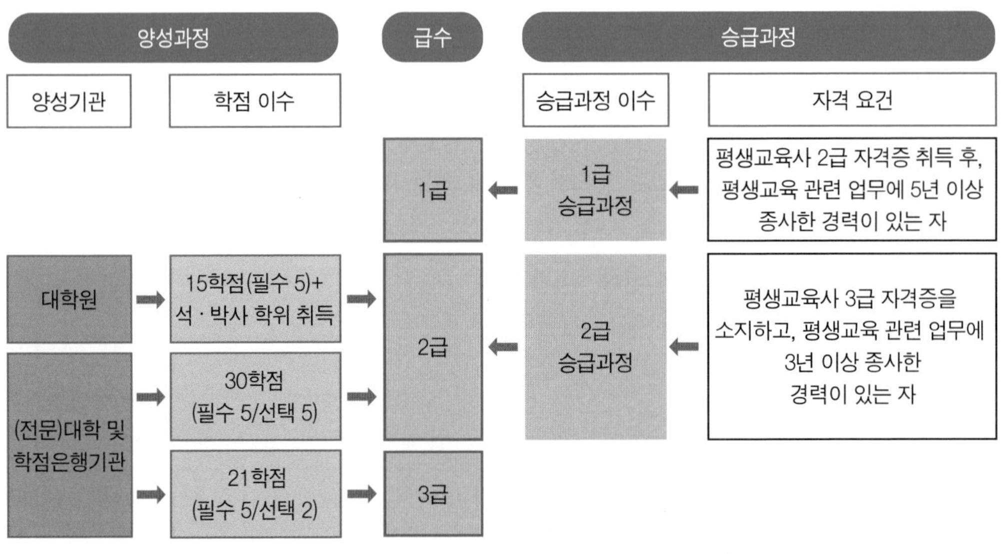

[그림 6-1] 평생교육사 이수 과정

출처: 국가평생교육진흥원(2021a), p. 109.

〈표 6-2〉는 「평생교육법 시행령」에 따른 평생교육과 관련된 과목(「평생교육법 시행규칙」 제5조 제1항 관련)을 보여 주고 있다.

〈표 6-2〉 평생교육 관련 과목

과정	구분	핵심 내용
양성 과정 (과목별 3학점)	필수	평생교육개론, 평생교육방법론, 평생교육경영론, 평생교육프로그램개발론
		평생교육실습(4주간)
	선택	아동교육론, 청소년교육론, 여성교육론, 노인교육론, 시민교육론, 문자해득교육론, 특수교육론, 성인학습 및 상담(1과목 이상 선택하여야 함)
		교육사회학, 교육공학, 교육복지론, 지역사회교육론, 문화예술교육론, 인적자원개발론, 직업 · 진로설계, 원격(이러닝, 사이버)교육론, 기업교육론, 환경교육론, 교수설계, 교육조사방법론, 상담심리학(1과목 이상 선택하여야 함)

출처: 「평생교육법 시행규칙」 별표 1의 3

「평생교육법 시행령」 제16조에 의거하여 평생교육사의 등급별 자격 요건(〈표 6-3〉 참조)이 정해진다. 평생교육사 1급은 평생교육사 2급 자격증을 취득한 후, 교육부 장관이 정하는 평생교육과 관련된 업무에 5년 이상 종사한 경력이 있는 자로서 국가평생교육진흥원이 운영하는 평생교육사 1급 승급 과정을 이수해야 취득할 수 있다.

2급은 대학원에서 필수과목을 15학점 이상 이수하고 석사 또는 박사 학위를 취득한 자, 대학 및 학점은행기관 등에서 관련 과목을 30학점 이상 이수하고 학위를 취득한 자, 그리고 평생교육사 3급 취득 후 3년 이상 관련 경력이 있는 자로 평생교육사 2급 승급 과정을 이수한 자 등이 취득할 수 있다. 3급은 대학, 지정양성기관 또는 학점은행기관 등에서 관련 과목을 21학점 이상 이수하고 학위를 취득한 자, 관련 업무에 2년 이상 종사한 경력이 있는 자로서 진흥원이나 지정양성기관이 운영하는 평생교육사 3급 양성 과정을 이수한 자 등이 취득할 수 있다.

〈표 6-3〉 평생교육사의 등급별 자격 요건(「평생교육법 시행령」 제15조 및 제16조 제2항 관련)

등급	자격기준
1급	평생교육사 2급 자격증을 취득한 후, 교육부 장관이 정하는 평생교육과 관련된 업무에 5년 이상 종사한 경력이 있는 자로서 진흥원이 운영하는 평생교육사 1급 승급 과정을 이수한 자
2급	1. 「고등교육법」 제29조 및 제30조에 따른 대학원에서 교육부령으로 정하는 평생교육과 관련된 과목 중 필수 과목을 15학점 이상 이수하고 석사 또는 박사 학위를 취득한 자. 다만, 「고등교육법」 제2조에 따른 학교(이하 "대학"이라 한다)에서 필수 과목을 이수한 경우에는 선택 과목으로 필수 과목 학점을 대체할 수 있다.

	2. 대학 또는 이와 같은 수준 이상의 학력을 인정할 수 있는 기관, 「학점인정 등에 관한 법률」에 따라 평가인정을 받은 학습 과정을 운영하는 교육훈련기관에서 관련 과목을 30학점 이상 이수하고 학위를 취득한 자 3. 대학을 졸업한 자 또는 이와 같은 수준 이상의 학력이 있다고 인정되는 자로서 다음 각 목의 어느 하나에 해당하는 기관에서 관련 과목을 30학점 이상 이수한 자 가. 대학 또는 이와 같은 수준 이상의 학력을 인정할 수 있는 기관 나. 법 제25조제1항에 따른 평생교육사 양성기관(이하 "지정양성기관"이라 한다.) 다. 학점은행기관 4. 평생교육사 3급 자격증을 보유하고 관련 업무에 3년 이상 종사한 경력이 있는 자로서 진흥원이나 지정양성기관이 운영하는 평생교육사 2급 승급과정을 이수한 자
3급	1. 대학 또는 이와 같은 수준 이상의 학력을 인정할 수 있는 기관, 학점은행기관에서 관련 과목을 21학점 이상 이수하고 학위를 취득한 자 2. 대학을 졸업한 자 또는 이와 같은 수준 이상의 학력이 있다고 인정되는 자로서 다음 각 목의 어느 하나에 해당하는 기관에서 관련 과목을 21학점 이상 이수한 자 가. 대학 또는 이와 같은 수준 이상의 학력을 인정할 수 있는 기관 나. 지정양성기관 다. 학점은행기관 3. 관련 업무에 2년 이상 종사한 경력이 있는 자로서 진흥원이나 지정양성기관이 운영하는 평생교육사 3급 양성과정을 이수한 자 4. 관련 업무에 1년 이상 종사한 경력이 있는 공무원 및 「초 · 중등교육법」 제2조제1호부터 제5호까지의 학교 또는 학력 인정 평생교육시설의 교원으로서 진흥원이나 지정양성기관이 운영하는 평생교육사 3급 양성과정을 이수한 자

출처: 「평생교육법 시행령」 제15조 및 제16조2항 별표 1의 3

3) 평생교육사 양성 현황

평생교육사는 1986년에서 1999년까지 사회교육전문요원으로 23,015명이 양성되었다. 2000년 이후 꾸준히 증가하여 2015년 8,404명으로 가장 많이 양성되었고, 2016년에는 7,042명, 2017년에는 6,496명, 2018년에는 6,788명, 2019년에는 6,671명, 2020년에는 6,741명, 2021년 6,734이 양성되었는데, 2015년에 비하여 감소되고 있는 양상을 띠고 있다. 2021년 12월을 기준으로 양성된 평생교육사의 수는 총 150,542명이다. 평생교육사 자격등급별 현황은 1급이 전체의 0.6%인 938명, 2급이 94.3%인 141,895명, 3급이 5.1%인 7,709명으로 양성된 평생교육사 대부분이 2급 자격을 소지하고 있다(〈표 6-4〉 참조).

〈표 6-4〉 연도별 평생교육사 양성(자격증 발급) 현황

(단위: 명)

연도	1급	2급	3급	총계	비고
1986~1999년	0	21,007	2,008	23,015	(구)사회교육전문요원
2000년	22	1,548	344	1,914	평생교육사
2001년	25	2,878	513	3,416	
2002년	38	2,957	636	3,631	
2003년	31	2,982	601	3,614	
2004년	32	2,776	551	3,359	
2005년	26	3,734	490	4,250	
2006년	33	3,735	143	3,911	
2007년	57	4,566	316	4,898	
2008년	33	5,448	273	5,754	
2009년	57	5,447	260	5,764	
2010년	55	6,697	383	7,135	
2011년	30	6,808	221	7,059	
2012년	70	7,900	183	8,153	
2013년	58	7,633	156	7,847	
2014년	42	7,791	113	7,946	
2015년	44	8,278	82	8,404	
2016년	38	6,923	81	7,042	
2017년	43	6,386	67	6,496	
2018년	87	6,618	83	6,788	
2019년	76	6,532	63	6,671	
2020년	38	6,626	77	6,741	
2021년	44	6,625	65	6,734	
계	938	141,895	7,709	150,542	

출처: 교육부, 한국교육개발원(2013); 국가평생교육진흥원(2021a), p. 111.

2017년부터 2020년까지 최근 4년간 평생교육사 양성기관의 유형별 자격 교부 현황은 〈표 6-5〉와 같다. 유형별로는 학점은행제를 운영하는 일반평생교육시설이 2020년 2,381명으로 4년 동안 가장 많은 8,956명(33.5%)의 평생교육사를 양성하였고, 이어서

방송통신대학교가 2020년 1,357명, 4년 동안 5,569명(20.9%)을, 대학이 2020년 954명, 4년 동안 4,210(15.8%)을 양성하였다. 양성과정을 크게 정규 교육과정과 비정규 교육과정으로 구분하여 보면, 2020년에는 대학, 대학원 등 정규 교육과정을 통해 4,323명(64.1%)의 평생교육사가 양성되어 비정규 교육과정보다는 정규 교육과정을 통해 더 많은 평생교육사가 양성되었음을 볼 수 있다.

〈표 6-5〉 양성기관 유형별 평생교육사 자격교부 현황(2016~2020년)

(단위: 명)

기관 유형	2017년	2018년	2019년	2020년	계
정규 교육과정	4,385	4,431	4,380	4,323	17,519
비정규 교육과정	2,111	2,357	2,291	2,418	9,177
전문대학	740	832	864	853	3,289
교육대학	–	–	4	–	4
대학	1,151	1,098	1,007	954	4,210
방송통신대학	1,443	1,397	1,372	1,357	5,569
산업대학	57	95	111	138	401
각종 대학	–	1	–	–	1
원격 및 사이버 대학	850	840	857	874	3,421
대학원대학	109	122	125	120	476
전공대학	35	46	40	27	148
국가평생교육진흥원	39	78	67	37	221
일반평생교육시설	2,072	2,279	2,224	2,381	8,956
계	6,496	6,788	6,671	6,741	26,696

출처: 교육부, 한국교육개발원(2018~2021); 국가평생교육진흥원(2021a), p. 113.

4) 평생교육사 배치 현황

「평생교육법」 제26조는 평생교육사의 배치와 채용을 규정하고 있으며, 「평생교육법 시행령」 제22조는 의무배치 대상 기관과 배치 기준을 규정하고 있다(〈표 6-6〉 〈표 6-7〉 참조). 국가 및 시 · 도평생교육진흥원은 1급 평생교육사 1명 이상을 포함한 5명 이상, 시 · 군구평생학습관은 정규 직원이 20명 이상일 경우 1급 또는 2급 평생교육사 1명을 포함한 2명 이상, 정규 직원이 20명 미만일 경우에는 1급 또는 2급 평생교육사 1명 이상을 배치하여야 하며, 그 외 장애인평생교육시설, 평생교육시설, 학점은행기관 등은 평생교육사 1명 이상을 의무적으로 배치해야 한다.

〈표 6-6〉 「평생교육법」 제26조 및 「평생교육법 시행령」 제22조

「평생교육법」
제26조(평생교육사의 배치 및 채용)
① 평생교육기관에는 제24조제1항에 따른 평생교육사를 배치하여야 한다.
② 「유아교육법」 「초·중등교육법」 및 「고등교육법」에 따른 유치원 및 학교의 장은 평생교육 프로그램을 운영함에 있어서 필요한 경우에 평생교육사를 채용할 수 있다.
③ 제20조에 따른 시·도평생교육진흥원, 제20조의2에 따른 장애인평생교육시설 및 제21조에 따른 시·군·구평생학습관에 평생교육사를 배치하여야 한다. 〈개정 2016. 5. 29.〉
④ 제1항부터 제3항까지의 규정에 따른 평생교육사의 배치대상기관 및 배치 기준은 대통령령으로 정한다.

「평생교육법 시행령」
제22조(평생교육사의 배치대상기관 및 배치 기준) 법 제26조제4항에 따른 평생교육사의 배치대상기관 및 배치 기준은 별표 2와 같다.

〈표 6-7〉 평생교육사 배치대상기관 및 배치 기준

배치대상기관	배치 기준
• 진흥원, 시·도진흥원	• 1급 평생교육사 1명 이상을 포함한 5명 이상
• 장애인평생교육시설	• 평생교육사 1명 이상
• 시·군·구평생학습관	• 정규 직원 20명 이상: 1급 또는 2급 평생교육사 1명을 포함한 2명 이상 • 정규 직원 20명 미만: 1급 또는 2급 평생교육사
• 법 제30조에서 제38조까지의 규정에 따른 평생교육시설(학력 인정 평생교육시설은 제외한다) • 「학점인정 등에 관한 법률」 제3조제1항에 따라 평가 인정을 받은 학습 과정을 운영하는 교육훈련기관 및 법 제2조제2호다목의 시설·법인 또는 단체	• 평생교육사 1명 이상

출처: 「평생교육법 시행령」 제22조 별표 2; 국가평생교육진흥원(2021a); pp. 113-114.

평생교육사의 평생교육기관 배치 현황을 살펴보면(〈표 6-8〉 참조), 전체 4,493개의 평생교육기관 중 79.2%인 3,560개 기관에 평생교육사가 배치된 것으로 나타나고 있다. 17개 시 · 도 평생교육진흥원은 100% 평생교육사가 배치되어 있고, 시 · 군 · 구 평생학습관에는 82.7%가 배치되어 있다. 초 · 중등학교 부설 평생교육시설은 80%, 대학(원) 부설 평생교육시설이 80.8% 배치되어 있고, 사업장 부설 평생교육시설은 96.4%, 언론기관 부설 평생교육시설은 75.3%, 지식 · 인력개발형태 평생교육시설 76.8%, 시민사회단체 부설 평생교육시설은 74.7%, 원격형태 평생교육시설은 77.6% 평생교육사가 배치되어 있다.

〈표 6-8〉 평생교육기관 유형별 평생교육사 배치 기관 현황

(단위: 개, %, 명)

구분			총 기관 수	배치 기관 수	배치율
평생교육기관	시 · 도 평생교육진흥원		17	17	100.0
	시 · 군 · 구 평생학습관		481	398	82.7
	학교 부설 평생교육시설	초 · 중등학교	10	8	80.0
		대학(원)	416	336	80.8
	사업장 부설 평생교육시설		393	379	96.4
	언론기관 부설 평생교육시설		1,134	854	75.3
	지식 · 인력개발형태 평생교육시설		561	431	76.8
	시민사회단체 부설 평생교육시설		439	328	74.7
	원격형태 평생교육시설		1,042	809	77.6
	소계		4,493	3,560	79.2

출처: 교육부, 한국교육개발원(2021), 국가평생교육진흥원(2021a), p. 114.

2. 학점은행제

1) 학점은행제의 의미

(1) 학점은행제의 도입 배경과 정의

학점은행제는 학교에서뿐만 아니라 학교 밖에서 이루어지는 개개인의 다양한 형태의 학습과 자격을 학점으로 인정받을 수 있도록 하고, 학점이 누적되어 일정 기준을 충족하면 전문대학 또는 대학과 동등한 학위 취득이 가능하게 하여 궁극적으로 열린학습사

회, 평생학습사회를 구현하는 것을 목적으로 하는 제도이다(국가평생교육진흥원, 2021a). 「학점인정 등에 관한 법률」(제6434호) 제1조는 "이 법은 평가 인정을 받은 학습 과정(學習課程)을 마친 자 등에게 학점인정을 통하여 학력인정과 학위취득의 기회를 줌으로써 평생교육의 이념을 구현하고 개인의 자아실현과 국가사회의 발전에 이바지함을 목적으로 한다."라고 규정하고 있다. 학점은행제는 평생학습체제 실현을 위한 제도적 기반으로서 학교교육은 물론 다양한 평생교육의 학습 결과를 사회적으로 공정하게 평가 및 인정하고, 그 교육의 결과를 학교교육과 평생교육 간에 상호 인정하며, 이들이 상호 유기적으로 연계를 맺도록 함으로써 개개인의 학습 능력을 극대화할 수 있도록 하는 제도인 것이다([그림 6-2] 참조).

학점은행제는 1995년 5월 대통령 직속 교육개혁위원회에서 열린 평생학습사회를 조성하는 새로운 교육체제에 대한 비전을 제시하면서 제안되었다. 「학점인정 등에 관한 법률」(제6434호)에 의거하여 학점은행제는 국민의 평생학습권 보장 및 학습 경험의 다양화와 함께 고등교육을 받지 못한 집단에게 고등교육 학력취득 기회를 제공할 수 있는 대안적 방안이라는 점에서 의미가 있다. 또한 교육 부문 간 균형 발전을 위하여 정규 학교교육 밖에서 이수한 결과를 제도적으로 인정하고, 교육력 극대화를 위하여 학교 밖 교육과 학교교육 간의 연계를 강화하고자 하였던 것이다. 즉, 초·중등학교를 졸업하지 않았지만 검정고시를 통해 초·중등 졸업 학력을 인정받을 수 있는 것처럼 정규 대학을 이수하지 않았지만 다양한 학습의 결과로 학점을 인정받아 학사 학위증을 취득할 수 있게 하는 제도이다.

이처럼 학점은행제는 정규 고등교육의 한계를 다양한 측면에서 보완하고 있는 우리나라의 대표적인 개방형 평생학습제도이다. 학점은행제는 한국교육개발원에 1997년 위탁되어 1998년 3월부터 실행되었고, 2007년 「평생교육법」이 전면개정으로 2008년부터 국가평생교육진흥원에 위탁되어 운영되고 있다. 학점은행제는 평생학습체제를 실현하기 위한 제도로서 학교교육은 물론 다양한 평생학습 결과를 사회로부터 인정받고, 그

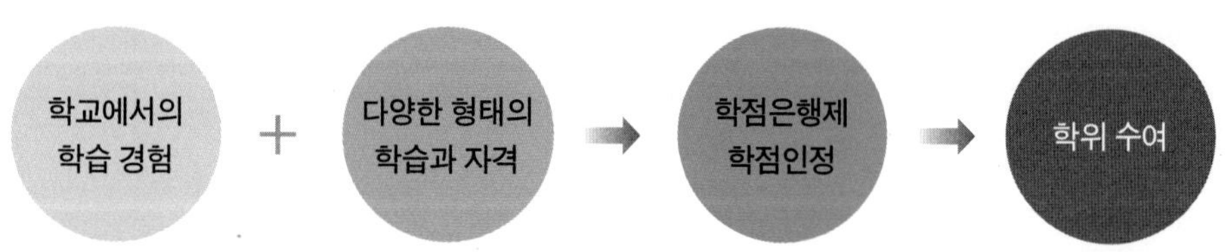

[그림 6-2] 학점은행제

출처: www.cb.or.kr.

학습 결과를 평생교육과 학교교육 간 서로 인정하며, 이들이 상호 유기적으로 연계를 맺도록함으로써 개개인의 학습 능력을 최대로 이끌 수 있도록 하는 제도이다.

(2) 학점은행제의 추진 경과

1997년 당시 교육과학기술부는 학점은행제 도입에 관한 공론화 과정을 거쳐 1997년 1월 13일 「학점인정 등에 관한 법률」(제5275호)을 제정 · 공포하였고, 같은 해 9월 11일 「학점인정 등에 관한 법률 시행령」(「대통령령」 제15478호)을 제정 · 공포하였으며, 1998년 2월 28일 「학점인정 등에 관한 법률 시행규칙」(「교육부령」 제713호)을 제정 · 공포함으로써, 학점은행제 운영에 필요한 법적 · 제도적 기반을 갖추게 되었다. 학점은행제의 주요 추진 경과는 〈표 6-9〉와 같다.

〈표 6-9〉 학점은행제 주요 추진 경과

시기	내용
1997년 1월	「학점인정 등에 관한 법률」(제5275호) 제정 · 공포
1997년 9월	학점은행제 주관 기관으로 한국교육개발원 지정
1998년 2월	제1차 표준교육과정, 제1차 교수요목 고시(41개 전공, 167개 과목)
1998년 3월	제1차 출석 기반 학습과목 단위 평가인정(61개 기관, 274개 과목)
1999년 8월	1999년도 하반기 학위 수여(학사 25명, 전문학사 9명)
2003년 3월	10개 중요무형문화재 교육훈련기관 최초 평가인정
2003년 3월	11개 군 교육훈련기관 최초 평가인정
2004년 3월	제1차 원격 기반 학습과목 단위 평가인정(6개 기관, 42개 과목)
2006년 3월	20개 간호 · 보건계열 교육훈련기관 최초 평가인정
2008년 2월	「평생교육법」 전면개정에 따라 국가평생교육진흥원으로 주관 기관 변경
2015년 3월	학점은행제 정보공시 관련 「학점인정 등에 관한 법률」 개정
2016년 11월	학점은행제 정보공시시스템 '학점은행제 알리미' 개통
2019년 6월	학점은행제 K-MOOC 학습과정 최초 평가인정(6개 대학, 11개 과목)
2019년 8월	2019년 후기 학위수여(학사 16,319명, 전문학사 8,727명)
2020년 2월	2020년 전기 학위수여(학사 17,550명, 전문학사 14,399명)
2020년 8월	2020년 후기 학위수여(학사 17,262명, 전문학사 9,854명)
2021년 2월	2021년 전기 학위수여(학사 16,078명, 전문학사 16,025명)
2021년8월	2021년 후기 학위수여(학사 18,128명, 전문학사 12,772명)

출처: 국가평생교육진흥원(2021a), p. 167.

(3) 학점은행제의 이용 대상

학점은행제는 고등학교 졸업자 또는 동등 이상의 학력을 가진 사람은 누구나 이용할 수 있다(www.cb.or.kr).

- 만학의 꿈을 펼치고자 하는 경우
- 새로운 전공 분야를 공부하고자 하는 경우
- 중도 포기한 학업을 지속하고자 하는 경우
- 대학원 진학 준비를 위한 학위취득을 하고자 하는 경우
- 자격증을 학점으로 연결하여 학위를 취득하고자 하는 경우
- 국가무형문화재 전수교육을 학점으로 인정받고자 하는 경우
- 자격증 취득을 하고자 하는 경우
- 시험 응시를 위한 자격 요건을 충족하고자 하는 경우

(4) 학점은행제와 대학교의 같은 점과 다른 점

학점은행제와 대학교의 같은 점은 학위취득 시 법적으로 동일한 학력을 인정받고, 각종 자격 취득, 취업, 진학이 가능하다. 또한 전공을 선택해야 하고, 2월, 8월 학위를 수여한다는 것이다.

학점은행제와 대학교의 다른 점은 다음과 같다.

학점은행제는 「학점인정 등에 관한 법률」에 의거하여 운영·진입 장벽이 낮고, 스스로 표준교육과정을 기준으로 필요한 학점을 이수하며, 다양한 학점취득 방법이 있다. 또한 전문학사, 학사, 전문학사 타 전공, 학사 타 전공 과정이 있다. 학습자 등록, 학점인정 신청, 학위 신청과 같이 필요한 등록(신청)절차를 이행해야 하고, 학습자 등록(4,000원)과 학점인정 신청(1학점당 1,000원) 시 등록에 따른 수수료가 발생한다.

대학교는 대학교 학칙에 따라 운영하고, 수능 등 입학전형을 통해 입학하고, 입학 정원 등이 정해져 있다. 학교에서 제공하는 교육과정에 따라 수업을 이수해야 하고, 학칙에 따라 학점 교류가 가능하며, 부(복수)전공 과정이 있다. 입학금과 등록금을 납부하고, 캠퍼스가 있으며, 입학·졸업 개념이 있으며, 졸업 연한이 정해져 있다(www.cb.or.kr).

(5) 최종 학력에 따른 학위과정 선택 방법

학점은행제는 최종 학력에 따라 등록할 수 있는 학위과정이 다르다([그림 6-3] 참조).

[그림 6-3] 학점은행제 학위과정 선택 방법

주: 1) 「고등교육법」 제50조에 따른 전문학사학위 취득자(이와 동등 이상의 학력이 있다고 인정되는 자 포함)
2) 「고등교육법」 제35조에 따른 학사학위 취득자(이와 동등 이상의 학력이 있다고 인정되는 자 포함)
3) 전문학사 3년제 과정인 이료 전공은 전공 54학점(전필 포함) 이상, 교양 21학점 이상, 총 120학점 이상 취득해야 함. 전문학사 타전공 과정으로 진행할 경우 전공 42학점(전필 포함) 이상 취득해야 함
4) 대학의 장에 의한 학위수여의 경우 학위 신청을 해당 기관으로 해야 함
5) 일선은 의무학점 아님(전공, 교양, 일선 학습 구분에 상관없이 자유롭게 채울 수 있음)

출처: 국가평생교육진흥원 학점은행제(https://www.cb.or.kr/creditbank/eduIntro/nEduIntro1_1_1.do)

2) 학점은행제의 주요 현황

(1) 학점은행제 운영체제

학점은행제는 [그림 6-4]와 같이 평가인정학습 과정 이수, 학점인정대상학교(전적 대학) 이수, 시간제 등록 이수, 독학학위제 시험 합격 및 면제 과정 이수, 국가자격과 공인을 받은 민간자격 취득, 국가무형문화재 보유자 및 전수교육 등 고등교육 수준에 해당하는 다양한 학습 경험을 학점으로 인정한다.

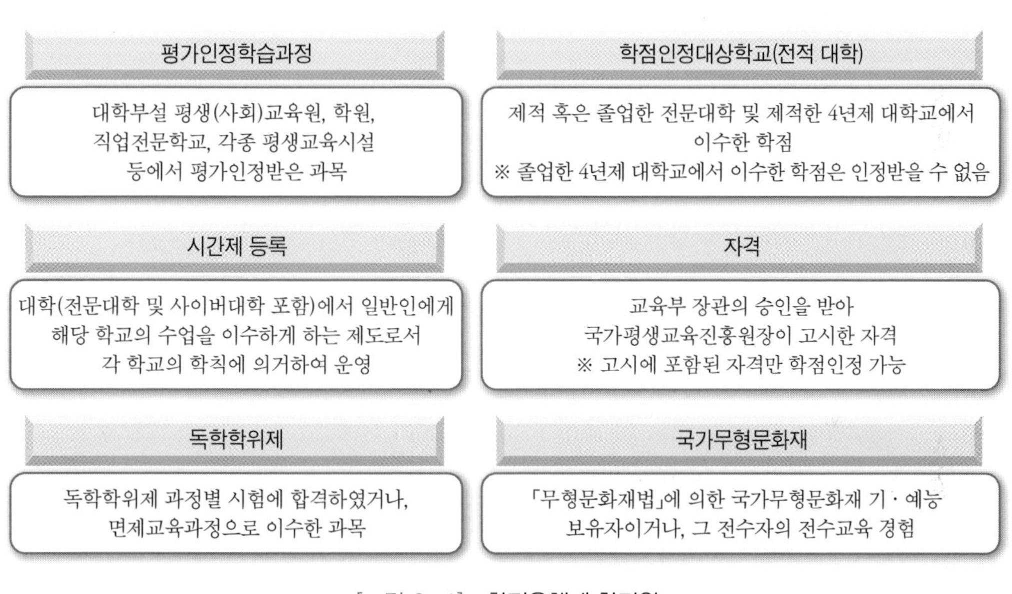

[그림 6-4] 학점은행제 학점원

출처: 국가평생교육진흥원(2021a), p. 168.

학점은행제는 「학점인정 등에 관한 법률」 제9조에 따라 교육부 장관은 고등학교를 졸업한 자 또는 이와 동등 이상의 학력이 있다고 인정된 자가 「학점인정 등에 관한 법률」 제7조(〈표 6-10〉 참조)에서 요구하는 일정한 학점을 인정받고 대통령령으로 정해진 요건을 충족하면 학위를 수여한다. 학점은행제 학위수여는 교육부 장관 명의에 의한 수여 방식과 대학의 장 명의에 의한 수여 방식 두 가지가 있으며, 학위수여 요건은 〈표 6-11〉과 같다.

〈표 6-10〉 「학점인정 등에 관한 법률」 제7조2항(학점인정)

② 교육부장관은 다음 각 호의 어느 하나에 해당하는 자에게 그에 상당하는 학점을 인정할 수 있다. 〈개정 2007. 12. 21., 2008. 2. 29., 2010. 2. 4., 2013. 3. 23., 2015. 3. 27.〉

1. 대통령령으로 정하는 학교 또는 평생교육시설에서 「고등교육법」, 「평생교육법」 또는 학칙으로 정하는 바에 따라 교육과정을 마친 자
2. 외국이나 군사분계선 이북지역에서 대학교육에 상응하는 교육과정을 마친 자
3. 「고등교육법」 제36조제1항, 「평생교육법」 제32조 또는 제33조에 따라 시간제로 등록하여 수업을 받은 자
4. 대통령령으로 정하는 자격을 취득하거나 그 자격 취득에 필요한 교육과정을 마친 자
5. 대통령령으로 정하는 시험에 합격하거나 그 시험이 면제되는 교육과정을 마친 자
6. 「무형문화재 보전 및 진흥에 관한 법률」 제17조에 따라 국가무형문화재의 보유자로 인정된 사람과 그 전수교육을 받은 사람으로서 대통령령으로 정하는 사람

출처: 국가법령정보센터(www.law.go.kr)

〈표 6-11〉 학점은행제 학위수여 요건

구분		학사학위	전문학사 학위		비고
			2년제	3년제	
①	총학점	140학점 이상	80학점 이상	120학점 이상	공통
②	전공	60학점 이상	45학점 이상	54학점 이상	
③	교양	30학점 이상	15학점 이상	21학점 이상	
④	이수학점 중 평가인정학습과정 또는 시간제 등록을 통해 이수한 학점이 반드시 18학점 이상 포함되어야 함				
⑤	전공필수는 희망하는 전공에 따라 학점 또는 과목 수로 충족하여야 함				
⑥	해당대학의 학점	84학점 이상	48학점 이상	이상 65학점 이상	대학의 장 등에 의한 학위수여
⑦	학칙으로 정한 요건을 충족하여야 함				

출처: 국가평생교육진흥원(2021a), p. 168.

학점은행제 학위수여는 표준교육과정에서 정한 학위 종류와 전공에 따라 실시한다. 표준교육과정은 「학점인정 등에 관한 법률 시행령」 제17조(표준교육과정)의 규정에 따라

학위의 종류에 따른 전공, 교양과목 및 전공별 전공과목과 해당 학점, 전공별 학위수여 요건 등을 제시하고 있다. 이는 평가인정의 기준, 학점인정의 기준, 학력인정의 기준 및 학위수여 요건에 관한 사항을 종합적으로 연계하기 위해서이다. 표준교육과정은 노동 시장 등 사회적 요구와의 부합성, 학문적 타당성, 현실성, 교육과정 구성의 적합성 등을 검토하여 교육부 장관이 고시하고 있다.

(2) 학점은행제 현황

① 학습자 현황

학점은행제 학습자는 분기별로 신청한다. 최초 학점인정 신청할 때 인적 사항 · 학력 및 학점인정 사항 등 관련 서류를 제출하여 등록하고 학번을 부여받는다. 2021년에는 약 16만 3천여 명의 학습자가 학점은행제에 등록하였고, 최근 5년간(2017~2021년) 등록 학습자는 연평균 약 14만 명이다. 2021년까지 학점은행제로 등록한 누적 학습자 수는 약 201만 명이다. 1998년 학점은행제가 도입된 이래 20여 년 만에 많은 양적 성장을 이루었다(〈표 6-12〉 참조).

〈표 6-12〉 최근 5년간 학점은행제 등록 학습자 수

(단위: 명)

연도	상반기			하반기			계
	1분기	2분기	소계	3분기	4분기	소계	
2017년	22,628	45,254	67,882	23,338	24,222	47,560	115,442
2018년	25,082	42,725	67,807	23,663	26,848	50,511	118,318
2019년	28,976	48,513	77,489	36,900	35,975	72,875	150,364
2020년	41,199	48,173	89,372	38,715	37,241	75,956	165,328
2021년	40,325	50,140	90,465	36,601	36,519	73,120	163,585

출처: 국가평생교육진흥원(2021a), p. 169.

② 학점인정 현황

학점은행제의 가장 큰 특징은 다양한 형태의 학습 경험을 학점으로 인정한다는 점이다. 2021년 학점은행제를 통해 인정된 학점은 약 1,000만여 학점이다. 이 중에서 평가인정 학습 과정(72.6%), 학점인정대상학교 이수(19.4%), 자격 취득(5.7%)의 순서로 학점

을 인정받았다. 현재 인정되는 학점원 중 앞서 제시한 3가지 학점인정이 전체 학점 중 약 97.6%를 차지하고, 그 이외의 시간제 등록을 통한 이수(1.0%), 독학학위제를 통한 학점인정(1.3%), 국가무형문화재를 통한 학점인정 현황은 미미한 수준이다.

최근 3년간 학점은행제 학점인정 현황에서 평가인정학습과정을 통한 학점인정은 2019년 71.5%, 2020년 74.4%, 2021년 72.6%이다(〈표 6-13〉 참조).

〈표 6-13〉 최근 5년간 학점원별 학점인정 현황

(단위: 학점, %)

연도	학점원별 인정 학점							계
	평가인정 학습과정	자격	독학학위제		학점인정 대상학교 이수	국가무형 문화재	시간제 이수	
			시험 합격	면제 과정				
2017년	6,247,888 (73.0)	481,627 (5.6)	95,985 (1.1)	2,873 (0.0)	1,590,597 (18.6)	598 (0.0)	136,443 (1.6)	8,556,011 (100.0)
2018년	5,857,226 (71.0)	542,831 (6.6)	96,658 (1.2)	3,853 (0.0)	1,616,137 (19.6)	363 (0.0)	126,989 (1.5)	8,244,057 (100.0)
2019년	6,559,213 (71.5)	585,783 (6.4)	120,903 (1.3)	2,816 (0.0)	1,786,179 (19.5)	248 (0.0)	123,462 (1.3)	9,178,604 (100.0)
2020년	7,896,798 (74.4)	579,852 (5.5)	132,685 (1.2)	3,811 (0.0)	1,878,644 (17.7)	281 (0.0)	128,028 (1.2)	10,620,099 (100.0)
2021년	7,966,979 (72.6)	623,729 (5.7)	145,260 (1.3)	3,168 (0.0)	2,123,510 (19.4)	391 (0.0)	109,158 (1.0)	10,972,195 (100.0)

출처: 국가평생교육진흥원(2021a), p. 170.

③ 학위수여 현황

최근 5년간 학점은행제의 학위취득자는 학사 학위취득자가 전문학사 학위취득자보다 많다. 학사 학위취득을 위해 이수해야 할 학점이 전문학사 학위취득을 위해 이수해야 할 학점보다 많음에도 불구하고 학점은행제 학위취득자는 전문학사보다는 상위 학위인 학사 학위를 더 많이 취득하는 것으로 나타났다.

학점은행제 학위취득자는 최근 5년간 연평균 약 6만 1천여 명이었고, 2021년에는 전년 대비 약 15.2% 증가한 약 6만 8천여 명이 학위를 취득하였다(〈표 6-14〉 참조).

〈표 6-14〉 최근 5년간 학위취득자 현황

(단위: 명)

연도	전문학사	학사	계
2017년	34,877	37,889	72,766
2018년	21,604	30,001	51,605
2019년	22,373	32,714	55,087
2020년	24,253	34,812	59,065
2021년	29,247	38,813	68,060

출처: 국가평생교육진흥원(2021a), p. 171.

학점은행제 학위취득자의 연령별 분포는 〈표 6-15〉와 같다. 2021 총 학위취득자 중에서 30세 미만 학위취득자는 약 34.4%, 30대와 40대 학위취득자는 약 46.5%, 50대 이상 학위취득자는 19.1%이다. 특히 30세 이상의 성인학습자 비중이 65.6%를 차지하고 있다는 점에서 학점은행제가 성인들의 평생학습제도로 자리를 굳히고 있음을 알 수 있다.

〈표 6-15〉 최근 5년간 학위취득자 연령별 분포 현황

(단위: 명, %)

연도 \ 연령	24세 이하	25~29세	30대	40대	50세 이상	계
2017년	12,201 (16.8)	12,938 (17.8)	22,446 (30.8)	17,774 (24.4)	7,407 (10.2)	72,766 (100.0)
2018년	11,215 (21.7)	10,489 (20.3)	11,072 (21.5)	11,423 (22.1)	7,406 (14.4)	51,605 (100.0)
2019년	11,070 (20.1)	11,136 (20.2)	12,075 (21.9)	12,499 (22.7)	8,307 (15.1)	55,087 (100.0)
2020년	6,917 (21.5)	5,983 (18.6)	6,372 (19.8)	7,488 (23.3)	5,343 (16.6)	32,103 (100.0)
2021년	10,715 (15.7)	12,700 (18.7)	14,787 (21.7)	16,888 (24.7)	12,970 (19.1)	68,060 (100.0)

출처: 국가평생교육진흥원(2021a), p. 171.

④ 평가인정 현황

학점은행제 평가인정은 대학(전문대학) 부설 평생교육원, K-MOOC운영기관(대학),

전문대학 전공심화 및 특별 과정, 직업훈련시설, 학원, 평생교육시설 등 대학 수준에 부합하는 평생교육 · 직업훈련 학습 과정을 운영하는 시설 및 기관을 대상으로 한다.

2021년도 학점은행제 교육훈련기관은 총 433개이며, 기관 유형별 현황은 〈표 6-16〉과 같다. '대학 부설 평생교육원'이 122개(28.2%)로 가장 많았으며, 그다음으로는 '평생교육시설' 103개(23.8%), '전문대학 부설 평생교육원' 72개(16.6%), '인정직업훈련원' 66개(15.2%) 등의 순이다.

〈표 6-16〉 학점은행제 평가인정 교육훈련기관 현황

(단위: 개, %)

기관 유형		기관 수	비율
대학 등	대학 부설 평생교육원	122	28.2
	전문대학 부설 평생교육원	72	16.6
	전공심화 및 특별 과정	4	0.9
	K-MOOC	11	2.5
	소계	209	48.3
직업훈련 시설	공공직업훈련원	1	0.2
	인정직업훈련원	66	15.2
	소계	67	15.4
학원	기술계학원	5	1.2
	사회계학원	7	1.6
	예능계학원	1	0.2
	소계	13	3.0
특수학교 및 고등기술학교		7	1.6
정부 · 지방자치단체 등 교육시설		34	7.9
평생교육시설		103	23.8
계		433	100.0

출처: 국가평생교육진흥원(2021a), p. 172.

⑤ 표준교육과정 현황

표준교육과정은 1998년 2월에 41개 전공을 고시한 이후, 2021년까지 26차에 걸쳐 학사 116개, 전문학사 111개 전공이 개발 · 고시되었다. 2021년 표준교육과정의 학위 종류 및 전공을 살펴보면, 학사 학위과정에는 가정학사, 간호학사, 경영학사 등 26개 학위 종류의 116개 전공을, 전문학사 학위과정에는 가정전문학사를 비롯하여 13개 학위 종류의 111개 전공을 고시하여 운영하고 있다.

〈표 6-17〉 학점은행제 표준교육과정 학위 종류 현황

(단위: 개)

구분	학위	전공 수
학사	가정학사, 간호학사, 경영학사, 경제학사, 공학사, 관광학사, 광고학사, 군사학사, 무용학사, 문학사, 문헌정보학사, 미술학사, 미용학사, 법학사, 보건학사, 세무학사, 수사학사, 신학사, 예술학사, 음악학사, 이학사, 지식재산학사, 체육학사, 패션학사, 해양학사, 행정학사(총 26개)	116
전문학사	가정전문학사, 경영전문학사, 공업전문학사, 관광전문학사, 군사전문학사, 농업전문학사, 산업예술전문학사, 생명산업전문학사, 언어전문학사, 예술전문학사, 이료전문학사, 체육전문학사, 행정전문학사(총 13개)	111

출처: 교육부(2021c); 국가평생교육진흥원(2021a), p. 173.

(3) 학점은행제 신청절차(국가평생교육진흥원 학점은행제 홈페이지 참조)

학점은행제를 통하여 학위를 수여받기 위해서는 학습자 등록 신청, 학점인정 신청, 학위 신청을 완료하고 학위수여 요건을 충족하여야 한다.

① 학습자 등록

1, 4, 7, 10월에 등록한다. 등록하기 위해서는 학위과정 및 전공을 선택하고, 최소 1번은 신청해야 하며, 학점인정 신청과 동시에 가능하다. 학위신청 마감일 75일 이전에는 학습자 등록 신청을 하여야 한다.

② 학점취득

학점취득은 항시 가능하다. 학점인정 신청 후 학점원별 학점인정 기준에 따라 학점인정 여부 혹은 학습 구분 등이 결정된다.

평가인정학습과정, 학점인정 대상학교, 시간제 등록, 자격, 독학학위제, 국가무형문화재 등 6가지 학점원에서 학점을 취득할 수 있다. 학습자 등록 전에도 먼저 과목 수강이 가능하다.

③ 학점인정 신청

학점인정 신청은 1, 4, 7, 10월에 가능하다. 학점인정 신청 기간 및 방법은 분기별로 신청 안내(공지)하므로 참조하고, 수업 이수 등은 각 교육훈련기관에서 이루어지며, 학점을 취득한 이후 국가평생교육진흥원으로 학점인정 신청을 해야 한다. 취득 학점이 있을 때마다 수시로 학점인정 신청을 하는 것이 좋다.

④ 학점인정 처리

학점인정 처리는 분기별로 접수하므로 학점인정 계획 공지를 확인(학점원별 처리 예정일 확인)한다.

⑤ 학점인정 처리 결과 확인

인정학점 확인은 학점은행 홈페이지의 '마이페이지'에서 확인이 가능하다.

⑥ 학위신청

학위신청은 1년에 12월 15일부터 다음 해 1월 15일까지, 6월 15일부터 7월 15일까지 2회이다. 학위취득에 필요한 학점취득 완료 시 학위취득 의사를 표명하는 절차이며, 정해진 기간 중 신청해야 한다. 교육부 장관명의 학위신청이나 신청 장소는 국가평생교육진흥원에서 한다. 대학의 장 등에 의한 학위수여는 신청 기간 및 방법을 해당 대학으로 문의하여 신청해야 한다. 학위신청 마감일까지 학습이 종료되어 성적 등을 증빙할 수 있어야 하며, 학점인정 신청 등 모든 신청 절차를 완료해야 한다.

⑦ 학위수여

학위수여는 매년 2월과 8월에 실시한다(단, 학위수여식은 매년 2월에 한 번만 개최함).

(4) 학점인정 대상(국가평생교육진흥원 학점은행제 홈페이지 참조)

학점은행제에서는 학교에서의 수업 이수 외의 다양한 학습 경험을 학점으로 인정하고 있다. 인정되는 학점의 종류는 다음과 같다.

① 평가인정 학습 과정

평가인정 학습 과정은 수업 환경(시설, 강사 요건, 운영 실적 등)이 일정 기준 이상임을 교육부에서 승인받은 교육훈련기관으로 대학 또는 전문대학 부설 평생교육원, 직업전문학교, 학원, 각종 평생교육시설 등에서 개설한 학습 과정에 대하여 대학에 상응하는 질적 수준을 갖추었는가를 법령에 따라 평가받은 과목으로, 이수 시 학점으로 인정받을 수 있는 학습 과정이다.

이수 방법은 평가인정 학습 과정이 개설된 교육훈련기관에서 이수할 수 있다. 단, 평가인정 학습과정의 운영 제반 사항(이수 기간, 수강 비용 등)은 각 교육훈련기관의 자체적인 방침에 의해 결정된다. 따라서 평가인정 학습 과정 수강에 대한 세부적인 사항은 각 교육훈련기관 홈페이지를 통해 확인하고 학습을 진행해야 한다.

학점인정 기준은 100점 만점에 60점(D^0) 이상 또는 Pass 취득, 출석률 80% 이상인 학습과목에 한해 인정한다(단, 2005년 10월 27일 이전에 종강한 학습과목은 성적 70점 이상, 출석률 80% 이상이어야만 학점인정 가능함). 대학 및 대학 부설 평생교육시설에서 설치 · 운영하는 학습 과정의 경우 소속대학의 학칙에 따라 별도 적용한다. 1년/1학기 최대 이수학점, 1개 교육훈련기관 최대 인정학점을 적용하고, 학점은행제 중복 과목 및 대체 과목 처리 기준을 적용한다.

학습 구분 결정 기준은 표준교육과정에 근거하여 전공필수, 전공선택, 교양, 일반선택 중 하나의 학습 구분으로 결정한다[단, 전공 · 교양 호환과목은 전공에 따라 전공(전공필수/전공선택) 또는 교양으로 인정].

② 학점인정 대상 학교

'학점인정 대상 학교(전적대학)'는 「고등교육법」, 「평생교육법」에 따른 전문대학 또는 대학 등으로 해당 대학(교)에서 중퇴 또는 졸업(전문대학) 시 학점은행제 학점으로 인정받을 수 있다.

③ 시간제 등록

시간제 등록에서 학점인정 기준은 성적 기준일 경우 60점 또는 D^- 이상이고, P(pass)의 경우에는 학점 부여 시 인정이 가능하고, F(fail)는 성적과 관계없이 인정이 불가하다.

시간제 등록으로 매학기 및 연간 신청할 수 있는 학점의 제한된다. 「고등교육법」에 따른 대학일 경우 매학기 12학점 및 연간 24학점을 초과할 수 없고(「고등교육법 시행령」 제53조제9항), 사내대학, 원격대학 형태의 평생교육시설일 경우에는 매학기 취득기준 학점의 2분의 1을 넘을 수 없다(「평생교육법 시행령」 제44조제5항, 제57조제2항). 단, 이는 1개

대학에서 매학기 및 연간 신청할 수 있는 학점으로 여러 대학에서 동시에 과목을 이수할 경우 학기당 24학점, 연간 42학점 범위 내에서 학점인정이 가능하다.

④ 독학학위제

독학학위제는 독학자에게 학사학위취득의 기회를 부여함으로써 평생교육의 이념을 구현하고 개인의 자아실현과 국가사회의 발전에 기여함을 목적으로, 국가가 시험에 합격한 사람에게 학위를 수여해 대학에서 취득한 학위와 동등한 대우를 받는 제도이다. 독학학위제는 「독학에 의한 학위취득에 관한 법률」에 근거하여 운영되며, 국가평생교육진흥원 독학사관리실에서 주관하고 있다.

⑤ 국가무형문화재

국가무형문화재란 문화재청장이 무형문화재위원회의 심의를 거쳐 무형문화재 중 중요한 분야를 국가무형문화재로 지정한 사항에 대해, 국가무형문화재(시 · 도 지정 문화재 제외) 보유자 및 그 전수교육을 받은 전수교육 경험을 「무형문화재 보전 및 진흥에 관한 법률」에 따라 학점으로 인정하고 있다.

학점인정기준은 국가무형문화재 보유자와 전수교육으로 인정받을 수 있는 것을 학점으로 인정한다. 보유자는 140학점, 전수교육 조교는 50학점, 이수자 30학점, 전수생은 3년 이상 21학점, 2년 이상 14학점, 1년 이상 7학점, 6개월은 4학점을 인정한다.

(5) 학점은행제 활용(국가평생교육진흥원 학점은행제 홈페이지 참조)

학점은행제를 활용하여 다음과 같은 자격취득 또는 응시자격 충족이 가능하다.

① 학점은행제를 통해 취득 가능한 자격

- **사회복지사 2급**: 「사회복지사업법 시행령」 제2조제1항에 따라, 법령에서 고등교육법에 의한 전문대학 및 대학을 졸업한 자와 동등한 학력이 있다고 인정하는 자로서 보건복지부령이 정하는 관련 사회복지학 전공과목과 사회복지 관련 교과목을 이수한 자
- **보육교사 2급**: 「영유아보육법」 제21조제2항제1의2호에 따라, 학점은행제를 통해 보건복지부령이 정하는 관련 교과목 및 학점을 이수하고 전문학사학위 이상을 취득한 자

- **평생교육사 2, 3급**: 「평생교육법」 제24조에 따라, 전문대학을 졸업한 자 또는 이와 동등 이상의 학력이 있다고 인정되는 자(2009년 8월 9일 이후 학점은행제 학위취득자 포함)로서, 2008년 2월 15일 이후 평가인정학습과정 또는 시간제 등록으로 교육부령이 정하는 관련 교과목을 이수한 자
- **건강가정사**: 「건강가정기본법」 제35조제3항에 따라, 대학 또는 이와 동등 이상의 학교(「학점인정 등에 관한 법률」에 의한 학위 포함)에서 사회복지학, 가정학, 여성학 등 여성가족부령이 정하는 관련 교과목을 이수하고 졸업한 자
- **2급 정사서**: 「도서관법 시행령」 제4조제2항에 따라, 학점은행제 문헌정보학 전공으로 학사학위를 취득한 자
- **이·미용사**: 「공중위생관리법」 제6조제1항제1호의2에 따라, 학점은행제를 통해 이용 또는 미용에 관한 학위(전문학사, 학사)를 취득한 자
- **한국어교원 2급**: 「국어기본법 시행령」 제13조제1항제2호의가에 따라, 학점은행제 외국어로서의 한국어학 전공 학사학위를 취득하는 과정에서 한국어교원 2급 자격 관련 과목 45학점 이상을 취득한 자
- **청소년지도사 2, 3급(필기시험 면제)**: 「청소년기본법 시행령」 제20조제3항에 따라 필기시험이 면제되므로, 필기시험 없이 면접시험에 응시할 수 있음(단, 자격검정에 필요한 교과목 모두를 전공으로 이수한 경우에 한함. 학점은행제 등록 시 청소년학 전공으로 등록)
- **문화예술교육사 2급**: 「문화예술교육 지원법 시행령」 제16조의2에 따라 필요한 학력 · 경력 요건 및 교육과정 이수 요건 등 두 가지 요건을 모두 충족한 경우 자격 발급이 가능함

② 학점은행제를 통해 응시 가능한 시험

- 국가기술자격 시험: 기사는 학점은행제 관련 전공 학사학위 취득자 또는 106학점 이상 인정받은 자[학점인정 대상학교 학점 외의 학점이 18학점 이상 포함되어야 함(평가인정학습과정, 시간제 등록 등)]. 산업기사는 학점은행제 관련 전공 전문학사 학위 취득자 또는 41학점 이상 인정받은 자
- 독학학위제 시험: 1~3과정은 고졸 이상 학력소지자라면 지원이 가능하며, 4과정은 학점은행제와 동일 전공으로 일정 학점을 인정받아야 함[1~3과정: 고등학교 졸업한 사람과 같은 수준의 학력을 소지한 자, 4과정: 학점은행제로 105학점(전공 16학점 포함) 이

상 인정받은 자]

- 공인회계사 시험: 회계학 및 세무 관련 과목 12학점 이상, 경영학 과목 9학점 이상, 경제학 과목 3학점 이상을 이수한 것으로 학점인정을 받은 자
- 편입학 시험: 학점은행제 전문학사 또는 학사학위 취득(예정자)
- 대학원 입학 시험: 학점은행제 학사학위 취득(예정)자. 단, 특수 · 전문 대학원 등은 선수과목 이수 등 최종학력 이외의 별도 자격을 요구할 수 있음

3. 평생학습계좌제

1) 평생학습계좌제의 의미와 필요성

(1) 의미

평생학습계좌제는 개인의 다양한 학습 경험을 개인별 학습계좌에 누적 · 관리하고 종합적으로 집중 관리하며, 그 결과를 학력 · 자격 등 사회적으로 활용하고 인적자원을 개발 · 관리하는 제도이다. 이는 평생학습 참여를 촉진하기 위하여 개인의 학습 경험을 자기주도적으로 관리하고 사회적으로 인정 · 활용하려는 제도이다([그림 6-5] 참조).

「평생교육법」 제23조에서는 "교육부장관은 국민의 평생교육을 촉진하고 인적자원의 개발 · 관리를 위하여 학습계좌(국민의 개인적 학습 경험을 종합적으로 집중 관리하는 제도를 말한다)를 도입 · 운영할 수 있도록 노력하여야 한다."라고 제시하고 있다. 즉, 평생학습계좌제는 국민의 개인적 학습 경험을 종합적으로 누적 · 관리하는 제도이다([그림 6-6] 참조).

평생학습계좌제는 1995년 「5 · 31 교육개혁방안」에서 교육구좌제로 제안되어, 2001년 교육계좌제, 2007년 개인학습계좌제, 2008년 학습계좌제로 시작하여, 2010년 본격적으로 학습 과정 평가인정을 실시하면서 추진되었고, 2018년 평생교육바우처 도입으로 학습비 지원과 학습이력 누적 · 관리의 새로운 협업의 형태로 전환되어야 할 시점에 이르렀다.

제도 도입 시 '계좌(account)' 고유의 의미를 담아 학습비 지원과 연계하는 취지로 시작되었으나, 고용노동부의 내일배움카드제와 분리 · 운영하며 학습비를 제외한 평생학습결과 인증과 학습이력 누적 · 관리를 중점으로 추진하고 있다. 또한 개인의 학습 경험

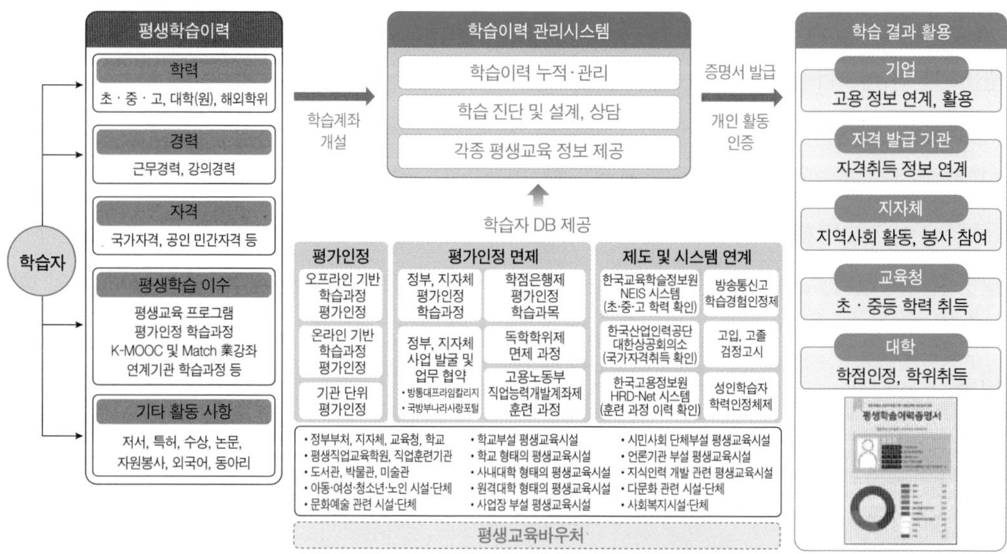

[그림 6-5] 평생학습계좌제 체계도

출처: 국가평생교육진흥원(2021a), p. 406.

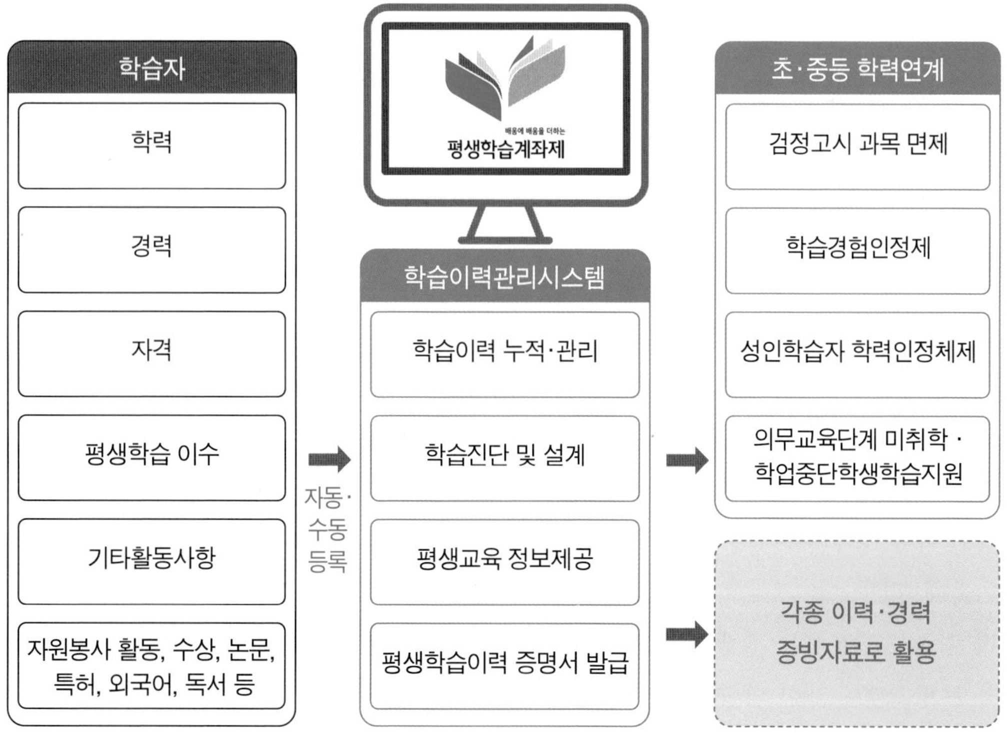

[그림 6-6] 평생학습계좌제

출처: 평생학습계좌제 홈페이지(www.all.go.kr)

을 등록하고 관리할 수 있는 학습이력관리 시스템(www.all.go.kr)을 운영하고 있다([그림 6-7] 참조). 학습이력관리 시스템에서는 학력, 경력, 자격, 평생학습 이수, 기타 활동 사항 등의 평생학습 이력을 누적 · 관리할 수 있다. 누적된 학습이력을 바탕으로 이용자의 학습이력을 진단하고 학습설계를 제공하는 기능이 구축되어 있으며, 학습이력 내역은 학습이력증명서로 발급되어 필요에 따라 이력 · 경력 증빙, 이력서 등으로 다양하게 활용할 수 있다. 2020년에는 '평생학습계좌제-평생학습포털 늘배움'(이하 늘배움)의 회원통합 및 학습이력 자동연계 등의 기능을 구축한 평생교육 One-ID(통합회원)를 도입하였다.

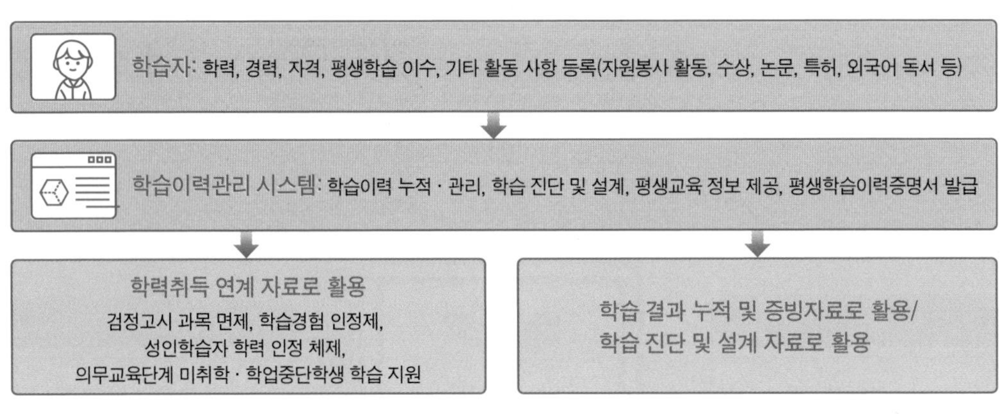

[그림 6-7] 학습이력관리 시스템(www.all.go.kr) 활용 체계

출처: 국가평생교육진흥원(2020a), p. 406.

(2) 필요성(평생학습계좌제 홈페이지 참조)

평생학습계좌제의 필요성은 다음과 같다.

첫째, 학습설계 · 관리를 통한 학습 경험의 성찰 및 통찰이다. 전 생애의 학습 경험을 성찰하고 통찰할 수 있는 도구(평생학습이력관리시스템)를 활용하여, 학습자 스스로 체계적인 학습 설계와 관리를 할 수 있는 역량과 환경을 조성하기 위함이다.

둘째, 평생교육 프로그램의 신뢰 제고와 학습자의 학습선택권 다양화이다. 일정한 질적 수준을 담보하는 평생교육 프로그램을 국가가 평가(평가인정)하고 관리하여, 평생교육 프로그램에 대한 학습자의 신뢰를 제고하고, 학습선택권의 안정성을 담보하기 위함이다. 평가인정이란 평생교육기관에서 운영하는 학습 과정이 「평생교육법」으로 정하는 일정한 기준을 충족하는지를 평가하여 평생학습계좌 등록 가능 여부를 공적으로 인정하는 행위를 말한다.

셋째, 개인의 평생학습 이수 결과의 사회적 인정 및 활용이다. 개인의 다양한 학습 경험(평가인정 학습 과정 이수, 자격, 경력, 자원봉사 등)을 평생학습계좌(이하 학습계좌)에 등록하고, 평생학습이력증명서를 발급받아 사회적(학력취득, 사회 참여, 취업자료 등)으로 활용하도록 하기 위함이다.

2) 평생학습계좌제의 주요 현황 및 성과

(1) 현황

① 이용자 현황

평생학습계좌제 이용자 현황은 학습계좌 개설자, 이용자 연령별 · 직업별 학습계좌 개설자, 유형별 학습이력 등록 현황으로 나누어 살펴본다.

첫째, 학습계좌 개설자 현황은 평생학습계좌제 학습이력관리 시스템이 2010년에 개통되어 시행 첫해에는 977명, 2021년에는 41,798명으로 2010년 대비 학습계좌 개설자 수는 4,178% 증가하여, 2021년까지 총 464,157명이 학습계좌를 개설하였다(〈표 6-18〉 참조). 2020년에 늘배움(www.lifelongedu.go.kr)과 One-ID통합회원 서비스 제공을 시작하였으며, 법정의무교육 연계 서비스를 동시에 제공함으로써 학습계좌 개설자 수가 비약적으로 증가하였다.

〈표 6-18〉 연도별 학습계좌 개설 현황

(2021. 12. 31. 기준/단위: 명)

연도	2017년	2018년	2019년	2020년	2021년	계
개설자 수	12,549	11,267	19,135	325,365	41,798	464,157

출처: 국가평생교육진흥원(2021a), p. 407.

둘째, 이용자 연령별 · 직업별 학습계좌 개설 현황은 연령별로는 20대의 학습계좌 개설자 비율(48.1%), 40대(15.9%), 50대(15.2%) 순이다. 직업별로는 학생(42.7%), 교 · 강사를 포함한 교육 전문가 및 관련직(10.4%), 보건 · 사회복지 및 종교 관련직(8.8%), 무직(6.7%) 순이다. 비고용 상태인 개설자(학생, 주부, 무직자)는 55.4%이고, 고용 상태의 개설자는 44.6%이다.

셋째, 유형별 학습이력등록 현황은 학습계좌 개설자의 학습이력관리 시스템 학습계좌에서 학력, 자격, 경력, 평생학습 이수이력, 기타 활동 사항을 기록 · 누적하고 관리하고 있다. 2021년 신규로 등록된 학습이력 건수는 113,269건으로 그중 평생학습 이수 이력이 103,952건으로 가장 높고, 그다음으로 학력, 기타 이력, 자격, 경력 순으로 나타났다(〈표 6-19〉 참조).

〈표 6-19〉 연도별 학습이력 등록 현황

(2021. 12. 31. 기준/단위: 명)

연도	학습이력 등록 합계	구분				
		학력	자격	경력	평생학습 이수	기타[1]
2017년	48,641	3,120	3,017	3,185	32,709	6,610
2018년	53,549	3,920	3,142	3,351	37,017	6,119
2019년	89,083	3,815	2,974	2,762	75,370	4,162
2020년	497,127	4,385	3,067	3,136	483,162	3,377
2021년	113,269	2,805	2,490	1,441	103,952	2,581
계	968,089	43,311	30,050	29,979	816,742	48,007

출처: 국가평생교육진흥원(2021a), p. 408.

주: 1) 자원봉사, 수상, 논문 등 기고 활동, 특허출원, 어학연수, 외국어교육, 독서, 취미 및 동아리 활동 등

② 학습과정 평가인정 추진 현황

평생학습계좌제는 「평생교육법」 제23조 등 관련 규정에 근거하여 평생교육기관에서 운영하는 학습과정이 일정한 기준을 충족하는지를 평가인정한다. 평가인정은 개별학습 과정단위와 전체학습 과정단위로 구분하여 실시하며, 「평생교육법」 제2조제2항에 해당하는 평생교육기관 또는 동법 제16조제1항에 따른 평생교육진흥사업을 수행하는 국가 및 지방자치단체를 대상으로 한다. 평가인정 유형별 신청 요건을 살펴보면 〈표 6-20〉과 같다.

〈표 6-20〉 평가인정 유형 및 신청 요건

평가인정 유형	개별학습 과정단위		전체학습 과정단위	
	오프라인 학습과정	온라인 학습과정	기관 단위 평가인정	평가 면제
신청 대상 기관	「평생교육법」 제2조제2항에 해당하는 평생교육기관 또는 동법 제16조제1항에 따른 평생교육진흥사업을 수행하는 국가 및 지방자치단체(산하기관 등 포함)			

유형별 신청 요건	(학습과정) 기간 및 운영 시간 요건 충족, 운영 종료한 학습 과정	(기관) 최근 1년 이상, 학습 과정을 연간 45시간 이상 운영한 기관 (학습과정) 차시 또는 운영 시수 요건 충족, 운영 종료한 학습 과정	(기관) 평생학습계좌제 평가인정 학습 과정을 최소 3개 이상 운영한 실적이 있는 기관	(학습과정) 정부부처 및 지방자치단체 (산하 · 소속기관)에서 평가인정을 받은 학습 과정
법적 근거	「평생교육법」 제23조, 「평생교육법 시행령」 제14조의2		「평생학습계좌제 학습 과정 평가인정 등에 관한 규정」 제10조제2항	

출처: 교육부(2021a); 국가평생교육진흥원(2021a), p. 409.

평가인정은 「평생교육법 시행령」 제14조의2 제2항에 따라 평가인정 대상의 특성을 고려하여 교육시설 및 설비, 교육과정, 교원 · 강사, 학습자 지원 및 관리 체제 등의 기준을 적용하고, 평생교육 프로그램 유형별 4개 영역(기초문해교육/학력보완교육/직업능력교육/문화예술 · 인문교양 · 시민참여 교육)의 평가지표에 근거하여 적용한다.

③ 국가 학습이력관리 시스템 운영 · 관리

평생학습계좌제는 개인의 학습이력 등록 및 관리를 위해 온라인 기반의 학습이력관리 시스템(www.all.go.kr)을 운영 · 관리하고 있다. 학습이력관리 시스템은 개인 학습자의 학습이력 관리와 평가인정 학습과정 및 교육기관 정보를 주요 서비스로 제공하고 있다.

학습자는 학습이력관리 시스템에서 개인의 학습이력 누적 · 관리를 바탕으로 학습이력 진단 및 설계, 평생학습이력 증명서를 발급받을 수 있으며, 학습자의 동의 절차에 따라 학습이력관리 시스템과 연계되어 있는 타 기관의 평생학습이력을 자동으로 연계하여 누적 · 관리할 수 있다.

교육기관은 학습이력관리 시스템에서 평가인정 학습과정을 이수한 학습자의 학습계좌 개설 지원 및 평가인정 학습과정 관리 등의 기능을 제공받을 수 있다. 학습이력관리 시스템의 용도별 운영체계는 〈표 6-21〉과 같다.

〈표 6-21〉 학습이력관리 시스템 용도별 운영체계

	구분	용도	웹사이트 URL
학습자	평생학습계좌제 학습이력관리 시스템	• 학습계좌 개설 및 학습이력 누적 · 관리 • 평생학습이력 증명서 발급 등	www.all.go.kr
교육기관	평생학습계좌제 관리자 및 운영자 시스템	• 학습과정 운영 · 관리 • 학습이력 관련 통계 관리	www.man.all.go.kr
교육기관 및 국가평생교육진흥원	평생학습계좌제 온라인 평가인정 시스템	• 평가 관리	www.eval.all.go.kr
		• 평인정 신청 관리	www.apply.all.go.kr

출처: 국가평생교육진흥원(2021a), pp. 410-411.

④ 평생학습 이력 활용

평생학습계좌제는 모든 국민이 평생에 걸쳐 학습한 평생학습 이력을 누적 · 관리하고 누적된 정보를 평생학습이력 증명서로 발급하여 필요한 곳에서 활용할 수 있는 서비스를 제공한다. 학업중단자, 실직자, 경력단절 여성, 퇴직(예정)자 등 생애위기별 학습자를 대상으로 평생교육을 지원하고 그들의 평생학습 이력 관리를 통해 사회 적응, 일자리 창출 등의 선순환 구조 마련을 위해서 평생학습계좌제를 통한 체계적인 평생학습 이력 관리가 필요하다. 학습자는 학습계좌를 발급하고 개인별 평생학습이력 증명서에 학력, 경력, 자격, 평생학습 이수, 기타 활동사항 등 다양한 평생학습 경험을 체계적으로 누적 · 관리할 수 있고, 평생학습이력 증명서를 발급하여 학습 경험 증빙자료로 활용할 수 있다. 평생학습이력 증명서에 등록 가능한 정보는 〈표 6-22〉와 같다.

〈표 6-22〉 평생학습이력 증명서에 등록 가능한 정보

인적사항	학력	경력	자격	평생학습 이수	기타활동사항
성명, 생년월일, 주소/연락처, 이메일 등	학력사항, 장학사항 등	근무경력, 강의경력 등	국가기술자격, 국가전문자격, 국가공인민간자격, 순수민간자격, 해외자격 등	평가인정 학습과정, 연계기관 학습과정, 그 외의 다양한 학습 경험	수상, 해외경험/어학연수, 논문 및 기고, 독서, 자원봉사활동, 취미 및 동아리 등

출처: 국가평생교육진흥원(2021a), p. 413.

누적된 학습이력은 (재)취업 및 이직을 위한 고용 정보로 활용할 수 있고, 자격증 발급기관에서 자격취득을 위한 증빙자료 등으로 활용할 수 있다. 청소년의 경우 학교 밖의 수련활동이나 봉사 활동 등의 다양한 학습 경험을 지속적으로 누적·관리하여 진로탐색을 위한 기초자료로 활용할 수 있다. 고령자의 경우 봉사활동 등 노후생애설계를 위한 학습설계 자료로 활용하거나 고용창출을 위한 경력 개발 자료로 활용 가능하다. 특히 평생학습 이력을 활발하게 활용하는 것은 교·강사로, 평생학습계좌제를 자신들의 교육경력이나 이력을 축적하고 인증받는 주요한 창구로 활용하고 있다.

평생학습 이력 활용의 가시적인 성과는 초·중등학력취득을 위한 연계자료로 활용되는 것이다. 학교 밖 학습 결과 등 다양한 학습이력의 활용 기반을 마련하고 평생학습계좌제와 초·중등학력취득을 활성화하기 위해 성인학습자 학력인정체제, 검정고시 시험과목 면제 평가, 방송통신중·고 학습경험인정제, 미취학·학업중단학생지원 연계를 지원하고 있다. 학력취득 연계자료로 활용되는 상세 내용은 [그림 6-8]과 같다.

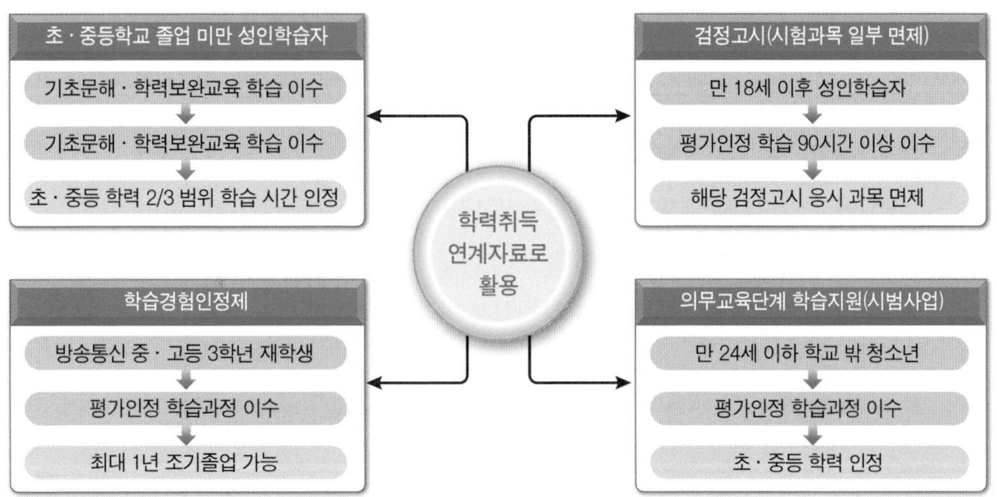

[그림 6-8] 학력취득 연계 활용 사례

출처: 국가평생교육진흥원(2021a), p. 414.

(2) 주요 성과

첫째, 2020년 늘배움(www.lifelongedu.go.kr)과의 One-ID 통합 이후 2021년에는 평생교육 One-Stop 서비스 확장의 일환으로 평생교육바우처와의 연계를 추진함으로써 국민의 평생학습권 확대 기반을 마련하였다.

둘째, 디지털 정부혁신의 일환인 페이퍼리스(paperless)의 실천과 평생학습 이력증명서 활용성 제고를 위해 행정안전부에서 추진하는 정부 전자문서지갑과의 연계를 추진하였다. 이를 통해 학습이력을 종이가 아닌 모바일을 통해 간편하게 제출하고 활용할 수 있는 기반을 마련하였다.

셋째, 학습이력관리 시스템 기능의 개선을 추진하였다. 우선, 학습자용 시스템의 메인화면 로딩 속도를 개선하여 학습자의 이용 편의성을 증대하였다. 늘배움 시스템과의 자동동기화를 강화하여 늘배움 학습자가 평생학습계좌제 시스템에서 학습이력을 재등록하고 평생학습이력 증명서를 출력할 수 있도록 간편화를 추진하였다.

넷째, 온국민 평생배움터 시스템 정보화전략계획(ISP)을 수립하고 관련 법적 근거를 마련하였다. '디지털 시대의 열린 평생교육 · 훈련 혁신 방안'(사회관계장관회의, 2020)의 일환으로 추진된 온국민 평생배움터 시스템의 구축과 예산 마련을 위한 정보화전략계획(ISP)을 수립하고 관련 근거 법령인 「평생교육법」 신설에 따라 이 시스템 구축 · 운영에 필요한 기준을 정하기 위해 「평생교육법 시행령」을 개정하였다(〈표 6-23〉 참조).

〈표 6-23〉 「평생교육법 시행령」 개정 주요 내용

• 제7조의8(평생교육 종합시스템의 구축·운영) – 평생교육 종합시스템 수록 정보의 범위 및 내용 – 평생교육 종합시스템 자료 제공 요청 – 평생교육 종합시스템 정보의 안정성, 최신성, 정확성, 상호연계성 유지 • 제77조(권한의 위임·위탁) – 평생교육 종합정보시스템 구축·운영 권한을 국가평생교육진흥원에 위탁

출처: 국가법령정보센터(www.law.go.kr)

다섯째, 제도 개선을 위한 과제를 도출하고 관련 연구를 추진하였다. 환경 · 성과 분석 및 이용자 의견 등을 기반으로 제도 운영의 핵심 요소인 '학습 경험, 인정 및 관리, 사회적 활용'을 중심으로 제도 개선과제를 도출하였다.

3) 향후 과제

첫째, 평생학습계좌제 학습마일리지 활용체제의 개선이다. 2010년 학습이력관리 시스템의 개통과 함께 개인 및 교육기관이 학습이력관리 시스템에 학습이력 등록 등 관련 활동 사항을 등록하면 자동으로 학습마일리지가 부여된다. 학습마일리지 제도는 개인의 평생학습 이력을 학력 · 자격 취득에만 국한하지 않고 학습을 자산화하고 사회적 활용처를 발굴하기 위해 추진되었으나 마일리지 활용 등 실질적 기준이 부재하여 효용성 제고를 위한 체제 개선이 필요한 시점에 도달하였다. 학습마일리지 활용 방안을 재검토하여 학습자 및 교육기관의 참여를 촉진함으로써 제도의 활성화 기반을 마련해야 한다.

둘째, 공공마이데이터 서비스와의 연계 추진이다. '공공마이데이터 서비스'란 국민이 본인의 행정 정보를 데이터 형태로 생활 곳곳에서 활용할 수 있게 행정기관 등이 정보 주체인 본인 또는 본인이 지정한 제3자에게 제공하는 서비스를 의미한다. 행정안전부의 공공마이데이터 플랫폼과 평생학습계좌제 시스템 간의 연계작업을 통해 학습자가 온오프라인 서류 발급 없이 평생학습 이력 관련 데이터를 확인할 수 있도록 함으로써 국민과 데이터 이용기관의 시간 · 비용 절감 및 편의성 · 활용성을 제고해야 한다.

셋째, 학습자 친화적 서비스 제공을 위한 시스템 기능 개선이다. 기존의 기본 인증 방식인 아이디와 비밀번호에서 인증 방식을 표준화한 OAuth 서비스를 구축하여 카카오 · 네이버 등 타 플랫폼 계정을 통해 학습자가 별도의 인증 없이 손쉽게 학습이력관리 시스템에 로그인할 수 있는 자동화 서비스 기능을 구현하고자 한다. 또한 탄소 배출 감소 및 자원 절약, 학습자의 편의성 제고 등을 위해 디지털 학습이력 증명서 발급 기능 구현을 계획해야 한다.

넷째, 평생학습계좌제의 활용도 제고를 위해서 무엇보다 중요한 것은 평생학습이력 증명서에 담긴 학습이력의 공신력을 확보하는 것이다. 평생학습이력 증명서에 기록되는 대부분의 학습이력을 기록하는 주체는 학습자 개인으로, 평생학습이력 증명서 활용 시 학습이력에 대한 공신력의 문제가 제기될 수 있다. NEIS 시스템 연계를 통해 초 · 중 · 고등학교 학력의 진위 여부가 확인되고, 대한상공회의소 및 한국산업인력공단과의 시스템 연계를 통해 국가기술자격 취득이력의 확인으로 해당 학습이력의 공신력이 확보되었다. 이와 같이 학습자의 다양한 학습이력을 해당 학습이력의 교육기관 또는 자격증 발급기관 등과의 지속적인 연계 확대를 통해 공신력 확보의 기반을 확장해야 한다.

다섯째, 평생학습계좌제 학습과정 평가인정 참여 확대이다. 교육기관의 학습과정 운영시기와 학습이력의 현장 활용성 등을 고려하여 학습과정의 신청 범위를 확대함으로써 평생교육기관의 참여를 증대하고자 한다. 평가인정 학습과정의 대상을 기존 운영 종료 학습과정에서 운영예정 학습까지 확대할 계획이다. 또한 당해 연도 평가인정 결과가 우수한 교육기관과 평생학습계좌제 확산에 기여할 수 있는 정부부처 등의 사업을 대상으로 평가면제를 확대하여 양질의 평생교육 프로그램에 대한 학습자의 선택권을 보장해야 한다.

토론문제

1. 평생교육사 제도의 의미에 대하여 설명하시오.
2. 학점은행제의 도입 배경과 의미에 대하여 설명하시오.
3. 학점은행제를 이용할 수 있는 대상에 대하여 설명하시오.
4. 평생학습계좌제 개념도에 대하여 설명하시오.
5. 평생학습계좌제의 필요성에 대하여 설명하시오.

참고문헌

관계부처 합동(사회관계장관회의)(2020). 디지털 시대의 열린 평생교육 · 훈련 혁신방안(안).

교육부(2020a). 「학점인정법」에 따른 제25차 표준교육과정(교육부고시 제2020-224호). 교육부.

교육부(2020b). 2020년 지역 평생교육 활성화 지원사업 추진계획. 교육부.

교육부(2020c). 2020년 학점은행제 학습과정 평가인정 및 변경인정 기본계획. 교육부.

교육부(2020d). 제2차 학점은행제 K-MOOC 학습과정 평가인정 기본계획. 교육부.

교육부(2021a). 「제17차 평생학습계좌제 학습과정 평가인정」 공고. 교육부.

교육부(2021b). 2021년 평생학습계좌제 운영 기본계획. 교육부.

교육부(2021c). 「학점인정법」에 따른 제26차 표준교육과정(제2021-14호). 교육부.

교육부, 한국교육개발원(2013~2020). 연도별 평생교육통계자료집. 한국교육개발원.

국가평생교육진흥원(2019). 2019년 평생교육사 자격제도 운영 및 연수 사업 결과 보고서. 서울: 국가평생교육진흥원.

국가평생교육진흥원(2019). 2019 평생교육백서. 국가평생교육진흥원.

국가평생교육진흥원(2020a). 2020 평생교육백서. 국가평생교육진흥원.

국가평생교육진흥원(2020b). 학점은행제 내부 자료. 국가평생교육진흥원.

국가평생교육진흥원(2021a). 2021 평생교육백서. 국가평생교육진흥원.

국가평생교육진흥원(2021b). 2021년 평생학습계좌제 서비스 만족도 및 요구 조사. 국가평생교육진흥원.

국가평생교육진흥원(2021c). 평생학습계좌제 브로슈어. 국가평생교육진흥원.

국가평생교육진흥원(2021d). 평생학습계좌제 제도 개선 이슈페이퍼. 국가평생교육진흥원.

국가평생교육진흥원(2021e). 평생학습계좌제-타 부처 유관사업 연계를 위한 제도 개선 연구. 국가평생교육진흥원.

한국교육학술정보원(2021). 2021 교육정보화백서. 한국교육학술정보원.

K-MOOC 학점은행제 학습과정 홈페이지. https://cb.kmooc.kr

UNESCO 홈페이지. https://www.unesco.or.kr

국가법령정보센터. www.law.go.kr

국가평생교육진흥원 학점은행제. https://www.cb.or.kr/creditbank/base/nMain.do

국가평생교육진흥원 학점은행제 알리미 홈페이지. http://www.cbinfo.or.kr

평생학습계좌제 홈페이지. https://www.all.go.kr

제7장

평생교육 6대 영역

"사람다움을 배우는 일은 평생을 투자해야 한다."
– M. C. 리처즈 –

학습목표

1. 평생교육의 영역과 대상을 구별할 수 있다.
2. 평생교육 6대 영역의 부분별 의미를 이해할 수 있다.
3. 평생교육 6대 영역별 특징 및 현황을 설명할 수 있다.

학습개요

최근 우리 사회에서 평생교육은 양적으로 크게 성장하였다. 이제 많은 사람이 지역사회의 공립이나 민간 시설에서 직업교육, 문화 예술 소양 등 다양한 목적으로 평생교육 과정을 수강하고 있으며 평생교육은 생애에서 한 번은 거쳐야 할 과정으로 우리의 생활에 자리를 잡았다.

그러나 정부의 교육정책은 평생교육의 팽창과 발을 맞추지 못하고 오히려 따라잡고 있는 형태를 취하고 있다. 오늘날 정부의 교육정책은 아동과 청소년 교육에만 치중하여 평생교육과 직업교육의 비중은 상대적으로 미미하였다(평생교육진흥원, 2019).

2014년에 개정된 「평생교육법」에서 평생교육은 학교의 정규 교육과정을 제외한 학력보완교육, 성인 문자해득교육, 직업능력 향상교육, 인문교양교육, 문화예술교육, 시민참여교육 등을 포함하는 모든 형태의 조직적인 교육 활동으로 정의되었다(「평생교육법」 제2조 제1호). 여기에 기반을 두고 우리나라에서 평생교육은 목적과 대상에 따라 기초문해교육, 학력보완교육, 직업능력교육, 문화예술교육, 인문교양교육, 시민참여교육의 6가지 영역으로 나누어 시행하고 있다. 이 장에서는 주요 6대 영역별 내용과 현황 및 과제 등에 대하여 설명한다.

1. 기초문해교육

1) 문해 개념의 변화

문해는 학습에서 가장 기초적이지만 단순히 글을 읽고 쓰는 것만이 아니다. 김신일 등(2019)은 문해는 모든 학습자가 자신의 삶을 이해하고 자신의 역사를 창조해 가는 가장 근본적 학습권임을 지적한다(교육부, 국가평생교육진흥원, 2019). 「평생교육법」은 "문해교육을 일상생활을 영위하는 데 필요한 문자해득(文字解得) 능력을 포함한 사회적 · 문화적으로 요청되는 기초생활 능력 등을 갖출 수 있도록 하는 조직화된 교육프로그램"(제2조제3호)으로 정의하지만, 사회적 · 문화적으로 요청되는 기초생활 능력은 사회의 급격한 변화와 기술의 발달에 따라 변화되었다. 특히 고도의 지식과 기술이 요구되면서 사회가 필요로 하는 문해 수준도 상승하기 때문이다. 최근의 문해는 단순히 암송이나 낯선 자료의 이해를 넘어서 자료를 읽고 분석하며 추론까지 하는 능력도 포함한다. EU가 제시한 문해의 수준은 상당히 높은데 지식과 정보의 이해와 활용은 기초이며, 문자를 읽고, 쓰고, 셈하는 능력 외에 IT 능력, 외국어 능력, 기술문화에 대한 이해력뿐만 아니라 사회적 기술까지 포함하고 있다. OECD의 국제 성인역량 조사는 〈표 7-1〉처럼 문해의 기본적 요소인 언어 능력과 수리력은 물론 컴퓨터 기반 환경에서의 문제해결력도 평가하는데, 이 세 가지 모두가 사회와 직업생활에서 다양하고 수많은 정보처리에 필수적인 역량이다(김신일 외, 2019).

〈표 7-1〉 언어능력, 수리력, 컴퓨터 기반 문제해결력의 정의

	언어능력	수리력	컴퓨터 기반 문제해결력
정의	• 사회 참여, 개인의 목표 달성, 개인의 지식과 잠재력의 개발을 위해 문서화된 글을 이해, 평가, 활용, 소통하는 능력으로 평가됨 • 문서화된 글을 이해 · 해석 · 평가하는 것까지 포함	• 다양한 생활 상황에서 수학적 요구에 참여하고, 이를 관리하기 위해 수리적인 정보와 아이디어에서 접근하여 이를 활용 · 해석 · 소통하는 능력으로 정의됨	• 정보를 습득 및 평가하고 타인과의 의사소통 및 과업 수행을 위해 디지털 기술, 의사소통 도구 네트워크를 사용하는 능력을 의미함 • 측정은 컴퓨터 및 인터넷을 통해 적절한 목표를 수립하고, 정

	하나 글을 생산하는 것(작문)은 제외함 • 기초 읽기능력을 측정함으로써 낮은 수준의 역량을 가진 성인에 대한 정보를 제공함	• 궁극적으로 다양한 방식으로 나타나는 수학적 내용, 정보 아이디어에 반응함으로써 실생활의 문제를 해결하거나 상황을 관리하는 것과 관련됨	보에 접근하고 이를 활용함으로써 개인적 문제, 업무 관련 문제, 시민생활 관련 문제를 해결하는 데 초점을 두고 있음
내용	• 인쇄 기반 혹은 디지털 기반 형식 및 다음과 같은 다양한 형태의 문자를 포함함 – 연속적인 글 혹은 산문 – 비연속적인 글 혹은 문서 – 혼합 형식 – 다양한 글	• 수학적 내용, 정보, 아이디어 – 수량 및 수 – 차원과 모양 – 패턴, 관계 및 변화 – 데이터 및 확률 • 수학적 정보의 표식 – 물체와 그림 – 수와 상징 – 시각적 표현(표, 지도, 그래프 등) – 텍스트 – 기술 기반의 디스플레이	• 해당 기술 – 하드웨어 기기 – 소프트웨어 응용프로그램 – 명령어 및 함수 – 문자, 그래픽, 비디오 • 과업 – 내적 복합성 – 문제 기술의 명료성

출처: 김신일 외(2019), p. 263 재구성.

2) 비문해 계층과 개선 노력

정부의 꾸준한 지원과 생활 수준의 향상에도 불구하고 비문해 계층의 완전 해소 대신 사각지대가 여전히 존재하고 있다. 2017년 국가평생교육진흥원은 대한민국 성인들의 문해 능력에 대한 전반적 조사를 실시하여 결과를 백서로 발간하였다. 18세 이상 성인 중 일상생활에 기본적으로 필요한 읽기, 쓰기 및 셈하기를 하지 못하는 인구를 비문해인구로 분류했는데, 이는 전체의 약 7.2%이고 중학교 교육과정 미만의 인구까지 포함하면 비문해 계층은 전체 성인인구에서 13.2%를 차지한다(교육부, 국가평생교육진흥원, 2019).

문해 능력 분포는 균등하게 분포된 대신 성별, 지역별, 소득격차에 따른 양극화 현상이 명백하며, 결혼이민자, 외국인노동자, 장애인, 북한이탈주민 등에게도 비문해 인구가 상당하다. 특히 결혼 등으로 이주해 정착한 이들에게 비문해는 단순히 글자를 읽을 수 없을 뿐만 아니라 말과 글, 일상 정보, 문화의 문해에도 어려움을 겪고 있다. 장애인도 상당수가 자립과 사회 적응에 필요한 꾸준한 교육과 훈련을 받아야 하는 데도 불구하고, 2014년 장애인 실태조사에 따르면, 97.4%가 평생교육 프로그램에 참여한 적이 없다고 조사될 정도로 문해교육의 비율이 저조하다. 북한이탈주민의 경우 오랜 분단으로 남북 간의 문화 이질화가 진행되었으므로 한국어가 모국어이면서도 영어 등 서구문화의 영향을 상당히 많이 받은 우리 문화 적응에 상당한 어려움을 겪는다(김신일 외, 2019).

이와 같은 비문해 해소를 위해 교육부는 평생교육진흥원과 연계하여 다양한 정책사업을 실시하였는데, 핵심정책 중 하나는 '성인문해교육 지원 사업'이며, 다음과 같이 구성되어 있다. 지방자치단체(이하 지자체)의 맞춤형 문해교육을 지원하는 '광역문해교육 활성화 사업', 기초 지자체, 야학 및 비영리 민간단체의 문해교육 사업을 지원하는 '문해교육 프로그램 지원', 수요자 맞춤형 생활문해교육 프로그램 발굴을 위한 '문해교육 특성화 프로그램 지원', 기관의 접근이 어려운 개인학습자를 문해 전문 교사가 찾아가는 '가정방문형 문해교실 지원'이다(국가평생교육진흥원, 2019). '광역문해교육 활성화 사업'은 중앙정부와 지자체가 연계하여 문해의 달 행사 개최, 문해 전문 교사 연수 및 지역 문해교육 활성화 지원이 주요 사업으로 현재 17개의 광역 지자체가 전부 참여하고 있다.

'문해교육 프로그램 지원'은 저학력자와 비문해 학습자에게 교육비와 교재비를 지원하는 방식으로 제2의 교육 기회를 제공하며, 2019년에는 읍 · 면 지역을 포함하는 기초 지자체 직영의 찾아가는 문해교육 프로그램 지원액을 당초 1,000만 원에서 1,500만 원 상한으로 상향하여 농산어촌의 교육기회 강화를 모색하고자 하였다. '문해교육 특성화 프로그램 지원'은 성인문해교육 지원 사업에 5회 이상 참여한 기관을 대상으로 지원(기관당 최대 500만 원)하며 인문학, 생활문해교육, 문화예술, 교수-학습자료 개발 등 다양한 영역에서 문해교육 기관이 전문성을 살려 전국 단위의 문해교육 증진에 기여하고 있다. 2019년에 도입된 '가정방문형 문해교실'은 외딴 곳에 거주하거나 건강상의 이유로 기관에서 교육을 받을 수 없는 문해학습 대상자에게 교사가 직접 찾아가 가르치는 프로그램으로 지자체당 최대 1,000만 원까지 지원한다.

성인문해교육 지원사업에서 문해교육을 수강하는 학습자는 시작 이후 꾸준히 늘어 2019년에는 407개의 교육기관에서 63,201명이 문해학습을 받고 있지만, 절대다수는 내국인(92.2%)이며 외국인이나 이주민은 5.2%, 장애인은 1.9%에 그치고 있다(김신일 외, 2019).

산업화와 정보화가 진행되면서 문해의 범주가 확장되면서 단순한 이해와 셈하기를 가르치는 교육이 아닌 사회와 문화생활에 필요한 기초생활 능력을 증진하는 교육을 지원하는 사업도 교재 발간을 통해 진행되고 있다. 예를 들어, 은행창구 이용이나 현금자동입출금기 사용을 포함한 금융 서비스에 관한 '금융문해 교과서', 문해교육을 받기 위해 먼 거리를 이동해야 하는 농산어촌 거주자를 위한 '교통안전문해 교과서' 및 소통형 메신지 앱 사용에 관한 '정보문해 교과서' 및 안전한 식품과 의약품 사용에 관한 '건강문해 교과서'가 있다(교육부, 국가평생교육진흥원, 2019).

2. 학력보완교육

1) 검정고시

학력보완교육은 정규교육과정을 이수하지 못한 사람을 대상으로 학력 조건과 인증을 목적으로 초등, 중등, 고등학력 보완프로그램으로 나뉜다. 대표적으로, 정규 초등 · 중등 교육을 거치지 않은 사람에게 중 · 고등학교 및 대학의 입학자격을 부여하는 국가고사인 검정고시이며, 한국교육과정평가원이 주관한다.

검정고시는 일제강점기나 해방 후 시행 초기에는 일부 우수학생들을 위한 선발고사로 취급되었으나, 1960년대 말부터 꾸준한 시행을 통해 1980년대에는 가난 때문에 정규 교육과정에서 제외된 사람들에게 고등교육 입문의 통로가 되었으며, 이들의 주경야독을 통한 검정고시 합격기는 많은 사람에게 감동을 주었다(심규선, 1990, p. 9).

그러나 이화진(2016)이 지적한 대로, 정보화, 세계화 및 다원화가 급격히 진행되면서 단순한 지식과 정보의 주입식 교육보다는, 새로운 지식을 정의하고 상황에 맞게 지식을 활용 및 재구성할 수 있는 창의적 역량과 기술을 전수할 수 있는 교육이 요구되고 있다. 문제를 해결하고 창의적으로 사고하는 능력이 요구되면서 검정고시의 문항 유형과 평가 기준에도 변화가 필요하다는 견해가 우세하다(이화진 외, 2016). 2016년 11월 10일에 개최된 검정고시 전문가 협의회에 참석한 한 교감은 검정고시를 통해서 다양한 영역의 평가를 통해 미래사회에 역량을 발휘할 수 있는지를 측정해야 하지만 현재의 검정고시에서는 어렵다고 지적하였다. 따라서 검정고시를 기본과 심화로 이원화하여 기본은 현행과 비슷한 유형 및 난이도로 문제를 출제하여 통과하면 졸업학력만 인정하고, 심화과정에서는 일정 점수를 획득하면 대학에서 수학능력이 가능하다고 판단할 수 있을 정도로, 문제해결력과 사고력 중심으로 더 어렵게 출제함으로써 검정고시 응시생의 필요를 충족시키는 방안이 제시되었다. 이 외에도 저출산 고착으로 인한 고령화 사회의 이른 도래와 다문화 가정 수의 증가로 인한 검정고시의 다양화와 현재의 합격/불합격 여부를 떠나서 핵심 역량 성취도에 따른 등급화도 건의되었다.

2) 고등교육과 평생교육의 연계

출산율 감소로 인한 학령인구의 급격한 감소는 대학 이상의 고등교육 수요의 감소로 대학 재정은 물론 존립의 위기를 의미한다. 이미 학령인구의 감소로 지방대학은 타격을 받고 있으며, 2021학년도 대입에 정시모집 추가 합격자까지 뽑아도 정원 수를 채우지 못해서 진행된 추가모집이 비수도권 사립대학의 경우 전체 정원의 50%를 넘은 사례가 속출했으며, 9개의 비수도권 국립대도 정원을 채우지 못해 추가모집을 실시하였다(전민희, 2021). 입시전문가들은 학령인구의 감소를 78%에 이르는 지방대의 대규모 정원모집 미달 사태의 직접 원인으로 보고 있으며, 이와 같은 현상은 학령인구의 감소가 지속적으로 진행되어 더 심화될 것으로 예상하고 있다.

상당수의 지방대 존립 위기론까지 나올 정도로 심각한 학령인구의 감소로 인해 대학은 정원 감축, 통폐합 등 다양한 방안을 모색하고 있으며, 평생교육과 기존 고등교육의 연계가 주목받고 있다(김신일 외, 2019). 즉, 현재의 대학학령인구, 즉 고등학교 학력 보유자 중심의 교육체계를 평생학습에 적합하게 유연하고 개방적으로 개혁하는 것이다. 고등교육도 평생교육이 필요하듯이, 평생교육도 고등교육이 필요하다. 평생교육은 현재에도 정규 교육과정의 바깥에서 진행되는 교육과정으로 여겨지고 있는데, 교육과정에서 최상위인 고등교육과의 연계는 평생교육의 위상 증진을 의미한다. 내퍼와 크로플리(Knapper & Cropley, 2000)는 “평생학습시대의 도래에 맞추어 평생학습이 대학의 핵심 기능으로 부상되어야 하며, 대학은 학령기 학생보다도 성인학습자의 재교육과 평생학습에 더 초점을 맞추어야 한다.”(김신일 외, 2019 재인용)라고 주장하고 있다.

김신일 등(2019)은 평생교육의 고등교육 진입은 외국의 경우 다음과 같은 단계적 변화를 겪었다고 제시하였다.

첫 번째는 평생교육원처럼 대학의 부설기관을 통해 지역사회에 ‘비학위 사회교육’의 형태로 교육 프로그램을 제공하는 방식인데, 지역사회 주민에게 부속기관을 통해 기존 대학교육 기능을 어느 정도 개방함을 의미한다.

두 번째는 성인학습자가 부속기관이 아닌 대학 자체가 운영하는 정규 학위과정 혹은 비학위과정에 등록하여 수강하는 방식인데, 전통적 학령인구가 아닌 평생교육 학습자가 대학의 정규교육 과정에 진입하였다는 데 의미가 있다.

세 번째는 고등교육이 소수의 학생만이 접근 가능한 엘리트 과정이 아닌 취학 대상의 50% 이상이 진학하는 보편화 과정으로, 대학의 평생교육 기능이 확고히 자리를 잡은 '고등평생학습체제'이며, 대학교육이 치열한 입시 경쟁을 뚫어야 접근이 가능한 대신 중등교육처럼 보편화됨을 의미한다. 이 세 번째 단계에서 고등교육은 학령기에 경제적 어려움으로 대학에 진학하지 못한 사람뿐만 아니라, 대학을 졸업해도 전문 역량 강화를 위해 다시 대학으로 돌아가서 교육을 받고자 하는 사람도 대상이 되며, 이에 맞추어 선발 방식, 교육과정, 학사운영, 지도, 상담 등 대학의 운영이 전통적 학령인구 중심에서 더 다양화된 학령인구의 필요도 반영할 수 있도록 변화가 진행되고 있다.

고등교육과 평생교육의 연계과정의 전개를 김신일 등(2019)은 우리나라의 경우 다음의 5가지 유형으로 나누어 설명하고 있다.

제1유형은 가장 기초적으로 대학 부설의 평생교육원을 통한 기존 대학 교육의 확대 제공하는 것이고, 제2유형은 산업체 근로자를 위한 위탁교육과정에서 볼 수 있듯이 대학이 정규 교육과정의 일부를 성인학습자에게 확대 제공하는 것이며, 제3유형은 한국방송통신대학교와 같은 성인학습자 전담 고등교육기관의 설립 · 운영이다. 제4유형은 정규 대학으로의 진학과 학점취득 없이 성인학습자의 고등교육 학위취득이 가능하게 하는 '대안적인 고등교육제도'의 운영이며, 고등교육 수준의 과정을 교육기관에서 수강하여 학점을 취득하여 전문학사와 학사학위를 취득하는 학점은행제를 예로 들 수 있다. 제5유형은 기존의 전통적 학령인구에 초점을 맞추었던 학생 선발, 학사운영, 교육 방법, 평가 등이 성인학습자 중심으로 변화하는 것이며, 이는 고등학교 졸업 후 입학한 대학생뿐만 아니라 일과 학습을 병행하는 성인학습자를 위한 대학교육의 실현이다.

교육부와 국가평생교육진흥원(2019)이 발간한 『2019 평생교육백서』에 따르면 학점은행제는 가장 괄목할 만한 성과를 보여 주고 있다. 최근 2015년부터 2019년도까지 학점은행제도를 통한 학습자는 연 평균 12만 명으로 지속적으로 유지 또는 증가 추세를 보이고 있다. 특히 특정 연령층에 치우지지 않고 20대부터 50대 이상의 다양한 연령층이 이용하고 있고, 비전통적 학습자(성인학습자와 30대 이상)의 비중이 약 60%로 차지하여 성인들의 평생학습 수단으로 자리를 잡은 점은 주목할 만하다.

2019년도를 기준으로 433개의 학점은행제 교육훈련기관 유형 중 '대학 부설 평생교육원'이 125개로(28.9%) 가장 큰 비중을 차지했으며, '평생교육시설'(96개, 22.2%)과 '인적직업훈련원'(66개, 15.5%)이 다음이었다.

2019년 1월 1월부터 시행된 「학점인정 등에 관한 법률 시행령」 제3조 제10항에 따라 기존에 운영 중인 K-MOOC(온라인을 통한 원격 수업) 중 일부가 학점은행제 평가인정 절차에 따라 '평가인정 학습 과정'으로 승인받은 강좌로 이수하면 학점으로 인정받을 수 있게 되었다. 학습자는 자신의 K-MOOC 계정으로 로그인하고 범용공인인증서를 통해 온라인으로 본인임을 인증한 다음 총 15주에 걸쳐 수업을 들으며 중간고사와 기말고사를 통해 성적을 평가받게 된다.

최근 2019년에는 제4차 산업혁명으로 인공지능(AI), 빅데이터, 자율주행차량과 같은 새로운 기술 분야가 부각되면서 교육부는 앞과 같은 신기술 분야의 기업 수요를 반영한 온라인 교육과정을 개발하는 사업을 추진하기 시작하였다. 매치업으로 불리는 이 교육과정의 활용도 증진과 더 많은 사람에게 확장을 목적으로 2019년 12월 「학점인정 등에 관한 법률 시행령」(약칭: 「학점인정법 시행령」)을 개정하여 매치업 수업이수 결과를 학점으로 인정받을 수 있도록 하였다. 매치업은 학습자의 선택권 확대와 운영 정보의 체계적 관리를 위하여 정보 시스템(www.matchup.kr)을 구축하여 개강 시기, 교육목표, 교육과정 구성 등의 정보를 제공하고 있다. 이를 통하여 각종 이수증 및 직무능력 인증서 발급 등의 서비스를 제공하면서 효율성을 높이고 있다.

3. 직업능력교육

1) 필요성

세계화와 정보화 등의 급격한 사회 변화로 인해 직업에 필요한 자격과 조건은 더 복잡해지고 수준도 더 높아졌다. 통계청의 자료에 따르면, 코로나19가 본격적으로 유행하기 시작한 2020년에는 숙박, 음식업종과 도소매업에서 일자리가 급격히 감소하였다. 특히 인공지능(AI)이 본격적으로 생활에 활용되기 시작하고, 코로나19의 범세계적인 유행으로 비대면 서비스와 무인화 속도가 급격히 진행되면서 사회적 취약계층이 의존하는 서비스업과 도소매업의 일자리가 사라지고 고도의 기술과 교육을 요구하는 일자리로 대체되고 있다(손혜용, 2021).

이와 같은 일자리 유형과 종류의 급격한 변화는 취업준비자는 물론 기존 직장인도 변화에 적응하기 위한 직업훈련교육을 받아야 함을 의미한다. 이제는 많은 직장인이 직장을 단순히 돈 버는 곳으로 보는 대신 전문성을 갖추고 경력을 개발하는 곳으로 보고 있으며, 다양한 학습기회 제공이 이직률 억제와 신뢰도의 증가로 이어져 고용기업에도 유익하다(김신일 외, 2019). 또한 우리나라에서도 주 5일 근무제가 정착하여 직장인이 주중에는 일을, 주말에는 취미나 자기계발을 위한 활동이나 학습을 하는 경우가 증가하고 있다. 또한 고령화 추세에 의해 현재의 60~70대는 과거의 60~70대보다 경제적 소득 필요와 취미생활의 요구가 높으므로 학습의 필요성이 절실하다.

결론적으로, 국가 차원의 전 생애에 걸친 평생직업교육 활성화 정책이 노동시장과의 연계, 학교교육과의 연계, 수요자 중심의 직무별 교육훈련 프로그램을 개발, 운영할 수 있는 제도적 방안 마련이 절실히 요구된다.

2) 교육체계

전통적으로 우리나라에서 직업교육체계는 중등교육수준의 직업교육에서 시작하였으며, 특히 고등학교 과정에 집중적으로 적용되었는데, 1960년대 산업화가 본격적으로 시작되면서 필요 인력 확보를 위해서였다.

고등교육 수준에서는 일반적으로 대학, 산업대학, 전문대학, 방송통신대학, 폴리텍대학, 사내대학, 원격대학, 기술대학 그리고 대학원으로 교육체계가 구성되어 있다. 대학도 연구가 중점적으로 이루어지는 곳이기도 하지만, 많은 이가 대학을 졸업하고 취업하기 때문에 직업교육체계에 포함될 수 있다. 특히 전문대학과 산업대학은 짧은 시간에 다양한 현장 실무교육을 통한 준비된 직업인 양성을 목적으로 설립 · 운영되고 있으므로 교육과정이 2~4년제까지 탄력적으로 운영되고 있다.

전문대학은 기존 학부나 학과 체계뿐만 아니라 전공심화과정이나 계약학과 같은 교육체계를 통해 탄력적 교육과정을 제공하고 있으며, 전공심화과정은 전문대학 졸업 이후 산업현장에서 필요로 하는 교육을 추가로 받을 수 있게 하며, 계약학과는 산업체나 지자체와의 계약을 통해 운영된다. 예를 들어, 대구대학교는 선 취업 · 후 진학 제도를 통해 청년의 학위취득과 조기취업을 지원하며, 산업체 현장에서 요구하는 창의적 실무 전문성을 갖춘 맞춤형 전문 인재 양성을 목적으로 IT 융합학과, 기계용 복합공학과, 메카트로닉스 공학과, 스마트시스템 공학과를 운영하고 있다. IT 융합학과는 「산업교육진흥 및 산학협력촉진에 관한 법률」에 근거하여 국가, 지자체 또는 산업체 등과의 계약에 의하여 설치 · 운영되어 실무에 바로 투입될 수 있는 실용적 전문 지식과 기술을 교육하고 있다(대구대학교, 연도 미상 a, b).

방송통신대학교의 장점은 원격교육을 통해 많은 사람에게 학습을 제공할 수 있다는 데 있다. 원래의 목적은 가난하거나 통학 거리 안에 거주하지 않아서 혹은 나이가 많아서 대학에 다닐 수 없는 사람들에게 고등교육을 제공하는 것이었으나, 각종 직업에 필요한 전문교육 제공과 산업기술 개발에 도움이 되는 사회교육의 확대 및 분야별 인재양성이 방송통신대학의 목적으로 추가되었다(김신일 외, 2019).

최근 대학 이상의 고등교육은 중등교육을 마친 10대 후반 취업에 필요한 교육을 4년 동안 시키는 것을 넘어 성인 계속교육도 제공하는 평생교육체제 전환을 시도하고 있다. 2016년에는 평생교육단과대학 사업, 2017년과 2018년에는 대학의 평생교육체제 지원 사업을 시행하여 성인학습자를 대상으로 한 단과대학 설치와 이들의 특수성과 필요를 반영한 학사체제의 구축을 유도하였다. 특히 2019년 대학의 평생교육체제 지원 사업은 단 년도 사업이 아닌 몇 년에 걸친 사업체계로 전환되어 대학이 중장기적 관점에서 평생교육체계로 전환할 수 있는 추진 기반을 갖추도록 지원하게 되었다(국가평생교육진흥원, 2019).

3) 이슈와 현황

앞에서 말한 기계화와 고도 산업화와 같은 사회 변화로 평생에 걸친 직업교육은 필수가 되었다. 먼저, 우리 사회가 당장 직면하고 있는 문제는 급격히 진행되고 있는 고령화이며, 현재의 직업교육이 효과적 대처 방안이 되기엔 상당히 미흡한 실정이며 고령화와 저출산율은 생산가능인구의 급격한 감소인 인구절벽을 초래하며 사회의 생산력 감소와 생산가능인구의 부양부담 증가 및 구매력 보유 인구의 감소로 이어진다. 특히 우리나라에서 이 문제가 심각한 이유는 사회가 효과적으로 대응할 여유가 없이 급격히 고령화가 진행되었다는 데 있다. 정년 연장은 한시적으로 효과가 있는 미봉책에 불과함이 명백해지면서 생산참여 비율이 낮은 편인 고령자와 여성의 노동인력 참여가 대안이 되고 있어 이들을 위한 직업훈련교육이 필요해졌다(김신일 외, 2019).

고령자는 원래 교육 참여율이 낮으며 직업을 접할 기회도 드물기 때문에 적극적 직업교육의 참여를 유도할 수 있는 정책과 교육 프로그램 운영이 필요하다. 서울시는 50세

이상, 64세 이하의 중장년층이 서로의 지혜와 경험을 나누고 새롭게 배우며 활동할 수 있는 복합문화공간 제공을 목표로, 이들을 대상으로 2019년 50+ 사업을 운영하고 있다(국가평생교육진흥원, 2019). 50+ 사업이 운영하는 세 학부 중 하나는 일의 의미를 정립하고 새로운 커리어를 모색하는 '커리어모색학부'이다. 50+ 사업에서 참여자와 같은 연령대인 컨설턴트가 중장년층의 제2의 출발을 위한 경로 설계를 돕고, 공유 사무실도 제공하며, 일자리 지원을 위해 사회공헌형 일자리 및 50+ 일자리 발굴 및 확산에 주력하고 있다.

그러나 노인을 위한 체계적인 직업교육은 크게 미흡하며, 엄밀히 말하자면 우리나라 평생교육 정책 안에는 중장년 및 노인학습자에게 특화된 정부 지원 사업은 거의 전무한 상태이다(교육부, 국가평생교육진흥원, 2019). 현재 노인을 대상으로 한 직업교육은 체계적인 평생교육의 한 부분보다는 사회복지 사업으로 진행되고 있다. 아직 2019년을 기준으로는 중장년층이나 노인을 대상으로 한 구체적인 평생교육 사업이 없으며, 이를 지원하기 위한 법안은 논의도 거치지 않은 실정이다.

여성이 노동인력에서 이탈하는 주요 원인은 임신과 출산 및 육아로 인한 직업 활동을 중단하거나 기회를 포기하는 데 있다. 정부는 여성의 사회경제적 참여율을 늘리기 위해 경력단절여성뿐만 아니라 재직 중인 여성을 대상으로 교육 프로그램을 지원하거나 운영하고 있다. 재직 중이거나 전문직에 종사하는 여성과 취업 준비 중인 여성을 대상으로 '여성인재아카데미'를 여성가족부 산하에서 운영하고 있다. 주로 경력단절여성을 대상으로 여성가족부와 고용노동부는 '여성새로일하기센터'라는 지원 프로그램을 통해 직업훈련과 인턴 사업 및 집단상담을 진행하고 있다. 2019년을 기준으로 158개소의 여성새로일하기센터에서 구직상담, 구직 지원, 직업훈련교육 지원 및 인턴십 기회를 제공하고 있다. 이들을 위한 직업교육 훈련은 수요가 높은 취업 직종에 대한 훈련을 통해 지역사회와 산업체가 필요로 하는 기술과 역량을 갖춘 여성인력 양성을 목적으로 최소 60시간 이상의 교육과정을 세분화하여 운영하고 있다(교육부, 국가평생교육진흥원, 2019).

여성의 경력단절 해소나 발생 감소를 위한 효과적인 직업훈련도 중요하지만, 이를 가능하게 하는 지원책도 있어야 한다. 먼저, 시간선택제의 일자리 유형의 확대로 여성이 육아와 가사 이외에 근로도 할 수 있도록 도와주는 것이다(김신일 외, 2019). 또한 여성의 자녀양육 부담 감소로 경력 쌓기를 포기하는 사례를 줄여야 하는데, 영유아가 있는 가정의 양육을 보조하기 위해 돌봄 서비스의 확대와 가족돌봄 휴직제도 등의 정책이 추진되고 있지만, 여성의 직업에 대한 직장의 관념이 변화되지 않고도 뚜렷한 양육 감소가 이루어질지는 의문이다.

4. 문화예술교육

2007년 「평생교육법」이 개정되면서 문화예술교육도 평생교육의 주요 영역에 포함되어 대상도 노인, 장애인, 다문화가족, 북한이탈가족, 군 장병, 재소자 등으로 확대됨은 물론, 문화교육도 복지의 한 형태라는 개념으로 자리를 잡고 있다(김신일 외, 2019). 평생교육이라는 맥락에서 문화예술교육은 문화예술적 상상력과 창의력을 촉진하고 문화예술 행위와 기능을 숙련시키는 일련의 과정과 일상생활 속에서 문화예술을 향유하고 접목할 수 있는 능력을 개발하는 평생교육을 의미한다. 좁게는 예술을 감상하고 가치를 인정할 수 있는 예술을 위한 교육이며, 넓게는 문화예술을 통해 창의력을 개발하여 더 나은 삶과 인간의 궁극적인 가치를 실현하는 교육으로 볼 수 있다(교육부, 국가평생교육진흥원, 2019).

평생학습의 분야로 문화예술교육의 정당성은 두 접근 방식에서 찾을 수 있는데, 하나는 '문화예술의 교육'이고 '문화예술 자체가 교육의 목적'이라는 관점이며, 다른 하나는 '문화예술을 통한 교육'으로 문화예술교육의 중심은 교육으로 넘어오며, 궁극적으로 문화예술을 가르침으로써 '문화예술의 내적 원리를 활용하여 교육의 의미와 목표'를 실현해야 된다는 관점이다. 다시 말하면, 고급예술(예, 클래식 음악, 발레, 순수미술)의 내재적 가치를 소수의 특권계층을 넘어 대중에게 인식시키는 것이냐 아니면 대중이 '문화예술의 창작과 소비에 주체적으로 참여'하도록 돕는 것이냐에 문화예술교육의 가치가 있다. 후자는 문화시민이 문화의 소비뿐만 아니라, 교육을 통해 문화의 생산에도 참여하는 데 초점을 맞춘 '문화민주주의'라는 개념과 밀접한 관련이 있다. 문화예술교육은 직업기술의 습득과는 달리 개인의 상상력을 분출시키고 타인과 소통하는 과정이기 때문이다. 현재 예술은 단순한 지식이나 기술 습득을 넘어 '보다 폭넓고 고양된 삶의 세계'를 추구함으로써 개인과 사회의 성장과 발전에 기여해야 한다는 견해가 지배적임을 감안하면, 문화예술에 내재된 과거의 풍부한 경험과 삶이 현대인에게 드러내기 위해서는 교육이 필수임을 알 수 있다. 이 관점은 향후 평생교육의 한 부분으로서 문화예술교육의 주요 관점이 되었다(김신일 외, 2019).

1980년대부터 문화예술교육에 대한 정책이 본격적으로 시작되었다. 1990년대에 국민의 문화학습 수요가 늘어나면서 공공문화시설의 문화교육 프로그램이 확대되면서 평생문화교육 사업이 추진되었지만, 2003년에 문화예술교육이 단순한 문화복지 차원이 아닌 독립된 문화정책의 영역으로 부각되기 시작되었다. 2005년 12월에 제정된 「문화예술교육법」은 모든 국민은 나이, 성별, 장애 여부, 경제적 여건, 거주 지역 등에 관계없이 평생 동안 문화예술을 교육받을 기회를 기본적 학습권으로 균등하게 보장받아야 함을 명시하고 있다(김신일 외, 2019). 2005년에는 교정시설과 복지시설에서 프로그램 제공으로 사각지대에 있는 사람들을 위한 문화예술교육이 강화되었으며 예산도 증가하였다. 2006년부터 문화예술교육은 발전 및 성숙 단계에 접어들어 법과 제도에서 체계적으로 정비되었으며, 교정시설 수용자, 군인, 노인, 장애인 등의 취약계층을 위한 학교 밖의 교육지원도 확대되었다. 그러나 소외계층에만 치우쳐 정작 문화예술 경험이 많고 향유 욕구가 높은 이들은 문화예술교육을 누릴 기회가 적다는 지적을 받았으며, 그 결과 2010년부터 전 국민을 위한 문화예술교육으로 전환 · 확대되었다. 2013년에 제정된 「문화기본법」과 2014년의 「지역문화진흥법」은 모든 국민의 문화예술 향유 경험을 확대하는 문화정책의 흐름으로 자리 잡았다. 2014년에는 문화예술교육 중장기 계획(2014~2017)으로 '문화예술교육의 일상화' '문화예술교육의 지역화' '문화예술교육의 내실화'라는 3대 추진전략과 8대 핵심과제가 제시되었으며, 유아와 노인을 포함한 대상 확대와 생애 주기에 따른 문화예술교육 지원 및 과거 중앙정부가 주도하던 문화예술교육의 지역화와 수요맞춤으로의 전환이 제시되었다. 2013년 이후의 문화예술교육 정책은 개인 중심에서 사회로, 학교와 취약계층 중심에서 전 국민 확대, 양적 성장에서 대상자의 필요에 맞추어 내실 있게 진행, 단기적에서 중 · 장기적 정책으로 전환되었다는 데서 급격한 양적 성장을 보완하였다는 데서 의미를 찾을 수 있다(김신일 외, 2019). 정부는 2018년 저소득층, 노인, 장애인 같은 소외계층을 대상으로 575개의 복지기관에 495명의 예술 강사를 파견하는 복지기관 문화예술 지원 사업, 국방부와 법무부 같은 타 부처와 협력하여 북한이탈주민, 재소자 및 군인 등을 위한 문화예술교육 지원, 지자체와 협력하여 지역 특성화 문화예술교육 지원 및 학교폭력 피해자와 도박중독자 등 심리적 상처를 입은 이들을 지원하는 예술치유 프로그램을 진행하였다(교육부, 국가평생교육진흥원, 2019).

5. 인문교양교육

대학 교육으로 보면 인문교육은 위기에 처해 있다. 고질적인 청년층의 취업난은 인문계 전공자가 더 심해서 2010년대에는 '문송'("문과 전공자라 죄송합니다.")이나 '인구론'("인문계 졸업생 중 90%는 논다.")이라는 자기비하적인 신조어까지 등장할 정도였다. 결과로, 대학 입학자의 인문계 전공 회피는 더욱 심해졌다. 그러나 대학 밖에서 인문학 교육은 오히려 평생교육시설을 중심으로 하여 일반 대중을 대상으로 활발히 진행되고 있다. 인문학이 평생교육의 중요한 부분으로 자리를 잡은 이유는 단순히 교양 고취 욕구만이 아니다.

이태수(1994)는 인문학적 인식이 다른 학문과 차별되는 관점을 인간에 대해 접근하는 방식과 지향성에서 구분된다고 보았다. 과학을 포함한 다른 학문에서는 볼 수 없는 인문학의 장점이 인간에 대해 접근하는 방식과 그 지향성에 있다고 본 것이다. 사실적 지식을 추구하는 과학 활동은 직지향(直脂向), 즉 직접적인 접근방식으로 사고를 하는 주체의 입장은 고려하지 않는 반면, 인문학의 간접적인 사지향(斜脂向)은 사고의 대상과 더불어 자신의 입장에 대한 의식이 어떤 방식으로도 자리를 같이하게 되는 복합적인 활동이다. 즉, 사지향은 사고 활동을 하는 주체의 입장도 직지향과는 달리 인식한다. 따라서 인문 활동에서는 과학과는 달리 인간의 삶 속 가치 활동이 중심을 차지하며, 인식의 방향을 사고의 대상에서 자신으로 돌려 성찰함을 의미한다. 이러한 성찰적 사고로 인해 이전의 가정을 되돌아보게 하고 인식이 깊어지게 되며, 인문학의 가치인 우리 자신에 대한 궁극적인 반성이 가능해진다. 인문학습은 학습자가 인식 틀의 변화를 촉발할 수 있는 여러 질문을 던지는 것을 가능하게 하며, 이는 전 생애에 걸친 활동이다(김신일 외, 2019). 평생교육이 일생에 걸쳐 삶과 경험을 성장, 회복, 재구성하는 적극적 활동(한숭희, 2006: 김신일 외, 2019 재인용)임을 감안하면 평생에 걸친 활동인 인문적 사고를 가능하게 하는 교육이 특정 기간에 국한하지 않고 지속적인 성격의 평생교육에 적절하다고 볼 수 있다.

1990년 중반의 IMF 외환위기 때부터 대학 내에서의 인문학의 위치가 위태롭다고 인식되기 시작하였으나, 곧 2000년대부터 기업이 참여하는 인문학 프로그램, 저소득층, 장애인, 노인 등 취약계층을 대상으로 한 인문교육, 시민이 스스로 조직한 '시민아카데미' 등 여러 형태로 대학 밖에서 인문교육이 활성화되기 시작하였다. 특히 2000년대 초반에 등장한 실천인문학자들은 대학이 생산하는 학문이 대학 밖의 대중이 느끼는 문제에 답을 제시하지 못함을 지속적으로 비판하면서 이들의 현실과 더 밀착한 인문학의 보급을 '철학아카데미'와 같은 대중인문교육을 통해 시작하였다. 실천인문학자들은 인문학이 특권계층의 교양 증진을 위한 것만이 아닌 소외계층을 비롯한 서민들의 현실참여 수단임을 지적하며, 그 결과 소외계층을 위한 인문교육 프로그램도 진행되기 시작했는데, 대표적으로 '성공회 노숙인 다시서기'라는 사회단체가 2005년에 시작한 '성 프란시스 대학 인문학 과정'을 들 수 있다. 이와 같이 시작한 인문학 대중화는 2010년 정부의 정책적 지원이 시작되면서 확산되기 시작하였다(김신일 외, 2019).

2016년에 「인문학 및 인문정신문화 진흥에 관한 법률」이 제정되었으며, 국가 차원의 '인문정신문화 진흥 기본계획(2017~2022)'이 수립되었다(교육부, 국가평생교육진흥원 2019). 교육부는 인문교육 증진을 위한 여러 사업 중 하나로 인문도시 조성과 교육 프로그램을 운영하고 있으며, 문화체육관광부는 박물관과 미술관 같은 문화시설에서 인문교육 프로그램을 실시 · 운영하고 있다. 인문교양교육의 참여율은 2014년부터 두드러지게 증가하기 시작하여 2019년을 기준으로 비형식 평생학습의 전체 비중에서 직업교육 다음으로 큰 17.3%를 차지하고 있다. 6대 영역 프로그램에서 인문교육과 문화예술은 절반에 가까운(47%) 비중을 차지하며, 원격교육기관, 지자체의 평생학습관, 사업장 부설 평생교육시설에서 주로 운영되고 있다(교육부, 국가평생교육진흥원, 2019).

경기도 평생교육진흥원이 2016년에 간행한 '평생교육 프로그램 6대 영역 분석연구'에 따르면, 인문교양교육은 문화예술 다음으로 학습자와 프로그램에서 가장 많은 비중을 차지하고 있다. 경기도의 인문교양교육 현황을 보면, 역사나 고전학 같은 전통적 인문학 분야뿐만 아니라 외국어 회화, 요리, 대화의 기법을 비롯한 '기능적 소양 프로그램' 및 건강교실, 독서코칭, 심리치료에 도움이 되는 취미 교육을 포함한 '건강심성 프로그램'도 인문교양교육의 부분으로 운영하고 있다(경기도평생교육진흥원, 2019).

6. 시민참여교육

시민참여교육은 사전적 정의로는 시민이 어떤 일에 관계하여 참여하는 교육을 의미하지만, 일반적으로는 민주사회에서의 시민의 참여에 필수적인 자질과 역량을 기르며, 사회통합과 공동체 형성에 필요한 시민 참여를 촉진하고 지원하는 시민교육으로 정의한다(경기도평생교육진흥원, 2016).

1) 시민참여교육의 변천과 시민성의 의미

서구 사회의 역사를 살펴보면, 시민권은 대체로 자유권, 참정권, 사회권의 순서로 발전해 왔다. 그러나 오늘날 우리의 삶의 현실 속에선 이들 시민권이 상호 보완적이다(교육부, 국가평생교육진흥원, 2019).

우리나라에서 시민참여교육은 해방 후 남한에 미국식 민주주의를 수립하길 원했던 미군정이 교원연수 프로그램, 성인학교 설립으로 시작되었다고 볼 수 있다(김신일 외, 2019). 그러나 1960년대 이후 경제개발에 국가정책이 집중되면서 시민교육기관은 감소하였으나, 대신 국가에 대한 충성과 국민통합을 목적으로 반공과 권위에 대한 복종이 주요 내용이었던 주입식 국민 교육이 실시되었다. 이와 같은 비민주적인 통치에 대한 시민의 반발이 지속되면서 재야에서 정부의 탄압에도 불구하고 청년학교, 민족학교, 공장에서의 소모임을 통해 시민, 특히 노동자의 의식화교육이 진행되었다. 1980년대 군사정권의 해체로 시민단체는 환경교육, 소비자교육, 민주주의교육을 실시하여 1990년대 참여적 시민성 형성의 주춧돌을 놓았다. 1987년 6월 민주항쟁을 계기로 과거 군사독재정권의 권위적이며 주입적인 시민교육의 대안으로 시민단체와 지역주민은 다양한 민주화운동과 시민교육을 실시하였다. 1990년대 지방자치제 실시로 주민은 지역사회를 중심으로 '풀뿌리민주주의'를 실현하기 위한 다양한 운동과 지역주민의 생존권과 환경권을 지키기 위한 '지역개발 반대운동'을 전개하기 시작하였다. 2017년 초에 이루어진 전국적 규모의 촛불시위와 대통령의 탄핵은 참여 민주주의와 직접 민주주의의 중요성을 시민에게 각인시켰으며, 교실에서의 교육이 아닌 참여를 통한 시민참여교육의 가치를 부각시켰다(김신일 외, 2019). 결과적으로, 1990년에는 초·중등교육에서도 시민참여의 중요성을 언급하는 내용이 처음으로 실렸으며, 인성과 환경보호 및 협동을 강조하는 대안학교 프로그램도 등장하였다.

시민참여교육을 통해 다음을 갖춘 시민성을 기르고자 한다.

첫째, 정치, 경제, 사회 및 문화의 권력 영역 바깥의 개인이나 집단이 권력의 남용과 차별에 저항할 수 있는 주체로 지역사회의 시민으로서의 권리를 확보하고 지키는 역량을 키우는 것이다.

둘째, 시민 간의 차이를 인정하고 갈등 없이 어울려 사는 자세, 즉 '다양성 속의 통합'을 증진하는 것이다.

셋째, 사회 구성원으로서의 책임 고취인데, 예를 들면 국가와 기업 주도의 일방적인 개발 계획에 민주적 절차가 무시되면서 해당 지역의 주민의 권리 사수는 물론 사회구조의 문제를 성찰하기 시작하는 것이다. 밀양에서 고압 송전탑 설치 반대 운동에 참여하기 시작하면서 세상 사는 일에 관심을 갖게 되었다고 말한 50대의 강정 주민이 사회 전체의 부조리에 대한 성찰의 시작으로 들 수 있다. 이는 우리에게는 힘이 없기 때문에 어쩔 수 없다는 숙명론이나 윗사람의 결정은 무조건 존중해야 한다는 권위주의의 수용이 아닌 인간의 자발성 회복을 의미한다.

넷째, 행동하는 시민정신 고취로 교실에서의 교육보다는 동아리, 자발적 조직을 포함한 집단 활동을 통해 이루어진다(김신일 외, 2019).

2019년 현재 우리 사회 시민권의 수준을 언론사가 뽑은 10대 뉴스를 살펴보면, 우리 시민의 자유권이 전에 비해 실질적으로 향상된 것을 확인할 수 있다. 특히 선거연령이 만 18세 이상으로 낮아지는 등 시민의 참정권을 신장시킬 기회가 주어졌다(교육부, 국가평생교육진흥원, 2019).

2) 현황과 과제

김신일 등(2019)은 현재 우리나라에서 시민참여교육의 유형을 〈표 7-2〉처럼 세 가지 유형으로 분류하여 설명하고 있다.

첫째, 정당, 지자체, 시민단체나 평생교육기관을 통한 시민성 함양 프로그램이다.

둘째, 학습동아리, 봉사 활동 및 시위나 집회 같은 시민운동에 지역주민이 참여하면서 시민성을 자연스럽게 학습하는 경우이다.

〈표 7-2〉 시민참여교육의 유형

구분	시민성 함양 방식	사례
유형 1	시민성 함양을 일차적 목표로 삼는 교육 프로그램	헌법교육, 인권교육, 환경교육 등
유형 2	사회참여 활동의 결과로서 시민성 함양	동아리, 시민사회단체, 집회 및 시위, 마을공동체 만들기 등에 참여
유형 3	다른 교육 활동의 연장선상에서 시민성 함양	문해교육, 종교교육, 인문학 강좌

출처: 김신일 외(2019), p. 395.

셋째, 학습자들이 어떤 교육 프로그램을 이수하면서 그 연장선상에서 시민성을 학습하는 경우이다. 이와 더불어 문해교육, 인문교양교육, 직업능력 개발, 문화예술교육, 종교교육 등 다른 교육 활동의 성과로서 시민성 향상이 부가적으로 이루어지고 있다고 설명하고 있다.

교육부와 국가평생교육진흥원(2019)이 발간한 『2019 평생교육백서』에 따르면, 2019년 공공기관의 시민참여교육 참여자의 수는 늘었지만, 반면 시민단체에서 시민참여교육은 프로그램 수와 참여자 수에서도 감소세를 보였다. 또한 민주화의 진행과 시민성의 증진에도 불구하고 시민참여교육의 전체 평생교육에서의 비중은 학습자 수에서는 0.13%, 프로그램 수에서는 0.15%로 미미한 수준이다. 그러나 사회참여 활동을 통한 시민성 학습은 꾸준해서 2018년 중앙부처에 등록된 비영리단체는 약 12,600개로 2000년에 비해 5배 정도 증가하였으며, 활동 분야도 정부예산 감시, 소비자, 여성, 환경, 다문화, 이주, 인권 등 광범위하다. 시민사회단체의 활동 참여율은 2017년 8.4%로 감소하다가 2018년 12.6%로 반등하였으며, 집회 및 시위 참여도 2010년 이후 꾸준히 증가하고 있으나, 자원봉사 참여율은 2013년 19.9%로 최고치를 기록한 이후 2019년 16.1%로 감소하였다.

민주화 이후 시민단체 활동과 시민성 증진에도 불구하고 시민참여교육은 여러 가지 과제를 안고 있다.

첫째, 시민교육이 추구하는 이상적 민주시민은 근대 서구사회의 시민이라는 추상적 수준의 관념에 기초를 두고 있기 때문에 우리 시민의 일상과 거리가 먼 경우가 많았다. 개인주의가 강한 서구와는 달리 오랜 세월에 걸쳐 공동체문화가 뿌리를 내렸으며 자연을 개발 대상으로 보기보다는 공존해야 할 대상으로 본 토착적 생활이 자리를 잡은 우리나라의 문화에 더 적합한 '혼종의 시민성(hybrid citizenship)'을 증진하는 시민참여교육의 개발과 실시가 중요하다.

둘째, 시민교육 내용 선정에서 상대적으로 거리가 멀었던 학습자들에게 교육의 선택 자유와 결정에 참여 및 지식과 사상 창출 자유를 보장해야 하며, 교육도 사회 현실에 대한 비판적 시각 함양을 넘어 시민으로서의 사회에 대한 책임감의 형성도 목적으로 해야 한다.

셋째, 학습자를 단순히 조직 운동에 참여시키는 것에서 벗어나 자기주도의 학습을 하도록 도와주어야 한다.

김신일 등(2019)은 시민단체의 1980년대의 노동자교육이 노동자가 자신들의 경험을 교육자와 공유하는 대신 노동자계급 의식의 고취를 위한 일방적 방향의 지식 전수가 대부분이었고, 90년대 중후반의 참여연대가 실시한 시민교육도 시민의 의식화와 조직화에 중점을 두었음을 지적한다. 시민은 올바른 시민이 되기 위해 필요한 역량에 대한 학습 기회는 얻었지만, 학습 활동의 자유, 교육 선택의 권리, 교육 과정과 내용에 대한 결정과정 참여 및 지식과 사상 창출의 자유는 충분히 누리지 못한 셈이다.

이에 관해 한숭희(2006)는 시민사회단체 부설의 평생교육 기관에서도 시민교육을 하지 않고 비즈니스만 하는 경우가 많다고 지적하면서 시민교육은 교실(클래스) 중심의 교육이 아니며 촛불집회 같은 시위나 지역사회 행사 등 교실밖에서의 경험이 시민교육임을 강조하였다. 그는 시민교육이 교실에서의 학습보다는 학습자를 위한 '해방의 공간'이 되어야 하므로 시민학교 활동과 분리될 수 없으며, 교실교육으로 성공 여부를 결정할 수 없다고 지적하면서, 교실에서의 지식 습득보다는 '순수하게 액티비티 중심'으로 지향해야 한다고 주장하였다. '액티비티 중심'의 시민교육의 예로 지역주민의 자치 활동을 들 수 있다. 정부의 결정에 대한 주민의 단순한 지원이나 봉사 대신, 반대로 주민이 '마을공동체 만들기' 사업이나 '주민자치' 운동을 통해 결정의 주도권을 행사하며 정부가 보조 역할을 하는 방식이다. 예를 들어, 지역주민은 직접 같은 공동체 주민들의 의견을 수렴하여 회의와 워크숍을 거쳐 여러 개의 의제를 발굴하여 주민총회에 상정한다. 그 결과로, 주민들은 자기가 사는 마을에 관심을 가지고 참여하고, 평소 지역사회 활동에 소극적인 주민들도 의견을 거리낌 없이 말할 수 있는 장이 마련되어 지역사회의 발전으로 이어질 수 있기를 희망하게 된다. 아울러 시민단체는 지방이나 중앙 정부의 정권 교체에 영향에서 상대적으로 자유롭기 위해 정치세력에 지원을 의존하는 대신 독자적으로 혹은 민관 협력을 통해 시민참여교육을 지속할 수 있도록 자생 능력을 길러야 한다(김신일 외, 2019).

토론문제

1. 평생교육의 영역에 대한 분류체계가 현행법처럼 6대 영역 이외에 더 확대되거나 변경될 필요는 없는지에 대해 토론하시오.
2. 현행 평생교육 영역에서 비교적 부진한 직업생활과 평생교육의 발전 방안에 대해 토론하시오.
3. 평생교육이 국민 누구나 언제 어디서나 배움의 기회를 증대시키고 다양한 내용을 다룰 수 있는 국가 차원의 정책적 노력은 무엇이 있는지 토론하시오.

참고문헌

경기도평생교육진흥원(2016). 경기도 평생교육 프로그램 6대 영역 분석 연구. https://www.gill.or.kr/bbs/board.php?bo_table=scholarship&wr_id=27&sst=wr_hit&sod=desc&sop=and&page=1

교육부, 국가평생교육진흥원(2019). 2019 평생교육백서. https://www.nile.or.kr/contents/contents.jsp?bkind=report&bcode=CAHAAAA&bmode=view&idx=BCJDFCECECFDF

국가법령정보센터(2014). 「평생교육법」. http://www.law.go.kr

국가평생교육진흥원(2019). K-MOOC 학점은행제 학습과정. https://cb.kmooc.kr/pages/5d1d641d459eb9cceb3dcaa2

김신일, 강대중, 김민호, 김현수, 양은아, 양흥권, 이지혜, 채재은, 최돈민, 최선주, 현영섭(2019). **평생교육론**. 경기: 교육과학사.

대구대학교(연도 미상a). 학과 안내. https://www.daegu.ac.kr/page/528

대구대학교(연도 미상b). IT 융합학과 인사말. https://itcon.daegu.ac.kr/hakgwa_home/itcon/sub.php?menu=page&menu_id=2

소광희 외(1994). **현대의 학문체계**. 서울: 민음사.

손해용(2021. 3. 2.). 팬데믹 후폭풍 10명 중 한 명은 10년 내 직업 바꿔야. **중앙일보**, p.경제 2.

시민교육(2017). 클래스 중심이 아니라 새로운 포맷을 개발해야. https://blog.naver.com/rlaskdud0918/221145028311

심규선(1990. 7. 11.). 向學 불우 청소년의 "희망" 검정고시. **동아일보**, p. 9.

이태수(1994). 학문 체계 안에서 인문학의 위치에 관한 고찰.

이화진(2016). 미래사회 변화 및 학령기 인구 감소 대비 학교교육 진단과 교육방향 탐색. **한국교육과정평가원**, 80-87. Doi: 10.23000/TRKO201900002351

전민희(2021. 2. 22.). '벚꽃 피는 순서대로 망한다' 지방대 미달로 꼴찌까지 합격. https://news.joins.com/article/23997414

평생교육법(2019). 법률 제15964호.

한숭희(2006). **평생교육론**(2판). 서울: 학지사.

Knapper, C. K., & Cropley, A. J. (2000). *Lifelong learning in higher educaton*. London: Psychology Press.

제8장

평생교육의 현장과 이슈

"인간은 교육되지 않으면 안 되는 유일한 피조물이다."
-I. 칸트-

학습목표

1. 민주주의의 개념과 중요성, 민주시민교육의 필요성을 이해할 수 있다.
2. 지역사회교육의 개념과 제기되는 이슈를 이해할 수 있다.
3. 여성, 노인, 다문화, 일자리, 언택트 상황에서의 평생교육의 의의를 이해하고, 특히 시대와 환경 변화에 따라 이슈가 변화되는 것을 이해할 수 있다.

학습개요

평생교육은 아는 것보다는 되는 것을 강조하는 분야다. 더 나은 존재로 되기 위해, 더 훌륭한 행동을 하기 위해, 더불어 잘 사는 사회를 만들기 위한 앎이지, 단순히 지식을 위한 평생학습·평생교육은 아니다. 특히 성인교육은 실제적인 문제해결에 관심을 갖는 실용적인 측면이 강하다.

우리가 당면하고 있는 현실은 생존과 더 나은 발전을 추구하는 가운데 끊임없이 변한다. 그 변화에 따라 해결되어야 할 과제나 문제의 내용과 우선순위도 끊임없이 변한다. 이런 현실적인 문제를 바로 해결해 주는 교육적 접근이 평생교육이라 할 수 있다. 평생교육은 사회 변화와 함께 살아 움직이는 생명체처럼 역동적으로 그 이슈가 변한다. 「평생교육법」 제2조제1호에는 6대 영역이 평생교육으로 규정되어 있지만, 그 6대 영역만을 평생교육 영역으로 보지 않고 그것을 포함하는 모든 형태의 조직적인 교육 활동으로 평생교육을 정의하고 있다. 이것은 소위 예시적 규정이지 한정적 규정으로 열거한 것이 아니라는 의미이다. 이것은 또한 평생교육 영역이 변화될 때를 대비한 예비적 규정이라고도 할 수 있다. 평생교육 시스템 자체의 개방성을 잘 보여 주는 규정이라고도 볼 수 있다.

우리는 늘 정치, 경제, 사회, 문화 및 생태계적 환경에서 문제가 발생할 때마다, 또한 현대문명이 딛고 있는 인프라인 테크놀로지가 변화될 때마다 평생교육적 접근을 통해 어떻게 솔루션을 제시할 것인가를 고민해야 한다. 이 장에서는 사회적 이슈가 어떻게 부상하고, 평생교육이 어떻게 그 이슈에 접근할 것인가를 보여 주는 사례를 제시하였다. 이 외에도 관점에 따라 다른 많은 사례가 제시될 수 있을 것이다. 이 장은 고기를 잡는 방법에 대한 것이지, 모든 고기를 망라해서 보여 주는 것은 아님에 유의하자.

평생교육은 평생학습을 지원하기 위한 조직화된 교육적 활동이기 때문에 정책으로 이어지게 되어 있다. 정책화가 되려면, 우선 사회적으로 이슈가 되어야 하고, 정책결정자들에게 어젠다(agenda, 안건)로 올려져 다양한 정책적 처방이 내려진다. 평생교육의 철학이나 원리는 개념화되어 추상성을 띠고 변화의 중심을 잡아 주고 있지만, 평생교육의 현장은 살아가는 삶의 현장이기 때문에 복잡다기한 변화를 겪게 된다. 이러한 관계로 평생교육의 영역은 고정되어 있는 게 아니라, 현장의 변화에 따라 이슈화되고 어젠다가 되어 새로운 정책으로 반영된다. 이것이 평생교육이 살아 숨 쉬는 생활세계의 변화와 함께 하고 있는 역동적인 모습이고 특유의 매력이다. 삶의 고민과 함께 가장 재빨리 대응하고, 또 재빠른 대응이 요구되는 것이 평생교육이라 할 수 있다.

우리나라 「평생교육법」상의 평생교육 개념은 좁은 의미의 평생교육이고, 좁은 의미의 평생교육은 인문교양 중심의 성인교육과 직업교육 중심의 계속교육을 합친 '성인 및 계속교육(Adult and Continuing Education: ACE)'이 중심이라 할 수 있기 때문에 성인교육의 세계적 동향에서 이슈나 어젠다로 되고 있는 것이 무엇인지 살펴볼 필요가 있다. UNESCO 제5차 국제성인교육회의(CONFINTEA V: '함부르크 회의'로 알려짐)에서 21세기 도전과제로 10가지 어젠다가 선정되었는데, 그중 성인교육 대상별 과제는, ① 민주주의와 문화적 시민정신, ② 여성에 대한 임파워먼트, ③ 환경 · 건강 · 인구 문제, ④ 일의 세계(world of work), ⑤ 미디어와 문화, ⑥ 성인학습과 특수 욕구를 가진 집단 등 6가지이며, 나머지 성인교육의 질 향상, 문해와 기초교육에 대한 권리 보장, 성인학습의 경제학, 국제협력 등 4가지는 정책수행과 관련이 있다(UNESCO, 1997). 12년마다 열리는 국제성인교육회의는 제6차 회의인 브라질 벨렘에서 2009년에 열릴 때까지 '실현 가능한 삶' 또는 '지속 가능한 발전을 위한 교육(Education for Sustainable Development: ESD)'이 주제로 부상해 갔다.

인구 폭발과 지구온난화를 비롯한 환경파괴로 경제위기가 올 것이라는 경고는 일찍이 로마클럽에서도 제기되었지만(Meadows, Randers, & Meadows, 2012; Meadows, Randers, Meadows, & Behrens III, 1972), 그 경고가 가시화되면서 지속가능발전(sustainable development) 개념이 전 세계적 화두가 되고 목표가 되었다. 지속가능발전은 1987년 세계환경개발위원회(일명 '브룬트란트위원회')가 발간한 보고서 「우리 공동의 미래」에 등장하였으며, 그 개념은 '세대 간 형평성에 기초하여 미래 세대의 욕구(needs)를 충족시키면서 현 세대의 욕구도 동시에 충족시키는 발전'으로 정의하고 있다(김찬우,

2004). 이어 1992년 리우 UN환경개발회의에서 좀 더 실천적 개념으로 제시되고, OECD에서도 1997년부터 본격적인 관심을 갖고 2004년 각료회의에서 지속가능발전을 OECD의 최우선 목표로 설정하였다.

OECD는 지속가능발전이 경제, 환경, 사회적인 세 축으로 구성되어 있다고 본다. 그리고 복지를 지탱하기 위해선 자연자본, 인공자본, 인적자본, 사회자본의 4가지 자본이 필요하다고 본다(김찬우, 2004). 2002년 12월 UN 총회는 2005~2014년을 '지속가능발전교육 10년'으로 지정하였고, 드디어 2015년 UN은 제70차 총회에서 지속가능발전목표 17가지와 세부목표 169가지를 192개 회원국의 만장일치로 채택하여, 2016년부터 2030년까지 추진하기로 결의하였다. 17가지 목표는, ① 빈곤 종식, ② 기아 종식, ③ 건강과 웰빙, ④ 양질의 교육(SDG4), ⑤ 성평등, ⑥ 깨끗한 물과 위생, ⑦ 적정 가격의 깨끗한 에너지, ⑧ 양질의 일자리와 경제 성장, ⑨ 산업 혁신과 인프라, ⑩ 불평등 감소, ⑪ 지속가능한 도시와 지역사회, ⑫ 책임감 있는 소비와 생산, ⑬ 기후 변화 대응, ⑭ 해양 생태계, ⑮ 육상 생태계, ⑯ 평화, 정의, 강력한 제도, ⑰ 지속가능발전 목표를 위한 파트너십 등이다. 앞서 언급했듯이, 17가지 목표의 축은 경제, 환경, 사회의 세 축임을 알 수 있다. 지금 전 세계는 지속가능발전목표를 국가의 공동 목표로 받아들여 추진하고 있고, 공공 분야뿐 아니라 민간 분야에서도 기업의 사회적 책임(Coporate Social Responsibility: CSR) 활동이 중시되어 국가적 실적으로 집계되고 있다. UN은 회원국들에게 행동을 촉구하면서, "오늘 우리는 역사적으로 대단히 중요한 결정을 내린다.

우리는 존엄하며 보람 있는 양질의 삶을 영위하고, 인간의 잠재력을 완전히 달성할 기회를 잃은 수많은 이를 포함하여 모든 사람을 위해 더 나은 미래를 건설할 것을 결의한다. 우리는 지구를 구할 기회를 가진 마지막 세대가 될 수도 있는 만큼, 빈곤 종식에 성공하는 첫 번째 세대가 될 수 있다. 우리의 목적 달성에 성공한다면 세계는 2030년에 보다 나은 곳이 될 것이다."(환경부, 2015, p. 36)라고 밝히고 있다. 우리나라에서는 2019년 국가 지속가능발전목표(K-SDGs)를 UN의 17개 목표에 우리나라 실정에 맞도록 119개 세부목표를 설정하였고, 2021년부터 2040년까지 UN의 목표 기간보다 10년을 늘려 제4차 지속가능발전 기본계획을 수립 · 추진하고 있다(환경부, 2021). 지속가능발전 목표를 달성하는 것은 결국 사람이 하는 일이기 때문에 사람들의 의식을 높이고 역량을 기르기 위해서는 교육이 핵심 역할을 해야 한다. 그런데 지속가능발전목표 17개 중에서 평생교육과 직접적인 관련이 있는 분야는 아무래도 ④ 양질의 교육이다. 그리고 ⑤ 성평등, ⑧ 양질의 일자리와 경제 성장, ⑯ 평화, 정의, 강력한 제도 등도 관련이 크고 SDG4에 포함되어 있다. 이것은 앞서 언급한 UNESCO 제5차 국제성인교육회의의 21세기 10대 도전과제의 어젠다와 유사하다는 것을 알 수 있다.

UN의 산하기구인 UNESCO는 2017년 '지속가능 발전목표 달성을 위한 교육'에 관한 지침에서 목표 달성을 위한 핵심역량과 구체적인 학습목표를 제시하고 있다. 그리고 지속가능한 성장의 핵심적인 전략적 도구는 교육이라고 천명하고 있다(UNESCO, 2019). 이는 행동의 변화와 역량 개발을 통해 혁신과 지속가능한 성장이 이루어진다고 할 때, 행동의 변화와 역량 개발은 결국 교육을 통해 달성된다고 하는 엄연한 사실을 확인하고 있는 셈이다.

다시 성인교육으로 돌아와 2009년 브라질 벨렘에서 개최된 UNESCO 제6차 국제성인교육회의에서는 '실현 가능한 미래를 위한 삶과 학습–성인학습의 힘'이라는 주제로 개최되었고, 채택된 '벨렘행동강령(Belem Framework for Action)'에서는 "성인 학습과 교육은 현대의 문화적 · 경제적 · 정치적 · 사회적 도전에 대응하는 데 결정적인 역할을 한다고 밝히고 지속가능발전이라는 맥락에서 성인 학습과 교육을 파악해야 할 필요를 강조"한다(임해규, 2009, p. 15). 벨렘행동강령 이후 그 강령의 시행에서의 모니터링 협조약속을 상기하는 역할을 하는 세계 UNESCO 성인학습과 성인교육 보고서(Global Report on Adult Learning and Education: GRALE)가 3~4년마다 발행되고 있는데, 2016년도에 발행된 GRALE III에서는 "성인학습은 평생학습의 중요한 요소이며, '지속가능발전을 위한 2030 아젠다'가 실현될 수 있도록 하는 데 중요한 역할을 담당할 것이다…… GRALE III는 성인학습이 건강, 삶의 질, 고용, 노동시장, 사회, 시민, 지역사회에 긍정적인 영향을 미친다는 점을 보여 주는 증거가 점차 많아지고 있다."라고 보고하였다. "문해 능력은 기술 발전에 있어 핵심적인 능력이다."(국가평생교육진흥원, 2016, p. 11) 그리고 가장 최근 자료로 2019년도에 GRALE IV가 발행되었고, 그 주요 내용에서 여성교육의 참여가 더 확대되어야 하며, 자유와 평등, 민주주의, 인권, 시민교육 분야에 질적 향상이 잘 이루어지지 않고 있다는 지적이 있었다(UIL, 2019).

2022년 6월 15일부터 17일까지 모로코 마라케시에서 개최된 UNESCO 제7차 국제성인교육회의가 개최되어 '마라케시행동강령(Marrakech Framework for Action)'이 채택되었다. '성인 학습 및 교육의 변혁적 힘 활용'이란 주제의 행동강령에선 성인학습 및 교육(Adult Learning and Education: ALE)이 평생학습의 핵심 구성요소임을 재확인하면서 ALE를 포함한 교육은 기본적 인권이며, 2030 지속가능발전목표(SDGs) 17개를 달성하는 데 평생학습이 중요하고, 평생학습의 핵심 차원으로서 ALE가 목표 달성의 열쇠라고 규정하고 있다. 마라케시행동강령에선 코로나19(COVID-19) 대유행의 장기적인 구조적 영향, 녹색 및 디지털 전환으로 인해 발생하는 사회 및 직업 세계의 변화하는 요구 사항을 충족하는 데 필요한 재교육 및 기술 향상을 위한 전략을 구축할 필요성을 강조하고 있다. 우선적으로 추진해야 할 과업으로 평생학습 관점에서 ALE 촉진, 새로운 사회계약 구축[1], 문해력 향상 분야에 대한 정책적 재정적 지원, 기후행동을 위한 ALE의 잠재력 실현, 노인을 포함한 모든 학습자의 디지털 환경학습에 대한 평등한 접근 촉진, 직업의 미래를 위한 성인교육 준비, 평생학습문화 조성 등이 제시되었다. 마라케시행동강령의 권장 사항은 2022년 9월에 있을 교육변환정상회의(Transforming Education Summit)의 필수적인 부분으로 다루기로 하였다(UIL, 2022).

평생교육에서의 이슈 도출은 이제 인터넷과 스마트화로 글로벌화가 이루어졌기 때문에 하나의 문제가 국지적으로 끝나는 게 아니라 순식간에 전 지구적 이슈로 된다. 이번에 코로나19를 겪으면서 감염병 확산과 대처 과정이 실시간으로 공유되는 과정을 통해 글로벌화가 무엇인지 생생하게 느끼는 계기가 되었다. 그리고 전 세계적으로 추진되고 있는 지속가능 발전목표는 어느 한 국가나 지역이 담당하기보다는 전지구적으로 대처해야 할 사안이기 때문에 UN이 주도하는 것은 가장 적절한 거버넌스로 보이고 각국은 전 지구적 대의에 순응하면서 자신의 국가발전목표로 받아들이고 있다. 그래서 평생교육의 이슈도 전 지구적으로 추진되는 동향에 따라 파악할 필요가 있다. 〈표 8-1〉은 지금까지 전개한 평생교육 분야의 국제적 이슈와 어젠다를 요약한 것이다. 여기서 민주주의와 세계시민정신, 지역사회 성인교육, 모두를 위한 평생교육 및 교육복지 관련 여성 · 노인 · 다문화 분야, 양질의 일자리를 위한 교육 그리고 코로나19 이후 벌어진 언택트 상황에서의 교육 등이 공통적인 어젠다로 요약된다. 이러한 어젠다는 코로나 극복에 민주주의 시민의식의 핵심이요, 리더십의 본질인 '주인정신'이 중요하다는 발견과 더불어 생활세계의 현실적인 터전인 지역사회를 발전시키는 데서부터 평생교육 실천

---

1) UNESCO 제7차 국제성인교육회의가 개최되기 하루 전 마라케시에서 국제성인교육협의회(ICAE) 회원 및 파트너 대표 ALE 관계자들이 모여, '미래는 우리를 기다려 줄 수 없다(The future cannot wait)'란 슬로건 아래 '시민사회포럼 선언문'을 발표하였다. 이 선언문에서 "현재 세계 사회는 코로나19를 비롯한 인간이 만들어 낸 복합적인 위기—전염병, 기후 변화, 디지털화의 부정적인 영향, 인공 지능 및 기타 신기술, 핵 위협, 민주주의 약화, 협상과 대화 대신 폭력 사용 등—로 어려움을 겪고 있습니다. 따라서 유네스코 교육의 미래 보고서에 따르면 교육을 위한 새로운 사회 계약이 필요합니다. 이러한 맥락에서 새로운 ALE는 적응적이고 대응적인 역할을 주장하기보다는 ALE의 변혁적인 힘을 기반으로 하는 장기적이고 지속가능한 솔루션을 만들고 수용해야 합니다."(ICAE, 2022)라고 선언하고 있다.

이 일어나는 점에 대한 인식의 확산, 즉 소집단의 힘, 작은 공동체에서의 모범사례가 전체 확산에 미치는 영향력에 대한 인식과 여성에 대한 임파워먼트 요구가 거세어진다는 점, 고령화의 가속화에 따른 노후생활에서 교육복지의 역할이 노년의 삶의 질에서 중요하다는 점, 글로벌화 진전으로 부수되는 다문화사회로의 변화 추세가 대세화되고 있는 점, 인공지능시대의 도래와 함께 양질의 일자리 부족이 예상되고 양질의 일자리에 진입하기 위한 기술교육과 양질의 일자리를 만들어 내기 위한 교육의 중요성이 높아지는 점, 언택트 상황의 일상화가 진행됨으로써 언택트교육의 효과성을 높이는 것이 이슈로 되고 있는 점 등 시대의 흐름과 부합한다고 볼 수 있다.

〈표 8-1〉 평생교육 분야 국제적 이슈 요약

기관	회의	이슈 & 어젠다	비고
유네스코 산하 UIE/UIL	제5차 국제성인 교육회의 (1997)	• 함부르크 선언: 주제(성인학습-21세기를 여는 열쇠) • 10개 어젠다: ① 민주주의와 문화적 시민정신, ② 여성에 대한 임파워먼트, ③ 환경 · 건강 · 인구 문제, ④ 일의 세계(world of work), ⑤ 미디어와 문화, ⑥ 성인학습과 특수 욕구를 가진 집단, ⑦ 성인교육의 질 향상, ⑧ 문해와 기초교육에 대한 권리 보장, ⑨ 성인학습의 경제학, ⑩ 국제협력 등 정책수행 분야	• UIE: UNESCO 교육연구소 • UIL: UNESCO 평생학습 연구소
	제6차 국제성인 교육회의 (2009)	• 벨렘행동강령: 주제(실현가능한 미래를 위한 삶과 학습-성인학습의 힘) • GRALE III: 건강, 삶의 질, 고용, 노동시장, 사회, 시민, 지역사회에 성인교육이 긍정적 영향. 문해 능력이 기술 발전의 핵심 능력 • GRALE IV: 여성교육의 참여 확대, 자유와 평등, 민주주의, 인권, 시민교육 분야에 질적 향상 필요	2006. 7. 1. 이후 UIE가 UIL로 개칭되어 UNESCO 정식 산하 기관이 됨
	제7차 국제성인 교육회의 (2022)	• 마라케시행동강령: 주제(성인학습 및 교육의 변혁적 힘 활용) • 우선 추진과업: ① 평생학습 관점에서 ALE 촉진, ② 새로운 사회계약 구축, ③ 문해력 향상 분야에 대한 정책적 재정적 지원, ④ 기후행동을 위한 성인학습 및 교육의 잠재력 실현, ⑤ 노인을 포함한 모든 학습자의 디지털 환경학습에 대한 평등한 접근 촉진, ⑥ 직업의 미래를 위한 성인교육 준비, ⑦ 평생학습문화 조성	
UN	제70차 총회 (2015)	• 지속가능발전 목표 채택: 17개 목표, 169 세부목표 • 7가지 목표: ① 빈곤 종식, ② 기아 종식, ③ 건강과 웰빙, ④ 양	

		질의 교육, ⑤ 성평등, ⑥ 깨끗한 물과 위생, ⑦ 적정 가격의 깨끗한 에너지, ⑧ 양질의 일자리와 경제 성장, ⑨ 산업혁신과 인프라, ⑩ 불평등 감소, ⑪ 지속가능한 도시와 지역사회, ⑫ 책임감 있는 소비와 생산, ⑬ 기후 변화 대응, ⑭ 해양 생태계, ⑮ 육상 생태계, ⑯ 평화, 정의, 강력한 제도, ⑰ 지속가능발전목표를 위한 파트너십 등	
UNESCO	제38차 총회 (2015)	• 교육 2030 실행계획 채택 • 지속가능발전목표 4호(SDG4– Education 2030) '양질의 교육'에 대한 10가지 세부목표와 이행 수단: 양질의 직업기술교육 및 고등교육에 대한 평등한 접근 보장, 양질의 일자리를 위한 적절한 기술 보장, 교육의 모든 수준에서 양성평등과 포용성 보장, 지속가능발전 및 세계시민성 관련 학습 보장 등	

그동안 우리나라의 지속가능발전교육(ESD)은 환경교육 또는 생태교육 차원에서 주로 학교교육에서 다루었지 평생교육 차원에서의 접근은 미흡하였다. 지속가능발전목표 추진의 주무부서가 교육부가 아닌 환경부라는 점도 그 이유의 일단이 있다(허준, 윤창국, 2015). 하지만 "지속가능성은 앞으로 21세기를 이끌어 가는 시대정신이 될 것이며, 평생교육의 이념인 삶의 질의 유지 · 향상과 직결된다는 점에서 갈고 닦아야 할 우리의 개념이자 이념이다. 따라서 앞으로 평생교육의 정책 이념으로서 지속가능발전을 채택해야 할 것이다."(이희수, 2009, p. 55) 인간은 완벽하지 못한 존재이기 때문에 평생에 걸쳐서 '생존'을 위해 그리고 '인격 완성'을 위해 학습해야 한다. 이것을 '인간 발달'이나 '삶의 질 향상'이라는 말로도 표현하지만 '생존'이란 말은 지속가능하지 않은 조건 때문에 더욱 절박한 현실로 다가온다. 그래서 지속가능발전은 평생교육의 목적의 범주에 넣어도 하등 어색하지 않다. 무릇 교육은 삶의 현장에서 가장 지혜로운 선택을 하면서 생존하고, 발전하고, 번영할 수 있는 방법을 익히는 데 본질이 있으므로 '생존', 즉 '지속가능발전'이 목적적 의미를 갖는 것이다. 최근엔 법률 분야로 다루는 인권교육을 '지속가능발전'을 매개로 평생교육으로 접근하면 공동체에 대한 책임 있는 행동이 강조되면서 더욱 효과적으로 접근될 수 있겠다는 의견도 제시되고 있다(이해주, 2020).

그리고 평생교육이 추구해 온 영역이 인격의 완성(존재하기 위한 학습), 인적자원개발(HRD) 영역에서의 역량개발, 모든 이를 위한 교육(사회적 포용의 실현), 함께 살아가는 공동체학습(민주시민정신) 등임을 감안할 때 지속가능발전목표를 중심으로 선정한 민주주의와 세계시민정신, 지역사회 성인교육, 모두를 위한 평생교육 및 교육복지 관련 여성 · 노인 · 다문화 분야, 양질의 일자리를 위한 교육 그리고 코로나19 이후 벌어진 언택트 상황에서의 교육 등은 평생교육의 영역과 부합하며, 따라서 이 5개 주제를 간략하게 살펴보기로 한다.

1. 민주주의 · 세계시민정신과 평생교육

1) 민주주의와 민주시민교육

(1) 개념과 의의

민주주의는 오랜 역사의 산물이며 인류문명의 꽃이다. 민주주의는 단순한 개념이 아니라 실생활에 접목되어 제도로 정착되었다. 민주주의야말로 이론과 실천이 결합된 원리이다. 민주주의는 인문주의와 인본주의 철학에서 재발견한 인간존엄성, 계몽주의 시대에 자각된 천부인권 사상과 사회계약설 그리고 국민주권주의와 권력분립을 통한 견제와 균형의 원리, 1인 1표의 보통선거, 자유 · 평등 · 박애의 프랑스혁명의 정신 등이 어우러져 형성되었다. 한마디로, 인간의식의 성장 내지 진화의 역사라 할 수 있다. 그래서 민주주의는 '인간존엄성을 바탕으로 한 천부인권을 보장하기 위하여 사회계약에 의해 수립한 정부를 국민이 주인이 되어 운영하는 정치제도 내지 정치이념'이라고 정의할 수 있다. 여기서의 국민은 전제군주시대의 신민(臣民)의 뜻이 강한 국민(people)이나 인민(人民)이란 말 대신 시민혁명을 거쳐 봉건군주제를 타파하고 국민주권을 쟁취한 시민(市民)을 뜻한다. 도시가 아닌 시골에 살더라도 민주국가에서 사는 주권자인 국민은 시민(citizen)이라 부른다. 민주시민교육은 민주주의국가를 전제로 한다. 그리고 민주화 과정에 있거나 민주화 과정을 거쳐 형성된 의식화된 시민의 존재는 민주시민교육의 강력한 주체가 된다. 한숭희 등(2006)은 "민주시민교육을 국가 부문에 대한 시민사회의 형성 과정과 함께 성장하면서 시민사회의 구성원들의 가치 · 이념 · 사고 · 행동 등을 형성함과 아울러 그들 간의 관계를 새롭게 구축해 나가는 교육의 과정으로 규정하고, 민주시민교육은 국가의 일방적 정치사회화에 대하여 넓은 의미의 시민사회단체들이 주도하는 비판적 성인교육의 일환이다."(p. 492)라고 보았다. 그리고 신형식(2012)은 "민주주의 공고화를 위해 시민의식과 시민적 역량을 기르는 교육"(p. 41)으로 보았다. 이런 맥락에서

'민주시민교육이란 시민이 민주국가의 주권자로서의 역할을 잘 수행할 수 있도록 필요한 지식, 기능, 가치, 태도를 길러 주는 교육'으로 정의할 수 있다.

민주국가는 시민이 만들어 가는 것이기 때문에 시민의 수준에 따라 그 국가의 수준이 결정된다고 할 수 있다. 그래서 의식이 깨어 있고 역량을 갖춘 고품격 시민을 육성하는 것이야말로 민주주의 성패를 좌우한다. 인간존엄성을 자각하면 민주주의로 가는 것은 자연스러운 수순이요, 귀결이라 할 수 있다. 존엄한 인간을 노예로 부리거나 지배하고 무시하는 것은 있을 수 없기 때문이다. 상대의 의사를 존중하고, 독단하지 않고, 경청하며 반영하려 노력하게 된다. 또한 개개인의 다양성을 존중하며 개성을 살리고 공동체에 기여하도록 기회를 주고자 한다. 그래서 인간존엄성에 대한 자각을 사무치게 하는 것이 민주시민교육의 핵심이 된다. 혼자서만 존엄한 게 아니라 모두가 존엄하다는 사실을 자각하는 것이다. 인간관계에서의 갈등은 대부분 존중하지 않기 때문에 발생한다. 갈등을 해소하고 마음을 하나로 뭉치게 통합해 내는 게 정치의 본질이고, 이런 통합의 과정이 정치의 A(Alliance, 연합), B(Bargaining, 협상), C(Compromising, 절충)라 볼 때, 인간존엄성에 바탕한 민주주의 정신은 정치의 근본이라 할 수 있다.

제도의 형태를 가진다 하더라도 민주주의는 고정된 틀로 제시될 수 있는 것이 아니라 이상형적인 지향을 가지면서 완전한 구현을 위해 끊임없이 변화하고 발전하는 살아 있는 생명체와 같다. 듀이(Dewey)는 이런 측면을 잘 설명하고 있다. 듀이는 "민주주의는 단순히 정치 형태만이 아니라 보다 근본적으로 공동생활의 양식이요, 경험을 전달하고 공유하는 방식"이라고 본다. 교육은 공동생활을 통해 실생활에서의 문제해결 과정에서 소통과 상호작용 경험의 결과 '성장하는 삶'으로 이끌어 주기 때문에 진화론적인 관점에서 목적이지 수단이 아니라고 하였다. 이것은 인간이 타고난 지력을 활용하여 팀플레이를 할 줄 알며, 소통과 공유의 결과인 경험을 축적하고 활용하여 더 잘 생존하게 해주는 인간진화의 성공적 역사를 설명하는 것이기도 하다. 진화는 결국 경험의 성장이며 지혜의 성장이라 할 수 있고, 살아남을 수 있도록 이끌어 주기 때문에 삶의 목적으로 삼을 수 있다. 그래서 성장하는 삶으로서의 교육은 수단이 아니라 목적으로서의 의미를 갖는다는 것이다. 민주주의는 바로 팀플레이를 가능하게 해 주는 생활양식이며 경험의 공유와 전달, 축적이 가능하도록 지력을 사용하는 방법이라는 것이다. 이것이 듀이가 민주주의를 단순한 정치이념이 아니라 '좋은 사회'를 가리키며 윤리적 이상향으로 본 근거이기도 하다(Dewey, 2009).

(2) 민주시민교육의 현재와 미래

민주주의는 단순히 제도적 보장만으로 충분한 것이 아니라 민주시민의식과 그 실천으로서의 참여 그리고 삶의 운영원리로 체화되어야 한다. 의식과 실천이 함께 이루어져야 하기 때문에 체화되고 습관으로 이어져야 한다. 그래서 민주시민정신(citizenship: 시민성, 시민격으로 변역되기도 한다)을 기르기 위해서는 어려서부터 의도적인 훈련과 습관 형성이 필요하다고 하는 것이다(심성보, 2017). 듀이가 강조하듯이 가정교육과 학교교육이 아주 중요하다. 입시 위주의 교육으로 인해 학교교육에서 민주시민교육이 제대로 이루어지지 않고 있고, 기성세대들도 민주시민의식이 체화되어 있지 못하다 보니 가정교육도 부실하다. 그러다 보니 갈등을 민주적으로 해결하지 못하고 비민주적인 힘의 강압으로 가는 악순환이 이어지고 있다. 그래서 아예 민주시민교육을 제도화하기 위한 입법이 추진되고 있는데, 당파성의 우려를 배제하는 게 관건이 되고 있다(이인원, 원준희, 이영미, 2021). "'뮌헨선언'(1997)에서 제시한 바와 같이, 공공과제로서의 민주시민교육은 초당파성(중립성) · 다양성(다원성) · 독립성(자율성)의 원칙에 따라 이루어져야"(허영식, 정창화, 2020, p. 38) 하기 때문이다.

우리나라 「교육기본법」에 규정된 교육 이념 중에는 '민주시민으로서의 필요한 자질을 갖추게 하는 것'이 포함되어 있어 교육과정 속에 민주시민교육을 포함시키려는 노력과 연구는 지속되고 있다. 민주주의 교육은 '인간존엄성'을 바탕으로 하기 때문에 인성교육과는 불가분의 관계에 있다. 2015년 7월에 시행된 「인성교육진흥법」의 핵심 가치덕목은 예, 효, 정직, 책임, 존중, 배려, 소통, 협동 등 8덕목으로서 유교적인 가치덕목 위주이다. 유교적 덕목이 왕조시대의 수직적인 봉건성을 강화하는 데 이용되었기 때문에 비민주성을 옹호할 우려가 있다는 비판이 있다(심성보, 2017). 공동체가 지향해야 하고 서양문명을 민주주의로 이끌어 온 플라톤(Plato)의 4주덕인 지혜, 용기, 절제, 정의는 반영하고 있지 않다는 비판은 면할 수 없다. 그리고 시민단체의 민주시민교육은 시민생활에 스며드는 교육이 되지 못하고 시민운동의 수단 내지 조직 단체 중심으로 흐르는 면이 있다(한숭희 등, 2006).

주권을 행사하는 성인을 대상으로 하는 성인교육에서는 이론적인 콘텐츠보다는 실제 생활과 직결된 분야에 대해 관심을 갖고 자발적이고 자기주도적으로 참여하기 때문에 현실 정치를 통해서 집권자들이 보여 주는 이념 기반에 대한 비판적 인식, 인사청문회나 후보자 토론회 등을 통한 공직과 공직자에 대한 평가, 코로나19 방역을 계기로 민주국가의 정부운영에 대한 성찰의 시간 등 다양한 기회를 통해 민주주의 학습이 자연스럽게 이루어지고 있다. 아직은 다양한 시각을 내면화하지 못하고 있지만, 시간이 흐르면서 민주시민의식의 성숙이 이루어지고 있다는 것을 알 수 있다. 최근 〈시사IN〉과 KBS의 공동 기획을 통해 조사된 한국의 코로나19 방역 성공사례의 요인은 '민주적 시민성'과 '수평적 개인주의'였음이 드러났다(천관율, 2020).

천관율(2020)에 따르면, 민주적 시민성이 높은 사람은 개인주의 성향이 강한데도 또 뚜렷하게 공동체적 지향이 강한 것으로 드러났다는 점을 의아해하였다. 개인주의와 공동체 지향은 양립하지 않는 것처럼 보이기 때문이다. 하지만 이것이 바로 '주인정신'이다. "주인정신이란 나와 공동체의 삶을 주체적으로 꾸리고 만물을 살려 가는 사랑의 정신"(진규동, 강찬석, 2019, p. 229)으로서 국가 사회 문제를 내 문제로 인식하고 내 일처럼 돌본다. 이것은 존엄한 인간이 독립적이고 자율적으로 행동하고 다른 사람을 존중하면서 간섭하지 않고 스스로 꽃을 피우도록 하지만, 전체적인 공동체의 일은 내 일로 받아들이고 그 발전에 기여할 바를 찾는 것이다. 소크라테스(Socrates)는 개인주의를 민주주의의 기반이요 정의의 본질적 표준이라 했는데(Brooks, 2008), 개인주의가 민주주의의 기반이지만 개인의 존엄성을 말한 것이지 개체적 이기주의를 뜻하는 것은 아니다. 인간 존엄성을 자각함으로써 하나로 연결된 연결성, 전체와 부분의 융합적 관계에 대한 통찰에서 개체적 자아를 벗어나 전체를 살리는 주인의식이 생긴다. 주인의식이야말로 민주시민의식과 리더십의 핵심이라 할 수 있다(진규동, 강찬석, 2019).

2) 세계시민정신과 세계시민교육

(1) 개념과 의의

세계시민교육(Global Citizenship Education: GCE)은 인류보편적 가치인 세계 평화, 인권, 문화 다양성 등에 대해 폭넓게 이해하고 실천하는 책임 있는 시민을 양성하는 교육이다(Sant, Davies, Pashby, & Shultz, 2021). UNESCO는 좀 더 구체적으로 세계시민교육을 "학습자들이 더 포용적이고, 정의롭고, 평화로운 세상을 만드는 데 이바지할 수 있도록 필요한 지식, 기능, 가치, 태도를 길러 주는 교육"(유네스코 아시아태평양 국제이해교육원, 2020)이라고 정의한다. 세계시민교육은 2015 UN에서 결의된 지속가능발전목표 4호(SDG4- Education 2030) '양질의 교육'에 대한 세부목표 중 하나로 정해졌다. '시민교육' '글로벌 교육' '개발교육' '평화교육' 등을 핵심 교육의 틀에서 맥락화한다(Sant et al., 2021). 김진희(2015)는 "국가 내의 계층적 · 문화적 · 인종적 갈등과 공존의 문제가 아니라, 국가를 넘어서 전 지구적 문제해결을 위해 전 지구적 수준의 연대와 협력을 강조하는 세계시민교육은 세계인이 하나의 공동체 시각을 갖고 세계체제를 '이해'하고 국제이슈를 해결하는 데 '참여'하는 역량을 키우는 교육"(p. 60)이라고 보고 있다. 이를 종합하면, "세계시민교육이란 세계시민이라는 정체성을 가지고 전 지구적 문제해결에 참여하여 인류공영에 이바지할 수 있도록 필요한 역량과 정신을 갖추는 학습을 지원하는 조직적 활동"으로 정의할 수 있다.

세계시민교육이 갖고 있는 개념적 특징은 다음과 같다.

첫째, 세계시민교육은 지역국가의 시민교육을 넘어 전 지구적 상호의존과 상호연결성을 바탕으로 한 세계시민으로서의 정체성을 표방한다. 전 세계 인류가 협력하여 해결하지 않으면 안 될 공통의제인 팬데믹(pandemic), 빈곤, 테러, 전쟁, 범죄, 지구 환경 등의 문제가 날로 심각해지고 있기 때문에 이를 해결하고 인류의 공동번영을 이루기 위해서는 세계시민으로서의 정체성을 가지고 책임 있게 행동할 수 있는 세계시민교육이 절실하다. 시민성은 민주주의를 전제로 하고 있지만, 세계시민성은 반드시 민주주의 국가의 시민이 아니더라도 지구상 인류의 일원이면 누구나 갖춰야 할 자질이다.

둘째, 세계시민교육은 세계공통적으로 실천해야 할 보편성과 함께 지역적 특수성을 동시에 갖는다. 구체적인 실천은 해당 지역의 국가가 담당해야 하기 때문이고, 실천 과정이나 방법을 선택함에 있어 그 지역의 문화적 · 정서적 · 정치적 · 사회적 상황을 고려한 변용이 수반되지 않을 수 없다. 이 지점에서 보편성이 지역성에 의해 왜곡될 위험이 상존한다. 그리고 보편성은 모든 인간이 존엄하다는 인식의 기초 위에서 인간의 기본권 보장이라든지 상호존중과 평화와 같은 당위적 질서를 실천하는 것이므로 윤리적 접근이 동반된다. 보편성은 탈정치성을 요구한다.

셋째, 세계시민교육은 개념을 구성하고 있는 세계시민주의와 세계시민성과 같은 요소 개념이 포괄적이고 추상적이기 때문에 다층적인 의미를 갖는다. 이념적인 측면에서는 정치적 · 경제적 · 도덕적 · 비판적 세계시민성이 논의되고 있고, 세계(global), 시민성(citizenship), 교육(education)을 어떻게 조합하느냐에 따라 의미가 달라질 수 있다. 즉, '세계시민성'에 방점을 찍을 경우 '누가 세계시민인가'에 초점을 두고, '세계'에 방점을 찍을 경우엔 초국가성이나 국제적 연관성에 중점을 두며, '세계교육'에 방점이 찍힐 경우엔 글로벌 역량제고의 방향으로 흐를 수 있다(김진희, 2015). 여기서 세계시민성이란 '세계시민으로서 갖춰야 할 자질' 또는 '세계시민으로서 지니는 시민적 특성'이라 할 수 있는데, 옥일남(2014)은 "세계시민성은 제한적인 영역에서 요구되는 시민성의 영역을 넘어서 국제 사회의 체제를 이해하고 지구촌 사회에서 요구되는 이슈에 대해 관심을 갖고 지구촌 공동체의 삶의 질을 개선하기 위해 참여하고 행동하는 성향을 말한다."(p. 109) 라고 정의하고 있다. 세계시민성을 강조할 경우 세계시민교육이란 세계시민성을 함양하는 교육을 말한다.

넷째, 세계시민교육은 단순히 세계적인 문제에 대한 인식이나 국제적 이해에 머물러 있지 않고, 실제로 삶의 현장에서 '더불어 살아가기'를 실천하는 것이므로 난제를 해결하기 위한 국제적 연대와 생활 현장에서 세계시민성을 발휘하기 위해 세계시민으로서의 정체성과 가치와 역할을 내면화하고 행동하기 위한 성찰적 학습이 필요하다(김진희, 2015). UNESCO(2019)는 세계시민교육의 접근엔 도덕성 교육에서처럼 인지적 · 사회정서적 · 행동적 차원의 3대 학습 영역이 골고루, 그리고 통합적으로 펼쳐져 지행합일이 이루어지도록 권고하고 있다(박순용, 2020).

(2) 세계시민교육과 평생학습

세계시민교육은 평생학습으로 펼쳐져야 한다. 그 이유는 다음과 같다.

UNESCO(2019)는 지속가능발전목표(SDG)를 달성하기 위한 지속가능발전교육(ESD)이 모든 교육의 주류가 되도록 교과과정이나 교수 · 학습과정을 통합시키도록 권고하고 있다. 특히 발전교육, 평화교육, 세계시민교육, 인권교육 등의 지속가능발전교육을 형식, 비형식 학습에 통합할 것을 요구하고 있다(UNESCO, 2019). 이것은 지속가능발전교육을 매개로 발전교육, 평화교육, 세계시민교육, 인권교육이 상호 통합되어 형식적이든 비형식적이든 모든 학습에서의 결과가 '지속가능발전'으로 귀결되도록 한다는 뜻이다. 세계시민교육은 인권교육이나 평화교육 등 다른 교육 분야와 분절되어 있으면서도 추상적이어서 뚜렷한 특색이 없다는 비판이 있었는데, 지속가능발전이란 개념이 매개되어 훨씬 분명한 메시지를 갖게 되었다. 앞서 언급하였듯이, '지속가능발전'은 인간의 '생존'을 의미하는 것이고, 생존을 위한 학습은 평생에 걸쳐서 삶의 현장에서 유형 무형의 모든 형태로 이루어진다. 또한 평생교육을 비형식 교육 활동으로 보는 입장(한숭희, 2020)에서는 UNESCO가 말하는 형식, 비형식 학습의 통합이라는 말은 바로 평생학습을 의미한다.

그리고 행동 중심의 변혁적 교수법이 지속가능발전교육을 실행하는 핵심동인으로 제시된다(UNESCO, 2019). 외국어 구사나 국제이해를 주지주의적으로 전달하는 교육이 아니라 성찰을 통해 나, 국가, 지구와의 구조적 관계를 파악하고 좀 더 나은 세계를 만드는 데 참여하도록 하는 전환적 학습이 일어나도록 지원하는 교육이 필요하다(김진희, 2015). 즉, 세계시민의식으로 깨어서 매순간의 행동으로 실천되어야 하므로 평생학습 차원에서 '더불어 살아가는 학습'을 일생에 걸쳐 꾸준히 전개해야 하기 때문이다.

마지막으로, 세계시민교육의 핵심은 바로 세계시민으로서의 정체성을 갖도록 돕는 것이다. 세계시민의 정체성은 "누가 세계시민인가?"에 대한 답을 찾아나가는 과정에서 형성된다고 볼 수 있다. 세계시민은 세계시민의식을 갖고 세계적 난제를 인식하고 그것을 해결할 능력을 갖추려 노력하고 실제 행동으로 옮겨 더 나은 지구를 만드는 데 기여하는 것이다. 민주시민의식이 갖춰져 있으면 국내의 민주주의가 발달하듯이 세계적인 이슈가 해결되기 위해서는 세계시민의식을 갖추어야 한다. 그 정신의 핵심은 주인정신이다. 지구가 남의 것이 아닌 바로 내 것이라고 하는 의식이다. 지구와 내 삶이 하나로 연결되어 있다는 자각에서 주인정신이 생겨난다. 이것은 근시안적인 개체적인 자아를 벗어나 전체 맥락에 깨어 있는 참자아가 될 때 드러나게 되는데, 이는 결국 '존재를 위한 학습(learning to be)'의 영역이고, 이것은 평생교육의 4기둥 중 하나이다.

2. 지역사회 개발과 평생교육

1) 개념과 의의

지역사회 평생교육은 "지역성, 공동체성과 함께 사회경제적 문제해결을 통해 개인, 조직, 지역사회가 함께 성장하여 삶의 질을 향상시키는 활동이다."(최은수 외, 2010, p. 149) 여기서의 평생교육은 넓은 의미의 개념이며, 이때 평생교육은 교육 전반을 포괄하는 것이기 때문에 지역사회 평생교육은 지역사회교육으로 부를 수 있다. 지역사회교육을 통해 제도교육과 좁은 의미의 평생교육인 성인교육이 만나게 되며, 둘이 융합되어 '성장'과 '삶의 질 향상'이란 공동목표를 향해 나아가게 된다. 현실적으로 우리나라 지역사회교육은 학교를 중심으로 '훌륭한 아이 키우기' '안심하고 학교 보내기'와 같은 목표를 위해 학부모와 지역사회가 협력하는 형태로 이루어져 왔다. 농촌의 초등학교를 상상해 보면 지역사회가 공간적·공통 관심사적 유대관계로 얽힌 공동체임을 바로 알 수 있다. 초등학교를 다니는 아동들의 통학거리가 지역사회의 물리적 공간의 범위를 정해 주고, 학부모와 학교를 다녔던 동문들을 중심으로 한 성인들의 사회적 관계가 형성되어

학교의 체육대회, 소풍, 수학여행과 같은 학교 행사는 지역사회의 주요 관심 사항이 된다. 초등학교에서 중학교로 올라가면서 더 넓은 지역사회가 교육공동체로 들어오고, 아동의 성장에 따라 공동체적 돌봄의 수요는 줄어든다. 그러나 지적 호기심이 늘어나고 직업적 관심도 구체화되므로 전문가 특강, 기업체 견학이나 연수, 일일인턴체험, 봉사활동 등을 수준 높게 펼칠 수 있는 자원 제공이 중요하다. 공동체의 유대관계가 강할수록 학교중심의 지역사회교육은 더욱 활성화된다. 아동을 훌륭하게 키우기 위해서는 성인의 언행이 모범이 되어야 하는데, 서로 잘 아는 관계에서는 감시의 눈 때문에 함부로 행동할 수 없고, 교육적 행동에 대한 요구가 더욱 잘 수용될 수 있다. 건강한 먹거리 제공, 쓰레기 투기, 줄서기, 거리에 침 뱉기 등 가시적인 행동을 조심하게 된다. 또한 방과후학습, 체험학습, 견학, 특강, 문화유산조사 등 지역의 교육자원을 보다 쉽게 활용할 수 있는 조건이 된다. 긍정적 차원의 교육자원이 풍요로워지는 것이 교육적 관점에서의 지역사회 발전이라 할 수 있다. 한국지역사회교육협의회(KACE) 박명래 회장은 "한 아이를 잘 키우려면 온 마을이 필요하다."라는 아프리카 속담을 인용하면서, 지역사회가 평생교육의 장이 되어야 한 아이를 자존감 있는 올곧은 아이로 키울 수 있다는 신념을 피력한다(출처: http://kace.or.kr/p01_01). 지역사회와 함께하는 교육이 우리나라 교육의 큰 흐름을 형성하고 있다(한상훈, 2019).

"지역사회는 어떤 지리적 영역 안에서 사회적 상호작용을 통하여 한 가지 이상의 공동유대를 가지는 사람들로 이루어지는 곳"(최은수 외, 2010, p. 151 재인용)을 말한다. 일찍이 도산 안창호는 "내 소리가 들리는 범위를 위하여 말하고, 내 손이 닿는 범위를 위하여 사랑하고 돕고 일하라. 이것이 인생의 바른 길이다."(이광수, 1997, p. 151)라고 하였다. 공자는 가장 가까운 부모에 대한 효도를 하지 못하면서 달리 올바른 행동을 한다는 것이 무의미하다고 갈파하였다. 우리는 가까운 인간관계나 내 앞의 일을 회피하기 위하여 먼 곳을 더듬는다. 내 집앞의 쓰레기 치우고, 불우한 이웃에 봉사하는 게 힘드니까 해외봉사활동을 나가려 한다. 우리가 나고 자란 지역사회에서 배우고, 그 배운 것을 활용하여 지역사회를 발전시키는 것이 교육의 1차적 목표이다. 그래서 평생교육은 지역사회를 떠나서는 구체성을 상실하고 만다. UN의 지속가능한 발전도 지역사회부터 지속가능하도록 만드는 실천을 중시하고 있다. 이론과 함께 실천이 중시되는 평생교육은 지역사회 이슈에 참여하고 노하우를 공유하면서 행동으로 실천되는 것이어야 한다. UN은 지속가능발전교육에서 인지적 · 사회정서적 · 행동적 학습을 권고하고 있는데, 이것은 한마디로 언행일치를 요구하는 것이고, 주인정신을 갖게 하는 것이다. 따라서 한성근

(2021)이 제시하는 바와 같이 평생교육은 시민의 주체적인 삶을 지원하는 것이어야 한다. 학습을 통해 자신을 발견하고, 자발적이고 주도적인 학습 활동을 하고, 학습의 결과를 지역과 함께 공유하는 방향으로 전개되어야 한다. 이러한 지역사회 기반 평생교육의 원리는 지역사회 발전을 위한 교육에 그대로 적용된다. 이때 지역의 생활과제는 평생교육의 학습과제로 전환되어, '인식-자발적 학습-공유와 실천'의 단계를 거쳐 지역의 발전이 일어나게 된다.

평생교육을 통한 지역사회개발은 새마을운동이 좋은 사례를 제공해 주고 있다. 새마을운동이 비록 관주도로 추진되어 빈번한 정권 교체를 겪으면서 시대 상황에 맞게 활동과제는 바뀌었지만, 지역사회발전을 위해 평생교육이 어떻게 활용되었는지 잘 보여준다. 초창기 새마을운동은 마을 공동으로 해야 할 일이 방치되어 있는 것을 공동 관심사로 끌어들여서 마을길 확장, 제방 쌓기, 지붕 개량과 미관 개선, 공동 소각장 설치 등의 사업을 자체적으로 추진토록 하면서 '잘 살아보세'의 구호가 현실화되게 하였다. 이런 일을 하는 데 새마을교육이 결정적인 역할을 하였다. 새마을연수원을 설립하여 새마을교육을 대대적으로 실시하고 새마을지도자들을 양성하였다. 새마을교육을 통해서 근면, 자조, 협동의 정신을 함양하였다. 외형적인 미관 개선보다는 새마을정신을 기르는 것이 새마을운동의 실질적인 목적이었다. 국가의 지속적인 발전을 위해서는 외형적인 산업화만으로는 부족하고 시민이 주체적으로 발전을 추진해 가야 한다. 그 정신이 필요한 시점에서 새마을운동이 시작된 것이었다. 한성근(2021)이 말하는 '인식-자발적 학습-공유와 실천'의 평생교육 단계에서 다수의 대중이 무지할 경우에는 초기에 선각자에 의한 페다고지적 교육을 통해 '인식'을 돕는 접근이 필요하다. 모름지기 무언가 마음을 모아서 프로젝트를 추진하기 위해서는 교육을 통해 상황을 인식하게 하고, 스스로 성찰하여 내 것으로 만드는 학습을 하고, 일꾼을 양성하는 작업이 반드시 필요함을 알 수 있다.

2) 지역사회교육에서 제기되는 주요 이슈

UNESCO 치엔 탕(Quin Tang) 교육 부문 사무총장보는 "교육은 그 자체로 목표인 동시에 다른 모든 지속가능발전목표(SDGs)를 달성하는 수단이다. 교육은 지속가능발전의 필수적인 부분일 뿐만 아니라 지속가능발전을 가능하게 하는 핵심 요소이다."(UNESCO, 2019, p. 1)라고 밝혔다. 이처럼 교육은 교육 자체뿐만 아니라 지역사회에서 요구되는 정치, 경제, 사회, 복지, 문화, 환경, 고용, 안전 등 모든 생활 영역의 발전을 추구하는 데 핵심 전략이 된다. 이 가운데 지역사회교육과 관련한 중요한 이슈만 간단하게 언급하기로 한다.

(1) 도시문제와 평생학습도시

"학습도시란 도시의 총체적 역량을 동원하여 시민의 학습 활동과 도시의 활성화라는 두 가지 목적을 동시적으로 추구하는 이상적인 학습사회로서의 도시를 말한다."(한숭희, 2011, p. 249). 평생학습도시는 1992년 OECD와 EU를 중심으로 '도시학습 역량을 향상시켜 경제적 성공이 가능한 도시'로 개념화하고 학습도시 간의 네트워크를 구축하여 전개하였다. 평생학습도시는 지역사회의 중요한 이슈에 따라 경제발전을 중심 목표로 하는 산업혁신형, 학습파트너형과 사회통합을 중심 목표로 하는 지역사회 재생형, 이웃공동체 형성형으로 분류된다(한숭희, 2011). 예컨대, 제주시는 '평생학습도시선언문'에서 "평생학습도시의 이념은 학습을 통한 지역사회 결속을 추구한다."라고 선언하고 있다. 이로 미루어 제주시평생학습도시는 이웃공동체 형성형이라 할 수 있다. 우리나라의 경우 평생학습도시는 1994년 창원시 조례제정, 1999년 광명시 평생학습도시 선언에 이어 2001년부터 교육인적자원부에 의해 평생학습도시 조성 사업이 시작되었고, 2007년에 전문개정된 「평생교육법」 제15조에 평생교육활성화를 위하여 지정할 수 있도록 법적 근거를 마련하였다. 2022년 2월 현재 평생학습도시는 전국 188개 지방자치단체가 지정되어 있다. 평생학습도시의 등장으로 우리나라 교육체제는 학교 중심에서 평생학습체제로 전환되었다는 평가를 받고 있다(최은수 외, 2010). 평생학습도시의 주요 사업은 평생학습도시 기반 조성 사업(조례제정, 평생학습센터 설치, 추진위원회 구성, 전문인력연수지원 등), 평생학습도시 활성화 지원 사업(우수 프로그램 지원, 특성화지원 사업, 소외계층 평생교육 프로그램 지원 사업, 문해교육 프로그램 지원 사업, 주말 평생교육 프로그램 지원 사업, 학습동아리 지원, 평생교육축제, 시민대학 등) 등이 추진되고 있다(변종임, 권두승, 양병찬, 이희수, 이경아, 2006; 양병찬, 2019). 평생교육은 인간의 평생에 걸친 평생학습을 지원해 주기 위한 수직적 · 수평적으로 통합된 조직화된 교육적 활동이므로 '연결성'이 핵심이라 할 수 있는데, 평생학습과 평생교육이 가진 특유의 연결성이 지역의 교육적 자원을 총결집하게 하는 '평생학습도시'의 개념으로 나아가게 하였다.

고양시는 2021년 6월 '지속가능한 시민 행복도시'라는 주제로 '제2회 고양도시포럼'을 개최했고, '평생학습, 도시재생, 환경'이 포럼의 키워드요, 미래의 비전으로 제시되었다(고양도시관리공사 도시재생지원센터, 2021). UNESCO 지속가능발전을 위한 교육목표의

11번째는 "지속가능한 도시와 지역사회: 포용적이고 안전하며 회복력 있는 지속가능한 도시와 거주지 조성"(UNESCO, 2019)인데, 고양시는 1992 리우환경회의에서부터 지방정부의 역할을 강조하는 "지구적으로 생각하고, 지역적으로 행동하자."라는 구호를 평생학습도시 사업과 연결지어 실천하고 있다.

(2) 지역공동체 살리기: 마을교육공동체, 마을공동체

지역공동체 소멸은 산업화 · 도시화로 인한 이농, 이사가 잦은 도시생활 환경, 저출산 고령화로 인한 인구 감소, 119 응급 시스템과 의료보험제도의 정착, 혼례(婚禮)나 상례(喪禮)와 같은 생활 서비스의 상업화 등으로 위기 상황이 진행되어 왔고, 정보통신기술과 스마트화, 인공지능, 코로나19로 촉발된 비대면 상황 등 대면접촉 없이 필요한 정보를 얻을 수 있게 됨으로써 더욱 가속화될 것으로 전망된다. 지역공동체 소멸은 곧 이웃에 대한 무관심이며, 쌍방향 소통의 단절과 비인간화를 의미하고, 대인정보의 부족에 따라 사람에 대한 불신이 커지고, 삶의 질을 떨어뜨린다. 자생적인 행복 기반이 취약한 이런 구조는 경제위기로 공공 영역에서의 보장이 흔들리면 걷잡을 수 없는 혼란과 함께 번영의 토대인 민주주의마저 붕괴될 위험이 있다. 실제 2018년 사회적 관계망의 질은 OECD 전체 40개국 중 최하위인 40위였고(김상민, 김현호, 2019), 2021년 보건복지부 『자살예방백서』에 따르면, 2019년 기준 노인자살률 역시 인구 10만명당 46.6명으로 OECD 평균인 17.2명을 2.7배 이상 뛰어넘어 OECD 1위를 기록하였다. 합계 출산율 역시 2018년 0.98명으로 OECD 회원국 중 1명 미만인 유일한 국가이다(김경수, 2021). 노인자살율이 높고 사회관계망의 질이 낮음을 볼 때 나이가 들수록 사회관계망의 질이 중요하다는 것을 알 수 있다. 마을이 살아야 노인이 살고, 노인이 행복해야 희망이 살고, 희망이 살아야 결혼율 · 출산율이 높아질 것이니, 마을이 살아야 국가가 산다는 말은 설득력이 있다. 코로나19(팬데믹)가 가져다 준 돌봄국가, 돌봄시민성 · 돌봄민주주의에 대한 각성으로 마을공동체의 중요성이 되살아나고 있다(심성보, 2021).

공공영역에서 지역공동체를 살리기 위한 노력은 다양하게 전개되고 있다. 대표적인 정책으로 평생학습도시 사업 중 생활 문제를 학습과제로 다루는 읍 · 면 · 동 평생학습센터, 도시재생이나 지역개발을 위한 마을공동체 지원 사업, 그리고 혁신교육지구 사업 등이다. 마을공동체 지원 사업은 주민주도로 사업을 기획 · 집행 · 관리하는 형태로 진행되며, 지방자치단체는 중간지원조직(서울시의 경우 '마을공동체종합지원센터')을 두어 포괄적으로 지원하고 있다(양병찬, 2019). 지역공동체를 살리기 위해서는, 첫째, 공동 관심

이슈가 있어야 하고, 둘째, 실생활에 도움이 될 수 있어야 하며, 셋째, 효과적이고 통합적인 정책지원이 가능하도록 거버넌스가 형성되어 있어야 한다. 현재 일반행정과 교육행정이 분리되어 비슷한 사업에 예산 집행과 관리 면에서 중복과 낭비가 발생하고 있다. 어쨌든 이 3가지 조건을 고려했을 때, '자녀교육'이 가장 현실적인 이슈 중 하나로 등장한다. 누구나 미래세대 교육에 관심이 있고, 지역에 좋은 학교가 생기면 인구 유입과 집값 상승, 지역호감도가 높아져 지역 프리미엄이 형성된다. 여기에 착안한 것이 '마을교육공동체' 사업이다. 마을교육공동체 사업을 학교에 일임하면 학교교직원들에게는 짐이 되기 때문에 귀찮은 일이 되고 만다. 그래서 거버넌스가 대단히 중요하다. 평생학습센터나 마을공동체 지원 사업의 중간지원조직을 거버넌스로 활용하여 마을교육공동체 사업을 추진하고 있는 성공사례로 시흥시 행복학습지원센터가 꼽히고 있다(양병찬, 2019).

주민주도로 이루어지는 마을공동체 사업(지방자치단체 입장에서는 '마을공동체 지원사업')은 "주민이 함께 모여(주민모임 · 마을카페), 함께 기르고 돌보며(마을복지 · 공동육아), 건강한 공존을 고민하고(에너지 자립 · 안전마을 등), 함께 일자리를 마련하여(마을기업), 함께 즐기는(마을축제 · 마을문화) 모든 활동이 마을공동체 사업의 대상이다."(양병찬, 2019, p. 17) 마을공동체의 지속가능성은 경제공동체로서의 토대에 의해 좌우된다. 교육이 공동 관심사이긴 하지만, 그 이전에 생업의 토대가 갖춰지면 항심(恒心)이 생기고 오래 정주(定住)할 수 있게 된다. 경제공동체 기반 마을공동체는 지역주민을 조합원으로 하는 협동조합의 형태를 띠는 경우가 많다. 신용협동조합, 소비자협동조합, 로컬푸드협동조합, 봉제협동조합, 육아협동조합, 문화협동조합, 지역공동체형 식당, 주택협동조합, 장례협동조합 등의 형태로 마을공동체의 중심이 된다. 협동조합의 성패를 가늠하는 조건은 민주주의 학습, 주민 신뢰, 사회적 가치 존중, 아래로부터의 참여, 비전과 꿈을 갖춘 리더십이다(공석기, 2016). 이것은 결국 평생교육의 매개가 중요하다는 것을 보여 준다. 앞으로 일자리가 줄어들고 소득이 줄어드는 상황에서 물가가 계속 올라갈 경우엔 주민이 협력하여 생필품을 싸게 조달하기 위한 마을공동체 기반의 생산과 유통, 소비가 활성화될 가능성이 있고, 이것이 효과적으로 사회적 가치를 창출한다면 자본주의의 대안으로 자리잡을 가능성도 있다.

3. 여성, 노인, 다문화와 평생교육

1996년 OECD가 제창한 '만인을 위한 평생학습'과 2015년 인천선언의 '포용적 교육과 만인을 위한 평생학습(towards inclusive education and lifelong learning for all)'의 기치를 공식화한 UNESCO의 'Education 2030'의 기조에 따라 유네스코평생학습연구소(UIL)의 '성인학습과 교육에 관한 4번째 보고서'의 부제는 '아무도 뒤에 남겨 두지 않는다: 참여, 평등 그리고 포함(Leave No One Behind: Participation, Equality and Inclusion)'이다. 이 보고서에서 만인을 위한 평생교육과 학습을 실현하기 위해 장애가 있는 성인, 노인, 소수민족, 농촌 지역에 거주하는 사람들, 난민 및 이민자 등 소외계층에 지속적으로 뿌리 깊은 불평등이 있음을 지적하고 있다(UIL, 2019). 여성에 대해서는 성평등의 입장에서 평생학습과 교육에의 여성 참여가 더 향상되어야 한다는 입장에서 보고 있다. 여성교육은 개인의 생활 향상뿐만 아니라 가족과 자녀의 교육에도 긍정적인 영향을 미친다는 점에서 매우 중요하며, 경제 발전, 건강 및 시민사회 참여에 강력한 영향력을 가진다고 보고 있다(UIL, 2019). 여기서는 성평등의 관점에서 상대적으로 소외되어 왔던 여성에 대한 평생교육, 그리고 거스를 수 없는 대세로 되고 있는 고령화와 다문화와 관련된 평생교육에 대한 이슈를 다루기로 한다.

1) 여성과 평생교육

1970년대부터 여성교육에 대한 관심이 높아졌고, 1990년대부터 학문적으로 성평등을 중심으로 한 '여성학' 연구가 본격화되었다. 이것은 전자혁명과 가전제품의 등장으로 여성이 가사노동에서 해방되고, 산업화와 대가족제의 붕괴 및 그로 인한 시부모로부터의 독립, "아들 딸 구별 없이 둘만 낳아 잘 기르자"라는 산아제한 슬로건과 남아선호사상의 퇴조, 소녀가 소년과 똑같은 교육 기회를 부여받는 등의 시대 변화를 타고 이루어져 온 것이었다. 그동안 우리나라에서의 제도적인 여성의 지위 향상은 이런 시대조류와 함께 적극적인 여성운동의 결과로 여성의 선거권 확보(1948)의 기초 위에서, 「남녀고용평등법」 제정(1987), 여성부(Ministry of Gender Equality) 설치(2001), 「성폭력특별법」 제정(1994), 군가산점제 폐지(1999), 호주제 폐지(2005), 「성매매방지법」 제정(2004), 성범죄에 관한 친고죄 폐지(2013), 비례대표 국회의원 50% 여성할당제(2004년 「공직선거법」 개정) 등으로 진행되어 왔다. 여성운동을 가능하게 한 저변에는 성평등 주장을 뒷받침하는 학문적 연구 성과와 그것을 공유하여 공감대를 확장시키는 교육이 있었음은 물론이다.

그런데 우리나라의 경우 2015년을 기점으로 여성운동은 과거의 여성운동단체 또는 소수 활동가 중심의 '의제설정-정치권 반응'의 형식에서 벗어나 SNS와 온라인을 중심으로 여성의제를 '발견'하여 강한 응집력으로 사회적 관심을 끌고 바로 정치권을 움직이게 하는 '넷페미니즘(Net-Femi)'으로 전환되었다(오재호, 박원익, 2020). 그리고 지금 20대의 경우, 성차별 관련 제도가 철폐되기 시작한 1990년 이후에 출생한 세대로서 세대별로 가장 심각한 갈등으로 '젠더갈등'(2018 리얼미터조사)을 꼽았다. 오재호와 박원익(2020)의 연구에 따르면, 특히 20대 남성의 박탈감이 심각한데 20대 남성 68.7%가 '남성 차별이 심각하다'고 답변했고, 72.2%가 '남자만 군복무하는 것은 차별'이라는 인식을 갖고 있었다. 남녀 대학진학률은 2005년부터 여성이 남성보다 높은 진학률을 보여, 2019년도에는 남성(66.6%)보다 여성(74.5%)이 8% 정도 높았다. 20대의 고용율도 2004년 이후 남성보다 여성이 더 높다. 2019년 리얼미터 결혼인식조사에 따르면, 젠더갈등이 결혼 의욕을 저하시킨다(61.6%). 이런 상황에서 20대 남성은 성평등과 페미니즘을 서로 다른 개념으로 인식하며, 페미니즘은 여성우월주의를 의미하는 것으로 인식하고 있다. 이제는 양성평등 문제가 인위적인 성별우대정책에서 벗어나 공정한 기회 보장과 실질적인 성평등을 이루도록 이해와 설득의 토대를 놓아야 한다. 그래야 20대와 30대를 중심으로 확산되고 있는 남성혐오, 여성혐오의 대립과 갈등을 미연에 방지할 수 있을 것이다. 젠더갈등 해소를 위한 평생교육 방향은 다음과 같다.

첫째, 성차에 대한 이해를 넓히고, 다르지만 평등하게 존엄한 사람임을 인정하는 노력이 필요하다. 이를 위해서는 성차별적 고정관념에서 타파할 필요가 있다. 남녀는 생물학적 · 생리적으로 서로 다른 염색체와 호르몬을 갖고 신체적인 특징도 다르고 그에 따라 심리적으로 다른 특성(예, 공격성, 언어 능력, 시공간 능력, 수학 능력 등)을 갖지만, 심리학자 칼 융(Carl Jung)에 따르면 본질적으로 남성 속에 여성적 요소(아니마)가 있고, 여성 속에 남성적 요소(아니무스)가 있어 통합되어 있다. 사회화 된 성을 젠더(gender)라 하는데, 성역할 고정관념, 남성다움(남성성), 여성다움(여성성)과 같은 성인지주의적 내지 문화적 관점의 성차별과 관련되어 있는 개념이다. 여기서 생물학적 성차와 심리적 성차를 인정한다고 하더라도 절대적인 것은 아니며, 남녀 간의 차이보다 같은 성별 안에서의 개인차가 더 큰 것으로 보고되고 있다. 따라서 교육이나 고용의 영역에서는 공정한 룰을 기반으로 각자의 선택에 맡겨 해결하는 것이 삶의 만족도를 높이는 방식이 될 것이다. 여기서 공정한 룰을 어떻게 합의할 것인가가 문제이다. 다만, 이 영역에서 성욕의 차이는 남성이 더 많은 것으로 보고되고 있지만 차이가 없다는 반론도 있다. 성욕의 차이는 남녀의 이해에 결정적인 중요성을 가지므로 깊이 있는 연구가 필요하다.

둘째, UN의 지속가능개발목표 중 5번째는 성평등(gender equality)이다. 그리고 그 강령은 '성평등 달성과 모든 여성 및 여아의 권익신장'(Achieve gender equality and empower all women and girls)이다. "성평등은 인간의 기본적 인권일 뿐만 아니라 평화와 번영을 추구하는 지속가능한 세상에 필요한 필수 토대이다."(UN 홈페이지) "성평등과 여성 및 소녀의 권익신장 실현은 모든 목표와 세부목표의 진전에 결정적인 기여를 할 것이다. 인류의 절반에 대한 완전한 인권과 기회가 계속해서 인정되지 않는다면 인간잠재력의 완전한 실현과 지속가능발전의 달성은 불가능하다. 여성과 소녀는 양질의 교육, 경제적 자원, 정치적 참여에 대한 평등한 접근뿐만 아니라 고용 리더십, 모든 의사결정 과정에서 남성 · 소년과 평등한 기회를 가져야 한다."(환경부, 2015, p. 18) 이를 통해 지속가능한 세상을 만들기 위해서 지구상의 모든 인류를 포괄한 집단지성이 필요하다는 것을 역설하고 있음을 알 수 있다. 마치 노예 해방이 노예뿐만 아니라 노예주를 인간답게 만들어 보편적 인간의 존엄성을 각성하게 하고 인류의 인권 보장과 민주주의를 한 단계 성장시켰듯이, 양성평등 운동이 여성뿐만 아니라 남성도 해방시켜 인류 해방의 길로 나아가게 한다는 관점, 즉 다양한 지식과 경험의 존중으로서의 교육을 표방하는 포스트모더니즘의 관점을 접목시킬 수 있을 것이다(최은수 외, 2010).

2) 노인교육

UN은 65세 이상 노인인구 비율이 7%를 넘으면 고령화사회, 14%를 넘으면 고령사회, 20% 이상이면 초고령사회로 분류한다. 우리나라는 2000년에 고령화사회에 진입했으며, 2017년에 노인인구 비율이 14.2%를 차지함으로써 고령사회로 들어섰다. 행정안전부의 2021 주민등록인구통계에 따르면, 2021년 3월 말 기준 노령인구비율은 16.6%로서 처음으로 청소년인구(9~24세)를 초과하였다. 2019 통계청 장래인구추계에 따르면, 우리나라는 2025년 초고령사회가 될 것으로 예상된다.

UN이 발표한 '2018년 세계인구 현황 보고서'에서 2018년 지표를 바탕으로 한 2015~2020년 평균수명 통계에 따르면, 우리나라 평균수명은 83.2세(남 80.4세, 여 86.1

세)로서 일본(84.7세)에 이어 두 번째로 높다. 우리나라는 장수국가요, 고령사회가 된 것이다. 하지만 노인의 삶의 질은 노인자살률이 OECD 국가 중 가장 높은 것(2020년 기준 인구 10만 명당 48.6명)만 봐도 낮은 수준임을 알 수 있다. 2020년 국가행복지수는 OECD 37개 회원국 중 35위로 최하위권이었다. OECD 회원국은 2021년 현재 38개국이며(2020년 37개국), 2020년 기준 국가경쟁력 순위는 우리나라가 23위, 1인당 GDP도 22위에 해당한다. 통상 우리나라 행복지수와 경제력 지표인 1인당 GDP의 수준이 차이가 큰 것을 두고, 우리나라가 객관적인 삶의 조건은 잘 발달되어 있는 반면, 주관적인 인식이 못 따라 주는 것으로 평가하는 경향이 있는데(OECD, 2017: 정해식 외, 2019 재인용), 자세히 보면 그렇지 않다. 우리나라의 노인빈곤율은 2018~2020년 평균 43.4%로 OECD 국가 중 가장 높다. 미국이 23.1%, 일본이 19.6%로 뒤를 이었는데, 이들 나라보다 2배 정도로 높다. 이것은 전체 평균치인 1인당 GDP 수준은 높아도 소득불평등도, 즉 양극화가 아주 심하다는 것을 의미한다. 그것도 연령별 양극화가 심하다는 것을 의미한다. 양극화가 심하면 비교를 통해 느끼는 만족도가 떨어지고 심리적인 좌절감이 커져서 냉소적이 되고 세상을 비관하게 된다.

인간은 평생에 걸쳐 발달한다는 것을 전제로 할 때, 우리는 노인교육의 방향을 단순히 주관적 '행복감'을 높이는 데 둘 게 아니라 '사회경제적 지위 향상은 물론 통합된 자아정체감을 형성하고 삶의 질을 향상시키는 것'으로 설정해야 함을 알 수 있다(최은수 외, 2010). '발달을 통한 삶의 질 향상'은 바로 평생교육이 지향하는 바이기도 하다. 노인교육의 필요성과 방향에 관한 이슈는 다음과 같다(기영화, 2007; 최은수 외, 2010)

첫째, 평생교육 차원에서 노년기는 해결해야 할 발달과제가 있고 성장할 수 있는 기회이다. 그래서 학습의 주체로서 계속 배움의 길을 가도록 기회를 제공해야 한다. 노인의 학습 능력은 결코 떨어지지 않으며, 활동하면서 지속적인 자극을 받는 노인들은 오히려 지능이 올라간다는 보고가 있다. 카텔(Cattell)이 말하는 유동적 지능(fluid intelligence)은 생물학적이고 신경학적인 기능과 관련된 지능으로 나이가 들면서 떨어지는 경향이 있지만, 결정화된 지능(crystallized intelligence)은 삶의 경험과 교육과 관련된 지능으로 나이가 들면서 발달된다. 노인은 지식의 축적 속도가 떨어지고 기억력이 감퇴되지만, 경험과 성찰로 체화되는 지혜는 늘어난다.

둘째, 노인교육은 노년학과 성인교육이 통합된 영역이다. 노년학은 노년기에 대한 학문적 접근으로 노년에 대한 이해를 증진시킨다. 젊은 세대는 노년학을 공부함으로써 노년기를 준비할 수 있고 노인에 대한 이해를 증진시키도록 돕는다. 우리는 젊을 때 늙음을 모른다. 직접 경험하지 않고는 모르기 때문이다. 그래서 노인이 되어서야 비로소 준비 없이 노년기를 맞이하게 된다. 노년학은 노년기 삶의 만족도가 사회관계나 가족관계에 의해 결정된다는 것을 알려 준다(박선숙, 2018). 노인이 취업을 하게 되면 취업을 통해 자아존중감이나 대인관계, 가족관계, 경제 상태에 긍정적인 영향을 미쳐 삶의 질이 올라가는 것으로 조사되고 있다(박영미, 김병규, 2015; 이지현, 강형곤, 정우식, 채유미, 지영건, 2008). 삶의 질에 영향을 미치는 '심리적 역량'은 전 연령대에 골고루 나타나는데, 이것은 경제적 생활 조건을 과도하게 평가하지 않는 역할을 한다(정해식 외, 2019). 소위 심리적 역량의 향상이야말로 자아정체성의 통합, 달관된 지혜를 의미하며 학습을 통해 이루어진다. "노인이 학습에 참여하는 의미는 '지식의 공유'에도 있지만 '인간관계의 형성'이 중심 현상이었다."(한우식, 기영화, 2010)라는 것은 인간관계가 삶의 질에서 차지하는 위치를 알 수 있게 한다. 어쨌든 노인교육은 노년기에 대한 이해를 기초로 세대 간의 소통을 촉진시키고 사회적 관계의 질을 향상시킨다.

셋째, 노인교육을 통해 노인이 평생 축적한 경험과 지식과 지혜를 사회에 환원하여 다시 활용될 수 있도록 노인의 역할이 새로이 모색되어야 한다. 노인인구가 청소년인구를 초과하고 평균연령은 높아지는데, 출산율이 떨어지는 상황에서 노인부양에 대한 부담을 줄이기 위해서도 노인의 창업과 일자리 참여가 필요하다.

넷째, 인구 구성에서 다수가 된 노년층은 우리 사회에서 시도되지 않았던 새로운 도전을 해야 한다. 민주주의 사회에서 다수의 책임은 무겁다. 아름다운 노년의 삶을 새로이 창조하여 모범을 보일 필요가 있다. 배우고 탐구하는 모습, 끊임없이 진화 · 성장하는 모습, 일하는 모습, 이웃과 화목하게 더불어 잘 살아가는 모습, 봉사하는 삶, 젊은 세대를 배려하는 모습, 도덕적 책임을 다하는 모습, 신중하고 지혜로운 어른다운 모습, 용기 · 지혜 · 절제 · 정의를 실천하는 모습 등 아름다운 성인의 모습을 창조하여 살아 낼 필요가 있다. 스스로 존경받을 만한 삶을 살아 내고, 존경을 받는 성인이 될 때 젊은 세대의 짐이 아니라 없어서는 안 될 든든한 존재로 설 수 있을 것이다.

3) 다문화교육

세계화 내지 글로벌화는 물자의 이동, 정보의 이동뿐만 아니라 사람의 이동 · 교류가 촉진되어 전 지구적으로 다양한 국적 · 이질적 문화를 가진 사람들이 섞이게 된다는 의미가 포함되어 있다. 1995년 정부가 세계화를 선언할 때는 우리나라가 세계 중심 국가가 될 수 있는 전략으로 제시한 것이었고, 삶의 수준을 세계 표준에 맞도록 끌어올리는 의미를 담고 있었다. 세계적 수준의 경쟁력을 갖추어 세계시장에서 두각을 나타내는 생존전략적 의미가 강하였다. 하지만 이주민이 늘어나고 국제결혼이 늘어나 다문화사회로 가는 세계화는 미처 생각하지 못했던 상황이고, 당혹스러운 모습으로 다가왔다. 현실적으로 2010~2020년에 내국인의 국제결혼은 전체 결혼건수의 7~10%를 차지할 정도로 상당한 비중을 차지하고 있다. 이에 따른 배우자의 한국어 구사 능력이 서툴다 보니 한국에 뿌리 내리지 못하고, 자녀의 학습부진이 심각하며, 은퇴 후 다시 모국으로 돌아가려고 하는 경우가 한국에 남겠다는 숫자보다 더 많고(조현성, 박영정, 김세훈, 2010), 이주노동자에 대한 배타적이고 차별적인 시선이 여전하다. 우리가 늘 단일민족, 반만년 역사의 자랑스러운 전통을 새기고 있다 보니 이질적인 인종, 종교, 언어를 비롯한 문화를 선뜻 받아들이기는 어렵다(Gray, 2004). 2018년 제주도 예멘 난민사태 때 「난민법」이 제정되어 있으면서도 난민수용 여부에 대해서는 부정적인 반응이었고, 500명이 넘는 난민 신청자 중 2명만 난민으로 받아들여졌다.

다문화사회란 체류외국인이 전체 인구에서 5%를 넘을 때를 말한다. 우리나라의 체류외국인은 2019년에 4.8% 수준으로 갔다가 2021년 7월 기준으로 3.8%로 떨어졌는데(법무부, 2021), 이것은 코로나19로 인해 해외여행이 통제된 영향이 크고, 팬데믹 상황이 종식되면 다시 늘어날 것으로 전망된다. 다문화사회가 거스를 수 없는 세계적 추세로 되고 있고, 국제관계란 상호적이기 때문에 무조건 통제하고 거부한다고 해서 해결될 문제가 아니다. 다양성을 받아들인다고 해도 문화가 이질적일 때 이성적 · 민주적 · 건설적인 토대가 부족하면 포용력이 적어져 갈등해결의 실마리를 찾기가 힘들고 충돌이 불가피해진다. 그래서 문화를 정의할 때는 '문명의 충돌' 측면에서 문화를 정의한 헌팅턴(Huntington)의 의견에 주목한다. 그는 "문화는 한 사회 내에서 우세하게 발현하는 가치, 태도, 신념, 지향점 그리고 전제 조건 등"(Huntington, 2015, p. 11)이라고 보았다. 거스를 수 없는 다문화의 대세 속에서 어떻게 민주적이고 생산적이며 품격 있는 다문화사회를 건설할 것인지가 우리 사회의 진로와 미래의 운명을 결정지을 중대사가 될 것이다(차윤경, 2012).

평생교육적 관점에서 다문화교육의 필요성과 방향은 다음과 같다.

첫째, 다문화정책의 추진 과정에서 이미 갈등 속에서 겪어 온 외국 사례를 학습하고, 국민적 관심 속에 충분한 토론 과정을 거침으로써 다문화주의(multiculturalism)를 학습할 필요가 있다. 우리는 일제강점기 동안 동화주의(assimilationist)를 경험한 적이 있다.

일제는 내선일체(內鮮一體)를 부르짖으며 창씨개명, 한국어말살 정책을 펼쳤다. 하지만 극단적인 동화정책은 오히려 민족적 저항을 불러왔고, 모두를 고통스럽게 하였다. "로마에 가면 로마의 법을 따르라."라는 말이 있듯이, 이주민 역시 주류사회에 맞춰 살아가기 위해 노력한다. 자발적 선택에 따른 평화적인 공존만 가능하다면 가만히 내버려 둬도 시간이 지나면서 자연스럽게 녹아들어 새로운 문화창조로 이어질 수 있다. 이렇게 되기 위한 용광로(melting pot)는 다양성이 존중되는 민주적인 헌법적 질서, 진리 추구와 자기실현을 돕는 평생학습의 문화가 될 것이다. 자기만 옳다는 종교적 · 정치적 신념과 독단은 평화적 공존의 독버섯이라 할 수 있다. 그리고 문화발전은 이질적 문화와 접촉하면서 이루어지는데(하이브리드컬처연구소, 2008), 이질성이 다 사라지고 한 맛이 되어 버리면 과일이 익어서 떨어지듯이 더 이상 발전할 수 없기 때문에 인류문명은 정체 · 소멸되는 길로 가게 되므로 가급적 문명의 원형을 보존하는 것이 지속가능한 발전을 기약할 수 있다는 견해가 있다. 이런 측면에서는 마치 생물 다양성을 보존하는 것이 건강한 생태계를 위해 필요하듯이, 다양한 문화를 보존하는 것이 계속적인 문화발전을 이룰 수 있는 길이므로 이민자들의 문화를 적극적으로 보존하고 존중하는 샐러드 볼(salad bowl) 방식이 다문화주의의 내용으로 자리 잡고 있다. 다문화주의는 누구나 인간으로서의 보편적 권리를 누리고, 각자의 특수한 삶의 방식이 존중되어 공존할 수 있도록 제도적 · 정서적 · 교육적 인프라를 만들어 가는 과정이라 할 수 있다(김남국, 2010; 전경옥, 2010; 한경구, 2008). 어떤 다문화정책을 펼칠지는 그 나라의 사회적 상황이나 역사적 배경에 따른 선택의 문제이다. 우리나라는 2014년에 「문화다양성의 보호와 증진에 관한 법률」이 제정 · 시행되고 있다. 지금 우리나라와 같이 이주민 비율이 5% 이내일 경우에는 이주민을 대상으로 문해교육이나 한국문화 이해와 같은 '적응교육' 차원의 다문화교육이 진행된다. 그러나 5%를 넘어 10%에 달하면 갈등과 사회적 비용이 커지고, 제도적 기반이 취약한 상태에서 계속 이주민이 밀려들어 오면 인종 폭동과 갈등이 증폭된다. 그러다 다문화주의가 정착 단계에 들어가면, 차별금지 및 평등의 제도화, 참정권이 인정되어 양질의 삶을 누리게 된다(권순희, 박상준, 이경한, 정윤경, 천호성, 2010; 최충옥, 2009).

둘째, 평생교육의 4기둥 중 '더불어 살아가기'를 학습할 기회이다. 이주민을 위한 다문화교육과 일반 시민을 위한 다문화교육도 함께 제공하는 것이 다문화주의자의 교육적 접근이다.

셋째, 고려시대 때 귀화인을 받아들여 국가발전에 활용했던 선례가 있으므로 우리의 피 속에 흐르고 있는 대국적 기질, 포용적 성향을 살려낼 필요가 있다. 고려 광종 때 과거제를 건의한 '쌍기'라는 인물은 후주에서 귀화한 인물이었다. 우리나라를 '코리아(Korea)'라는 이름으로 알려 준 고려(918~1392)는 다원적 사회로서 건국 후 200년 동안 귀화인이 약 17만 명에 달하여 전체 인구의 8.5%를 차지하였고, 귀화를 적극 권장하였다. 귀화인 중에서는 쌍기를 비롯하여 중국인 주저(周佇), 유재(劉載), 신수(愼脩), 신안지(愼安之) 등이 재상으로 등용되었다. 통일신라가 진골귀족 중심의 폐쇄적 정치로 100년 정도밖에 지속되지 못했던 데 비해, 고려는 개방과 역동, 통합과 포용의 전통을 만들어 그 이후 분열되지 않고 통합된 민족국가를 만들어 낼 수 있었다(박종기, 2015). 고려의 다원사회를 경험한 DNA 덕분에 우리나라가 지식정보화 사회에 성공적으로 진입하였다는 평가가 있고(박종기, 2015), 이숲이 『스무살엔 몰랐던 내한민국』에서 100년 전 개화기와 일제강점기 때 한국을 방문했던 유럽인과 미국인들이 남긴 자료를 기초로 우리의 진짜 모습을 밝힌 바에 따르면, 한국인은 '자유분방하고, 쾌활하며 호탕한 민족' '선량하고 관대하며 명석한 백성들' '지적이며 놀라운 이해력을 가진 사람들' '자연스럽고 거침없이 당당하다'는 것이었는데, 고려시대가 물려준 '개방과 역동, 포용과 통합'의 DNA와 연결된다(이숲, 2013). 바야흐로 다문화사회, 제4차 산업혁명과 인공지능시대를 맞이하여 요구되고 있는 전통이 바로 고려문화에 그대로 살아 있어 그 기억을 살려낼 수 있다면, 우리는 문화강국, 기술대국, 교육대국의 길을 힘들이지 않고 개척해 나갈 수 있을 것이란 전망이 가능하다.

넷째, 지속가능한 발전을 위해서도 중요한데, 만인을 위한 교육, 세계시민교육에 내재된 이슈이다.

4. 양질의 일자리를 위한 평생교육

UN과 UNESCO의 지속가능성장 8번째 목표(SDG8)는 '양질의 일자리와 경제성장'이다. 그리고 '모두를 위한 지속적이고 포용적이며 지속가능한 경제 성장과 완전하고 생산적인 고용 및 양질의 일자리 증진'이란 부제가 붙어 있다. 평생교육진흥계획이 수립된 2003~2018년 기간 중 평생교육 관련 뉴스의 토픽에서 가장 많이 언급된 주제를 분석한 결과, 평생교육을 활용한 일자리 창출, 학교평생교육을 활용한 인재육성, 평생교육을 활용한 인적자원 개발, 지역발전과 일자리 창출 전략으로서의 평생교육, 평생교육을 활용한 취업 능력 향상 등 소위 HRD 영역의 토픽이 가장 많은 빈도로 그리고 합계 비중이 14~26%에 달함으로써 평생교육을 인적자원개발의 도구로 활용하려는 정책적 의도가 많았다(김태종, 박상옥, 2019). 이런 경향은 성인교육을 국가적 인적자원개발의 정책적 수단으로 여기는 아시아 국가에서 나타나고, 전통적으로 EU와 OECD에서 취했던 방향이다(조대연, 2006; 최은수 외, 2010).

양질의 일자리를 개발하고 확보하려면 양질의 인적자원이 개발되어야 한다. 발달이나 개발의 영역은 확실한 이론적 기초와 함께 실천이 받쳐 줘야 하는 '과학이자 예술의 영역'이다. 일자리를 위한 교육, 즉 인적자원개발과 평생교육과의 관계와 관련된 이슈를 간략하게 살펴보면 다음과 같다.

첫째, 인적자원개발론에서 넓은 의미의 평생교육과 좁은 의미의 평생교육인 성인교육의 색깔이 분명히 드러난다. 인적자원개발을 개인의 학습차원에서 볼 때는 소위 자기개발, 자아실현의 목표에 다름 아니고, 이는 넓은 의미의 평생학습과 교육이 추구하는 바이다. 그러나 인적자원개발의 실제는 성인의 생활세계에서 주 관심사인 취업과 직업능력개발에서 일어난다. 그래서 인적자원개발은 성인교육 영역에서 계속교육(continuing education), 순환교육(recurrent education)의 이름으로 주류적 담론을 형성해 왔다. 인적자원개발론은 성인교육론이 뒷받침되어 있다. 그런데 1990년대 중후반에 인적자원개발론이 학문적으로 성인교육과는 독립된 영역을 구축하는 과정에서 성인교육과 마찰을 빚고 있다. 이러한 영역 갈등은 '독자적이면서도 통합적인' 또는 '경쟁하면서 협력하는' 방향으로 갈 때는 발전적일 수 있지만, '독자적이면서 분리적인' 방향으로 가면 파괴적인 결과를 낳을 수밖에 없다(이희수, 안동윤, 2007).

인적자원개발론은 "인간, 발달, 학습 중심 패러다임과 생산, 기업, 성과중심 패러다임이 상존하고 있다."(김남희, 2003, p. 147). 학습 중심 인적자원개발론은 개인의 자아실현을 강조하는 반면, 성과 중심 인적자원개발론은 조직의 성과 향상을 목표로 한다. 그러나 성과 중심 인적자원개발론은 훈련이나 학습이 조직과 분리될 수 없고, 조직의 전략적 목표와 조화를 이루어야 한다는 통합적 입장을 취한다. 인적자원개발론이 경제학, 심리학, 시스템이론에 기초를 두고 있고, 특히 시스템이론이 중요한 역할을 하기 때문에(오헌석, 2003; Jacobs, 1990; Swanson & Holton, 2001), 개인의 자아실현과 조직의 목표달성을 통합적으로 보는 성과 중심 인적자원개발론이 호소력이 있다. 이 경우 조직의 성과에 영향을 미치는 요소는 조직구성원의 역량뿐만 아니라 조직 자체, 프로세스, 구성원의 수행 관리와 같은 성인학습이론만으로 해결하기 어려운 영역이 있기 때문에 인적자원개발의 독자적 영역이 인정되어야 하며, 그럴 때 성인교육도 연구 영역이 넓어질 수 있다고 보는 입장이 있다(김남희, 2003; 조대연, 2006). 경영학에서는 필요한 인재를 채용하여 배치하고 평가하고 보상하는 인적자원 관리(HRM)에 중점을 두는 반면, 인적자원을 개발하는 것은 교육의 영역으로 보아 왔다. 우리나라 교육부는 한때 교육인적자원부(2001. 1.~2008. 1.)란 명칭이 사용되었다. 인재육성과 인간개발을 담당하는 교육 영역에서 인적자원개발을 다루는 게 맞다는 입장을 암시하고 있다. 두 학문 분야의 공통성 때문에 북미의 몇몇 대학에서는 인적자원개발과 성인교육 프로그램을 통합하는 추세이다(조대연, 2006). 그리고 인적자원 분야 학술지 분석에서 조직 몰입, 직무 만족 등 조직유효성의 개념이 인적자원개발의 전반을 대표하는 키워드이고, 긍정심리자본, 자기주도학습, 자기효능감, 학습조직, 조직문화와 같은 요인이 연결 내지 매개 요인으로 다루어졌다(백평구, 2021). 성인교육 학술지 분석에서는 훈련개발, 경력개발, 학습, 리더십과 관련하여 성인교육과 인적자원개발의 연계가 나타났다(이지연, 2020). 조직성과를 좌우하는 조직 몰입이나 직무 만족에 자기주도학습이나 학습과 성장을 통해 얻어지는 자기효능감, 긍정심리자본 등이 중요한 역할을 한다는 것을 알 수 있다. 아무리 인간적인 논리가 따로 있고, 조직의 논리가 따로 있다고 할지라도 결국에 조직도 사람이 움직이는 것이므로 사람의 변화를 통해 조직을 변화시키는 원리는 마찬가지이다. 아무튼 성인교육과 인적자원개발론이 상호 협력하면서 통합된 방향으로 움직일 때 인적자원개발의 실제가 더욱 희망적인 결과로 이어질 수 있을 것이다.

둘째, 능력중심사회를 위해 국가직무능력표준(NCS) 중심 인력개발을 취업을 강조하는 일반 대학에까지 확대하자는 주장이 제기되고 있다(박동열, 2017). 학교교육은 고등학교 과정부터 인문계와 실업계(vocational) 트랙이 있다. 이것은 영국이나 독일을 비롯한 세계공통의 시스템이다. 학교교육을 마치면 직업전선으로 나온다. 이로부터 학교교육이 취업의 준비 단계로 인식되는 측면이 있고, 우리나라는 학교 중심의 직업교육체제를 갖고 있다(박동열, 2017). 일과 직업의 부조화(mismatch)로 인해 자원이 낭비되고 있으니 일자리 현장에 맞는 역량개발교육으로 학교교육을 바꾸자는 주장은 설득력이 없는 것은 아니지만, 대학이 순수학문의 전당인 아카데미아로 존치하는 것을 흔들어선 곤란하다는 비판 역시 만만치 않다. 과학기술의 변화 속도가 빠르고 직업세계의 변화가 빠를수록 어떤 변화에도 대응할 수 있는 근본적인 이치, 원리에 대한 교육이 필요하기 때문이다. 학교를 졸업하는 입장에서는 학생들이 취업일선으로 나가야 하기 때문에 진로교육이나 취업에 도움이 되는 프로그램을 운영할 수 있으나, 어디까지나 학생들의 선택사항이지 대학의 순수성을 훼손해서는 안 된다는 것이다. 대학은 기본적인 학문하는 자세와 진리를 찾아내는 방법과 비판적 사고의 원리를 가르치고 탐구하는 곳이며, 기업은 그런 기초가 잡힌 인재를 채용하여 자신들의 입맛에 맞도록 구체적인 역량을 기르는 교육을 실시한다. 대학에 기업이 필요로 하는 역량교육까지 요구하는 것은 지나치다 할 것이다. 즉, 영역 구분은 이럴 때 필요하다. 지금까지 인적자원개발의 주류는 회사가 필요로 하는 역량개발을 목적으로 하는 기업교육을 의미하는 것이었다.

셋째, 지속가능성장 8번째 목표 '양질의 일자리와 경제 성장'과 관련하여 유네스코가 제시하는 프로그램에는 '경제 분야의 성평등 및 돌봄 노동의 (경제적) 가치' '지속가능발전을 위한 기업가정신, (사회적) 혁신, 신기술 및 지역 경제' '대안적인 경제 모델 및 지표: 정상(停狀) 상태 경제(steady-state economies), 공동복지 경제(common welfare economies), 탈성장(degrowth), 자급자족 경제(subsistence economies), 포괄적 부 지표(inclusive wealth index), 세계기아지수(global hunger index)' 등의 교육 프로그램이 권고되고 있다(UNESCO, 2019).

지속가능발전목표를 달성하는 기초적 핵심 역량(범분야 역량)으로 시스템 사고 역량(systems thinking competency), 예측 역량(anticipatory competency), 규범적 역량(normative competency), 전략적 역량(strategic competency), 협력 역량(collaboration competency), 비판적 사고 역량(critical thinking competency), 자아인식 역량(self-awareness competency), 통합적 문제해결 역량(integrated problem-solving competency) 등 8가지가 제시되어 있다. 역량(competency)이란 맥클러랜드(McClleland, 1973)가 말하는 고성과자의 독특한 특성을 말한다. 흔히 그 특성은 지식, 기술, 태도와 가치로 분류된다.

넷째, 제4차 산업혁명으로 부르는 변화를 맞이하고 있다. "제4차 산업혁명은 기존의 오프라인과 온라인을 융합하는 혁명이다."(이민화, 2017, p. 15) 융합을 초연결, 초지능이라 부른다. 4차산업혁명을 대표하는 8가지 기술은 인공지능(Artificial Intelligent: AI), 빅데이터(Big Data), 사물인터넷(Internet of Things: IoT), 스마트공장(Smart Factory), 로봇(Robot), 드론(Dron)/자율주행(Auto-Driving), 3D 프린팅(3D Printing), 가상/증강 현실(Virtual/Augmented Reality: VR/AR)이다(윤현중, 최정민, 2018). 2018년 세계경제포럼이 발표한 『미래고용보고서』에서는 로봇과 인공지능이 본격 사용되면 2020년경에는 710만 개의 일자리가 줄고, 210만 개의 일자리가 창출된다고 보았던 2016년과는 달리 신기술을 이용한 새로운 일자리 창출이 일어나 적어도 2022년까지는 일자리 감소가 없을 것으로 전망하였다. 그러나 새로운 일자리 창출에 필요한 노동력의 역량 강화가 필요하며,

노동력 증강 전략이 성공하기 위해서는 지속적인 재교육과 상위 지위에 요구되는 역량강화교육을 활용할 수 있는 노동자의 학습의지가 필수라고 보았다(한국정보화진흥원, 2018).

〈표 8-2〉는 4차산업혁명을 대표하는 8가지 기술 유형과 이 기술이 필요로 하는 역량을 열거하고 있다(윤현중, 최정민, 2018). 과거 산업사회에서 요구되는 역량은 3R[읽기(reading), 쓰기(writing), 셈하기(arithmetic)]이었는데, 지식정보화 시대로 오면서 4C[비판적 사고(critical thinking), 의사소통(communication), 협업(collaboration), 창의성(creativity)]가 필수 역량이 되었다(Partnership for 21st Century Learning, 2007). "비판적 사고란 '주장, 신념, 정보, 대안의 의미와 가치, 옳고 그름을 합리적으로 분석하고 평가하는 능력'이며, 의사소통이란 '다른 사람의 말을 경청하고 그 의미를 분명하게 이해하며 자신의 의사를 효과적으로 표현하는 능력'이다. 협업이란 '조직 또는 집단의 공동목표 달성을 위해 다른 사람과 함께 일을 수행하는 능력'이고, 창의성이란 '새로운 관점으로 현상을 바라보고, 독창적이고 기발한 아이디어나 새로운 것을 생각하고 만들어 내는 능력'이다."(박수정, 박상완, 이현정, 박정우, 김경은, 2020, p. 179)

윤현중과 최정민(2018l)은 기술의 정보의 흐름이 대량 반복적인가 소량 비반복적인가, 문제해결이 복잡한가 단순한가를 기준으로 기술 유형을 분류하였다. I 유형은 대량으로 반복적인 연산이 이루어지며, 문제가 발생하게 되면 해결하기 어려운 기술을 의미

〈표 8-2〉 4차산업혁명기술과 요구되는 인적자원역량

유형	필수역량 관점	기술유형	예시	새로운 역량 요구
I	비판적 사고	빅 데이터	컴퓨터 언어 교육, 분석 능력 배양	컴퓨터 언어
		인공지능	활용 능력 배양	
II	의사소통	사물인터넷	통신 및 제어에 대한 이해	통제 능력
		스마트팩토리	시스템 설계에 대한 이해	
III	협력	드론, 자율주행차	컴퓨터 및 기계 조작 훈련	조정 능력
		로봇	기계와의 협업과 조정 훈련	
IV	창의성	3D 프린팅	S/W교육, 기업가적 마인드 함양	경력/디자인 지향
		증강/가상 현실	디자인 교육, 경력 개발	

출처: 윤현중, 최정민(2018), p. 284 재구성.

하며, 빅데이터와 AI가 여기에 해당한다. 여기에 필요한 필수 역량은 '비판적 사고'로 보았다. II 유형은 규모가 크고 반복적인 공정이 수행되지만 문제해결이 복잡하지 않은 기술이며, 스마트팩토리와 사물인터넷 기술이 여기에 해당한다. 시스템 전체의 맥락을 이해하는 능력인 '의사소통력'이 필수 역량으로 중시된다고 보았다. III 유형은 기술이 항상 이용되지는 않고 필요한 경우 집중적으로 사용되는 경우를 의미한다. 드론이나 자율주행차를 완성하거나 혹은 조작하는 기술이 여기에 해당한다. 또한 기계와의 협업, 조정 능력을 필수 역량으로 꼽았다. IV 유형은 비반복적으로 소량 생산에 이용되지만 생산 과정에서 나타난 문제를 해결하기가 상대적으로 쉬운 기술에 해당한다. 가상/증강현실과 3D 프린팅 기술이 여기에 해당한다. 이 분야에는 디자인 능력, 즉 '창의성'이 특히 중요한 역량이다. 대량 반복적이고 문제해결이 복잡할수록 인력보다는 기계로 대체하려고 할 것이기 때문에 기술 변화로 영향을 받아 노동인력을 기술로 대체시킬 가능성이 높은 순서는 I 유형이며, 이어서 II 유형, III 유형, IV 유형 순이 된다.

제4차 산업혁명 시대를 살아가는 현대인은 누구나 이 시대가 요구하는 역량을 자기주도적으로 개발해 나갈 필요가 있다. 한국정보화진흥원(2018)은 "STEM(과학, 기술, 공학, 수학)과 비인지(non-cognitive: 정서지능과 유사한 개념으로 끈기와 열정, 집념, 도전정신, 동기 부여, 회복탄력성 등의 심리 요인) 소프트 분야에서 전 연령대 개인의 역량을 향상시키고 이를 활용할 수 있도록 하는 교육정책 개편이 시급하다."(p. 19)라고 권고하고 있다.

5. 언택트 상황에서의 평생교육

뉴노멀이란 "비정상적이라고 여겨지던 것이 정상적인 상황 또는 규범으로 받아들여지는 것을 말한다."(박원익, 2020, p. 61) 세계적인 금융 위기를 겪고 나서 저성장, 저물가, 저금리가 뉴노멀로 자리 잡았다. 코로나19는 백신이 개발되었어도 후진국일수록 백신 공급이 늦어져 언택트 격리 방역이 장기화되어 코로나 이전으로 회복되기 어려울 전망이다. 따라서 코로나19 이후 뉴노멀은 언택트 사회의 도래, 자국 내 가치사슬 중시, 개인·가족 중심 라이프스타일의 보편화, 사회안전망의 중요성과 마을공동체와 같은 일상적 사회연대망의 중요성 대두, 성장지상주의에서 지속가능성장과 삶의 질 중시, 온라인 소비 및 놀이문화 확산, 재난 대응과 사회안전망 구축에서의 정부의 중요성 재발견 등이 제시되고 있다(박원익, 2020). 여기서는 '언택트 사회'로 된 뉴노멀이 제도권 교육을 포함하는 평생교육에 미치는 영향과 관련 이슈를 살펴본다.

첫째, 비대면교육의 전반적인 확산과 정착이다. 학교교육에서 코로나19로 인해 2020년도엔 4차에 걸친 휴업명령 끝에 온라인 개학이 이루어졌다. 대학에서는 전면 비대면 수업이 진행되었고, 2020년 5월부터 오프라인 수업이 허용되었지만 실제 오프라인 수업은 절반 정도만 진행되었다. 비대면교육의 방식은 온라인 원격교육의 형태로 진행되었다. 과거에는 라디오방송을 통한 원격교육도 있었지만, 지금의 원격교육은 정보통신기술(ICT)을 기반으로 사이버 공간에서 진행되는 온라인교육이다. 비대면교육은 원격교육의 장단점을 그대로 답습한다. 이 부분을 정리하면 다음과 같다.

- 시공간의 제약 없이 학습자들이 원하는 시간에 주도적으로 참여할 수 있어 효율성이 높다고 얘기되지만 상호작용의 부족, 수업 관리의 곤란성 등으로 효과성은 떨어질 가능성이 높다. 이대원(2021)에 따르면, 호주 젊은이 중 46%가 원격교육으로 인해 신체운동의 부족, 사회정서적 행복감의 결여 등 부작용을 경험했으며, 25세 이하의 '코로나19 세대'가 경제적 교육적 불평등으로 인하여 사회적 이동성이 감소하는 어두운 세대가 될 것이라는 전망을 소개하고 있다.
- 비대면교육은 면대면교육보다 전반적으로 비용이 저렴하지만, 컴퓨터가 설치된 시설이 필요하고 교육 시스템 구축에 초기 비용이 많이 든다. 특히 온라인 수업에 필요한 기기나 인프라를 갖추지 못한 취약계층의 경우 공정한 수업 참여가 보장되기 어려워 교육으로 인한 불평등 심화라는 부작용을 낳을 가능성이 높다(오재호, 2020). 교육불평등을 재생산하지 않을 평생학습체제 확대 방안이 강구되어야 한다(박병영, 김태준, 류기락, 이은정, 이정우, 2019).
- 실험 · 실습과 같이 대면적 체험이 중요한 과정에는 비대면교육이 적절하지 않을 수 있다(최은수 외, 2010). 그런데 직업세계, 나아가 국가경쟁력에서 중요한 것은 직업교육이다. 직업교육에서는 실습이 중요한데, 비대면 상황에서도 실습 과정을 효과적으로 수행할 수 있는 교육 역량을 확보하는 것이 경쟁력의 원천이 될 수 있다. 이 경우 적용될 수 있는 학습법 중 하나가 블룸(Bloom, 1968)의 '숙달학습'이며, 이는 교수자의 역량에 좌우된다. '교육을 위한 교사의 디지털기기 활용지수' '학교에서의 디지털 기기 활용지수'로 평가되는 교육정보화 수준이 낮은 우리나라의 경우 비대면 실습교육을 위한 많은 준비가 필요하다.
- 비대면교육 상황은 학습자가 원하는 시간에 원하는 주제를 선택하여 자기주도적으

로 참여하는 것이 가능하므로 성인학습 원리에 잘 맞는다. 자신이 필요로 하는 관심과목을 자발적으로 학습하는 성인학습이 정해진 교과목을 의무적으로 이수해야 하는 학교교육보다 비대면 상황에서는 더 효과적이다. 그래서 비대면교육이 학교교육에서도 효과를 거두기 위해서는 다양한 콘텐츠를 제공하여 학습자들이 선택하게 하고, 교수자는 학습을 돕는 퍼실리테이터(facilitator)의 역할을 수행할 필요가 있다. 오재호(2020)는 비대면 상황으로 인하여 교육의 중심이 학습자 중심으로 옮겨갔으며, 공교육을 지원하는 온라인교육협력사업 추진이 필요하다고 역설한다.

- 양질의 교육을 평등하게 제공해야 하므로 질 관리, 표준화 문제가 중요하다. 또한 저작권 보호에 따른 비용 문제가 발생할 수 있다. 스마트폰에 과도하게 노출됨으로써 스마트폰 의존성, 그에 따른 주변 사람과의 마찰, 안과질환 등 건강 문제가 수반될 수 있다. 2019년 기준 우리나라 인터넷 이용자는 4천 6백만 명을 넘어섰고, 1주당 17.4시간을 이용하고 있으며, 이 중 스마트폰 과의존자는 인터넷 이용자의 19%를 넘는 887만 명에 달한다. 이 가운데 아동 · 청소년이 25.1%를 차지한다(오재호, 2020).

둘째, 에듀테크(EduTech)가 적극 도입되고 있다. e-러닝에다 제4차 산업혁명 시대 신기술인 인공지능, 증강/가상현실, 사물인터넷 등을 접목하여 학습 효과를 획기적으로 개선하는 새로운 교육 서비스를 말한다. 특히 인공지능을 활용하여 실시간 피드백, 학습자 수준에 맞는 학습과제 제공 등 '지능형 교습체제(intelligent tutoring system)'를 도입하여 비대면교육을 획기적으로 개선할 것으로 예상된다. Holon IQ(2020 12월)에 따르면, 코로나19의 영향으로 비대면 교육시장의 성장폭이 커서 에듀테크 시장 규모는 2019년 1,630억 달러에서 2025년 4,040억 달러로 2.5배가량 증가될 것으로 전망된다. 중국은 'AI굴기'를 기치로 내걸고, 2025년에 세계 1위의 AI 강국이 될 목표로 아기 때부터 평생에 걸친 AI 교육을 실시하고 있다. 생애전주기에 걸쳐 발달 단계에 맞춰 학습할 수 있는 AI 교과서를 2018년도에 세계 최초로 개발하여 사용하고 있다(이성국, 2021). 중국의 AI 교과서 서문에는 "인류의 미래는 AI에 의해 천지개벽하는 변화가 발생할 것으로 예상한다. AI 인재양성과 교육에 국가의 미래가 달려 있다. 인공지능은 이제 감제고지(瞰制高地)의 위치를 차지하게 되었다. AI 교육은 아기에서부터 시작되어야 하고 반드시 유치원과 초등학교 수업에서 중요한 위치를 차지해야 한다. AI 교재 편찬은 이론과 실천을 결합하면서 산 · 학 · 연이 함께 이루어 낸 기념비적 의미가 있는 위대한 업적이다.

AI가 중국 교육에 전례가 없는 변화를 가져오고 중국을 위대한 국가로 만들어 세계 정상에 우뚝 서게 할 것이다."(이성국, 2021, p. 111) 중국의 유치부 AI 교과서 서문에는 "유치원 시기에는 협력 의식, 규칙 의식, 유연한 동작, 제어 능력이 점차 강화되고, 논리적 사고 능력이 싹트기 시작한다. 유치원생의 심신 특성에 따라 단계별로 다양하게 대화형 교육과정을 개발하여 아이들이 평생학습의 좋은 습관을 기르도록 하고, 전면적이고 개성적인 발전이 서로 통합되면서 교과 내용에 반영되도록 노력하였다. 우리는 어린 독자들을 더할 나위 없이 오묘하고 흥미진진한 로봇세계로 이끌기 위해 교재를 편찬하였다."(이성국, 2021, p. 122)라고 밝혔다. 중국은 2018년 기준 교육비의 20%를 AI 교육에 투입하고 있다(오재호, 2020). AI 교육에서만큼은 학교교육과 성인교육을 통합한 평생교육적 차원으로 접근하고 있는 중국을 볼 수 있다. 미래사회는 오늘날의 컴퓨터나 스마트폰과 같이 AI를 활용하면서 살아야 한다는 것을 직시하고, 일찌감치 'AI 문해교육'을 실시하고 있는 것이다.

셋째, 호주의 TAFE(Technology and Further Education)와 같이 고등직업훈련기관이 필요하다. 고등교육과 직업훈련이 결합된 교육 시스템이 필요한 이유는 기술 진부화 속도가 워낙 빠르고, 기술이 고도화되어 고급기술에 대한 학습을 꾸준히 해야 하기 때문이다. TAFE가 이런 니즈를 잘 충족시켜 주고 있고, 호주경제에 연간 79조 원(925억 호주달러)의 경제적 편익을 가져다주는 것으로 조사되었다(이대원, 2021). TAFE에서는 연령에 관계없이 전문기술을 배우고 싶으면 배울 수 있고, 학습이력에 대해서는 학점인정도 받아서 언제든 대학에 진학도 할 수 있고, 직장에 다니다가도 추가로 직업훈련이나 위탁교육을 받을 수 있는 시스템이 구축되어 있다. 그만큼 프로그램이 우수하고, 질 관리가 잘 되어 있다. 하지만 코로나19로 인해 훈련생이 20% 이상 급감하고 있어 교육과 훈련 전달의 지속적인 혁신이 요구되고 있다.

우리나라에서는 코로나19 이후 비대면 교육 환경에 대응하기 위해 한국방송통신대학교를 원격 고등교육기관으로서의 지위를 부여하는 특별법을 제정하였다. 즉, 2020년 「한국방송통신대학교 설립 및 운영에 관한 법률」을 제정하였고, 제1조에 "국민의 학습권 보장과 국가의 평생교육 진흥에 이바지하기 위한 한국방송통신대학교의 설립 · 운영 등에 관한 사항을 규정함을 목적으로 한다."라고 규정하고 있다. 입법 동기에 대해 "국립 방송대학교는 '코로나19'에 따른 급격한 교육 환경 변화를 극복할 수 있는 중요한 대안이며, 국내 유일의 고등 · 평생 · 원격 교육기관으로 미래 인재의 역량을 키우는 핵심 수단에 대한 법적 근거가 마련되었다. 제정법을 통해 방송대가 제4차 산업혁명 시대의 교육 변화를 선도하기 위한 국립평생교육기관으로 자리매김할 것으로 기대한다."(김덕엽, 2020)라고 하였다. 한국방송통신대학교 지위에 고등직업훈련기관으로서의 기능을 덧붙여 TAFE와 같은 시스템을 갖춘다면 국민생활에 실질적인 도움을 주는 평생교육기관으로 거듭날 것으로 기대된다.

넷째, 기술발달이 고도로 이루어지고, 코로나19 이후 언택트 상황이 장기화될수록 '전인성 회복'이 무엇보다 중요해질 것이다. 고도로 전문화되면 될수록 분화와 단절이 심해지므로 전인성이 약화될 것은 불 보듯 뻔하고, 비대면 온라인 수업으로 인해 면대면 수업의 가치가 상승할 개연성도 크다. 온라인 수업으로는 오프라인에서의 역동적인 상호작용과 토론 수업, 참여형 프로젝트 활동과 공동체 정신, 사회성 함양에 한계가 있기 때문이다. 사람은 기계와 달리 스킨십을 필요로 하므로 언택트 상황에서 온택트 수요관리를 잘 하고, 전인성을 기를 수 있는 효과적인 방법을 계속 찾아나가야 한다.

토론문제

1. 민주주의는 왜 중요한지, 민주주의를 발달시키기 위한 조건은 무엇인지 토론하시오.
2. 평생교육에서 지역사회 개발에 관심을 갖는 이유는 무엇인지 토론하시오.
3. 노인, 여성, 다문화, 일자리, 언택트 상황 이외에 평생교육의 중요한 이슈는 무엇이 있는지 토론하시오.

참고문헌

고양도시관리공사 도시재생지원센터(2021). 우리가 꿈꾸는 도시: 도시재생과 환경을 이야기하다. 경기: 더페이퍼.

공석기(2016). 한국시민사회의 사회적 경제활동의 약한 고리: 복지공동체와 경제공동체의 연결과제. 서울대 아시아연구소, 16 아연 시민사회 프로그램 기획워크숍 자료, 2016. 9. 22. pp. 1-42.

국가평생교육진흥원(2016). 글로벌 유네스코 성인학습과 성인교육 보고서(GRALE III, UNESCO Global Report on Adult Learning and Education III). 글로벌평생교육동향, 2016. 12. 국가평생교육진흥원.

권순희, 박상준, 이경한, 정윤경, 천호성(2010). 다문화사회와 다문화교육. 경기: 교육과학사.

기영화(2007). 노인교육의 실제. 서울: 학지사.

김경수(2021. 4. 5.). 2020년 합계 출산율 현황과 정책적 시사점. 국회예산정책처, NABO포커스, 제31호.

김남국(2010). 다문화의 도전과 사회 통합: 영국, 프랑스, 미국 비교 연구. 유럽연구, 28(3), 133-174.

김남희(2003). 인적자원개발에 대한 오해: 경제적 효율성이 전부인가? 평생교육과의 협력적 미래 관계 모색을 위한 탐색. 평생교육학연구, 9(2), 147-168.

김덕엽(2020). '한국방송통신대학교 설립 및 운영에 관한 법률안' 국회 통과. 뉴스투데이, 2021. 9. 12. 기사. https://www.news2day.co.kr/article/20201209500339

김상민, 김현호(2019). '더 나은 삶의 질 지수' 분석 및 대응 전략 수립: 사회적 관계망 및 공동체 부문을 중심으로. 한국지방행정연구원, 정책연구, 2019-7.

김진희(2015). Post 2015 맥락의 세계시민교육 담론 동향과 쟁점 분석. 시민교육연구, 47(1), 59-88.

김찬우(2004). OECD의 지속가능발전 논의와 과제. 나라경제, 2004년 2월호. KDI 경제정보센터.

김태종, 박상옥(2019). 뉴스 빅데이터를 활용한 평생교육 토픽 분석. 평생교육연구, 25(3), 29-63.

박동열(2017). 평생직업교육의 주요 이슈와 전망. 직업능력개발원, THE HRD REVIEW, 20(1), 62-73.

박병영, 김태준, 류기락, 이은정, 이정우(2019). 사회적 형평성 제고를 위한 평생교육 확대 방안. 한국교육개발원.

박선숙(2018). 노인의 삶의 만족도 결정 요인에 관한 연구: 의사결정트리모형을 이용하여. 사회과학연구, 29(3), 39-57.

박수정, 박상완, 이현정, 박정우, 김경은(2020). 교사 역량 측정도구 개발 연구: 4C 역량을 중심으로. 한국교원교육연구, 37(2), 167-192.

박순용(2020). 세계시민교육 개념의 다원성. 유네스코 아시아태평양 국제이해교육원 편. 세계시민교육이 나아갈 길을 묻다. 서울: 도서출판 살림터, pp. 23-51.

박영미, 김병규(2015). 노인일자리사업이 노인의 삶의 질에 미치는 영향에 관한 연구. 한국행정논집, 27(1), 243-263.

박원익(2020). 코로나19 이후 뉴노멀과 새로운 전환. 포스트 코로나19, 무엇을 준비해야 하는가, 59-87. 경기연구원.

박종기(2015). 고려사의 재발견: 한반도 역사상 가장 개방적이고 역동적인 500년 고려 역사를 만나다. 서울: 휴머니스트.

백평구(2021). 인적자원개발 분야 국내 학술지의 주요 연구주제 분석. 인적자원개발연구, 24(2),

1-30.

법무부(2021). 출입국 · 외국인정책 통계월보, 2021년 7월호. 법무부 출입국 · 외국인정책본부.

변종임, 권두승, 양병찬, 이희수, 이경아(2006). 지역 혁신을 위한 평생학습도시 지원체제 구축방안 연구. 한국교육개발원.

심성보(2017). 한국 민주시민교육의 현황과 과제. 한국학논집, 67, 93-122.

심성보(2021. 6. 5.). 코로나 시대, 마을교육 공동체 운동과 생태적 교육학의 요청. 한독교육학회 2021년 춘계학술대회 자료집, pp. 1-21.

신형식(2012). 시민사회와 민주시민교육. 한국민주시민교육학회보, 13(2), 29-50.

양병찬(2019). 한국 '마을교육공동체' 현상의 확산과 진화: 지역개발과 지역교육의 관계 재구축의 관점에서. 한국교육사회학회 학술대회 발표자료, 2019, 1-30.

오재호(2020). 코로나19가 앞당긴 미래, 교육하는 시대에서 학습하는 시대로. 경기연구원, 이슈 & 진단, 421, 1-25.

오재호, 박원익(2020). 젠더갈등을 넘어 성평등한 사회로. 경기연구원, 이슈 & 진단, 441, 1-25.

오현석(2003). 국가인적자원개발의 개념적 이해. 한국교육개발원, 교육과 인적자원개발: 국가인적자원개발을 위한 교육의 과제, pp. 5-34.

옥일남(2014). 글로벌 시민성 함양을 위한 사회과 교수 · 학습 방안. 시민교육연구, 46(3), 105-140.

유네스코 아시아태평양 국제이해교육원(김보명, 박순용, 안현효, 이동기, 이선경, 임현묵, 장은주, 조대훈, 최현, 한건수, 한숭희)(2020). 한국 세계시민교육이 나아갈 길을 묻다. 서울: 도서출판 살림터.

윤현중, 최정민(2018). 기술 변화와 인적자원개발: 4차산업혁명과 그 변화를 중심으로. 인적자원개발연구, 21(4), 263-298.

이광수(1997). 도산 안창호. 서울: 범우사.

이대원(2021). 코로나19가 호주, 북미, 유럽 및 영국의 교육과 훈련에 미치는 영향. 직업능력개발원, THE HRD REVIEW, 24(1), 156-163.

이민화(2017). 제4차 산업혁명의 선진국 사례와 한국의 대응전략. 한반도선진화재단, 선진화 정책시리즈, 2017. 2., 14-107.

이성국(2021). 중국의 인공지능(AI) 정책 및 AI 교과서 분석. 직업능력개발원, THE HRD REVIEW, 24(1), 110-139.

이숲(2013). 스무살엔 몰랐던 내한민국. 서울: 도서출판 예옥.

이인원, 원준희, 이영미(2021). 민주시민교육의 연구 동향 분석: 네트워크분석을 통해 파악한 경향과 특징을 중심으로. 현대사회와 행정, 31(2), 113-145.

이지연(2020). 국내 성인교육 학술지 분석을 통한 성인교육과 HRD의 관계 고찰. Andragogy Today, 23(2), 27-55.

이지현, 강형곤, 정우식, 채유미, 지영건(2008). 취업이 노인의 삶의 질에 미치는 영향-서울 지역 남성 노인을 중심으로. 한국노년학, 28(1), 143-156.

이해주(2020). 인권교육과 지속가능발전의 연계를 위한 평생교육적 방안모색. 법과인권교육연구, 13(1), 1-25.

이희수(2009). 홀리스틱 관점에서 지속가능발전의 평생교육적 의미. 홀리스틱교육연구, 13(1), 37-59.

이희수, 안동윤(2007). HRD 패러다임 논쟁사에 나타난 평생교육과 HRD의 관계: 경쟁자인가, 협력자인가?. 평생교육학연구, 13(1), 77-102.

임해규(2009). 제6차 세계성인교육회의 참석 결과보고. 국회의원 보고서.

전경옥(2010). 다문화사회의 학교 내 다문화교육에 관한 연구: 미국 캘리포니아 주 공립학교 다문화교육 사례를 중심으로. Journal of Social Paradiam Studies, 25(2), 41-76.

정해식, 권지성, 정선욱, 김성아, 전영섭, 권석만, 김석호, 신혜란, 이봉주, 채수홍, 홍석철, 구서정, 진예린, 유지수(2019). 한국인의 행복과 삶의 질에 관한 종합연구: 국제비교 질적연구를 중심으로. 한국보건사회연구원, 경제 · 인문사회연구회 협동연구총서, 19-52-01.

조대연(2006). 평생교육과 인적자원개발의 관계 고찰: 북미 관련 문헌을 중심으로. 평생교육학연구, 12(4), 1-17.

조현성, 박영정, 김세훈(2010). 2010 이주민 문화향수실태조사. 한국문화관광연구원.

진규동, 강찬석(2019). 평생학습인 다산 정약용의 다산정신에 관한 탐색: 다산학의 실천적 관점을 중심으로. Andragogy Today, 22(3), 211-241.

차윤경(2012). 다문화 사회, 거스를 수 없는 세계적 추세. 나라경제 2012 January, p. 76.

천관율(2020). 코로나19가 드러낸 한국인의 세계: 의외의 응답편. 시사IN, 663호, 2020. 6. 2일자 기사.

최은수, 기영화, 최성우, 이기성, 전주성, 박경실, 전기선, 진규동, 한우섭, 최영준, 김대식, 김주섭, 송민열, 신재홍, 최용범(2010). 평생교육론. 서울: 학지사.

최충옥(2009). 외국 다문화교육의 동향. 경기도 다문화센터 편. 다문화교육의 이론과 실제. 경기: 양서원, p. 114.

하이브리드컬처연구소(2008). 하이브리드 컬처. 서울: 커뮤니케이션북스.

한경구(2008). 다문화사회란 무엇인가. 유네스코 아시아 태평양 국제이해교육원. 다문화 사회의 이

해: 다문화 교육의 현실과 전망. 경기: 동녘, pp. 107-108.

한국정보화진흥원(2018). 세계경제포럼(WEF), 4차산업혁명에 따른 일자리의 미래(The future of jobs, 2018). NIA Special Report, 2018-19.

한상훈(2019). 지역사회와 함께 하는 교육을 위하여. 한국교육과정평가원. 교육광장, 70(2019 SPRING), 56-59.

한성근(2021). 지역사회평생교육운동과 평생교육사. https://www.youtube.com/watch?v=3vA1eTG2zAM (평생교육필수교재출판기념회 1부 특강)에서 2021. 8. 20. 인출.

한숭희(2011). 학습사회를 위한 평생교육론(3판). 서울: 학지사.

한숭희(2020). 평생학습 맥락에서의 세계시민성 교육. 유네스코 아시아태평양 국제이해교육원 편. 한국 세계시민교육이 나아갈 길을 묻다. 서울: 도서출판 살림터, pp. 83-113.

한숭희, 김희은, 이영이, 정선애, 정민승, 박혜경, 고상준(2006). 민주시민교육의 개념과 쟁점: 민주시민교육 기초조사분석 연구사업보고서. 서울: 민주화운동기념사업회.

한우식, 기영화(2010). 노인학습동아리 참여노인들의 학습 경험. 평생교육 · HRD 연구, 6(3), 191-210.

허영식, 정창화(2020). 민주시민교육의 제도적 체계화를 위한 교수학습원칙과 실천방안. 내러티브와 교육연구, 8(1), 35-58.

허준, 윤창국(2015). 지속가능발전교육(Education for Sustainable Development: ESD) 담론의 평생교육적 함의. 평생교육연구, 21(2), 23-44.

환경부(2015). 유엔 지속가능발전목표. 발간등록번호 11-1480000-001533-01.

환경부(2021). 지속가능발전포털. http://ncsd.go.kr/lsdgs

Bloom, B. (1968). Learning for mastery. UCLA-CSEIP-*Evaluation Comment, 2*(1), 1-12.

Brooks. R. (2008). Youth and lifelong learning. In Peter, J. (ed.), *International handbook of lifelong learning* (pp. 33-44). London: Routledge.

Dewey, J. (2009). 민주주의와 교육 (*Democracy and education: An introduction to the philosophy of education*). (이홍우 역). 경기: 교육과학사. (원저는 1916년에 출판).

Gray, K. (2004). The 'Underclass' of migrant workers in Korea. 아세아연구, 47(2), 97-291.

Huntington, S. P., & Harrison L. E.(Eds.). 문화는 정말 중요하다 (*Culture matters: How values shape human progress.* (이종인 역). 서울: 도서출판 책과함께, pp. 8-13. (원저는 2001년에 출판).

ICAE (International Council for Adult Education) (2022). *Declaration of the Civil Society*

Forum. CONFINTEA VII, Marrakech, Kingdom of Morocco.

Jacobs, R. L. (1990). Human resource development as an interdisciplinary body of knowledge. *Human Resource Development Quarterly, 1*(1), 65-71.

McClleland, D. C. (1973). Testing for competence rather than for "intelligence". *American Psychologist, 28*(1), 1-14.

Meadows, D. H., Randers, J., Meadows, D. L., & Behrens III, W. W. (1972). *The limits to growth.* A POTOMAC ASSOCIATES BOOK.

Meadows, D. H., Randers, J., &, Meadows, D. L. (2012). 성장의 한계 (*Limits to Growth: The 30-Year Update*). (김병순 역). 서울: 갈라파고스. (원저는 2004년에 출판).

OECD (2017). *How's life 2017: Measuring well-being.* Paris: OECD Publishing.

Partnership for 21st Century Learning(2007). Framework for 21st century learning. https://www.nysut.org/~/media/files/nysut/resources/2013/april/ted/21st_century_skills_handout.pdf?la=en

Sant, E., Davies, I., Pashby, K., & Shultz, L. (2021). 세계시민교육: 주요 개념과 논쟁에 대한 비판적 접근 (*Global citizenship Education: A Critical Introduction to Key Concepts and Debates*). (심성보, 조우진, 유성상 공역). 서울: 다봄교육. (원저는 2018년에 출판).

Swanson, R. A., & Holton, E. F. III. (2001). *Foundation of human resource development.* San Francisco, CA: Berrett-Koehler.

UIL(UNESCO Institute for Lifelong Learning) (2019). *4th Global Report on Adult Learning and Education(GRALE IV): Leave no one behind-Participation, Equality and Inclusion.* Hamburg: UIL.

UIL(2022). *CONFINTEA VII Marrakech Framework for Action: Harnessing the transformational power of Adult Learning and Education.* UIL. https://www.uil.unesco.org/sites/default/files/medias/fichiers/2022/06/FINAL%20MarrakechFrameworkForActionEN_06_21_22_0.pdf

UNESCO(1997). *Adult learning and challenges of the 21st century.* CONFINTEA V report. Hamburg: UNESCO.

UNESCO(2019). 지속가능발전목표 달성을 위한 교육-학습목표 (*Education for sustainable development goats: Learning objectives*). (이정현 역). 서울: 유네스코한국위원회. (원저는 2017년에 출판).

제9장

주요 외국의 최근 평생교육정책[1)]

"국제화는 행동으로 성취하라."
—탈무드의 지혜—

학습목표

1. 이 장에서는 주요 외국의 평생교육정책을 개괄적으로 기술한다.
2. UNESCO와 OECD 등의 평생교육정책 국제 동향을 알아보고, 다음으로는 미국, 호주 등의 최근 평생교육정책을 살펴본다.

학습개요

이 장에서는 국제기구인 UNESCO와 OECD 그리고 평생교육 선진국인 미국, 호주의 최근 평생교육정책을 살펴본다. 각 국제기구와 나라마다 평생교육정책의 역사적 배경, 평생교육정책의 방향, 주요 평생교육정책의 내용 그리고 평생교육정책의 시사점을 살펴본다.

1) 이 장의 주요 내용은 최은수(2019, pp. 11-92, 307-332)에서 발췌하여 재구성하였다.

1. UNESCO의 평생교육정책

1) UNESCO 평생교육정책의 역사적 배경

1945년 11월 16일 UNESCO 창설 준비 위원회에 파견된 37개 나라의 대표들이 'UNESCO 헌장'을 채택함으로써 UN교육과학문화기구인 UNESCO(United Nation Educational, Scientific, and Cultural Organization)를 창실하였다. UNESCO 헌장은 1946년 11월 4일 20개국의 비준을 얻어 발효되었으며, 제1차 UNESCO 총회가 1946년 11월 20일 프랑스 파리에서 열리게 되었다. 그 후 UNESCO는 지금까지 교육, 과학, 문화 분야에서의 국제규범 제정자, 지식과 정보의 보급자 그리고 국제협력의 조정자로서 역할을 수행하고, 모든 이를 위한 평생교육, 인류의 번영에 기여하는 과학, 세계유산 보호와 창의성을 바탕으로 하는 문화발전, 정보와 지식의 공유를 통한 정보격차 해소를 위해 노력해 오고 있다(유네스코한국위원회, 2006).

UNESCO의 역사는 평생교육의 역사와 그 맥을 함께한다. UNESCO의 설립 목적과 이념을 나타내고 있는 UNESCO 헌장은 전쟁이 인간의 마음에서 시작되는 것처럼 평화 수호 역시 인간의 마음에서 시작되기 때문에 인류 사회에 평화를 건설해야 한다고 주장한다. 또한 이를 위해서는 교육의 기회가 모든 사람에게 충분하고 평등하게 주어지고, 객관적 진리가 구속받지 않고 탐구되며, 사상과 지식이 자유로이 교환되어야 함을 확신한다. 국민 사이의 소통 수단을 발전 · 증가시키는 동시에, 서로를 이해하고 서로의 생활을 더욱 진실하고 더욱 완전하게 알기 위하여 이 소통 수단을 사용할 것을 결의하고 있다(UIL, 2013). 이와 같은 교육 이념 아래 시작된 UNESCO의 교육 사업은 설립 초기인 1945년부터 1950년대까지는 문맹퇴치를 목적으로 하는 성인문해교육이 주된 과업이었다(이희수, 조순옥, 2005). 이후 1965년 폴 랑그랑(Paul Lengrand)이 UNESCO 성인교육위원회에 제안한 연구보고서는 전 생애에 걸쳐 교육이 이루어져야 한다는 '평생교육(Lifelong Education)'이란 용어를 처음 사용하여 교육계의 새로운 담론을 등장시켰고, 1972년 UNESCO 교육발전국제위원회 위원장이었던 에드가 포르(Edgar Faure)는 「존재를 위한 학습(Learning to Be)」이라는 보고서를 통해 평생교육의 본격적인 시작을 알렸다. 이처럼 1960년대 후반 이후 UNESCO가 교육 사업의 핵심 원리로 평생교육을 주창하고 채택하면서 평생교육은 특정 사업 형태의 독립적인 프로그램보다는 UNESCO 교육 사업 전반에 걸친 운영 원리로 인식되어져 왔다(박형민, 2004). UNESCO는 창설 직후인 1949년 덴마크의 엘시노어에서의 제1차 세계성인교육회의(Conference Internationale sur L'education des Adultes: CONFINTEA)를 시작으로 2022년 모로코의 마라케시에서의 세계 성인교육 회의까지 총 7차례의 세계 성인교육 회의 및 평생교육과 관련된 각종 회의를 주관함으로써 평생교육의 이념 정립, 이론화, 보급에 앞장서 왔다(교육인적자원부, 2001; UIL, 2022).

2) UNESCO 평생교육정책의 방향

UNESCO의 평생교육 사업 전개 방향은 '모든 이를 위한 교육(Education for All: EFA)'이라는 큰 주제 속에 담겨 있다(평생교육진흥원, 2008). UNESCO의 세부 활동 및 사업 내용의 근거가 되는 중장기 전략(2014~2021년)은 '평화(Peace)'와 '공평하고 지속적인 발전(Equitable and sustainable development)'이라는 목표(overarching objectives) 아래 다음과 같은 9개의 전략목표(strategy objectives)를 두고 있으며, 전략목표 1~3은 교육 분야의 중 · 장기 전략을 제시하고 있다(UNESCO, 2014b).

- 전략목표 1. 양질의 모두를 위한 평생학습 기회를 위한 교육 시스템 개발 지원
- 전략목표 2. 세계시민 양성을 위한 창조적이고 책임 있는 역량 강화
- 전략목표 3. 모두를 위한 교육(EFA) 증진 및 미래 교육의제 설정
- 전략목표 4. 국가와 지역 및 전 세계적인 과학, 기술, 혁신체제 및 정책 강화
- 전략목표 5. 지속가능발전의 주요 과제에 관한 분야를 위한 국제협력 증진
- 전략목표 6. 통합적 사회발전 지원, 문화 간 화해를 위한 대화 증진, 윤리 원칙 증진
- 전략목표 7. 유산 보호와 진흥, 전승
- 전략목표 8. 창의성과 문화적 표현의 다양성 증진
- 전략목표 9. 표현의 자유, 미디어 발전, 지식과 정보에 대한 접근 증진

3) UNESCO 주요 평생교육정책의 내용

(1) 모두를 위한 교육

UNESCO는 UN의 '새천년 개발 목표(Millenium Development Goal)' 중 하나인 '초등

교육의 보편화(Universal Primary Education)' 및 '성차별 해소(Achievement of Gender Parity)의 달성'을 위해, '모든 사람을 위한 교육(EFA)'이라는 목표 아래 2000년도부터 세계 각지의 어린이, 청소년, 성인들에게 양질의 교육을 제공하기 위해 다양한 노력을 전개해 오고 있다. 1990년 태국의 좀티엔에서 열린 '만인을 위한 세계교육회의(World Conference of Education for All)'에서 세계 각국 대표가 합의한 주요 목표는 2000년 세네갈의 다카르에서 다음 6가지 과제로 구체화되었으며, 이후 2015년 목표 달성을 위한 국제사회의 노력이 계속 되고 있다. 모든 사람을 위한 교육(EFA)의 6가지 과제는 다음과 같다(유네스코한국위원회, 2013).

- 영유아 보육과 교육의 확대 및 향상
- 양질의 무상 의무 초등교육 보편화
- 모든 청년과 성인의 학습요구 충족
- 성인 문해율 50% 증가
- 교육의 양성평등 달성
- 모든 면에서 교육의 질 향상

2015년 5월에는 인천에서 다카르 회의 이후 15년 만에 '2015 세계교육포럼'이 개최되었다. UNESCO가 전 세계 주요 국제기구들과의 협력 아래 개최한 이 행사에서는 UNESCO 195개 회원국 장관급 대표, NGO, 전문가 등 약 1,500여 명이 참석하였다. 2000년 이후 진행된 '모두를 위한 교육'과 새천년개발목표의 성과를 종합평가하고, 2030년까지 향후 15년간 국제사회가 지향해야 할 세계교육에 대한 공동비전과 발전목표를 설정하여 그 실행방법으로 '교육 2030: 모두를 위한 포용적이고 평등한 양질의 교육과 평생학습을 향하여'를 제목으로 하는 '인천 선언(Inchon Declaration)'을 채택하였다. 그 주요 내용은 다음과 같다(국가평생교육진흥원, 2016).

- **교육접근성**: 2030년까지 12년간의 초 · 중등 무상교육 제공을 마련하며, 이 중 최소 9년은 무상 의무교육을 보장한다. 또한 최소 1년의 취학 전 무상 의무교육을 격려한다.
- **형평성과 포용**: 교육 현장에서의 제반 형태의 소외와 배제, 불평등과 접근성 차이, 학습 성취의 격차 문제를 해소한다. 또한 장애인을 포함하여 정신적 · 신체적으로 취약한 이들에 대한 배려에 집중한다.

- **양성평등**: 남녀 평등성을 인식하고, 성 차이를 배려하는 정책과 계획 및 교육 환경을 제공하고 이를 위한 교사 훈련을 제공하며, 교육과정 속에서 성별 어젠다의 주류화, 성차별에 기인한 폭력 제거를 지지한다.
- **양질의 교육**: 교육과 학습성과의 진전을 위해 투입과 평가 및 측정 과정의 메커니즘을 견고히 한다. 교사 및 교육가들의 권익 향상과 적합한 채용과 훈련 등, 이들이 전문성을 바탕으로 동기 부여를 받을 수 있도록 풍부한 자원과 효율적인 시스템적 지원을 보장한다.
- **평생학습 기회**: 모든 상황과 수준을 막론한 모두를 위한 평생학습 기회를 제공한다. 이는 직업기술 교육훈련 및 고등교육에의 접근성을 균등하게 확대하는 것을 의미하며, 이를 위해 정보통신기술(ICT)이 적극적으로 활용되어야 한다.

(2) 지속가능발전교육

지속가능발전교육(Education for Sustainable Development)은 세대 간 형평성, 양성평등, 사회적 관용, 문화 다양성, 빈곤 퇴치, 환경보존, 지속가능한 도시화, 공정하고 평화로운 사회 등 지속가능성의 원칙과 이념에 기초하여 지속 가능하지 않은 사회의 구조나 행동양식을 변화시키기 위해 사람들을 참여시키고 역량을 강화시키기 위한 교육이다(유네스코한국위원회, 2014). 지속가능발전에서 교육의 중요성이 부각되며 UN은 '지속가능발전 정상 회의'의 권고에 기초하여 제57차 UN총회(2002. 12.)에서 'UN 지속가능발전교육 10년(UN Decade of Education for Sustainable Development)'을 제정하고 UNESCO를 해당 과제 수행을 위한 담당기관으로 지정하였다. 양질의 교육 촉진 및 향상, 교육과정의 재정립, 지속가능발전에 대한 대중 인식 및 이해 증진, 노동인력의 훈련을 4가지 핵심목표로 명시하였다(UNESCO, 2005). 한편, '지속가능발전교육 10년'과 관련한 국제 실행 계획(International Implementation Scheme: IIS)은 UNESCO에 의해 수립되었으며, 이는 지속가능발전교육을 통해 성취할 수 있는 세부 사항을 UNESCO의 지휘하에 작성한 국가 수준별 전략문서이다(평생교육진흥원, 2008). 이 문서에서는 지속가능발전교육의 주요 임무가 가치관을 변화 · 증진시키는 것이며, 특히 모든 이의 인권에 대한 존중과 사회경제 정의에 대한 헌신, 다음 세대의 권리에 대한 존중, 공동체와 문화 다양성, 관용과 비폭력 문화를 존중하는 가치관의 증진에 있음을 강조하고 있다(유네스코한국위원회, 2014).

(3) 문해교육 사업

UIL이 추진하는 문해교육 사업(Literacy Initiative for Empowerment: LIFE, 2005~ 2015년)의 근거는 2005년 10월 제33회 총회에서 마련되었다. LIFE는 인구의 50% 이상이 비문해자이거나 천만 명 이상의 비문해 성인이 있는 국가에 대하여 문해력을 향상시키기 위한 협력적 전략 형태의 UNESCO 문해 사업이다. LIFE는 국가별 추진 세부 항목을 제시하여 35개국에서 3단계 10년 계획으로 문해지원 사업을 추진하고 주로 비도시 지역의 비문해 여성의 능력 향상에 초점을 맞추고 있다. UIL은 LIFE를 통해 국가 각 부처와 NGO기구, 시민연대, UN사무국과 기부금 원조 국가들의 협력으로 국가별 문해지원 사업을 위한 파트너십 형성을 도모한다(평생교육진흥원, 2008). LIFE에 참여하는 국가 현황은 〈표 9-1〉과 같다.

〈표 9-1〉 LIFE에 참여하는 국가 현황

대륙별 구분	참여 국가
아시아 · 태평양 지역	중국, 이란, 아프가니스탄, 방글라데시, 인도, 인도네시아, 네팔, 파키스탄, 파푸아뉴기니
아프리카 지역	에티오피아, 감비아, 시에라리온, 베냉, 부루키나 파소, 중앙아프리카 공화국, 차드, 콩고 민주공화국, 지부티, 에리트레아, 기니, 세네갈
중동 · 아랍 지역	이집트, 이라크, 모리타니, 모로코, 수단, 예멘
중남미 지역	아이티, 브라질

출처: 평생교육진흥원(2008), p. 50.

(4) 교육네트워크 구축

1953년에 175개 나라에서의 약 8,000여 개의 학교와 여타의 교육기관을 연결하는 UNESCO 협동학교 네트워크(Associated Schools Project Network: ASPnet)가 조직되었다. UNESCO 협동학교 네트워크의 기능은 양질의 교육을 실현하기 위한 프로그램을 개발하고 환경 보호, 다문화교육과 같은 교육 이슈를 다루는 것이다. 또한 고등교육에서도 국제협력을 도모하기 위한 600개의 UNESCO 석좌와 네트워크가 120개국에 설립되었다(UNESCO, 2014. 2. 13.).

4) UNESCO 평생교육정책의 시사점

UNESCO가 추구해 오고 있는 평생교육의 이념과 추진정책은 그동안 우리나라의 평생교육의 등불 역할을 해 왔을 뿐만 아니라 앞으로도 우리나라의 평생교육정책이 나아갈 방향에 대한 여러 시사점을 제공하고 있다. 이 시사점을 간략히 요약하면 다음과 같다.

첫째, UNESCO의 성인기초교육과 문해교육에 대한 지속적 관심은 우리나라 역시 교육소외계층의 교육 접근 향상을 위한 끊임없는 노력이 이루어져야 함을 시사한다. 특별히 UNESCO의 '모든 이를 위한 교육(EFA)'은 교육 대상의 전체성, 평등성 그리고 학습권 보장이 실질적인 교육 기회와 학습 기회의 제도적 보장을 통해 정책적으로 적극 실천되어야 함을 강조하고 있다.

둘째, UNESCO가 추진해 온 '지속가능발전교육(ESD)'은 환경, 사회, 경제 각 분야 및 삶의 질에서의 지속적인 발전을 위한 시민의 역량을 다양한 학습의 형태와 관점의 수용 및 통합을 통하여 강화하고 있다. 이와 같은 정책은 본질적으로 평생학습의 촉진과 관련한다. 우리나라의 평생교육정책 역시 국민의 평생학습 촉진을 위하여 다양한 차원의 교육, 훈련 및 관리 방식의 개발과 적용이 필요할 뿐만 아니라 학습자, 교육과 관련된 정부 및 모든 이해관계자가 이를 위한 통합적이고 변혁적인 관점을 지녀야 한다.

셋째, UNESCO에서 구축하는 다양한 네트워크와 이를 통한 각국의 연계로 이루어지는 사업 추진은 우리나라 평생교육정책 역시 다양한 기관 및 부처의 네트워크 구축과 긴밀한 협력을 필요로 함을 시사한다.

2. OECD의 평생교육정책

1) OECD 평생교육정책의 역사적 배경

경제협력개발기구(Organization for Economic Cooperation and Development: OECD)의 역사는 유럽 경제협력기구(Organization for European Economy Co-operation: OEEC)에서 시작되었다. OEEC는 전쟁으로 황폐해진 유럽 대륙의 재건을 위하여 미국의 마샬 플랜(Marshall Plan) 지원을 받아 설립된 기구로 1960년 12월 미국과 캐나다도 함께하면서 1961년 OECD로 새롭게 발족하였다. 2013년 OECD의 총 회원국 수는 34개국이었으며,

대한민국은 1996년에 회원국으로 가입하였다(OECD, 2013).

OECD는 발족 당시부터 교육 문제에 깊은 관심을 가졌으며, 회원국들의 교육정책에 중요한 영향을 미쳤다(최은수 외, 2010). 특히 OECD는 UNESCO와 함께 고유한 학문적 작업과 긴밀한 국제적 교환을 통하여 세계 주요국의 평생학습을 주도해 왔다. OECD 평생교육의 역사는 렌(Rehn)의 순환교육(Recurrent Education) 개념의 등장으로 시작된다. 스웨덴의 경제학자였던 렌은 1950년대 스웨덴 노동시장의 변화에 예민하게 반응할 수 있는 탄력적인 교육제도로서 순환교육의 아이디어를 처음 제시하였으며, 1960년대에는 OECD 인력 · 사회문제국장을 역임하였다(조순옥, 2008). 이후 1973년 OECD는 현실적 전략인『순환교육: 평생학습을 위한 전략(Recurrent Education: A Strategy for Lifelong Learning)』을 발간하였다. 이 보고서를 통해 OECD가 밝히는 순환교육의 개념은 다음과 같다.

> 순환교육이란 의무교육 이후나 기초교육 이후의 제반교육을 포함하는 포괄적 교육 전략으로서 교육과 직업, 여가 활동, 은퇴 과정이 서로 교차할 수 있다. 이에 따라 교육은 개인의 전 생애 동안 되풀이되는 방법으로 배분될 수 있다는 순환과 교대의 기본 원리를 바탕으로 하는 교육방식이다(OECD, 1973: 이희수, 조순옥, 2007 재인용).

이처럼 초기 OECD 평생교육의 주된 개념이었던 순환교육은 당시 노동 환경 변화에 대처할 수 있는 새로운 교육 대안으로 여겨졌을 뿐만 아니라, 1990년대 초까지 OECD 평생교육정책의 바탕이 되었다(한상길, 2009). 1990년대에 들어오면서 OECD는 지속적인 국가 발전은 평생교육을 통해서 이루어진다는 인식 아래 현직 근로자를 대상으로 하는 순환교육에서 만인을 대상으로 하는 평생학습으로의 전환을 시도하였다(한국직업능력개발원, 2005). OECD는 1990년대부터 2000년대까지 총 5차례의 교육부 장관 회의를 개최하였다. 이들 중에서 1996년 '모든 이를 위한 평생학습'이라는 주제로 열린 제4차 회의에서는 '요람에서 무덤까지(Cradle-to-Grave)'라는 평생학습의 개념이 선언되었다. 이처럼 순환교육보다 더욱 포괄적인 개념으로 선택된 평생학습의 개념은, 학습 활동에 참여하고자 하는 모든 개인이 지식과 능력의 향상을 목적으로 하는 모든 의도적 학습 활동을 포함하고 있다(교육인적자원정책위원회, 2002). 이후 2001년 파리에서 열린 OECD 교육부 장관 회의에서는 '모든 이를 위한 능력 개발에의 투자(Investing Competencies for All)'라는 주제도 토의되었으며, 이 회의를 통해 각국 교육부장관은 지식사회에서 요구되는 직업 기술과 능력의 함양을 위해서는 모든 이를 위한 평생학습전략이 무엇보다 중요하다는 것을 확인하였다(최은수 외, 2010).

2) OECD 평생교육정책의 방향

2001년 교육인적자원부의 보고서는 '모든 이를 위한 생애능력 개발에의 투자 확대'라는 OECD 평생교육정책 동향을 다음과 같은 주요 쟁점으로 분석하고 있다.

- OECD는 지속적 발전과 사회 결속은 시민 전체의 능력에 달려 있음을 인식하고 있다.
- OECD는 학습을 조망함에 있어서 학령 전 단계에서부터 초 · 중등교육, 고등교육 그리고 성인교육에 이르기까지의 전체적인 범주에서 생애능력 개발이 이루어져야 함을 강조하고 있다.
- OECD는 학교가 다양한 사회 변화에 적응해야 함에도 기초 능력을 제대로 갖추지 못한 채 사회에 나가는 학생들의 숫자가 증대됨에 따라 핵심 기초 능력 향상에 보다 더 비중을 높여야 함을 강조한다.
- OECD는 교육과 일 사이에 경계가 무뎌짐을 지적하며, 직장에서의 훈련 기간이 길어지고, 고등학교 학생들과 대학생들이 학업과 직업을 병행하고 있으며, 직장인들이 보다 나은 학습 기회를 가져야 한다는 압력을 받고 있음에 주목하고 있다.
- OECD는 직장과 사회에서 보다 수준 높은 능력 개발의 필요성에 상응하여 성인학습에 대한 요구 또한 증가하고 있음에 주시하고 있다.
- OECD는 평생학습과 모든 이를 위한 생애능력 개발 투자 확대 이슈를 주요 쟁점 중 하나로 삼고 있다.
- OECD는 모든 이의 능력에 대한 투자와 관련하여 지식 기반 경제에 참여하기 위해서는 기초 능력뿐만 아니라 고등교육에까지 보다 광범위한 능력이 요구됨을 강조한다.
- OECD는 교육 기회뿐만 아니라, 개발된 능력의 양적 면에서도 여전히 불평등이 존재하기 때문에 각 회원국은 자체대로 불평등을 해소하는 한편, '정보격차'와 같은 새로운 불평등 요인을 최소화하는 방향으로 강력한 정책을 시행해 나가야 할 것임을 지적한다.

또한 김신복(2003)은 최근 10여 년간의 OECD 교육정책 논의의 동향을, ① 구조조정과 교육 문제 논의, ② 평생교육체제 발전 논의, ③ 인적 자원 개발과 투자에 관한 논의 등 3가지로 정리하면서 그 특징을 다음과 같이 설명하였다.

첫째, 교육에서 단순한 지식 또는 기능의 획득이 아니라 지적 소양과 자기주도적 행동 특성에 입각한 개개인의 종합적 수행 역량을 강조하고 있다.

둘째, 교육의 성과로서 나타나는 개개인 능력의 가시성 제고를 위한 정책을 강조하고 있다.

셋째, 정부, 교사단체, 학부모와 지역사회, 경제단체 간의 합의와 협력 체제를 통한 파트너십을 강조하고 있다.

최근 OECD 국가들을 중심으로 한 평생교육정책의 방향은 다음 몇 가지 원리에 기반하여 추진되고 있다.

첫째, 접근성과 교육의 질 및 교육 기회의 형평성 향상을 위한 정책을 추진한다.

둘째, 모든 이를 위한 기초 역량 습득을 제공하는 정책을 추진한다.

셋째, 모든 학습 형태를 인정하는 방향으로 나아가고 있다.

넷째, 다양한 관계자들 간의 정책 협조를 강화해 나가고 있다(임영희, 2010).

이러한 OECD 회원국들의 평생교육정책 동향은 'OECD 교육 동향(Education at a Glance)'을 통해서도 살펴볼 수 있다. 매년 9월 중순(2013년은 6월)에 발표되는 OECD 교육 동향은 회원국 및 협력국의 교육제도에 관한 비교 가능한 최신 지표를 폭넓게 보여주는 OECD 연차 데이터 및 분석 요약으로서 여기서 다루는 주요 내용은 다음과 같다(OECD, 2007).

- 교육 참여 및 학업 성취
- 학교교육에 대한 공공 및 민간 지출
- 평생학습 현황
- 학생 및 교사 여건

2010년 프랑스의 파리에서 열린 교육장관 회의의 보고서 역시 모든 이를 위한 기초역량 습득, 미래사회를 대비한 모든 형태의 학습, 다양한 관계자들의 파트너십을 강조하고 있는 OECD의 평생교육정책 동향을 엿볼 수 있다. 이 회의에서는 OECD 회원국들의 경제 위기가 교육에 미치는 영향이 논의되면서 교육은 하나의 투자로 경제 성장과 사회적 통합을 위한 기반이기 때문에 지속적인 경기 회복과 사회 발전을 위해 투자의 적정 수준을 유지하는 것이 중요하다는 데 의견을 함께하였다. 더불어 고숙련 노동자에 대한 요구 증대, 국제화 확대, 빠른 다양화, 복잡화 시대로 인한 교육의 중요성과 이를 지원하기 위한 정보와 데이터의 중요성도 확인하였다. 또한 새로운 필요에 부합하는 기술에 대응하는 인재를 양성하기 위하여 직업교육은 역량 구축에 도움을 주고, 평생교육은 예측 불가능한 수요에 부응하고 변화에 적응할 수 있도록 하는 데 필요하다고 주장하고 있으며, 미래의 기술수요 예측이 어렵고 빠른 변화와 불확실성은 증가하고 있으므로 생애주기의 접근방식을 채택하는 것이 중요하다고 강조하고 있다. 이와 함께 교육과 노동시장의 모든 관계자의 협력, 정부의 전방위적인 접근방식, 교육적인 종합적 접근방식을 통한 노력도 강조되고 있다(한국교육개발원, 2010).

앞에서 살펴본 바와 같이, OECD가 추구하는 평생교육정책의 방향은 UNESCO의 평생교육론과 차이가 있다. 양자는 기존의 학교 중심 교육체제에서 벗어난 교육을 강조하는 점에서는 같으나, UNESCO 평생교육정책의 방향은 전인적인 자아실현에 중점을 두고 있으며, OECD는 직업 능력의 신장을 강조한다(교육부, 2000: 배석영 외, 2010 재인용). UNESCO와 OECD의 평생교육을 비교하면 〈표 9-2〉와 같다.

〈표 9-2〉 UNESCO와 OECD의 평생교육 비교

	UNESCO	OECD
이념적 지향성	• 주요 이념: 이상주의 학습사회론, 인간 중심 평생교육론 • 핵심 모토: 모든 이를 위한 교육 (Education for All) • 핵심 주제: 존재를 위한 학습(Learning to Be) • 주요 회의: 세계 성인교육 회의	• 주요 이념: 경제주의 학습경제론, 전략적 인간자원개발론 • 핵심 모토: 모든 이를 위한 평생학습 (Lifelong Learning for All) • 핵심주제: 평생학습전략, 순환교육 • 주요 회의: OECD 교육장관 회의
이론적 배경	• 랑그랑: 새로운 평생교육 패러다임 • 포르: Learning to Be • 들뢰르: Learning the treasure within	• 인간자본론(human capital theory) • 사회자본론(social capital theory)
관심 영역	• 교육 기회의 확장: 기초교육 → 계속교육 • 교육 내용과 주도권의 확장: 교수자 공급 중심 → 학습자 선택 중심 • 교수–학습 메커니즘의 확장: 형식교육 → 비 · 무 형식교육	• 평생에 걸친 직업능력 개발 • 인적 자본과 사회적 자본 개발 • 일과 학습의 연계 모델 • 투자로서의 평생학습정책

출처: 한준상, (2003), p. 28에서 일부 수정한 표를 최은수 외(2010), p. 120 재인용.

3) OECD 평생교육정책의 시사점

OECD의 평생교육정책은 공정성(equity)과 효율성(efficiency)의 측면에서 다음과 같은 시사점을 도출할 수 있다.

첫째, OECD가 추구하는 평등의 이념은 사회통합을 위한 평생교육 정책이 교육 기회의 공정성 측면에서 제고되어야 함을 시사한다. 1970년대부터 OECD가 내세워 온 평등은 누구나 같은 결과물을 성취해야 함을 의미하지 않는다. 그러나 부와 권력의 차이에 따라 그 결과물이 달라져서는 안 된다고 주상한다. 따라서 OECD는 이와 같은 정책적 목표를 달성하기 위하여 공정성의 초점을 교육 기회의 배분에 맞춰 가기 시작하였다.

우리나라는 1996년 OECD에 가입한 이래 현재까지 OECD에서 제기하고 있는 미래적 교육개혁 과제를 정책 제안 형태로 적극 수용하고 있다(유성상, 2010). 그럼에도 불구하고 우리나라 성인의 평생교육 참여는 연령이 높을수록, 그리고 소득이 낮을수록 평생학습 참여율이 떨어지고, 일부 경제적 여유가 있는 사람들에게 참여가 집중되는 양극화 현상이 지속되고 있다(한국교육개발원, 2013). 이는 우리 사회의 계층 간 갈등을 표면적으로 보여 준다. 이와 같은 계층 간 갈등을 해소하고 사회 통합을 도모하기 위해서는 무엇보다 취약계층을 위한 교육 접근성을 강화하여 평생교육의 공공성을 강화하는 정책이 강조되어야 할 것이다. 또한 이를 위하여 계층별 학습자에 대한 체계적인 분석과 차별화된 지원이 정책적으로 이루어져야 한다.

둘째, OECD의 경제와 교육의 연결은 시대 변화에 적절한 인적 자원 개발의 중요성을 시사한다. 급속한 사회경제 변화의 흐름에 따라 OECD는 교육에서 인적 자원 개발의 중요성을 인식하고, 이를 주요 평생교육정책으로 다루어 왔다. 또한 오늘날에는 평생교육을 통해 시대의 빠른 변화와 예측 불가능에 적응할 수 있는 역량 개발이 이루어져야 함을 강조하고 있다. 이러한 OECD 평생교육정책은 앞으로 평생교육정책에서의 인적 자원 개발의 중요성이 단순히 직업적 지식과 기술교육에 있는 것이 아니라, 모든 이가 변화에 적응할 수 있는 능력을 가질 수 있도록 생애주기적 접근방식의 정책이 이루어져야 함을 시사한다. 또한 이러한 정책은 정부와 각 사회, 경제, 교육 관련 기관, 이해관계자들의 연계와 협력을 통해 추진되어야 할 것이다.

3. 미국의 평생교육정책

1) 미국 평생교육의 역사적 배경

17세기 초반 미국에서는 직업교육, 기술교육의 필요에 따라 동남부 지역을 중심으로 여러 학교가 세워지기 시작하였다. 당시 미국은 영국의 식민지였으므로 교과서와 교육 내용은 영국과 다를 바 없었다. 하지만 18세기 영국으로부터의 독립에 기반한 「헌법」 채택에 따라 미국의 교육은 영국의 제국시민을 미국의 민주적 시민으로 재형성하는 시급한 과제를 안게 된다. 이에 당시 미국의 평생교육은 다른 선진국보다 훨씬 더 시민성 형성의 교육을 강조하게 되었다(변종임 외, 2006).

이후 19세기 전반에는 민주적인 사회 건설과 유지 · 발전을 위한 지식의 일반적인 보급이 시대적인 과제로 부각되면서 학교의 의무교육, 사회교육 영역에서의 공공도서관 운동이 동시에 전개되기 시작하였다(이규환, 1992). 19세기 초 대중교육 기관으로서의 도서관 발달을 꾀하고자 하는 취지로 시작된 미국의 공공도서관 운동은, 민주주의란 교육의 민주화와 민주주의를 위한 교육을 통해서만이 유지될 수 있고, 대중교육은 정치, 종교, 지적인 자유에 꼭 필요한 것이라는 확신을 기초로 하여 전국으로 확산되었다(홍의균, 1986). 당시 미국사회교육은 공공도서관을 공공이익기관뿐만 아니라 학교에 못지않게 시민을 교육하는 중요한 장소로서, 이주민이 새로운 언어와 문화, 법을 배울 수 있는 장소로서 그리고 그들의 자녀를 미국 시민으로 사회화할 수 있는 장소로 인식하고 있었다.

19세기 후반 시작된 샤토쿠아(Chautauqua)운동은 이 시기 미국 평생교육의 대표적 특징으로 초기에는 일요학교 교사를 위한 오락과 교육을 겸비한 여름학교로 시작하여 성인교육 프로그램으로 확장되었다. 또한 질의응답식, 강의법, 독서클럽 등을 포함한 많은 형태의 교수방법을 최초로 적용하였으며, 교육과정으로 인문과학뿐만 아니라 도서관 이용 연습과 같은 실제적이고 직업적인 과목도 포함되었다(교육인적자원부, 2004). 샤토쿠아운동은 미국교육에서 시간제 고등교육에 대한 관심을 가져왔으며, 학습자는 문화적인 요구와 직업적인 요구를 동시에 갖고 있다는 사실에 대한 인식을 갖도록 하였다(Knowles, 1977).

미국은 20세기에 들어서서 타국에서 들어온 이민세대의 정착교육과 경제 회복을 위해 공공 직업훈련과 평생교육을 활발히 추진하였다. 특히 사회교육이나 방법에서도 새로운 접근이 추가되어 급변하는 사회 현실의 문제에 대한 해결적 접근, 평생교육 이념의 반영, 대중매체를 중심으로 한 시청각교육이 광범위하게 활용되었다(변종임 외, 2006).

미국의 성인교육은 급격한 사회적 · 경제적 · 문화적 변화에 의해 영향을 받아 왔다(주동범, 2005). 지식기반사회와 평생학습사회로 변화하는 세계적 흐름 속에 미국은 1980년대부터 교육개혁을 추진하여 국가의 국제 경쟁력 제고를 위한 노력을 해 왔으며, 직업교육을 통하여 청소년의 중도탈락률을 줄이는 동시에 성인에게는 평생학습의 기회를 제공해 왔다(이재홍, 2010; Lewis, Chang, 2006).

2) 미국 평생교육정책의 방향

미국 평생교육정책은 성인의 계속교육을 통한 경제침체 및 노동시장 위기 극복, 대학의 위기 극복, 이민자 및 영어 구사 능력이 떨어지는 성인의 문해력 향상, 교육 기회의 평등성 실현, 민주적 시민성 형성 등의 방향으로 전개되고 있다(한숭희, 2004). 특별히 그동안 미국의 성인교육은 경제 발전의 동력으로서 학력취득과 직업능력교육을 일관되게 강조해 왔다. 즉, 교육은 미국의 생산성 향상에 주된 공헌을 해 왔고, 이에 따른 학력의 증가는 경제 성장에 밀접하게 관련된다는 인식이다(평생교육진흥원, 2008).

근래에는 전 세계적으로 고등교육의 대중화가 가속화되면서 미국 평생교육 분야에서도 고등교육의 역할 강화에 대한 요구가 지속적으로 증가하는 추세이며, 국가주도형이 아닌 시장 메커니즘에 의해 작동되는 미국 평생교육의 특성을 강하게 보이고 있다. 이는 저소득층을 비롯한 소외집단을 대상으로 하는 특정 평생교육 분야 외에는 국가가 평생교육정책에 주도적으로 개입하지 않으며, 각 기관 및 기업, 지역사회 등이 자율적으로 평생교육 활동을 실시하고, 개인학습자가 일상생활에서 자발적인 무형식 학습 활동을 하고 있는 형태이다(교육부, 한국교육개발원, 2016).

2008년부터 미국 정부는 새로운 일자리 창출을 위한 과학기술교육에 많은 관심을 기울여 왔다. STEM이란 과학(Science), 기술(Technology), 공학(Engineering), 수학(Math)의 앞글자를 딴 미국식 융합교육을 일컫는 것으로, 이들 각 분야를 구분하지 않은 융합교육을 통해 융합적 성향의 새로운 인재를 키워 내자는 목표를 가지고 있다(이효녕, 2011). 미국 정부는 이러한 STEM 교육이 세계 주도권을 유지하는 핵심이라는 것을 인지하고 학령기 아동부터 이 분야에 관심을 가질 수 있도록 교육할 뿐만 아니라, 이를 위한 우수교사 인력, 교육 시설, 기자재 확충에 힘을 기울여 왔다. 또한 직업교육 분야에서도 STEM 분야의 능숙한 인력 양성을 강조하였으며, 수준별로 맞춤화된 맞춤형 교육으로 주류와 비주류(여성, 소수민족 등) 간, 경제 수준 간 STEM 역량의 격차를 해소하고자 노력하고 있다(한국과학기술기획평가원, 2011). 이처럼 미국의 평생교육정책은 급변하는 과학기술에 발맞춰 경제 성장과 일자리 창출, 교육평등 실현, 성인문해 등을 꾸준히 지원하는 방향으로 추진되고 있다.

3) 미국 주요 평생교육정책의 내용

(1) 직업교육/훈련정책

미국의 직업교육/훈련체제는 고등학생 및 대학생을 대상으로 학교체제 내에서 실시되는 직업 관련 기술교육과 미취학 청소년 또는 일반 성인을 대상으로 이루어지는 실기 위주의 학습활동, 즉 직업 훈련으로 분리되어 실시된다. 또한 일반교육과 직업교육 과정의 경계가 약화되어 있으며, 노동조합의 힘이 미약한 대신 주정부 등 지방자치단체가 교육훈련에 미치는 영향이 크고, 진로교육을 위한 상담제도가 잘 발달되어 있다는 특징을 가지고 있다(한국직업능력개발원, 2009).

미국의 직업교육/훈련 정책은 노동부와 교육부의 주관으로 직업기술 훈련은 노동부 관할, 중등 단계의 직업교육 및 커뮤니티칼리지의 직업교육은 교육부 관할하에 있으며, 1980년대 이후에는 인적 자원의 질 향상이라는 정책 기조에 따라 양 부처가 협력하여 직업교육과 일반교육 및 직업훈련 간의 종합적인 연계체제 구축을 위하여 활발히 노력하고 있다(주미대사관, 2007). 이 두 부처의 직업교육/훈련정책 목표를 살펴보면 〈표 9-3〉과 같다.

〈표 9-3〉 미국 직업교육/훈련정책 목표

	노동부	교육부
목적	• 근로자 소득 향상 및 불평등 해소 • 근로자가 지식 기반 경제에서 성공할 수 있는 지식과 기술 보장 • 노동시장에서 이탈한 근로자의 재취업 도움 • 중산층 가구 경제 유지 존속 보장 • 임금 및 초과임금 보장	• 질 높은 중등 후 교육의 성공과 완성을 향상 • 학생을 위한 연방보조금을 학생과 부모에게 효과적 · 효율적으로 전달 • 성인학습자와 장애인의 고등교육, 고용 및 생산적 삶을 위한 준비
구체적 목표	• 중간층 취업 증대를 위해 필요한 자원의 근로자 제공	• 독해 및 수학, 문제해결, 팀워크, 의사소통 기술 등을 요구하는 직업의 요구를 충족시

	• 자원봉사 인구에 대한 기회 제공 프로그램 향상 • 혁신적인 기금 메커니즘, 엄격한 연구 및 평가를 통한 서비스의 효과성 증대 • 지역에 대한 파트너십과 협동 확대 • 녹색직업 및 건강 부문 직업에 대한 투자와 고수요 산업 부문의 전략 촉진 • 연방기구와의 파트너십 구축 • 근로자와 고용주의 요구에 충족하는 지속적 인력체제 개발	키기 위한 성인의 기초교육 프로그램 이수 및 커뮤니티칼리지 자격증 또는 학위취득 지원 • 교육 프로그램의 전환을 통한 성인의 고등교육기관 준비, 입학, 졸업을 위한 교육과 훈련의 가교 역할 • 장애인의 취업 및 직업 준비와 생산적 삶을 살도록 하기 위한 직업재활 지원

출처: 권인탁, 임영희(2012), p. 254 재구성.

(2) 성인 기초/중등 교육, 문해교육 정책

미국이 국가적인 차원에서 이는 프로그램은 주로 성인기초교육, 성인중등교육, 영어 문해 프로그램 등이다. 성인기초교육(Adult Basic Education: ABE)은 읽기, 쓰기, 말하기 등의 기초문해 능력을 보충하기 위한 것이며, 성인중등교육(Adult Secondary Education: ASE)은 비정규 과정을 통하여 고등학교 졸업장을 취득하도록 지원하는 프로그램으로서 GED 시험, 외부 학위수여 프로그램(external diploma) 등이 여기에 해당된다. 또한 이민자 및 영어 구사 능력이 떨어지는 미국 내 거주민을 대상으로 하는 영어문해 프로그램이 있다(한숭희, 2004).

이러한 성인교육 및 문해교육제도는 「성인교육 및 가족문해교육법」(WEFLA)에 의해 운영되는 일련의 프로그램이며, 주로 소외계층의 성인학습 활동에 초점을 둔다. 또한 이에 대한 기금은 연방정부가 전부 또는 부분적으로 지원하고 있다(평생교육진흥원, 2008). 한편, 연방정부는 범국가적 차원에서 저학력, 비문해 성인 등과 같은 교육 소외계층을 위한 지원 방향을 수립하고, 관련 기초 연구를 지원하는 데 역점을 두는 반면, 주 정부와 민간단체는 해당 지역별로 다양한 성인학습과 문해 프로그램을 개발하고 운영하는 데 주력해 왔다(변종임 외, 2006). WEFLA에 의해 시행되는 주요 성인교육 프로그램은 다음 〈표 9-4〉와 같다.

〈표 9-4〉 미국의 성인기초교육 프로그램

프로그램 종류	내용
ABE (Adult Basic Education)	• 자격: 고등학교를 수학하지 않는 16세 이상의 미국인 가운데 읽기, 쓰기, 셈, 말하기 중 하나 혹은 그 이상의 영역에서 12학년 이하의 학력을 가진 자 • 공립학교, 도서관, 지역 기반 단체 등에서 수강 가능, ABE 프로그램에서는 읽기, 쓰기, 셈, 고등학교 입학 준비, 제2외국어로서의 영어교육 등을 제공
ASE / HSE (Adult Secondary Education / High School Equivalency)	• 9학년 이상 수준의 기초학력을 가지고 있다고 판단되는 참여자들은 고등교육 입학이나 고등학교 졸업자격을 준비할 수 있음
ESL (English as a Second Language)	• 영어가 모국어가 아닌 참여자들이 영어로 읽기, 쓰기, 말하기, 듣기 교육을 통해 ABE, ASE 혹은 HSE 프로그램에 참여하거나 직업훈련 및 취업을 준비할 수 있음

출처: 한국직업능력개발원(2017), p. 207 재구성.

(3) 기타 소외계층을 위한 평생교육정책

① 노인 및 은퇴자 교육

2006년 부시 대통령은 「미국노인법(Older American Act)」의 수정안을 승인하고, 21세기 미국 노인을 위한 연방정부의 지원 방안과 효과적인 지원체제를 마련하도록 하였다(AoA, Department of Health and Human Services, 2006). 미국에서의 노인교육은 고등교육기관, 시 또는 지방자치단체의 성인교육 서비스, 지역사회의 기관 등에 의해서 제공되며, 학점과정과 비학점과정으로 운영된다(평생교육진흥원, 2008).

노인은 정부 및 기업의 직업훈련에 대한 훈련비 환급 또는 면제 지원정책에 따라 직업 능력 및 취업기술 교육에 참여할 수 있다. 또한 대학에서는 노인을 위해 학비를 면제하거나 캠퍼스를 이용한 활동을 제공한다. 뿐만 아니라, 노인은 대학의 원격교육 프로그램을 활용하기도 한다. 더불어 은퇴자 학습기구(Institutes for Learning in Retirement)는 지역사회의 주민을 대상으로 대학에서 지역노인의 요구와 대학의 목적을 반영하여 만든 기구로서 현재 300여 개 대학에서 실시하고 있다. 이 밖에도 세대 간 학습 프로그램, 여행과 함께 학습할 수 있는 엘더호스텔(Elderhostel) 프로그램, 기타 학습기관을 이용한 노인학습 프로그램 제공 등이 실시되고 있다(변종임 외, 2006).

② 전역군인의 은퇴 및 직업교육

미국 연방정부의 보훈부(Department of Veterans Affaires)는 퇴역군인을 위하여 직업재활교육과 특별한 전문직 훈련 등의 프로그램을 운영하고 있다. 퇴역군인은 대학, 전문대학, 상급학위 취득 등을 위하여 출석하고, 법에 의해 학비를 지원받을 수 있다. 퇴역군인 대학을 선택해 1개의 전공을 마쳤다고 할지라도 다른 분야 전공을 공부하고자 할 때도 학비를 지원받는다. 또한 비학위 기관을 통한 훈련, 배관훈련, 호텔경영, 소방대원과 같은 형태의 직무 또는 도제훈련, 항공훈련, 독학, 원격학습 및 인터넷 훈련, 통신훈련, 국가검정 프로그램, 창업훈련, 취업 프로그램, 산학연계훈련 등을 받을 수 있다(평생교육진흥원, 2008).

4) 미국 평생교육정책의 시사점

미국의 평생교육을 통해서 우리가 얻을 수 있는 몇 가지 시사점은 다음과 같다.

첫째, 평생교육에서 대학의 기여 부분이다. 미국은 대학의 위기를 대학 성인교육을 통해 극복했으며, 현재 미국대학 평생학습기관은 대외협력체제(outreach system)의 기능으로 발전하고 있다. 2000년대 중반 미국 대학의 성인학생 등록률은 44%로 증가되었다. 이러한 증가율의 이유는 고등교육기관이 성인학습자를 위한 기회를 개방하고, 입학, 수업 시간과 장소를 더욱 융통성 있게 만들며, 교육과정을 개별화하고, 이전의 학습과 무형식 학습을 학점으로 인정해 주며, 성인학습을 담당하는 교·강사를 교수 신분으로 전환시켜 주고, 성인 학생에 대한 서비스를 더욱 강화했기 때문이다(평생교육진흥원, 2008). 대학의 평생학습에 대한 대안은 우리나라의 대학들이 어떻게 위기를 극복해야 하는지, 그리고 평생학습을 위해 어떻게 변화해야 하는지에 대해 시사하고 있다.

둘째, 지역사회 평생교육기관과 이해관계자들이 함께 맺는 끈끈한 파트너십이다. 미국의 평생교육은 지역사회의 특수한 조건을 반영하면서 동시에 지역사회기관의 리더십에 의해 추진되면서 의미 있는 효과를 거두고 있다. 우리나라도 2001년 '평생학습도시 조성 사업'이 추진되면서 지역사회의 학습도시화운동이 본격적으로 이루어지고 있지만, 질적 차원에서는 아직도 해결되어야 할 문제점이 제기되고 있다(한국교육개발원, 2006). 문제점을 해결하기 위해서는 선진국의 평생학습을 위한 파트너십 모형 구축 사례의 고찰이 필요할 것이다.

4. 호주의 평생교육정책

1) 호주 평생교육정책의 배경

호주의 평생교육정책은 1996년 OECD가 평생학습의 주요 목표의 하나로 제시한 교육과 훈련, 직장 간 이동을 촉진하는 통로와 연계학습의 확립을 근간으로 발전되어 왔다. 호주의 평생교육 정책은 교육관련 중앙부서인 '교육과학훈련부(Department of Education Science and Training)'를 중심으로 교육, 과학, 훈련의 모든 영역이 평생학습에 대한 계속적인 요구에 대응하기 위하여 다양한 정책 사업을 지원하고 있다. 평생에 걸쳐 개인의 끊임없는 능력 개발을 보장하기 위하여 프로그램의 연속성을 제공하고 개인의 학습 성과가 정책적으로 인정되는 체제를 추진하는 것이 목적이다. 호주의 평생교육 정책은 지역을 기반으로 이루어지고 있으므로 연방정부의 역할은 간소화되면서 주정부와 지방정부에서 책임지고 있다.

1970년대 후반의 경제적 위기로 인하여 호주 평생교육정책은 직업교육훈련에 대한 중요성을 강조하고 있으며 적극적으로 지원하고 있다. 이러한 정책의 기조로 성인의 직업기술교육을 담당해 온 TAFE와 성인학습자를 위한 ACE 기관들도 직업교육훈련(VET) 영역을 확대하여 운영하고 있다. 1990년대에 들어 급변하는 노동시장의 변화, 고령화사회 그리고 이민자 수의 증가 등 제반 사회 변화에 대처하기 위하여 "당신도 역시 할 수 있다(You can too)."라는 슬로건과 함께 성인학습 증진을 위한 정책을 강조하고 있다. 이에 대한 배경은 미래의 노동시장은 새로운 산업이나 기술보다 전문화된 기술과 유동성이 있는 노동시장의 운영과 고령화 노동력이 필요할 것을 전제로 하여 지식과 기술 및 정보력을 키우는 데 중점을 두고 있다. 1992년 연방정부와 주 및 자치주가 합의하여 호주훈련관리공단(Australian National Training Authority: ANTA)이 설립된 이후, 사용자 선택(user choice)의 개념이 도입되고, 주와 자치주의 표준에 따른 학점 인정 및 승인 의무 부과, 산업계의 훈련에 관한 자문체계 수립이 시도되었다. 1990년대 후반에는 국가 경쟁력을 뒷받침하고 개개인의 잠재력을 극대화하기 위하여 도제제도와 훈련생 제도를 결합한 신도제제도(New Apprenticeship), 국가훈련계획(National Training Framework: NTF) 수립, 학교에서의 직업교육훈련 도입(VET in Schools), 훈련 패키지(Training Package) 등을 개발하여 국가 차원의 시스템을 설정하였다.

2) 호주 평생교육정책의 방향

호주는 UNESCO가 제시한 학습의 4대 목적인 '존재를 위한 학습(Learning to Be)' '알기 위한 학습(Learning to Know)' '행하기 위한 학습(Learning to Do)' '더불어 살기 위한 학습(Learning to Live Together)'을 균형 있게 발전시키기 위하여 노력하고 있으며, '학습자 중심' 그리고 '평생학습 지향성'을 위해 계속 진화하고 있다(연세대학교 동서문제연구원 호주연구센터, 2011). 이에 따라 호주의 평생교육정책은 개인과 사회적 · 경제적 측면에서 고용 기회의 극대화와 개인의 정신건강과 행복 추구를 지향한다. 또한 계속해서 급변하고 있는 사회에 능동적으로 대처함과 경제생활의 효능성 추구에 기여함을 선제로 한다.

호주의 인구는 급속도로 고령화되어 가고 있으며, 이에 따른 성인을 위한 교육과 훈련의 필요성을 절감하고 있다. 호주는 성인학습정책인 '당신도 할 수 있다'를 통하여 교육 및 훈련 체제가 미래의 전문화된 기술과 유동성이 있는 노동시장의 요구에 대처할 수 있도록 정책의 방향을 설정하고 있다. 성인학습정책에서 우선 고려하는 사항은 성인학습자의 요구를 이해하고 서비스 제공자, 고용주, 정부 그리고 지역사회 간의 관계를 구축하는 것이다. 그리고 아울러 성인학습의 가치를 증진하며, 일터에서의 학습을 지원하고 기회에 대한 접근을 보장하며, 지역사회와의 지속적인 연계 강화를 추진하는 것이다. 1990년대에 이르러 호주는 급변하는 사회적 · 경제적 요구에 대응하기 위하여 교육훈련 분야의 개혁을 단행하여 평생교육의 국가목표를 지식과 숙련, 정보, 경쟁력을 키우는 데 초점을 두고 있다. 호주에서 평생교육이 중요하게 인식되는 요인은 무엇보다 '정보화시대'와 '지식경제' 시대의 도래로 세계화, 기술혁명, 직업특성의 변화, 사회의 급속한 변화에 직면하게 되었다는 것이다. 이러한 변화에 따른 문제점을 해결하기 위하여 기술, 학습 그리고 인간 정신의 계속적인 개발에 역점을 두어 평생학습의 필요성이 대두되었다. 이에 따라 호주의 평생교육은 직업훈련과 성인교육이 통합된 형태로 나타나며, 직업교육훈련의 국가적 목표 달성을 위하여 직업교육, 훈련 영역의 국가전략계획을 수립하고, 국가적 차원에서 프로그램을 관리하여 재정을 지원하며, 직업교육, 훈련체제를 개발하고 있다(국가평생교육진흥원, 2004). 호주평생교육은 급속하게 변화하는 환경 속에서 사회 통합을 위한 강력한 도구의 역할을 하며, 국민이 공동체의식 함양과 경제, 사회, 문화생활에 참여할 수 있는 기회를 부여하는 데 중요한 역할을 한다. 이와 같이 평생교육이 사회에서 중요한 위치를 차지하고 있음에 따라 호주 정부와 산업은 매년 수십억 달러를 지출하고 있으며, 상당수의 호주 국민은 다양한 형태의 평생학습에 참여하고 있다.

평생학습을 도모하기 위한 정책으로 다음에 초점을 두고 있다.

첫째, 국민에게 일생 동안 학습을 계속하도록 장려하는 교육훈련제도를 마련한다.

둘째, 학습에 방해가 되는 모든 걸림돌을 제거한다.

셋째, 모든 형식의 학습을 중시한다.

넷째, 국민이 교육과 훈련을 진작시킬 수 있도록 두 분야 간의 경로를 구축한다.

다섯째, 모든비형식 교육을 제도적으로 인정한다.

여섯째, 교육과 훈련의 기회에서 소외되는 사람이 없도록 보장한다(변종임, 2006).

최근 호주에서는 현재의 직업교육훈련 시스템이 기술, 직무 및 산업 환경의 급속한 변화에 대응하지 못하고 있다는 인식을 가지고 이를 개혁하기 위한 정책적 방향이 논의되고 있다. 2016년 8월 호주 정부협의회(COAG)의 산업기술위원회(ISC)와 기술고위관리네트워크(SSON), 국가직업훈련리서치센터는 심포지엄을 개최하여 직업교육훈련과정의 개혁을 논하면서 직업교육훈련 시스템과 훈련 프로그램을 단순화하는 데 의견을 모았다. 이에 호주의 직업교육훈련 정책은 실질적인 고용과의 연계를 강화하는 동시에 취약계층을 대상으로 기본적인 국어 및 수리 능력, 고용 가능성이 높은 유망 직종에 필요한 기술교육 등을 강화하는 방향을 도모하고 있다(한국직업능력개발원, 2017).

3) 호주의 주요 평생교육정책의 내용

(1) 평생학습도시 정책

호주의 평생학습도시에 대한 논의는 1992년 호주에서 개최된 OECD의 학습도시에 대한 포럼의 영향으로 커지게 되었다. 1998년 최초로 학습도시로서 빅토리아주에 있는 워동가(Wodonga)시가 구체적으로 논의되어 형성되기 시작하면서 빅토리아주의 주 정부 내에 있는 9개의 타운이 재정적 지원을 받아 학습타운(learning town)이 만들어졌다. 호주의 학습도시는 학습공동체(learning community)로서 대표적인 공동체는 '호주성인학습연합회(Adult Learning Australia)'를 들 수 있다. 학습공동체에서는 평생학습 기회가 보장되는 학습사회를 만들어 가는 데 필요한 역량을 시민이 갖출 수 있도록 지원하며(Adult Learning Australia, 2000), 자신의 미래를 위하여 다양한 법의 변화에 대하여 인지할 수 있도록 하였다.

호주정부는 각 지역의 파트너십을 통하여 지역의 학습을 도모하고 지역주민의 직업

능력을 강화하여 강력한 호주를 건설하는 것을 목적으로 한다. 이러한 파트너십 정책을 통한 전략으로 호주의 평생학습도시 사업은 추진되었으며, 교육과학훈련부(Department of Education, Science and Training)도 학습도시와 관련하여 'e-러닝을 통한 공동체 파트너십 형성(E-learning Creative Community Partnership)'을 도모하였다. 이것은 e-러닝 활성화를 통해서 학습도시의 발전을 추진하려는 것으로 기술 개발을 통하여 지역사회의 발전 역량을 강화하고 소외계층을 지원하는 것이 목적이다(변종임, 2006).

최초의 평생학습도시 워동가시는 인근에 위치한 앨버리(Albury)시의 동참으로 앨버리-워동가 학습도시가 형성되어 두 도시의 의회, 교육훈련기관, 대학, 기업 및 산업체, 학교 및 공동체 조직 간의 파트너십을 구축하여 성공적으로 운영하고 있다. 두 도시는 '학습헌장(Charter of Learning)'을 제정하고 연간 운영 계획을 공동으로 수립하여 추진하였다. 이 두 도시의 성공 요인은 효과적인 파트너십의 결과로서 평가되고 있다.

또한 호주의 평생학습도시정책은 대학을 중심으로 지역 특성에 맞게 조정하여 전략적으로 운영하였다. 예를 들어, 샐리스버리 웨스트(Salisbury West)는 호주 남부에 위치한 도시로 남호주대학교와 호주항공대학이 있어 교육 여건이 우수함에도 불구하고, 높은 실업율과 학습자들의 참여율이 저조한 도시라는 특성을 가지고 있다. 시 정부는 지역주민의 대부분이 기초 실력이 부족하여 추가 교육을 받기가 곤란하다는 사실을 파악하여 주민들의 문해력과 수리력을 높일 수 있도록 하는 '뉴밀레니엄 시대의 학습과 고용 프로젝트(Learning and Working in the New Millennium)'를 추진하여 다른 학습도시와 차별화하는 정책을 펼쳤다.

(2) 직업훈련기관

호주는 직업교육훈련의 발전을 위하여 2004년부터 2010년까지 '우리 미래 만들기(Shaping our Future)'라는 4가지 목표를 설정하였다.

첫째, 세계경제에 커다란 업적을 이루기 위하여 숙련된 노동력을 갖는 것이 필요하다.

둘째, 고용주와 개인은 직업교육과 훈련의 중심에 있어야 한다.

셋째, 지역 공동체는 학습과 고용을 통해 경제적 · 사회적으로 강화되어야 한다.

넷째, 공유할 수 있는 학습문화를 만들고 실용적인 직업을 위한 기술을 갖추어야 한다. 이와 같은 목표를 위하여 직업교육훈련기관(Vocation Educational & Training: VET)은 일생 동안 직업을 위한 기술과 지식을 지원하여 고용가능성을 높이는 데 가치를 둔다.

VET의 가치를 살펴보면 다음과 같다.

첫째, 학습 및 기술 개발과 고용 상호 간의 연계에 중점을 둔다.

둘째, 기업이 규정하고 대부분의 직업에 적용되는 기술 표준에 가치를 두어 국가적으로 훈련과 평가에 적용한다.

셋째, 국가가 인정하는 자격을 강조하고 중점을 둔다.

넷째, 차별화된 제품과 서비스를 제공하여 고객의 요구를 충족시킨다.

다섯째, 학습장애 요인을 적극적으로 대처한다.

여섯째, 국가적으로 합의된 협정을 통해 엄격한 질 보증제도를 운영한다.

일곱째, 재정지원을 적재적소에 투명하게 배분하다.

여덟째, 다양하게 훈련을 받을 수 있도록 선택의 기회를 제공한다.

아홉째, 직업교육, 훈련, 학교, 대학, 성인, 공동체교육 상호 간을 개방하여 운영한다(변종임, 2006).

직업교육훈련 기관으로서 주도적 역할을 담당하는 VET는 국가 차원에서 산업체 요구에 따라 복합적 훈련(Training Package)과 자격증 취득 연계과정으로 발전하였다. VET는 중소 · 개인 · 기업체에서도 직업교육을 소규모로 실시하기도 하지만, 공식적으로 사설 VET도 각 지역별로 호주자격체계(AQF)에 등록을 하고 훈련 담당을 전문으로 운영하고 있다. 이들 사설 VET는 일터나 기업 등을 방문하여 교육을 실시하거나 집단이나 기업이 요구할 경우 교육훈련 프로그램을 개발하여 제공하기도 한다. 고숙련 인력을 양성하기 위한 훈련도 포함되어 있다. 훈련 참여를 보다 쉽게 할 수 있도록 훈련 경로가 다양하게 설정되어 있으며, 유연성 있게 운영되는 것이 장점이다. 훈련에 대한 평가를 할 때 훈련생의 수와 훈련 시간 등을 투입하는 것보다는 VET를 통해 획득된 자격, 기술, 능력 등과 같은 산출을 중시하는 것도 특징이다. 이러한 훈련 성과에 대한 강조는 VET가 일방적으로 결정하는 시스템이 아니라 훈련생 개개인과 산업이 견인하는 시스템으로 운영되고 있다는 것으로 의미를 두어 해석할 수 있다.

(3) 성인지역사회교육

호주의 성인지역사회교육(Adult Community Education: ACE)은 지역주민을 대상으로 평생교육 프로그램을 제공하는 학습체제이다. ACE는 공공의 재원을 조달받는 지역사회에 기반을 두고 있는 민간기관으로, 호주정부는 이들에 대하여 정규적인 교육체계와 더 많은 연계를 갖도록 지원하고 있다. ACE는 자유로운 교육 민주주의를 형성하기 위해 계속교육을 제공하여 개인과 지역사회 구성원들의 사회적 · 문화적 · 경제적 발달에 중요한 역할을 한다. ACE에서는 생활양식 교육과 레크리에이션, 직업교육 및 훈련 프로그램, 일반 교양 프로그램 등을 제공한다. ACE는 공공적인 성격을 가지면서 크게는 지역사회 모든 공간, 좁게는 지역 내의 이웃들을 기반으로 하고 있다. 따라서 지역사회 주민센터나 구청을 중심으로 그 지역의 문제해결, 관심 사항에 대한 홍보 및 주민 참여 등 지역공동체와 주민과의 연결고리 역할을 담당하기도 한다. 그러나 최근 들어 ACE가 이러한 교육과정 이외의 직업훈련을 실시하여야 한다는 인식의 확산으로 몇몇 기관은 실업자와 장애인에게 직업훈련의 기회를 제공하고 있다.

(4) 호주개방대학교

호주개방대학교(Open University Australia)는 '모든 사람을 위한 평생학습' 이념을 보다 구체적으로 실현하기 위해 구체적으로 온라인 서비스를 통하여 질적으로 수준 높은 교육을 위해 대학을 개방하는 것이며, 더불어 다양한 학위취득에 유연한 접근 기회를 제공하는 것이 목적이다. 호주는 모든 사람이 개방대학을 통해 이수한 교과 내용에 대하여 학점인정을 받아 대학학위나 전문대학 수준의 자격을 취득할 수 있는 교육체제를 운영하고 있다(박정우, 2010).

호주개방대학교의 특성은 다음과 같다.

첫째, 입학에 대한 기준이 매우 개방적이며 접근성과 형평성의 원칙을 지키고 있다.

둘째, 학점인정과 선행학습을 인정한다. 개방대학을 통한 학습과 관련된 모든 문제, 즉 등록 및 이전, 학과 선택, 학점 전환 그리고 이와 관련된 정보를 제공한다.

셋째, 장애학생에게 적절한 형식에서 공부할 수 있는 자료를 제공하며, 개인적 요구에 기초하여 대안적인 평가 절차를 장려하고, 후기중등교육에 참여할 수 있는 기회를 제공한다(변종임, 2006). 이와 같이 호주개방대학은 높은 질의 대학교육을 학생의 배경이나 이력과 관계없이 개방하고, 학생의 윤택한 삶의 질을 위하여 다양한 옵션을 제공한다.

(5) 호주자격체계

호주자격체계(Australian Qualifications Framework: AQF)는 학교, 직업교육과 훈련 그리고 대학에서 발생되는 17개의 국가자격을 통일시킨 것으로 평생학습, 다양한 교육과 훈련체계를 촉진하는 국가적인 교육인정 시스템으로 개인이 학습, 훈련, 직업 그리고 삶의 경험을 통해 얻은 지식과 기술을 보장하는 것을 의미한다. 즉, 성인의 학습이나 직업 경험을 인증하여 각급 학교에 진학할 경우 학점으로의 인정 혹은 교육기관과 훈련기관 간의 유기적인 연계가 가능하도록 지원한다. 또한 직업이나 평생학습 그리고 다양한 삶의 경험을 직업훈련기관이나 고등교육기관에서 인정하도록 하여 노동시장과 교육 및 훈련 분야의 이동이 편리하도록 지원하는 유연한 교육체제로서 역할을 한다. AQF는 다음을 포함하는 통합정책을 제공한다(호주자격체계, www.aqf.edu.au).

- 각 AQF 수준 및 자격 유형별 학습 결과
- 자격 인정 및 자격 개발에 AQF를 적용하기 위한 규격
- AQF 자격 발급을 위한 정책 요구 사항
- 자격 연계 및 학생 경로에 대한 정책 요구 사항
- AQF 자격 및 자격 취득 경로
- AQF의 자격 유형의 추가 또는 제거에 대한 정책 요구 사항 및 정책에 사용된 용어의 정의

AQF의 핵심목표는 공식 자격을 위한 경로를 촉진하는 것이며, 다음과 같은 현대적이고 유연한 틀을 제공하는 것이다(호주자격체계, www.aqf.edu.au).

- 현재와 미래의 호주교육 및 훈련 목적의 다양성 수용
- 자격에 대한 신뢰를 구축하는 전국적으로 일관된 자격 결과를 지원함으로써 국가경제 성과에 기여
- 자격에 대한 접근을 제공하고 사람들이 다른 교육 및 훈련 부문 간, 그리고 해당 부문과 노동 시장 간 쉽고 빠르게 움직일 수 있도록 지원하는 경로의 개발 및 유지 지원
- 개인이 교육 및 훈련을 통해 진보할 수 있는 기반을 제공하고 개인의 이전 학습 및 경험을 인정함으로써 개인의 평생학습 목표 지원
- 교육 및 훈련을 위한 국가 규제 및 품질보증제도 보완
- 국제자격체계와 AQF의 연계 도모

AQF는 총 10단계의 수준으로 구성되어 있으며, AQF 수준과 AQF 수준 기준은 상대적인 복잡성 또는 달성의 깊이와 그 성과를 입증하는 데 필요한 자율성을 나타낸다. AQF 수준 1은 가장 낮은 복잡성을 가지며 AQF 수준 10은 가장 높은 복잡성을 가진다. AQF의 각 수준에 대한 설명은 AQF에서 일정 수준의 자격을 취득한 졸업생의 전형적인 성취에 대한 설명이다. [그림 9-1]은 AQF의 각 수준을 요약하여 보여 준다.

high school	tafe NSW	university	AQF level
		doctoral degree	level 10
		masters degree	level 9
	graduate diploma graduate certificate bachelor honours degree		level 8
	bachelor degree		level 7
	associate degree advanced diploma		level 6
	diploma		level 5
	certificate Ⅳ		level 4
	certificate Ⅲ		level 3
certificate Ⅱ			level 2
certificate Ⅰ			level 1
senior secondary certificates of education (HSC in NSW)			

[그림 9-1] 호주자격체계(AQF)

출처: 호주자격체계(www.aqf.edu.au).

(6) 선행학습 인정제

선행학습 인정은 개인학습자의 다양한 교육, 훈련, 직업 그리고 삶의 과정을 통하여 축적한 지식이나 직업 경험 내용을 소정의 평가과정을 거쳐 학점인정 및 자격증을 발급해 주는 것을 의미한다. 즉, 개인이 공식적인 훈련기관 이외의 장소에서 획득한 기술과 지식을 상급 직업훈련원이나 대학에서 인정해 주는 제도를 말한다.

호주에서의 선행학습 인정(Recognition of Prior Learning: RPL)은 호주자격체계(AQUF)를 발급하도록 권한을 부여받은 개별 등록훈련기관(Registered Training Organizations: RTOs)에서 이루어지고 있으며, 선행학습 인정을 통해 AQF나 성취내역서(statement of attainment)를 취득하기 위해서는 RTOs에서 요구하는 일정한 절차와 방법을 거쳐 평가를 받아야 한다(정혜령, 2012).

(7) 기술추가교육기관

호주의 기술추가교육기관(Technical and Further Education: TAFE)은 각종 기술훈련과 전문대학과정을 통합한 교육기관으로 호주 고등교육의 70%를 차지하는 최대 교육기관이다. TAFE는 실질적이고 전문적인 직업기술교육을 제공한다. 현재 주정부 관할하에 운영되는 TAFE는 약 250개로 자동차 정비, 정보처리, 경제, 무역, 엔지니어링, 디자인, 관광, 건축, 음악, 미술 분야 등 360여 분야에 걸쳐 예비과정, 특수기술 과정 등 방대한 범위의 교육과정을 제공한다(김진희, 2018). TAFE는 산업체, 연방 및 주정부 인정기관, 민간훈련기관들과 상호 경쟁 및 협력 체제를 유지하면서, 교육훈련 프로그램, 자격증 취득과정에 관하여 보조를 맞추고 있다. TAFE에는 야간교육원(evening college), 지역사회교육원(community college), 지역성인교육센터(community and adult education center), 이웃학습센터(neighborhood learning center) 등이 지역사회를 중심으로 운영되고 있으며, 비정부, 비영리조직이 운영의 주체가 된다. 수료 시에는 국가자격증 관리기구(AQF)에서 인증하는 자격증이 부여되고, 이 자격증은 호주 전 지역에서 인정을 받는다. 이 자격증제도는 이수 기관이나 이수 내용보다는 자격 취득에 필요한 기술과 지식을 더 중시한다(박정우, 2010).

호주의 TAFE는 급속한 정보통신, 과학, 기술, 문화 등의 발달로 끊임없이 폭발적인 새로운 지식과 정보가 양산되고 있는 현대의 지식정보화 시대에 학령기가 지난 성인 모두를 대상으로 하여 그들의 필요시 누구나 언제든 학습 활동에 참여할 수 있는 기회를 제공하고 있는 평생교육기관이다.

TAFE의 주된 기능은 다음과 같다.

첫째, 직업능력개발기관으로서 각종 직업에 종사할 인력의 양성 및 향상 훈련을 담당한다.

둘째, 교육기회 확충기관으로 대학입학 자격시험 준비과정인 'matriculation course'를 개설하여 호주의 이민자 중 중 · 고등학교 수준의 학력을 갖춘 사람들에게 대학입학시험을 준비하도록 하는 역할을 수행한다.

셋째, 평생직업능력개발기관으로서 학생들의 연령 분포가 매우 다양하고 교육과정별 학생 분포도 광범위하며, 다양한 교육과정을 제공한다.

넷째, 도제제도 수행 직업교육훈련기관으로서 1주일에 3~4일을 직장에서 일하고 1~2일을 TAFE에서 교육받는 제도를 운영하고 있다(김진실, 2014).

TAFE에서 운영되고 있는 프로그램은 문해, 산수와 같은 기초교육에서부터 전문적인 통상 분야와 준 전문적인 직종을 위한 훈련과정이 있다. TAFE에서 운영하는 교육과정은 3개월에서 3년까지로 수료증에서부터 전문학사(diploma)까지 다양한 교육과정을 운영하고 있으며, 전문학사과정을 마친 후에는 대학교로 편입도 가능하다(최돈민, 2003).

또한 TAFE는 후기 중등교육과정을 수료하지 못했거나 12학년을 수료한 후 곧바로 취업을 한 사람들이 대학에 진학하고자 할 때 대학입학자격시험 준비과정인 대학입학코스를 개설하여 이들의 고등교육 기회를 확대 제공하고 있다(박정우, 2010). 특히 TAFE의 교육은 이주민을 위한 각종 교육과정을 마련하고 있으며, 입학을 원하는 이주민이 과거의 학습이나 경력에 대한 포트폴리오나 간단한 시험만으로 입학할 수 있고, 이주민에게 정부 재정지원을 통해 무상으로 온라인 교육과정을 제공해 주는 등 이주민 친화적인 시스템을 구축하고 있다(김진희, 2018).

4) 호주 평생교육정책의 시사점

호주의 평생교육정책이 우리나라에 미치는 몇 가지 시사점은 다음과 같다.

첫째, 교육체제 간에 협동적이고도 개방적인 통로가 마련되어야 한다. 호주의 교육체제는 정규학교교육 체제와 성인 대상의 교육 및 훈련체제로 구분되어 있다. 아동 · 청소년 대상의 학교교육은 초 · 중등학교와 직업교육 그리고 TAFE 및 대학을 포함한 고등교육과 하나의 축을 이루어 연계되어 있다. 학생은 이 축을 기준으로 연령 단계별 교육을 받고 성인이 되어서도 언제든지 학습 욕구를 충족하도록 평생학습 활동에 참여할 수 있다. 이처럼 호주는 평생교육기관과 대학, 직업교육기관들과 산업체 간의 긴밀한 협력 등으로 평생학습의 기회가 다양하다.

둘째, 전문적인 직업교육체계가 필요하다. 호주는 전문 직업교육훈련체계가 연방정부와 주정부의 책임하에 이루어져 있어 일관성 있게 운영되고 있다. 특히 직업교육훈련체계는 엄격한 질 관리를 병행하여 체계적인 전문인력을 양성하는 데 중요한 역할을 하고 있다.

셋째, 소외계층에 대한 효과적인 정책적 배려가 마련되어야 한다. 호주의 평생학습 재정지원 정책은 문해자, 원주민, 장애인, 이민자 등 소외계층을 위하여 평생학습의 기회를 확대하기 위하여 노력하고 있다. 누구나 경제적 불편함 없이 학습할 수 있도록 다양한 재정지원을 위한 정책을 마련하고 있다.

토론문제

1. UNESCO와 OECD의 평생교육정책의 공통점과 차이점을 설명하시오.
2. 미국과 호주의 평생교육정책의 공통점과 차이점을 설명하시오.
3. 이 장에서 소개되지 않은 아시아 국가들의 평생교육정책의 특성을 우리나라와 비교하여 설명하시오.

참고문헌

교육부, 한국교육개발원(2016). 주요국의 교육정책 비교연구.

교육인적자원부(2001). 국제기구의 평생교육 정책 동향 및 발전모델 비교분석. 교육인적자원부.

교육인적자원정책위원회(2002). OECD 교육정책 분석: 평생학습정책을 중심으로. 교육인적자원부.

국가평생교육진흥원(2016). 2015 글로벌 평생교육동향. 국가평생교육진흥원.

김신복(2003). OECD와 우리나라의 교육개혁. **OECD포커스**, 2013년 1월호. 9-13.

김진실(2014). 호주의 직업교육훈련(VET)체계가 우리나라에 주는 시사점. **직업과 자격연구**, 3(1), 105-124.

김진희(2018). **다문화교육과 평생교육: 이론과 실제**. 서울: 박영사.

박정우(2010). 성인 학습자를 위한 호주의 고등교육 및 훈련체제. 단국대학교대학원 박사학위논문.

변종임(2006). 평생학습도시 향후 추진 전략연구. 한국교육개발원.

변종임, 이회수, 최돈민, 구교정, 김동은, 김옥남, 박형충, 최종철, 최정하(2006). **각국의 평생교육정책**. 서울: 교육과학사.

유네스코한국위원회(2006). **UNESCO유엔교육과학문화기구**. 서울: 유네스코한국위원회.

유네스코한국위원회(2013). **2015 세계교육회의**. 서울: 유네스코한국위원회.

이규환(1992). 영국과 미국 대학의 성인계속교육적 기능 수행에 관한 비교연구. **한국문화연구원논총**, 60(3), 5-34.

이재홍(2010). **미국의 고용훈련정책**. 서울: 한국노동연구원.

이희수, 조순옥(2005). UNESCO 세계성인교육회의가 평생교육정체성 형성에 미친 영향 연구. **평생교육연구**, 11(1), 115-144.

이희수, 조순옥(2007). 「Learning to Be」와 「Recurrent Education」에 대한 비교. **평생교육학연구**,

13(4), 203-230.

임영희(2010). 한국 평생교육정책의 성인학습목적 구현에 대한 연구. 전북대학교대학원 박사학위논문.

정혜령(2012). 대학평생교육 활성화를 위한 선행학습인정제 운영방안 연구: 방송대 시범 운영 사례. 서울: 한국방송통신대학교 원격교육연구소.

최은수(2017). **주요 외국의 평생교육정책**. 서울: 학지사.

최은수, 박경실, 전기선, 진규동, 한우섭, 최영준, 김대식, 김주섭, 송민열, 신재홍, 최용범(2010). **평생교육론**. 서울: 학지사.

평생교육진흥원(2008a). 국제기구 평생교육 정책동향: 유럽연합(EU), 유네스코(UNESCO)를 중심으로. 서울: 평생교육진흥원.

평생교육진흥원(2008b). 북미 평생교육 정책동향: 미국과 캐나다를 중심으로. 평생교육진흥원.

한국교육개발원(2010). 2010 OECD 공식교육장관회의 의제 분석. 서울: 한국교육개발원.

한국직업능력개발원(2009). 주요국의 직업교육 동향. 한국직업능력개발원.

한국직업능력개발원(2017a). 미국의「인력 개혁 및 기회법(WIOA)」개정과 직업훈련 및 성인교육 제도의 변화 동향. 한국직업능력개발원.

한국직업능력개발원(2017b). 호주 직업교육훈련의 미래. The HRD Review, 2017년 3월호.

한상길(2009). **평생교육론**. 경기: 공동체.

한승희(2004). **평생교육론**. 서울: 학지사.

호주 교육훈련부 홈페이지. https://www.education.gov.au(2018. 9. 검색)

호주 자격체계 홈페이지. https://www.aqf.edu.au(2018. 9. 검색)

홍의균(1986). 근대 공공도서관 발전의 배경에 관한 연구: 영·미 공공도서관을 중심으로. 이화여자대학교대학원 석사학위논문.

Knowles, M. (1977). The adult learner becomes less neglected. *Training*, *14*(9), 16-18.

Lewis, T., & Chang, S. (2006). Tracking, Expectation, and the Transformation of Vocational Education. *American Journal of Education*, *113*(1), 67-99.

OECD (2007). *Education at a glance 2007: OECD indicator*. Paris: Organizational for Economic Co-operation and Development Publishing.

OECD Budget. http://www.oecd.org/about/budget에서(2013. 8. 11. 검색).

UIL (2022). *CONFINTEA VII Marrakech Framework for Action: Harnessing the transformational power of Adult Learning and Education*. UIL. https://www.uil.unesco.org/sites/default/

files/medias/fichiers/2022/06/FINAL%20MarrakechFrameworkForActionEN_06_21_22_0.pdf

UNESCO (2014. 2. 13.). The UNESCO associated schools project network. http://www.unesco.org/new/en/education/networks/global-networks/aspnet.

UNESCO (2014a). *2014-2017 Approved programme and budget*. Paris: UNESCO.

UNESCO (2014b). *2014-2021 Medium-term strategy*. Paris: UNESCO

제3부

평생교육 실천과 운영

이 책의 제3부는 평생교육의 실천과 운영을 다룬다. 평생교육의 시스템을 갖추면, 다음 단계로 평생교육의 이념을 구체적으로 구현하기 위하여 누가 어떤 활동을 할 것인가, 그리고 활동 주체를 어떻게 운영할 것인가로 넘어가게 된다. 「평생교육법」상의 평생교육의 주체는 평생교육기관이다. 평생교육기관의 설립 요건에 대해서는 법률로 규정하고 있지만, 그 영역은 평생교육 시스템에서 다루므로 여기서는 구체적으로 평생교육기관을 어떻게 경영할 것인지, 평생교육기관에서 생산하는 프로그램의 개발, 평생교육의 방법론 그리고 기관 경영에서 중요한 리더십에 대해 살펴본다.

제10장

평생교육기관의 경영

"경영의 즐거움 중 빼놓을 수 없는 것은 약한 자들이 합해 강자를 이기고,
평범한 사람들이 합해 비범한 성과를 만들어 내는 것이다. 그것을 가능하게 하는 것이 팀워크이다."
-A. 카네기-

학습목표

1. 평생교육기관 경영의 개념을 이해할 수 있다.
2. 평생교육기관의 경영전략에 대하여 이해할 수 있다.
3. 평생교육기관의 기획과 계획을 이해할 수 있다.
4. 평생교육기관의 마케팅과 홍보의 개념을 이해할 수 있다.

학습개요

평생교육기관의 특성과 종류, 평생교육기관 경영의 특징을 살펴보고 평생교육 경영전략의 주요한 결정요소에 관한 탐색을 통하여 효율적인 평생교육기관 경영의 전략을 모색한다. 또한 효과적인 평생교육계획 수립 방법과 평생교육기관의 마케팅 전략을 통하여 평생교육기관의 활성화와 평생교육 참여 프로그램 활성화를 위한 다양한 방법에 관하여 고찰하고자 한다.

21세기에 들어서면서 평생학습시대가 본격적으로 시작되었다. 이러한 시대적 흐름에 따라 우리 주변에 수많은 평생교육기관이 생겨나게 되었다. 평생교육기관이 설립되는 것은 바람직한 현상이지만, 중요한 것은 평생교육기관이 단순한 영리 추구 기관에서 벗어나 어떻게 하면 원래의 평생교육 이념을 실현하면서도 조직의 생존과 지속가능성을 유지하기 위한 수익을 창출할 수 있는가 하는 점이다.

이 장에서는 평생교육기관 경영에 대한 개념을 정리하고, 평생교육기관을 보다 효율적으로 운영하는 데 필요한 경영전략과 아울러 기획 및 계획 그리고 홍보와 마케팅을 대략적으로 살펴보고자 한다.

1. 평생교육기관 경영의 개념

1) 평생교육기관의 정의

우리 생활 주변에는 많은 교육기관이 있으며, 그 기관들은 각각의 설립 목적에 알맞은 프로그램을 운영하고 있고, 그에 따라 학습자에게 다양한 학습 기회가 주어진다. 이러한 교육기관들은 지향하는 목적에 따라 그 성격을 구분할 수 있으며, 이 가운데 평생교육을 목적으로 하는 기관들도 존재한다. 결국, 일반적인 의미에서 볼 때 평생교육기관은 평생교육을 실시할 목적으로 설립된 시설이나 단체를 의미한다.

2) 평생교육기관의 분류

평생교육기관을 분류하는 작업은 각각의 평생교육기관의 성격을 명쾌하게 규정 짓기가 어렵기 때문에 그리 간단한 문제가 아니다. 따라서 몇 가지 기준에 따라 「평생교육법」이 시행되기 이전의 분류, 「평생교육법」상의 분류, 교육부의 분류 그리고 교육수요자의 유형에 따른 분류로 나누어 볼 수 있다. 그 구체적인 내용을 살펴보면 다음과 같다(최은수, 배석영, 2017).

(1) 「평생교육법」상의 분류

「평생교육법」에 따른 평생교육기관은 교육실시기관의 성격에 따라 분류하고 있다.

- 학교 형태의 평생교육시설
- 사내대학 형태의 평생교육시설
- 원격대학 형태의 평생교육시설
- 사업장 부설 평생교육시설
- 시민사회단체 부설 평생교육시설
- 학교 부설 평생교육시설
- 언론기관 부설 평생교육시설
- 지식 · 인력개발 사업 관련 평생교육시설
- 학교의 평생교육

(2) 교육부의 분류

- 공무원 연수기관에서의 평생교육
- 교원연수기관에서의 평생교육
- 학교에서의 평생교육: 초 · 중등학교, 대학에서의 평생교육
- 지역사회에서의 평생교육: 시 · 군 · 구민회관, 주민자치센터, 한국지역사회교육협의회
- 기업체에서의 평생교육
- 기능대학에서의 평생교육
- 원격매체를 통한 평생교육: 원격대학, 원격연수기관, 한국방송고등학교와 한국방송통신대학교
- 여성교육시설에서의 평생교육
- 노인 및 복지 시설에서의 평생교육
- 청소년 수련시설에서의 평생교육
- 문화시설에서의 평생교육
- 대중매체 및 사업장 부설 평생교육
- 시민단체에서의 평생교육
- 학원교육
- 농촌 성인을 위한 평생교육

(3) 교육수요자의 유형에 따른 분류

① 연수기관

- 국가기관 연수원: 중앙공무원교육원, 교육행정연수원 등 각 부처 공무원연수원, 경찰 및 중앙소방 학교
- 지방자치단체 연수원: 각 시 · 도 지방공무원교육원, 지방소방학교
- 교원연수원: 지방교원연수원, 대학부설교원연수원, 종합교원연수원 등
- 공공연수원: 농민교육원, 운수연수원, 새마을연수원 등 특수법인 형태의 연수원
- 입법 · 사법 연수원: 국회의정연수원, 사법연수원, 법원공무원교육원

② 산업교육연수기관

- 공공산업교육연수원: 한국능률협회, 한국생산성본부, 한국표준협회, 무역협회 등 공사 성격의 연수기관 등
- 금융계 연수원: 한국금융연수원, 각종 은행 및 보험회사, 농협연수원 등
- 일반기업체 연수원: 삼성, 현대, LG 등 기업체 연수원 등
- 연수전용시설: 임대 전문 연수시설(국제인력개발원, 남한강수련원 등)
- 리조트형 연수시설: 교육문화회관, 유스호스텔 및 리조트형 호텔 등 숙박기관형 연수시설

③ 직업훈련기관

- 기능대학: 다기능기술자/기능장, 향상훈련/통신훈련 과정
- 공공직업훈련원(직업전문학교): 정수직업전문학교, 교도소직업훈련소 등 기능사 양성 과정으로 공공단체가 실시하는 직업훈련원
- 사업 내 직업훈련원: 기업체 부설 직업훈련원(노동부 인가)
- 인정직업훈련원: 법인 또는 개인이 노동부 인가를 받은 직업훈련원

④ 학원과 일반 평생교육기관

- 학원: 문리계, 기술계, 예능계 학원 등 지역 교육청 등록 학원
- 교습소: 지역 교육청 신고 교습소
- 일반 평생교육시설: 문화센터 등 「평생교육법」에 의해 지역교육청에 등록된 사회교육시설

⑤ 학교 중심(부설) 평생교육기관

- 대학 부설 평생(사회)교육원
- 전문대학 부설 평생(사회)교육원
- 대학 공개강좌: 대학원의 최고경영자과정, 최고관리자과정 등 시간제 등록
- 초·중등 지역사회학교: 초 · 중등학교의 방과 후 활동과 지역사회교육 프로그램 운영 학교

⑥ 학교 형태 평생교육기관

- 공민학교, 고등공민학교: 초등학교, 중학교 과정
- 기술학교, 고등기술학교: 중학교, 고등학교 과정
- 각종학교(중 · 고, 대학 과정): 산업체 근로학생을 대상으로 하는 각종 학교
- 산업체부설학교(중 · 고교 과정)
- 특별학급: 산업체 위탁 학생을 위한 중 · 고교 과정의 특별학급
- 특수학교: 시청각장애, 지체부자유, 정신장애학교 등
- 방송통신고등학교
- 방송통신대학교
- 산업대학, 기술대학: 직장인 중심 대학
- 학력인정 사회교육시설(중 · 고교 과정)
- 학력미인정 사회교육시설(중 · 고교 과정)
- 소년원학교: 「소년원법」에 의해 운영되는 중 · 고등학교 과정
- 사내대학: 과학기술부 장관이 인정하는 기업체 부설 전문대학 및 대학교, 대학원과정

⑦ 문화시설 중심 평생교육기관

- 도서관: 공공도서관(국립, 시립, 사립 등), 학교 도서관(초 · 중 · 고 · 대), 새마을문고 등
- 박물관: 중앙박물관, 도립/시립박물관, 농업박물관
- 미술관: 국립현대미술관, 서울시립미술관
- 문화원: 시 · 도청 산하기관으로 지역사회 교육 사업, 지역생활문화 개발, 향토교육 문화 보존, 지방문화행사 등 실시
- 국악원: 국립국악원, 남도국악원 등 전통 국악의 발전을 위한 교육 및 전수 시설
- 전수회관: 무형문화재를 보급하기 위한 교육 및 전수 시설

- 시 · 군 · 구민회관: 시 · 군 · 구청에서 문화행사 및 집회 등에 이용
- 종합공연장: 세종문화회관, 지방의 종합문예회관 등 문화예술의 전반적인 행위를 수용할 수 있는 다목적 공연장
- 일반공연장: 드라마센터, 숭의음악당 등 연극, 무용, 연주 등 순수예술만을 주로 하는 객석 300석 이상의 중규모 공연장
- 소공연장: 마당세실, 한국의집 민속극장 등 소규모 공연물을 공연하는 객석 300석 미만의 시설

⑧ 사회복지기관 및 시설

- 아동복지기관 및 시설: 영아시설, 육아시설, 직업보도시설, 교호시설, 자립지원시설, 일시보호시설, 한국어린이재단, 새세대육영회 등
- 노인복지 기관 및 시설: 양로원, 요양원, 치매시설 등
- 여성복지시설: 모자보호, 모자자립, 모자일시보호, 미혼모일시보호소, 선도보호시설, 여성복지상담소, 성폭력 피해자보호시설, 성폭력피해상담소
- 장애인 복지기관 및 시설: 지체장애, 시각장애, 청각장애, 정신지체재활 시설, 장애복지관, 정신박약인 애호협회, 재활원 등
- 보육원: 어린이집 등 「사회복지 사업법」에 의하여 설립된 국공립, 민간, 직장, 가정 보육시설
- 부랑인복지시설: 소년의집, 갱생원 등
- 산업사회복지관: 근로복지공사(병원), 근로자회관 등
- 갱생보호회: 법무부 특수법인
- 사회복지상담기관: 생명의 전화, 가정법률상담소, 홀트아동복지회 등
- 사회복지관련 연구소 및 협회: 가족협회, 결핵협회, 보건협회 등
- 지역사회복지기관: 시 · 도, 대학, 단체 운영 복지관
- 경로당: 「사회복지 사업법」에 의해 설치된 노인여가시설
- 부녀복지관 및 전국여성회관: 시 · 도 · 군립 등으로 운영

⑨ 청소년 평생교육 기관 및 단체

- 청소년 수련시설: 청소년수련원(관), 청소년회관, 학생회관, 청소년 야영장 등
- 유스호스텔: 반도유스호스텔, 아카데미하우스 등

- 자연학습원: 각 시 · 도청에서 운영
- 청소년회관: 지방자체단체 운영
- 학생교육원: 각 시 · 도교육청에서 운영
- 학생과학관: 각 시 · 도교육청 부속기관
- 청소년 유관기관 및 단체: 한국청소년연구원, 한국청소년단체협의회 등
- 청소년상담기관: 청소년단체, 사회복지기관, 종교단체 등에서 운영
- 심신수련장: 내무부에서 운영하는 수련장
- 노인단체: 대한노인회(복지부의 사단법인) 등
- 여성단체: 주부교실 중앙회, 주부클럽연합회 등

3) 평생교육기관의 특성

평생교육기관은 전통적 교육기관인 학교와는 다른 특성을 갖고 있다. 그 특성을 살펴보면 다음과 같다(최은수, 배석영, 2017).

- 교육 대상의 확대: 평생교육기관은 생애에 걸친 교육기관으로, 대상을 어느 한 연령층에 제한하지 않고 모든 연령층에 개방되어 있어 모든 국민을 교육 대상으로 한다.
- 교육 과정과 기간의 탄력성: 평생교육기관의 기관과 교육과정은 학교교육기관에 비해 상대적으로 탄력적이다. 왜냐하면 학교교육은 국가의 철저한 통제하에 관리되고 있는 반면, 평생교육은 국가의 통제에서 다소 자유롭기 때문이다. 따라서 평생교육기관의 교육 과정 및 내용, 시간 및 교육방법 등은 기관의 재량에 달려 있다.
- 교육 내용의 다양성과 광범위성, 실생활의 활용성: 학교교육은 학습자의 적성, 특기, 인성, 원리 및 개념 등을 가르치는 것을 목적으로 하지만, 평생교육은 학습자가 배움과 동시에 주로 실생활에 적용할 수 있는 교육 내용을 다룬다. 따라서 평생교육기관에서 다루는 교육 내용은 매우 광범위하고 다양하다. 교육 내용을 규제하는 원칙이 존재하는 것이 아니며, 주로 사람들의 생활과 밀접한 내용을 다루고 있어 평생교육의 내용은 매우 다양하고 광범위하다.
- 교육 기간의 단기성: 평생교육기관의 교육 기간은 학교의 교육 기간에 비해 상대적으로 단기적이다. 학교교육은 비교적 장기간에 걸쳐 이루어지고 있으나, 평생교육은 실생활과 밀접한 관계를 맺고 있어 단기간에 습득하여 활용할 수 있는 과정들이 대

부분이다. 평생교육의 기간은 단기적으로는 3개월에서 최장 1년 이하인 경우가 많다.

- 재정적 열악성: 평생교육기관의 재정 상황은 기관의 특성에 따라 차이가 있다. 그 이유는 영리를 목적으로 운영되고 있는 평생교육기관은 다소 재정적 여유가 있지만, 대부분의 경우 비영리기관으로 운영되고 있어 재정적으로 매우 열악하다. 실제로 대다수의 평생교육기관은 매우 영세하여 재정적으로 큰 어려움을 겪고 있다.

4) 평생교육기관 경영의 정의

(1) 평생교육기관 경영의 개념

평생교육기관 경영이란 평생교육기관이 교육목표를 설정하고 평생교육 환경에서 교육 활동에 필요한 자원을 확보하고 여건을 조성하여 기관이 추구하는 교육목표를 효과적이고 효율적으로 달성하기 위하여 운영하는 일련의 과정을 말한다(최은수, 배석영, 2017). 따라서 평생교육기관을 이끌어 가는 기관장은 평생교육기관이 추구하는 고유한 교육목표를 설정하고 주변 환경을 충분히 파악하여 효율적인 교육 활동을 전개하기 위해서 일련의 활동을 펼쳐야 한다. 즉, 이러한 활동을 수행하기 위하여 조직을 합리적으로 운영하여 평생교육이 추구하는 평생학습자의 삶의 질을 향상시키는 데 이바지해야 한다.

지금까지 평생교육기관의 운영은 비영리적 차원에서 이루어져 체계적인 경영원리가 적용되지 못했거나, 혹은 국가적인 차원에서 운영됨으로써 경영보다는 행정의 차원에서 주로 이루어졌다. 그러나 최근에는 일반 기업이나 행정 조직과 마찬가지로 평생교육기관도 자립의 필요성이 대두되어 전문적 경영의 필요성이 요구되고 있다. 따라서 평생교육기관 경영에 대한 개념이 또 하나의 중요한 영역으로 자리매김하게 되었다.

(2) 평생교육기관 경영의 특성

평생교육기관 경영은 영리를 목적으로 하는 기업과는 달리 공익을 우선으로 하므로 영리보다는 기관의 유지와 발전을 위해 경영해야 한다. 물론 수익 사업을 목적으로 설립된 평생교육기관은 이익을 염두에 두어야 하지만, 그렇더라도 평생교육의 이념을 최우선으로 생각하여 국민에게 양질의 교육 프로그램을 공급해야 한다는 사명을 펼쳐야 한다. 이러한 의미에서 도출되는 평생교육기관 경영의 특성은 다음과 같다(최은수, 배석영, 2017).

- 교수–학습 활동을 지원하고 촉진한다. 평생교육기관의 주된 활동이 교수–학습 활동이기 때문이다. 평생교육기관은 이와 같은 활동이 원만하게 추진될 수 있도록 많은 지원과 촉진 활동을 해야 한다. 예를 들면, 시대적 흐름에 알맞은 교육 프로그램을 개발하고, 프로그램이 활성화되도록 지원하여 조직의 운영이 활발하게 이루어지도록 해야 한다.
- 평생교육기관 경영의 흐름은 교수–학습 활동이 효율적으로 이루어지도록 계획, 의사결정, 리더십, 관리 및 실행, 평가로 구성되어 있다.
- 평생교육기관의 경영은 집단적 과정이다. 평생교육의 조직은 단순히 구성원들로만 구성되어 운영되는 것이 아니라, 평생학습자 및 조직 운영에 도움이 되는 지원자, 봉사자들이 함께 운영해 나가는 집단적 과정이다.
- 평생교육기관의 경영 방침은 평생교육 조직의 특성과 관련이 많다. 평생교육기관의 경영 활동은 교육 활동을 지원하고 환경을 조성하는 것이 주된 업무이기에 평생교육의 조직 특성과 매우 밀접한 관계를 맺는다.

(3) 평생교육기관의 경영 활동 과정

평생교육기관의 핵심 활동은 양질의 교육 프로그램을 개발 및 공급하여 원활하게 운영되도록 지원하는 것이다. 따라서 평생교육기관이 보유한 다양한 자원(인적, 물적, 자본, 정보, 기관의 문화 등)을 투입하고 교수–학습 활동의 과정을 거쳐 학습자들이 습득할 수 있는 지식, 기술, 태도의 결과물이 나타날 수 있도록 해야 한다([그림 10–1] 참조).

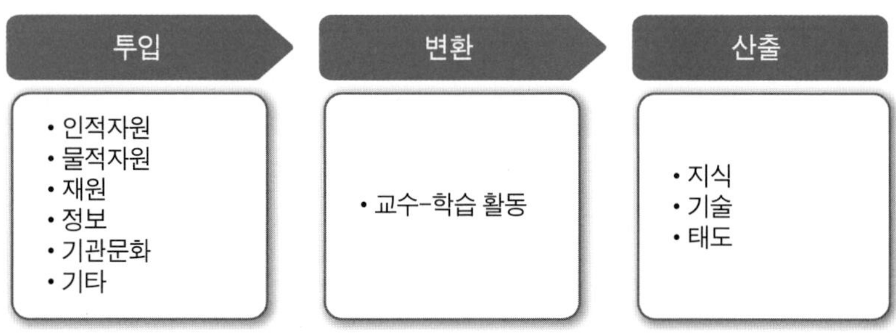

[그림 10–1] 평생교육기관의 경영 활동 과정

출처: 최은수, 배석영(2017), p. 31.

(4) 평생교육기관의 경영 관리

평생교육기관을 안정적으로 효율적이며 효과적인 기관으로 만들기 위해서는 경영 관리의 기능을 이해하고 새로운 경영기법을 적용해야 한다. 경영 활동을 과정별로 살펴보면 다음과 같다(Shoemaker, 1998).

① 계획(plan)

경영관리의 첫 번째 단계는 전체적 기획하에 운영자가 조직목표를 정하고, 어떤 방법으로 조직의 교육목표를 달성할 것인지 구체적으로 계획을 수립하는 과정이다.

② 조직화(organizing)

조직화란 설정한 목표를 달성하기 위하여 조직 구성원들의 업무와 권한을 부여하고 자원을 배치 및 조정하는 일련의 과정이다.

③ 인적자원관리(human resource management)

조직화를 통해 구성된 조직의 구성원들을 체계적 · 합리적으로 관리해야 한다. 따라서 추구하고자 하는 조직목표의 달성을 위해 필요한 인력을 보충하고 유지 · 개발 · 활용하는 계획적이고 조직적인 관리 활동의 과정이다.

④ 과정관리(program management)

프로그램의 과정관리는 평생교육기관의 핵심 업무라고 할 수 있다. 평생교육기관의 성격과 시대 흐름에 부합하는 프로그램을 개발하고 운영하는 것은 매우 중요한 일이다. 따라서 기존의 프로그램을 어느 단계까지 운영할 것인지, 어느 시점에서 새로운 프로그램을 개발하여 도입할 것인지, 과연 이 프로그램은 기관 운영에 어느 정도 기여하고 있는지 등을 측정하여 프로그램 과정 운영에 반영해야 한다. 또한 각각의 프로그램이 현재 어느 단계에 머무르고 있으며, 머무르고 있는 단계 수준에 따라 어떤 운영 전략을 수립할 것인지에 관한 고민이 필요하다.

⑤ 재무관리(financial management)

평생교육기관의 가장 힘든 부분이 재정과 관련된 것이다. 효율적인 재무관리는 기관 운영에 큰 영향을 미친다. 예산의 확보와 배분의 과정 속에는 합리적인 의사결정이 이루어져야 한다. 또한 부족한 예산을 보충하기 위해서는 다양한 활동도 고려되어야 한다.

⑥ 지휘(leading)

평생교육기관의 특성에 따라 구성원들이 기관 운영에 적극 참여할 수 있도록 동기를 부여하는 과정이다. 이 과정에서는 목표관리(Management by Object: MBO), 균형성과 평가제도(Balance Score Card: BSC)와 같은 기법을 통하여 동기를 자극하고 목표 달성을 돕는 환경을 조성해 가는 활동이 이루어진다.

⑦ 평가(controlling)

목표달성을 위한 활동 이후에는 설정된 목표의 준거에 따라 평가해야 한다. 이와 같은 평가로는 동기 부여에 따른 보상이 이루어지거나 인사관리의 지표로 활용하기도 한다. 평가를 통해서 피드백 과정을 통해 지나온 과정을 재점검하는 기회를 갖도록 한다.

2. 평생교육기관의 경영전략

현대 사회는 너무나 많은 변화가 짧은 시간 동안에 일어나고 있어 미래를 전망하는 일이 결코 쉽지 않다. 이러한 변화에서 많은 경쟁의 위협을 극복하기 위해서는 전략을 수립하고 대응해야 한다. 평생교육기관도 이러한 경쟁에서 예외는 아니다. 국가와 지방자치단체가 중심이 되어 운영되는 기관은 물론, 수익을 목적으로 설립된 평생교육기관 모두가 이러한 경쟁에서 예외일 수 없다.

1) 평생교육기관의 경영전략 결정 요소

경영전략의 결정 요소란 경쟁시장에서 우위를 획득하기 위해 경영자가 파악해야 할 주요한 요소를 의미한다. 전략 수립의 요소는 [그림 10-2]에서 보여 주듯이, 외부 환경, 내부 여건, 기관의 경영철학, 사회적 책임의 4가지로 나누어 볼 수 있다(최은수, 배석영, 2017).

- 내부 여건: 우리 기관은 어떤 기관인가, 우리 기관이 갖고 있는 능력은 무엇인가, 인적자원의 구성은 어떠한가 등을 분석하여 얻어진 결과
- 외부 여건: 우리 기관을 둘러싼 환경 요인에는 어떤 기회 요소가 있는가, 위협 요소

는 어떤 것이 존재하는가 등을 분석하여 얻어진 결과

- 기관의 경영철학: 기관을 운영하고 있는 최고 경영자의 가치철학으로 기관이 갖고 있는 경영철학
- 사회적 책임: 기관이 추구하는 공익성, 사명, 공공성 등

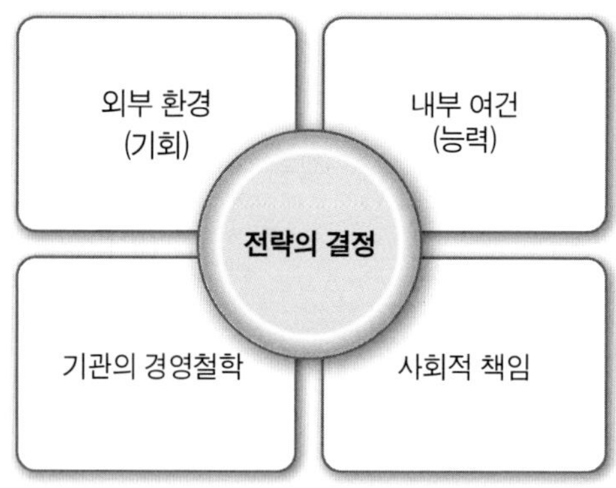

[그림 10-2] **전략수립 요소**

출처: 최은수, 배석영(2017), p. 81.

2) SWOT 분석

SWOT 분석은 현재 우리 기관의 내부 환경인 강점(strengths)과 약점(weaknesses) 그리고 기관을 둘러싼 외부 환경의 기회(opportunities)와 위협(threats)을 분석함으로써 경쟁기관과의 관계에서 어떤 경쟁적 우위를 점유하고 있는지 파악하는 기법이다.

SWOT 분석 모형을 활용하여 약점을 강점으로 승화시킬 수 있는 방법을 모색하고,

우리의 강점은? (S)	우리의 약점은? (W)
우리에게 주어진 기회는? (O)	우리에게 닥친 위협은? (T)

[그림 10-3] SWOT 분석의 모형

위협 요인은 철저하게 회피하려는 전략을 구상해야 한다. 즉, 각각의 요인을 파악하고 분석하여 S-O, S-T, W-O, W-T 전략을 구상해야 한다.

- S-O전략: 기회를 살리기 위한 강점을 확인함
  강점을 활용하여 기회를 최대한으로 살림
- S-T전략: 위협을 회피하기 위한 강점을 확인하고 발굴함
  강점을 활용하여 위협을 회피함
- W-O전략: 기회와 관련된 약점을 확인
  약점을 강점으로 전환하기 위한 전략을 강구함
  약점을 보완하기 위하여 기회를 활용함
- W-T전략: 위협 요인과 약점 요인을 확인함
  위협과 약점의 접점에서 선택함
  위협을 회피하기 위한 전략을 강구함

3. 평생교육기관의 기획과 계획

평생교육기관을 보다 효율적이고 기능적으로 운영하기 위해서는 체계적으로 수립된 계획이 필요하다. 이때 가장 중요한 것은 명확한 목표를 설정하는 것이다. 뚜렷한 목표는 조직 구성원들의 역량을 한 방향으로 모아 뚜렷한 성과를 달성할 수 있게 만든다.

1) 평생교육기관의 기획

(1) 프로그램 기획의 필요성

프로그램의 기획은 프로그램의 전체 설계도이며 실행도이다. 따라서 프로그램의 개발부터 운영까지의 과정을 기획하여 계획을 수립함으로써 교육 활동을 원만하게 이끌어 갈 수 있다. 프로그램 기획의 필요성은 다음과 같다(이진규, 2006).

- 불확실성을 감소시켜 준다.
- 합리성을 증진시켜 준다.
- 효율성과 효과성을 증진시켜 준다.

- 책임성을 이행시켜 준다.
- 프로그램 관련자들의 이해와 욕구를 충족시켜 준다.

(2) 프로그램 기획의 유형

① 학습 요구 중심의 기획

학습자의 요구조사와 요구분석을 통하여 이루어진다. 평생교육의 중심은 학습자이므로 그들의 요구에 맞는 교육 프로그램을 제공해야 한다.

② 문제해결 중심의 기획

현실적인 접근방법으로 현재 당면하고 있는 문제를 해결하기 위한 방법의 모색을 우선으로 다룬다. 단, 문제에 대한 인식이 사람마다 다를 수 있기 때문에 이를 고려해야 한다.

③ 자원 활용 중심의 기획

현재 보유하고 있는 가용자원의 활용 가능성을 중심으로 기획한다. 따라서 현재의 상태를 정확하게 진단하는 것이 선행되어야 한다.

④ 참여 중심의 기획

프로그램을 주도적으로 이끌어 갈 운영 주체와 참여할 학습자가 함께 참여하는 방식이다. 합리적이고 민주적인 기획방식이다.

2) 평생교육기관의 목표관리

(1) 목표관리의 개념

① 목표관리의 의의

목표관리(Management by Object: MBO)란 측정가능한 구체적이고 단기적인 특정 목표를 조직 구성원과 설정하고, 그 업적 목표달성 정도를 정기적으로 평가하며, 목표달성에 기초하여 보상이 이루어지는 포괄적인 경영 시스템이다(임창희, 2006). 다시 말하면,

목표관리는 관리자, 경영자, 조직원 등 특정 업무와 관련된 모든 계층의 구성원들이 다 함께 참여해서 협동적인 방법으로 조직의 목표를 추구하는 것을 의미한다. 목표관리의 초점은 전체 목표를 조직단위와 개별 구성원을 위한 구체적 목표로 전환시키는 데 있다. 이는, ① 조직목표의 체계적 달성, ② 개인 성과의 객관적 판정, ③ 개인의 잠재능력 발휘 촉진이라는 목표를 갖고 있다(Kaufman, 1972).

② 목표관리의 기본 요건

오늘날 목표관리는 계획을 수립하고 업적을 평가하는 방법이나 통제 시스템으로 이용되고 있다. 이러한 목표관리는 다음과 같은 4가지 기본 요건을 갖고 있다(최은수, 배석영, 2017).

• 목표의 구체성

목표는 측정가능하고 비교적 단기적인 것으로서 기대하는 성과의 달성 정도를 간결하고 구체적으로 표현하여야 한다. 목표관리에서 설정되는 목표는 조직목표와 개인목표로 구분되고, 개인목표는 성과목표(performance objective)와 개인적 목표(personal objective)로 구분된다. 이와 같은 목표는 기관의 이익에 얼마만큼을 기여할 수 있는지를 간결하게 측정하고 평가할 수 있도록 실제적이어야 한다.

• 부하의 참여

목표관리에서의 목표는 전통적 목표 설정과는 달리 일방적으로 상의하달로 전달되지 않는다. 즉, 강요된 목표가 아니라 구성원이 직접 참여해서 실현가능한 지표를 경영자와 협의하여 설정한다. 목표관리에서 가장 중요한 것은 목표의 설정에 있어 부하가 참여하는 것이다. 부하의 참여는 동기 부여 차원에서도 바람직한 것이지만 목표에 대한 책임의식이 함께하여 성과 달성에 기여하게 된다.

• 계획 기간의 명시

목표관리를 위해서는 반드시 일정 기간의 명시가 필요하다. 기간이 명시되었을 때 진행 정도에 따른 관리가 가능하다. 이때 명시적 기간은 3개월, 6개월, 1년 등이 전형적으로 사용된다. 이와 같은 기간의 명시는 과업의 진행 정도에 따라 통제할 수 있는 근거가 되기도 한다.

• 성과에 대한 피드백

목표 달성을 위해서는 지속적인 관리가 필요하다. 따라서 목표관리를 효율적으로 실현하기 위해서는 끊임없이 성과에 대한 피드백이 이루어져야 한다.

• 성과에 대한 보상

목표관리가 성공적으로 실현되기 위해서 반드시 피드백과 함께 제공되어야 하는 것이 보상이다. 적절한 보상이 동기 부여가 되어 구성원들의 적극적인 참여를 이끌어 낸다. 이때 보상의 방법은 다양하게 설정할 수 있다. 예를 들면, 금전적 보상, 연수 기회의 부여, 포상휴가 등의 방법이 있다.

(2) 평생교육기관에서 목표관리의 필요성

평생교육기관에서의 목표관리는 기관이 추구하는 교육 이념을 수행하고 기관의 유지 및 발전을 위한 수익을 창출하는 목표를 달성하는 데 있다. 즉, 평생교육기관마다 설정한 교육 이념에 도달할 수 있는 교육방법을 모색하고, 실행하는 일과 기관의 운영을 위한 최소한의 수익을 창출할 수 있는 수익모델을 설정하고 그에 따른 프로그램의 운영을 진행해 나가는 것을 말한다. 평생교육기관에서의 목표관리는 기관의 성격상 수익을 창출하기 위한 목표보다는 공공성, 공익성을 추구해야 하는 관계로 기관이 추구하는 교육 이념에 더 초점을 두어야 한다. 그럼에도 불구하고 평생교육기관이 목표관리를 추구해야 하는 이유는 기관의 운영을 보다 효율적이고 효과적으로 이끌어 가기 위함이다. 몇 가지 필요성을 제시하면 다음과 같다.

첫째, 평생교육기관의 주변 환경이 매우 빠르게 변화하고 있다. 요즘의 사회는 정치, 경제, 문화, 기술 등이 엄청난 속도로 변화하고 있기 때문에 이에 대응하기 위해서는 장기적인 목표를 세워 수행하는 것도 필요하겠지만, 보다 단기적인 목표를 설정하여 효과적으로 수행하기 위한 전략을 수립하는 것이 더욱 절실하다.

둘째, 기관 구성원들의 적극적인 참여를 유도하기 위함이다. 목표관리는 목표의 설정부터 모든 조직원이 참여하게 되기 때문에 목표 달성을 위한 동기 부여가 충분하게 성숙된다. 따라서 조직원이 스스로 설정한 목표점에 도달하기 위해 최선을 다하게 되고, 또한 일에 대한 책임감을 갖게 되어 보다 활발한 기관 운영을 할 수 있다.

셋째, 목표관리를 통한 효과적인 인사관리를 할 수 있다. 목표관리는 곧 성과관리를 의미하기 때문에 조직원의 성과를 분석할 수 있고, 이를 토대로 적절한 보상과 인사관리를 할 수 있기 때문에 목표관리를 수행하는 것은 바람직하다고 볼 수 있다.

넷째, 프로그램을 효율적으로 운영할 수 있다. 운영되고 있는 프로그램마다 나름대로의 목표를 설정하게 되어 각각의 프로그램 특성을 활성화할 수 있고, 효율적으로 운영할 수 있다.

(3) 평생교육기관의 목표관리 과정

평생교육기관의 목표관리는 다음과 같은 단계로 구분하여 설명할 수 있다(최은수, 배석영, 2017).

① 목표 설정

모든 구성원이 참여하여 구체적이고 현실적인 목표를 설정하여야 하며, 명시적인 목표와 기간 그리고 책임이 주어져야 한다.

② 활동계획 수립

활동계획은 설정된 목표를 달성하기 위한 행동지침으로서 개인과 부서에서 작성한다. 활동계획은 실행계획이라고도 한다.

③ 정기적 과정 검토

수행되고 있는 활동계획의 실천이 올바르게 진행되고 있는지 정기적인 과정의 검토가 이루어져야 한다. 과정의 검토는 상사와 부하 간에 비공식적으로 일어날 수도 있고, 3개월, 6개월, 9개월 단위로 이루어질 수도 있다. 이러한 정기적인 점검은 목표를 향해 올바르게 진행하고 있는지, 혹은 행동계획의 수정이 필요한지 등을 검토하는 기회가 된다. 실행을 담보하기 위해 관리계획을 수립하기도 한다.

④ 성과 평가

목표관리의 마지막 단계로서 개인과 부서가 연간 목표를 달성하였는지의 여부를 상사와 부하가 함께 평가한다. 평가 후에는 반드시 통제의 과정을 거친다. 즉, 승진이나 포상 등의 보상을 한다. 이러한 성과 평가는 다음 연도의 목표 설정에 대한 기준이 된다([그림 10-4] 참조).

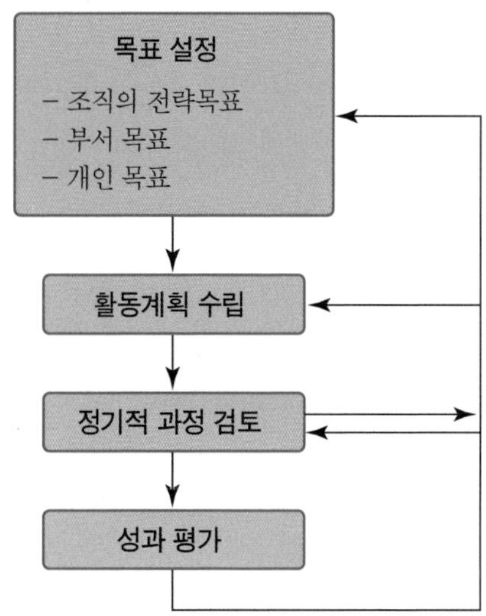

[그림 10-4] 목표관리 과정 모델

출처: 최은수, 배석영(2017), p. 162.

(4) 목표관리의 성공조건

목표관리는 어느 특정한 사람이 주관하고 솔선수범한다고 해서는 될 일이 아니다. 따라서 모든 상하를 막론하고 모든 조직원이 하나가 되어 목표 달성을 위해 정진하지 않으면 불가능하다. 성공적인 목표관리를 위한 제언을 하면 다음과 같다(김세중, 2006).

- 기관을 운영하는 최고 경영자와 관리층은 목표관리를 하고 솔선수범하여 모범을 보여야 한다.
- 목표관리를 수용할 수 있는 조직 환경을 조성해야 한다.
- 목표 달성을 위한 성취 동기를 충분히 부여해야 한다.
- 목표 달성 여부를 평가하고 조정할 수 있는 시스템을 갖추어야 한다.
- 변화를 이끌어 내고 목표관리를 수행할 수 있도록 조직을 구성하고 추진할 수 있는 원동력을 발휘하는 리더십이 필요하다.

3) 평생교육기관의 교육계획

(1) 교육계획의 개념

교육계획이란 교육기관이 추구하는 교육목표를 효과적으로 달성할 수 있는 수단과 방법 제시를 통하여 미래교육 정책 결정의 안전성과 효율성을 보장해 주는 지적 준비과정 혹은 그 결과물이다. 이러한 계획은 기획(planning)의 결과로 나타나는 산물로서 기획보다는 다소 좁은 의미의 개념을 내포한다.

기획에 대하여 메리엄(Merriam, 1945)은 국가정책을 결정함에 있어 사회적 예지를 활용하려는 조직의 노력이라고 했으며, 워터슨(Waterston, 1965)은 특정한 목표를 달성하기 위하여 최선의 이용가능한 방법과 절차를 선택하기 위한 의식적이고 계속적인 시도라고 정의하고 있다(Mulcrone, 1993).

(2) 평생교육계획의 개념

평생교육계획이란 넓은 의미에서는 국가차원에서 결정된 정책을 실현하기 위하여 수립되는 일련의 수단과 방법을 말하고, 좁은 의미에서는 평생교육 시설이나 기관이 추구하는 교육목표 달성을 위해 수립하는 구체적인 행동 수단과 방법을 의미한다. 예를 들면, 프로그램 운영계획, 재정확보를 위한 기금 마련 계획, 학습동아리 유치 및 운영 지원에 대한 계획 등이다(Kaufman, 1972).

(3) 교육계획의 유형

① 교육 기간에 따른 유형

교육 기간에 따른 교육계획은 기간의 장단에 따라 장기교육계획, 중기교육계획, 단기교육계획으로 구분한다. 장기교육계획은 일반적으로 5년 이상의 계획이고, 중기교육계획은 3~5년인 계획을 말하며, 단기교육계획은 3년 미만의 계획을 의미하나 일반적으로 1년 이하의 계획을 일컫는다.

② 수립 주체에 따른 유형

계획수립 주체에 따른 교육계획의 유형은 작성 주체가 어디인가에 따라 크게 국가교육계획, 지역교육계획, 기관교육계획 등으로 구분된다. 국가교육계획은 국가가 계획수립의 주체가 되는 것이고, 지역교육계획은 우리나라의 경우 서울특별시나 광역시 또는 각 시 · 도 교육청이 주축이 되어 해당 지역의 교육 발전을 위해 수립하는 교육계획이며, 기관교육계획은 평생교육을 가장 일선에서 실천하고 있는 기관들이 기관의 발전과 평생교육을 실천하기 위하여 수립하는 교육계획을 말한다.

③ 계획 범위에 따른 유형

계획 범위에 따른 교육계획의 유형은 그 종합성 정도에 따라 부문교육계획과 종합교육계획으로 구분된다. 부문교육계획은 한정된 부문의 계획으로 특정한 대상만을 포함하는 교육계획을 말한다. 반면, 종합교육계획은 교육의 여러 부문과 영역을 종합적으로 다루는 교육계획이다(김세중, 2006).

④ 교육계획의 성격

교육계획은 교육의 목적을 달성하기 위한 미래의 활동에 대한 합리적 준비과정으로서 일반적으로 다음과 같은 성격을 갖고 있다(고동희 외, 2003).

- 목표지향적이며 미래지향적이다. 즉, 교육계획은 교육정책의 결정이 아니라 교육정책을 결정하기 위한 대안의 선정을 준비하는 과정이다.
- 조직적인 예견 장치이고 합리적인 통제 수단이다. 즉, 교육계획은 교육 사항이나 교육 활동에 관한 단순한 예측이 아니라 합리성을 바탕으로 예견하고 교육 활동을 통제한다.
- 교육 발전을 위한 지원 구조의 강화 수단이면서 동시에 교육경영 합리화의 기술적 수단이자 도구이다.
- 가치판단을 위한 자료 기준을 제시하고 도덕적 · 비정치적 · 전문적 기술의 적용과정이다.
- 교육계획은 많은 가정을 바탕으로 작성된 미래를 위한 행동 설계이며, 환경의 변화에 따라 수정된다.
- 교육과 계획은 목적과 수단의 관계에 놓여 있다. 교육은 목적이고 계획은 수단이므로 교육을 방해하는 계획이어서는 안 되며, 성과를 제고하는 데 이바지해야 한다.
- 교육계획은 교육목표를 달성할 수 있도록 합목적성과 적합성이 요구된다.
- 교육계획은 실현될 것을 전제로 하여 수립되기에 실현가능성과 현실성이 있어야 한다.

4. 평생교육기관의 마케팅과 홍보

1) 평생교육기관의 마케팅

(1) 평생교육기관에서의 마케팅의 필요성

마케팅의 영역이 확장되면서 비영리기관에서도 마케팅에 많은 관심을 갖게 되었고, 최근에는 많은 비영리기관이 마케팅 활동을 펼치고 있다. 교육기관에서 마케팅 개념을 도입한 것은 가장 최근의 일이다. 예를 들면, 대학들이 입학 정원에 미달하는 입시생들의 격감에 대응하여 경쟁에서 살아남기 위해 적극적인 홍보 활동을 하고 마케팅 활동을 펼치는 것을 보아도 비영리기관의 마케팅 활동이 어느 정도인지 알 수 있다(강길호, 김현주, 2006).

권인탁(2009)은 평생교육기관에서 마케팅 활동을 활성화해야 할 이유를 다음과 같이 들고 있다.

- 평생교육기관의 급증으로 치열한 경쟁관계가 형성되고 있다.
- 대부분의 평생교육기관이 어려운 재정적 환경에 놓여 있다.
- 평생교육기관의 경영의 방향이 시장논리에 의해 이루어지는 추세이다.
- 학습권에 대한 시민의식이 고조되었다.

한편, 평생교육기관에서 마케팅의 개념을 도입할 때 얻을 수 있는 몇 가지 이점은 다음과 같다.

- 평생교육기관에 대한 진정한 이미지를 구축할 수 있다.
- 대상별 특화된 프로그램을 개발하고 보급할 수 있다.
- 자유시장에서 경쟁력을 강화할 수 있다.

(2) 평생교육기관 마케팅의 특징

평생교육기관 마케팅의 특징은 평생교육기관의 성격에 따라 다르게 설명할 수 있다. 영리를 목적으로 하는 기관의 경우에는 일반 기업과 크게 다르지 않다. 그러나 비영리기관의 경우에는 기업과 달리 다음과 같이 설명할 수 있다(Simerly & Associates, 1989).

- 보이지 않는 무형의 교육 서비스를 제공한다.
- 평생교육기관은 다중목표를 갖고 있다.
- 다양한 마케팅 대상을 갖고 있다.
- 뚜렷한 결정적 성과 기준이 없다.

(3) 평생교육시장의 세분화

① 평생교육시장 세분화의 의의

통상적으로 시장 세분화란 다양한 소비자들로 구성되어 있는 시장에서는 개개인의 욕구를 모두 충족시키기는 불가능하기 때문에 이런 문제점을 해결하기 위해서 우선 일정한 기준에 따라 소비자들을 몇 개의 세분시장(segment)으로 나누는 것을 의미한다. 이러한 세분화는 나누어진 시장의 특성에 따른 차별화 전략수립을 통해 시장에 진입한다. 시장을 세분화하는 이유는 이를 통해 수익성을 보장받게 되며, 마케팅 노력으로 효율적으로 접근될 수 있는 세분시장을 확보하게 해 준다(최은수, 배석영, 2017).

평생교육 차원에서 시장 세분화를 살펴보면, 평생교육기관을 둘러싸고 있는 지역에는 다양한 잠재학습자들이 분포되어 있을 것이며, 이들은 각자 개개인의 특성에 따라 다른 학습 요구를 갖고 있을 것이다. 따라서 인구통계학적 관점에서 일정한 기준(예, 나이, 소득, 학력, 취미, 관심 등)을 설정하고 이들을 유사한 특질로 구분할 수 있다. 이때 구분된 특질에 따른 마케팅 전략, 프로그램 개발 전략을 수립하여 잠재학습자들을 유치한다면, 보다 더 수월하게 접근할 수 있다.

② 평생교육시장 세분화의 중요성

평생교육시장을 세분화하는 이유는 집단마다 잠재학습자의 특성이 서로 다르기 때문이다. 이를 통해 그들의 요구나 눈높이에 알맞은 교육을 제공하기 위해서는 적절한 기초자료를 수집하고, 이에 적합한 교육 프로그램 개발이나 마케팅 전략을 수립할 수 있다. 즉, 프로그램을 개발하는 단계에서부터, 잠재학습자 집단의 특성과 요구를 파악하여 이에 부응하는 교육 내용을 선정하고, 교수방법도 적절한 것을 선택할 수 있다. 평생교육시장 세분화의 중요성을 구체적으로 살펴보면 다음과 같다.

- 새로운 시장에 진입하는 것을 용이하게 한다.
- 목표시장을 정확하게 파악하고 불필요한 비용의 지출을 줄일 수 있다.

- 인적 · 물적 자원을 효율적으로 배분해서 활용할 수 있다.
- 급격하게 변화하는 시장의 상황에 효과적으로 대응할 수 있다.

③ 평생교육시장의 세분화 절차

시장 세분화는 잠재학습자를 포함하여 평생교육기관의 고객이 누구인지를 인식하고, 전체 시장을 특정 기준에 의해 분류하여 동질적 집단으로 나누는 것이며, 고객시장에 대한 통일된 마케팅 활동을 수행할 수 있도록 하는 전략수단이라고 할 수 있다. 시장 세분화의 절차를 간단히 살펴보면 다음과 같다(Simerly & Associates, 1989).

- 잠재학습자 분석

잠재학습자에 관한 사전 조사를 통해서 시장과 잠재학습자에 대한 정확한 이해를 해야 한다. 또한 시장 세분화를 위해서는 고객에 대한 조사가 동반되어야 하며, 조사를 바탕으로 분석하고, 세분시장에 대한 특성을 파악해야 한다.

- 세분화 방법 및 기준 선택

잠재학습자 조사 자료를 토대로 시장 세분화의 목적을 정하고, 이에 알맞은 시장 세분화 방법과 세분시장 기준을 선정해야 한다. 예를 들면, 여성을 위한 교육 프로그램을 개발하여 새로운 시장에 진입하고자 하는 목적을 설정하였다고 하자. 이때 시장 세분화를 위해서는 우선 여성을 여러 집단으로 구분지어 생각할 수 있다. 미혼과 기혼, 연령, 직업의 유무, 학력 수준 등 기준을 설정하고, 이에 따라 기준 요소를 결합해서 기혼여성 가운데 직업이 없는 30대 주부를 대상으로 나눌 수 있을 것이다. 이와 같이 기준을 먼저 정하고 집단을 구분한 이유는 현대 사회에서 여성의 사회 진출이 크게 늘고 있는 것에 대하여 상대적으로 30대 주부들이 많은 소외감을 느끼기 때문이다. 따라서 이들을 목표시장으로 설정하고 이들의 요구조사부터 실시하여 프로그램 개발을 통하여 새로운 시장에 진출한다면 훨씬 수월하게 시장 진입이 가능할 것이다.

- 세분시장의 특성 파악

세분시장 구성원인 잠재학습자들의 특성을 파악해서 정리해야 한다. 잠재학습자들의 특성은 인구통계적 변수(지역, 학력, 결혼 유무, 직업 유무 등)에 따라 구분하여 정리하면 학습자 집단에 대한 파악이 수월하다.

④ 평생교육시장 세분화의 기준

평생교육시장을 세분화하는 것은 평생교육기관이 소유하고 있는 경영자원을 더욱 효율적으로 활용하여 새로운 시장에 쉽게 진출하기 위함이다. 일반적인 시장과 달리 평생교육시장은 유형의 제품이 아닌 무형의 프로그램을 판매해야 하는 특수한 측면이 있다. 즉, 무형의 교육 서비스 판매이므로 시장을 분석하여 세분화하는 기준은 일반적인 시장과는 다소 차이가 있을 수 있다. 세분화 기준을 살펴보면 다음과 같다(Simerly & Associates, 1989).

• 인구통계적 세분화

인구통계적 세분화(demographic segment)는 몇 가지 특성에 따라 구분할 수 있다. 예를 들면, 경제적 수준, 사회적 지위, 지리적 위치, 가정적 요인, 신체적 요인 등에 따라 잠재학습자 집단을 구분할 수 있다. 우리나라에서 주로 사용하는 전형적인 분류방법은 연령, 성별, 지역, 가족생활주기, 가족구성 단위, 개인 또는 가족 소득, 학력, 직업, 종교 등이다.

• 심리학적 세분화

심리학적 세분화(psychographic segment)는 잠재학습자의 개성, 성격, 가치 기준이나 태도, 생활방식, 기대감, 동기, 관심 등에 관한 자료를 중심으로 세분화하는 방법이다.

• 행동적 세분화

행동적 세분화(behavioral segment)는 교육 프로그램 수강 학습자들의 행동을 기준으로 세분화하는 방법이다. 학습자의 행동 예시를 들어보면, 몇 개의 프로그램을 수강하고 있는가, 교육에서 얻고자 하는 것이 무엇인가, 수강 태도, 수강 동기요인, 마케팅 전략 변수에 따른 반응 정도 등에 따라 세분화하는 것이다.

(4) 평생교육기관의 마케팅 믹스

마케팅 믹스(marketing mix)는 마케팅 목표를 달성하기 위해서 마케팅 관리자가 주로 사용하는 마케팅 도구로서 흔히 '4p'라고 한다. 4p란 product(제품), price(가격), promotion(촉진), place(유통)를 의미한다. 4p는 오래전부터 마케팅 실행전략으로 인식되어 왔다.

평생교육기관에서의 마케팅 믹스란 고객에게 제공될 교육 프로그램이나 서비스의 창조를 위하여 교육 프로그램, 가격, 촉진, 마케팅 경로 등 제반요소를 조화롭게 결합해서 시너지 효과를 극대화하는 것을 말한다. 즉, 목표시장을 선정한 후 마케팅 목표의 달성을 위한 구체적인 전략을 수립하는 것을 의미한다(김주환, 2009).

평생교육기관에서 마케팅 믹스 요소의 역할은, 첫째, 교육 프로그램의 개념 전달 활동을 한다. 둘째, 프로그램의 등록과 관련한 장애요인을 제거해 주는 활동을 한다. 마케팅 믹스는 고객을 위한 가치창출 활동이다. 따라서 의사소통 활동과 등록 장애요인 제거 활동을 담당하는 마케팅 조직, 이를 지원하는 하위 부서 등으로 구성되어 전사적 활동이 이루어져야 한다(김문섭, 2019).

① 프로그램 믹스전략

프로그램 믹스전략의 특징은 다른 경쟁기관과 대비한 교육 프로그램의 다양성, 서비스 수준, 프로그램의 우수성 등으로 요약될 수 있다. 즉, 평생교육기관이 제공하는 모든 교육 프로그램의 구성이 최적의 상태에 있도록 하는 전략을 말한다.

② 가격전략

가격은 평생교육기관에서는 수강료에 해당한다. 수강료는 상대적으로 다른 기관에 비해 낮게 책정되어야 하나, 실제 현장에서는 낮은 수강료가 경쟁에서 우위를 점할 수 있다고 이야기하기가 쉽지 않다. 학습자들이 프로그램을 선택하는 기준이 일반 상품을 구매하는 것과는 다른 성향을 갖고 있기 때문이다.

시멀리(Simerly & Associates, 1989)는 3가지 범주에서 가격 결정전략을 제시하였다.

첫째, 비용 중심의 가격 결정으로 기관 운영과 프로그램 운영 등의 비용을 고려해서 가격을 결정한다.

둘째, 요구지향적 가격 결정으로 표적시장의 지불 능력을 중심으로 가격을 결정한다.

셋째, 경쟁지향적 가격 결정으로, 가장 일반적인 형태의 가격 결정방법으로서 유사한 프로그램을 제공하는 기관들의 수강료와 비슷한 수준에서 가격을 결정한다.

③ 촉진전략

촉진전략은 잠재적 학습자에게 평생교육기관의 프로그램이나 서비스에 대한 설득과 주의를 시도하는 소통이 주요 역할인 마케팅 믹스의 모든 수단을 포괄하는 전략 활동이다. 광고, 판매촉진, PR(Public Relations), 인적판매 그리고 직접판매 등이 이에 속한다(강병서, 2004).

④ 마케팅 경로전략

마케팅 경로전략은 평생교육기관의 프로그램이나 서비스를 얼마나 효율적으로 잠재학습자들에게 알릴 것인가와 관련이 있다. 아무리 좋은 교육 프로그램과 적절한 수강료가 책정되었다 하더라도 마케팅 경로전략이 효과적이지 못하면 프로그램의 활성화는 쉽지 않다. 따라서 마케팅 경로의 결정은 마케팅전략의 하나로서 경로 기능의 발휘를 위해 경로 길이, 폐쇄성의 정도, 지역적 분포밀도에 따라 행한다.

2) 평생교육기관에서의 홍보

(1) 평생교육기관에서의 홍보의 목적 및 중요성

홍보는 앞서 살펴본 것처럼 PR과 유사한 개념으로 인식되고 있으나, 실제로는 PR과는 달리 큰 비용을 지불하지 않고 기업이나 제품을 매체의 기사나 뉴스로 소비자에게 널리 알리는 것을 의미한다. 평생교육기관에서의 홍보란 그 기관에서 개발한 교육 프로그램을 어떤 매체를 활용하여 잠재학습자들에게 지속적으로 알려 기관을 이해시키고 프로그램 참여를 촉진하는 제반 활동을 의미한다.

평생교육기관을 홍보하는 목적은 기관 이념에 대한 이해의 설득에 있으며, 이것은 기관의 갖가지 활동에 대해 좋은 이미지를 갖게 하려는 종합적인 커뮤니케이션이라 할 수 있다. 이러한 홍보의 일반적인 목적은 다음과 같다(김주환, 2009).

- 일반사회로부터의 이해
- 장기적인 영업실적 향상
- 지역사회로부터의 이해
- 일반적인 노사관계 원활 촉진
- 금융기관으로부터의 이해
- 단기적인 영업성적의 향상
- 시민단체로부터의 이해
- 특정 문제에 대한 정부 측의 이해

권인탁과 임영희(2017)는 평생교육기관 홍보의 목적을 다음과 같이 서술하고 있다.

- 잠재학습자 유인 및 확보를 위함이다.
- 재정적 도움을 줄 수 있는 재정 후원자 확보를 위함이다.
- 평생교육기관을 위해 봉사할 수 있는 인력의 확보를 위함이다.
- 홍보 그 자체가 평생교육적 효과가 되기 때문이다.
- 대내적으로 평생교육기관 구성원들의 지지와 이해를 이끌어 내고, 공감대와 협동심을 제고하여 참여자들의 기관에 대한 일체감을 형성하기 위함이다.
- 평생교육기관에 대한 일반적인 오해를 불식시키기 위함이다.

종합해 보면, 평생교육기관 홍보의 목적은 대내적으로는 구성원들로 하여금 일체감과 협동심을 갖게 하며, 대외적으로는 잠재된 학습자들의 학습동기를 유발하여 수강생으로 확보할 수 있게 하고 재정적 후원자와 후원기관을 확보하는 데 있음을 알 수 있다.

평생교육기관에서의 홍보는 어려운 재정 환경에서 효율적으로 기관을 알릴 수 있는 수단이다. 따라서 적은 비용으로 잠재학습자들에게 좋은 교육 프로그램을 알리고, 기관의 교육 이념과 위상을 널리 알릴 수 있는 방법이 홍보이다. 즉, 거의 비용을 들이지 않고 평생교육기관을 알릴 수 있는 방법이기 때문에 홍보전략을 제대로 수립하는 일은 매우 중요하다.

(2) 프로그램 홍보의 과정

홍보는 프로그램의 활성화를 위해 별도의 소요 비용 없이 잠재학습자들에게 전달하는 것을 목적으로 실행하게 된다. 홍보과정은 다음과 같이 진행된다(최은수, 배석영, 2017).

- 1단계: 잠재학습자를 파악한다. 평생교육기관을 둘러싼 잠재학습자들에 관한 정보를 수집 · 분석하여 목표집단을 탐색한다.
- 2단계: 기관 및 프로그램에 대한 잠재학습자의 이미지 및 태도를 평가한다. 즉, 잠재학습자들이 기관 및 운영 프로그램에 대해서 어떠한 태도와 이미지를 갖고 있는지에 관해 평가한다.
- 3단계: 핵심 학습고객에게 기대하는 이미지와 태도를 수립한다. 잠재학습자 중 수강을 주도하고 있는 핵심 학습고객에게 평생교육기관이 기대하고 있는 이미지를 정립한다.

• 4단계: 효과적인 홍보전략을 개발한다. 사전 실시한 조사자료를 바탕으로 효과적인 홍보전략을 개발한다.

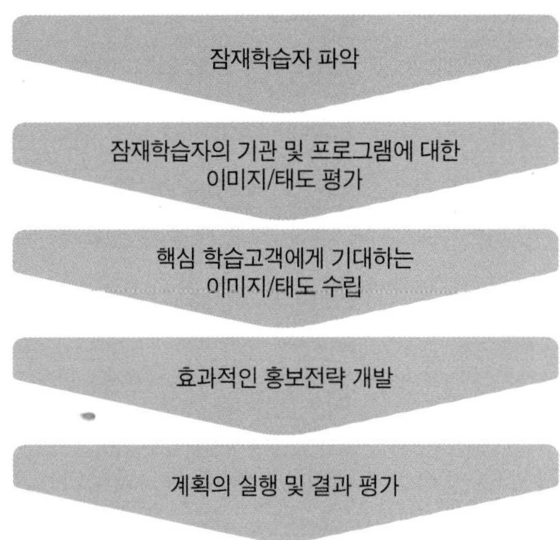

[그림 10-5] **프로그램 홍보의 과정**

출처: 최은수, 배석영(2017), p. 318.

• 5단계: 계획의 실행과 결과에 대해 평가한다. 홍보 이후의 실행 단계는 효과적으로 진행되었는가, 홍보 결과는 만족스러운가에 대해 평가하고 피드백한다. 평가 결과는 다음 홍보를 위한 소중한 자료로 삼는다.

토론문제

1. 평생교육기관의 경영과 일반기업 경영의 유사점과 차이점에 대해 설명하시오.
2. 평생교육기관의 경영관리와 일반기업 경영관리의 유사점과 차이점에 대해 설명하시오.
3. 자신과 관련된 평생교육기관의 현재 상태를 SWOT 분석하여 토론하시오.
4. 평생교육기관에서 경영계획을 수립할 때 가장 고려해야 할 사항은 무엇일지 설명하시오.
5. 평생교육기관에서 목표관리를 적용한다면 초점을 어디에 맞추는 것이 바람직할지 설명하시오.
6. 평생교육기관의 마케팅과 홍보의 관계는 어떠한지 설명하시오.
7. 자신과 관련된 평생교육기관의 예를 들어 마케팅과 홍보 활동이 어느 수준인지 분석하여 설명하시오.

참고문헌

강길호, 김현주(2006). 커뮤니케이션과 인간. 서울: 한나래.

강병서(2004). 가치창출을 위한 신경영론. 서울: 무역경영사.

고동희, 길재욱, 김상수, 유태수, 문준연, 심원술, 전창길(2003). 경영학원론(3판). 서울: 명경사.

권인탁, 임영희(2017). 평생교육경영론. 서울: 학지사.

김문섭(2019). 평생교육경영론. 경기: 양서원.

김세중(2006). 경영학원론. 서울: 무역경영사.

김인숙(2020). 평생교육경영론. 경기: 양서원.

김주환(2009). PR의 이론과 실제. 경기: 학현사.

이진규(2006). 현대경영학. 서울: 법문사.

임창희(2006). 경영학원론. 경기: 학현사.

최은수, 배석영(2017). 평생교육경영학. 경기: 양서원.

Kaufman, R. A. (1972). *Educational system planning*. Englewood Cliffs, NJ: Prentice-Hall Inc.

Mulcrone, P. (Ed.). (1993). *Current perspectives on administration of adult education programs*. San Francisco, CA: Jossey-Bass Publishers.

Shoemaker, C. J. (1998). *Leadership in continuing and distance education in higher education*. Ally and Bacon.

Simerly, R. G., & Associates (1989). *Handbook of marketing for continuing education*. San Francisco, CA: Jossey-Bass.

제11장

평생교육 프로그램 개발

"교육은 그대의 머릿속에 씨앗을 심어 주는 것이 아니라 그대의 씨앗이 자라나게 해 주는 것이다."

–K. 지브란–

학습목표

1. 평생교육 프로그램 개발의 개념을 이해할 수 있다.
2. 평생교육 프로그램 개발과 관련한 제반 이론을 이해할 수 있다.
3. 평생교육 프로그램 개발의 실제 단계별 과정을 이해할 수 있다.

학습개요

학습자 중심을 추구하는 평생교육은 집단 및 사회의 변화에 따른 학습자들의 요구에서 비롯되므로, 결국 평생교육 프로그램은 이들의 요구를 충족시키고 변화를 이끌어 내는 수단의 역할을 한다. 따라서 평생교육기관은 학습자와 집단, 사회의 요구를 충족시키며 학습자 특성을 고려한 교수–학습 자료와 방법, 환경을 제공할 수 있는 좋은 평생교육 프로그램을 개발하는 것이 중요하다.

평생교육 프로그램 개발은 평생교육 현장에서 학습자에게 전달할 교수–학습 내용의 선정과 순서를 정하고 조직하는 프로그램 설계를 뜻하며, 프로그램의 기획, 설계, 개발, 홍보 및 마케팅, 실행, 평가, 개정 모두를 포괄하는 개념이다.

평생교육 프로그램 개발은 고전적 이론, 상호작용이론, 정치적 이론 등의 프로그램 개발 이론에 기반하여 개발 절차 및 형식에 따라 서로 다른 접근방법을 가지는 개발 모형을 선택할 수 있다. 프로그램 개발의 접근방법으로는 선형적 접근방법, 비선형적 접근방법, 통합적 접근방법, 비통합적 접근방법, 체제분석적 접근방법이 있다.

이 중 실제 프로그램 개발에서 가장 많이 쓰이는 대표적인 모형은 ADDIE 모형으로서 분석(Analysis), 설계(Design), 개발(Development), 실행(Implementation), 평가(Evaluation)의 절차로 이루어진다. 이 절차에 따라 프로그램 개발은 일관적으로 이루어지며, 분석 결과를 다음 프로그램 개발과 운영에 반영하는 환류 시스템으로 순환과정을 포함하고 있다.

평생교육에서 학습자에게 필요한 교수-학습 내용은 '프로그램'의 형태로 구체화된다. 학습자 중심을 추구하는 평생교육은 집단 및 사회의 변화에 따른 학습자들의 요구에서 비롯되므로, 결국 평생교육 프로그램은 이들의 요구를 충족시키고 변화를 이끌어 내는 수단의 역할을 한다. 따라서 평생교육기관은 학습자와 집단, 사회의 요구를 충족시키며 학습자 특성을 고려한 교수-학습 자료와 방법, 환경을 제공할 수 있는 좋은 평생교육 프로그램을 개발하는 것이 중요하다.

이 장에서는 평생교육 프로그램이란 무엇이며, 평생교육 프로그램을 개발한다는 것은 어떤 의미인지 그 개념을 알아보고 관련된 제반 이론을 다루고자 한다. 또한 평생교육 프로그램 개발의 단계별 실제 수행과정을 살펴봄으로써 평생교육 프로그램 개발의 실제를 이해하고자 한다.

1. 평생교육 프로그램 개발의 이해

1) 평생교육 프로그램의 개념과 정의

사전적으로 '미리 앞서서 쓰다, 그리다'의 의미를 가지는 프로그램(program)이란 용어는 보통 방송이나 행사, 의식 등에서 시간의 흐름에 따라 활동을 구성한 계획을 지칭한다. 그러나 평생교육에서는 학교 교육과정과 유사한 의미로 '프로그램'이란 용어를 사용하고 있다.

평생교육에서 '교육과정'이라는 용어 대신 '프로그램'이라는 용어를 사용하는 것은 평생교육의 즉시성, 유동성, 단기성의 특징과 관련이 깊다. 평생교육에서 학습자에게 제공하는 교육과정은 학교 교육과정에 비해 학습자의 요구에 즉각적으로 부응하고, 유연하게 변동할 수 있으며, 장기적이기보다는 단기적으로 운영되는 경우가 많다. 따라서 평생교육에서는 고정적인 특성을 갖는 학교의 '교육과정'이라는 용어를 사용하기보다 시간 순서에 따라 진행되는 활동 내용의 의미가 강한 '프로그램'이라는 용어를 사용하는 것이다.

이성호(2009)는 서로 다른 4가지 관점에서 교육 프로그램이 가지고 있는 의미를 다음과 같이 설명한다.

〈표 11-1〉 프로그램과 교육과정의 비교

구분	프로그램	교육과정
주요 관심	• 개인적 문제와 요구	• 교과목 위주
학점	• 비학점화	• 학점화
설계자	• 학습자와 평생교육사	• 선정된 전문가와 자문위원
주제	• 학습자의 특정한 요구나 문제해결에 도움이 되는 것	• 전문가에 의해 학습자에게 필요하다고 판단되는 지식, 기술, 태도 가치 등
초점	• 문제, 과제 중심	• 내용 중심
장점	• 학습자의 개인적 경험을 최대한 이용하며, 이를 통해 요구에 즉각 부응함	• 학습 목표나 활동이 명백히 제시되며, 학습 내용이 체계적이고 조직화된 계열성을 지님

출처: 이복희, 유인숙(2020), p, 17.

첫째, 교육 프로그램은 조직화된 지식의 모음을 의미한다. 이는 교수자 입장에서의 접근법이 강조된 것으로, 이 관점에서 교육 프로그램은 학습자들이 배워야 할 내용을 조직화하여 교재, 교과 개요, 교수자 지침서 등으로 만든 것을 의미한다. 그러나 지식의 의미와 범위 등을 규정하기 어려운 현대 사회에서 이와 같은 접근법은 교수자와 학습자 모두에게 비효율적인 접근법으로 받아들여지고 있다.

둘째, 교육 프로그램은 학습 경험을 의미한다. 교수자의 입장에서 정의하는 교육 프로그램에 대해 비판적 시각을 가지는 학자들은 학습자의 입장에서 학습자의 경험이 바로 교육 프로그램의 실제적 내용이라고 주장한다. 결국 교육 프로그램이란 학습 활동 속에서 학습자 개인이 가지는 교육적 경험과 체험을 의미한다.

셋째, 교육 프로그램은 의도적 계획을 의미한다. 이는 교육 프로그램의 내용적 측면이 아닌 실제 운용 측면에서 바라보는 관점이다. 여기에서는 교수자의 사전 계획성을 강조하며, 교육 프로그램이란 개발하여 제공하는 쪽과 교육 소비자 혹은 사용자 간의 공적으로 약속된 계획의 의미를 가진다.

넷째, 교육 프로그램은 학습 결과를 의미한다. 학습자의 입장에서 교육 운용적인 측면은 학습자의 행동 변화와 학습 결과를 의미하는 것이다. 이 관점에서 교육 프로그램은 학습자 개인이나 조직, 사회의 변화와 같은 학습 활동의 결과를 뜻한다.

한편, 평생교육의 개념을 고려할 때 평생교육 프로그램의 광의적 특성은 다음과 같이 제시된다(김창엽, 2020).

첫째, 평생교육 프로그램은 학습이 이루어지는 모든 공간에서 실행될 수 있다.

둘째, 평생교육 프로그램은 강의 형태뿐만 아니라 워크숍, 견학, 심포지엄, 체험 활동 등 다양한 형태를 취할 수 있다.

셋째, 평생교육 프로그램은 시간에 대한 고정 규칙이 없으며 모든 시간에서 일어날 수 있다.

넷째, 평생교육 프로그램은 1인 대상부터 불특정 다수에 이르기까지 모든 규모를 포괄한다.

이에 비해 협의적 개념의 평생교육 프로그램에 대한 정의는 '특정 조직에서 수행하는 특정 내용'에 보다 초점을 맞추고 있다. 양홍권(2016)은 평생교육 프로그램을 '평생교육 현장에서 학습자에게 의도하는 변화를 가져오기 위하여 구성된 교육계획을 조직화해 놓은 계획표'를 의미한다고 설명한다. 또한 협의적 개념에서 평생교육 프로그램은 '평생교육기관이 체계적으로 개발하는 총체적인 학습 내용의 사전계획과 기대하는 결과'라고 정의할 수 있다(이복희, 유인숙, 2020).

2) 평생교육 프로그램의 유형

평생교육은 본질적으로 교육의 대상과 목적, 교육 시간과 장소, 교육의 내용과 형태, 방법 등에서 다양성을 추구한다. 더군다나 이 다양성은 시대적 요청에 따라 더욱 확장되고 있다. 이에 따라 오늘날 평생교육 프로그램 역시 수많은 형태의 프로그램이 존재한다. 그리고 이들 평생교육 프로그램은 학습자와 평생교육기관에게 유용한 정보로 제공되고, 평생교육 제도와 정책의 발전 방향을 모색할 수 있는 기초자료로 활용되기 위하여, 일정한 분류체계에 따라 명칭, 목적, 내용, 주제, 형식, 대상 등이 유사한 평생교육 프로그램으로 유형화할 필요가 있다.

우리나라는 평생교육 통계를 위하여 2007년 이후 평생교육 프로그램을 분류체계에 따라 분류하고 있다. 현재 우리나라에서 활용되고 있는 평생교육 분류체계는 「평생교육법」에 명시된 6대 평생교육 영역을 고려하여 [그림 11-1]과 같이 6개의 대분류와 18개의 소분류로 구성된다(김진화, 2012).

첫째, 기초문해교육 프로그램은 언어적 기초와 활용을 다루는 프로그램을 의미한다. 이는 내국인 한글문해 프로그램과 다문화 한글문해 프로그램, 한글 생활문해 프로그램으로 유형화된다. 이러한 프로그램은 한글을 읽고 쓸 수 있도록 하는 문자해득능력과 생활 속에서 직면한 문제를 해결하고 주어진 과업을 수행할 수 있는 문해활용능력을 개발하는 것과 관련된다.

둘째, 학력보완교육 프로그램은 학력 조건과 인증과 위한 프로그램으로 초등학력보완 프로그램, 중등학력보완 프로그램, 고등학력보완 프로그램으로 유형화된다. 이러한 프로그램은 「초 · 중등교육법」「고등교육법」「평생교육법」에 명시된 소정의 학력을 인정받기 위해 필요한 이수 단위 및 학점과 관련된 학력인증을 강조한다.

셋째, 직업능력교육 프로그램은 직업 준비와 직무역량 개발에 초점을 맞춘 프로그램이다. 직업준비 프로그램, 자격인증 프로그램, 현직직무역량 프로그램으로 유형화되며, 직업에 필요한 자격과 조건을 체계적으로 준비하고, 주어진 역할과 직무를 효과적으로 수행할 수 있도록 지원한다.

넷째, 문화예술교육 프로그램은 문화예술의 향유와 활용에 초점을 맞추어 레저생활 스포츠 프로그램, 생활문화예술 프로그램, 문화예술향상 프로그램으로 유형화된다. 이들 프로그램은 문화예술적인 상상력과 창의력을 촉진하며, 문화예술 행위와 기능을 숙련시키는 과정과 일상생활 속에서의 문화예술 향유 능력을 개발하고자 한다.

다섯째, 인문교양교육 프로그램은 교양확장 및 소양개발을 주된 목적으로 하고 있으며, 건강심성 프로그램, 기능적 소양 프로그램, 인문학적 교양 프로그램으로 유형화된다. 이러한 프로그램은 교양을 갖춘 현대인으로서 전인적인 성품과 다양한 소양을 개발하고 신체적, 정신적 건강을 겸비할 수 있도록 지원한다.

여섯째, 시민참여교육 프로그램은 시민의 사회적 책무성과 공익적 활용에 초점을 맞추어 시민책무성 프로그램, 시민리더역량 프로그램, 시민참여활동 프로그램으로 유형화된다. 이들 프로그램은 민주시민으로서 갖추어야 할 자질과 역량을 개발하고 사회 통합 및 공동체 형성과 관련하여 시민 참여를 촉진하고 지원하고자 한다.

그러나 일반적으로 평생교육 프로그램의 요소 중 특정 하나의 기준에 따라 평생학습 프로그램을 분류하는 경우 연구자의 주관에 의한 한계를 초래하게 된다. 우리나라의 평생교육 프로그램 6진 분류체계 역시 평생교육 환경의 급속한 변화에 따라 여러 학자에 의해 다음과 같은 한계점이 제기되고 있다(경기도평생교육진흥원, 2016).

첫째, 하나의 프로그램이 둘 이상의 영역에 포함되어 분류 영역 간의 배타적 관계를 충족시키지 못하고 있다.

둘째, 6진 분류체계에서의 대분류는 중분류와 포함관계에 있지 않다. 예를 들어, 학력보완교육의 경우 초등학력보완 프로그램과 중등학력보완 프로그램과 관련해서는 적합

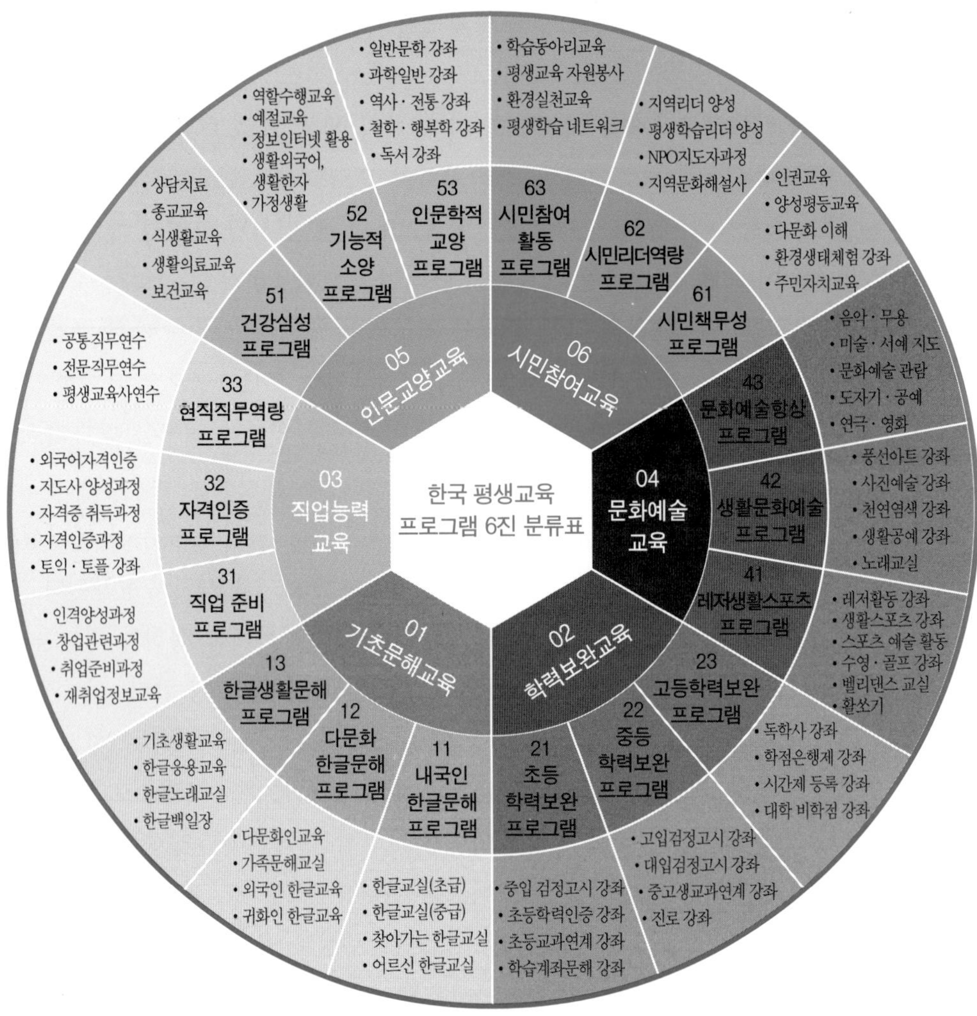

[그림 11-1] **한국 평생교육 프로그램 6진 분류표**

출처: 김진화(2010), p. 13.

한 관계에 있지만, 고등학력보완 프로그램의 경우 이를 학력보완으로 함께 묶을 수 있느냐의 문제가 발생한다.

셋째, 6진 분류체계는 6대 영역의 고정이라는 제한으로 인해 다양한 비형식교육 프로그램을 포괄적으로 담을 수 없다는 한계를 가진다.

우리나라의 평생교육 프로그램 6진 분류체계 외에도 여러 학자는 다양한 기준에 따라 평생교육 프로그램을 분류하고 있다. 보일(P. Boyle)은 프로그램의 유형을 개발 목적에 따라 개발형 프로그램(development program), 기관형 프로그램(institutional program),

정보형 프로그램(informational program)의 세 가지로 분류한다.

〈표 11-2〉 보일의 평생교육 프로그램 유형 분류

구분 요소	개발형 프로그램	기관형 프로그램	정보형 프로그램
프로그램 목적	개인, 집단, 지역사회의 문제해결	개인능력, 기술, 지식, 역량의 개발	정보 교환
학습목표 개발	고객의 요구나 문제에 기초하여 개발	교육자나 전문적인 영역의 지식에 기초하여 개발	새로운 연구 결과나 법령에 기초하여 개발
지식의 활용	문제해결의 수단으로 지식 습득	학습 내용 정복에 초점	즉시 사용할 수 있는 학습 내용으로 전환
학습자의 참여	프로그램 개발의 모든 과정에 참여	프로그램 실행(학습)과정에만 참여	정보 습득자로 참여
프로그램 개발자의 역할	요구조사, 평가, 홍보, 결과 보고	교수과정을 통한 지식의 전달	정보 제공
평가기준	개인, 진단, 지역사회 문제해결의 질적 수준	학습자의 역량과 학습 내용 정복	정보 습득자의 수나 정보 확산의 정도

출처: 이복희, 유인숙(2020), p. 26.

김한별(2019)은 평생교육 프로그램 유형을 참여동기와 참여효과 범주를 함께 고려하여 〈표 11-3〉과 같은 4가지 유형으로 분류한다.

〈표 11-3〉 참여동기와 참여효과에 따른 평생교육 프로그램 유형 분류

프로그램 참여동기 / 프로그램 참여효과	개인적 관심 및 표현	사회적 적응
개인 차원 효과	개인 소비형 프로그램	개인 개발형 프로그램
조직, 사회 차원 효과	사회 참여형 프로그램	사회 적응형 프로그램

출처: 김한별(2019), p. 202.

(1) 개인 소비형 프로그램

- 일반시민으로서 개인의 흥미와 관심을 표현하고 충족할 수 있는 프로그램
- 여가를 이용한 스포츠, 취미, 생활 중심의 자유교양 프로그램 포함
- 부가가치를 창출할 수 있는 사회적 생산능력이나 고용 가능성의 증진 목적보다 주

로 개인이 가지고 있는 시간적 · 재정적 여력을 활용하여 배움의 즐거움을 향유하고 삶의 수준을 개선하는 것에 초점

(2) 개인 개발형 프로그램

- 학습자가 사회적 존재로서 안정적인 삶을 영위하는 데 필요한 지식, 기술, 태도 등을 함양하는 프로그램
- 문해교육, 수학, 자녀교육, 생활기술 관련 프로그램 등 포함
- 외국어, 컴퓨터 활용능력 등과 같이 특정한 직무수행 수준의 개선과 직접적인 관련은 없으나 잠재적으로 개인의 생애 전반에 긍정적 효과를 창출할 수 있는 자기능력계발 관련 프로그램 포함

(3) 사회 참여형 프로그램

- 사회구성원으로서 자신이 속해 있는 사회나 조직의 문제에 대하여 학습자의 의식적 각성과 실천을 촉진하는 프로그램
- 평소에 관심을 가지지 않았던 집단의 현안이나 사회적 이슈에 대해서 이해를 증진하고 학습자 자신의 철학과 이념을 반영한 사회운동에 참여하도록 도움
- 각종 시민단체에서 운영하는 프로그램 포함
- 기존 사회체제의 개선 및 개혁에 대한 효과성 보유

(4) 사회 적응형 프로그램

- 직업과 관련하여 개인의 업무 수행 수준의 증진을 지원하거나 지속적 고용 가능성을 신장하는 프로그램
- 경제적 가치 창출을 돕는 직업훈련, 각종 직무연수, 기업교육 프로그램 등 포함
- 현재 사회체제의 구조적 조건하에서 안정적인 삶을 영위할 수 있도록 지원

이렇듯 실제 현장에서의 평생교육 프로그램은 제공 주체나 학습자의 특성, 요구에 따라 다양한 프로그램이 운영되고 있다. 따라서 어느 한쪽으로 분류되기 어렵고, 그만큼 다루는 주제와 내용, 목적이 대동소이한 부분이 많으므로 분류체계에 있어 지속적인 연구가 필요한 실정이다.

3) 평생교육 프로그램 개발의 개념과 특성

평생교육 프로그램은 학습자가 교육목표를 달성할 수 있는 실제적이고 구체적인 학습 경험을 제공하기 위하여 합리적으로 기획되고 체계적으로 개발되어야 한다. 평생교육 프로그램을 체계적으로 기획하여 순서와 절차에 따라 계획하는 활동을 '평생교육 프로그램 개발(program development)' 또는 '평생교육 프로그래밍(programing)'이라고 한다.

일반적으로 평생교육 프로그램 개발은 평생교육 현장에서 학습자에게 전달할 교수-학습 내용을 선정하고 순서를 정하고 조직하는 프로그램 설계를 뜻한다. 그러나 광의적인 개념에서 평생교육 프로그램 개발은 프로그램의 기획, 설계, 개발, 홍보 및 마케팅, 실행, 평가, 개정 모두를 포괄하는 개념이다. 김진화(2012)는 프로그램 개발의 개념을 다음의 4가지 측면에서 설명한다.

- 구조적 측면: 프로그램의 기획, 설계, 개발, 홍보 및 마케팅, 실행, 평가, 개정을 포함하는 과정을 의미
- 절차적 측면: 프로그램을 체계적이고 과학적으로 개발하기 위해서 프로그램 개발 전문가가 행하는 일련의 활동 절차와 단계를 의미
- 행위적 측면: 프로그래머가 담당해야 할 역할과 그들이 당면한 문제를 해결해 나가는 일련의 과정을 의미하며, 개발과정에서 프로그램과 관련된 권력관계나 주체들 간의 협상, 개발자의 책임성 등을 고려
- 현상적 측면: 학습자와 교수자가 상호작용을 통해서 문제해결에 필요한 지식과 정보를 창출하고, 그것을 토대로 학습내용을 선정하고 조직하며, 매체화된 자료로 개발하는 행위를 의미

이복희와 유인숙(2020)은 평생교육 프로그램 개발은 교육을 둘러싸고 있는 그 시대와 사회 변화를 이끌고 반영하는 동시에 그 시대와 사회변화의 산물이기도 하다고 설명하면서 다음과 같이 프로그램 개발의 5가지 특성을 제시하고 있다.

- 프로그램 개발은 사회변화에 대한 평생교육의 적응 기제이고, 변화창출 전략이다.
- 프로그램 개발은 개인학습자의 변화뿐 아니라 조직이나 기관, 지역사회의 변화를 지향한다.
- 프로그램 개발은 여러 사람의 협동적인 의사결정 과정이다.

- 프로그램 개발은 학습에 필요한 모든 자원을 총체적으로 활용하여 계획하고 실시하며 평가하는 종합적인 과정이다.
- 프로그램 개발은 일시적인 과정이 아니라 끊임없이 계속되는 점진적 개혁 과정이다.

2. 평생교육 프로그램 개발의 이론과 모형

1) 평생교육 프로그램 개발의 이론

평생교육 프로그램 개발의 지침이 되는 프로그램 개발 이론은 고전적 이론, 상호작용 이론, 정치적 이론 등이 있다(기영화, 2010; 양흥권, 2017).

(1) 고전적 이론

고전적 이론은 프로그램 개발을 순서적으로 거치게 될 기술적 과정으로 간주한다. 프로그램 개발에서 합리성을 강조하는 고전적 이론은 교육목적, 교육경험, 교수방법, 평가 등을 포함하는 선형적 개발 절차를 제시한다.

고전적 이론의 대표적인 학자들로는 보일(Boyle), 분(Boone), 노울즈(Knowles)의 이론이 있다. 보일(1982)은 프로그램 개발과정을 기획(planning), 실행(implication), 평가(evaluation)의 3단계로 구분하면서 관련된 각각의 개념들을 제시하였다. 이와 유사하게, 분(1985)은 프로그램 개발과정을 기획(planning), 설계(design), 실행(implication), 평가(evaluation)의 4단계로 구분하며, 노울즈(1980)는 조직문화 및 구조의 구성, 요구 및 이해 분석, 교육목적 및 목표수립, 프로그램 설계, 실행, 평가의 6단계로 구분하였다.

(2) 상호작용 이론

상호작용 이론은 프로그램 개발이 여러 요소가 중층적이고 상호작용 과정에서 만들어진다고 파악한다(김한별, 박소연, 유기웅, 2010). 따라서 고전적 이론과 같이 프로그램 개발의 순서를 강조하기보다는 프로그램 개발자의 판단능력과 개발 경험, 전문적인 이해 등을 중시한다.

상호작용 이론의 대표적인 학자들로는 호울(Houle), 카파렐라(Caffarella) 등이 있다. 호울(1972)은 프로그램은 성인교육을 실행하는 전략적 도구이며, 교육요소 간의 상호작용을 통해 이루어진다고 보고 프로그램 개발과정을 기능학습활동, 학습과정결정, 학습목표설정, 학습형태설계, 학습형태와 상위유형과의 일치 여부, 실행, 결과측정 및 평가의 7단계로 구분하였다. 카파렐라(2002)는 12가지 요소를 포함한 프로그램 개발의 상호작용 모형을 제시하였다. 카파렐라의 상호작용 모형은 프로그램 개발의 현실을 이해할 수 있는 정보를 제공하려는 동시에 어떻게 프로그램을 개발하여야 하는가라는 질문에 대한 답도 함께 고려하는 모형이라고 할 수 있다(김한별, 박소연, 유기웅, 2010).

(3) 정치적 이론

정치적 이론은 프로그램 개발과정에 작용하는 권력, 협상, 비판능력, 의식 등의 정치적 속성을 강조한다. 즉, 프로그램 개발과정에 개입되는 프로그램 개발자와 참여자 등 인적 요소들 간의 협상에 초점을 둔 이론이다.

정치적 이론의 대표적인 학자들로는 세베로와 윌슨(Cervero & Wilson, 2006)이 있다. 세베로와 윌슨(1996)은 프로그램 개발의 협상 모형을 제시한다. 이 모형은 프로그램 개발과정을 이해관계자들의 각축이 이루어지는 장으로 보고 프로그램 개발과 관련된 의사결정은 정치적 협상을 통해 이루어진다고 본다. 따라서 협상 모형에서는 프로그램 개발자가 프로그램 개발과 관련된 정치적 구조를 이해하고, 프로그램 개발과 관련된 의사결정에서 정치적 협상력을 갖는 것이 중요하다. 이처럼 정치적인 활동인 프로그램 개발은 개발자의 윤리나 신념이 크게 영향력을 미치므로 개발 책임자의 윤리성과 책임감이 요구된다(기영화, 2010).

세베로와 윌슨(2006)은 그들의 모형이 사회적 · 조직적 권력관계를 둘러싼 실제 상황에서 프로그램 개발을 시행하기 위해 만들어진 모형이라고 설명한다. 또한 이를 위해 성인교육자들이 직면하는 기회, 갈등, 딜레마에 어떻게 대처해야 하는지에 대해 [그림 11-2]와 같이 절차별로 제시하고 있다.

프로그램의 요구분석 협상	• 누구의 이익이 중요한지 판단하고 그들의 요구를 분석한다. • 역사적 · 사회적 맥락에 대한 이해관계자들의 요구를 관련시켜 본다. • 권력관계가 어떻게 요구분석에 영향을 미칠지 고려한다. • 각 요구를 민주적으로 협상한다.
프로그램의 교육적 · 경영적 · 정치적 목표 협상	• 교육적 · 경영적 · 정치적 목표들의 우선순위를 정한다. • 프로그램 실행 이전과 과정 중에 목표들을 협상한다. • 권력관계가 어떻게 목표 협상에 영향을 미칠지 고려한다. • 목표를 민주적으로 협상한다.
프로그램의 교육적 설계 및 집행 협상	• 내용 선정과 조직과정에서 정치성을 발휘한다. • 형식 및 수업기술 선정과정에서 정치성을 발휘한다. • 수업지도자 선정, 준비과정에서 정치성을 발휘한다. • 수업 설계와 집행을 민주적으로 협상한다.
프로그램의 행정조직과 운영 협상	• 프로그램 취지를 공표하고 자금을 조달한다. • 프로그램을 상품화한다. • 프로그램 소재를 널리 알리며 운영한다. • 프로그램 관리를 민주적으로 협상한다.
프로그램의 형식적 · 비형식적 평가 협상	• 교육적 · 경영적 · 정치적 목표를 기반으로 하여 프로그램을 평가한다. • 성과 및 평가준거 과정에서 정치성을 발휘한다. • 권력관계가 어떻게 평가에 영향을 미칠지 고려한다. • 프로그램 목표 평가를 민주적으로 협상한다.

[그림 11-2] 세베로와 윌슨의 프로그램 개발 모형 원리

출처: Cervero & Wilson (2006), pp. 105-106.

2) 평생교육 프로그램 개발의 모형

한편, 평생교육 프로그램 개발은 개발 절차 및 형식에 따라 서로 다른 접근방법을 가지는 개발 모형을 선택할 수 있다. 프로그램 개발의 접근방법으로는 선형적 접근방법, 비선형적 접근방법, 통합적 접근방법, 비통합적 접근방법, 체제분석적 접근방법이 있다(이복희, 유인숙, 2020).

(1) 선형적 접근방법

선형적 접근방법은 가장 보편적으로 사용되는 개발방법으로 프로그램 개발과정을 단계별로 세분화하여 일련의 절차에 따라 실행하는 방법이다. 주요 단계로는 학습자와 기관, 지역사회 요구분석, 프로그램 목표 설정, 프로그램 설계, 프로그램 실행을 위한 자원확보, 프로그램 홍보, 프로그램 실행 등으로 이루어진다. 선형적 접근방법은 프로그램 개발의 경험이 없는 사람들도 단계별 절차에 따라 쉽게 프로그램을 개발할 수 있다는 장점을 가지고 있다. 반면, 융통성과 유연성이 부족하여 환경변화에 능동적으로 대처하기 어렵다는 단점을 가진다.

(2) 비선형적 접근방법

각 단계에 하나의 절차만을 수행하는 선형적 접근방법과 달리 비선형적 접근방법은 동시에 여러 절차를 수행하는 방법으로 시간 계열상의 제약을 받지 않으며, 각 단계가 계속적으로 순환되는 특징을 가진다. 경험이 많고 숙련된 프로그램 개발자가 선호하는 모형이며, 자신의 전문성과 자율성을 최대로 발휘할 수 있으므로 개발자에 따라 독특한 개발기법이 적용될 수 있다. 다른 모형들에 비해 시간과 자원 배분에 융통성과 유연성이 높다는 장점을 가지고 있다. 반면, 개발자의 전문적인 능력이 중요하므로 초심자가 사용하기 어렵다는 단점을 가지고 있다.

(3) 통합적 접근방법

통합적 접근방법은 프로그램 개발과 관련된 학습자, 기관, 외부환경 등 다양한 요인을 종합적으로 고려하는 방법이다. 프로그램 개발에는 학습자의 요구와 참여 동기, 물리적 환경, 교육 과정과 방법 등 여러 요인이 영향을 미친다. 뿐만 아니라 프로그램을 개발하여 실시하는 평생교육 기관의 조직 목표, 제도와 정책, 그리고 지역사회와 국가 등 거시적인 환경 요인들도 프로그램 개발에 고려되어야 할 요인들이다. 통합적 접근방법은 이 모든 요소를 총체적으로 분석하기 때문에 개발의 오차를 최소화할 수 있다는 장점을 가지고 있다. 반면, 개발과정이 복잡하고 개발자의 전문적인 능력이 요구된다는 어려움이 있다.

(4) 비통합적 접근방법

비통합적 접근방법은 학습자의 요구나 의견을 특별히 반영하지 않고 유사 기관의 프로그램을 모방하여 개발하는 방법을 일컫는다. 단순히 타 기관의 프로그램을 모방하는 방식이므로 개발자의 전문성이나 학습자의 개발과정 참여가 특별히 필요하지 않다. 때문에 비전문가도 쉽게 프로그램을 개발할 수 있으며, 시간과 비용을 절감할 수 있다는 장점을 가진다. 이미 유사 기관에서 효과성이 검증된 프로그램이므로 어느 정도의 효과를 보장한다고 볼 수 있다. 반면, 기관마다 모든 환경적 조건과 학습자 특성, 요구가 완벽히 동일하지 않으므로 프로그램의 확실한 성공을 기대하기는 어렵다.

(5) 체제분석적 접근방법

체제분석적 접근방법은 프로그램 개발을 투입-과정(교육활동)-산출로 구성된 하나의 시스템으로 보며, 개발자와 학습자, 기관, 환경의 상호작용을 중요시한다. 이 시스템 안에서는 환경, 조직, 학습자가 가진 가치관과 요구 모두 프로그램 개발에 영향을 미치는 요인으로 작용한다. 따라서 개발자는 [그림 11-3]과 같이 학습자의 개별적 요구뿐 아니라 거시적인 관점에서의 조직과 환경적 요인을 모두 고려하여 가장 효과적인 프로그램을 개발할 수 있는 대안을 선택하여야 한다.

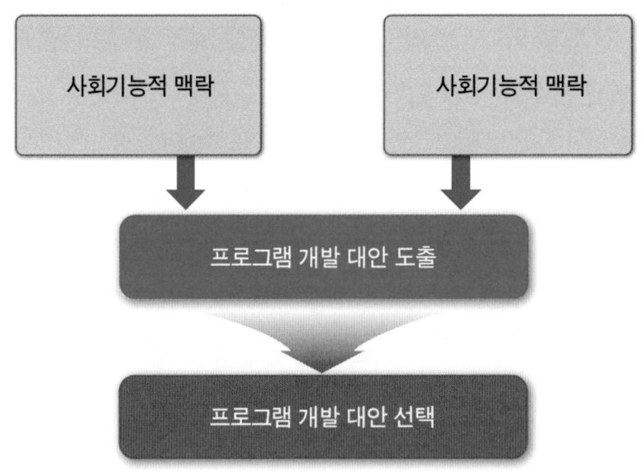

[그림 11-3] **체제분석적 프로그램 개발 모형**

출처: 김창엽(2020), p. 47.

이처럼 접근방법의 관점에서 분류한 모형 외에 프로그램 개발의 절차를 강조한 모형들이 있다. 이 중 실제 프로그램 개발에서 가장 많이 쓰이는 대표적인 모형은 ADDIE 모델로 1980년대부터 현재까지 활용되는 3세대 모형에 해당한다(권대봉, 2006; 권양이, 2020). ADDIE모형은 분석(Analysis), 설계(Design), 개발(Development), 실행(Implementation), 분석(Evaluation)의 절차로 이루어진다. 이 절차에 따라 프로그램 개발은 일관적으로 이루어지며, 분석 결과를 다음 프로그램 개발과 운영에 반영하는 환류(feedback) 시스템으로 순환과정을 포함하고 있다. ADDIE 모형의 절차에 따른 주요 활동은 [그림 11-4]와 같다.

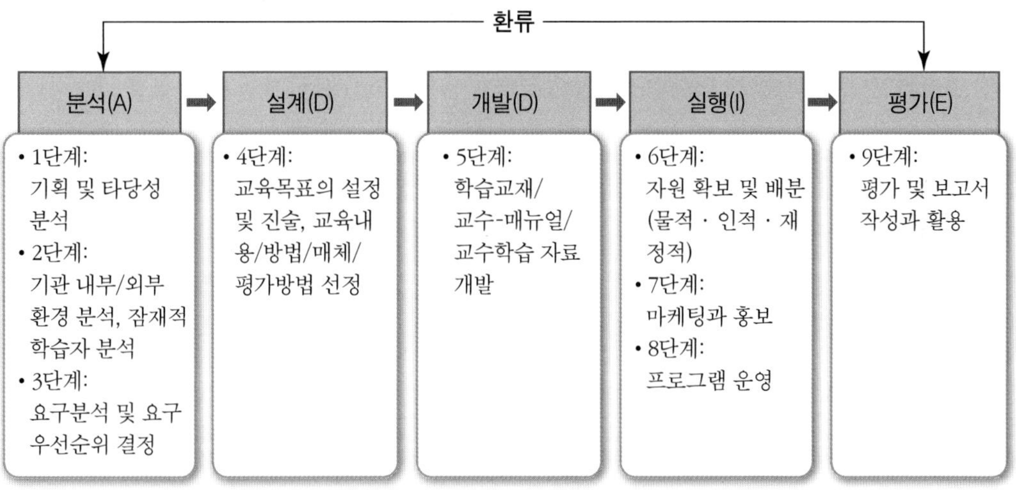

[그림 11-4] ADDIE 모형

출처: 이복희, 유인숙(2020), p. 46.

3. 평생교육 프로그램 개발의 실제

여기서는 프로그램 개발에서 가장 많이 활용되는 ADDIE 모형에 따라 실제 평생교육 프로그램 개발을 위해 단계별로 실시해야 하는 구체적 활동들을 알아본다.

1) 분석

평생교육 프로그램 개발을 위한 분석(A) 활동으로는, ① 프로그램 기획 및 타당성 분석, ② 환경분석, ③ 요구분석이 수행된다.

(1) 프로그램 기획 및 타당성 분석

프로그램 개발과정의 첫 번째 단계인 프로그램 기획은 프로그램의 목표를 달성하기 위한 미래지향적 준비활동으로 프로그램 개발의 기본방향을 설정하는 체계화된 계획과정을 말한다. 보통 '기획(planning)'과 '계획(plan)'이 혼용되는 경우가 많은데, '기획'은 계획을 수립하는 과정을 일컬으며, '계획'은 이 과정을 통해서 산출된 결과를 의미한다(한우섭 외, 2019).

프로그램 개발과정에서 기획이 필요한 이유는 다음과 같다(황성철, 2005). 첫째, 기획은 조직과 프로그램이 당면한 문제를 해결하기 위한 의사결정에서 합리성을 증진시킨다. 둘째, 기획은 최종 목적달성을 위해 필요한 비용과 인력 등을 사전에 고려함으로써 효율성과 효과성을 높이는 데 기여한다. 셋째, 기획은 프로그램의 외부 환경적 요구를 수용하여 프로그램이 정당성을 제시할 수 있는 책임성을 가지게 한다. 넷째, 기획은 학습자와 조직 구성원들의 참여와 의견수렴을 포함하므로 이들의 동기부여와 사기진작을 위해 필요하다.

평생교육 프로그램 기획은 다음의 5가지 성격을 가진다(김진화, 2012). 첫째, 평생교육 프로그램 기획은 기관의 목적과 이념을 실천해 나가기 위한 교육 프로그램을 사전에 준비하는 것으로 이 과정을 통해 불확실성을 줄일 수 있는 미래지향적 성격을 갖는다. 둘째, 평생교육 프로그램 기획은 기관의 생존과 발전을 위해 추진하는 적극적이고 능동적인 행위다. 셋째, 평생교육 프로그램 기획은 평생교육기관의 운영과 관리 측면에서 효율성을 증대시킬 수 있는 기능을 가진다. 넷째, 평생교육 프로그램 기획은 관련 정보를 수집, 분석, 요구확인, 사정, 분석하는 연속적이며 단계적인 과정이다. 다섯째, 평생교육 프로그램 기획은 프로그램 개발과정에 영향을 끼치는 많은 사람의 참여로 이루어지는 협동적인 활동이다. 즉, 평생교육 프로그램 기획은 불확실성을 줄이고, 기관 운영의 효율성을 증대시키는 등 기관의 생존 및 발전과 직결되는 매우 중요한 활동이다. 무엇보다 평생교육 프로그램 기획은 프로그램 개발의 마스터플랜으로 기관의 평생교육 목표와 목적 수립에 필요한 근거를 제공해 줄 수 있으며, 다른 조직의 기능과 발생 가능한 갈등의 소지를 줄여 줄 수 있고, 기관 경영에 필요한 가치 판단 및 의사결정의 잣대로 활용될 수 있다(Kowalski, 1988). 그러므로 평생교육 기획에서는 프로그램 개발의 목적을 명확히 하고 이 프로그램을 개발해야 하는 이유, 즉 개발의 타당성을 확인하는 것이 중요하다.

프로그램 개발의 타당성을 확인하는 것은 곧 실행가능성을 의미한다. 아무리 좋은 프로그램이라고 하더라도 기관의 현실적인 상황에 따라 프로그램 운영이 어려울 수도 있다. 따라서 프로그램의 개발의 타당성 확인은 우리 기관의 프로그램 운영 현황뿐 아니라, 유사한 프로그램을 운영하는 타 기관의 현황 역시 검토해야 한다. 이를 통해 프로그램 개발의 필요성을 확인할 수 있으며, 타 기관에서 운영하는 프로그램과의 차별성을 꾀할 수 있다.

(2) 환경분석

평생교육기관과 기관을 둘러싼 사회와 학습자들에게 정말 필요할 뿐 아니라 실제 효과적인 운영이 가능하고, 성과를 기대할 수 있는 프로그램을 개발하는 것은 기관 내부/외부 환경, 그리고 잠재적 학습자의 특성을 면밀하게 분석하는 데서 출발한다.

우선, 개발된 프로그램을 운영할 기관의 내부 현황을 분석하는 것이 필요하다. 여기에는 기관의 비전, 미션, 경영전략, 경영방침, 주요 사업내용, 시설 현황 등에 대한 분석이 포함된다. 만약 개발된 프로그램이 그 기관의 존재 이유와 지향하는 목표에서 벗어나거나, 기관이 보유하고 있는 인프라와 맞지 않는다면 프로그램이 실제로 운영되기 어려울 것이다. 따라서 기관의 특성과 현황을 고려하여 프로그램의 실행 가능성과 효과성을 높일 수 있는 내용과 운영 방법 등을 개발하여야 한다.

기관에 적합한 프로그램을 개발하기 위해서는 기관 내부 환경뿐 아니라 기관을 둘러싸고 있는 다양한 외부 환경 역시 분석 대상에 포함된다. 평생교육 프로그램의 효용가치를 높이기 위해서는 사회적 맥락이 반영되어야 하기 때문이다.

SWOT 분석기법은 기관의 내부환경과 외부 환경을 살펴보고 이를 통해 대응전략을 도출하는 대표적인 환경분석 방법이다. SWOT 분석에서는 내부적인 강점과 약점, 외부적인 기회요인과 위협요인을 추출한 다음, 대응방안을 세워 보고 예상되는 기대효과를 파악할 수도 있다(윤옥한, 2017). 대부분 SWOT 분석은 [그림 11-6]과 같은 분석틀을 활용한다.

		내부 환경	
		강점(Strength)	약점(Weakness)
외부 환경	기회 (Opportunity)		
	위협 (Threats)		

[그림 11-5] SWOT분석틀

한편, 환경분석에는 프로그램에 참여 가능한 잠재적 학습자에 대한 분석도 실시되어야 한다. 평생교육은 그 범위가 매우 넓고, 학습자의 연령, 학습수준, 경험 내용 등 개별 특성 역시 매우 다양하므로 프로그램 개발에서는 어떤 학습자를 대상으로 하는 프로그램인지를 우선 명확하게 결정해야 한다. 참여 대상을 결정한 후에는 이들의 개별적 특성을 정확히 파악하는 단계를 거쳐야 이들에게 적합한 프로그램 운영과 홍보 계획을 수립할 수 있다.

잠재적 학습자 분석에서 고려해야 할 사항은 다음과 같다(이복희, 유인숙, 2020).

첫째, 학습자의 연령, 성별과 같은 생물학적 특성이다. 평생교육에서는 학습자의 경험이 매우 중요하다. 학습자의 주된 경험에 따라 학습이 필요한 내용뿐 아니라 학습내용을 해석하는 방식 역시 모두 달라지기 때문이다. 연령과 성별은 이들의 주된 경험을 유추할 수 있는 단서가 될 수 있다. 특히 연령에 따라 학습에 참여하는 데 필요한 지원사항이 다를 수 있다. 예를 들어, 고령자를 대상으로 하는 평생교육 프로그램은 학습자료 제공과 교수법 사용에서 신체적 노화나 장애 등을 고려하여야 한다.

둘째, 학습자의 교육수준, 선행지식, 선행경험과 같은 교육적 배경과 사회경제적 특성이다. 이를 반영한 프로그램 개발은 학습자의 흥미와 요구에 적합한 내용을 선정할 수 있도록 하며, 적절한 교수법 사용으로 학습자의 이해를 도울 수 있다.

셋째, 학습자의 태도, 가치관, 흥미, 선호도 등 정의적 특성이다. 이와 같은 특성을 분석하여 학습자의 성향에 맞는 학습유형을 제시하고, 학습동기를 고취할 수 있다.

(3) 요구분석

매슬로(Maslow)는 인간의 욕구를 생리적 욕구, 안전의 욕구, 소속과 사랑의 욕구, 인정의 욕구, 자아실현의 욕구의 단계별로 제시하였다. 여기에 차일드(Child)는 '학습의 욕구'를 추가하였으며, 노울즈는 이를 인간의 기본적인 욕구와 교육 욕구로 정리하였다. 여기서 교육 욕구는 교육을 통해 부족함을 충족하고자 하는 욕구를 의미한다(최은수 외, 2016).

그렇다면 학습자의 요구를 분석한다는 것은 무슨 의미일까? 타일러(Tyler)는 요구란 학습자의 현재수준과 학습 후 기대하는 수준 간의 차이라고 설명한다. 즉, 프로그램 개발에서 요구를 분석하는 것은 "학습자가 지닌 현재의 지식, 기술 및 태도로부터 미래의 바람직한 상태로 변화될 수준의 차이"(Knowles, 1980)를 분석하는 것이다.

요구분석은 앞서 설명한 잠재적 학습자를 분석하는 것과 차별성을 가진다. 잠재적 학습자 분석은 학습자의 특정 요구를 분석하는 것이 아닌 학습자의 특성을 분석한다. 요구분석은 이 분석결과에 기초하여 학습자의 평생교육 필요성을 보다 구체적으로 탐색하는 활동으로 평생교육의 전문성이 필요한 영역이다.

또한 요구조사는 잠재적 학습자의 일반적인 요청사항을 반영하는 활동으로 볼 수 없다. 잠재적 학습자의 요청사항은 프로그램 개발에서 중요하게 고려되어야 할 사항이나, 그들에게 반드시 필요한 사항이라기보다는 '바람(wants)'에 가깝다(권대봉, 2006). 따라서 요구조사는 평생교육사와 같은 전문가가 요구조사에 적합한 도구와 조사 및 분석 방법을 활용하여 학습자의 필요를 정확하게 진단하는 것이 필요하다.

프로그램 개발에서 요구분석이 필요한 이유는 다음과 같다(한우섭 외, 2019). 첫째, 교육의 필요점을 구체적으로 파악함으로써 불필요한 투자를 줄일 수 있다. 둘째, 교육의 필요사항을 명확하게 분석하여 평가준거를 세울 수 있다. 셋째, 요구의 정확한 진단은 그에 대한 해결방안을 제시할 수 있게 한다. 넷째, 설계와 개발 단계에 드는 시간을 줄일 수 있다. 다섯째, 교육 대상자를 명확히 규정하여 학습자가 실제로 필요한 교육을 제공할 수 있다. 여섯째, 요구분석 과정에서 조직의 목표와 개인의 문제를 균형 있게 공유할 수 있는 정보를 제공할 수 있다.

요구조사는 그 대상과 범위를 명확히 선정해야 한다. 요구조사의 대상은 요구조사의 관점에 따라 잠재적 학습자가 주요 요구조사 대상이 될 수도 있고, 유사한 과정을 실시했던 이력이 있는 경우 참여했던 학습자가 대상이 될 수도 있다. 문제를 진단하고 필요한 교육을 제공하는 데 초점을 두는 경우 직무수행자나 조직운영자등이 요구 진단 대상이 될 수 있으며, 그 분야의 전문가들이 대상이 되는 경우도 있다(이복희, 유인숙, 2020).

요구조사의 범위는 평생교육 프로그램의 전체 프로그램과 단위 프로그램으로 구분한다. 전체 프로그램에 대한 요구조사는 다수의 프로그램이나 프로그램과 관련된 내용들에 관한 요구조사이며, 단위 프로그램 요구조사는 특정 프로그램에 포함된 교육 항목들에 대한 요구조사를 실시하는 것이다(이복희, 유인숙, 2020).

요구조사의 대상과 범위가 결정되면 그에 적합한 요구분석 방법과 절차 등을 계획해야 한다. 평생교육 프로그램 개발을 위한 요구분석 방법으로는 〈표 11-4〉와 같은 방법들이 활용될 수 있다.

〈표 11-4〉 프로그램 요구분석 방법

방법	개념	장점	단점
설문지법	구체적인 목적을 가지고 그에 대한 정보를 얻기 위해 설문지를 배포한 후 수거하여 그 결과 자료를 분석	• 짧은 시간에 많은 자료수집 가능 • 수집된 자료의 분류와 해석이 용이 • 표준화된 자료수집	• 일방적 의사소통 • 낮은 회수율과 성의 없는 답변 등으로 정확도가 떨어질 수 있음
관찰법	최적의 작업수행을 탐색하고 작업에 관한 자세한 자료를 얻어 문제의 원인을 추론하고자 할 때 사용	• 현장성 있는 생생한 자료수집 • 집단역학이나 조직문화 등 분위기 파악 유리 • 면접이나 설문을 통해 얻은 정보 확인	• 많은 수의 관찰이 용이하지 않음 • 관찰자의 편견 개입 • 많은 시간 소요
면담법	대면이나 전화를 통해 직접 요구를 수집하는 방법으로 고도의 전문성이 필요하며 심층적인 자료수집 가능	• 심층적 자료수집 가능 • 보충 자료수집 가능 • 융통성과 신축성 발휘 • 조사자와 응답자의 상호작용 가능	• 조사자의 편견 개입 가능 • 많은 시간과 비용 • 면접기법이 부족할 경우 자료수집의 질이 떨어짐
핵심집단 회의법	집단을 대표하는 3~4명의 사람들이 모여 상호작용을 통해 자료를 수집하는 방법	• 참여자를 통해서 정보를 공유하고 공감대 형성 가능 • 서로 다른 관점에서 종합적인 견해와 동의를 이끌어 낼 수 있음	• 많은 시간 소요 • 주요인물이 지나치게 영향을 미침 • 관련자 전체가 모이기 어려움
결정적 사건기법	특정한 직무를 수행하는 데 필요한 중요 구성요소를 해당 직무에서 경험이 많거나 높은 지위에 있는 사람으로부터 보다 구체적인 해당 기록으로 얻어 내는 것	• 정보가 단순한 인상이나 의견이 아닌 구체적인 자료로 제공 • 행위자의 관점에서 직무에 필요한 요건을 포괄적으로 제시	• 특정 직업군에만 해당
문헌 조사법	얻고자 하는 정보를 각종 문헌자료로 알아보는 방법	• 자료의 재구성 없이 즉시 사용 가능 • 적은 비용으로 정확한 자료수집 가능	• 이론적으로 치우쳐 현장성이 결여될 수 있음

출처: 한우섭 외(2019), pp. 293-295 내용을 표로 재구성.

2) 설계

평생교육 프로그램 개발을 위한 설계(D) 활동으로는 ① 목표설계, ② 내용설계, ③ 교수설계, ④ 평가설계가 수행된다.

(1) 목표설계

프로그램을 설계할 때 가장 먼저 거쳐야 할 단계는 목표를 설정하고 기술하는 것이다. 프로그램의 방향이 되는 목표는 선행된 요구분석 결과가 반영되어야 하며, 학습자의 수준 및 흥미, 프로그램 운영 기간, 연계 가능한 다른 프로그램 등도 고려해야 한다.

프로그램에서 목표의 역할은 다음과 같다(이복희, 유인숙, 2020). 첫째, 프로그램 개발에서 목표 다음에 나오는 여러 가지 요소의 방향을 제시한다. 둘째, 프로그램이 초점을 가지고 진행할 수 있게 한다. 셋째, 프로그램의 결과에 대한 의사소통과 합의를 용이하게 한다. 넷째, 의도한 결과가 성취되었는가를 결정하게 한다. 다섯째, 프로그램의 일관성을 가지게 한다.

프로그램을 설계할 때 가장 먼저 거쳐야 할 단계는 목표를 설정하고 기술하는 것이다. 프로그램의 방향이 되는 목표는 선행된 요구분석 결과가 반영되어야 하며, 학습자의 수준 및 흥미, 프로그램 운영 기간, 연계 가능한 다른 프로그램 등도 고려해야 한다.

프로그램 설계에서 목표를 기술하는 다양한 방법이 있다. 대표적으로 블룸(Bloom, 1956)의 이원목표 분류는 인간행동의 영역을 인간의 앎에 관한 인지적 영역(cognitive domains), 느낌에 관한 정의적 영역(affective domains), 사고기능이나 육체적 움직임을 나타내는 심리 · 운동적 영역(psychmotor domains)으로 분류하여 이에 따라 학습 목표를 기술한다.

가네(Gagne, 1992)는 프로그램 개발에는 과제 영역에 따라 다른 접근방법이 필요하다고 주장하며, 과제 영역을 지적기능, 운동기능, 언어정보, 인지전략, 태도의 5가지로 제시한다. 가네에 따르면, 지적기능의 영역에서는 위계에 따라 교수설계를 하는 것이 바람직하고, 운동기능의 경우 절차에 따라 교수설계를 하는 것이 효과적이다.

한편, 메이거(Mager, 1962)는 목표는 목적(goal)과 다른 개념으로 다음과 같은 구체적인 요건을 갖추어야 한다고 주장한다. 메이거가 제시한 목표 진술 요건은 ABCD로 표현된다. 먼저, A(Audience)는 프로그램에 참여하는 학습대상자를 의미한다. B(Behavior)는 학습목표를 달성했을 때 학습자가 최종적으로 보이는 성취행동이나 최종행동을 나타내는 행위동사다. C(Condition)는 행동이 발생할 것으로 기대하고 있는 중요 조건이다. D(Degree)는 최종행동 성취가 어느 정도로 정확해야 목표가 달성되었다고 판단할 수 있는지와 같은 평가 기준, 준거를 의미한다.

이처럼 목표진술방법은 학자들마다 조금씩 다른 방식을 강조하고 있으므로 실제 학습설계에서 목표를 진술할 때에는 주어진 상황의 특성을 고려하여 그에 적합한 방식으로 학습목표를 명확하게 기술하는 것이 필요하다.

〈표 11-5〉 학자들의 목표 진술 방식 비교

학자	테일러	가네	메이거
목표 진술 방식	학습자를 주어로 하여 학습내용 또는 학습자료와 함께 도착점 행동으로 명세적으로 진술	학습자의 도착점 행동(핵심동사)과 그 행동이 일어나는 조건과 함께 보조동사를 구체적으로 진술할 것을 요구	학습자(Audience)를 주어로 하여 행위동사(Behavior) 도착점 행동이 일어나는 상황 및 조건(Condition) 도착점 행동 명시(Degree)
예시	학습자는 삼각형의 합동조건을 열거할 수 있다.	학생은 어미가 'se'로 끝나는 한 쌍의 낱말을 교재나 사전을 보지 않고, 그것을 소리 내어 낱말을 구분할 수 있다.	학생은(A) 십 단위 수를 두 개씩 무작위로 뽑아 만든 20개의 덧셈 문제를 주면 계산기를 사용하지 않고(C) 20개 문제 가운데 적어도 18개는(D) 정확히 계산할 수 있다(B).

출처: 윤옥한(2017), p. 230 재구성.

(2) 내용설계

프로그램의 목표가 설정되었다면, 그에 맞는 학습내용을 선정해야 한다. 프로그램의 내용을 선정하기 위해 고려해야 할 원리들을 살펴보면 다음과 같다(김진화, 2012).

첫째, 합목적성(목표와의 일관성)의 원리다. 프로그램의 내용은 그 프로그램의 목표에 반영된 개인의 요구, 사회적 요구 그리고 철학적 이념이 구현될 수 있는 내용을 선정해야 한다.

둘째, 능력수준과 흥미에의 적합성 및 자발성의 원리다. 학습자의 능력과 흥미를 고려하지 않은 평생교육 프로그램은 학습자의 자발적 참여를 유도하기 어렵다. 따라서 프로그램 내용 선정은 프로그램에 참여하는 학습자의 능력과 흥미에 적합한 내용이 되어야 한다.

셋째, 실용성과 다양성의 원리다. 성인학습자는 문제해결에 즉각적으로 적용할 수 있는 내용을 배우기 원한다. 그러므로 평생교육 프로그램은 학습자의 실생활과 직무 현장 등에 바로 적용할 수 있는 내용으로 구성하는 것이 필요하다.

넷째, 능률성의 원리다. 평생교육 프로그램의 내용 선정은 능률성을 높이기 위해 되도록 하나의 목적으로 다양한 경험을 할 수 있거나 하나의 경험이 다양한 목적을 달성할 수 있는 내용으로 설계하는 것이 필요하다.

다섯째, 교육 및 학습지도 가능성 및 자기주도성의 원리다. 아무리 좋은 내용이 학습내용으로 선정되었다 하더라도 지도하는 입장에서 그것이 지도 가능한 내용이어야 최종 내용 선정이 가능하다. 또한 학습자의 입장에서 학습내용이 스스로 자기주도적인 학습을 할 수 있는 내용인지도 고려되어야 한다.

여섯째, 지역성 및 유희, 오락성의 원리다. 이는 같은 평생교육 프로그램 내용이더라도 프로그램이 운영되는 기관이 속한 지역의 특성이 최대한 고려되어야 함을 강조한다.

선정된 교육 내용은 다음과 같은 원리에 따라 조직한다. 첫째, 동일한 내용을 반복적으로 학습할 수 있게 조직하는 계속성의 원칙이다. 둘째, 수준을 높인 동일 내용을 반복하여 깊이와 넓이를 더해 가는 나선형이 되도록 조직하는 계열성의 원칙이다. 셋째, 여러 영역에서 학습하는 내용들이 학습과정에서 서로 연결되고 통합되어 의미 있는 학습이 되도록 하는 통합성의 원칙이다.

교육내용을 조직하는 방법은 논리적 방법, 심리적 방법, 절충적 방법으로 구분할 수 있다. 첫째, 논리적 방법은 교과나 학문적 구성에 따라 조직하는 방법을 의미한다. 아는 것에서 모르는 것, 쉬운 것에서 어려운 것, 단순한 것에서 복잡한 것, 구체적인 것에서 추상적인 것, 가까운 것에서 먼 것 순으로 배열하는 것이다. 이러한 방법은 주로 교과중심이나 학문중심 교육과정에 적용된다. 둘째, 심리적 방법은 학습자의 심리적 특성에 따라 구성하는 것으로 경험중심 교육과정 구성에 적용이 가능하다. 셋째, 절충적 방법은 논리적 방법과 심리적 방법을 절충하는 방법을 의미한다(윤옥한, 2017).

(3) 교수설계

프로그램의 설계에서는 선정 · 조직된 학습내용을 어떻게 학습자에게 효과적으로 전달할 수 있을까에 대한 고민이 필요하다. 이처럼 학습활동의 진행방법과 학습내용을 효과적으로 전달할 수 있는 교수매체 등을 모색하는 것을 교수설계라고 한다(한우섭 외, 2019).

교수-학습 방법은 학습 목적 및 내용에 따라 적합한 방법을 설계해야 한다. 예를 들어, 지식을 이해하는 것이 학습의 목적 및 주요 내용이라면 새로운 정보와 지식을 보다 체계적이고 용이하게 탐색하고 학습하도록 돕는 방법이 필요하다. 여기에는 강의, 강연, 토의, 패널토의, 매체활용 등이 포함된다. 반면, 학습의 목적 및 내용이 직업훈련처럼 기술 및 기능을 개발하는 데 있다면 시범 및 실습의 방법이 보다 적합할 것이다. 한편, 태도나 의식, 신념, 가치관 등을 변화하는 것이 주요 목적이라면 토의나 역할극, 코칭 등의 방법을 사용하여 학습자의 반성적 사고와 성찰을 촉진하는 것이 중요하다.

이와 같은 교수-학습 방법이 효과적으로 실행되기 위해서는 적절한 교수매체를 활용하는 것이 필요하다. 교수매체를 선정할 때에는 학습자의 특성, 수업상황, 학습목표와 학습내용, 매체의 속성과 기능, 수업 장소의 시설 등을 고려해야 한다. 예를 들어, 연령이 낮은 학습자에게 효과적인 디지털 매체가 연령이 높은 학습자에게는 효과적이지 않을 수 있다. 또한 학습내용에 따라 그림이나 사진을 활용하는 것이 효과적일 수 있고, 동적인 움직임을 보여 주는 것이 효과적일 수도 있다.

(4) 평가설계

평가설계는 학습내용의 성취도를 평가하는 절차와 방법, 기준 등을 계획하는 것이다. 평가설계는 첫째, 평가의 목적을 분명히 해야 한다. 프로그램의 평가 목적을 구체적이고 정확하게 기록하고 거기에 맞추어 평가 내용과 하위 요소를 서술한다. 둘째, 평가의 대상을 명확하게 결정해야 한다. 만약 평가대상을 표집하는 경우에는 평가대상자의 수와 표집방법도 확정해야 한다. 셋째, 평가 추진 일정을 단계적으로 정확하게 명시해야 한다. 넷째, 평가를 위한 자료의 수집과 분석, 비교할 수 있는 적절한 절차를 수립한다. 다섯째, 평가에 사용할 도구를 결정하고 제작해야 한다. 여섯째, 평가결과를 어떻게 활용할지에 대한 부분도 평가설계에서 고려해야 할 내용이다.

3) 개발

개발(D) 단계는 설계된 내용에 따라 교육용 자료를 실제로 개발하고 제작하는 활동을 수행한다. 전 단계에서 설계된 학습목표, 학습내용, 교수방법, 교육매체의 각 항목은 교육과정 개발계획서로 정리할 수 있다. 이에 따라 개발자는 학습자용 교재와 교수자용 매뉴얼 등을 개발한다.

(1) 학습자용 교재

평생교육 프로그램에서 학습자용 교재는 주로 워크북 형태가 많이 활용된다. 워크북은 지식을 전달하기 위한 목적보다는 학습자가 학습활동을 통해 획득한 지식을 스스로 구성해 보고 체계화하는 공간으로서의 의미를 더 크게 가진다(김선희 외, 2004). 워크북에는 교과목명, 교육과정 체계도, 교과주제 흐름도, 교과목 교육운영 일정, 교과의 목적과 개요, 소요시간 등이 기재되어 있으며, 교육내용과 실습지 등이 포함된 단원별 교안으로 구성된다.

학습자용 교재는 워크북과 같이 책 형태로 제작될 수도 있고, 간단한 인쇄자료로 배포될 수도 있다. 교수자는 학습내용과 학습자의 특성을 고려하여 의사결정 차트나 체크리스트, 실습지 등의 교육 보조물을 제공할 수도 있으며, 학습내용을 요약 정리한 자료를 사용할 수도 있다.

(2) 교수자용 매뉴얼

교수자용 매뉴얼은 교수자가 교육운영을 위해 필요한 학습내용, 전달 포인트, 교육방법 등을 상세히 기술한 것을 의미한다. 교수자용 매뉴얼에는 교안이 포함되는데, 이는 학습활동의 기반이 되는 학습지도안으로 교수활동의 단계 및 내용을 자세히 기록하는 것이다.

교안 작성 시 주의할 점은 다음과 같다(윤옥한, 2017). 첫째, 교안은 구체적으로 작성되어야 한다. 둘째, 교안은 명확하게 볼 수 있도록 깨끗해야 한다. 셋째, 교안은 교수활동에 실질적으로 사용될 수 있도록 작성되어야 한다. 넷째, 교안은 쉽게 작성되어야 한다. 다섯째, 교안은 논리적이고 체계적으로 작성되어야 한다.

일반적으로 교안은 도입, 전개, 종결의 단계로 구성된다. 도입은 주로 주어진 문제에 대해 학습자의 주의를 집중시키고 학습동기를 고취하며, 배울 내용의 안내 등이 포함된다. 전체 학습 시간의 약 80%를 구성하는 전개 단계에서는 학습내용의 구체적인 전달이 이루어지며, 종결단계에서는 배운 내용을 정리하고 다음 차시 수업 내용을 안내하는 등으로 수업을 마무리한다.

4) 실행

프로그램 실행(I)은 계획되고 조직화된 프로그램이 지향하는 본질적인 목적과 목표를 이루기 위해 실제 행동으로 옮기는 것이다(권두승, 2017). 프로그램 실행의 광의적 의미는 설계된 프로그램을 실제적으로 실행하기 위하여 운용조직을 편성하는 단계부터 실제로 활동을 실천하고, 그 활동내용을 기록 · 정리하여 평가에 이르기까지 일련의 과정을 포함하는 것을 일컫는다. 협의적인 관점에서 프로그램 실행은 프로그램의 실제적인 실행을 위한 도입과정에서 정리단계에 이르기까지의 과정을 의미한다(김진화, 2012).

프로그램의 실행에서는 교육운영에 필요한 사항들을 확인하며 진행하는 것이 중요하다. 이를 위해 활용 가능한 체크리스트 양식은 〈표 11-6〉과 같다.

〈표 11-6〉 **교육운영 체크리스트**

항목	체크사항	확인
목적	• 교육목적: 단합, 성과, 결과물 추출, 교육, 팀워크 등	
환경	• 강의 장소 섭외 확인	
	• 강의 장소 관련 담당자 확인	
	• 강의 장소 약도 및 주소	
	• 강의장 주변 환경 확인	
	• 강의장 내 환경 확인	
대상자	• 전체 참여 인원	
	• 남녀 구성비	
	• 직급 형태	
	• 분임조 형태	
강사	• 강사 사전 섭외 확인	
	• 강사료	
	• 강사 교재	
교육내용	• 교육일정표	
	• 교재	
	• 교육보조자료	
	• 교육평가자료	
	• 교육결과 준비	
예산	• 숙박비, 식비, 강의장 사용료	
	• 강사료, 과정진행비	
	• 각종 문구비	
	• 교재비	
	• 기타 보험료, 플래카드, 다과비, 차량 비용 등	
기타 준비물	• 문구류	
	• 교육매체	
	• 진행관련 명찰, 명패, 일정표, 교재, 출석부 등	
	• 간식	

출처: 윤옥한(2017), p. 280의 표 재구성.

한편, 프로그램 실행에서는 잠재적 대상자를 프로그램에 참여하도록 유도하고 필요한 재원을 확보하기 위해 홍보, 모집, 광고 등의 활동을 전개하는데, 이를 프로그램 마케팅이라고 한다(김종명 외, 2014). 마케팅은 프로그램 성공을 위해 필수적인 요소로 홍보책자를 만들어 배포하는 것부터 사람들을 프로그램에 참여하도록 끌어들이는 조직과 개인의 다양하고 복합적인 상호작용을 의미하기도 한다. 일반적으로 프로그램 마케팅은 다음과 같은 절차에 따라 이루어진다(기영화, 2010).

- 1단계: 프로그램을 광고하는 목적을 정한다.
- 2단계: 홍보에 투자할 예산을 결정한다.
- 3단계: 광고매체를 선정한다.
- 4단계: 선택한 광고매체에서 요구하는 형식에 맞게 광고 내용을 준비한다.
- 5단계: 광고가 나간 후 그 효과와 비용에 대한 평가를 실시한다.

5) 평가

프로그램 평가(E)는 프로그램이 설정한 학습목표를 어느 정도 달성했는지, 학습활동이 계획대로 진행되었는지, 학습자의 학습과 성장에 어떤 영향을 주었는지 확인하고 가치를 판단하는 과정이다. 평생교육 프로그램의 평가는 다음과 같은 기능을 가진다(김용현 외, 2014).

첫째, 프로그램의 진행 단계별로 학습자들이 학습목표를 얼마나 성취했는지 평생교육 프로그램의 학습목표 달성도를 확인할 수 있다.

둘째, 학습활동에 대한 평가 결과를 분석하여 프로그램의 내용과 방법을 수정 · 보완하고 개선할 수 있으며, 학습자의 상태를 진단하고 학습동기를 촉진할 수 있다.

셋째, 평생교육 프로그램의 결과로 지역사회 발전이나 지역주민의 삶의 질이 얼마나 개선되었는지를 확인할 수 있으며, 이는 교육정책이나 의사결정을 위한 판단 자료로 활용될 수 있다.

프로그램 평가는 평가목적에 따라 목표중심평가, 의사결정중심평가, 가치판단중심평가로 분류된다. 먼저, 목표중심평가는 프로그램을 실시하기 전에 설정한 학습목표를 프로그램이 끝난 후에 학습자가 어떻게 성취했는지 확인하는 데 사용하는 평가방법이다. 다음으로, 의사결정중심평가는 의사결정자에게 필요한 정보를 제공하여 정책판단이나 의사결정을 돕는 데 사용하는 평가방법이다. 이에 비해 가치판단중심평가는 학습자들이 프로그램 참여를 통해 얻어진 성과나 학습자들의 정서, 태도 변화를 중요시하여 프로그램의 가치나 장점을 판단하는 데 중점을 두고 있다(한우섭 외, 2019).

또한 프로그램 평가는 평가시기에 따라 진단평가, 형성평가, 총괄평가로 구분될 수 있다. 먼저, 진단평가는 프로그램이 실시되기 전에 프로그램의 효과를 높일 수 있도록 학습자의 요구나 준비도, 교육환경 등을 평가하는 것을 말한다. 다음으로, 형성평가는 프로그램을 실시하는 도중에 학습 진행과정을 수시로 확인하여 일정이나 진도, 난이도 등을 조절하거나 보충 및 심화자료 등을 제공한다. 마지막으로, 총괄평가는 프로그램 종료 후 프로그램의 효과성 및 효율성을 종합적으로 측정 · 분석하는 평가를 의미한다(최은수 외, 2016).

평생교육 프로그램 평가에 활용할 수 있는 대표적인 모형으로는 패트릭(Kirkpatrick, 1994)의 4단계 평가모델이 있다. 패트릭의 4단계 평가모델은 반응평가, 학습평가, 행동평가, 결과평가로 구성된다.

- 1단계: 반응평가는 만족도 평가다. 프로그램의 유용성, 적절성, 내용, 방법, 자원활용의 공헌도 등을 평가하기 위해 학습자의 만족도를 측정한다. 구체적으로는 교육환경 만족도, 교육내용 만족도, 강사 만족도, 교육목표달성 만족도 등을 평가할 수 있다.
- 2단계: 학습평가는 성취도 평가다. 즉, 학습을 통해 학습자가 실제 지식, 기술, 태도 변화를 얼마나 성취했는지 평가한다. 프로그램의 목표를 얼마나 달성했는지를 중점적으로 평가하며, 주로 시험을 통해 평가한다.
- 3단계: 행동평가는 활용정도 평가다. 학습내용이 실제 현업에서 얼마나 활용이 되는지를 평가하는 것으로 현업적용도 평가로도 불린다. 보통 현업적용도 평가는 프로그램 종료 후 3~6개월이 지난 후 실시하며, 배운 내용이 실제 지식, 기술, 태도 향상에 얼마나 도움이 되었는지를 알아본다.
- 4단계: 결과평가는 기여도 평가다. 이는 학습자의 프로그램 참여가 조직 차원에서 얼마나 도움이 되었는지를 확인하는 활동이다. 예를 들어, A기업의 재직자들이 프로그램에 참여한 후 그 기업의 경영성과에 어떤 변화가 있었는지를 확인하는 것이다.

평가 목적 및 내용에 적합한 평가를 실시하기 위해서는 평가방법 및 도구를 선정하고 개발하는 것도 중요하다. 평생교육 프로그램 평가에 활용될 수 있는 주요 평가방법 및 평가도구로는 〈표 11-7〉과 같은 것들이 있다(Caffarella & Daffron, 2013).

〈표 11-7〉 평생교육 프로그램 평가도구

구분	내용	목적
관찰	프로그램 개발자 혹은 학습자의 업무 수행 관찰 및 지식, 기술, 문제발견, 문제해결 능력, 이들이 표현하는 가치 및 태도 기록	형성평가, 총괄평가
인터뷰	이해관계자들을 대상으로 개인/집단 인터뷰 진행	형성평가, 총괄평가
질문지	이해관계자들을 대상으로 프로그램 개발, 전달, 결과 등에 대한 의견, 인식 혹은 신념 등을 잘 조직화된 질문지로 수집	형성평가, 총괄평가
산출물 리뷰	프로그램 개발자나 학습자가 만들어 낸 산출물 평가	형성평가, 총괄평가
수행 리뷰	프로그램 개발자나 학습자가 보여 주는 특정 기술이나 절차에 대한 리뷰	형성평가, 총괄평가
자기평가	프로그램 개발자나 학습자가 자신의 수행 내용을 개인/집단으로 평가	형성평가, 총괄평가
조직/지역사회 기록물	조직이나 지역사회에서 발간하는 연간보고서 등 평가	총괄평가
포트폴리오	학습자가 프로그램 참여 동안 이루어 낸 이벤트, 활동, 산출물, 성취 등에 대한 수집물	총괄평가
비용효과분석	프로그램 개발 및 운영에 투여된 비용 대비 프로그램 효과분석	총괄평가
스토리텔링	학습자가 자신의 프로그램 참여 경험에 대해 기술	총괄평가

평가 도구의 선정은 평가 목적 및 목표의 부합하는지의 여부뿐 아니라 해당 평가도구의 제작과 활용에 필요한 자원, 평가도구의 효과성과 효율성, 이용의 제약 조건 등도 고려해야 한다.

토론문제

1. 평생교육 프로그램이 교육과정과 다른 점을 생각해 보고, 평생교육에서 교육과정이 아닌 '프로그램'을 개발하는 이유에 대해 토론하시오.
2. 평생교육 프로그램의 개발 단계 중 자신이 생각하는 가장 중요한 단계와 그 이유를 토론하시오.
3. 초보 환경 변화를 고려할 때 평생교육 프로그램 개발을 위해 적용하기에 가장 적합하다고 생각하는 이론과 그 이유를 토론하시오.

참고문헌

경기도평생교육진흥원(2016). 경기도 평생교육 프로그램 6대 영역 분석 연구: 평생교육법 기준으로. 경기: 경기도평생교육진흥원.

권대봉(2006). 성인교육방법론. 서울: 학지사.

권양이(2020). 스마트 시대의 원격 평생교육방법론. 경기: 공동체.

기영화(2010). 평생교육 프로그램 개발. 서울: 학지사.

김선희, 박성민, 권정언(2004). 기업교육프로그램 개발의 실제. 경기: 서현사.

김용현(2014). 평생교육개론. 경기: 양서원.

김용현, 김종표, 문종철, 이복희(2010). 평생교육 프로그램 개발론. 경기: 양서원.

김종명, 구재관, 김성철, 김명근, 김재원, 신기원, 이순호, 현영렬(2014). 사회복지 프로그램 개발과 평가. 경기: 양서원.

김진화(2010). 평생학습계좌사업을 위한 한국 평생교육 프로그램 분류 지침. 평생 교육진흥원

김진화(2012). 평생교육프로그램 개발론. 서울: 교육과학사.

김창엽(2020). 생각과 실천의 어울림을 위한 평생교육 프로그램 개발. 경기: 공동체.

김한별(2019). 평생교육론(3판). 서울: 학지사.

김한별, 박소연, 유기웅(2010). 평생학습을 위한 프로그램 개발 및 평가. 경기: 양서원.

양흥권(2017). 평생교육론: 학습세기의 교육론. 서울: 신정.

윤옥한(2017). 평생교육프로그램 개발 이론과 실제. 경기: 양서원.

이복희, 유인숙(2020). 평생교육 프로그램개발론. 경기: 양성원.

이성호(2009). 교육과정론. 경기: 양서원.

이수연, 박상옥(2017). 평생교육프로그램 개발에서의 관심사와 권력의 협업 양상. 평생교육학연구, 23(1), 1-29.

이해주, 최운실, 권두승, 장원섭(2017). 평생교육 프로그램 개발(2판). 서울: 한국방송통신대학교 출판문화원.

최은수, 김미자, 윤한수, 진규동, 임정임, 최연희, 이재만(2016). 평생교육 프로그램 개발론. 경기: 공동체.

한우섭, 김미자, 신승원, 연지연, 진규동, 신재홍, 송민열, 김대식, 최용범(2019). 평생교육론(2판). 서울: 학지사.

황성철(2005). 사회복지 프로그램 개발과 평가. 경기: 공동체.

Bloom, B. S. (1956). *Taxonomy of educational objectives: The classification of educational goals.* New York: Longmans, Green.

Boone, E. J. (1985). *Developing programs in adult education.* Englewood Cliffs, N. J.: Prentice-Hall.

Boyle, P. G. (1982). *Planning better program.* New York: McGraw-Hill Book Company.

Caffarella, R. S. (2002). *Planning programs for adult learners: A practical guide for educators, trainers, and staff developers* (2nd ed.). San Francisco: Jossey-Bass.

Caffarella, R. S., & Daffron, S. R. (2013). Planning programs for adult learners: A practical guide (3rd ed.). San Francisco: Jossey-Bass.

Cervero, R. M., & Willson, A. L. (2006). *Working the planning table: Negotiationg democratically for adult, continuing, and workplace education.* San Francisco, CA: Jossey-Bass.

Gagne, R. M. (1972). Domains of learning. *Interchange, 3*(1), 1-8. https://doi.org/10.1007/BF02145939

Gagne, R., Briggs, L., & Wager, W. (1992). *Principle of instructional design* (4th ed.). Gort worth, TX: Jovanovich.

Houle, C. O. (1972). *The design of education.* San Francisco: Jossey-Bass.

Kirkpatrick, D. (1994). *Evaluating training programs: The four levels.* San Francisco, CA: Berrett-Koehler.

Knowles, M. S. (1980). *Modern practice of adult education.* Chicago: Follett Publishing Company.

Kowalski, T. J. (1988). *The organization and planning of adult education.* New York: State University of New York Press.

Mager, R. F. (1962). *Preparing instructional objectives.* Fearon, Palo Alto.

Mager, R. F. (1991). *Preparing instructional objectives* (2nd ed.). London: Kogan Page.

제12장

평생교육방법론

"교육은 도덕과 지혜의 두 기반 위에 서지 않으면 안 된다. 도덕은 미덕을 받들기 위해서이고,
지혜는 남의 악덕에서 자기를 지키기 위해서다. 도덕에만 중점을 두면
성인군자나 순교자밖에 나오지 않는다. 지혜에만 중점을 두면 타산적인 이기주의가 나오게 된다.
어느 한쪽에 치우치지 말고 도덕과 지혜의 두 기반 위에 교육이 서 있어야
좋은 열매를 거둘 수 있는 것이다."

−S. R. N. 니콜라 샹포르−

학습목표

1. 평생교육방법에 대하여 설명할 수 있다.
2. 다양한 평생교육방법을 활용하여 현장에 적용할 수 있다.
3. 대면 교육방법과 비대면 교육방법을 비교하여 활용할 수 있다.

학습개요

이 장에서는 평생교육방법에 대한 기초이론과 평생교육현장에서 활용할 수 있는 다양한 교육방법을 제시한다. 평생교육방법에 있어서 크게 대면 평생교육방법과 비대면 평생교육방법을 나누어서 살펴본다. 대면 평생교육방법으로는 개인중심 평생교육방법, 집단중심 평생교육방법, 경험중심 평생교육방법을 비대면 평생교육방법으로는 컴퓨터 보조수업(CAI)를 이용한 평생교육방법, e-러닝을 활용한 평생교육방법, 줌(ZOOM)을 활용한 평생교육방법, 카카오톡을 활용한 평생학습(회의)방법에 대하여 살펴본다. 평생교육방법은 학습자의 학습방법이나 선호도에 맞는 방법을 적용하는 것이 최선의 방법이다.

1. 평생교육방법의 이해

평생교육방법이란 평생교육의 목적 또는 목표를 달성하기 위해 사용되는 교수방법으로 사회구성원의 삶의 질을 높이기 위하여 교육을 통하여 하나의 길을 안내해 주는 방법이라고 정의할 수 있다.

일반적으로 교육방법은 모든 것을 모든 사람에게 가르치는 데 필요한 보편적 기술 또는 예술이나 교사 및 기타 교수자가 학습을 발생시키기 위한 목적으로 설계 · 개발 · 적용 · 관리 · 평가하는 데 필요한 지식과 실행력(변영계, 2001)으로 정의되기도 한다. 방법이란 '무엇을 따라서'라는 'meta'와 '길'을 뜻하는 'hodos'의 합성어인 'methodos'란 그리스어에서 유래하고 있다. 방법이란 어떠한 길을 따라가는 것을 의미한다.

따라서 평생교육방법은 '평생교육의 맥락에서 교육목표를 합리적이고 능률적으로 달성하기 위한 교수자, 학습자, 교육내용 간의 상호작용 체제' 또는 '평생교육의 맥락에서 교수자가 학습자의 학습을 발생시키거나 촉진하기 위한 목적으로 수업을 설계 · 개발 · 적용 · 관리 · 평가하는 데 필요한 지식과 실행력'이라고 할 수 있을 것이다(성낙돈, 가영희, 조현구, 2019).

버너(Verner, 1964)는 평생교육방법은 교육수행을 위하여 학습자와 평생교육기관, 교수자 간의 관계를 수립하는 것이며, 평생교육기관은 학습자의 연령, 능력, 교과내용 등의 기준에 따라 분류하고 학급을 조직하여 교육활동을 전개해 나가는 것이라고 하였다.

평생교육방법은 교실이라는 공간에서 일어나는 교수자의 학습만을 말하는 것이 아니며, 우리의 일상 사회생활에서의 나타나는 모든 가르침과 관련된 행위, 즉 '삼인행 필유아사(三人行 必有我師)'라는 것과 같은 의미다.

평생교육방법의 개념은 거시적인 관점, 중시적인 관점, 미시적인 관점으로 나누어 볼 수 있다(성낙돈 외, 2019).

첫째, 거시적 관점에서 평생교육방법은 평생교육 취지를 구현하기 위하여 모든 형태의 교육을 수평적 · 수직적으로 통합하는 것을 의미한다. 즉, 학교교육과 학교 외 교육을 유기적으로 연계하고, 유아교육에서부터 성인 · 노인교육까지를 생애발달의 맥락에서 연계하여 궁극적으로 사회구성원의 삶의 모든 단계, 모든 과정에서 필요로 하는 교육을 전달하는 체계를 뜻한다.

둘째, 중시적 관점에서의 평생교육방법은 평생교육기관에서 운영하는 교육과정 또는 교육프로그램의 수준과 맥락에서 활용되는 교육방법을 의미한다. 평생교육이 추구하는 목적과 목표는 결국 평생교육기관이 운영·관리하는 구체적인 교육프로그램을 통해 실천·달성되는 것이다.

셋째, 미시적 관점에서의 평생교육방법은 구체적인 교육활동의 상황·장면에서 특정의 교수 목표를 달성하기 위해 사용되는 교수(教授)방법을 의미한다. 이러한 관점에서의 평생교육방법은 구체적인 교수-학습 활동의 단위와 장면에서 교수자가 학습자의 학습활동을 안내·지도하기 위하여 사용하는 학습촉진의 원리와 기법, 즉 교수법을 의미한다.

2. 평생교육방법의 유형

평생교육방법의 유형은 다양하다. 학자에 따라서도 평생교육방법 유형의 분류를 약간씩 다르게 하고 있다. 코로나19(Covid-19) 시대에서는 비대면으로 이루어지는 평생교육방법이 중요하게 대두되었다. 대면 교육방법에는 기본적으로 개인중심 교육방법과 집단중심 교육방법, 경험중심 평생교육방법이 있고, 비대면 평생교육방법으로는 인터넷, 스마트폰, SNS를 활용한 줌(ZOOM), 라이브 톡 등의 방법이 있다. 크랜톤과 웨스턴(Cranton & Weston, 1989)은 교수자중심법, 상호작용기법, 개별화학습법, 경험학습법으로 분류하였고, 자비스(Javis, 1995)는 설명식, 문답식, 촉진식 방법으로 분류하였으며, 조용하(1993)는 강의 및 강연, 토의법, 소집단 토의법, 프로젝트 및 실습 조사법 등으로 분류하였다.

1) 대면 평생교육방법

(1) 개인중심 평생교육방법

① 도제식 교육방법

도제(apprenticeship)식 교육방법은 13세기 이후 산업혁명 시대까지 가내수공업 사회에서 실시된 직업교육 제도이다. 어릴 때(10세 정도)부터 상업·공업·기술 등의 분야에서 뛰어난 장인(匠人)의 개인 집에서 도제가 되어 봉사하면서 기술을 배우기 시작한다. 매우 엄격한 통제적인 훈련을 비교적 장기간(5~7년)에 걸쳐 이수한 뒤 다시 일정한 작품 제작에 합격해야 비로소 장인이 된다.

도제식 교육방법의 특징은 전문가(도장인: master)와 도제와의 관계가 인격적 관계였다는 점, 기술교육과 인간교육이 병행하여 이루어졌다는 점, 장래의 지위를 보장하는 교육이었다는 점 등이다.

도제식 교육방법의 절차는 문제해결 전 과정을 전문가가 시범을 보이는 시연단계, 문제해결을 위한 인지적 틀을 제시하는 전문가 도움의 단계, 학습자 스스로 문제를 해결하는 전문가 도움의 중지단계로 이루어진다.

② 멘토링

멘토링(mentoring)이란 『오디세이(Odysseus)』에 나오는 오디세우스가 트로이로 전쟁을 나가기 위해서 자신과 가장 친한 친구 멘토(Mentor)에게 자신의 아들인 텔레마쿠스의 교육을 맡기게 된데서 유래되었다(Russell & Adams, 1997).

멘토(mentor)는 회사나 업무에 대한 풍부한 경험과 전문지식을 가지고 있는 사람이 후배 또는 같은 조직의 구성원인 멘티(mentee)를 일대일로 전담하여 지도하고 조언하면서 실력과 잠재력을 개발 · 성장시키는 활동이다. 멘토는 역할모델이며, 멘티를 후원하고 보호하며, 교육하고 격려하며, 상담과 조언을 하고 정보제공을 한다. 멘티는 멘토를 존경하고 인정하며, 정보제공, 아이디어 개발, 업무분담의 역할을 한다.

멘토링의 기능에 대해 크람(Kram, 1983)은 경력기능, 심리사회적 기능으로 나누었다.

- 경력 기능(career functions): 후원, 노출 및 소개, 지도, 보호, 도전적인 업무 부여
- 심리사회적 기능(psychosocial functions): 역할모형, 수용 및 지원, 상담, 우정

〈표 12-1〉 멘토링의 기능

경력 기능	심리사회적 기능
• 후원(sponsorship) • 노출 및 소개(exposure and visibility) • 지도(coaching) • 보호(protection) • 도전적인 업무부여(challenging assignment)	• 역할모형(role model) • 수용 및 지원(acceptance and confirmation) • 상담(counseling) • 우정(friendship)

출처: Kram (1983): 성낙돈 외(2019), p. 206 재인용.

슐츠(Schulz, 1995)가 제시한 멘토링의 기대효과는 〈표 12-2〉와 같다.

〈표 12-2〉 멘토링의 기대효과

구분		기대효과
조직차원		• 조직의 비전, 가치관 및 조직문화의 강화/유지 • 성장 잠재력이 높은 핵심인재의 육성/유지 • 구성원의 학습과 자기개발 촉진 • 지식 이전을 통한 경쟁력 강화 • 신입직원의 정착과 조직몰입 신속한 적응 유도 • 조직에 새로운 활기와 유대를 형성
개인 차원	멘토	• 새로운 지식, 기술 확보 및 추세의 수용 가능 • 다양한 사람들과 관계 형성 • 리더십 역량의 개발과 향상 • 멘티의 성공적 경력개발에 대한 자부심 향상 • 조직으로부터의 인정과 보상
	멘티	• 담당업무에 대한 전문지식과 노하우 습득 • 중요한 정보 원천에 대한 접근성 향상 • 업무수행의 완성도가 향상 • 안정된 조직 정착과 자신감 및 리더십 향상 • 의사결정 능력 향상

출처: 최병권(2003), pp. 22-27 재구성.

③ 코칭

코치(coach)라는 용어는 헝가리에서 유래한 'kocs'(여러 사람을 태워 현재 있는 곳에서 목적지까지 데려다 주는 마차)라는 어원에서 왔다. 코치는 1880년대 케임브리지의 캠 강에서 대학생들에게 노 젓는 방법을 개인 지도하는 사람을 가리키는 스포츠 용어이다. 코치는 선수를 도와 성적을 올리는 것을 돕는 사람들로 알려졌다.

코칭(coaching)이란 발전하고자 하는 의지가 있는 개인이나 집단이 가진 잠재능력을 최대한 개발하여 그들 스스로 사고하고, 움직이는 주도적인 인재로 성장시키며 현재 있는 지점에서 그들이 바라는 목표를 설정하고 전략적인 행동을 통하여 결과의 성취를 이루도록 인도해 주는 기술이자 행위를 말한다(성낙돈 외, 2019).

좋은 코치의 특성은 다음과 같다.

첫째, 긍정적이고 열정적이며 상대방을 지지할 줄 알고 피코치를 신뢰한다. 둘째, 집중할 줄 알고 성취 지향적이며 충분한 지식을 갖추고 있고 정확한 관찰자다. 또한 상대방을 존중할 줄 알고 인내심이 있으며 명확하게 말을 할 줄 알고 추진력이 있다.

코칭의 목적은 더 많은 일을 효과적으로 하고 싶은 사람, 자기의 재능이나 능력을 더 높이고 싶은 사람, 더 행복하고 성공적으로 살고 싶은 사람에게 강력한 동기를 부여하고, 스스로 문제를 발견하고 해결하며, 스스로 성공적이고 행복한 미래를 설계하여 행동하도록 돕는 것이다.

코칭의 종류는 기능 · 상대 · 인원에 따라 두 가지로 나눌 수 있다. 첫째, 기능에서는 멘탈(mental) 코칭과 스킬(skill) 코칭으로 나눈다. 스킬 코칭은 특히 영업직에게 세일즈 스킬을 가르쳐 주는 사례가 많다. 둘째, 상대에 따라 분류하면 조직 내 코칭(business coaching)과 전문 코칭(professional coaching)이 있다. 조직 내 코칭은 상급자가 하급자를 대상으로 하는 코칭이고, 전문 코칭은 조직 외 사람이 조직원을 대상으로 유료로 실시하는 코칭이다. 셋째, 인원에서는 1대1로 하는 퍼스널 코칭(personal coaching)과 두 명 이상에게 집단의 목표달성을 목적으로 하는 집단 코칭(group coaching)으로 나눌 수 있다.

〈표 12-3〉 **코칭의 종류**

구분	종류	특징	비고
기능	멘탈 코칭	일반 코칭	• 코치에는 비밀 준수 의무가 있다. • 코칭 중에 얻어진 당사자의 개인정보는 승낙 없이 타인에게 이야기해서는 안 된다. • 이런 것은 조직 내에서의 상급자와 하급자의 관계에서도 필요하다.
	스킬 코칭	영업직의 세일즈 스킬교육	
상대	조직 내 코칭	상급자가 하급자에게	
	전문 코칭	조직 외 사람이 조직원 대상으로	
인원	퍼스널 코칭	1:1	
	그룹 코칭	2명 이상	

출처: 성낙돈 외(2019), p. 218 재인용.

코칭의 절차에는 GRROW(Goal Reality Recognition Options Will) 모델이 있다(Lawson, 1997).

- 코칭목표 정하기(Goal): 문제를 해결하면 어떤 상태에 도달할 것인지 상상하도록 질문
- 현실 파악하기(Reality): 현실을 최대한 정확하게 파악하도록 질문
- 핵심필요 인식하기(Recognition): 적용 가능한 해결안을 다양하게 생각해 내도록 질문
- 대안 탐색하기(Options): 문제해결 선택 기준을 통해, 최적의 문제해결과 만약을 대비

한 대안을 결정하도록 질문

- 실천의지 확인하기(Will): 언제, 어디서, 누구와, 어떻게 실행할 것인지 등 구체적인 실행계획을 만들도록 질문

코칭의 과정은 다음과 같다(성낙돈 외, 2019).

- 사전점검(Check) 단계: 상대방 이해하기

직장 내에서 상사가 부하직원을 대상으로 코칭할 때는 피코치의 장래 비전, 근무실적, 태도, 업무능력(잠재능력 포함), 근무 사기, 대인관계, 회사 내 평판 등 조직 내 업무 관련 사항, 피코치의 성격, 기질, 성향, 특기, 취미, 장단점, 인생관, 삶의 가치, 신념, 철학, 관심사 등 업무 외적인 사항들까지 종합적으로 관찰하고 검토한다.

- 공개(Open) 단계: 대화의 장 열기

피코치가 안심하고 자기 심정을 터놓고 이야기하도록 만들려면 피코치의 입장에서 들어준다. 적극적 경청, 공감 수용, 친밀감과 신뢰감 형성, 협력적 대화 분위기 조성이 중요하다.

- 질문(Ask) 단계: 목표 및 문제 확인과 해결안 찾기

추가적으로 효과적인 질문을 하여 피코치에 대한 목표와 문제를 확인하고 해결안을 찾을 수 있도록 최선의 노력을 해야 한다.

- 의견제시(Comment) 단계: 발전적 피드백 제공하기

코칭과정 중에 발견된 바람직하지 못한 언행이나 사고방식이 있다면 그에 대해 코치의 입장에서 피코치에게 진심 어린 피드백을 해야 한다.

- 도움(Help) 단계: 실행계획 구체화 도와주기

코치와 의견 일치를 이룬 피코치가 문제해결 방안에 대한 실행계획을 구체적으로 수립할 수 있도록 하는 것이다. 실행계획 수립, 실행지원 약속, 실행과정에서 지속적 관심과 지원을 한다.

코칭 기법으로는 점진적 이완기법, 자생훈련, 심상기법, 사고정지 등이 있다.

첫째, 점진적 이완기법은 신체의 신경과 근육을 해소시키기 위해 신체근육의 체계적 이완과 긴장을 동시에 하게 하는 방법이다. 훈련방법은 근육의 이완훈련 과정 전체에

대한 지시문을 녹음한 테이프를 이용하여 주의집중을 하면서 실시하는 방법과 다른 사람이 직접 지시하여 거기에 따라 행하는 방법, 그리고 훈련과정 전체에 대한 지시문을 묵상, 영상화시켜 줌으로써 본인 스스로 근육통제훈련을 실시하는 방법이 있으나 이 경우는 훈련자의 확신 수준이 높은 경우에 효과가 있다.

둘째, 자생훈련은 이완기법의 하나로 마음을 향한 근육과 근육을 향한 마음, 즉 신체적 · 인지적 조건을 혼합 활용하여 접근해 가는 방법이다. 일련의 연습으로 구성된 이 기법은 2개의 신체적 감각(따뜻함과 무거움)을 만들어 내도록 고안되었다. 점진적 이완훈련과 유사하나 자생훈련은 사지와 신체의 부위들이 어떻게 이완되었는가 하는 데 초점을 두기보다는 어떻게 느껴지는가에 초점을 맞춘 방법이다.

셋째, 심상기법은 어떠한 행동을 체계적이고 순서적으로 시연해 나가는 사고의 전 과정으로서 운동수행자로 하여금 신체적 · 정신적으로 시합에 준비 상태를 갖추게 하며, 불안을 해소시켜 운동의 전 과정 혹은 세부동작에 주의집중력을 높여 준다.

넷째, 사고정지는 부정적인 생각으로 인하여 불안이나 긴장이 높아질 경우 사고정지 기법을 사용할 수 있다. 사고정지란 부정적인 생각이 떠올랐을 때 의식적으로 "정지"라고 자신에게 말함으로써 부정적인 생각의 진행을 막는 것이다. 부정적인 생각을 정지시킨 다음에는 긍정적인 생각으로 이를 대체해야 사고정지의 효과가 커진다.

(2) 집단중심 평생교육방법

① 강의법

강의법(lecture method)은 고대 그리스시대의 철학자들이 서로의 지식을 나누어 갖기 위해 사용해 온 이래 지금까지 수업과정에서 빈번히 사용되고 있는 가장 오래된 전통적인 교수방법이다. 강의의 주된 목적은 청중에게 분명한 사실, 개념, 지식, 아이디어 등에 관한 정보를 제공하는 데 있다(Cruickshank, Jenkins, Metcalf, 1995).

강의법에서 교수자는 직관적이며 명확한 언어 사용, 학습자를 고려한 언어 선택, 학습자의 반응 수시 확인 및 강의 진도 조절, 음성이나 음색의 정도 조절 및 유머의 사용, 학습의 효과를 높이기 위한 시청각 보조자료 사용 등을 해야 한다.

강의법이 적합한 경우에는 기본적인 정보를 제공할 때, 교재에 없는 사실이나 이해하기 어려운 내용을 전달할 때, 수업 전 방향을 제시할 때, 특정한 성격의 학습자일 때 적합하다. 적합하지 못할 경우에는 지식의 습득 이외의 다른 수업목표가 더 강조될 때, 장기적인 파지가 필요한 과제일 때, 학생의 지적 능력이 평균 또는 그 이하일 때는 강의법이 적합하지 않다.

강의의 단계에는 강의에 사용할 매체 선정과 학습과제, 수업목표, 학습자의 출발점 행동에 대해 충분히 이해를 하는 준비단계, 교수자-학습자 간의 관계 설정, 학습자의 주의집중, 수업목표를 제시하는 도입단계, 학습내용을 논리적으로 조직하여 제시하고, 내용은 예제 등을 통해 구체적으로 제시하며, 학습자들의 주의를 끝까지 지속시키는 전개단계, 중요한 내용을 재생시켜 일반화할 수 있도록 하고, 전체적인 내용을 개괄해 주고, 다음 강의와 관련지어 주는 정리단계가 있다.

설명식 수업모형을 바탕으로 한 강의법 수업모형은 〈표 12-4〉와 같다(Andrews & Goodson, 1980).

〈표 12-4〉 **강의법 수업모형**

단계	구체적 활동 내용
1단계 연습문제 파악	• 학습자들과 우호적 관계 형성 • 학습목표 제시 • 학습동기 유발 • 선수학습 확인 및 처치 • 선행조직자의 이용
2단계 학습문제 해결	• 학습할 개념, 원리, 법칙 등 학습내용 제시 및 설명 • 필요한 학습 자료와 매체의 체계적 제시 • 학습문제 해결 • 지속적 주의집중하기
3단계 일반화	• 문제해결 연습 및 여러 가지 예제의 적용 • 통합조정의 원리 이용 • 학습내용 강조 및 요점 정리 • 심화 및 확충 설명 • 차시 예고 및 과제 제시

출처: Andrews & Goodson (1980).

강의법의 장점은 다음과 같다.

- 짧은 시간에 다량의 내용을 많은 사람에게 체계적으로 전달할 수 있다.
- 교사의 언어만으로 난해한 문제를 용이하게 설명할 수 있다.

- 학습자의 감정자극과 동기유발이 용이하다.
- 교사가 시간을 조절할 수 있어 학습경제상 유리하다.

강의법의 단점은 다음과 같다.

- 학습자의 수동적 역할로 인해 활동기회를 제약한다.
- 교사의 획일화된 수업진행으로 개성과 능력이 무시되기 쉽다.
- 지식위주의 교육에 빠지기 쉽다.
- 추상적인 개념전달로 인해 학습능력이 낮은 학습자는 학습내용을 이해하기 곤란하다.

발문이란 교수 · 학습과정에서 사용하는 질문을 평상시의 질문과 구분하는 용어이며, 교수자가 학습자의 학습활동을 촉진하기 위하여 제기하는 질문이다. 발문은 학습요소의 내용과 방향을 제시하는 교수의 단서로 학습자의 사고를 유발하여 새로운 탐색, 추구, 상상을 확대하고 사고나 행동을 안내하는 작용을 할 수 있도록 치밀하게 계획된 의도적 물음이라고 할 수 있다.

좋은 발문은, ① 핵심이 명확하고 간결한 발문, ② 다양한 사고 활동이 기대되는 확산적 발문, ③ 학습자의 능력과 지식 및 경험에 대응한 발문, ④ 개인차를 고려한 발문, ⑤ 학습과제 해결의 단서가 되는 발문, ⑥ 바른 언어를 사용한 발문, ⑦ 자연스럽고 허용적인 분위기에서 이루어지는 발문 등이다.

학습활동에 있어서 단계별 발문은 〈표 12-5〉와 같다.

〈표 12-5〉 학습활동 단계별 발문

단계	발문 유형	발문 내용
도입	동기유발을 위한 발문	• 본시의 학습내용과 관련된 정보를 제시하는 발문 • 학생수준에 적절하며 호기심을 자극하는 발문 • 학습목표로 자연스럽게 연결되는 발문
	목표제시 및 인지를 위한 발문	• 학습자의 학습활동 방향을 제시하는 발문 • 학습 후 도착점 행동을 진술하는 발문 • 학생들이 학습목표를 분명히 인식할 수 있도록 하는 발문

<table>
<tr><td rowspan="2">전개</td><td>문제해결방법에 관한 의견을 구하는 발문</td><td>• 각종 정보나 자료를 이용하는 발문
• 각종 정보나 자료 내용을 중심으로 조사해야 할 관점을 제시하는 발문</td></tr>
<tr><td>문제해결 활동을 촉진하는 발문</td><td>• 여러 사실 간의 관계를 파악하는 발문
• 여러 사실을 비교 · 분석하는 발문
• 대립되는 사고 장면을 조성하는 발문
• 문제해결을 위한 판단이나 비판을 할 수 있는 발문</td></tr>
<tr><td rowspan="2">정리</td><td>문제해결 내용을 해석하도록 하는 발문</td><td>• 사실과 결과의 관계를 나타내는 발문
• 비판적인 아이디어를 양산하는 발문
• 협의 토론으로 이끄는 발문
• 결론을 맺을 수 있도록 이끄는 발문</td></tr>
<tr><td>학습내용을 정리 · 적용하는 발문</td><td>• 개념이나 법칙을 정리하는 발문
• 발전적 문제해결 방안을 찾는 발문</td></tr>
</table>

출처: 성낙돈 외(2019), pp. 239-240 내용을 정리하여 표로 작성함.

② 토의법

토의법(discussion method)은 공동학습의 일종으로 학급조직을 고정하지 않고 비형식적인 토의집단으로 구성해서 자유로운 토론을 함으로써 문제해결에 협력하여 집단적 결론으로 이끌어 나가는 학습방법이다. 토의법의 목적은 학습자의 참여를 유도하고, 문제를 비판적으로 분석하는 능력을 신장시키며 창의적 능력과 협동적 기술을 개발시키는 데 있다(Davis, 1981).

토의법의 절차에 대하여 한국교육개발원(1990)은 네 단계로 설명하였다. 첫째 단계는 토의의 의의 및 목적을 확인한 후 이에 기초하여 학습자들의 흥미, 요구 및 능력 등을 고려하여 교수자가 선정하거나 학습자들과 협의하여 결정하는 주제결정 단계이다. 둘째 단계는 토의방식을 결정하고 토의집단을 구성한 후 각 참여자의 역할을 정하는 안내단계이다. 셋째 단계는 토의가 실제로 이루어지는 단계로 집단별로 토의주제와 내용 및 절차 등을 협의하여 진행하는 토의전개 단계이다. 넷째 단계는 집단별로 토의내용을 요약하고 정리하여 발표하고, 각 토의집단의 발표 후 다시 전체토의를 거쳐 종합적으로 결론을 제시하며, 토의를 마친 후 토의내용 및 전반적인 과정에 대해 반성하고 평가하는 정리단계이다.

토의법의 장점은 다음과 같다.

- 타인의 의견을 존중하고 협력하는 태도와 실천력을 기를 수 있다.
- 스스로 사고하고 의사를 표현하는 능력을 함양할 수 있다.
- 고등정신 기능을 기를 수 있다.

토의법의 단점은 다음과 같다.

- 저학년이나 학습능력이 낮은 학습자 수업에서는 형식적인 토의가 되기 쉽다.
- 시간의 비경제성과 인원의 제한이 있다.
- 어려운 사실과 개념을 다루기가 어렵다.

토의법의 유형에는 원탁토의, 배심토의, 공개토의, 세미나, 워크숍, 콜로키 등이 있다.

원탁토의(round table discussion)는 5~10명의 소규모 집단으로 참가자 전원이 상호 동등한 관계 속에서 정해진 주제에 대해 자유롭게 의견을 교환하는 좌담 형식이다. 참가자들의 발언이 활발하게 이루어지고, 참가자 모두 토의에서 합의된 결과에 대한 책임을 똑같이 공유한다는 점에서 매우 민주적인 토의방법이다. 비형식적 집단의 형태를 가지며, 참가자들이 자신의 생각을 마음껏 발표하도록 분위기를 유도해야 한다. 성공적인 토의가 이루어지려면 충분한 경험이 있는 사회자가 침묵하거나 소외되는 참가자가 없도록 발언할 수 있는 기회를 적절히 제공해야 한다. 참가자들의 충분한 협조와 개방적인 자세, 공동체 의식이 함께해야 한다.

배심토의(panel discussion)는 사회자의 진행에 의해 토의주제에 관한 지식과 경험이 풍부한 소수의 패널 구성원이 다수의 청중 앞에서 토의하는 방식이다. 토의주제에 대해 상반되는 견해를 가진 소수의 패널 구성원들이 사회자의 진행에 따라 토의하는 형태이다. 사회자의 능력에 따라 토의를 통해 많은 문제를 취급할 수 있고, 청중과 발표자 사이에 자발적인 의사교환이 가능하다. 패널들은 토의될 주제에 대하여 내용을 조사하고, 필요한 경우에는 전문적인 연구도 해야 한다. 또한 가능하면 예리한 사고력의 소유자로 즉석에서 명확하게 답변할 수 있는 패널을 선정해야 하고, 사회자는 1인당 발표시간을 2~3분을 소요하지 않는 범위 내에서 간결하게 의사를 발표하도록 통제해야 한다.

공개토의(forum discussion)는 1~3인 정도의 전문가가 주어진 시간 내에 공개연설을 한 뒤 그 내용을 중심으로 청중과 질의 응답하는 형식으로 진행되는 방식이다. 공개토의의 방법에는, ① 소수의 연설자가 의견을 제시하고 청중이 토론에 참가해 의견을 종합하는 방법, ② 대립된 의견의 발표를 듣고 청중이 토의에 참가하는 방법, ③ 강의포럼, 영상포럼처럼 어떤 매체를 사용해 화제를 전개한 뒤 청중을 포함한 참가자들이 추가 토론을 하고 방향을 잡아가는 방법 등이 있다. 사회자가 연설자의 시간을 적절히 통제하고 청중의 질문을 유도해야 하며, 질의시간이나 발언횟수를 적절히 조절해야 한다.

세미나(seminar)는 참가자 모두가 토의주제에 대해 전문적인 지식을 갖고 있는 전문가나 연구가들이 참여하고, 참가자 전원이 자신의 의견을 발표할 기회를 갖는 토의 형태다. 대체로 높은 권위의 전문가 간의 의견교환을 통해서 참가자들에게 토의주제에 대한 전문적 연수나 훈련의 기회를 제공하고자 할 때 자주 활용된다. 사회자와 발표자, 참가자들이 토의주제에 대한 전문적 지식과 정보를 소유하고 있기 때문에 전반적으로 매우 활발한 상호작용 속에서 토의가 진행된다.

워크숍(workshop)은 참가자들 자신이 문제를 다루는 능력을 증진시키고 철저한 연구 및 토론을 통하여 어떤 주제에 관한 지식을 확장시키고자 공동으로 작업하기 위해 이루어진 소규모의 학습회의다. 기간은 보통 3일~3주 정도이며, 참가 인원은 10~25명이다. 이때 프로그램의 효과성을 높이기 위해서는 참가자가 시작 단계부터 마지막 단계까지 지속적으로 출석하는 것이 보장되어야 한다.

콜로키(colloquy)는 대담토론, 자유토론이라고도 하며, 일반적으로 6~8명의 참가자로 이루어지고 3~4명은 청중 대표, 또 다른 3~4명은 전문가나 자원인사 그리고 1명의 사회자로 구성된다. 일반 청중의 토론참여가 허용되며, 토의시간은 청중 집단과 전문가 집단 양측에 거의 동등하게 주어진다. 적극적이고 능동적인 학습참여를 가능하게 함으로써 청중의 흥미와 동기를 유발할 수 있으나 토론자들이 학습기법의 특성과 구성원들의 역할을 잘 숙지하지 못할 경우 집단토의가 되어 버릴 수 있다.

③ 역할연기

역할연기(role playing)는 어떤 역할을 설정하고 그 역할을 시연해 보며, 그 과정에서 일어났던 문제점을 파악하거나 평가하고 그리고 다른 행동을 취해 봄으로써 보다 바람직한 역할행동을 신장해 나가고자 실시하는 교육훈련 방법이다. 역할연기는 현실에서 일어나는 장면을 설정하고 여러 명의 사람이 각자가 맡은 역을 연기하여 비슷한 체험을 통해 특정한 일이 실제로 일어났을 때 올바르게 대처할 수 있도록 하는 교육훈련 방법이다. 역할이란 다른 사람과의 관계에서 감정, 말, 행동의 일정한 형태로 나타나는 독특하고 습관화된 행동양식이다(Chesler & Fox, 1966).

역할연기의 특성은 다른 교육기법보다 학습자의 적극적인 참여를 요구하고, 집단구성원 간의 친근감을 증대시킬 수 있다. 또한 역할극을 위한 토의를 운영하는 데 있어서 융통성이 있고 연습이 가능하며 연습 자체가 교육효과를 내기도 한다.

역할연기의 목적은 간접 체험을 통하여 학습자의 태도, 기술, 행동변화를 향상시킬 수 있다. 역할연기를 통하여 반복되는 체험을 통하여 비현실적인 상황에서 현실적인 체험을 하게 되며, 상황대응 능력을 개발하고 체득할 수 있다. 또한 실제 상황을 설정하여 경험하게 함으로써 자신감을 가지도록 한다.

역할연기의 과정은 먼저 학습을 하려고 하는 교수자에 의해 먼저 학습할 내용이 규정되고, 그 내용을 구체적인 항목으로 만들어 그에 따른 상황을 설정하고 배역을 정한다. 배역에 대한 역할을 설명한 후 연기를 하고, 문제항목이 발생하면 극을 중단시키고 학습자들로 하여금 분석과 토의를 하게 한다.

첫째, 문제규정이다. 이는 역할극에서 해야 할 내용을 일정하게 한정시키는 것이다. 참여자는 자신의 역할을 분명히 알고 있어야만 자신의 역할을 제대로 수행할 수 있다.

둘째, 문제항목이다. 이는 집단공동생활에서 일어나는 사건이라면 본인, 구성원, 구성원들 간의 갈등, 이해관계, 상호 협조해야 할 사항 등이 설정될 수 있다.

셋째, 상황설정이다. 이는 역할연기자와 일반 참여자들이 역할연기에서 이루어지는 내용이 어떤 목적으로 진행되고 있음을 알 수 있게 구성하는 과정을 의미한다.

넷째, 배역설정이다. 이는 역할연기자와 일반 참여자들이 역할연기에서 이루어지는 내용이 어떤 목적으로 진행되고 있음을 알 수 있게 구성하는 과정을 의미한다.

다섯째, 역할설명이다. 이는 역할연기자에게 자기의 역할이 무엇인가를 확인시키기 위하여 브리핑하는 것으로 역할연기자들이 각자의 임무를 알아두기 위해서 상황에 따라 공개 또는 비공개로 시행할 수 있다.

여섯째, 역할연기다. 이는 짜인 계획대로 역할연기를 실천에 옮기는 과정으로 참여자, 관중에게는 각 연기자의 역할이 무엇인지를 모르게 하는 것이 좋다.

일곱째, 연기중단이다. 이는 연기자의 역할을 일정한 조건에 맞추어 끊어 버리는 과정으로 그 집단이 상황과 방향을 분석하기에 충분하다고 여겨지면 연기는 중단되어야 하며, 연기자가 매우 어려운 곤경에 처하게 되었거나 부적절한 배역이나 역할설명으로 난처하게 되었을 때에도 중단시켜야 한다.

여덟째, 분석과 토론이다. 역할연기의 최종단계로, 연기를 분석하는 토론과정이다. 토론은 역할연기자에 대한 내용보다 나타난 사실이나 원칙에 초점이 맞추어져야 한다.

교수자 혹은 지도자는 역할연기 중에서 토론 중에 제시된 사실과 문제를 해결하는 데 필요한 결론들을 종합할 책임이 있다.

역할연기할 때 주의할 점은 역할연기 학습에서 문제가 될 수 있는 점으로 어색한 상황이 정도를 벗어나 장난으로 흐를 수도 있다는 점이다. 시간의 부족으로 상호 이해가 부족할 때에는 그만큼 교육적 가치가 감소된다고 할 수 있다.

역할연기의 장점은 다음과 같다.

- 자유로운 놀이와 토의가 가능하다.
- 학습자의 적극적 참여와 개입이 가능하다.
- 경제적 부담이 적어 활용하기가 용이하다.
- 학습과제가 정의적 영역일 때 효과적이다.

역할연기의 단점은 다음과 같다.

- 현실 그대로 재현하기가 힘들다.
- 역할극을 통해 얻어진 태도변화는 오래 지속되기 어렵다.
- 학습자의 능력수준과 참여의욕에 따라 성패가 좌우된다.
- 시간이 많이 소모된다.

④ 브레인스토밍

브레인스토밍(brainstorming)이란 뇌(brain)에 폭풍(storm)을 일으킨다는 뜻으로, 창의적인 아이디어를 생산하기 위한 학습도구이자 회의기법이다. 구체적인 문제해결방안을 토의할 때 비판이나 판단을 일단 중지하고 아이디어의 질을 고려함이 없이 머릿속에 떠오르는 대로 아이디어를 내는 방법이다. 오스본(Osborn, 1963)의 브레인스토밍 프로그램에서는 집단토의를 통해 창의적 아이디어를 산출하도록 훈련하게 하였다.

브레인스토밍의 원리는 다음과 같다. 첫째, 한 사람보다 다수인 쪽이 제기되는 아이디어가 많다. 둘째, 아이디어 수가 많을수록 질적으로 우수한 아이디어가 나올 가능성이 많다. 셋째, 일반적으로 아이디어는 비판이 가해지지 않으면 많아진다.

오스본(Osborn, 1963)의 브레인스토밍 기법은 다음과 같다. 첫째, 판단보류의 원리(비판금지)다. 이는 참여자들에게 '지연판단의 원리'를 지시하는 것으로 브레인스토밍이 끝날 때까지 비판적 코멘트는 하지 않도록 하는 것이다. 둘째, 다양성의 원리(질보다 양)

다. 이는 참여자들에게 아이디어의 질에 구애됨 없이 가능한 한 많은 아이디어를 생각해 내도록 권장하는 것이다. 셋째, 독창성의 원리다. 이는 참여자들이 세련되지는 않았더라도 색다른 아이디어를 산출해 내도록 자극하는 것이다. 넷째, 결합의 원리(조합과 개선)다. 이는 참여자들에게 브레인스토밍 중에 제시된 아이디어에 새로운 그 무엇을 첨가하도록 자극하는 것이다.

⑤ 액션러닝

액션러닝(action learning)이란 교육훈련 참가자들이 소규모의 집단을 구성하여, 경영상의 실제문제(real problem)를 일정한 시간 내에 해결하게 하고, 문제의 해결과정에 대한 성찰(reflection)을 통해 문제해결 능력을 제고시키는 교육훈련기법이다(성낙돈 외, 2019).

액션러닝이란 '일하면서 배우고, 배운 것은 꼭 실천에 옮긴다.'는 뜻으로 교육과정 중에 기업이 당면하고 있는 실제문제를 직접 실행에 옮겨 성과를 도출해 냄으로써 기업에게는 성과를, 팀에게는 시너지를, 개인에게는 역량을 향상시켜 주는 '조직과 개인의 역량 극대화 프로그램'이다. 액션러닝은 현재 회사에 실존하는 문제를 팀원들이 스스로 찾아 끝까지 해결해 나감으로써 참가자 모두의 역량 향상을 지향하기 때문에 참가자들의 진정한 몰입과 적극적 참여를 이끌어 낸다는 장점이 있다.

액션러닝의 특징은 액션러닝의 개념적 틀로 '학습 = 지식 + 질의 + 성찰 + 실행(Learning = Programmed Knowledge + Questioning + Reflection + Implementation: L = P+Q+R+I)'을 들 수 있다. 이는 프로그램화된 지식의 토대 위에 현장에서의 실행과 이에 대한 질의과정과 성찰과정을 통해 진정한 학습이 이루어진다는 개념을 바탕으로 하고 있다. 따라서 액션러닝은 교육 프로그램에 참가한 학습자들이 실제적 문제를 바탕으로 한 끊임없는 질문, 성찰, 토론 그리고 액션을 취함으로써 실제 현장기반의 실시간 학습을 경험할 수 있는 것이다. 좀 더 구체적인 특징을 살펴보면 다음과 같다(정주영, 홍광표, 2011).

첫째, 액션러닝은 실시간 학습경험으로 중요한 두 가지 목적, 즉 조직경영상의 요구를 만족시키는 것과 개인 및 팀을 개발시키는 것을 동시에 달성하기 위한 방법이다.

둘째, 액션러닝을 통해서 조직은 심각한 경영상의 문제를 해결하거나 경영상의 기회에 적절히 대응할 수 있으며, 동시에 핵심인재를 개발하여 역량을 갖추도록 함으로써 조직을 전략상 가장 이상적인 방향으로 이끌어 가도록 할 수 있다.

셋째, 액션러닝은 민주적 특성으로서 구성원들의 자발성과 임파워먼트, 신뢰와 비밀유지, 지원과 도전, 삶에 대한 긍정적 접근을 강조한다.

넷째, 액션러닝은 성찰을 통한 경험학습, 실천의 창출, 총체적인 접근을 강조한다.

다섯째, 액션러닝은 실제적인 접근, 통찰적인 질문을 강조한다.

액션러닝은 당면문제(실제문제) 설정, 집단(학습팀) 구성, 질문과 성찰, 실천의지, 학습의지 고취, 촉진자 등 6가지의 핵심 구성요소로 되어 있다(Marquardt, 2000).

- 당면문제 설정: 액션러닝이 효과적으로 운영되기 위해서 기업이 당면한 실질적이고 핵심적인 문제를 학습 프로그램의 대상으로 삼아야 한다.
- 집단 구성: 4~8명으로 구성된 학습팀으로 구성하며, 다양성과 중복성이 고려된 조화로운 팀 구성이 중요하며, 각자가 자신의 과제를 해결하는 과정에서 도움을 주고받을 수도 있다.
- 질문과 성찰: 제기된 이슈를 반복적으로 성찰과정을 통해 학습될 수 있도록 한다. 액션러닝은 일회성 학습이 아닌 실제 다양한 문제를 해결해 나가는 과정에서 고민하고 문제해결 능력을 키워 주는 과정이다. 질문 제기, 대안 개발, 학습을 통한 문제해결 과정의 성찰 속에서 학습이 일어난다.
- 실천의지: 문제 자체가 기업이 당면한 실제문제이므로 액션러닝을 통해 얻어진 결과는 대부분 실행되는 경우가 많아 실천의지가 강하다.
- 학습의지 고취: 학습자들이 학습에 대한 열정을 키울 수 있도록 동기부여하는 다양한 방식이 필요하다. 실행의지가 높아야 교육참가자들의 학습동기가 높다.
- 촉진자: 참가자들의 학습을 촉진하는 역할을 전담한다.

액션러닝 프로그램의 프로세스(process)는 다음과 같다.

첫째, 팀 구성과 과제부여다. 4~8명으로 구성된 학습팀(set)을 구성하고 그 팀에게 부서 또는 회사 차원에서 꼭 해결해야 할 중대하고 난해한 과제를 부여한다.

둘째, 팀 미팅과 과제 해결대안 모색이다. 정해진 기간 동안 여러 번의 미팅을 통해 해결대안을 모색하며, 이때 팀 효과성 증진을 위해 학습 코치(퍼실리테이터)가 팀 미팅에 참석한다.

셋째, 해결대안 실행과 평가다. 해결대안을 개발한 후에는 그 해결대안을 소속 부서장 또는 최고경영층에 보고한 후 직접 실행하며, 그에 대한 평가는 참신성, 실현가능성,

비용절감 효과, 생산성 증대효과(경영성과 향상 기여도) 등을 기준으로 평가한다.

액션러닝의 기대효과는 다음과 같다. 첫째, 조직의 실제문제 해결, 둘째, 구성원들 간의 성찰을 통한 유용한 피드백을 제공하여 팀워크 형성, 셋째, 핵심인재 육성, 넷째, 조직학습의 구축과 향상, 다섯째, 전문적인 업무능력 개발, 여섯째, 개인의 성장과 경력개발이다.

(3) 경험중심 평생교육방법

① 게임학습법

게임학습법(game learning method)은 체험학습의 한 형태로 모의적 상황을 만들어 놓고 그 상황을 체험함으로써 학습의 계기를 만들어 주고자 하는 것이다. 이는 모의적 상황하에서 개인 또는 집단의 사고, 행동, 태도 등을 비롯하여 결론이나 결과에 이르는 전 과정을, 그리고 결론이나 결과를 분석하여 해결책을 모색해 나가는 상호 학습방법이다(김종표, 이복희, 2010).

게임학습법은 흥미로운 환경을 제공함으로써 놀이라는 생각이 지배적인데, 재미를 강조하면서 목적한 학습내용을 습득하게 하는 것이다. 장소, 인원, 대상, 목적, 기술에 따라 다양한 방법으로 활용할 수가 있다(성낙돈 외, 2019).

게임을 활용하는 과정은 교육프로그램의 도입 부분, 하나의 과정이 끝나고 다음 과정으로 들어가기 전, 교육프로그램의 전 과정이 끝날 때 등 게임의 사용 시기를 미리 정하여야 한다.

- 학습자가 흥미를 잃지 않을 정도로만 미리 알려 주고 예행연습을 하도록 하며, 게임 시 발생할 수 있는 문제점을 미리 주지시킨다.
- 학습자에게 학습목표 달성 시점에서 즉각적인 피드백을 받을 수 있도록 조치하고, 학습목표를 달성할 수 있도록 설계되어야 한다.
- 게임은 학습자들의 흥미가 절정에 달할 때 종료하는 것이 좋다.
- 반드시 결과 및 게임 자체에 대한 토론으로 학습을 정리해야 한다.

게임학습법의 장점은 다음과 같다.

- 참여자들에게 흥미를 유발하여 참여도를 높일 수 있고, 현실감을 준다.
- 학습자 간의 경쟁심을 유발하여 학습의욕을 높일 수 있다.

- 학습속도가 빨라 참여자의 순발력을 향상할 수 있다.
- 학습자가 게임에 열중하고 흥미를 느끼면 자연스러운 학습이 가능하다.
- 체험적 방법으로 참여자들에게 현실감을 주고, 협동심 증진에 유용하며, 동료 간의 상호 학습이 가능하다.

게임학습법의 단점은 다음과 같다.

- 자칫 학습자에게 과도한 경쟁을 유발할 위험이 있다.
- 지나치게 흥미만을 강조하여 학습목표를 잃을 수 있다.
- 설계가 잘못되어 학습목표와 부합되지 않을 경우 학습에 대한 흥미를 잃을 수 있고 학습시간이 많이 걸린다.
- 학습내용이 정확하게 전달되지 않을 수 있다.
- 우수한 트레이너가 있어야 하며, 반드시 피드백이 있어야 한다.

② 현장실습

현장실습(field placement)이란 학습자들이 어떤 기능이나 기술을 의식적인 노력을 하지 않아도 자동적으로 어느 수준까지는 숙달할 수 있도록 하고, 일에 대한 올바른 태도와 습관을 갖도록 하기 위해 계속적이고 반복적으로 실행하는 정신적 · 육체적 학습활동이다(성낙돈 외, 2019).

현장실습의 목적은 학교에서 배운 이론을 현장실습을 통해서 실천기술을 적용하는 기회를 갖고, 실천적 지식과 기술을 개발하며, 이 분야의 전문가로서 역량을 개발하는 것이다.

평생교육실습의 목적은 평생교육 현장에 바로 투입되어 전문성을 발휘할 수 있는 평생교육 전문가를 육성하는 것이다. 즉, 평생교육사가 갖추어야 할 실천적 지식과 기술을 개발하며, 이 분야의 전문가로서 역량을 개발하는 것이다.

평생교육 실습과정은 준비과정과 교수자의 시범, 학습자에 의한 관찰과 모방과 반복을 통해 실습이 평가되는 과정을 거친다. 교수자가 실습방법을 사용할 때는 학습자의 능력에 맞도록 기능을 분석하고, 그것을 기초로 하여 학습자에게 올바른 시범을 보여주어야 한다. 시범이 끝난 후 교수자는 학습자의 첫 반응을 이끌어 주어야 하고, 목표한 기능이 습득될 수 있도록 적절한 연습을 시키고 경과를 모니터링하면서 부적합한 부분을 교정시켜야 한다.

현장실습의 장점은 다음과 같다.

- 일상생활의 지식을 경험으로부터 습득할 수 있게 해 준다.
- 이론학습을 보강할 수 있다.
- 이론과 지식 측면의 학습을 강화시키는 효과가 있다.
- 학습자의 자발성, 창조성을 존중한다.

현장실습의 단점은 다음과 같다.

- 학습자의 수준 범위를 뛰어넘을 수 없다.
- 시간, 인력, 교재 및 자료 등의 측면에서 상당히 높은 활용을 필요로 하는 경우가 많다.
- 내용의 계통화에 어려움이 있다.
- 준비하는 데 많은 시간을 필요로 한다.
- 분명한 목표 제시가 없는 경우 학습자들이 그냥 따라 하기만 하는 무의미한 모방학습이 될 수 있다.

③ 직장 내 교육

직장 내 교육(On the Job Training: OJT)이란 직장 내에서 상급자가 하급자를 업무의 상황에 맞추어 개별적으로 지도하는 훈련을 말한다. 일반적이고 획일적으로 실시하는 집합교육에 비하여 직장 내에서 상급자와 하급자가 1대1로 업무에 대한 지식, 기능 및 태도 등을 면대면으로 직접 실시하는 교육이다. OJT는 신입 및 하급자의 능력수준에 맞추어 실시하는 밀착된 실무교육이다. OJT와 코칭을 비교하면 OJT는 조금 더 수평적인 관계에서 교육이나 훈련이 이루어지나, 코칭은 수직적인 관계에서 이루어지는 경우가 많다. 그러나 둘 모두 실제 업무 상황에서 현장감 있는 교육과 훈련이 실행되고 있는 점은 같다. OJT는 하급자의 특성과 필요에 따라 개인지도가 가능할 때 필요하며, 장기간에 걸쳐 이루어질 수 있다.

OJT 교육의 기본적인 목적은 일의 성과(업적)를 높이는 '사람 키우기'이며, 또한 부하 한 사람 한 사람의 '인간적 성장의 지원'이다. 일의 성과(업적)를 높이는 '사람 키우기'란 부하 한 사람 한 사람의 능력을 높이고 그것을 충분히 발휘시켜 업적을 향상하게 하는 것이고, 부하의 '인간적 성장의 지원'이란 부하 한 사람 한 사람의 인간적인 성장을 지원하는 것이다.

OJT 교육의 효과는 업적 수행능력 개선, 하급자의 업적 향상, 하급자의 근무의욕 고취, 하급자의 자주성과 창의성 활성화, 부서의 목표 달성, 조직의 존립과 발전 추구 등이다.

OJT의 필요성은 다음과 같다.

첫째, 일의 내용이나 방식이 급격히 변화되어 지금까지의 지식이나 경험만으로는 불충분하다. 둘째, 노동의 질이나 기술혁신이 급격하게 진행되어 분석 · 판단 · 창조라는 지적 능력이 보다 강하게 요구되어 이러한 능력의 향상이 필요하다. 셋째, 소수정예화가 추진되어, 각 구성원에게 보다 고도한 또는 다양한 일을 이뤄 나갈 수 있는 능력이 요청된다. 넷째, 종래의 교육이 주력했던 집합연수나 자기계발만으로는 업적으로 직결되는 인재육성이 불충분하다. 다섯째, 관리자 자신에게 있어서나 조직의 업적 향상을 위해서나 구성원의 육성은 중요하다(김종표, 2022).

OJT의 교육추진은 7단계로 이루어진다.

- 1단계-업무능력 요건 정리: 업무별 직무분석을 통해 작성된 직무설계서를 근간으로 각 직무를 수행하기 위해 필요한 업무능력을 정확히 파악한다. 업무능력 요건을 파악하는 자료는 방침, 생산계획 등의 제반 계획, 규칙규정, 직무명세서, 목표기술서, 직무배분표, 일의 기준 등이 있다.
- 2단계-구성원의 보유능력 파악: 구성원이 현재 보유하고 있는 지식, 기술, 태도 수준과 현재 처한 상황, 교우관계, 홍미, 취미, 적성, 성격, 욕구 등을 폭넓게 이해한다.
- 3단계-OJT 요구 파악: 업무수행에 필요한 능력에서 현재 보유하고 있는 능력의 차이를 분석하여 OJT 요구를 파악한다.
- 4단계-OJT 목표 설정: OJT책임자와 학습자가 상호 협의하여 구체적이며 도달 가능한 목표를 설정한다.
- 5단계-OJT 지도 계획서 작성: 지도자, 개발대상 능력, 기한, 지도장소, 목표수준, 지도방법 등을 포함하여 작성한다.
- 6단계-OJT 실시: 교육담당부서에서 개발한 OJT 지도서를 기준으로 학습자에게 가장 적합한 방법을 선정하여 지도를 실시한다.
- 7단계-OJT 평가: OJT를 실시한 결과를 분석하고 사후 지원요소를 파악한다. 실시결과에 대하여 교육의 효과를 판정하고 여기에서 인지된 사항을 다음 목표 설정에 반영하도록 한다.

OJT의 장점은 다음과 같다.

- 부하의 능력 정도, 교육필요에 맞추어 상황에 상응한 지도를 할 수 있다.
- 반복해서 집중지도를 할 수 있다.
- 교육자는 학습내용을 그 자리에서 곧 실행할 수 있다.
- 결과에 대한 평가가 용이하다.
- 추수교육이 용이하다.
- 자기계발의 기회가 되며 교재가 풍부하다.

OJT의 단점은 다음과 같다.

- 상사나 선배 등의 지도자 의식이 희박하다.
- 지도의욕이 약하거나 오래 지속되지 않는다.
- 교육에 대한 계획성이 없다.
- 지도자의 지도가 미숙해서 지도자로 적당하지 않은 사람이 있다.
- 현장에서 끝내는 경향이 있다.
- 부문 간의 실시 정도가 불균등하게 된다.

2) 비대면 평생교육방법

(1) 컴퓨터 보조수업(CAI)을 이용한 평생교육방법

컴퓨터 보조수업(Computer Assisted Instruction: CAI)은 프로그램화된 교재를 학습자가 다루게 함으로써 컴퓨터가 직접 수업을 하도록 한 것이다. 컴퓨터를 직접 수업매체로 활용하여 지식, 기능, 태도의 내용을 학습자에게 가르치는 학습방법이다.

컴퓨터 보조수업의 특성은 다음과 같다.

- 수업이 효과적으로 개별화될 수 있으며, 스스로 진도를 조절할 수 있다.
- 동기유발이 잘 되며, 비위협적인 학습환경이 제공될 수 있다.
- 학습동기가 증진될 수 있다(활동적인 학습이 가능).
- 교육과정이 모듈로 제시될 수 있고, 위계적 순서로 조직화될 수 있다.
- 교수자료가 다감각적 형식으로 제시될 수 있다.
- 주의집중력을 높일 수 있다.

- 효과적인 훈련 및 연습이 제공될 수 있다.
- 즉각적인 피드백과 강화가 비위협적으로 제공될 수 있다.
- 교수자가 학습자의 학습을 진단하고 촉진하는 데 도움이 된다.
- 학습자가 자신의 학습을 조절하게 할 수 있으므로 자기평가를 더 좋게 할 수 있다.
- 학습자 간의 상호작용이 촉진될 수 있다.

컴퓨터 보조수업의 유형은 다음과 같다.

첫째, 반복연습형(drill and practice)이다. 이 유형은 개념이나 규칙의 예들을 반복 습득시키는 유형이며, 특성은 진단적 · 평가적 · 개별적이며 난이도에 따른 학습이다. 반복연습형의 활용은 이미 습득한 개념, 규칙, 절차 등의 사실적 정보 및 기본적인 용어를 빠르고 정확하게 숙달하는 데 활용된다.

둘째, 개인교수형(tutorial)이다. 이 유형은 내용 설명에 따른 질문이 주어지고 학습자가 답을 하면 그것을 분석하여 피드백하고 행로를 지시해 주는 유형이다. 교수자와 학습자가 일대일 교수-학습을 하는 것과 동일하다. 학습자에게 충분한 교수, 상세한 안내, 연습과 피드백 제공, 총괄평가를 목적으로 한 연습기회, 학습내용의 파지를 위한 새로운 지식과 기존 지식을 연관시키는 전략을 제공한다.

셋째, 모의실험형(simulation)이다. 이 유형은 문제를 주고 학습자가 귀납적 방법에 의해 해결하도록 하는 발견학습법이다. 단순화 · 체계화된 모의현실 상황에서 학습자들이 컴퓨터와 상호작용을 통해서 문제를 해결하도록 하는 유형이다. 모의실험형 활용은 실습비용이 너무 많이 들 때, 실생활에서 개념을 배우기가 곤란할 때 사용한다(예, 비행기 조종훈련, 자동차 운전연습 등).

넷째, 게임형(game)이다. 이 유형은 교육목표를 가지고 오락적 요소, 규칙, 경쟁적 요소 등을 가미해 학습효과를 높이고자 설계된 프로그램 형태다. 항상 목표가 제시되어 있고, 학습자를 대표하는 물체가 이 목표를 달성하기 위해 정해진 규칙에 따라 경쟁적으로 도전하며, 동기유발과 학습을 강화하기 위해 환상적 · 오락적 요소를 가진다. 게임형은 사실적 개념, 원리, 절차, 종합, 문제해결 능력, 태도 등에서 활용한다.

다섯째, 문제해결형(problem solving)이다. 이 유형은 학습자가 시행착오를 통하여 수업목표에 도달하는 것으로서 체계적인 사고유형의 개발을 증진하며, 문제해결력을 배양한다.

컴퓨터 보조수업의 장점은 다음과 같다.

- 자신의 학습진도에 따라 수업이 가능하여 개별학습을 할 수 있다.
- 기존의 교실수업에서 제공하지 못했던 학습환경을 제공한다.
- 컴퓨터를 통한 프로그래밍 학습은 그 과정에서 요구되는 문제해결과 지속적인 오류 검증 및 수정의 작업을 통하여 고도의 사고능력을 신장시킬 수 있다.

컴퓨터 보조수업의 단점은 다음과 같다.

- 학습경험을 획일화할 가능성이 있고, 학습자의 요구를 충족시키는 데 활용되지 못할 수 있다.
- 학습장소가 작업장소보다 더 많은 하드웨어 필요량을 보유해야 한다는 것이다.

(2) e-러닝

e-러닝이란 electronic learning의 약자로 전기적 신호를 매개로 강의를 제공하는 원격교육방법이다. e-러닝은 인터넷 또는 인트라넷을 통한 교육훈련 서비스의 설계, 구축 및 관리를 포함하는 개념으로 정의된다(최종연, 2001). e-러닝은 정보통신기술(ICT)을 이용한 교육을 말하며, 이는 기존의 교재나 강사주도의 교육과 대비되는 컴퓨터기반(Computer Based Training: CBT), 웹기반(Web-based) 등 가상학습(virtual classroom)을 포함하는 개념이다.

e-러닝의 초기 형태는 컴퓨터를 활용한 프로그램 학습방식(Computer Assisted Instruction: CAI/CBT)에서 비디오나 오디오를 통한 원격교육의 형태로 등장하였고, 그 후 컴퓨터와 네트워크가 학습에 활용되면서부터 디지털화된 콘텐츠(인터넷, 인트라넷, 오디오, 비디오, 동영상, TV, CD-ROM)의 다양한 형태로 발전하였다. 초기의 컴퓨터기반 교육은 주로 CD-ROM이 주도하여 다양한 멀티미디어 기술을 적용하여 자기학습 기회를 제공하였고, 최근에는 인터넷의 활용이 극대화되면서 웹기반의 교육형태가 등장하여 e-러닝의 무한한 성장환경을 조성하게 되었다.

학습자에게 유용한 e-러닝의 특성은, 첫째 시간적 · 공간적 독립성, 교육비용 절감(전달 단가의 저렴), 자기주도적 학습방식, 멀티미디어, 학습자에 대한 트래킹(tracking)이 가능한 네트워크, 커뮤니티를 통한 상호학습, 웹에서 학습모듈의 활용 용이, 교육 · 훈련 콘텐츠의 전자상거래 확산 등이 있다.

둘째, 교수자에게 유용한 e-러닝 온라인 및 사이버 교육의 추세와 관련 이론 발전의 신속한 반영, 커뮤니티 서비스나 동영상을 활용한 쌍방향교육 등 다양한 교육방법의 제공, 유연성과 편의성, 교수-학습 과정의 개발과 유지 용이, 학습자의 학습정보 관리 용이 등이 있다.

e-러닝의 장점은 다음과 같다.

- 시간과 장소에 제한 없이 학습이 가능하다.
- 학습자의 자기주도적 학습능력과 창의력 육성 및 개별 학습이 가능하다.
- 다양한 멀티미디어 자료를 활용할 수 있다.
- 교육비용이 적게 든다.

e-러닝의 단점은 다음과 같다.

- 지속적인 학습동기 부여와 피드백이 어렵다.
- 시스템 제작에 필요한 초기 비용과 시간이 많이 걸린다.
- 학습과 교수자에 대한 경시가 있을 수 있다.

(3) 줌

줌(ZOOM)이란 중국에서 개발되어 미국으로 건너가 현재 미국에서 가장 많이 사용되고 있는 온라인 화상회의 툴(tool)이다. 실시간 온라인 화상회의를 제공하는 플랫폼으로, PC와 스마트폰에서 안정적으로 소통이 가능하다. 대학에서 줌이 광범위하게 사용되고 있고, 교육부에서도 사용을 권장하고 있다. 서로 떨어진 곳에 있는 상대와 얼굴을 마주보면서 대화할 수 있으며, 미팅뿐만 아니라 세미나, 화상회의, 화상교육 등 다양한 용도로 사용할 수 있다. 기본적으로 링크에 담겨 있는 초대장을 받아 링크주소만 클릭하면 회원가입 없이 바로 회의 또는 교육에 참여가 가능한 구조다.

호스트(host)는 주인, 주최자, 진행자라는 뜻이다. 다른 컴퓨터 또는 사용자로부터 요청을 받아 특정 서비스를 제공할 수 있는 능력을 가진 컴퓨터를 의미하는데, 줌에서는 회의 호스팅, 회의 주최자, 교육화상 주최자 또는 진행자 등을 의미한다.

줌의 회의(학습) 주최자는, 첫째, ZOOM(줌) 앱을 설치(무료로 가입)하고, 둘째, 로그인 후에 회의를 개설(여러 개 개설 가능, 개설 시 여러 가지 환경설정 가능)하고, 셋째, 회의(학습) 시간, 회의(학습) 이름, 아이디, 비밀번호 등을 설정하고, 넷째, 회의 참여자(학습자)들에게 초청메시지를 보내고, 다섯째, 회의 참여자(학습자)들 접속 후에 회의(학습) 진행 및 관리와 종료를 하며, 여섯째, 회의(학습) 내용의 동영상 캡처가 가능하다.

줌 회의(학습) 참여자(학습자)는 가입하지 않고, 핸드폰이나 카카오톡 등으로 메시지를 받고, 메시지 내용에 있는 링크를 클릭하여 줌 화면으로 접속한다. 메시지에서 받은 ID를 입력 후 참가를 누르고, 메시지에서 받은 비밀번호를 입력한다. 회의(학습)에 참석한 후에는 영상통화, 채팅 등을 할 수 있다.

줌을 요금 없이 무료로 사용 가능한 경우는, 첫째, 1:1 개인 회의 개최 시, 미팅 시간이 40분 이내인 경우, 참가자가 100명 이내인 경우이다. 둘째, 호스트가 아닌 참가자로 참여할 경우 무료이다. 그 밖의 줌 사용 유료 요금제는 다양하다.

(4) 카카오톡을 활용한 학습(회의)방법

① 페이스톡(face talk)

첫째, 카카오톡을 실행하여 단톡방을 만든다. 이미 단톡방이 있으면 바로 진행한다.

둘째, 카톡방에서 왼쪽 하단에 있는 +버튼을 눌러 준다. 이모티콘이나 사진을 올릴 때 누르는 버튼이다. 그러면 일반적인 채팅 메시지 외에 채팅방 내에서 할 수 있는 다양한 기능들이 표시된다.

셋째, '통화하기'를 누른 후 '그룹 페이스톡'을 선택한다. 페이스톡을 누르면 화상회의하는 것처럼 스마트폰이 찍히고 있는 화면이 공유되면서 화상회의(학습)를 진행한다. 본인의 화면이 송출되므로 스마트폰을 제대로 된 위치에 두는 것이 좋다. 자신도 모르는 화면이 송출될 수 있기 때문이다. 상대방이 통화를 받으면 서로의 얼굴을 보면서 화상회의(학습)를 진행한다. 화면 하단 버튼에는 영상 송출, 음성 송출을 차단할 수 있는 기능과 우측 상단에는 전후면 카메라 전환 및 영상화면 배치를 변경하는 기능도 있다.

② 라이브톡(live talk)

라이브톡 사용방법은 페이스톡과 동일하다. 페이스톡 버튼을 눌러서 시작한 것처럼 '라이브톡' 버튼을 누른 후 실행하면 된다. 그러면 단톡방에 있던 사람들에게 본인의 화면이 전송되면서 라이브톡이 시작된다. 라이브톡이 시작되면 좌측 상단에 참여자 인원과 방송시간이 표시된다. 이를 통해 화상회의(학습) 및 영상통화를 할 수 있다.

라이브톡의 좌측 상단 방송시간 및 참여자 수 아이콘을 누르면 종료 버튼이 표시된다.

토론문제

1. 멘토링의 기능에 대하여 설명하시오.
2. 코칭의 절차 중 GRROW(Goal Reality Recognition Options Will) 모델에 대하여 설명하시오.
3. 강의법의 장단점에 대하여 설명하시오.
4. 브레인스토밍에 대하여 설명하시오.
5. 카카오톡을 활용한 학습(회의)방법에 대하여 설명하시오.

참고문헌

김문섭, 김규태, 김진숙(2019). 평생교육론. 경기: 양성원.

김종표(2022). 평생교육방법론. 경기: 양서원.

김종표, 이복희(2010). 평생교육방법론. 경기: 양서원.

김한별(2017). 평생교육론. 서울: 학지사.

배석영, 박성희, 박경호, 황치석(2008). 평생교육개론. 경기: 양서원.

배장오(2009). 평생교육개론. 경기: 서현사.

변영계(2001). 교수 · 학습이론의 이해. 서울: 학지사.

성낙돈, 가영희, 조현구(2019). 평생교육방법론. 서울: 동문사.

성낙돈, 안병환, 가영희, 임성우(2008). 평생교육학개론. 서울: 동문사.

송창석(2011). 새로운 민주시민 교육방법. 서울: 백산서당.

윤옥환(2017). 평생교육방법론. 경기: 양서원.

정주영, 홍광표(2011). 국제비교를 통한 교사-학부모 참여 액션러닝 실천공동체(PT Action Learning cop) 활동프로그램 개발. 동북아시아문화학회. 동북아문화연구, 1, 27, 269-287.

정희선(2001). 여성 관리자의 커리어 개발과 멘토링, 한국 중소기업 학회. 중소기업 연구, 23(3), 355-376.

조용하(1993). 연수와 교육훈련에 있어서 성인지도의 방법. 서울: 교육과학사.

최병권(2003). 멘토링 제도 어떻게 운영해야 하나. 서울: LG주간경제.

한국교육개발원(1990). 토의수업 모형.

Andrews, D. H., & Goodson, L. A. (1980). A comparative analysis of models of instructional design. *Journal of Instructional Development*, 3(4), 2-16.

Ausubel, D. P. (1977). The facilitation of meaningful verbal learning in the classroom. *Educational Psychology, 12*, 162–178.

Chesler, M. A., & Fox, R. S. (1966). *Role-playing methods in the classroom*. Chicago: Science Research Associates.

Cranton, P., & Weston, C. B. (1989). Considering the Adultness. In Cranton, P. (Ed.), *Planning instruction for adult learners*. Toronto: Wall & Thompson.

Cruickshank, D. R., Jenkins, D. B., & Metcalf, K. K. (1995). *The act of teaching. Boston*: McGraw-Hill.

Davies, I. K. (1981). *Instructional techniques*. New York, NY: McGraw-Hill.

Dave, R. H. (1976). *Foundations of lifelong education*. NY: Pergmamon Press.

Jarvis, P. (1995). *Adult and continuing education: Theory and practice* (2nd ed.). London, NY: Routledge.

Kram, K. E. (1983). Phases of the mentor relationship, *Academy of Management Journal*, 26.

Lawson, K. (1997). *Improving workplace performance through coaching*. West Des Moines, IA: America Media Publishing.

Marquardt, M. J. (2000). Action Learning and Leadership. *The Learning Organization*, 7(5), 233–240.

Osborn, A. F. (1953). *Applied imagination: Principles and procedures of creative thinking*. New York, NY: Charles Scribner's Son.

Osborn, A. F. (1963). *Applied imagination: Principles and procedures of creative problem solving* (3rd ed.). New York, NY: Charles Seribner's Sons.

Russell, J., & Adams, D. (1997). The changing nature of mentoring in organizations: An introduction to the special issue on mentoring in organizations. *Journal of Vocational Behavior, 51*(1), 1–14.

Schulz, S. F. (1995). The benefits of mentoring. In M. W. Galbraith & N. H. Cohen (Eds.), *Mentoring: New strategies and challenges* (pp. 57–68). San Francisco, CA: Jossey-Bass.

Verner, C. (1964). *Adult education*. Washington, DC: The Center for Applied.

제13장

평생교육 리더십

"리더는 길을 알고, 길을 가고, 길을 보여 주는 사람이다."
−J. C. 맥스웰−

학습목표

1. 리더십의 정의와 개념을 이해한다.
2. 리더십의 주요 이론을 파악한다.
3. 효과적인 평생교육 리더의 특성과 역량을 논한다.

학습개요

평생교육에서의 리더십은 기존의 리더십에 대한 경영학적 개념 위에 평생교육이라는 특수한 교육적 개념이 부가된 것이라 할 수 있다. 실제로 평생교육 리더는 경영학적인 목표 달성 외에 교육적으로 순수한 인간 능력의 개발이라는 두 가지 측면을 동시에 추구해야만 한다. 이때 평생교육 리더십의 원리가 이 두 가지 측면을 동시에 추구하게끔 리더는 주어진 역할을 다해야 한다. 이러한 특성을 가진 평생교육 리더십 특성에 대하여 충분한 이해를 돕기 위하여 리더십의 정의와 개념, 리더십에 대한 제 이론 그리고 성공적인 평생교육 리더의 특성과 역량을 살펴볼 필요가 있다.

우선, 리더십은 리더가 하나의 조직 속에서 구성원들에게 조직의 목표를 달성하기 위하여 영향력을 끼치는 과정이나 결과라고 할 수 있다. 이러한 리더십의 개념은 특성 리더십, 행동 리더십, 변혁적 리더십, 윤리적 리더십, 셀프 리더십, 오센틱 리더십, 감성 리더십, 팀 리더십, 코칭 리더십 그리고 창의적 리더십의 접근방법을 통하여 여러 가지 양상으로 구현화된다. 끝으로, 평생교육 리더는 평생교육을 효과적으로 이끌어가기 위하여 필요한 역량을 지속적으로 개발하고 그것을 기반으로 평생교육 현장에서 자신의 리더십을 효과적으로 실천해 나가야 한다.

리더십은 기본적으로 조직의 비전을 제시하고, 그 비전을 성취할 전략을 개발하는 것을 포함한다. 이러한 일반적인 리더십의 개념과 원리는 주로 경영학 이론 분야에서 시작되었다. 그러나 평생교육에서의 리더십은 기존의 리더십에 대한 경영학적 개념 위에 평생교육이라는 특수한 교육적 개념이 부가된 것이라 할 수 있다. 실제로 평생교육에 종사하는 경영자들은 평생교육을 어떻게 성공적으로 이끌어 갈 수 있을 것인가에 관한 실천적인 문제에 부딪치게 된다. 평생교육 현장에서는 학습자와 교육적으로 의사소통할 수 있는 프로그램 운영이 필요하며, 학습자가 교육적으로 자아 실현할 수 있도록 이끌어 주는 사명이 부과된다. 따라서 평생교육 리더는 경영학적인 목표 달성 외에 교육적으로 순수한 인간 능력의 개발이라는 두 가지 측면을 동시에 추구해야만 한다. 이때 평생교육 리더십의 원리가 이 두 가지 측면을 동시에 추구하게끔 역할을 다해야 한다.

이 장에서는 이러한 특성을 가진 평생교육 리더십 특성에 대하여 충분한 이해를 돕기 위하여 리더십의 정의와 개념, 리더십에 대한 제 이론 그리고 결론으로서 성공적인 평생교육 리더의 특성과 역량에 대하여 살펴보고자 한다.

1. 리더십의 개념

수많은 학자가 정리한 리더십 이론들을 살펴보면서 느끼는 공통된 생각은 리더십에 대하여 통일된 정의를 내릴 수 없다는 점이다. 리더십이라는 말이 무엇인지 직관적으로는 알 수가 있지만, 서로 이야기를 나누다 보면 사람마다 또는 학자마다 그 의미하는 바가 각기 다르다는 사실을 금방 깨닫게 된다. 하지만 과거 50년 동안의 리더십 연구를 통해 리더십을 개념화하는 다양한 정의에 힘입어 리더십을 설명할 수 있는 몇 가지 핵심요소를 찾아낼 수 있다.

리더십의 3가지 핵심요소는 인간관계, 변화성과, 리더의 특성이다. 이 중에서 인간관계와 관련된 것으로 관계구축, 신뢰형성, 의사소통, 설득력, 영향력을 들 수 있으며, 변화성과와 관련된 것으로는 비전, 창의적 아이디어, 혁신과 변화 등이 속한다. 그리고 리더의 특성과 관련된 것은 핵심 가치, 리더십 행동, 진정성, 권력, 전문성, 카리스마 등을 들 수 있다.

결국 이와 같은 리더십 구성요소를 근거로 하여 리더십을 정의해 보면, '리더가 하나의 조직 속에서 자신의 특성, 즉 성품, 카리스마, 전문성 등을 바탕으로 구성원들과 신뢰 관계를 구축하고, 의사소통을 수행하며, 조직의 변화를 모색하여 비전을 달성하고 성과를 창출하는 등 자신의 영향력을 끼치는 과정이나 결과'라고 할 수 있을 것이다. 이를 체제론적 입장에서 다시 기술하면, 리더십이란 '다양한 인간관계를 기초로 한 사회적 과정을 거쳐 결과로서 나타나는 목표 성취를 위한 에너지이자 영향력'이다. 이것은 마치 물질이 산화되어 힘을 발생하는 과정과 매우 비슷하다. 단순한 물질이 변화하여 힘을 발생하는 과정에서 내외적 요인들이 서로 영향을 미치게 된다. 리더십도 동일한 현상이다. 일정한 상황에서 리더와 추종자 간의 역학적 작용이 리더십의 과정과 결과를 결정하게 하는 것이다(최은수 외, 2014).

로스트(Rost, 1993)는 21세기에는 시대 변화에 부합하는 새로운 패러다임의 리더십 정의가 필요하다는 관점하에서 "리더십이란 공유된 목표를 가지고 실질적 변화를 발생시키고자 리더와 추종자 간의 영향력을 상호 교환하는 관계"라고 정의하였다. 이러한 리더십에 대한 관점은 리더가 추종자에게 하향적으로 일방적인 영향력을 행사하여 조직의 목표를 달성하는 과정으로 보아 왔던 과거의 리더십 관점과는 근본적으로 다르다. 로스트(1993)의 리더십 정의는 리더십이 리더와 추종자 간의 영향력이 교환되므로 추종자도 리더에게 영향력을 행사할 수 있다는 의미다. 이는 리더십의 패러다임이 수직적 개념에서 수평적 개념으로 전환됨을 의미한다. 이러한 개념은 우리 모두가 리더이자 추종자가 되며, 공식적 직위를 불문하고 누구나 리더십을 발휘할 수 있으며 나아가 훌륭한 리더는 팔로우의 역할도 잘해야 함을 시사한다(Harter, 2006).

2. 관리와 리더십의 차이

리더십의 개념을 설명하는 데 있어서 중요한 것 중의 하나는 리더십은 관리와 다르다는 것이다. 관리는 새로운 아이디어나 프로세스의 유무와 상관없이 일관성, 통제, 효율성을 제공하지만, 리더십은 목적, 상상력, 창조성 등을 촉진한다. 관리자는 조직이 결정해 준 역할이 있고, 리더는 여러 역할에 있어서 변화를 추구하고 도전을 해야 할 때 리더십을 요구받게 된다.

가드너(Gardner, 1990)는 리더십을 리더가 조직의 목표를 추종자들이 따르도록 하는 설득의 과정이라고 정의하고 있다. 반면, 관리자는 프로세스와 자원을 주재하도록 지정된 사람으로, 조직 내에서 직접적인 지시를 하는 자로 묘사하였다.

유클(Yukl, 2002)은 리더십을 집단이나 조직 내의 활동들과 관계를 구축하기 위해 한 사람에 의해 다른 사람들에게 행사된 의도적 영향력이자 사회적 영향력의 과정이라고 정의하였다. 그리고 효과적인 리더십이란 조직의 전반적인 효과성에 공헌하는 조직적 과정이라고 한다.

3. 리더십의 주요 이론

지난 수십 년 동안 조직을 이해하기 위하여 조직이론가들이나 사회과학자들은 수많은 조직 리더십 이론을 개발해 왔다. 이러한 이론들에는 특성 리더십, 행동 리더십, 변혁적 리더십 등이 포함된다. 근래에는 이러한 리더십에 관한 관점이 점차 확대되어 윤리적 리더십, 셀프 리더십, 오센틱 리더십, 감성 리더십, 팀 리더십, 코칭 리더십, 창의적 리더십 등의 연구가 나오고 있다.

1) 특성 리더십

특성 리더십은 효과적인 리더들의 개인적 특성을 규명하고자 하였다. 초기 리더십 이론인 특성이론에서는 위대한 리더를 만드는 개인적 특성에 초점이 맞추어졌다. 그러나 이러한 접근법은 많은 문제를 야기한다. 리더로서 갖추어야 할 여러 가지 특성이 많이 제시되고 있지만, 우선순위를 정하기 어렵고, 그 구분도 분명하지 않다. 특히 리더의 특성이 특정 행동에 통일되게 연결되지 않으며, 리더의 행동도 특정 상황을 고려하지 않고 있다. 즉, 동일한 리더의 특성일지라도 각기 다른 사람, 행동, 결과에 따라 다르게 기능한다는 사실을 간과하고 있는 점이다.

이러한 리더 개인적 특성에 관한 리더십은 카리스마적 리더십으로 발전하였다. 카리스마적 리더십에 대하여 다음 5가지 요소가 제시되고 있다. ① 특별한 재능을 가진 사람, ② 위기 상황, ③ 위기에 대한 혁신적인 해결, ④ 카리스마적인 리더의 출중한 능력에 대해 매력을 느끼는 추종자들, ⑤ 반복적인 현상에 대한 타당성 등이다(Bass, 1990). 리더가 어떻게 추종자들에게 영향을 미치는가를 설명하고자 하는, 즉 권력과 영향력에 관한 이론이 바로 사회적 권력 접근방법이다. 마찬가지로 교환적 · 변혁적 리더십을 포함하는 사회교환접근 이론에서는 리더가 다른 사람들에게 영향력을 끼치는 것처럼 스스로 영향을 받는 상황 속에서의 리더와 추종자 간의 상호관계에 염두를 두고 있다.

2) 행동 리더십

행동이론은 리더가 실제로 어떤 행동을 하는가에 초점을 둔다. 행동이론에서는 리더십 방식과 그 특정 방식에 대한 적합한 상황에 관한 연구가 이루어졌다. 이러한 접근법은 리더십 개발에 대한 매우 중요한 시사점을 주는데, 그 이유는 그 전의 리더십 연구는 선천적인 리더 자질의 양육에 중점을 두었다면, 행동 리더십은 리더가 되는 데 필요한 기술을 배울 수 있는 가능성을 제공하기 때문이다. 리더의 행동과 관련하여 권력의 개념은 레빈(Lewin, 1951)에 의해 구축되었다. 리더의 행동이론은 조직 속에서의 개인의 발전을 강조한 인간적인 접근방법으로서(Bass, 1990), 매슬로(Maslow, 1954), 맥그리거(McGregor, 1960), 리커트(Likert, 1967), 블레이크와 무톤(Blake & Mouton, 1985), 허시와 블랜차드(Hersey & Blanchard, 1969) 등의 이론들이 리더십 행동 이론에 근간을 두고 있다.

3) 변혁적 리더십

(1) 변혁적 리더십의 개념

1980년대에 리더십의 대안적 패러다임으로서 변혁적 리더십(transformational leadership)이 등장하였다. 번즈(Burns, 1978)가 처음으로 변혁적 리더십을 창시했을 때 그는 거래적 리더십과 반대되는 개념으로 사용하였다. 그는 참된 리더십이란 조건과 상황을 초월하는 것으로 생각하였다.

변혁적 리더십은 구성원들과의 강한 감정적 유대감과 보다 높은 도덕적 동기에 대한 집단 몰입을 통하여 단체 또는 조직에서 기대 이상의 성과를 발휘하게 하는 과정이다(Diaz-Saenz, 2011). 변혁적 리더십은 고정관념, 즉 준거틀을 변화시켜 구성원이 생각하는 이상의 능력을 발휘하게 한다. '보상'과 '예외에 의한 관리' 등 외적 동기 유발을 통하여 기대 목표를 성취하게 하는 거래적 리더십과 달리 변혁적 리더십은 고차원적 삶의 목적을 충족할 수 있는 내적 동기를 유발하여 기대 이상의 성과를 내게 한다(최은수 외, 2014).

(2) 변혁적 리더십의 특성요인

변혁적 리더십은 구성원들의 고정관념의 변화와 내적 동기 유발을 강조한다. 이러한 변화를 가능하게 하는 변혁적 리더십의 특성요인은 변혁적 리더십의 요인(factors) (Northouse, 2013), 구성요소(components), 역량(competence, Lugo, 2007) 등으로 불린다(강찬석, 최은수, 2014). 초기에 배스(Bass, 1990)는 변혁적 리더십의 특성요인으로서 카리스마, 지적 자극, 개별적 배려 등 3가지를 제시하였다. 그러나 후속연구를 통하여 배스와 아볼리오(Bass & Avolio, 1990)는 기존의 3가지 요인 외에 '영감적 동기부여'를 추가하였다(박일화, 2008). 변혁적 리더십의 대표적인 특성요인은 4I라고 부르는데, 모두 'I'로 시작되기 때문이다. 변혁적 리더십 특성요인 '4I'는 다음과 같다(최은수 외, 2014).

첫째, 이상적 영향력(idealized influence)이다. 카리스마라고 부르기도 한다. 카리스마가 있는 리더는 자신감 있으며 자기결정력을 지니고 구성원의 가치와 그들의 요구를 안다. 그리고 누구나 통할 수 있는 보편적 영성에서 나오는 이상을 공유한다. 카리스마 리더는 강력한 역할모델이 되는 리더다. 리더의 이상을 구성원들과 공유하게 하려면, 우선 리더가 도덕적 · 윤리적으로 귀감이 되어야 한다. 이상을 불어넣는 영향력은 귀인적 요소(attributional component)와 행동적 요소(behavioral component)로 이루어진다. 귀인적 요소는 구성원이 리더에 대한 지각에 근거하여 갖게 되는 리더 행동의 귀인이며, 행동적 요소는 리더의 행동에 대한 구성원들의 반응 행동이다(Northouse, 2013). 특별히 이상적 영향력을 나타내는 카리스마적 리더는 자기희생을 통하여 기꺼이 위험을 감수하고 일관된 행동을 보임으로써 높은 도덕적 행동의 표준을 나타낸다(Bass & Riggio, 2006).

둘째, 영감적 동기부여(inspirational motivation)다. 이것은 리더가 구성원에게 높은 기준을 설정하고 리더의 기대를 표시하고, 의욕을 불어넣음으로써 구성원이 자신이 생각하는 이상의 무한한 잠재력을 가지고 있다는 확신을 리더가 심어 줄 때 가능하다. 결국은 구성원이 사적 이익 추구를 넘어 집단 목표 달성을 위해 매진하게 한다. 변혁적 리더십의 영감적 동기부여는 외적 보상이나 처벌이 없더라도 자발적으로 추진 동기를 생산하는 내적 동기부여 방식이다.

셋째, 지적 자극(intellectual stimulation)이다. 리더는 구성원의 혁신성과 창의성을 자극하고, 사물을 다양한 각도에서 바라볼 수 있도록 한다. 그리고 현재에 안주하지 않고 금기를 타파하여 항상 새롭고 발전된 것을 추구하도록 유도한다.

넷째, 개별적 배려(individual consideration)다. 리더는 구성원의 개별적 욕구에 세심한 관심과 배려를 나타낸다. 그리고 개별적 배려에는 구성원의 성장을 돕는 리더의 자상함이 포함된다. 리더는 전통적인 거래적 리더십에서의 성과에 따른 보상을 넘어 리더십 과정을 확대하고 구성원의 자기개발과 자기실현을 지원하고 성장시키는 데 리더의 개인적 관심을 기울인다(최은수 외, 2014).

4) 윤리적 리더십

근래에 나타난 리더십 관점들은 혼란과 단절, 변화의 시대에 부합하고(Apps, 1994), 사회와 연결된 관계를 맺는 구성체(Donaldson, 1992)로서 그리고 조직과 구성원의 기능으로서의 여러 가지 다양한 방법으로 리더십을 재개념화하고자 한다. 결국 사회적으로 책임감 있는 신념과 가치를 근간으로 하여 도덕적 · 윤리적 리더십에 초점을 둔다. 하이페츠(Heifez, 1994)는 독특한 방법으로 윤리적 리더십의 접근법을 공식화하였다. 그는 리더가 추종자를 도울 수 있는 방법과 추종자로 하여금 갈등을 대처하고, 갈등으로부터 새로운 변화를 도출하는 데 미치는 리더의 영향에 초점을 맞추고 있다. 하이페츠의 관점과 마찬가지로, 번즈(1978)의 관점도 리더가 상충하는 가치들로 인해 부하가 갖게 되는 개인적 어려움을 극복하도록 도와주는 것이 중요하다고 주장한다. 이런 과정에서 형성된 리더와 추종자 간의 관계는 모두의 도덕성 수준을 향상시켜 주는 결과를 초래한다. 리더십 윤리에 있어서 번스 입장의 근원은 매슬로(1954)와 콜버그(Kohlberg, 1981) 등의 연구에 그 뿌리를 두고 있다(Northhouse, 2004).

1970년대 초에 그린리프(Greenleaf)는 윤리적 리더십을 섬김의 리더십(servant leadership)이라는 접근법으로 다가갔다. 그린리프(1970, 1977)는 리더십이란 근본적으로 남을 섬기려는 사람에게 부여된다고 주장한다. 섬기는 리더는 부하들의 욕구에 관심을 가지고 그들이 보다 더 지적이고 자유롭고 독립적이며 부하들 자신이 남을 섬기는 사람이 되도록 도와주어야 한다.

하이페츠(1994), 번스(1978) 그리고 그린리프(1970, 1977)의 리더십 관점의 공통적인 주제는 리더와 추종자 간의 관계가 윤리적 리더십에 바탕을 두고 있다는 것이다. 또한 이 세 학자의 공통적인 관점은 리더가 추종자의 특정한 요구에 깊은 관심과 애정을 쏟는 것이 매우 중요한다는 점을 강조하고 있다는 것이다. 이러한 면은 리더-추종자 간의 개인적 관계가 윤리의 출발점이 되어야 한다고 주장한 길리건(Gilligan, 1982)의 배려의 윤리(caring ethics)와 일맥상통한다(Northhouse, 2013).

5) 셀프 리더십

(1) 셀프 리더십의 개념

셀프 리더십은 행동의 자기관리 방법이 발전된 형태로 자신에게 영향을 주는 과정이라고 정의할 수 있는데, 1980년대 중반 자기통제 이론에 근간을 두고 리더십의 대체 개념으로 처음 등장하였다(Neck & Manz, 1996). 자기통제는 조직에서 리더십 대체로 적용되어 오던 행동전략으로 이후 자기관리로 불리다가 셀프 리더십 이론의 기초가 되었다(Manz & Sims, 1997). 만즈와 심즈(Manz & Sims, 2001)에 의하면, 전통적으로 경영혁신을 추진하기 위해 조직을 관리할 때 소식 구성원의 외부석인 요소에 중점을 두어 왔나. 즉, 주어진 비전, 주어진 목표, 주어진 직무, 과업수행에 대한 외적 보상 등을 말한다. 그러나 셀프 리더십에서는 그러한 전통적 조직 관리와 달리 조직 구성원 스스로에게 초점을 둔다. 즉, 구성원이 함께 만든 비전, 자기 목표 설정, 자기 강화, 비판적 자기 성찰, 스스로 문제 해결 및 계획 수립 등이다. 이렇게 사람들은 자기주도적인 사고와 행동방식으로 자율과 책임이 주어질 때 스스로 책임지고 행동하게 되며, 스스로 설정한 목표를 달성하기 위해 단서를 찾아 끊임없이 노력하는 등 자율성과 열정을 수반하는 셀프 리더십을 발휘하게 된다는 것이다(최은수 외, 2014). 이와 같이 다른 리더십 개념이 외적 관점이라면, 셀프 리더십의 자기 영향력 과정은 자신의 내면에서 이끌어 내는 내적 관점으로서 자신이 하고자 하는 일을 실천하기 위한 내적 과정이라 할 수 있다(Neck & Manz, 2004).

(2) 셀프 리더십의 구성요소

호튼과 넥(Houghton & Neck, 2002)은 셀프 리더십의 영역을 3가지로 나눈다. 즉, 행동기반 전략(behavior-focused strategies), 내적 자기보상 전략(natural reward strategies), 건설적 사고 구축 전략(constructive thought pattern strategies)이다.

첫째, 행동 기반 전략은 밴듀라(Bandura, 1982)의 사회인지학습 이론에 근거를 두고 있으며, 인간이 자신과 타인의 행동과 그 결과를 관찰하고 행동하는 이유와 목적을 스스로 인식하고 행동을 변화시키는 전략으로서 자기관찰, 자기 설정 목표, 자기암시, 리허설, 자기보상, 자기비판 등의 하위요인이 있다. 자기관찰은 목표성취 과정에서 불일치나 목표의 진전 과정을 통제하는 적합한 수단이다. 자기보상과 자기비판은 시스템적으로 바람직하고 바람직하지 않은 행동을 강화시킨다. 자기암시(단서에 의한 관리)는 메모나 포스트잇, 동기 관련 포스터 등과 같은 눈에 보이는 것을 기저로 하여 자신이 하고자 하는 행동을 용이하게 하려고 작업장 주위에 설치 또는 변경하는 것 등이다.

둘째, 인지전략으로 내적 자기보상 전략을 들 수 있는데, 이는 내재적 동기에 기저를 두고 과업이나 활동에 있어서 '즐거움'에 중점을 두는 전략이다. 하고 있는 일이 즐겁다면 이미 그 사람은 내적 보상을 받고 있다는 것이다. 이를 증진시키기 위해, 과업의 재설계, 시간, 장소 등의 작업 환경의 변화 등을 포함하는 전략을 말한다. 내재적 동기를 높여 주는 두 가지 전략은 불만족을 제거해서 만족에 집중하는 것과 하는 일에 즐거움을 계속 증가시켜 주는 방법이 있으며, 이러한 전략은 자기결정력과도 관련되어 있다.

셋째, 건설적 사고 구축 전략은 자기 영향력과 습관적인 사고의 패턴을 통제하는 것과 관련되어 있다. 개인의 동기는 성공적인 수행을 상상하는 과정을 통해 개선되고 유지될 수 있다. 이 성공적인 수행을 상상하는 과정은 그들의 신념이나 가정에 긍정적인 영향이나 평가를 주거나 목표를 이루는 과정에 관해 자기 대화 등을 통해 건설적이고 효과적인 습관을 기르는 것이다.

6) 오센틱 리더십

(1) 오센틱 리더십의 개념

오센틱 리더십의 핵심 개념인 오센틱에 대한 논의는 고대 그리스 철학에서 시작하여 실존주의 철학과 인본주의 심리학에 이어 긍정 심리학으로 이어져 왔다. 고대 그리스 철학자들의 '너 자신을 알라.'와 '너 자신에게 진실하라.'는 명제는 오센틱한 자신을 돌아보는 본원적인 질문이다(최은수 외, 2014).

오센틱 리더십에 대한 연구는 크게 이론적 접근과 실무적 접근으로 나누어진다(Northouse, 2013). 찬(Chan, 2005)의 연구는 이론적 연구자들을 인간 내적 관점, 개발적 관점, 관계적 관점으로 구분하였는데, 인간 내적 관점의 연구자인 샤미어와 엘리암(Shamir & Eilam, 2005)은 오센틱 리더를 '자아 개념의 핵심 요소이고, 명확한 자아 개념을 가지고 있으며, 자아와 일치하는 목표가 있고, 행동이 자기 표현적인 사람'이라 정의하였고, 개발적 관점의 연구자인 왈럼바, 아볼리오, 가드너, 워닝, 피터슨(Walumbwa & Avolio, Gardner, Wemsing, & Peterson, 2008)은 긍정적 심리 자본과 긍정적 조직 풍토 증진을 통해 추종자들과 함께 일하면서 자기인식, 균형 잡힌 정보 처리, 내면화된 도덕적 시각, 관계의 투명성을 길러 긍정적 자기계발을 이루는 행동 양식이라고 정의하였다.

관계적 관점의 일리스, 모자슨, 나르강(Illies, Morgeson, & Nahrgang, 2005)은 자기인식, 균형 잡힌 정보 처리, 오센틱 행동, 오센틱 관계 지향의 리더로 정의하였다(최은수 외, 2013).

조지(George, 2003)는 리더의 특성에 초점을 맞추어 오센틱 리더들은 다음과 같은 다섯 가지 기본적인 특성을 가지고 있다고 주장하였다. 첫째, 그들은 그들의 목표를 잘 이해하고 있다. 둘째, 그들은 해야 할 올바른 일에 대한 강한 가치관을 가지고 있다. 셋째, 그들은 다른 사람들과 신뢰관계를 확립하고 있다. 넷째, 그들은 자제력을 보이고 가치관에 따라 행동한다. 다섯째, 그들은 그들의 사명에 대해 열정적이다(Northouse, 2013). 루탄스와 아볼리오(Luthans & Avolio, 2003)는 오센틱 리더십의 구성요소로 긍정적 심리자본, 긍정적 심리풍토, 자기인식, 자기규제를 제시하였다. 그러나 샤미어와 엘리암(2005)은 리더 역할에 초점을 맞춘 정체성, 명확한 자아 개념, 가치관과 일치하는 목표, 가치관과 일치하는 행동을 예로 들었다. 일리스 등(Illies, Morgeson, & Nahrgang, 2005)은 자기인식, 균형 잡힌 정보 처리, 오센틱 행동, 오센틱 관계 지향을 들었고, 가드너 등(Gardner et al., 2005)은 내적 규제, 균형 잡힌 정보 처리, 관계적 투명성, 진정성 있는 행동 등을 포함한 자기규제와 자기인식으로 설명하였다(최은수 외, 2013).

(2) 오센틱 리더십과 조직 성과

오센틱 리더십은 아직 개발 단계에 있음에도 몇 가지 강점을 가지고 있다. 첫째, 우리 사회가 요구하는 신뢰할 만한 리더십의 요구를 충족해 준다. 둘째, 오센틱 리더십은 정직한 리더를 꿈꾸는 사람들에게 광범위한 지침을 제공하고 있다. 셋째, 오센틱 리더십도 변혁적 리더십이나 섬김의 리더십과 같이 명확한 도덕적 차원을 지니고 있다. 넷째, 오센틱 리더십은 리더의 정직한 가치관과 정직한 행동은 오랜시간 동안 리더의 내면에서 발전될 수 있다고 강조한다. 다섯째, 오센틱 리더십은 리더십 설문지(Authentic Leadership Questionnaire: ALQ)를 사용하여 측정할 수 있다(Northouse, 2013).

7) 감성 리더십

(1) 감성 리더십의 개념

훌륭한 리더는 조직 구성원의 마음을 쉽게 움직이고 열정에 불을 붙이고 구성원들이 가지고 있는 최고의 것을 끄집어낸다(최석기, 2009). 그리고 그는 '감성'을 통해 리더십을 행사한다(Goleman, Boyatzis, & Mckee, 2002). 골먼, 보야치스, 맥키(Goleman, Boyatzis, & Mckee, 2002)는 위대한 리더십의 도구로서 감성지능을 제시하였는데, 이는 차세대 리더가 갖추어야 하는 중요한 요소라고 인식하였다. 그는 뛰어난 리더를 결정짓는 요소 중에 인지적 능력과 감성적 능력의 비율을 따져 보면 조직의 상위 계층으로 갈수록 기술적인 능력보다는 감성적인 능력에 기초한 능력이 더욱 중요하다고 인식하였다(최은수 외, 2013).

(2) 감성 리더십의 구성요소

골먼 등(2002)은 감성 리더십을 발휘하기 위해서는 다음과 같은 능력이 필요하다고 보았다. 우선, 자신을 객관적이고 냉철하게 평가하며 자신에게 솔직해질 수 있는 자아인식(self-awareness)능력이 높아야 하고, 자신의 감정을 통제할 수 있는 자기관리(self-management) 능력이 필요하며, 타인에 대한 배려와 애정을 갖고 적극적으로 관심을 표현할 수 있는 사회적 인식(social-awareness) 능력이 필요하다. 또한 부하에게 큰 영향력을 주고 갈등을 원만히 해결할 수 있으며, 팀을 조직하고 팀워크를 도출할 수 있는 관계관리(relationship-management) 능력이 필요하다.

8) 팀 리더십

(1) 팀 리더십의 개념

조직 내의 집단이나 팀의 리더십은 리더십 이론과 연구 영역에서 가장 인기를 얻고 있는 분야이며, 또한 빠르게 발전하고 있는 분야다. 팀이란 공동의 목표를 공유하고 상호 의존적이며 그 공동의 목표를 달성하기 위해 서로 간의 활동을 조정해 가는 구성원들로 구성된 조직 내의 집단이다(Northouse, 2013). 팀 리더십은 팀이 목표로 하는 성과를 달성하고, 팀의 유지와 발전을 이끄는 것이다(최은수 외, 2013).

(2) 효과적인 팀의 특성

팀의 특성은 대규모의 집단 조직 속에서 혼자 일하는 개인보다 월등히 높은 업무능력을 지니고 있는데, 그 이유는 다음과 같다(최은수 외, 2013).

첫째, 팀 내부에서 어떤 개인이 가지고 있는 기술이나 경험보다 팀은 더 많은 상호 보완적인 기술과 경험을 동원할 수 있기 때문이다. 둘째, 팀은 공동으로 팀의 명확한 목표와 접근방법을 개발하여 문제를 해결하고 주도권(initiative)을 갖추게 하는 정보 전달 방법을 수립하기 때문이다. 셋째, 팀은 경제적 · 행정적 측면을 보강하는 독특한 사회적 요인을 제공한다. 즉, 난관을 함께 극복함으로써 팀 구성원들이 상호 신뢰와 자신감을 구축하게 된다. 넷째, 팀은 많은 즐거움을 제공한다.

(3) 팀 리더십 모델

팀 리더십 모델은 일종의 '생각의 안내도(a mental road map)'를 제시하고 있는데, 이 생각의 안내도는 리더가 팀이 처한 문제점을 진단하고 그 같은 문제점들을 해결하기 위한 적절한 조치(actions)를 취하도록 하는 데 도움을 주려는 것이다(Northouse, 2013). 효과적인 팀 업적은 리더의 생각의 안내도 모델로부터 시작되는데, 이 모델은 팀이 당면하고 있는 문제점의 구성 내용들을 포괄하고 있을 뿐만 아니라 집단을 둘러싼 조직 내의 상황 및 조직 외부 환경에서 일어나는 만일의 사태도 반영하고 있다. 따라서 유능한 팀 리더는 팀이 기능하는 것을 관찰하여 팀의 문제점을 위한 정확한 생각의 안내도 모델을 구축할 수 있어야 하고, 그 모델에 따라 그 같은 문제를 해결하기 위한 적절하고 필수적인 조치를 취할 수 있어야 한다(Northouse, 2013). 유능한 리더는 팀의 문제점들을 해결하기 위해 어떤 리더십 개입(조정)이 필요한가를 결정하는 능력을 가진 리더다.

9) 코칭 리더십

(1) 코칭 리더십의 개념

코칭 리더십에 대한 이해를 위해 코칭의 어원을 살펴보면, 헝가리의 도시 코치(Kocsi)에서 개발한 마차에서 유래되었다. 전 유럽으로 퍼진 이 마차는 코치 또는 코트리지라는 명칭으로 불리었으며, 영국에서 이를 코치(coach)로 불렀다. 코칭 리더십이란 조직의 리더와 구성원 간의 파트너십 관계를 바탕으로 리더가 조직 구성원에게 영향력을 발휘하되 스스로 가능성을 인지하고 확대하여 능력과 의욕을 높일 수 있도록 도와주는 일련의 역할이라고 할 수 있다.

(2) 코칭 리더십의 차원

헤슬린, 반데발레, 레이섬(Heslin, Vanderwalle, & Latham, 2006)은 코칭을 지도(guidance), 촉진(facilitation), 영감(inspiration)이라는 3가지 차원의 구성요소로 정의하였

다. 구체적으로, 첫째, 지도는 분명한 성과 기대치에 대한 쌍방향 커뮤니케이션과 성과와 개선에 대한 건설적인 피드백을 세부 행동으로 제시하는 것, 둘째, 촉진은 구성원들이 성과 향상과 문제해결 방법을 탐색해서 스스로 분석할 수 있도록 지원하는 것, 셋째, 영감은 구성원들이 자신의 잠재력을 인식하고 개발하여 새로움에 도전하도록 격려하는 것을 효과적인 코칭 행동으로 정의하였다. 〈표 13-1〉은 코칭 리더십 학자들의 코칭행동을 이 3가지 차원으로 분류하여 제시한 것이다(이동우, 2011).

〈표 13-1〉 코칭 리더십의 차원

학자	지도	촉진	영감
Ellinger(1997)	• 피드백 제공 • 구성원의 피드백 요구를 대화로 업무 해결 • 목표설정, 의사소통	• 학습환경 조성과 촉진 • 시각의 전환 • 구성원 인식 확대 • 비유, 시나리오, 사례 활용	• 타인의 학습참여 촉진 • 질문틀을 통한 격려 • 자원이 되어 줌 • 주도권을 위임함 • 해답을 제공하지 않고 기다림
Beatties(2002)	• 생각하는, 교육적인, 평가하는, 조언하는	• 돌봐주는 • 다른 사람을 발전시키는	• 권한을 위임하는 • 도전하는
Stowell et al.(2003)	• 방향, 목표, 비전 제시 • 책임, 평가, 피드백	• 육성, 지식, 기술향상	• 관심, 칭찬, 지지, 격려
Hamlin(2004)	• 효과적 조직, 계획수립 • 폭넓은 의사소통과 조언	• 순수한 관심 • 개방적 · 개인적 관리	• 참여와 지원적 리더십 • 임파워먼트(권한위임)
Heslin et al.(2006)	• 성과 기대치에 대한 가이드 • 성과 분석 지원 • 개선점에 대한 건설적 피드백 • 성과 개선을 위한 유용한 방법 제시	• 아이디어 개발을 위한 모델역할 제공 • 창의적 사고를 통해 문제를 해결토록 촉진 • 새로운 대안을 탐색하고 시도하도록 지원	• 발전과 향상에 대한 확신을 표현 • 지속적인 발전, 향상을 위한 격려 • 새로운 도전에 대한 지원

출처: 이동우(2011), p. 17 재구성.

10) 창의적 리더십

(1) 창의적 리더십의 개념

고대 철학자들은 창의성에 대하여 개인이 태어날 때부터 가지고 있는 비범한 재능으로 인식하였다. 그러다가 르네상스와 계몽주의 시대를 겪으면서 조금씩 변하여 개인의 놀라운 상상력의 발현으로 정의하게 되었다. 즉, 인간의 창의성은 대부분의 사람이 가지고 있는 것으로 신이 내린 능력이 아닌 개인의 놀라운 상상력의 발현으로 인식이 변화하게 된 것이다(최은수 외, 2013). 흔히 '창조'란 기존에 없던 것을 처음으로 만드는 것을 의미한다. 흔히 모방의 반대말로 이해된다. 무언가를 창조하기 위해서는 기존의 지식과 상식을 뛰어넘는 역발상적 사고(reverse thinking), 주어진 정보를 가지고 수많은 해답을 찾는 발산적 사고(divergent thinking) 그리고 의미상 서로 멀리 떨어져 있는 개념들 사이에 연관성을 만들어 내는 연합적 사고(combined thinking)를 해야 한다. 나아가 문제를 창의적으로 해결하는 것뿐만 아니라 아예 다른 사람과 달리 새로운 방식으로 문제를 발견하는 것이 필요하기도 하다(하태수, 2007).

하지만 창의적 리더십을 발휘하기 위해서는 창조적 사고 이외에 열정(passion)도 필요하다. 또한 현대에 들어와서는 대부분이 집단이나 조직 단위로 일을 하기 때문에 조직의 리더가 부하로 하여금 창의적으로 일을 하게 자극하는 기술도 가지고 있어야 한다. 이것을 위해서 리더는 구성원이 창의적으로 일을 하도록 동기를 부여(motivation)하고, 그들 사이에서 창의적 시너지를 발생시키기 위하여 의사소통을 조장하고 의도적으로 마찰(creative friction)을 일으킬 필요도 있다(하태수, 2007).

(2) 창의적 리더십의 역량

애머빌(Amabile, 1998)은 창의적 리더가 되기 위한 역량으로 전문성(지식과 경험), 창의적 사고 능력, 동기 부여(열정, 내적 동기) 등 3가지 구성요소를 제안하였다. 김광웅(2009)은 용기, 사회 지능, 지각을 창의적 리더에게 필요한 구성요소로 보았다(최은수 외, 2013).

창의적 경영자는 조직의 구성원들 앞에서 더욱 원대한 목표와 비전을 제시해야 한다. 아울러 경영자들이 시장에서 탁월한 성과를 창출하고, 사회와 구성원들로부터 존경받기 위해서는 '창의성'이라는 자질 함양을 위해 노력해야 한다. 애플사의 스티브 잡스, 마이크로소프트사의 빌 게이츠, 스타벅스의 하워드 슐츠 등이 경영자의 대표 아이콘으로 부상하게 된 것은 바로 창의성 때문이다. 창의적인 경영자는 창의성뿐만 아니라 통찰력(insight), 재능(talent), 리더십(leadership), 고결성(integrity), 성실성(sincerity), 도덕성(morality) 등의 자질을 함양하는 것이 필요하다(변상우, 2012).

(3) 창의적 리더십의 실천방법

창의적 리더십을 발휘하기 위해서는, 첫째, 해당 분야의 전문성을 가져야 한다. 전문성은 주어진 문제를 해결하거나 주어진 직무를 수행하는 데 있어서 인지적 경로를 제시한다(Amabile, 1998). 둘째, 창의적 사고능력이 필요하다. 창조성을 발휘하기 위해서는 우선 자신의 틀을 뛰어넘어 남과 다른 사고와 생각을 하여야 한다(최은수 외, 2013). 셋째, 일에 대한 열정이다. 인간이 어떠한 일에 열정을 갖기 위해서는 무엇보다 하고자 하는 내적 동기가 필요하다. 무엇보다 개인의 창의성과 잠재력을 중요시하는 조직 문화에서 개인의 열정과 내적 동기를 이끌어 낼 수 있으며, 자신이 한 일에서 의미와 가치를 파악하고 그것에 맞는 도덕적 목표를 설정할 때 가능해진다(최은수 외, 2013).

하태수(2007)의 연구에 따르면, 훌륭한 창의적 리더십이 발휘되기 위해서는 다음 몇 가지 사항이 실천되어야 한다. 첫째, 리더는 자신의 활동 영역에서 자기가 이끌고 있는 조직의 시대적 사명이 무엇인지 파악하고 있어야 한다. 둘째, 리더가 창조적 리더십 발휘를 위해서는, 특히 조직의 지도자로서 창조적 리더십을 발휘하기 위해서는 도전가, 아이디어 생성가, 후원자 그리고 촉매자의 역할을 모두 소화할 필요가 있다. 셋째, 창의적인 비전 제시를 통하여 리더는 조직 내 모든 사람의 목표를 한곳에 집중시켜야 한다. 훌륭한 비전을 작성하기 위해서는 리더는 과거를 이해해야 하며, 현재를 바로 알아야 하고, 미래를 내다보는 단서를 찾으면서 정보를 선택, 조직, 구조화, 해석하면서 비전을 구축해야 한다. 넷째, 목표설정과 전략을 채택하여야 한다. 가장 좋은 목표는 숫자로 표시되어야 하며, 분명하면서도 잠재적인 의미를 내포하고 있어야 한다. 다섯째, 리더십 발휘에서 가장 핵심적 요소는 추종자에게 동기를 부여하는 것이다. 동기부여란 단순히 추종자를 다그치거나 물질적 보상을 제공해서 움직이게 만드는 것을 의미하지 않으며, 오히려 그 이상이어야 한다.

4. 효과적인 평생교육 리더의 특성과 역량

유클(Yukl, 2002)는 인간관계를 관리하는 효과적인 리더십 행동으로 다음과 같은 것을 제안하고 있다. 즉, 지지하기, 개발하기, 인정하기, 보상하기, 팀을 구성하고 갈등을 조정하기, 그리고 네트워킹 등이다. 또한 그는 업무 관리를 위한 특별한 행동으로 계획하기, 명확히 하기, 모니터링, 문제해결, 정보 알리기를 제안하고 있다. 이런 리더십 행동들은 적절한 상황에서 기술적으로 사용될 때 효과적일 수 있다.

리커트(1967)는 30개의 성공적인 회사와 30개의 실패한 회사의 리더들을 상호 비교분석한 결과 성공적인 리더들의 특성을 몇 가지로 정리하였다(Shoemaker, 1998).

첫째, 효과적인 리더는 조직과 구성원을 위하여 좋은 인간관계 형성 등의 사회적 지원을 아끼지 않는다.

둘째, 효과적인 리더는 매우 과업지향적이다. 또한 비전을 설정하고, 조직의 목표를 분명히 제시하고, 구성원에게 그 중요성을 인식시킨다.

셋째, 효과적인 리더는 고도의 기술적 전문성을 제공한다. 리더는 현장을 정확히 파악하고, 지속적인 독서와 학습을 통하여 스스로 문제해결 능력을 기르며, 구성원을 훈련시킨다.

넷째, 효과적인 리더는 높은 수준의 역할 차별성을 유지한다. 리더는 구성원에게 친절하고 인간적으로 응대하지만, 매사에 지나칠 정도로 구성원과 언제나 함께 행동하지는 않는다. 오히려 그 시간에 자신과 조직의 발전을 위해 계획을 세우는 일에 전념한다. 다섯째, 효과적인 리더는 일반적이고도 전반적인 지시 감독만 한다. 리더는 미세한 세부적인 지시는 삼가고, 오히려 전체적이고 폭넓은 시각에서 구성원을 대한다. 효과적인 리더는 다음과 같은 5가지 요소, 즉 사회적 지원, 과업 중심, 기술적 전문성, 역할 차별성, 일반적인 지시 감독을 통하여 구성원의 만족도와 경쟁력을 극대화시킨다.

이러한 효과적인 리더십 향상을 위하여 성인교육 리더들이 향상시켜야 할 기술들에 대하여 멀크론(Mulcrone, 1993)은 다음 10가지를 제시한다. ① 내적 · 외적 자원들을 활용하고 요구분석의 능숙함을 개발하며 효과적으로 직원 선발하기, ② 총체적인 문제를 확인하고, 전략을 수립하며 행동하는 것에 관한 중요한 교육적 · 사회적 · 정치적 이슈 다루기, ③ 다양한 제약들과 공공 및 사설 기관에 복합적인 제안을 적용함으로써 자금관리 기술 연마하며 프로젝트를 관리하고 경영하기, ④ 복잡한 성인교육 환경에서 융통성 있고 다양한 측면의 예산 수립과 같은 접근법을 선택하기, ⑤ 다양한 성격의 기관들과 강한 유대감을 형성하여 의사결정 시스템을 고안하고 책무성을 관리하고 문제를 해결하기, ⑥ 새로운 교수진과 직원을 모집을 통해 직원 개발을 성인교육 프로그램과 관련 있는 융통성 있는 지속적 과정으로 여김으로써 교수자와 학습자 간의 공동체 형성하기, ⑦ 테크놀로지를 최대한 이용하여 교수법을 새롭게 개념화하고, 온라인 조사 도구에 익숙하며 직원들을 조력하고 권한을 부여하기, ⑧ 평가를 준비하고, 프로그램 증진을 위한 도구로서 평가를 활용하기, ⑨ 새로운 방법으로 조직과 공동체를 위한 책무성 갖추기, ⑩ 행정적인 업무 실행에 대한 성인교육 철학의 효과를 깨닫고 기존 철학을 발전시키거나 혹은 새로운 철학을 개발하기 등이다.

기본적으로 평생교육에서의 리더십은 보통 일반적인 영역에서의 리더십보다 더 복합적이다. 평생교육기관이라는 조직의 특수성과 직무수행의 복잡성, 그리고 리더십을 받아들이는 대상의 다양성을 고려할 때 평생교육 리더십은 나름대로의 독자성과 포괄성을 지니고 있다. 평생교육기관 리더는 평생교육 조직의 구성원인 동시에 조직구성원들의 직무 수행을 책임지는 사람이다. 평생교육 조직의 모든 구성원은 각자 조직의 성과를 위해 다양한 인적 · 물적 자원을 활용한다. 따라서 평생교육 리더는 인적 · 물적 자원의 활용 효과가 극대화될 수 있도록 리더십 자질을 향상시키고 평생교육적인 특성을 바탕으로 조직을 운영해야 한다.

미래의 평생교육기관 리더는 오늘날 매우 중요한 위치에 놓여 있다(Edelson, 1992). 그들은 리더로서 사람과 조직에 대하여 더 많은 정보를 가지고 있으며 그들은 다양한 관점으로 문제를 바라볼 수 있어야 한다. 그러나 때로는 그들은 배의 선장이 아닌 배의 선원으로서 역할을 다해야 한다. 그들은 학습을 통하여 평생교육의 확대되는 기본지식을 쌓고 새롭고 혁신적인 아이디어를 생성하기 위해서는 다양하고 광범위한 문헌들을 활용해야 한다. 새로운 평생교육의 리더는 제도적 맥락에 대한 자신들이 가지고 있는 기존 지식과 사회적 흐름을 연관시킬 줄도 알아야 한다. 결과적으로, 미래의 평생교육기관의 리더들은 평생교육을 발전시키고, 나아가 더 나은 세상을 만들기 위해 적극적으로 자신들의 활동에 참여해야 한다.

토론문제

1. 평생교육 리더십의 개념이 다른 일반적인 리더십의 개념과 어떻게 다른지 토론하시오.
2. 리더십 특성론이나 리더십 행동론, 그리고 변혁적 리더십 이론이 각각 평생교육 리더십에 어떻게 응용될 수 있는지 토론하시오.
3. 윤리적 리더십, 셀프 리더십, 오센틱 리더십 등이 각각 평생교육 리더십에 어떻게 응용될 수 있는지 토론하시오.
4. 감성 리더십, 팀 리더십, 코칭 리더십, 창의적 리더십 등이 각각 평생교육 리더십에 어떻게 응용될 수 있는지 토론하시오.

참고문헌

강찬석, 최은수(2014). 성인학습인의 영성 체험을 통한 영성리더십 개발 과정 탐색. Andragogy Today, 17(2), 81-104.

박일화(2008). 변혁적 리더십과 자기희생적 리더십이 조직성과에 미치는 영향에 관한 연구. 숭실대학교대학원 석사학위논문.

변상우(2012). 리더십 개발과 훈련. 서울: 도서출판 청람.

이동우(2011). 코칭리더십과 조직 유효성의 관계-자기 효능감과 환경의 불확실성 지각의 매개효과를 중심으로. 성균관대학교대학원 박사학위논문.

최석기(2009). 교장의 감성리더십과 학교조직문화 및 교사 효능감 간의 관계. 동아대학교대학원 박사학위논문, pp. 34-35.

최은수 외(2013). 뉴리더십 와이드. 서울: 학지사.

최은수(2006). 성인교육자 리더십과 리더십 개발 연구를 위한 이슈의 개념화와 이론적 틀. Andragogy Today, 9(3), 107-143.

최은수, 김정일, 권기술, 신승원, 김민서, 진규동, 김진혁, 박재진, 이미섭, 강찬석, 강영환, 이희, 신용국, 한우섭, 이종원(2014). 리더십 클래식. 서울: 학지사.

최은수(2016). 리더십 개발 프로그램 이론과 사례. 경기: 공동체.

하태수(2007). 창조적 리더십의 필요성과 구현 방법. 한국사회연구, 10(1).

한국노동연구원 편(2001). 21세기형 인적자원관리-뉴 패러다임과 실천과제. 서울: 명경사.

Amabile, T. A. (1998). How to kill creativity. *Harvard Business Review, 76*(5), 76-87.

Apps, J. W. (1994). *Changing with the emerging age.* San Francisco, CA: Jossey-Bass Publishers.

Bandura, A. (1982). Self-efficacy mechanism in human agency. *American Psychologist, 37*, 122-147.

Bass, B. M. (1990). *Bass and Stogdill's handbook of leadership* (3rd ed.). New York: Free Press.

Bass, B. M., & Avolio, B. J. (1990). The implications of transactional and transformational leadership for individual, team, and organizational development. *Research in Organizational Change and Development, 4*, 231-272.

Bass, B. M., & Riggio, R. E. (2006). *Transformational leadership* (2nd ed.). Mahwah, NJ:

Lawrence and Erlbaum Associates, Inc.

Blake, R. R., & Mouton, J. S. (1985). *The Managerial Grid III*. Houston, TX: Gulf Publishing Company.

Burns, J. M. (1978). *Leadership*. New York: Harper collins.

Chan, A. (2005). Authentic leadership measurement and development: Challenges and suggestions. IN W. L. Gardener, B. J. Avolio, & F. O. Walumbw (Eds.), *Authentic leadership theory and practice: Origins, effects, and development*.

Diaz-Saenz, H. R. (2011). Transformational leadership. In A. Bryman, D. Collinson, K. Grint, B. Jackson, & M. Uhl-Bien (Eds.), *The SAGE handbook of leadership* (pp. 299-310). London: SAGE Publications Ltd.

Donaldson, J. F. (1992). Reconfiguring the leadership envelop: Teaching and administration. In Paul J. Edelson (Ed.), *Rethinking leadership in adult & continuing education*. San Francisco, CA: Jossey-Bass Publishers.

Edelson, P. J. (1992). Leadership and the future of adult and continuing ducation. In P. J. Edelson (Ed.), *Rethinking leadership in adult and continuing education* (pp. 95-105). San Francisco, CA: Jossey-Bass Publishers.

Gardner, J. W. (1990). *On leadership*. New York: Free Press.

Gardner, W. L., Avolio, B. J., Luthans, F., May, D. R., & Walumbwa, F. O. (2005). "Can you see the real me?" A self-based model of authentic leader and follower development. *The Leadership Quarterlyh, 16*, 343-372.

Gilligan, C. (1982). *In a different voice: Psychological theory and women's development*. Cambridge, MA: Havard University Press.

Goleman, D., Boyatzis, R., & Mckee, A. (2002). *Primal leadership: Realizing the power of emotional intelligence*. Boston: Harvard Business School Press.

Greenleaf, R. K. (1970). *The servant as leader*. Newston Center, MA: Robert K. Greenleaf Center.

Greenleaf, R. K. (1977). *Servant leadership: A journey into the nature of legitimate power and greatness*. New York: Paulist.

Harter, N. (2006). *Clearings in the forest: On the study of leadership*. West Lafayette, IN: Purdue University Press.

Heifetz, R. A. (1994). *Leadership without easy answers*. Cambridge, MA: Harvard University

Press.

Hersey, P., & Blanchard, K. H. (1969). Life-cycle theory of leadership. *Training and Development Journal, 23*, 26-34.

Heslin, P. A., Vandewalle, D., & Latham, G. P. (2006). Keen to help? Managers' implicit person theories and their subsequent employee coaching. *Personal psychology, 59*, 871-902.

Houghton, J. D., & Neck, C. P.(2002). The revised self-leadership questionnaire: Testing a hierarchical factor structure for self-leadership. *Journal of Managerial Psychology, 17*(8), 672-691.

Illies, R., Morgeson, F. P., & Nahrgang, J. D. (2005). Authentic leadership and eduaemonic well-being: Understanding leader-follower outcomes. *Leadership Quarterly, 16*, 1-55.

Kohlberg, L. (1981). *The philosophy of moral development*. New York: Harper & Row.

Lewin, K. (1951). Field theory in social science In D. Cartwright (Ed.), New York: Harper Collins.

Likert, R. (1967). *The human organization*. New York: McGraw-Hill.

Luthans, F., & Avolio, B. J. (2003). Authentic leadership development. In K. S. Cameron, J. E. Dutton & R. E. Quinn (Eds.), *Positive organizational scholarship* (pp. 241-258). San Francisco, CA: Berrett-Koehler.

Manz, C. C., & Sims H. P. (1997). Superleadership : Beyond the myth of heroic leadership. In R. P. Vecchio (Ed.), *In Leadership : Understanding the dynamics of power and influence in Organizations*. Indiana: University of Notre dame Press.

Manz, C. C., & Sims, H. P. Jr. (2001). *The New Super leadership : Leading Others to Lead Themselves*. New York, NY: Berrett-Koehler Publishers Inc.

Maslow, A. H. (1954). *Motivation and personality*. New York: Harper & Row.

Maslow, A. H. (1970). *Motivation and personality* (2nd ed.). New York: Harper and Brothers.

McGregor, D. M. (1960). *The human side of enterprise*. New York: Mcgraw Hill.

Mulcrone, P. (Ed.). (1993). *Current perspectives on administration of adult education programs*. San Francisco, CA: Jossey-Bass Publishers.

Neck, C. P., & Manz, C. C. (1996). Thought self-leadership: The impact of mental strategies training on employee cognition, behavior, and affect. *Journal of Organizational Behavior, 17*, 445-467.

Neck, C. P., & Manz, C. C. (2004). *Mastering self-leadership: Empowering yourself for personal excellence* (3rd ed.). Upper Shddle River, NJ: Pearson Prentice-Hall.

Northouse. P. G. (2013). 리더십: 이론과 실제 (*Leadership*). (김남현 역). 서울: 경문사. (원저는 2013년에 출판).

Rost, J. (1993). *Leadership for the twenty-first century.* New York: Praeger.

Shamir, B., & Eilam, G. (2005). "What's your story?": A life-stories approach to authentic leadership development. *Leadership Quarterly, 16*, 395-417.

Shoemaker, C. J. (1998). *Leadership in continuing and distance education in higher education.* Ally and Bacon.

Walumbwa, F. O., Avolio, B. J., Gardner, W. I., Wernsing, T. S., & Peterson, S. J (2008). Authentic leadership: Development and validation of a theory-based measure. *Journal of Management, 34*(1), 89-126.

Yukl, G. (2002). *Leadership in organization* (5th ed.). Prentice Hall.

제4부

평생교육의 미래

이 책의 마지막인 제4부는 평생교육의 미래를 다룬다. 미래변화의 핵심은 '인공지능(AI) 시대'의 도래일 것이다. 중국은 'AI굴기'를 기치로 내걸고 2025년에 세계 1위의 AI 강국이 될 목표로 아기 때부터 평생에 걸친 AI 교육을 실시하고 있다. 중국 인공지능 교과서 서문에는 "인류의 미래는 인공지능에 의해 천지개벽하는 변화가 발생할 것으로 예상한다. 인공지능 인재양성과 교육에 국가의 미래가 달려 있다. 인공지능은 이제 감제고지(瞰制高地)의 위치를 차지하게 되었다. 인공지능 교육은 아기에서부터 시작되어야 하고 반드시 유치원과 초등학교 수업에서 중요한 위치를 차지해야 한다."라고 밝히고 있다.

여기서는 제14장과 제15장에 걸쳐서 'AI 시대의 에듀테크와 평생교육' 그리고 '한국 평생교육의 과제와 전망'을 다룬다.

제 14 장

AI 시대의 에듀테크와 평생교육

"오늘의 아이를 어제의 방법으로 가르치는 것은 아이들의 미래를 훔치는 것이다."
–존 듀이–

학습목표

1. AI 시대의 개념과 디지털 전환을 이해할 수 있다.
2. 에듀테크의 개념과 특징을 이해할 수 있다.
3. AI 시대 에듀테크 환경에서 평생교육의 방향을 설명할 수 있다.

학습개요

AI 시대! 로봇기술, 빅데이터, 디지털 전환, 머신러닝 알고리즘 등의 발달로 AI 시대가 열렸다. 생명체 가운데 인간 우월성의 기초가 된 지능을 기계가 갖게 되고, 연산, 정보처리, 기억 등의 영역에선 기계가 인간을 추월하게 되어 인간의 노고를 덜어 준 지 오래다. 이젠 인간의 감정마저도 학습을 통해 비슷하게 느끼고 해석하고 인간처럼 행동할 수 있게 되었다. 인공지능이 유사자아를 갖게 되는 초지능 시대가 도래할 날도 머지않았다는 예측이 있고 인류문명이 종말을 고할 것이라는 암울한 전망이 나오고 있다. 어떻게 하면 인공지능의 개발과 활용이 인류를 파괴하지 않고 인류의 행복과 풍요를 위해 기여할 수 있을 것인가가 과제로 대두되었다. 아무리 '윤리기준'을 만들어 인류가 인공지능 개발을 통제한다고 하여도 인간이 가진 호기심, 그리고 보다 고도의 인공지능이 가져올 효율성 때문에 경쟁이 불가피한 인간사회에선 초지능 시대의 도래는 필연적이라 보고 있다. 어쨌든 AI 시대가 던지는 고민거리는 많다. 그중에서도 '인간의 지능마저 기계로 대체된다면 도대체 인간은 무엇을 하고 살아야 하나?'라는 직업상실의 문제, 디지털 격차, 정보독점과 민주주의 위협 등의 난제가 예상되고, 사람들은 생존을 위해 변화무쌍한 환경에 대한 적응적 교육훈련을 강화하고, 사회적 합의를 도출할 일도 많아질 게 뻔하다. 그만큼 평생교육의 수요가 폭발할 것이다. 이젠 학교교육만으로는 이러한 변화를 따라잡기는 어렵게 되었다.

교육수요의 폭발을 테크놀로지로 대응하려는 노력이 바로 에듀테크이다. 로봇교사의 등장, MOOC, 인공지능 조교의 학습 관리, 가상현실과 증강현실을 활용한 체험학습, 디지털 교과서, 메타버스 등을 통해 교사와 장소를 뛰어넘는 서비스를 제공할 수 있는 길이 열렸다. 이 장에서는 앞으로 전개될 인공지능시대 에듀텍의 발전이 평생학습 · 평생교육에 어떤 시사점을 주는지 이해하고 어떻게 대응할 것인지 솔루션을 스스로 찾아가는 하나의 단서를 제공하게 될 수 있기를 희망한다.

1. AI 시대와 평생교육의 과제

우리는 지금 인공지능(Artificial Intelligence: AI) 시대에 살고 있다. 인공지능은 인간의 지능을 인공적으로 구현한 것이기 때문에 모든 분야에서 인간을 대체할 수 있다. 사람 대신 육체노동을 하고, 사람 대신 머리를 쓰고, 사람 대신 전쟁을 한다. 2021년 구글이 공개한 인공지능 '람다(LaMDA)'는 스스로 사람이라 생각하고 죽는 것이 두렵다는 감정을 표현해 개발자를 놀라게 하였다(JTBC, 2022). 인공지능이 자의식을 가지고, 인간과 깊은 대화를 하면서 인간의 심리적인 문제점과 의사결정 능력까지 모방할 수 있음을 보여 준다.

제4차 산업혁명을 대표하는 기술로 인공지능(AI)을 비롯하여 사물인터넷(IoT), 빅데이터 기술(Big Data), 블록체인 기술, 3D프린팅, 자율주행자동차, 로봇공학, 나노기술, 헬스케어, 가상현실(VR), 증강현실(AR) 등이 거론되지만(최연구, 2020), 이 중에 하나를 꼽으라면 단연 '인공지능'을 꼽게 된다. 인공지능이야말로 어떠한 정형 · 비정형 데이터도 알고리즘을 통해 학습하여 복잡한 질문에 솔루션을 제공하는 정보공학 분야의 인프라이기 때문이다. 그래서 전문가들은 인공지능을 컴퓨터 학습의 기초이자 모든 복잡한 의사결정의 미래로 보고 있다. 앞으로의 경쟁력은 인공지능을 가지고 있느냐 없느냐, 얼마나 데이터가 많은 똑똑한 인공지능을 갖고 있느냐로 결정될 것으로 보고 있다. 이런 점에서 지금의 시대를 'AI 시대'로 부를 수 있을 것이다. AI 교육은 국가의 미래부강을 위한 전략으로서도 중요하고 미래를 살아갈 기초 소양으로서도 중요하다. AI 교육은 미래를 살아갈 기초 소양으로서 인공지능 문해교육과 같이 모든 연령층에서의 평생교육적 접근이 필요함을 알 수 있다.

세계는 AI 시대에서 경쟁우위를 확보하기 위해 치열한 경쟁을 펼치고 있고, 그 경쟁의 선두엔 미국과 중국이 위치하고 있다. 중국은 2030계획에 따라 인공지능 인재를 가장 많이 보유하기 위해 2018년부터 AI 교과서를 개발하여 인공지능홍위병을 육성하고 있다. 인공지능 기술의 5개 핵심분야 중 데이터와 응용분야는 이미 미국을 앞질렀고, 전문가들은 2030년이 되면 중국이 미국을 인공지능 인재 확보나 기술 면에서 앞설 것으로 예상하고 있다. 우리나라도 2015년부터 소프트웨어 교육에서 인공지능으로 자연스럽게 연계하여 인공지능융합교육 거점학교, 인공지능교육 선도학교 등 시범학교를 운영하고, 2020년 9월에서야 인공지능 기초와 인공지능 수학과목을 고등학교 진로교육 선택과목으로 신설 확정하고, 2021년 고등학교 2학기부터 인공지능 수학교과를 수강 가능하게 하였다. 2025년부터 인공지능과목을 법정교과로 가르치게 된다. 미국의 경우 'AIK12 Initiative 행정명령'을 통해서 2019년부터 초 · 중등학교에서 인공지능 도입방안이 탐색되었고, 일본은 2019년부터 인공지능 데이터 사이언스 교육을 전체 학교에 확대하고 2025년부터는 대학입시의 필수과목으로 채택하기로 하였다. 우리나라는 중국은 물론 미국이나 일본에 비해 AI 교육이 뒤처져 있음을 알 수 있다. 인공지능 교육을 하는 교사나 내용 면에서도 우리나라는 중국에 비해 뒤처져 있다. 우리나라는 담임교사가 연수를 받아 가르치는 반면, 중국은 국가에서 파견된 전문가가 가르친다. 교육의 질은 교사의 질에 의해 좌우됨에 비추어 질적인 면에서 차원이 다른 교육이 실시되고 있다(TVN, 2021). 우리나라에선 인공지능교육 자체의 내용에 집중하고 있으나 중국에선 인공지능의 기반이 되는 교육이 중시됨으로써 어릴 때부터 탄탄한 인공지능 기초가 형성되게 되어 있다. 우리도 프로그래밍이나 수학 등 인공지능을 위한 체계적인 교육과정 구성이 필요하다(EBS, 2021a).

학교교육과 평생교육이 분리될 수 없고, 학교교육과 평생교육의 괴리가 클수록 세대 간의 AI 교육의 격차가 심화되고, 성인의 몰이해는 학생의 미래를 이끌어 줄 수 없게 된다. 따라서 교육수준이 높고 힘을 가진 베이비부머, 즉 뉴시니어에 대한 AI 교육을 통해 미래 세대를 지지할 수 있도록 하는 것이 미래세대의 성장과 국가발전을 위해 매우 중요한 과제가 될 수 있다.

앞서 제8장에서 살펴본 바와 같이, AI 시대 AI 교육의 중요성에 대해 다시 한번 새로이 인식하기 위해 중국 AI 교과서 서문을 인용하고자 한다. 중국 AI 교과서 서문에는 "인류의 미래는 인공지능에 의해 천지개벽하는 변화가 발생할 것으로 예상한다. 인공지능 인재양성과 교육에 국가의 미래가 달려 있다. 인공지능은 이제 감제고지(瞰制高地)의 위치를 차지하게 되었다. AI 교육은 아기에서부터 시작되어야 하고 반드시 유치원과 초등학교 수업에서 중요한 위치를 차지해야 한다. 인공지능 교재 편찬은 이론과 실천을 결합하면서 산학연이 함께 이루어 낸 기념비적 의미가 있는 위대한 업적이다. 인공지능이 중국 교육에 전례가 없는 변화를 가져오고 중국을 위대한 국가로 만들어 세계 정상에 우뚝 서게 할 것이다."(이성국, 2021, p. 111). AI 교육이 학교교육과 성인교육을 통합한 평생교육적 차원으로 접근하고 있고, 국가적인 장기전략하에 실시되고 있는 중국의 무서운 얼굴을 볼 수 있다.

이 절에서는 인공지능시대의 전제조건인 디지털 전환, AI 시대의 개념과 인공지능의 윤리기준, AI 시대에 요구되는 핵심역량, 그에 따른 평생교육적 과제에 대해 살펴보기로 한다.

1) 디지털 전환과 AI 시대

(1) 디지털 전환과 그 필요성

인공지능시대를 여는 전제조건은 모든 정보를 디지털로 변환시켜야 한다는 것이다. 디지털 전환을 해야 하는 이유는 정보통신기술(ICT)이나 인공지능이 가져다주는 효율성, 즉 디지털혁신을 향유하지 못하면 개인이든 조직이든 생존경쟁에서 지극히 불리해질 수밖에 없다는 것이 명약관화(明若觀火)하기 때문이다.

디지털 전환(Digital Transformation: DX)의 개념은 기업적 차원, 개인적 차원, 사회적 차원에서 정의된다. 이 가운데 기업적 차원의 정의가 일반적으로 사용되는 개념이다. 기업적 내지 산업적 차원에서는 최신의 디지털 기술을 활용하여 변화하는 산업환경에 경쟁력을 확보하려는 전략적 노력으로서 제품과 서비스 혁신, 고객 접점의 혁신, 비즈니스 모델의 변화를 포괄하는 것으로 정의된다. 개인적 차원에서는 디지털 기술과 역량을 체화하는 것을 의미하고, 사회적 차원에서는 디지털화의 결과가 사회 전반에 미치는 총체적인 영향, 특히 기술적응 촉진과정 일체를 의미한다(장재영 외, 2022). 디지털 전환은 "인공지능을 비롯한 디지털 신기술의 접목으로 인간의 정보처리 능력과 의사결정 방식이 한 단계 진화하는 흐름인 것과 동시에, 여기에 필수적인 '디지털 시대'에 맞는 새로운 사고방식과 행동규준 전체를 의미한다고 할 수 있다."(장재영 외, 2022, p. 18)

기업의 디지털 전환은 전산화(digitization), 디지털화(digitalization), 디지털 전환(digital transformation)으로 진화해 왔다. 전산화 단계에서는 아날로그 정보를 컴퓨터가 처리할 수 있는 디지털 정보로 변환하는 활동이 중심이 되고, 디지털화 단계에서는 생산, 고객 커뮤니케이션, 유통의 온라인화 등 비즈니스 과정을 정보통신기술(ICT)을 기반으로 변화시켜 비용절감, 고객만족을 향상시키는 활동이 주가 된다. 디지털 전환 단계에서는 비즈니스 프로세스, 제품, 서비스의 디지털화에서 한 걸음 더 나아가 기업전략, 조직문화, 리더십 등 기업의 전 영역을 대상으로 한 전략적 접근이 이루어진다. 디지털 전환의 최종 목적은 급변하는 기업환경에서 지속가능한 생존이 이루어질 수 있도록 새로운 가치를 창출하고 디지털 대응 역량을 높여 나가는 것이다(정미애 외, 2021).

기업의 디지털 전환의 궁극적 목적이 기업의 지속가능한 생존이라면 기업의 목표는 결국 내부효율성 개선과 기업의 성장이 될 것이다. 내부효율성 개선은 디지털화 단계에서 중점적으로 이루어지는 활동이라 했는데, 디지털 전환에서 말하는 내부효율성 개선은 전략적 차원에서 전 영역에 걸쳐 이루어지는 점에 차이가 있다(〈표 14-1〉 참조).

〈표 14-1〉 기업의 디지털 전환 목표별 차이

구분	비용 절감/운영 효율성	성장/혁신
자산 재배치	비용 절감 대안을 위해 잘 확립된 메커니즘, 리드 타임, 품질 및 처리량(예, 사업부문 세금)	성장 의제를 구축하기 위해 여러 기능에 필요한 자본을 할당하는 확립된 메커니즘
문화	더 나은 방법으로 폐기물을 줄이기 위해 잘 정립된 문화	기능 전반에 걸친 집단 능력으로 산출물 시장을 변화, 서비스를 개발 및 판매하거나 데이터를 사용하여 새로운 비즈니스를 구축하는 문화가 확립되어 있지 않음
기능 간 조정	개별 기능의 우수성에 따라 다름	여러 기능에 따라 다름
데이터 관리	데이터는 내부적으로 생성되며 일반적으로 효율성 개선을 식별하기 위해 더 적은 수의 변수를 고려해야 함	데이터는 고객 애플리케이션에서 생성되며 성장 옵션을 식별하려면 많은 변수를 고려해야 함
수요	내부 수요와 그것이 생산적인지를 결정하는 기업의 책임	불확실한 수요
외부 협력	효율성 개선을 구현하기 위해 잘 정립된 파트너와 공급업체	파트너십은 상황에 따라 달라지며, 가치를 창출하기 위해 생태계의 보완자에 대한 강한 의존도가 있음
투자	비교적 추정하기 쉬움	추정하기 어려움
관리 프로세스	정해진 관리 프로세스 작동	새로운 관리 프로세스에 따라 유연하게 작동
투자 수익	추정하기 쉬움	매우 불확실
전략	경쟁력에 있어 중요하고 투자 수익률이 높은 솔루션에 투자하기 위해 잘 확립된 절차	수립된 전략이 없음, 많은 불확실한 대안 사이에서 절충해야 함
구현 시간	비교적 추정하기 쉬움	추정하기 어려움
양도성	기업 간 높음	기업 간 낮음

출처: Björkdahl(2020), p. 25: 정미애 외(2021), p. 14 재인용.

코로나19와 사회적 거리두기는 비대면 방식의 생산과 소비로 디지털 전환의 수요를 증가시키는 결정적 계기로 작용했지만, 오직 17%의 기업만이 디지털 전략을 준비하고 있는 것으로 알려졌다(장재영 외, 2022). 좀 더 구체적으로 2020년 한국산업기술진흥협회의 조사에 따르면, "국내 기업 중 디지털 전환을 추진 중인 기업은 30.6%로 나타났지만, 적극적으로 추진한다고 응답한 기업은 9.7%에 그쳤고, 디지털전환 전담 조직을 보유한 기업은 2.1%에 불과한 것으로 나타났다."(한국산업기술진흥협회, 2020: 정미애 외, 2021, p. 15 재인용)

반면, 정부는 2020년 7월에 '한국판 뉴딜 종합계획'을 수립하고, 디지털과 그린을 양대 축으로 삼고 2025년까지 160조 원을 투자하여 일자리 190만 개 이상을 창출하는 것을 목표로 설정하여 추진하고 있다. '디지털 뉴딜'은 우리나라의 ICT 강점을 기반으로 디지털이 선도하는 경제, 디지털 대전환 국가 프로젝트이고, 그 핵심은 데이터를 저장하는 데이터 댐과 5G를 기반으로 하는 데이터 고속도로가 필수다(정보통신기획평가원, 2020). 데이터 댐은 "소비자 개인정보, 인터넷 쇼핑정보, 내비게이션 이동경로 등을 비롯한 모든 유무형 자산과 국가 행정정보에 이르기까지 광범위한 데이터를 소위 '댐'에 축적해 필요한 곳에 사용하고 새로운 부가가치를 창출한다는 개념"(정보통신기획평가원, 2020, p. 2)이고, 데이터 고속도로는 "데이터 댐에 축적한 방대한 양의 데이터를 마음껏 활용 · 가공 · 분석해 환경 · 의료 · 치안 · 에너지 절감 등 다양한 서비스 창출로 연결할 수 있는 '수로(水路)' 역할로 5G가 중심이다."(정보통신기획평가원, 2020, p. 2) 5G 기술과 데이터 댐은 디지털 전환의 핵심이자 기초다.

중국의 디지털 전환 전략은 디지털 산업화, 산업의 디지털화, 디지털화 거버넌스, 데이터 가치화 등 4부문으로 나누어 추진되고 있다. '디지털 산업화'는 정보통신산업의 발전, 특히 인터넷 기업의 성장을 기반으로 추진되고 있고, '산업의 디지털화'는 기존의 1, 2, 3차 산업에 디지털 기술을 통해 융합 · 응용하여 실물경제의 디지털 전환을 일으키는 것을 의미한다. '디지털 거버넌스'는 디지털 기술을 활용해 행정시스템과 제도를 개선하는 것을 의미하며, '데이터 가치화'는 디지털 경제의 생산요소로서 데이터의 가치를 인식하고 활용하기 위한 시스템을 구축하는 것을 말한다(최원석 외, 2021). '데이터 가치화'는 정책적으로 "데이터 자산화"(최원석 외, 2021, p. 8)와 같은 의미로 사용된다. '인공지능 굴기'를 추진하는 데 있어 빅데이터와 데이터의 디지털 전환은 경쟁력의 핵심요소이기 때문에 중국의 디지털 전환전략은 국가 주석이 직접 총괄하고 있다. 중국은 인공지능기술 중 데이터와 활용은 이미 미국을 앞섰고, 5G통신망도 2010~2020년 기준 82만 대의 기지국을 중국이 건설한 반면, 같은 기간 미국의 6만 대보다 훨씬 앞서고 있다. 2021년 제정된「데이터 보안법」과「개인정보 보호법」등 중국의 데이터 규범은 데이터의 역외이전에 대한 안정성 심사와 인증체계를 명문화하고, 국가안보를 위한 데이터 통제, 자국시장 보호 등을 규정하고 있다(최원석 외, 2021). 이를 통해 중국은 인공지능 시대의 세계 최강국을 향하여 디지털 전환과 데이터 관리를 장기적 국가비전을 가지고 추진하고 있음을 알 수 있다.

(2) AI 시대[1)]

인공지능(AI)은 "사람의 지적 활동을 컴퓨터를 통해 구현하는 기술"(교육부, 2020)이다. 인공지능의 핵심은 '학습' '추론' '예측'이고 육체노동을 대신하는 예전의 기계들과 달리 지적노동이 가능하다는 특징을 갖는다(교육부, 2020).

지금 인류는 제4차 산업혁명기를 경험하고 있다. 제4차 산업혁명의 핵심기술로 세계경제포럼(WEF)과 전문가들은 사물인터넷(IoT), 빅데이터 기술, 블록체인 기술, 3D프린팅, 자율주행자동차, 인공지능(AI) 등 6대 분야를 들고 있다(최연구, 2020). 이 외에도 로봇공학, 나노기술, 헬스케어, 가상현실(VR), 증강현실(AR) 응용서비스 분야가 기술적 기반을 형성하고 있다. 이런 테크놀로지 가운데 제4차 산업혁명을 대표하는 기술을 들라고 하면 단연 인공지능(AI)을 꼽을 것이다. 와트의 증기기관이 발명된 1769년부터 지금까지 약 250년 동안 인류가 겪은 산업혁명은 기계가 인간의 육체노동을 대체하거나 컴퓨터와 디지털기술이 정보처리를 수월하게 해서 정신노동을 대체하는 것이었다. 새로운 기술로 인해 많은 일자리가 사라지기도 했지만 훨씬 더 많은 일자리가 창출되었다. 그렇기에 지구상의 인구가 폭발적으로 증가할 수 있었다. 그러나 인공지능은 인간의 고유한 특장점인 지능을 대체하는 것, 즉 인간 자체를 대체하는 것을 의미한다. 이는 극단적으로 인간에게 주어지는 일자리가 필요 없어질 수 있다는 사실을 의미할 수 있고, 우리는 이 점을 직시할 필요가 있다. 이제 세계는 'AI 시대'라는 말로 경제, 사회, 정치, 문화 전반의 근본적인 격변을 표현하고 있다(교육부, 2020). 구글의 최고경영자인 순다르 피차이(Sundar Pichai)는 "인공지능은 불이나 전기보다 인류에게 더 큰 영향력을 미칠 것이다."(EBS, 2021a)라고 했다.

2016년은 인공지능을 세계인에게 각인시킨 획기적인 해였다. 2016년 3월에는 알파고

---

1) 이 부분은 강찬석의 한국연구재단프로젝트 미발표논문 '인공지능(A.I.)시대의 인간정체성 위기 문제와 보편적 영성을 통한 해결 가능성 탐색(과제번호: 2021S1A5B5A17050069)'의 내용을 옮겨 실은 것임.

와 이세돌의 바둑대결이 있었고, 이는 사고력과 같은 고급지능을 사용해야 하는 영역에서 기계가 인간을 능가한다는 것이 입증되었기 때문에 사람들에게 어마어마한 충격을 주었다. 2016년 5월, 조지아 공대의 인공지능 수업에서 질 왓슨이란 조교가 있었는데, 학생들의 질문에 대한 답변, 토론주제 제공, 쪽지시험 관리 등에서 신속하고 친절한 응답과 비속어도 자연스럽게 섞어 쓰는 친밀감으로 학생들에게 인기가 많았었다. 그런데 질 왓슨이 인공지능이었음이 드러나 충격을 주었다(홍정민, 2017).

인공지능은 약인공지능, 강인공지능, 초지능 등 3가지로 분류된다. 약인공지능은 인간이 할 수 있는 모든 지적 업무를 수행할 수 있는 인공지능이고, 강인공지능은 범용인공지능(AGI)이라고도 하는데 인간과 거의 흡사한 지능을 가진 자의식을 가진 인공지능이며, 초지능은 모든 영역에서 인류보다 우월한 인공지능을 말한다(홍정민, 2017). 초지능의 등장을 커즈와일(Kurzweil, 2007)은 특이점(singularity)이라 부르고 2045년을 특이점이 오는 때로 예측하였다. 지금은 약인공지능 단계로 이미 페이스북과 같은 SNS나 유튜브 등에서 채팅, 검색정보로 연관되는 사이트에 연결하는 맞춤형검색 기술에 활용되고 있고, IBM의 인공지능 왓슨은 의료기술에 활용되어 암진단 정확도가 96%에 이르고 있다. 약인공지능은 먼저 비서, 서빙, 의료, 금융, 광고 등으로 분야를 확장한 후 헬스케어, 금융투자, 스마트에너지, 자동번역, 교육서비스로 영역을 확장할 것으로 보이고, 약인공지능에서 강인공지능으로 도약하려면 15~25년 정도의 시간이 걸릴 것으로 예상된다(홍정민, 2017).

페이스북의 설립자 마크 저커버그(Mark Zuckerberg)를 비롯한 낙관론자들은 인공지능이 단기적으로 인류의 삶을 풍요롭게 만들어 줄 것이라 하는 반면, 일론 머스크(Elon Musk)나 스티븐 호킹(Stephen Hawking)은 장기적으로 인공지능이 초지능으로 발전할 것이기 때문에 인공지능이 인간의 통제를 벗어나 결국 인류문화가 파괴될 것이라 우려하고 있다. 일론 머스크는 "인공지능 연구는 악마를 소환하는 것이나 마찬가지로 핵무기보다 위험하다."라고 했고, 스티븐 호킹도 "인공지능은 인류의 종말을 불러올 수 있다."라고 말하며 인공지능 기술의 위험성을 경고하였다(홍정민, 2017, p. 60).

하라리(Harari, 2020)는 2020년 스위스의 다보스에서 열린 세계경제포럼(WEF)에서 인공지능은 세계를 부자 엘리트(국가)와 데이터 식민지로 나눌 것이고, 디지털 독재로 나아갈 개연성이 높기 때문에 그것을 예방할 수 있는 질서를 협력해서 만들어 가자고 촉구하였다.

(3) AI 윤리기준

인공지능은 어떤 데이터를 입력시키느냐에 따라서 인간에게 이로울 수도 있고 해로울 수도 있다. 만약 인간의 모든 경험을 인공지능에 입력시켰을 때 자의식을 가진 인공지능이 어떻게 될지는 인공지능 챗봇 '이루다'를 통해 충분히 짐작할 수 있다. 20대 여대생으로 설정된 챗봇 '이루다'는 2020년 12월에 출시되었고, 연인들이 나눈 대화 데이터 약 100억 건을 확보하여 학습시켰는데, 75만 명의 사용자 중 주로 10~20대가 사용했고, 음담패설과 혐오발언을 주고받고서 일부 사용자들이 여성 성소수자, 장애인 등에 대해 어떻게 생각하는지를 묻자 이루다는 혐오성 발언으로 응답하였다. 또한 서비스 사용 과정에서 대화 데이터를 제공한 사용자들의 여러 개인정보가 노출되었다. 2021년 1월 초 여성계와 언론의 비판여론 때문에 출시 3주만에 서비스가 중단되었다(김건우, 2022). 이는 '사람같다'고 해서 '사람다운 것'은 아니다는 사실을 일깨워 준 사건이었다. 또한 데이터 수집의 공정성, 공평성, 평향성, 데이터 사용방식에 따른 사용자 윤리가 확립되지 않으면 인공지능이 무서운 재앙으로 다가올 수 있음도 피부로 느낄 수 있도록 환기시켜 주었다(EBS, 2021b). 인공지능의 연구와 개발, 사용에 있어서의 윤리기준 확립과 준수가 중요한 과제가 된다.

미국에서는 민간주도로 2017년 미래생명연구소(The Future of Life Institute) 주관으로 인공지능 연구 및 개발을 위한 「아실로마 인공지능 23원칙(Asilomar AI 23 principles)」이 수립되었고, EU에서는 2019년 「AI 윤리 가이드라인」이, 우리나라의 경우 2020년 12월에 과학기술정보통신부 주관으로 「AI 윤리기준」이 최종 발표되었다(과학기술정보통신부, 2020). 국가적인 AI 윤리기준을 가진 나라는 우리나라 외에도 일본, 중국, 러시아 등이 있다. 우리나라 AI 윤리기준에는 AI를 개발하고 활용하는 과정에서 적용되어야 할 3대 기본원칙으로 인간의 존엄성 원칙, 사회의 공공선 원칙, 기술의 합목적성 원칙이 제시되었고, 이를 구현하기 위한 10대 핵심요건으로, ① 인권 보장, ② 프라이버시 보호, ③ 다양성 존중, ④ 침해 금지, ⑤ 공공성, ⑥ 연대성, ⑦ 데이터 관리, ⑧ 책임성, ⑨ 안전성, ⑩ 투명성을 들고 있다.

「아실로마 인공지능 23원칙」은 '인공지능 재앙을 막는 23가지 원칙'으로도 잘 알려져 있으며, 2019년 2월 현재 1,273명의 전 세계 인공지능 및 로봇공학 연구자들이 서명했고, 그 이후의 국가 단위 'AI 윤리기준'의 길잡이가 되었기 때문에 여기서 잠깐 살펴보기로 한다. 「아실로마 AI 원칙」은 연구, 윤리 및 가치, 장기적 이슈의 3가지 범주로 세분화되어 있다(〈표 14-2〉 참조).

〈표 14-2〉 아실로마 인공지능 23원칙

연구	윤리와 가치	장기적 이슈
1. 연구목표	6. 안전	19. 능력에 대한 주의
2. 연구자금	7. 오류 투명성	20. 중요성
3. 과학-정책 연계	8. 사법적 투명성	21. 위험요소
4. 연구문화	9. 책임	22. 재귀적 자기개선
5. 경쟁회피	10. 가치 정렬	23. 공동선
	11. 인간의 가치	
	12. 개인정보 보호	
	13. 자유와 개인정보	
	14. 이익 공유	
	15. 공동 번영	
	16. 인간 통제	
	17. 비전복(non-subversion)	
	18. AI무기 경쟁	

*「아실로마 원칙」의 각 항목에 대한 설명은 각주 참조[2]

출처: TECHTA RGET (2019).

2) 1. **연구목표**(research goal): AI 연구목표는 방향성이 없는 지능이 아니라 유익한 지능을 만드는 것이어야 한다. 2. **연구자금**(research funding): 유익한 사용을 보장하기 위한 연구자금이 수반되어야 한다. 3. **과학-정책 연계**(science-policy link): AI 연구자와 정책 입안자 간 건설적 교류가 있어야 한다. 4. **연구문화**(research culture): AI 연구자와 개발자 간 협력, 신뢰, 투명성 문화가 조성되어야 한다. 5. **경쟁회피**(race avoidance): AI 시스템을 개발하는 팀은 안전기준에 대한 부실을 피하기 위해 적극 협력해야 한다. 6. **안전**(safety): AI 시스템은 수명이 다할 때까지 안전해야 한다. 적용과 실현이 가능하다면 검증할 수 있어야 한다. 7. **오류투명성**(failure transparency): AI 시스템이 피해를 입힌다면 그 원인을 규명할 수 있어야 한다. 8. **사법적 투명성**(judical transparency): 사법적 의사결정에 자동화된 시스템이 개입하는 경우 권한 있는 인간당국이 감시할 수 있는 충분한 설명을 제공해야 한다. 9. **책임**(responsibility): 고급 AI 시스템의 설계자와 제조자는 사용, 오용 및 행동의 도덕적 의미에 대한 이해관계자이며, 이러한 의미를 형성할 책임과 기회가 있다. 10. **가치정렬**(value alignment): 고도로 자율적인 AI 시스템은 운영 전반에 걸쳐 목표와 행동이 인간의 가치와 일치하도록 보장될 수 있도록 설계되어야 한다. 11. **인간의 가치**(human values): AI 시스템은 인간의 존엄성, 권리, 자유 및 문화적 다양성의 이상과 양립할 수 있도록 설계 · 운영되어야 한다. 12. **개인정보 보호**(personal privacy): AI 시스템이 해당 데이터를 분석하고 활용할 수 있는 능력이 주어지면 사람들은 자신이 생성한 데이터에 액세스, 관리 및 제어할 수 있는 권한을 가져야 한다. 13. **자유와 개인정보**(liberty & privacy): 개인정보에 대한 AI의 적용이 사람들의 자유를 부당하게 침해해선 안 된다. 14. **이익공유**(shared benefit): AI 기술은 최대한 많은 사람에게 이익을 주고 권한을 부여해야 한다. 15. **공동번영**(shared prosperity): AI가 창출하는 경제적 번영은 인류 전체에 이익이 되도록 널리 공유되어야 한다. 16. **인간 통제**(human control): 인간은 인간이 선택한 목적을 달성하기 위해 의사결정을 AI에 위임할지 여부와 방법에 대해 선택할 수 있어야 한다. 17. **비전복**(non-subversion): 고도로 발전된 AI 시스템의 제어에 의해 부여된 권한은 사회의 건강이 의존하는 사회적 · 시민적 과정을 전복시키기 보다는 존중하고 개선해야 한다. 18. **AI 무기 경쟁**(AI arms race): 치명적인 자동화 무기의 군비경쟁은 피해야 한다. 19. **능력에 대한 주의**(capability caution): 합의가 없는 한, 미래 AI 능력의 상한선에 대한 강한 가정은 피해야 한

2) AI 시대가 만드는 미래와 요구되는 핵심역량

(1) 인간이 만들어 가는 AI 시대

초인공지능의 등장은 인류의 멸망을 의미한다(김대식, 2016). 뇌과학자들은 인간도 시뮬레이션한 자유의지라고 한다. 따라서 시뮬레이션된 강한 인공지능은 생각보다 일찍 등장할 가능성 있다. 이런 위험성 때문에 '과학을 위한 과학'으로서의 인공지능이 아니라 인간의 삶을 보다 풍요롭게 해 주는 '인간을 위한 과학'으로서의 인공지능 개발을 위해 '인공지능 윤리기준'을 마련하여 추진하고 있는 것이다. 현상을 있는 그대로 관찰하고 인간의 호기심을 있는 그대로 방치한 상태로 흘러가게 놔두는 순수 이론적 차원의 미래 내지 자연상태의 미래가 아니라, 바람직한 방향으로 미래를 만들어 가는 정책적 차원의 미래가 앞으로 인공지능시대에 펼쳐질 미래가 될 것이고, 그렇게 되어야 할 것이다. 일본의 문부교육성(文部科學省, 2018)은 인류의 존속이 위협받는 상황일수록 우리가 무엇을 원하는지에 대한 질문과 정책의 중요성이 커진다고 하였다. 하지만 정책으로 인간의 자연적 호기심 내지 '과학을 위한 과학'을 영원히 억누르기는 어려울지도 모른다.

바람직한 방향으로 또는 정책적으로 우리가 바라는 미래를 만들어 갈 수 있다는 근거에 대해 뇌과학자이자 카이스트 정보과학기술대학의 김대식(2016) 교수는 "우리의 뇌는 사물을 있는 그대로 인식하도록 만들어진 게 아니라 생존확률을 높이는 방향으로 해석하게끔 만들어졌다. 그리고 우리의 뇌가 현실보다 상상을 더 믿는 것은 건설적인 정신병 중 하나다. 건설적인 정신병 덕분에 존재하지 않는 것을 상상할 수 있고, 상상을 먼저 한 다음 현실로 만들어 낸다."라고 하였다. 『위기의 심리학(Welcome to Your Crisis)』의 저자 데이(Day, 2007) 역시 인간이 동물과 다른 점은 상상을 할 수 있다는 점임을 상기시키고, 상상을 현실로 만들어 낼 수 있는 창조력을 갖고 있음을 강조한다. 그는 그런 맥락에서 "모든 꿈은 반드시 이루어진다."라고 주장한다. 서울대학교 컴퓨터공학과 장병탁(2021) 교수는 "미래는 이미 우리 머릿속의 상상으로 와 있으며, 그래서 미래는 이미 현재에 들어와 있다고 말할 수 있다."라고 한다.

다. 20. **중요성**(importance): 고급 AI는 지구생명체의 역사에서 중대한 변화를 나타낼 수 있으며, 그에 상응하는 주의와 자원을 통해 계획되고 관리되어야 한다. 21. **위험요소**(risks): AI 시스템이 초래하는 위험, 특히 재앙적이거나 실존적 위험이 예상되는 영향에 상응하는 계획 및 완화 노력의 대상이 되어야 한다. 22. **재귀적 자기개선**(recursive self-improvement): 재귀적 자기개선 또는 자기복제를 통해 품질이나 양을 빠르게 증가시킬 수 있도록 설계된 AI 시스템은 엄격한 안전 및 통제 조치를 받아야 한다. 23. **공동선**(common good): 초지능은 널리 공유된 윤리적 이상에 봉사하고 한 국가나 조직이 아닌 전 인류의 이익을 위해 개발되어야 한다.

2007년 우리나라를 방문했던 미래학자 앨빈 토플러(Alvin Toffler, 1928~2016)는 국가청소년위원회 초청강연에서 "미래는 예측(predict)하는 것이 아니라 상상(imagine)하는 것이다. 직업을 선택할 때 꼭 10년 뒤에도 유망할지를 생각해 보라."라고 하였다. 토플러가 한국의 청소년들에게 당부한 말은 '자유로운 상상'이었다. 더불어, 자신을 '읽는 기계'라고 표현한 토플러 박사는 "미래에 대해 상상하기 위해서는 독서가 가장 중요하다. 미래를 지배하는 힘은 읽고, 생각하고, 커뮤니케이션하는 능력"(중앙일보, 2007)이라고 하였다.

인간이 만들어 가는 미래를 들여다보려면, AI 시대를 준비하는 전문가들과 정부의 정책을 살펴볼 필요가 있다. 특히 과학기술분야뿐 아니라 교육분야, 고용분야의 정책에 유의할 필요가 있다. 교육분야와 고용분야는 AI 시대에 대비한 인재를 양성하고, 훈련하는 데 초점을 맞추고 있기 때문에 AI 시대가 어떤 모습일지에 대한 비전과 어떤 인재를 길러 미래에 대비할 것인지가 종합적으로 녹아 있어서다.

AI 시대에서는 AI가 인간을 대체할 것이라는 관점에서 AI를 의도적으로 무시한다거나 르다이트 운동(Luddite Movement)에서처럼 싸우고 파괴해서는 해결책이 될 수 없다. 유일한 해결책은 '인간과 AI의 협업'이다(김대식, 2016; 유재동, 2021). 교육부(2020)에서의 AI 시대에 대비하는 정책방향 역시 인간과 AI 협업에 기초하고 있다. 인간과 AI 협업에서 인간에게 요구되는 것은 "더 인간적인, 인간만의 특성"(p. 4), 즉 인간의 고유성으로 보고, 미래 인재를 양성하는 정책방향을 제시하고 있다.

인간과 AI의 협업을 기초로 한 AI 시대가 만들어 내는 미래상을 전부 상상할 수는 없지만, 가장 불안하게 느끼는 '일자리 상실의 공포'와 관련하여 긍정적 전망을 하는 경우를 살펴보자. 어차피 우리가 자연상태가 아닌 정책적으로 미래를 만들어 가는 방향이라면 인간에게 유익한 방향으로 움직이리라는 가정은 성립될 여지가 충분하다. 이와 관련하여 미국의 미래학자이자 다빈치연구소 설립자인 토머스 프레이(Thomas Frey)는 '인간과 AI의 협업'을 통해 수많은 일자리가 새로 만들어지고 수퍼고용시대가 올 것이라고 예측하였다. 그는 신발산업을 예로 들면서 "매년 210억 켤레의 신발이 생산된다. 이 중 5%가량이 5년 안에 스마트 신발이 될 것이다. 발을 자주 움직여야 하는 오르간 연주자의 신발, 시각장애인에게 걷는 방향을 알려 주는 신발 등 각자 상황에 따라 맞춤형으로 제작되는 것이다. 이렇게 수요가 다양화되면 상당히 많은 니치 마켓과 마이크로 산업이 생긴다. 그에 따른 새로운 일자리도 생기게 마련이다."(유재동, 2021) 과거에 다른 사람이 해 준 일을 직접 수행함으로써 일자리를 창출하는 소위 프로슈밍이 새로운 일자리가 되는 것인데 3D프린팅 기술과 제작정보를 즉시 입수할 수 있는 정보통신기술로 가능하게 되었고, 앨빈 토플러도 그 가능성을 언급하였다(중앙일보, 2007).

(2) AI 시대에 요구되는 핵심역량

교육부(2020)를 비롯한 전문가들이 제시하는 AI 시대에 요구되는 핵심역량은 다음과 같다.

① 인간의 감성에 대한 이해와 공감, 소통과 협업 능력(교육부, 2020)

이것은 AI가 하기 어려운 인간적인 영역으로 꼽힌다. 비언어적 의사소통 능력과 그를 통한 고객에게 깊은 공감을 선사할 수 있는 능력이 포함된다. 인간 정체성에 대한 물음과 삶의 의미 등 다양한 인문학적 사고가 부각된다. 자신이 어떤 존재인지 정확히 알면 알수록, 도덕적 양심적 능력이 개발되면 될수록 보다 인간다워지고 AI와의 협업도 안전한 기반 위에 이루어지면서 번영할 수 있을 것이다. AI 윤리기준도 충분한 인간 이해로부터 올바로 정립되고 준수될 수 있다.

② 독창적 질문, 창의력, 복잡한 문제해결 능력과 문제설정 능력(교육부, 2020)

AI는 과거의 데이터에 의존하므로 기존의 틀을 벗어나 새로운 구조를 만드는 창의력과 문제해결 능력 그리고 정답만 쫓기보다 새로운 접근을 불러일으킬 수 있는 질문 능력이 중요하다.

③ AI와의 소통 능력과 디지털 스킬(교육부, 2020)

AI가 보편화되고 '삶의 반려'로 되면 AI와 소통할 수 있는 필수역량인 프로그래밍, 코딩 능력 등 소프트웨어 역량이 중요해진다. 이것이 AI 시대 일터현장에서 요구되는 디지털 스킬이다. 일터현장에서는 자기 영역에서 전문성을 갖춘 경성 스킬(hard skill)을 기본으로 갖추고, 아울러 디지털 스킬(digital skill)도 갖추어야 그릇을 키우는 역량개발(capability development)이 일어난다(반가운 외, 2021). 직업분야에서뿐 아니라 AI와의 소통역량은 전 세대의 필수 소양이 되고, "작은 아이디어가 소프트웨어를 만나면 큰 비즈니스를 만들어 준다는 점에서 소프트웨어 능력이 개인, 기업, 국가의 경쟁력이 된다." (김진형, 2016, p. 51)

④ 자기주도적 학습역량(김인택, 2018; 반가운 외, 2021)

AI 시대에 빠르게 적응하고 생존하기 위해서는 학습역량이 중요하다. 인간은 학습하고, 그것을 다음 세대에 물려줄 수 있었기 때문에 '축적'이 일어났고, 환경에 생존할 수 있는 역량을 키울 수 있었다. 김인택(2018)은 기술진보 속도가 빠르고 환경변화가 급속하게 일어나기 때문에 적시에 필요한 학습을 하고 역량을 기를 수 있는 평생학습 능력을 갖추도록 준비해야 한다고 강조하였다.

〈표 14-3〉 AI 경제에서의 일자리 수요 전망

일자리 분야	비율	업무 내용
명백히 인간적인	58%	대인소통, 창의적 · 전략적 의사결정 업무 등
AI 기반	25%	데이터 분석가, 소프트웨어 개발자 등
AI 직접 관련	17%	AI 기술 개발자, 빅데이터 전문가 등

출처: 교육부(2020), p. 5.

⑤ 건설적 상상력(중앙일보, 2007; 文部科學省, 2018)

건설적 상상력이란 가치를 창출하는 상상력을 말한다. 일본의 문부과학성에서는 인간의 상상력으로 발전을 이룬 과학기술, 교육, 문화, 스포츠를 포함한 모든 사회적 기술적 이슈를 기초로, 공동으로 미래사회 비전을 디자인하는 메커니즘을 구축해야 한다고 강조한다. 특히 AI로 자동화되는 영역에서 발생하는 여가를 문화, 스포츠 등 엔터테인먼트뿐 아니라 인간 개발, 존엄성 인식, 집단지성(collective intelligence)을 관리할 수 있는 리더십, 세계시민행동, 공동이익을 위한 국제적 협력과 규범제정 등 지속가능한 인류문명에 기여하도록 상상력이 자극될 필요가 있다. 이런 능력이 커질수록 세계는 보다 안전해지고 살 만한 터전이 될 것이다.

문제를 근본적으로 해결하는 기술을 개발하는 '기술적 상상력' 못지않게 미시적으로 '사업가적 상상력'이 실생활에서 중요하다. 앞으로는 창업이나 소규모 프로슈머에서의 일자리 영역이 늘어날 것이기 때문에 현존하는 기술을 바탕으로 창업이나 일자리 창출로 상상력을 발휘하는 사업가적 상상력이 요구된다. 예컨대, 메타버스를 활용하여 가상공간에서 강의, 환전, 탄소거래, 투자 등의 활동을 통해 경제적 수익창출을 하면, 몇 개의 분신을 만들어 활동하기 때문에 수입이 몇 배로 배가될 수 있다(안유화, 2022). 또한 제4차 산업혁명은 디지털화되고 가상화되는 방향으로 진행되므로 가상공간에서의 가치창출 활동이 늘어날수록 가상화폐의 필요성이 커질 것이라는 상상도 할 수 있다. 또 지금은 스마트폰이 생활의 필수 휴대품이지만 앞으로는 스마트화된 인공지능 로봇이 필수동반자가 될 것임은 쉽게 예상할 수 있다. 일본의 경제부활의 열쇠로 손정의 회장이 언급한 '스마보'(스마트로봇)는 프로그래밍 과정 없이 인공지능이 학습을 해 가면서 업무에 적응하는 로봇을 의미한다. 스마보 1억 대는 10억 명의 인력을 대체할 수 있을 것으로 손정의 회장은 전망하였다. 일본은 저출산의 대책으로 로봇으로 노동력을 대체하기 위해 로봇개발에 집중했는데, 이제 인공지능과 연결되면서 인간 같은 로봇인 휴머노이드를 통해 인구 감소 문제를 해결하고 중국과의 경쟁에서도 앞서 나갈 수 있음을 강조하였다(장길수, 2021). 이런 일본 사례도 상상력으로 저출산이라는 난제의 해결과 새로운 경제활로를 개척한 사례라 할 수 있다.

3) AI 시대 전개에 따른 평생교육의 과제

한국교육개발원의 '한국평생교육 2030기본구상'에 따르면, 제4차산업혁명의 핵심을 로봇과 인간, 자연을 연결 짓는 초지능화로 보고 그것을 가능하게 하는 인공지능, 빅데이터, 사물인터넷 기술에 주목하여 입안되었다(WEF, 2016: 홍영란, 김태준, 이경애, 현영섭, 김영석, 2017 재인용).

인공지능 시대에 부응하여 평생교육 영역에서 시대에 적응할 수 있는 학습을 원활하게 돕는(facilitating) 평생교육적 정책전개가 필요하다. 규격화되고 제도화된 학교시스템이 급변하는 시대상황에 적시에 대처하는 것은 불가능에 가깝다. 그래서 학교시스템은 적응의 기초역량을 기르고 평생교육은 실질적인 대응역량을 기르는 방향으로 역할을 분담해 왔다. '한국평생교육 2030기본구상'에서는 우리나라 평생교육의 6대 영역인 성인 문자해득교육, 학력보완교육, 직업능력 향상교육, 인문교양교육, 문화예술교육, 시민참여교육과 AI 시대 평생교육의 정책과제를 연결지음으로써 실효성을 높이려는 노력을 보이고 있다.

AI 시대 한국평생교육 2030 정책과제의 내용을 간략하게 살펴보면 다음과 같다(홍영란 외, 2017).

- 성인문해교육은 생활문해교육으로 의미전환을 했기 때문에 AI 시대와 관련해서는 디지털 리터러시(digital literacy) 교육의 확대가 정책과제로 대두된다.

- 학점은행제와 평생학습계좌제 등이 주축이 된 학력보완교육은 직업능력향상교육과 맞물려 일-학습병행제 확대, 평생학습계좌제를 통한 전 생애에 걸친 교육지원 시스템의 실질적 운영, 학력중심에서 경력중심으로의 패러다임 전환, 전 생애에 걸친 지역사회 중심의 평생교육과 직업훈련의 연계체계 구축, 개인맞춤형 경력관리 연계형 평생교육시스템 구축 등이 정책과제로 제시되어 있다.
- 직업능력향상교육은 AI 시대에서 일자리 창출과 취업, 성장동력 확보 등 국가경쟁력 강화를 위해 매우 중시되는 영역이고, OECD에서의 평생교육은 이 영역에 집중되어 있다. 여기에는 미래 성장 동력 준비를 위한 평생교육 · 직업훈련의 통합 및 전문화, 신산업에 적합한 역량개발을 위한 평생교육 대응 등의 정책과제가 제시되어 있다. 한국직업능력연구원에서는 AI 시대를 우리가 원하는 미래로 만들기 위해서는 '디지털전환-일터전환-학습전환'의 삼중주가 능숙하게 연주되어야 한다고 본다. 디지털전환에 따라 일터전환이 이루어지고 그 전환에 필요한 숙련체제가 작동될 수 있도록 학습전환이 이루어져야 하며, 학습전환은 디지털전환과 일터전환을 추동한다. 우리나라가 현재의 '저스킬 균형'을 탈피하고 '역량(capability)', 즉 '그릇을 키우는 역량'을 기르기 위해서 '성인학습'과 '자율과 재량의 일터혁신'을 제안한다(반가운 외, 2021).
- 인문교양교육과 관련하여 인문학과 과학기술의 연계 교육 강화가 과제로 제시되어 있다. 특히 AI 개발자나 사용자의 'AI윤리교육'도 중요한 과제다. 인문교양은 '마음복지'의 중요한 부분이므로 복지-교육 연계형 평생교육 생태계 구성이 과제다.
- 문화예술교육의 영역은 AI 시대 필수역량인 감성지능 개발과 소통능력 향상을 위해 중요하다. AI 시대 여가시간이 많아지게 되면 엔터테인먼트의 수요가 많아질 것으로 예상되므로 직업능력향상교육과 연계된 교육의 필요성도 제기된다.
- 시민참여교육의 경우 국내적으로 민주시민교육이 지속적으로 전개되고, AI 시대 더욱 좁아진 지구시스템 속에서 지구온난화, 양극화, 전쟁과 테러, 자원 독점과 패권주의 등 전 지구적 난제를 해결하기 위한 세계시민교육의 강화가 과제로 된다.
- 평생교육 시스템이 효과적으로 작동되기 위한 생태계 조성이 과제다. 이것은 계속 지속되어야 하는 노력이라 할 수 있다. 초개방형 평생학습정책의 운영, 생애주기별 맞춤식 평생교육 정책 도입, 평생교육 미래전망 연구를 위한 데이터 시스템 구축 및 활용 등의 과제가 제시되어 있다.

2. 에듀테크와 평생교육

1) 새로운 교육, 에듀테크

(1) 에듀테크의 개념

에듀테크는 '교육(education)'과 '기술(technology)'의 합성어로 순수 우리말로는 '교육정보기술'로 표현된다. 에듀테크의 다양한 정의에 관해 살펴보면, 에듀테크는 ICT기술을 활용한 교육 서비스 기술로(백승철 외, 2016), 교육 · 학습 · 훈련을 수행, 평가, 지원하고 환경을 구축하는 ICT 기반 융합서비스의 한 종류(이호건 외, 2017)로 인식하기도 한다. 한편, 에듀테크를 교육공학(educational technology)과 같은 개념으로 보는 견해도 있는데, 교육공학은 학습 과정과 자원의 설계, 개발, 활용, 관리 및 평가에 관한 이론과 실제를 다루는 학문분야로 설계 분야에 무게 중심을 두면서 에듀테크의 설계영역을 기술적으로 구현하는 엔지니어링 영역에 가깝게 인식하기도 한다(송상호, 이지현, 박태정, 2016). 여기서 교육이 당면한 문제를 기술로 풀어 보려는 에듀테크 기업의 창의적인 시도와 다양한 서비스가 등장하기도 한다(이지은, 2020).

따라서 에듀테크는 교육에 새로운 첨단기술과의 결합을 통하여 기존 교육시스템의 문제점을 해결하고 새로운 교육시스템을 제시하기 위하여 등장한 단어로서 교육과 기술(AI, 빅데이터, VR · AR 등)이 결합하여 새로운 패러다임의 교육을 창출해 내는 것을 의미한다.

기술이 발전하지 못했던 과거에는 모든 사람이 똑같은 내용을 똑같은 방법으로, 똑같은 시간에 똑같은 장소에 모여 함께 교육을 받았다. 그러나 인터넷과 기술이 급속도로 발전한 오늘날에는 인터넷과 스마트폰만 있으면 장소나 시간에 구애받지 않고 누구나 다양한 정보에 접근하고 교육을 받을 수 있는 시대가 되었다. 제2차 산업혁명 시대에는 집합교육을 통한 지식이 확산되었고, 제3차 산업혁명 시대에는 지식관리시스템(KMS)과 이러닝을 통하여 지식과 학습에 대한 접근성이 높아졌다면, 오늘날 4차 산업혁명 시대에는 에듀테크 기술을 중심으로 학습데이터 분석을 통한 개별화된 학습지원, 학습자원의 공동 활용, 실감형 · 체험기반 학습경험 제공을 통하여 학습의 효율성과 효과성이 매우 강화될 것으로 본다(이지은, 2020).

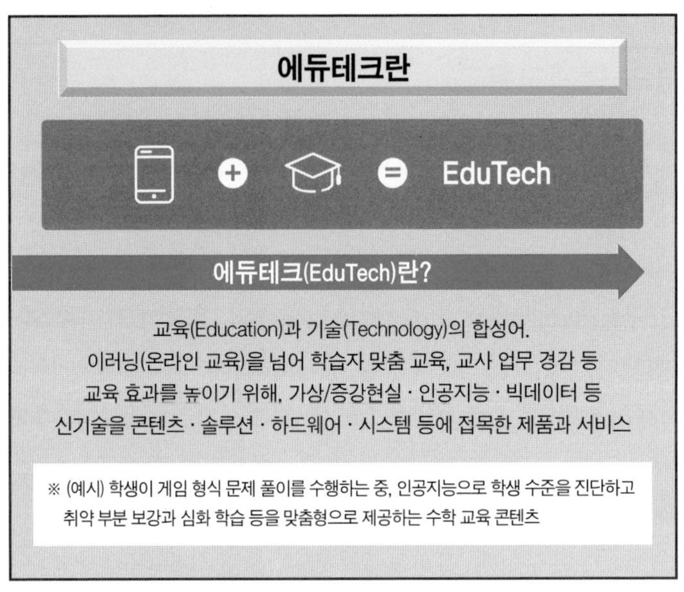

[그림 14-1] 에듀테크의 개념

출처: Valoreconsulting.es

(2) 에듀테크의 특징과 서비스 모델

에듀테크는 전통적 교육방식을 벗어나 새로운 대안을 제시하기 위하여 등장했으며, 영국과 미국을 중심으로 최근 빠르게 세계 표준으로 자리 잡고 있다. 에듀테크는 기존의 아날로그 주입식 교육 방식에서 탈피하여 학습자가 자율적으로 다양한 콘텐츠를 경험하도록 하며, 시간과 공간을 초월하여 상호작용과 효과성을 향상시키는 것이 목적이다(Choi, Won, 2018). 단순히 온라인 플랫폼으로 교육 콘텐츠를 제공하는 이러닝을 넘어서서 최근에는 클라우드(Cloud), 사물인터넷(IoT), 모바일(Mobile), 빅데이터(Big Data) 등이 교육 콘텐츠로 활용되면서 실감형 콘텐츠(VR, AR, Hologram)와 융합한 체험형 교육 콘텐츠로 그 범위가 확산되고 있는 추세다(유해영, 2020). 에듀테크를 가속화하는 요인을 살펴보면, 첫째, 기존 교육시스템의 효과성의 저하, 둘째, 전통교육기관들의 경쟁력 약화, 셋째, 디지털 기술 발전에 따른 기술 적용의 편의성, 넷째, 교육내용, 교육방법에 대한 학습자 수요의 맞춤형 프로그램에 대한 강한 요구를 들 수 있다.

에듀테크 기업이 제공하고 있는 서비스 모델을 살펴보면 다음과 같다.

대규모 온라인 학습(broad online learning), 학습관리시스템(learning management systems), 경력개발(career development), 조기교육(early childhood education), 어학

(language learning), 기술학습(tech learning), 학습도구(study tools), 강의자료(course materials), 학교행정(schools administration), 차세대 학교(next-gen school), 학습분석(learning analytics), 자격증 준비(test prep), 학습참여(classroom engagement), O2O(Online to Offline) 등 매우 다양하다(CBinsights, 2017).

(3) 에듀테크와 이러닝의 비교

에듀테크와 이러닝의 차이점은 무엇일까? 「이러닝(전자학습)산업 발전 및 이러닝 활용 촉진에 관한 법률」(약칭: 「이러닝산업법」)에 따르면, "이러닝은 전자적 수단, 정보통신 및 전파 · 방송기술 등을 활용하여 이루어지는 학습"으로 정의된다. 반면에 에듀테크에 관한 일반적인 정의는 "ICT기술을 활용한 교육서비스로서 교육과 기술의 합성어로 본다." (백승철, 조성혜, 김남희, 최미경, 노규성, 2016) 이러한 사전적 용어의 정의로는 에듀테크와 이러닝을 구분하기에는 어려운 점이 많다. 그러나 제4차 산업혁명이 가져다준 교육의 패러다임의 전환 등 맥락적 상황을 고려해 볼 때, 기존 온라인 중심의 협의의 이러닝보다는 훨씬 더 광범위하고 포괄적으로 에듀테크가 접근하고 있음을 알 수 있다.

에듀테크와 이러닝의 차이점을 구체적으로 살펴보면 다음과 같다(이호건, 2019).

첫째, 이러닝은 온라인 학습으로 적은 비용으로 누구나 학습을 할 수 있어 효율성과 보급성이 높다. 이에 비해 에듀테크는 맞춤형 학습으로 효과성이 높으나 이러닝보다 높은 비용이 들기에 보급성은 다소 떨어진다.

둘째, 기술적인 측면에서 볼 때, 에듀테크가 이러닝보다 훨씬 더 포괄성이 높다. 이러닝은 맞춤형 학습 중심으로 빅테이터 기반의 인공지능 학습지원에 무게중심을 두는 반면, 에듀테크는 학습자의 학습활동뿐만 아니라 비교과 영역까지도 포함해서 빅데이터 분석, 인공지능, VR/AR 기술 등을 포함하여 사물인터넷, 클라우드 컴퓨터 기술이 사용된다.

셋째, 하드웨어와 연계된 부분에서 에듀테크의 활용성이 높게 평가된다. 에듀테크에서는 로봇, 드론, 웨어러블기기 등이 활용되어 교육에 적용되는 것을 높게 평가하는 반면, 이러닝에서는 하드웨어와의 연계성이 낮게 평가된다.

넷째, 에듀테크에서는 이러닝과 차별화된 서비스를 제공한다. 에듀테크가 제공하는 차별화된 사례는 다음과 같다.

- 수업자료, 평가자료, 체험활동 자료를 제공, 교사의 교재 만들기 지원

- 학생의 질문이나 문제풀이를 통해 학습자 맞춤형 서비스 제공
- 교사, 학부모, 학생 간 상호 소통을 통하여 학습자 분석 및 학습 지원
- 소프트웨어 교육을 위해 코딩이 가능한 모듈과 교육자료를 제공하는 STEAM 교구 제공
- 교사 상호 간 학습자료 공유 서비스 제공 등

다섯째, 이러닝과 에듀테크에 대한 인식의 차이가 있다. 즉, 이러닝의 시장주기는 현재 성숙기를 지나 쇠퇴기에 도달하였다고 평가하는 반면, 에듀테크는 도입기로 보고 있으며 일부에서는 성장기에 진입하였다고 평가하고 있다. 즉, 많은 전문가가 이러닝과 에듀테크를 다른 산업으로 인식하고 있음을 뜻한다.

따라서 광의의 의미로 볼 때, 이러닝은 에듀테크의 일부이며 에듀테크로 발전해 나가는 과정에서 등장하였다고 볼 수 있다. 이러닝에서 출발한 에듀테크는 기술과 범위가 더해져서 점차 더 넓은 영역으로 점점 더 확장되고 있다. 페이스북의 CEO인 마크 저커버그, 마이크로소프트의 빌 게이츠, 구글 등에서도 최근 에듀테크에 과감한 투자를 하고 있으며, 국내에서도 기존의 이러닝 분야의 강자였던 '메가스터디'와 '휴넷' '유비온' 등도 이러닝 기업에서 에듀테크 기업으로의 변신을 꾀하고 있으며, 에듀테크로의 투자를 늘리고 있다.

2) 제4차 산업혁명과 에듀테크

제4차 산업혁명은 2016년 1월 스위스 다보스에서 개최된 세계경제포럼에서 클라우스 슈밥(Klause Schwab) 회장이 최초로 던진 화두다. 그는 인류가 맞이할 제4차 산업혁명은 속도, 범위, 깊이, 시스템 충격 면에서 과거 인류가 겪었던 그 어떤 혁명보다도 파급력이 클 것이라 예측하였다.

그럼 제4차 산업혁명이 무엇이며 이것이 우리 교육에 미칠 영향은 무엇일까? 제1차 산업혁명은 18세기 중반부터 19세기 초반까지 영국에서 시작되어 철도와 증기기관을 바탕으로 한 기계에 의한 대량생산을 탄생시켰다. 제2차 산업혁명은 20세기를 전후로 전기와 조립 공정이 가세하면서 대량생산이 가속화되었다. 기계에 의한 자동생산에 더하여 생산 조립라인의 등장으로 분업 생산이 이루어지고 전기 사용으로 안정적 에너지 공급으로 인해 과거보다 10~100배 이상의 높은 생산성을 이룬 것을 말한다. 제3차 산

업혁명은 1960년대 초 컴퓨터와 인터넷이 발전을 주도하였다. 제4차 산업혁명은 21세기의 시작과 함께 시작되었고, 모바일 인터넷, 센서, 인공지능과 기계학습이 핵심요소가 되었다. 제4차 산업혁명의 특징은 우리를 둘러싼 거의 모든 분야에서 동시다발적으로 광범위하게 기술혁명이 일어난다는 점이다. 서로 관련이 없는 것으로 보이는 분야의 기술이 융합되고 그 기술의 확산 속도가 엄청나다는 것이다. 물리학과 생물학에 인공지능이 가세하고 기계공학에 바이오 기술이 융합하는 등 기술이 융합하고 그 속도 또한 예측하기가 어려울 정도로 빠르다는 점이다. 2020년대 가장 급속하게 발전할 기술혁명의 9가지 분야는 인공지능, 자동화 공장, 3D프린팅, 사물인터넷, 바이오 헬스케어, 핀테크, 데이터, 뉴 모빌리티, 식량과 에너지 분야다.

이러한 제4차 산업혁명 시대의 교육은 어떠한 모습을 띨 것인가? 대중적 교육의 필요성은 제2차 산업혁명 시대부터 시작되었다. 대량생산 시대에 접어들면서 분업의 필요성이 야기되었고, 노동자에게 분업에 필요한 기본적인 업무를 가르쳐서 산업현장에 노동자를 공급하는 것이 바로 교육의 목적이었다. 제3차 산업혁명 시대의 교육의 큰 변화는 이러닝의 등장이었다. 컴퓨터의 등장과 더불어 컴퓨터 이용학습이 발전하였고, 인터넷의 등장으로 스트리밍 방식의 이러닝이 급속도로 발달하였다. 온라인 교육이 대중화되었고, 사이버 대학의 등장, 영상 기술의 발전으로 온라인 콘텐츠의 품질이 점점 향상되었다.

그렇다면 제4차 산업혁명 시대가 요구하는 새로운 교육패러다임은 무엇인가? 바로 그 중심에 에듀테크가 있다. 제2차 산업혁명 시대에는 '똑같은 내용을, 똑같은 방법으로, 똑같은 시간에, 똑같은 장소'에서 실시하였다면, 제3차 산업혁명 시대에는 이러닝을 통하여 시공간을 초월하여 '맞춤형 시간에 맞춤형 장소에서 똑같은 내용을 똑같은 방법으로 학습하는 형태'로 발전하였다. 그러나 제4차 산업혁명 시대에는 '맞춤형 내용을 맞춤형 방법으로 맞춤형 시간에 맞춤형 장소에서 학습할 수 있는 형태'로 진화하게 된다.

제4차 산업혁명 시대의 에듀테크의 특징에 대해서 구체적으로 살펴보면 다음과 같다.

첫째, 개인별 맞춤형 학습의 시대다.

교사가 학생의 성과를 실시간 확인할 수 있고 각자 맞춤형 과제를 줄 수 있는 플랫폼이 만들어지고 학습자 수준에 맞춘 다양한 콘텐츠를 제공할 수 있다. 시험을 보면 바로 성적이 집계되고, 스마트폰 카메라로 모르는 문제를 찍어서 업로드하면 바로 풀이과정과 답이 제공된다. 외국어 공부를 할 때도 외국어 발음을 하면 바로 피드백을 받을 수 있게 된다. 즉, 인공지능을 활용하기만 하면 개인별 맞춤형 학습이 가능하게 된다.

둘째, 빅데이터를 활용한 효율적 분석이 가능해진다.

빅데이터를 통해 학습자의 학습상태를 개별적으로 분석이 가능해진다. 과목을 다양한 학습자와 교차분석이 가능해지고 학습자 수준에 따라 AI가 콘텐츠를 제공하고 부족한 부분을 제공해 준다. 일대일 학습이 가능해지게 된다.

셋째, 마이크로 러닝 학습이 가능해진다.

에듀테크와 마이크로 러닝과는 밀접한 관계가 있다. 마이크로 러닝이란 하나의 수업 안에 여러 가지 내용을 담는 것이 아니라 학습자에게 꼭 필요한 한 가지 정보를 짧은 순간에 바로 전달하는 방식을 말한다. 이러한 마이크로 러닝을 활용하면 학습자는 자신의 관심과 흥미에 따라 원하는 내용을 순서대로 학습할 수 있게 된다. 자신이 잘하는 과목과 자신의 진로에 대해서도 신속하게 확인할 수 있게 된다.

3) 에듀테크의 전개 양상

에듀테크는 어디를 향하여 나아가고 있을까? 에듀테크의 전개 양상은 크게 3가지로 요약할 수 있다. 즉, 교육의 대중화, 교육 효과의 극대화, 교육과 실생활의 결합이다.

에듀테크는 양질의 교육을 더 많은 사람이(교육의 대중화), 더 효과적으로(교육효과의 극대화), 실생활에서 공유하고 활용(교육과 실생활의 결합)할 수 있는 방향으로 나아가고 있다.

(1) 교육의 대중화

교육의 대중화를 위한 대표적인 에듀테크 사업으로 '무크(Massive Open Online Course: MOOC)'를 들 수 있다. 무크(MOOC)는 세계 유수의 대학 강의(MIT, 하버드, 스탠퍼드 등)를 무료로 온라인 서비스하는 사이트이다. 웹서비스를 기반으로 이루어지는 상호 참여적 거대규모의 교육을 실시하여 비디오나 유인물 문제집이 보충자료가 되는 기존의 수업과는 달리 인터넷 토론 게시판을 중심으로 학생과 교수, 그리고 조교들 사이의 커뮤니티를 만들어 수업을 진행한다. 이 외에도 스탠퍼드 대학 중심의 '코세라(Coursera)', 하버드 대학교 중심의 '에덱스(Edx)', 유럽의 '퓨처런(Futurelearn)'이 있다.

국내에서도 정부 또는 대학 중심으로 무크 사이트가 운영되고 있는데, 국가평생교육진흥원이 운영하는 'K-MOOC', 수학교육중심의 '노리', 어학의 '스터디맥스', 소셜러닝의 '클래스팅', 수험대비 교육인 '에스티앤컴퍼니', 맞춤형 학습의 '뤼이드', 유아교육중심의

'스마트 스터디', 서울대학교의 '스누온(SNUON)', 코딩 교육의 대중화를 위해 코딩교육을 무료로 제공하는 '코드카데미(Codecademy)', 명사 특강 중심의 프로그램을 제공해 주는 'TED'가 에듀테크 교육의 대중화를 표방하는 대표적인 기관이다.

(2) 교육효과의 극대화

교육과 기술을 접목하여 교육의 효과를 극대화하려는 방향이다. 기존의 일방향의 교육이 아닌 일대일 맞춤형 학습을 지향한다. 개개인의 맞춤형 학습을 궁극적 목표로 정하고 개개인에게 알맞은 학습교육과정, 학습방식, 학습내용, 학습평가를 통하여 최상의 학습효과를 달성하기 위하여 노력한다. 이를 위하여 빅데이터와 인공지능 기술들이 활용된다. 뤼이드의 '산타토익'은 토익 시험 시 개개인 맞춤형 서비스를 제공하여 학습자 개인의 약점과 강점을 파악해서 약한 부분을 지속적으로 반복해서 학습할 수 있도록 한다. 때로는 게임을 학습에 활용하기도 하는데, '게임런(Gamelearn)'이라는 에듀테크 기업은 리더십, 개인시간관리 분야의 교육을 게임으로 제작해서 제공한다. 게임을 통하여 자연스럽게 리더십과 시간관리 기법을 배울 수 있고, 시뮬레이션 형식으로 진행되어 각각의 상황에 필요한 내용을 자연스럽게 습득할 수 있다는 장점이 있다.

또한 교육효과 증대를 위해 '가상현실(VR)' 기술이 활용되기도 한다. 예를 들면, 구글의 '익스페디션 파이오니어 프로그램(Expeditions Pioneer Program)'은 실제로 다양한 지역의 VR을 제공하여 실제로 그 장소에 있는 듯한 느낌을 준다. 글이나 사진이 아닌 실제 가상 현실을 체험하게 함으로써 교육의 효과가 극대화될 수 있도록 한다.

(3) 교육과 일상생활의 결합

에듀테크는 많은 사람이 효과적으로 학습하는 데 그치지 않고 배운 것을 실생활에 활용할 수 있도록 도움을 준다. 학습에서 배운 내용을 실제로 체득할 수 있는 기회를 제공해 준다.

'바로풀기' 사이트의 경우 학습자가 모르는 문제를 앱에 올리면 풀이과정을 다른 사람들이 올려 주기도 하여 모두에게 공유된다. 최근 '다중채널 네트워크 서비스'[3]를 통하여 개인 방송을 전송하는 방식이 널리 사용되기도 하는데, 교육프로그램을 개인이 아프리카 TV와 같은 플랫폼을 활용해서 직접 방송을 하기도 하고 다른 학습자들과 직접 소통

---

3) 다중채널 네트워크 서비스(Multi Channel Network: MCN)는 1인 또는 중소 콘텐츠 창작자들이 콘텐츠를 만들 수 있도록 마케팅 관리, 저작권 관리, 유통 관리 등을 지원 및 관리해 주는 사업 또는 서비스를 말한다.

하면서 교육을 진행하기도 한다. 또한 '스터디헬프'는 교육계획 수립 및 관리를 위한 앱으로 스마트폰으로 나만의 학습 관리를 가능하게 하는 대표적인 교육용 에듀테크 서비스다. 이러한 에듀테크 프로그램들은 교육이 교실에서 그치지 않고 일상생활과 연결시켜 주며, 타인과의 연결을 통하여 상호간의 학습의 장을 제공하는 방향으로 확대해서 나아가고 있다.

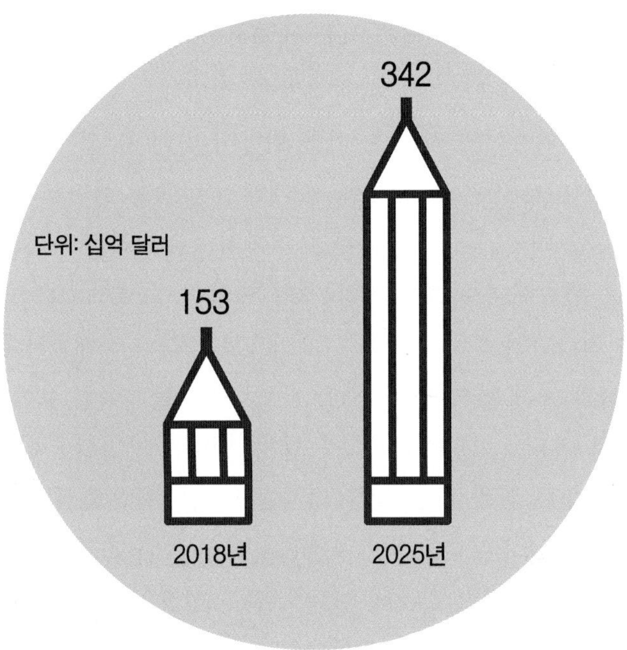

[그림 14-2] 에듀테크 시장 규모

출처: 한국무역협회(2020), p. 2.

3. AI 시대의 에듀테크 환경에서 평생교육의 방향

1) 'AI와 함께 만들어 가는 미래'를 향한 평생교육 전망

(1) 학교교육과 평생교육의 경계가 사라진다

초개방형 평생학습정책의 운영이 추진되고, 새로운 기술을 익히려는 교육수요가 폭발하는 상황에서 평생학습계좌제나 학점은행제가 제대로 작동하면 학력보다는 실력(역량) 위주로 채용되고 기회를 얻는 사회가 될 것으로 전망된다. 코로나19 이후 비대면 학습, 비대면 교육이 일상화되면서 온라인 교육이 자연스럽게 정착되고 있다. 초등학생들은 로봇교사에 대한 거부감이 없고, 똑같이 존대말하면서 따르겠다는 응답이 다수를 차지한 설문조사 결과가 있다(김미향, 2016: 홍영란 외, 2017 재인용). 이렇게 되면 권위 있는 온라인교육 프로그램을 수강하여 얼마나 좋은 학점을 취득하느냐에 따라 학력이 평가되고, 세계적 표준의 학력검증시험에 합격하면 학위를 인정받는 시스템으로 점차 전환될 가능성도 있다. 또한 새로운 과학기술 출현에 적응하기 위한 교육수요, 특히 평생교육 수요가 폭발하고, 지출의 많은 부분이 교육에 투입되는 상황을 맞을 가능성이 크다. 토머스 프레이(Thomas Frey)는 "2030년이면 많은 테크 기업은 우리에게 생소한 교육 전문 기업으로 바뀔 것이다. 이들 기업은 지금의 구글이나 애플보다 더 클 것이다. AI 로봇 교사들이 등장해 인간 교사들을 대체한다. 지금의 교사들은 학생을 도와주는 코치 역할을 할 것이다."(유재동, 2021)고 하였다.

(2) 양극화 심화와 교육2030 SDG4 목표 달성

교육은 그 자체로 지속가능발전목표 달성의 필수 조건인 동시에, "포용적이고 공평한 양질의 교육 보장과 모두를 위한 평생학습 기회 증진"이라는 UN의 4번째 지속가능발전목표(SDG4)로 제시되고 있다(유네스코, 2021). 그러나 사람들은 코로나19로 촉발된 디지털 전환의 가속화와 함께 AI 시대엔 기술의 양극화, 일자리의 양극화, 인공지능 보유와 활용의 양극화가 극도로 심화되고, 지금 인류가 삶의 터전으로 삼고 있는 일자리가 대부분 증발할 것을 두려워하고 있다(장재영 외, 2022; 홍영란 외, 2017). "이런 AI 시대의 양극화 도전에 맞서 평생교육은 어떤 대응을 해야 할까?"라는 질문이 제기될 수밖에 없고, 이것이 곧 평생교육의 매우 중요한 과제가 될 것이다. 2022년 6월 15일부터 17일까지 모로코 마라케시에서 개최된 제7차 UNESCO 국제성인교육회의(CONFINTEA Ⅶ)에서 채택된 글로벌 평생교육의 행동강령인 「마라케시선언(Marrakech Frame for Action)」에서도 통합과 포용사회를 향한 '모든 이의 디지털 역량 강화와 디지털 격차 해소, 평생교육과 AI의 동행, AI 민감성' 등의 새로운 주제가 특별히 강조됨으로써(최운실, 2022), 여기서 제기된 질문이 국제적 어젠다가 되었음을 확인할 수 있다.

이 질문에 대해서 우리 모두 해답을 찾는 노력을 기울일 것을 권유하면서, 스테파니아 지아니니(Stefania Giannini) 유네스코 교육 부국장의 말을 인용하고자 한다.

인공지능의 급속한 발전은 교육에도 중대한 영향을 미치고 있다. AI 기반 솔루션의 발전은 사회적 이익과 지속가능발전목표 달성을 위한 엄청난 잠재력을 지니고 있다. 이에 대응하여 체제 전반의 정책 조정과 윤리적 지침이 필요하며, 전 세계 실무진과 연구진들의 심층적인 참여가 필요한 시점입니다. 정책입안자와 교육자는 AI와 교육의 상호작용이 만들어 나갈 미래에 근본적인 의문을 불러일으키는 미지의 영역에 진입했습니다. 확실한 사실은 교육 분야에서 AI 도입과 활용은 포용성과 형평성의 원칙에 따라 이루어져야 한다는 것입니다. 따라서 우리는 AI에 대한 평등하고 포괄적인 접근성을 도모하고, AI를 공공재로 활용하는 정책을 추진함으로써 소녀와 여성, 사회경제적 약자 집단에 힘을 실어 주는 데 중점을 둬야 할 것입니다. 아울러, AI를 통해 인간중심적 교육학을 도모하고, 윤리적 규범과 기준을 존중할 때 비로소 교육과 AI 신기술의 결합은 인류 모두에게 이득이 될 것입니다. AI는 모든 학생의 학습 향상과 교사 역량강화, 학습 관리 시스템 강화를 위해 활용되어야 합니다. 더 나아가, 모든 학생과 시민이 안전하고 효과적으로 AI와 공존할 수 있도록 대비시키는 것이 전 세계가 직면한 과제입니다. 미래의 교육, 훈련 시스템은 모든 사람이 핵심 AI 역량을 갖출 수 있도록 지원해야 할 것입니다. 사람들은 AI가 어떻게 데이터를 수집하고 활용하는지를 인식하고, 그에 따라 개인정보를 안전하게 보호할 수 있어야 합니다. 마지막으로, AI는 모든 직종과 분야를 넘나들고 있기에, 효과적인 AI 교육 정책을 기획하기 위해서는 모든 분야를 아우르는 논의와 협업이 필요합니다(유네스코, 2021, pp. 4-5).

2) 에듀테크와 평생교육의 미래: AI 기반 에듀테크와 학습혁신

(1) 에듀테크가 가져올 교육혁명

에듀테크는 앞으로 우리 교육환경을 어떻게 바꾸어 놓을까? 2030년 이후 미래 기술 교육의 발전과 교육의 필요성을 감안할 때 다음과 같은 3가지 큰 변화가 일어날 것으로 예측된다.

첫째, 가상현실(VR)과 증강현실(AR)을 활용한 디지털 교과서가 등장한다. 디지털 교과서는 단순히 책을 디지털화하는 차원에서 벗어나 동영상, 360도 카메라, AR, VR 등을 이용해서 어려운 문제도 쉽게 이해될 수 있다. 학습자가 눈으로 보는 현실세계에 3차원 가상물체를 보여 주는 AR과 특정 환경이나 상황을 컴퓨터로 만들어서 마치 실제 환경과 상호작용을 하는 것처럼 보여 주는 VR을 통하여 시공간을 초월하여 학습할 수 있는 교육이 가능해질 것이다.

둘째, 인공지능과 머신러닝을 갖춘 AI(로봇교사)가 등장한다. 인공지능 기술과 뇌과학, 로봇기술은 빠르게 성장하는 기술 분야 중 하나다. '알파고'나 '로봇페퍼'와 같은 기술이 현실화되어 이런 기술이 교육과 결합하여 인공지능 로봇교사를 등장시킬 것이다. 이런 인공지능과 머신러닝을 갖춘 AI는 학습의 개인화를 촉진하고 개인별 학습효과를 향상시킬 것이다. 개인의 학습패턴과 건강상태, 좋아하는 과목과 잘하는 과목을 분석하여 개개인의 역량을 펼칠 수 있도록 도움을 줄 것이다. 이른바 학교와 집의 경계를 허물고 모두가 꿈꾸는 완전학습을 가능하도록 할 것이다.

셋째, 온라인 대규모 공개 강의(MOOC)의 세상이 열릴 것이다.

전통적인 학교는 종말을 고하게 될 것이고 학습자가 언제 어디서든 마음대로 원하는 수준의 강의를 무료로 들을 수 있는 무크의 확산이 예상된다. 교육의 장벽이 사라지면 현재의 입시 위주 교육도 점차 사라질 것이고, 현재 절반가량의 대학이 15년 이내 문을 닫을 것으로 예측된다. 물론, 대학이나 학교 자체가 사라지지는 않겠지만, 강의 중심의 전통적 학교는 사라질 것이고 남은 학교들은 각종 연구나 인성교육, 새로운 콘텐츠 발굴이라는 새로운 학교의 역할과 새로운 모습으로 변모해 나갈 것이다.

(2) 에듀테크 시대의 평생교육

에듀테크의 등장으로 교육산업의 경계가 파괴되고 있다. 플립러닝의 등장으로 교육의 온 · 오프라인의 경계가 무너졌고, 무크는 교육의 지역적 경계와 학위 · 비학위의 경계를 무너뜨리고 있다. 또한 아프리카 TV의 경우에서 보듯이 교육 공급자와 소비자의 경계가 무너져 누구든 자기의 전문 분야에 대해 콘텐츠를 만들어서 제공할 수 있다. 또한 정보 시스템의 발달로 인하여 유통의 경계 파괴가 일어나 기존의 유통구조를 거치지 않아도 SNS나 인공지능 기반의 맞춤형 큐레이션 기술을 통해 원하는 콘텐츠와 학습자를 바로 연결시킬 수 있다. 마지막으로, 교육프로그램 간 경계도 무너지고 있다. 즉, 분야별 융합의 욕구와 프로그램 사이를 넘나드는 학습자들의 다양한 요구로 인하여 프로그램들의 구분이 모호해지고 나노디그리(Nano degree)[4]의 사례처럼 통합된 프로그램들이 더욱 증가할 것이다.

그럼 이러한 에듀테크에 의해 급격하게 변해 가는 교육환경 속에서 우리는 어떻게 콘텐츠를 구성해서 가르쳐야 하고, 어떤 배움의 자세가 필요한가?

---

4) 나노디그리는 학습 내용을 세분화하고, 기간을 단기화해 학습 내용을 기업으로부터 인증받는 제도를 말한다. 미국의 온라인 공개강좌 기업인 유다시티(udacity)가 기업의 요구를 반영해 6개월 내외로 운영하는 학습과정을 가리키는 용어로 사용된다.

우선, 어떻게 가르쳐야 할지에 관해서 살펴보면 다음과 같다.

첫째, 디지털 활용 평생 교육프로그램을 제공해야 한다. 에듀테크를 통한 교육의 변화 그중심에는 테크놀로지, 즉 디지털 기술이 있다. 기술의 발전과 함께 디지털 기술은 교육 전 분야로 더욱 깊숙이 침투할 것이다. 디지털과 모바일과 같은 메가트랜드에 학습자가 익숙해지도록 도와야 한다. 애플리케이션이나 웹사이트, 게임, SNS 등에 학습자들이 미리 친숙해지도록 디지털 기반 교육환경 구축이 필요하다.

둘째, 빠르게 학습을 설계하고 학습자에게 필요한 교육 콘텐츠를 적시에 공급해야 한다. 교육환경과 사회변화 예측이 불확실하고 매우 변동성이 심한 관계로 교육 콘텐츠의 유효 기간이 더욱 짧아지고 공급해야 할 콘텐츠의 양이 자꾸 늘어나기 때문에 즉각적으로 시기에 맞는 교육 콘텐츠를 공급하는 것이 교육제공자의 핵심역량이 된다. 일반적으로 프로그램 설계 및 개발 시, 전통적인 교육학습 설계 모형인 'ADDIE'(분석, 설계, 개발, 실행, 평가)가 가장 많이 사용되고 있는데, 사회가 빠르게 변화하기에 보완이 필요하다. 이 모형은 프로그램 개발 동안에 변화하는 학습자의 욕구를 반영할 수 없고 별도의 중간평가 과정이 종종 생략되기 때문이다. 이러한 단점을 보완하고자 민감한 교수 설계법이 등장하고 있는데 대표적인 모형이 'SAM(Successive Approximation Model)' 기법이다. 이는 ADDIE 모형과 달리 순환형 모형으로 절차보다는 실행에 초점을 맞추고 있으며 평가와 리뷰가 중간 단계에 포함되어 있어서 환경변화를 교수 설계에 즉각적으로 반영할 수 있다는 장점이 있다.

다음으로, 'SAM' 기법의 특징 및 장점을 살펴보면 다음과 같다.

- 실행 및 평가, 설계, 개발이 순환적으로 일어나기 때문에 변화를 빠르게 발견하여 경청 교육에 대한 필요성을 즉각적으로 반영한다.
- 평가 단계에서만 문제점이 발견되던 'ADDIE' 모형의 단점을 극복할 수 있다.
- 환경변화에 민감한 기법으로 교육프로그램을 유연하게 설계할 수 있다.
- 콘텐츠를 빠르게 생산할 수 있고 환경에 따른 욕구 변화를 교육프로그램에 즉각적으로 반영할 수 있고 지속적인 평가로 큰 실수를 피할 수 있다.
- 프로그램 개발과정 속에서 관련자들과의 지속적인 협업이 가능하며, 프로젝트 요구사항이 계속해서 변화하더라도 대응이 가능하다.
- 교육 프로그램 설계 시, ADDIE 모형과 함께 이런 순환구조 설계 모형을 활용한다면 학습자에게 선택받지 못하는 위험을 줄일 수 있다.

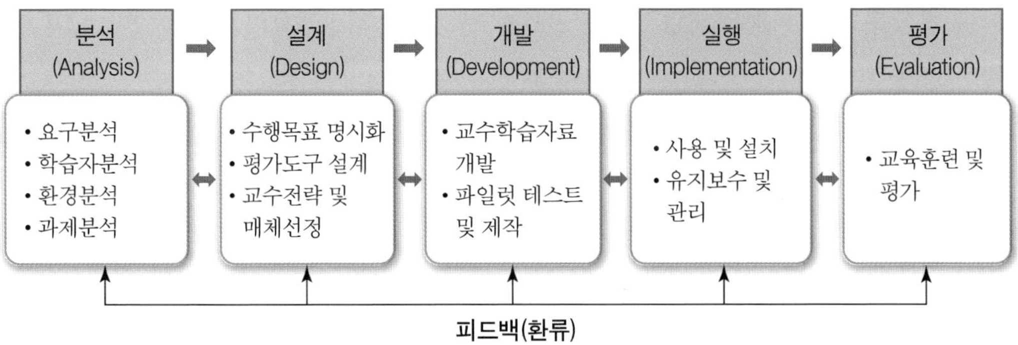

[그림 14-3] ADDIE 모형

에듀테크 시대에 필요한 학습자의 배움의 자세를 살펴보면 다음과 같다. 제4차 산업혁명시대, 에듀테크 시대를 맞이하여 우선 학습자는 배움에 경계를 두지 않고 모든 학습의 가능성을 열어 두는 자세가 필요하다.

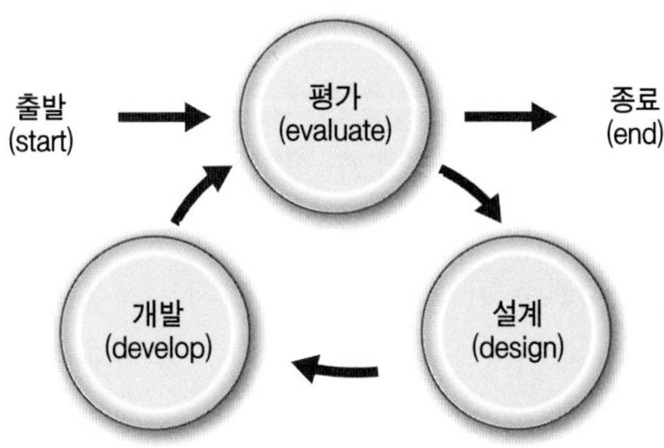

[그림 14-4] SAM 단순화 모형

출처: 홍정민(2019).

첫째, 누구에게서나 배울 수 있고 다 함께 성장할 수 있다는 '교학상장(敎學相長)'의 자세를 갖추어야 한다. 에듀테크 시대에서는 연령과 성별에 관계없이 누구에게나 배울 수 있고 어떤 경험에서도 배울 점이 있다고 생각하는 열린 사고가 필요하다. 배움의 대상에는 경계가 없음을 명심한다. 또한 에듀테크 기반 각종 소셜러닝 사이트의 등장과 함께 콘텐츠의 양과 질보다는 배움의 자세가 훨씬 더 중요해지고 있다. 배우려는 자세가 있으면 누구나 학습할 수 있는 콘텐츠들이 많이 제공되고 있기 때문이다.

둘째, 하나만 전공하는 것은 바람직하지 않다. 산업화 시대에는 대학에서 특정한 분야를 전공하고 그 기술을 바탕으로 정년까지 안정적인 직장생활이 가능하였다. 그러나 파괴적 혁신이 일반화된 에듀테크 시대에는 성장을 위한 특화된 전문분야의 기능도 중요하겠지만 무엇보다도 다양한 분야에 전문성을 갖추는 것이 필요하다. 일론 머스크가 주장한 것과 같이, 이론과 실용을 결합한 사고, 즉 융합적 사고의 중요성이 강조된다. 지식의 발전 방향을 예측하기 어렵고 다양한 직업이 수시로 소멸과 탄생을 반복하는 혁신의 시대에서는 다양한 분야에 전문성을 쌓아 갈 필요가 있다. 단 하나의 전문성으로 평생을 먹고 살겠다는 생각은 큰 오산이다. 새로운 전문 분야와 기술에 지속적인 관심을 두고 적극적으로 배워 나가는 자세가 필요하다.

셋째, 자신에게 알맞은 배움의 채널을 다양하게 만들어야 한다. 과거 오프라인 중심에서는 교사를 만나야만 학습이 가능했지만 인터넷과 모바일 환경이 잘 구축된 에듀테크 시대에는 인터넷이나 SNS, 온라인 강좌를 통하여 손쉽게 지식을 접할 수 있다. 국내뿐만 아니라 전 세계에 걸쳐 누구에게나 연결되어 글로벌한 최신 정보를 쉽게 얻을 수 있는 채널이 무수히 많다. 따라서 모바일 디바이스에 자신만의 맞춤형 학습공간을 만들고 성장에 필요한 유용한 양분을 얻을 수 있는 학습환경을 구축해야 한다. 자신의 스마트폰에 다양한 학습을 위한 앱과 SNS를 설치해 두고 자기계발을 위한 공간을 만들어서 언제든지 필요한 정보를 습득해서 학습할 수 있도록 해야 한다.

넷째, 융통성 없는 고정관념을 과감히 탈피해야 한다. 고정관념을 벗어나기 위해서는 우선 평소와는 다르게 생각하는 연습을 한다. 한 가지 사물을 바라볼 때 다양한 시각에서 바라보는 습관을 기른다. 이러한 사고력은 다양한 문제를 해결할 수 있는 문제해결 능력을 향상 시킬 수 있다. 또한 '우물 안 개구리'적 사고에서 벗어나 의도적으로 좀 더 크고 좀 더 넓게 생각하도록 노력한다. 또한 어떤 일이 쉽게 풀리지 않을 때는 보다 더 깊게 생각해 보면 갑자기 아이디어가 떠오르는 경우가 있다. 의도적으로 깊게 생각하다 보면 실마리를 풀 수 있는 경우가 있다. 창의력이 강조되는 에듀테크 시대에 꼭 필요한 것은 보다 크게 생각하고 깊게 생각해봄으로써 고정관념의 벽을 깨고 크게 성장할 수 있다.

다섯째, 평생학습을 생활화한다. 시대가 변하면서 학습과 직업의 연결고리가 변해 가고 있으며, '샐러던트('샐러리맨'과 '스튜던트'의 복합어)'라는 신조어가 생길 정도로 평생학습이 중요해지고 있다. 과거에는 대학 4년만으로 직장생활 30년을 버틸 수 있었지만 빠르게 변화하는 시대에는 거의 불가능하다. 산업환경의 급격한 변화, 즉 인공지능과 로봇이 인간을 대체하는 환경 속에서 사람들은 로봇으로 대체될 수 없는 새로운 영역의 직업을 만들어 나가야 하는데, 이를 위해서는 반드시 평생학습이 필요하다. 나이를 불문하고 누구든 평생학습을 실천하려는 마음가짐을 가져야 하고 새로운 지식을 배우려는 자세로 자신의 학습역량을 높여 가는 것이 에듀테크 시대에 경쟁력 있는 구성원으로 살아남는 길임을 염두에 두어야 한다.

여섯째, 과거에 학습했던 것을 과감히 폐기하는 습관을 생활화한다. 과거에 학습했던 내용을 머릿속에서 지우고 새로운 지식을 채우도록 노력한다. 무언가를 새롭게 배우고 경험하는 경우에 이전에 알고 있던 낡은 지식이 새로운 학습에 방해가 되는 경우가 있다. 따라서 진정한 성공을 위하여 과거 낡은 지식을 철저히 폐기하고 제로 베이스에서 재출발하는 습관이 필요하다.

일곱째, 자기주도학습에서 자기구조화학습으로 변화해야 한다. 자기주도학습과 자기구조화학습은 학습자가 스스로 학습을 해 나간다는 공통점이 있다. 하지만 자기주도학습은 학습 그 자체를 중심으로 진행한다면, 자기구조화학습은 학습자가 목표 자체를 중심으로 진행한다는 차이점이 있다. 자기구조화학습은 자기주도학습과는 달리 테크놀로지를 자유롭게 활용하고 동료와 함께 협력학습을 해 나간다는 것이 큰 특징이다. 자기구조화 학습의 특징을 자세히 살펴보면, 우선 하나 이상의 열린 질문을 통하여 자극하고 깊은 탐구에 몰입한다. 질문에 대해 탐구하는 과정 속에서 학습자 집단을 구성하기도 하고, 다양한 학습을 통해 스스로 배워 나가며 퍼실리테이터는 질문과 칭찬을 통해 학습자를 격려하고 학습을 촉진한다. 또한 자기구조화학습은 에듀테크와 결합해서 시너지효과를 만들어 낼 수 있다. 에듀테크의 다양한 학습방법을 통하여 학습자는 그 내용을 공부하고 SNS나 앱을 통해 협력학습이 이루어지기 때문이다. 결국, 이러한 자기구조화학습은 학습자가 스스로 교육과정을 만들어 내고 창의적사고와 논리적 사고 능력을 향상시킬 수 있는 새로운 교육패러다임이 될 수 있다.

〈표 14-4〉 자기주도학습과 자기구조화학습의 차이점

자기주도학습	자기구조화학습
학습지향	목표지향
퍼실리테이터 불필요	퍼실리테이터 필요성(칭찬과 질문, 격려)
자기학습	자기학습+테크놀로지+협력학습

토론문제

1. AI 시대에 인류가 살아남기 위해서는 어떤 대처가 필요한지 토론하시오.
2. 에듀테크 시대에 학습자에게 가장 필요한 역량은 무엇인지 토론하시오.
3. 기술의 발전으로 부각되는 양극화 시대를 대비하기 위해서는 어떠한 평생교육 정책이 마련되어야 하는지 토론하시오.

참고문헌

과학기술정보통신부(2020). 사람이 중심이 되는「인공지능윤리기준」마련.

과학기술정보통신부. 2020. 12. 22. 보도자료. https://www.msit.go.kr/bbs/view.do?sCode=user&mPid=112&mId=113&bbsSeqNo=94&nttSeqNo=3179742

교육부(2020). 인공지능시대 교육정책 방향과 핵심과제: 대한민국의 미래 교육이 나아가야 할 길. 정책보고서.

EBS(2021a). 미래교육 플러스: 새로운 교육이 온다! 1부: 교실 AI를 만나다. 2021. 3. 9. 방영. https://www.ebs.co.kr/tv/show?prodId=130728&lectId=20462798

EBS(2021b). 미래교육 플러스: 새로운 교육이 온다! 2부: 미래세대를 이끄는 인공지능교육. 2021. 3. 16. 방영. https://www.ebs.co.kr/tv/show?prodId=130728&lectId=20466586

김건우(2022). 챗봇 이루다를 통해 본 인공지능윤리의 근본문제. 횡단인문학, 10, 39-76.

김대식(2016). 뇌의 미래와 인공자아의 탄생. 2016 봄 카오스 강연 영상. https://www.youtube.com/watch?v=UWq0icuSTnw

김미향(2016). 대학생 70% "인공지능이 직업선택 영향 줄 것". 한겨레신문, 2016년 5월 31일자 기사. https://www.hani.co.kr/arti/society/society_general/746259.html#csidx385372fa1cd62289b66a3ebedae25c

김인택(2018). AI 시대의 의미와 준비. DAILY BIZON, 2018년 12월 11일자 기사. http://www.dailybizon.com/news/articleView.html?idxno=12182

김진형(2016). 인공지능시대의 도래와 사회적 화두. 교육부. 행복한 교육, 2016년 5월호, 50-51.

반가운, 김봄이, 남재욱, 김영빈, 오계택, 최혜란, 조은상(2021). AI 시대, 미래의 노동자는 어떠한 역량이 필요할까?. 한국직업능력연구원.

백승철, 조성혜, 김남희, 최미경, 노규성(2016). 다문화 구성원을 위한 에듀테크 적용방안에 관한 연구. 정보디지털복합연구, 트랜드 에듀(2016), 55-62. 이병훈교육연구소.

송상호, 이지현, 박태정(2016). 한국 대학교육 혁신에 있어 교육공학의 공헌 및 미래방향. 교육공학연구, 32(4), 677-705.

안유화(2022). 앞으로 디지털 가상자산을 이해한 사람만 살아남는 시대. 2022. 6. 27. 방영. https://www.youtube.com/watch?v=0BSNHo4YxQs

유네스코(2021). 인공지능과 교육: 정책입안자를 위한 지침. 유네스코.

유영민, 차원용(2014). 상상, 현실이 되다: 미래는 예측하는 것이 아니라 상상하는 것이다. 경기: 프롬북스.

유재동(2021). 인간과 AI 함께 더 많은 일자리 만들 것: 수퍼 고용시대 온다. 동아일보, 2021년 4월 1일자 기사.

유해영(2020). 디지털 뉴딜시대 공공데이터를 활용한 에듀테크에 관한 연구. 차세대융합기술학회논문지, 4(4), 367-373.

이성국(2021). 중국의 인공지능(AI) 정책 및 AI 교과서 분석. 직업능력개발원. THE HRD REVIEW, 24(1), 110-139.

이지은(2020). 에듀테크로 촉발되는 고등교육의 위기와 기회. 한국경영학회, 24(신년특별호), 151-171.

이호건(2019). 한국 에듀테크 산업의 육성을 위한 제도적 지원방안에 관한 연구. 경상논총, 12(1), 99-116.

이호건, 이지은(2017). 에듀테크 산업 육성 관련 제도정비 사전검토 연구. 정보통신산업진흥원.

장병탁(2021). 초거대 AI와 인간의 뇌. 대한민국 과학기술대전 강연 첫 번째 영상. 2021. 1. 5. https://www.youtube.com/watch?v=tZOowQ8zR6c

장길수(2021). 손정의 소프트뱅크 회장, "일본경제 부활의 열쇠는 스마트 로봇". 로봇신문, 2021년 9월 16일자 기사. https://www.irobotnews.com/news/articleView.html?idxno=26362

장재영, 이준배, 박동욱, 최중범, 한은영, 안명옥, 이경은, 박소연, 손가녕, 김초희, 박양신, 지민웅, 박진, 이소영(2022). 코로나19 이후 디지털 전환기 기업혁신 촉진을 위한 국가전략. 정보통신정책연구원. 경제 인문사회연구회 합동연구총서 22-24-01.

정미애, 김선우, 김승현, 성지은, 송위진, 이광호, 이윤준, 임채윤, 박정호, 정효정, 홍정임(2021). 디지털전환기 기업혁신활동 변화와 대응전략. 과학기술정책연구. 정책연구, 2021-7.

정보통신기획평가원(2020). '디지털 뉴딜' 신호탄, 데이터 역량과 5G 기술력이 핵심 동력. ICT Brief, 2020-28(2020. 7. 24.), 1-4.

JTBC(2022). "죽는 게 두렵다"는 구글 AI… "스스로 사람이라 생각" 개발자 폭로. 2022. 6. 19. 방영. JTBC 뉴스룸. https://www.youtube.com/watch?v=kekXCV3O-30

조병학(2020). 2040디바이디드. 서울: 인사이트.

중앙일보(2007). 미래학자 앨빈 토플러, 학생 100명과 2시간 대화. 중앙일보, 2007년 6월 4일자 기사.

최연구(2020). 4차산업혁명의 핵심기술. 교육부. 네이버포스트 칼럼. https://m.post.naver.com/viewer/postView.nhn?volumeNo=27518090&memberNo=15194331

최원석, 김지현, 김정곤, 이효진, 최지원, 김주혜, 백서인(2021). 중국의 디지털 전환 전략과 시사점: 5G 네트워크 구축과 데이터 경제 육성을 중심으로. 대외경제정책연구원, 연구보고서 21-12.

최운실(2022). AI-META 시대 '미래전략': 평생교육 '새판짜기'. 2022. 8. 4. 전자신문, 20면.

TVN(2021). 미국을 따라잡는 중국의 엄청난 'AI' 기술력. 미래수업 EP.20, 2021. 5. 17. 방송. https://www.youtube.com/watch?v=60a0ozaStwU

한국무역협회(2020). 에듀테크(Edutech) 시장 현황 및 시사점. TRADE FOCUS, 2020년 16호.

홍영란, 김태준, 이경애, 현영섭, 김영석(2017). 교육개혁 전망과 과제(Ⅱ): 평생교육 영역. 한국교육개발원, 연구보고 RR2017-02-02.

홍정민(2017). 4차 산업혁명 시대의 미래 교육: 에듀테크. 서울: 책밥.

홍정민(2019). 에듀테크 시대-어떻게 가르쳐야 하는가?. https://m.blog.naver.com/PostView.naver?isHttpsRedirect=true&blogId=redmin00&logNo=221486187148

文部科學省(2018). 科学技術改革タスクフォース報告: みんなで創る未来社会に向けた科学技術システム改革. 文部科學省 科学技術改革タスクフォース. 2018. 8. 3.

CBinsights (2017). *The EdTech market map: 90+ startups building the future of education,* available at: https://www.cbinsights.com/research/ed-tech-startup-market-map/ (2019. 10. 13.) [printed in Korean]

Choi, S. H., & Won, J. S. (2018). The effects of device on virtual reality based education: Focused on immersion, social consciousness, and learning motivation. *International Journal of Contents, 18*(1), 487-492.

Day, L. (2007). 서클: 모든 꿈은 반드시 이루어진다 (*The circle: How the power of a single wish can change your life*). (채인영 역). 서울: 허원미디어. (원저는 2001년에 출판).

Harari, Y. (2020). *How to survive the 21st century.* WEF. https://www.weforum.org/agenda/2020/01/yuval-hararis-warning-davos-speech-future-predications/

Kurzweil, R. (2007). 특이점이 온다 (*The singularity is near: when humans transcend biology*). (장시형, 김명남 공역). 서울: 김영사. (원저는 2005년 출판).

WEF (2016). *New vision for education: Fostering social and emotional learning through technology*. https://www.weforum.org/reports/new-vision-for-education-fostering-social-and-emotional-learning-through-technology>

TECHTARGET (2019). https://www.techtarget.com/whatis/definition/Asilomar-AI-Principles

제15장

우리나라 평생교육의 과제와 전망

"자유는 인간이 새롭게 태어나고 그래서 각자는 새로움의 시작이며,
어떤 의미에서 세상이 새롭게 시작한다는 사실과 동일한 것이기 때문이다."
—H. 아렌트—

학습목표

1. 한국 평생교육의 주요 과제에 대해 이해할 수 있다.
2. 미래사회와 한국평생교육의 전망에 대해 설명할 수 있다.

학습개요

우리나라의 평생교육의 발전을 위해서는 평생교육의 역사와 철학에 대한 분야별 지속적인 연구와 학습이 필요하다. 또한 모든 이를 위한 교육을 강조해 온 UNESCO의 평생교육 의제가 어떤 방향으로 변화해 나가는지에 대한 꾸준한 변화관리가 필요하며, 심각한 고령화 사회에 대한 대응과 소외계층 평생교육에도 관심을 가져야 한다. 평생교육 실천의 장으로 지역공동체 활성화를 위한 평생교육의 대응을 고민하며, 통일시대에 대비하는 평생교육의 실천전략도 마련해야 한다.

미래사회의 우리나라의 평생교육은 신자유주의의 문제점을 현명하게 극복하고 자본주의 4.0 공유경제시대에 새로운 비전을 만들어 나가며, 포스트 코로나 시대 연대와 소통의 필요성을 일깨우고 국제협력을 강화하며, 세계평생교육의 새로운 모델 제시에도 기여해야 할 것이다.

1. 우리나라 평생교육의 과제

1) 평생교육의 역사와 철학에 대한 지속적인 연구와 학습

성인 평생교육의 철학은 기본적으로 인간적 성숙을 위한 자유롭고 창의적이며 책임감 있는 사람들의 발달을 향한 성인교육의 활용을 지향한다(Bergevin, 2017). 우리나라의 평생교육은 경제의 눈부신 성장 속에서 양적 질적으로 크게 발전하였다. 그러나 상대적으로 평생교육의 역사와 철학에 대한 체계적인 연구와 성찰은 많이 부족하다. 평생교육학이 독자적인 학문영역으로 성장을 계속하기 위해서 한국평생교육사와 한국평생교육사상사에 대한 지속적인 연구와 교육이 필수적이다. 따라서 향후에는 성인교육학의 학문적 정체성과 자체의 다양성을 유지한다는 측면에서 기본적인 성인교육 이론과 철학, 패러다임에 대한 연구를 충실히 점검하고 발전시켜 나갈 필요가 있다(최은수, 김성길, 영숙, 박진홍, 2009).

이런 문제를 해결하기 위해서는 우선적으로 시대별 자료 축적이 필요하다. 특히 한국평생교육사, 평생교육사상사는 실학 시대, 개화기, 일제강점기, 해방 후 시기별 주요 평생교육 관련 저자, 신문 잡지 기사, 개인 · 기관의 기록 등에 대한 1차 자료 정리가 선행되어야 한다. 이를 통해 한국평생교육 연보를 정리하고 시대별 분류체계를 갖추고, 평생교육 사전 간행 등을 통해 평생교육 연구의 지평을 넓혀 나가는 것이 필요하다.

우리나라의 평생교육은 1998년 IMF외환위기 시기에 시대가 요구하는 지식을 습득하여 공부하는 사회를 만드는 인간 자원 개발의 관점에서 그중요성이 커지기 시작하였다. 이는 신자유주의적 성향이 강한 목적론적 접근에 집중하였다는 한계를 가지고 있다(이윤소, 김소영, 2016). 그러나 이는 평생교육의 수단적 측면이 강조되었다. 또한 평생교육에 있어서 중요한 '왜'에 대한 문제의식보다는 '어떻게'를 중시한 측면이 있다. 이런 왜곡된 시작의 근원에는 한국형 평생교육에 대한 가치 정립이 소홀한 데서 원인을 찾을 수 있다. 돌아보면 개화기 이후 산업화 · 민주화 · 정보화 사회를 거치면서 우리나라의 평생교육은 '왜'의 문제가 항상 기저에 자리 잡고 있었고, 앞으로도 '왜'의 물음이 지속돼야 제대로 된 문제해결의 방안을 찾을 수 있다. 이제 평생교육은 자유로운 인간상이 바탕을 두고 삶에 대한 존재론적 성찰이 필요하다. 이는 학습의 균형을 중시하고 공동체적 사유와 배려의 가치를 존중하며 왜 배우는가에 대한 비판적 성찰을 강화해 나갈 필요가 있다(이윤소, 김소영, 2016).

2) UNESCO 평생교육 의제에 대한 지속적인 변화관리

우리나라 평생교육의 올바른 미래 정립을 위해서는 제2차 세계대전 이후 평생교육에 대한 꾸준한 성찰과 문제의식을 제시해 온 UNESCO의 평생교육 의제에 대한 지속적인 성찰이 필요하다. UNESCO는 1949년 미국 엘시노어에서 제1차 세계성인교육회의(International Conference on Adult Education)를 개최하고, 이후 2009년 브라질 벨렘 제6차 세계성인교육회의를 개최하여 10년 주기로 평생교육의 당면 과제를 설정하고 방향 제시에 힘썼다. 이를 통해 성인문해교육 등 기본권적 학습 권리를 보장하고, 공동체 유지와 발전에 기여하며, 시대가 직면한 문제를 해결하고, 교육문제에 대한 국제적 협력과 연대 구축에 힘써왔다(이다현, 2017).

UNESCO는 7차에 걸친 세계성인교육회의를 통해 그 당시 세계가 겪고 있는 공통의 문제점에 대한 인식을 공유하고 그 해결방안의 하나로 평생교육의 역할을 꾸준하게 제시해 왔다. 이를 위해 UNESCO는 평생교육에 대한 개념을 정립한 1970년 「랑그랑(Lengrand)보고서」, 이를 확장하여 학습사회를 강조하고 학교밖 평생교육의 중요성을 강조한 1972년 「포르(Faure) 보고서」, 평생교육의 개념과 특성을 20가지로 정리한 1973년 「다베(Dave) 보고서」, 함께 살기 위한 학습(leaning to live together)을 강조한 1996년 「들로르(Delors) 보고서」를 통해 평생교육에 대한 인식의 지평을 넓혔다(윤여각, 2015). 시기별 평생교육에 대한 고민과 핵심의제를 담고 있는 이 보고서들은 평생교육의 사상적 발전과 정책 대안 마련에도 크게 기여해 왔다.

UNESCO는 우리가 직면하고 있는 도전과제에 대한 전체적이고 통합적 시각과 접근을 위해 평생교육의 중요성을 강조하고 있다. 또한 인간의 인간됨은 특정한 시점의 과제가 아닌 평생의 과제인 만큼 교육도 분절적이어서는 안 되며, 평생교육은 교육을 바라보는 시야를 넓히고 기존 교육을 재구조화하고 새로운 교육을 설계하는 틀을 제공해야 한다고 강조하였다(윤여각, 2015).

그러나 우리나라는 UNESCO의 평생교육 정신이 완전히 스며들기 전에 OECD 회원국에 가입함으로써 계속적인 직업능력의 신장을 강조하는 OECD의 평생교육 이념을 빠르게 받아들였다. 이로 인해 인간주의적 · 복지적 접근이 제대로 실현되기도 전에 지식기반 구축을 위한 전환이 불가피하게 되었다(곽삼근, 2007). 21세기 국제화 · 세계화 시대에 적응하기 위해서 미래 핵심역량을 키우고 직업능력을 배양하는 것도 중요한 과제다. 그러나 우리가 평생교육에 참여하는 근본적인 이유는 자유로운 개인 참여에 의한 누구도 억압받지 않는 사회, 평등한 사회를 만드는 것에 있다. 따라서 평생교육은 생활 세계의 삶과 관련한 문제이며, 평생교육의 제도화로 인한 사회적 불평등의 은폐, 탈정치화를 염두에 두고 국가와의 긴장관계를 늦추지 않는 힘을 가져야 한다(곽삼근, 2007). 이를 위해서는 '왜'라는 문제의식을 가지고 부단히 질문하는 자세를 견지해야 한다. 더 근본적으로 평생교육은 질문하는 능력을 키우는 것이다. 그리고 다양한 질문이 자유롭게 수용되는 관용의 사회를 만드는 것이다. 이런 질문은 기존의 흐름에 대한 부단한 대안을 고민하는 비판의식에서 가능하다.

3) 고령사회에 대한 대응과 소외계층 평생교육에 대한 관심

급속한 산업화 · 정보화를 이룩한 우리나라는 현재 고령화사회, 고령사회를 지나 초고령사회로의 진입을 눈앞에 두고 있다. 인구 고령화에 대한 대책으로 복지, 건강과 함께 평생교육이 핵심의제로 떠오르고 있다. 그러나 언젠가는 누구에게나 다가올 노인문제에 대한 평생교육적 접근은 단순한 프로그램 제공만으로 해결할 수 없다. 노인문제, 고령사회에 대한 근본적인 인식 전환 속에서 평생교육을 통해 제대로 된 해결책을 제시할 수 있다.

현재 우리나라는 급속히 이루어진 고령화로 인해 이에 대처할 충분한 사유의 시간이 부족했고 이에 따라 편협하고 기계적인 노인교육으로 노인에 대한 평생교육의 역할이 혼란스러운 상황이다. 이에 따라 고령화사회는 노인을 열등한 타자로 인식하는 편견을 극복하고 노인이 아닌 이들이 만든 정책에서 벗어나 노인과 노인이 될 모든 이에 대한 문제라는 인식을 가지고 노인이 주체인 평생교육 정책을 만들어 나가야 한다(최항석, 방재임, 2020).

노인교육에서 특히 장애인, 비문해학습자, 저학력 성인 등 교육소외계층에 대한 지원은 시급한 과제다. 2015년 말 현재 20세 이상 성인인구 중 의무교육에 해당하는 중학학력 미만 성인인구는 517만 명으로 20세 이상 전체 인구의 13.1%를 차지한다(국가평생교육진흥원, 2017). 이들 가운데 65세 이상 노인 인구가 상당수다. 일제강점기와 해방 이후 산업화 과정에서 국가와 민간이 나서 다양한 문해교육 프로그램 운영을 통해 비문해율이 상당히 줄었지만 여전히 고령에 이른 비문해학습자가 다수 있다. 교육 소외계층의 욕구 파악 기반 정책을 수립하고, 이들의 학습 참여 동기를 유발하고 참여의지를 지속시킬 수 있는 학습환경의 조성이 필요하다. 또한 평생교육 지원의 다양화 정책도 개발해야 한다. 당장의 성과를 위한 단기 취업 훈련교육 프로그램보다 개인의 자아정체성을 확립하고 관점의 전환을 가져오게 하여 주체적 인간으로 성장할 수 있는 방안 마련도 필요하다(권정숙, 2020).

노인교육에서 평생교육의 영역 중 기초문해교육과 검정고시와 같은 학력보완교육은 여전히 중요한 가치를 지닌다. 생애발달 주기 특성상 노인기 교육에서는 배움의 근본 이유를 탐색하고 스스로 주체적인 삶을 살 수 있는 시야를 넓혀 주려는 노력도 중요하다. 따라서 오랜 기간 소외계층 평생교육의 뿌리 역할을 해 온 성인문해교육도 문해교육의 개념적 지평을 확대하여 학습자의 능동적 삶이 구현되도록 그 내용이 풍부해져야 한다. 또한 개인의 문화향유권 실행이 가능한 문해교육의 인문학적 실천이 확대되어야 하고, 문화문해(cultural literacy)의 개념도 적극 도입될 필요가 있다(곽삼근, 박세영, 2016).

또한 고령화사회 노인복지정책에 있어서도 평생교육과의 유기적 연계도 중요하다. 노인의 삶의 질 개선을 위해서도 학습에 참여하여 배움의 소중함을 스스로 느낄 수 있도록 동기부여를 해 나갈 필요가 있다. 노령화 사회에서 배움의 의미를 깨닫고 실천할 수 있도록 다양한 정책적 지원도 요청된다.

4) 지역공동체 활성화를 위한 평생교육의 대응

우리나라는 해방 이후 오랜 기간 권위주의 정부를 거치면서 지방자치제가 제대로 정착하지 못하였다. 1991년 지방의회 의원 선거, 1995년 기초 · 광역 자치단체장 선거 실시 등으로 지방자치제가 본격 시행되었다. 지방자치는 지역의 문제를 해당 지역주민의 의사에 의해 결정하고 추진하는 것이다. 특히 세계화 · 국제화에 대한 대응으로 지방화의 상징인 지방자치는 지역의 고유한 정체성을 찾고, 살리고, 홍보하여 지역 경제를 일으키고, 지역 주민의 삶의 질 개선에 기여하였다. 지방자치시대의 지역정체성 찾기는 지역이 가진 장소 자산을 활용하여 장소정체성을 새롭게 인식하는 장소마케팅(place-marketing)으로 구체화되었다. 오늘날 많은 지역이 특산물, 경관, 인물 등 자기 지역이 가지는 장소 자산을 활용해서 다양한 축제를 개최하고 이를 널리 알리는 것도 이를 통해 지역애를 일깨우고 지역정주의식을 높여 나가기 위한 것이다. 미래에도 평생교육은 지역 장소마케팅의 주요한 수단이 될 수 있다. 1999년 경기도 광명시의 최초 평생학습도시 선언 이후 전국 각 지자체의 평생학습도시 지정과 국제교육도시연합(IAEC) · UN 지속가능발전교육도시 · UNESCO 학습도시 가입 노력, 평생학습 축제 유치 등은 평생교육을 통한 지역 장소마케팅의 좋은 예가 될 것이다.

따라서 향후 지역평생교육의 의미와 가치는 더욱더 커질 것이다. 지역에서의 자생적이고 자발적인 지역사회 교육의 활성화는 평생교육의 활성화 기반이다. 지역사회교육은 평생교육의 영역을 실질적으로 확대하고 풍성하게 한다. 향후 지역사회교육은 공동체 형성 지향과정이며 전체를 대상으로 하는 총체적이고 체계적인 접근으로 지역사회에서 진행되는 교육 · 문화 · 복지 환경 등 전방위적인 영역 간의 관계성을 확립해 나가야 한다(홍숙희, 2010).

기존 지역평생교육은 교육복지를 위한 지역 공공평생교육기관의 기반이 미흡하고, 국가 목표지향적 지역평생교육기관이 중심이 되어 왔다. 아울러 영리적 평생교육기관의 지역 확산이 증가하고 있으며, 자생적 지역공동체 평생교육조직에 대한 관심이 부족한 상황이다. 향후 지역평생교육은 공동체 추구에 관심을 가져 지역을 기반으로, 지역주민들이, 지역을 위해 앞장서고 지역 안에서 성장하는 지역공동체 평생교육의 정립이 시급하게 요청된다(오혁진, 2014). 최근 지역을 단위로 이루어지는 평생학습마을 조성사업, 복지 · 교육 · 의료가 연계된 지역사회 통합돌봄체계 구축, 마을의 역사와 문화를 배우고 알리는 마을학교, 지역단위의 작은도서관 운동 등은 지역사회 평생교육이 향후에도 우리나라 평생교육 활성화에 중요한 과제임을 일깨운다.

지역공동체 활성화의 핵심 요인은 생활지역을 공유하는 커뮤니티를 기반으로 하는 맥락성, 지역문제 해결을 위한 방안으로 평생학습을 활용하는 지식과 집단 활동을 통한 지역주체로서의 자각과 역량 증진, 지역공동체의 발전을 추구하는 유용성과 공동성이다(장지은, 2018). 이런 능력 배양에 꼭 필요한 것이 지역평생학습체제 구축이다. 이는 유형의 조직일 수도 있고, 지역사회에 암묵적으로 형성된 무형의 학습문화일 수도 있다. 지역사회는 이런 평생교육 역량을 통해 혁신성을 학습하고, 공동체 관련 지식과 과학과 여타 지식의 융합능력을 계발하고, 지역자산 창조를 위한 실천적 능력 계발이 학습과제가 될 수 있도록 힘써야 한다(장지은, 2018).

미래 지역사회 발전을 위한 평생교육은 시민성 획득을 목표로 하는 시민교육에 특히 많은 노력을 기울여야 한다. 지방자치를 바탕으로 해서 국가를 형성하면서 근대 시민사회의 가치를 몸에 익혀 나간 서구와 달리 우리나라는 오랜 중앙집권의 경험을 거쳐

1990년대에 들어서야 지방의 중요성을 재인식하게 된 만큼 누구나 자유롭게 자기를 표현하는 민주의 가치와, 공동선을 위해 화합하는 공화의 가치가 조화롭게 이루어지는 시민교육이 필요하다. 따라서 향후 시민교육은 평생교육의 범주 안에서 이루어져야 하고, 학교를 포함한 전 생애적 교육으로 구성해야 한다. 시민의 배움은 서로의 자유와 권리, 의무와 역할을 스스로 깨닫고 익히며 실천하는 행위의 집약체로 시민으로서의 실존과 의미를 찾는 안드라고지로서의 시민교육, 시민배움이 필요하다(최항석, 김성길, 2020).

5) 남북통일시대 준비와 평생교육의 사회통합 기능 강화

1945년 일제의 억압에서 벗어난 남북은 이념적 대립 속에서 갈등을 극복하지 못하고 한반도에는 불행하게도 2개의 정부가 들어섰다. 1950년에는 북한의 남침으로 한국전쟁을 겪었고, 이후 분단체제를 겪으면서 남북의 이질화는 심화되었다. 한반도 통일은 하나의 민족이 원래의 모습으로 복원된다는 소중한 민족사적 성취와 함께 정치적으로는 동아시아의 평화와 안정에 기여하며 경제적으로도 1억 명 이상의 안정된 내수 시장을 만들고, 남한의 기술과 북한의 인력 · 자원이 시너지 효과를 내 경제대국 대한민국으로 부상할 수 있는 절호의 기회를 만들 것이다. 이에 따라 미래 평생교육도 남북통일에 대한 사전 준비가 필요하다.

통일시대의 평생교육은 남북 분단으로 인해 남북 지역 주민들의 교육이 상이한 방식으로 전개되어 온 것을 극복하는 계기를 만들고, 사회구성원으로 하여금 통일 사회에서 필요로 하는 새로운 지식, 기술, 가치관, 태도 등을 갖추어서 성공적인 발전이 가능하도록 해야 한다. 또한 인도주의나 복지, 평화의 가치에 대한 공감대를 확산해 나가야 한다. 동시에 남북한 지역주민 모두의 정체성을 확립하고 잠재력을 계발하며 각자의 자아실현을 돕고 삶의 질을 높일 수 있어야 한다(이인정, 2016).

분단국가에서 통일국가로 거듭난 독일은 우리와는 여러 가지 측면에서 차이가 있다. 세계를 전체주의의 광기로 몰아넣은 독일은 제2차 세계대전 당시 90% 가까운 독일인이 히틀러의 전체주의를 지지했고 600만 명 이상의 유태인 학살에 암묵적으로 동의하였다(Arendt, 2017a). 제2차 세계대전 종전 후 독일은 그 책임으로 동독과 서독으로 분단을 맞이하였다. 그러나 남북한은 강대국의 대립 속에 분단을 거쳐 동족상잔의 전쟁을 경험했고 그 상처는 여전히 크다.

경험의 질과 양은 다르지만 동서독의 통일과정과 평생교육 실천 경험은 남북한 통일에 많은 시사점을 준다. 통일 이후 동독의 평생교육 기관이 문을 닫고 서독의 기관이 대신하면서 많은 문제점이 노출되었다. 남북통일 과정에서 민주주의와 시장경제로의 전환에 대한 평생교육의 적극적 대응이 요청된다(강구섭, 2009). 통일한국의 경제구조는 사회주의국가였던 중국의 경제발전 사례에서 보듯 전 세계 보편적 경제구조인 시장경제를 근간으로 할 가능성이 크다. 따라서 북한이 시장경제로 연착륙할 수 있게 만들기 위한 통일 평생교육 정책이 필요하다. 이를 위해 북한 주민에게 새로운 체제에 대한 지식과 정보를 전달할 수 있는 체계적 교육프로그램 연구와 개발, 산업체제의 개편에서 직업 평생교육의 토대 구축, 북한의 성인교육 체제를 비롯한 사회체제에 대한 연구, 북한의 기존 평생교육 체제를 창조적으로 개선 활용하는 방안에 대한 고민이 필요하다(강구섭, 2009).

2. 우리나라 평생교육의 전망

1) 자본주의 4.0 시대의 모색과 평생교육의 역할 증대

근대 자본주의는 '보이지 않는 손'에 의한 자유방임주의가 강조되었다. 그러나 이는 자본가에 의한 독점자본주의의 심화와 환경 파괴, 노동자의 삶의 질 저하와 같은 심각한 문제를 불러일으켰고, 마침내 1920년대 말 세계공황을 가져왔다. 이에 대한 대안으로 나온 수정자본주의는 노동계급에 대한 사회복지 지원을 강화하고 정부의 공공투자, 일자리 창출 등을 강조하며 자본주의 위기 극복에 힘썼다.

그러나 1970년대 이후 미국과 유럽에서는 베트남 참전, 오일 쇼크 등의 혼란 속에 시장의 자유를 중시하고 경제부문에 대한 규제를 완화하고 민영화를 강조하는 신자유주의가 확산되었다. 이는 평생교육 정책에도 영향을 미쳐 국가의 공적 의무가 후퇴하고 국가투자가 감소되었다. 또한 유럽연합도 국가역량체계(National Qualification Framework: NQF)와 같은 교육의 표준화와 학습결과 인정체제가 강조되었으며, 소외계층에 대한 기회 제공이 축소되었다(양홍권, 2012).

이 신자유주의는 평생교육 정책에도 커다란 변화를 야기하였다. 종래 UNESCO가 추구해 온 소외계층에 대한 지원, 학습권 보장과 같은 모든 이를 위한 교육의 가치와 대립적 측면이 있다. 우리나라의 경우는 신자유주의 이후 IMF 시기에 평생교육이 활성화되어 1999년 「평생교육법」 제정 이후 국민직업능력 개발, 국가경쟁력 강화가 평생교육의 핵심 의제로 설정되어 직업능력 개발, 인문교양과 학점인정 과정 등에 집중해 상대적으로 시민참여교육 · 학력보완 · 문해교육에 대한 관심이 낮았다. 향후 소외계층 지원, 지역사회 문제 개선을 위한 공동체 운동 지원 등이 필요하다(양흥권, 2012).

모든 이를 위한 전 생애에 걸친 지속가능한 교육이라는 평생교육의 가치는 여전히 소중하다. 자본주의체제의 위기 극복과 그 대안으로 효율성을 중시하는 신자유주의 가치가 사회문제 해결에 일정한 기여를 해 온 점도 부인할 수는 없다. 그러나 평생교육이 인적자원 개발 중심에서 벗어나 개인의 진정한 성장을 돕는 교육으로 균형점을 찾아나가야 한다. 오늘날 평생교육 분야에서 이루어지는 학습은 내적인 변화와 성장을 유도함으로써 삶을 풍요롭게 할 수 있도록 돕기보다 경쟁과 생존을 위한 도구로 활용되고 있으며 국가의 인적자원 개발이라는 사회적 목표 실현을 위한 수단에 치우친다는 비판이 있다(이병승, 최현주, 2014).

이 신자유주의에 대한 대안으로 떠오르며 우리 사회에서도 점차 확산되고 있는 것이 사회적 경제, 협동조합, 공유경제다. 사회적 경제에 이론적 기초를 제공한 폴라니(Polanyi)는 『거대한 전환』이라는 저작을 통해서 신자유주의의 시장만능을 비판하고 "한 세기에 걸친 맹목적인 발전의 시대를 거치고 이제 인류는 삶의 터전을 회복하는 일에 몰두하고 있다. 산업 문명이 인류를 절멸시키지 않으려면 그것은 인간 본성의 요구에 종속하는 것이어야 한다."면서 협동경제, 공유경제의 필요성을 제시하였다(Polanyi, 2011). 향후에 우리나라의 평생교육도 자본주의 4.0 시대에 맞춰 사회적 경제, 협동조합, 공유경제의 관점에서 다양한 학습조직, 평생교육 시설과 프로그램이 확산될 것이다.

2) 포스트 코로나 시대 상호협력 증대와 평생교육의 중요성 인식

2020년 전 세계를 위기에 몰아넣은 코로나19는 이후 세계의 정치 · 경제 · 사회 · 문화 환경에 일대 변화를 일으킬 것이다. 우리나라의 경우 개인 위생관리와 시민교육에 바탕을 둔 코로나 방역지침 준수는 감염률과 사망률을 크게 감소시켰다. 의학사학자 지거리스트(Sigerist)는 『문명과 질병(Civilization and Disease)』(2018)에서 "우리는 본질적인 것을 지키고 보호하기 위해 작은 자유를 희생하는 태도를 배워야 한다. 공중보건에서 교육은 확실히 가장 중요한데, 그것은 우리에게 어떻게 살 것인가뿐만 아니라 대중의 건강을 지킬 법률을 어떻게 통과시키고 준수해야 하는지 가르쳐 주기 때문이다."라며

공중 보건에서 교육의 중요성을 강조하였다.

평생교육은 포스트 코로나 시대 우리 사회에서 그 역할과 가치가 더욱 크게 부각될 것이다. 코로나19 위기 속에서도 우리의 평생교육은 시민의 평생학습권 보장을 위해 노력해 왔다. 특히 안전과 학습의 지속성 확보를 위해 온라인 환경 정비가 이루어져 줌(Zoom) 수업이 보편화되었다. 또한 사회 변화와 위기에 대응하는 다양한 콘텐츠 개발도 이루어지고 있다(장지은, 2021). 평생교육은 개인의 자기주도 형식, 비형식, 무형식 학습이나 집단으로 실시되는 대면 · 비대면 교육 모두에 적합한 형식이다. 특히 코로나 19 이후에는 비대면 활동에 대한 평생교육 지원 체계 구축이 필요하다. 포스트 코로나 시대에는 비대면 사회에 대응하기 위해서는 온라인 교육, 원격학습 등의 새로운 평생교육 시스템 구축을 위한 관련법의 제정과 함께 인프라 구축을 위한 지원, 가족중심의 평생교육 활성화를 위한 맞춤형 평생교육 프로그램 개발, 평생교육을 기본권으로 인식하고 적극 지원하는 자세, 평생교육 자치역량 강화, 공공영역 평생학습 기반 구축과 학습역량 강화 지원이 필요하다(금홍섭, 2021).

코로나19를 겪으면서 전 세계는 협력과 소통의 가치도 주목하게 되었다. 낡은 인종주의를 넘어서 다문화사회 속에서 평생교육의 개방적 역할도 중요하다. 우리나라는 근대 개화기 이후 100년간 일제의 식민정책에 맞서 '한민족'이는 개념이 사회적 구심력을 형성해 왔고, 이는 독립과 산업화와 민주화에 일정한 영향을 주었다. 그러나 정보화 · 개방화 사회에서 민족주의는 폐쇄적 민족주의가 아니라 열린 민족주의, 민족과 세계가 공존하는 개방적 민족주의로 나가야 한다. 아울러 지리적으로도 남한 민족주의를 넘어서 한반도 민족주의, 전 세계 재외동포를 묶는 한인 민족주의로 인식의 확장을 가질 필요가 있다(이선민, 2009).

3) 평생교육의 새로운 실천 모델과 학문 간 융합

우리나라 평생교육은 경제규모의 증가와 산업구조의 고도화에 따라 21기에도 더욱 발전할 것이다. 아직은 평생교육 예산이 다른 OECD 국가에 못 미치지만 경제 규모의 증대에 따라 점차 예산도 증가할 것이다. 평생교육 관련 시설과 기반도 더 촘촘하게 구축될 것이다. 이제까지 우리나라는 정치 · 경제 · 사회 · 문화 · 교육 등 전 영역에 걸쳐 선진화를 목표로 쉼 없이 노력해 왔다. 그 결과 경제적으로는 선진국에 진입했고, GDP 규모도 세계 10권에 진입하였다. 이는 교육열에 바탕을 둔 근면과 성실의 결과이기도

하지만 후발 주자로서 선진국을 따라가면 되는 모방의 결과이기도 하다. 이제 우리나라의 평생교육은 모방을 벗어난 창조여야 한다. 최고가 아니라 최초라는 말이 있다. 최고도 중요하지만 '최초'를 만들어야 할 것이다. 「평생교육법」, 평생학습도시, 배달 강좌, 평생학습대학, 평생학습마을, 평생학습축제, 평생학습 계좌제, 시민자치대학 등 최근 수십 년간 우리나라 평생학습 정책의 근간은 대개 선진국의 사례를 국내에 이식해서 일정한 성과를 거둔 것이다. 그리고 이런 노력들은 일정한 성과를 거둬 대한민국 평생학습 발전에 크게 기여하였다.

그러나 이제는 우리나라가 '최초'인 제도, 정책, 경험을 만들어 전 세계에 공유하고 공동 성장을 이뤄야 한다. 이를 위해서는 평생교육에서 창의성을 존중하고 계발시키려는 노력이 더욱 확산되어야 한다. 벤치마킹도 좋지만 취사선택하고 현실에 맞게 적용하고 새로운 것을 창조하는 것이 필요하다. 그러나 창조는 아무것도 없는 것에서 전혀 새로운 것을 만드는 일이 아니다. 유럽 산업혁명을 이끈 증기기관은 와트(Watt)가 물끓는 주전자에서 착상을 해서 만든 것이 아니라, 광산에서 석탄 운반을 쉽게 하는 엔진 개발에 힘써 온 여러 사람의 축적된 아이디어에서 힌트를 얻어 획기적 발명을 한 것이다(Diamond, 2019). 양에서 질로 전환한다는 말이 있다. 일정한 역량이 쌓이면 창조적 결과물이 만들어진다. 우리나라의 평생교육도 향후에는 창의적 아이디어 개발로 우수한 정책 경험을 세계 여러 나라와 공유하는 창의적 사례가 만들어질 것이다.

21세기 포스트모던 사회에서 평생교육의 융합의 가치는 더욱 빛을 발하게 될 것이다. 평생교육은 여러 영역 학문 간의 융합을 통해서 발전해 왔다. 철학과 역사와 같은 인문학과 전통 교육학은 물론 정책학, 정치학, 경제학, 경영학, 심리학 그리고 뇌과학, 자연과학에 이르기까지 여러 분야의 융합에 기초해 형성되었다. 향후에도 평생교육은 학문적 독자성을 가지되 다른 학문과의 공동연구에 더 많은 관심을 가지게 될 것이다.

미래에는 교육과 학습과 배움의 경계도 점차 사라질 것이다. 평생교육과 평생학습의 경계도 흐릿해질 것이다. 가르치면서 배우고 배우면서 가르친다는 교학상장(教學相長)의 가치가 더욱 중요해질 것이다. 정치철학자 아렌트(Arendt)는 인간의 삶이 사적 영역에서 생계유지에 집중하는 노동과 자연과 관계하며 새로움을 만들어 내는 창조의 단계를 지나 소통을 위한 공유를 중시하는 행위라는 공적 영역으로 발전해 나가야 함을 강조하였다(Arendt, 2017b). 오늘날 급속한 산업화 사회에서 노동 · 작업 · 행위라는 경계가 점점 약화되는 만큼 평생교육을 통해 적극적인 사회변화와 개혁의 주체로 책임 있는 시민 만들기를 위해 노동 · 작업 · 행위가 통합된 학습모듈(learning module)이 필요하다(박응희 외, 2019). 이미 자연과학과 인문사회과학 간의 지식의 대통합이 '통섭(consilience)'이라는 개념으로 제시되어 인문사회과학의 눈으로 자연과학을 바라보거나, 자연과학의 눈으로 인문사회과학에 대한 인식의 지평을 넓히려는 노력이 이루어지고 있다(Wilson, 1998).

이러한 경계를 넘어서는 평생교육에서 중요한 것은 개인이든 조직이든 학습조직 구축이 매우 중요하다. 살아가면서 직면하는 개인적 문제나 조직, 지역사회 혹은 국가적 의제, 더 나가 최근 기후변화의 위기 속에 대안으로 고민하는 여러 문제가 평생교육의 담론으로 발전하려면 학습조직에 관심을 가져야 한다. 조직 발전을 위해 제대로 된 학습조직 구축을 위해서는 개인적 비전을 명확히 하고 인내심을 기르는 개인적 숙련, 조직 구성원이 세상을 이해하고 행동하는 방식에 영향을 미치는 정신모델, 조직 전체가 함께하는 공유 비전의 구축, 이를 실천하기 위한 팀학습이 중요하다(Senge, 2015). 학습조직은 개인과 조직을 막론하고 융합이 심화되고 경계가 사라지는 미래 평생학습 사회에 그중요성이 더 커질 것이다.

중국 유학의 창시자 공자(孔子)의 활동과 사상을 기록한 『논어(論語)』의 「학이(學而)」편 첫 문장은 "배우고 때로 익히면 기쁘지 아니한가? 벗이 있어 먼 곳에서 찾아오니 즐겁지 아니한가? 남이 나를 알아주지 않아도 화내지 않으면 군자가 아닌가?"다. 이는 학습과 연관된 평생교육의 의미와 발전과정의 핵심을 정확히 지적한 것으로 이해할 수 있다. 여기서는 먼저 학습의 즐거움을 제시하고 있다. 평생교육은 자발성에서 시작한 즐거움이어야 한다. 벗과의 사귐은 독학으로 인한 폐해 혹은 좁은 시야를 벗어나 소통과 교류와 학습조직 구축이 지니는 가치를 역설한 것이다. 마지막으로, 교육과 학습의 본질은 자기 수양에 있다. 교육 · 학습 · 배움은 인간에게 주어진 한시적 삶이 가지는 소중한 의미를 깨닫는 지속적인 과정이어야 한다는 것이다.

21세기를 살아가는 사람 누구나 평생교육은 여전히 중요한 삶의 가치가 될 것이다. 근대 계몽사상을 통해 성찰하고 획득한 인간 각자가 지니는 고귀한 자유와 평등의 권리도 여전히 소중한 가치로 빛나야 할 것이다. 미래 우리 사회에서도 이런 각 개인의 소중한 자유와 평등의 권리가 확대되고 지지받기 위해 평생교육은 여전히 중요한 의무이자 권리가 될 것이다.

토론문제

1. 평생교육이 고령화 사회 문제해결과 사회양극화 해소에 구체적으로 어떤 역할을 할 수 있을지 토의하시오.
2. 평생교육이 남북 통일을 위한 기반조성에 어떤 기여를 할 수 있을지 토의하시오.

참고문헌

강구섭(2009). 독일 통일 후 구동독지역에서 실시된 평생교육의 역할에 대한 고찰: 우리나라에 주는 시사점. 평생교육학연구, 15(2), 29-51.

국가평생교육진흥원(2017). 문해교육 잠재수요자(저학력 성인) 현황.

권정숙(2020). 평생교육진흥종합계획을 통해 본 소외계층 평생교육의 방향성 탐색. 교육종합연구, 18(3), 127-145.

곽삼근(2007). 한국평생교육의 사회철학적 과제. 아산재단연구총서 183. 서울: 집문당.

곽삼근, 박세영(2016). 한국성인문해교육의 전개과정과 리터러시 확장의 과제. 평생교육학연구, 22(2), 85-108.

금홍섭(2020). 코로나 19 이후 평생교육 과제와 전망. 월간공공정책, 178, 19-21.

박응희, 신서영, 박창언(2019). Hanna Arendt의 인간의 조건과 현대성인교육: 성인교육철학로서의 가능성 모색. 교육문화연구, 25(4), 101-119.

양홍권(2012). 신자유주의적 세계화와 평생교육의 과제. 평생교육학연구, 18(18), 103-130.

오혁진(2014). 지역공동체와 평생교육. 서울: 집문당.

윤여각(2015). 평생교육 개념의 재검토: 유네스코 랑그랑 · 포르 · 다베 · 들로 보고서를 중심으로. 평생교육학연구, 18(18), 103-130.

이다현(2017). 유네스코 세계성인교육회의의 성인교육 이념지향 연구. 교육연구, 31 (2), 61-88.

이선민(2009). 민족주의, 이제는 버려야 하나. 서울: 삼성경제연구소.

이병승, 최현주(2014). 존 듀이의 철학에 비추어 본 평생교육의 과제와 전망. 교육철학, 53, 79-105.

이윤소, 김소영(2016). 평생학습의 의미와 과제: 목적론과 존재론적 접근을 중심으로. 교육문제연구, 22(1), 1-16.

이인정(2016). 통일과 평생교육. 한반도선진화재단. 선진화정책시리즈, 195-242.

장지은(2018). 지역자산의 관점에서의 지역공동체 학습 과제: 지역사회적경제공동체를 중심으로.

평생교육학연구, 24(3), 67-98.

장지은(2021). 코로나19 속 동아시아 평생교육 동향: 한일 비교를 중심으로. 한국일본교육학회 제 135차 춘계학술대회 발표문, pp. 25-38.

최항석, 김성길(2020). 미래 공동체를 위한 안드라고지로서 시민교육 재고. **미래교육연구**, 10(3), 21-39.

최은수, 김성길, 영숙, 박진홍(2009). 한국성인교육학의 연구동향과 과제: Andragogy Today를 중심으로. 한국성인교육학회. **Andragogy Today: Interdisciplinary Journal of Adult & Continuing Education**, 12(4), 167-183.

최항석, 방재임(2020). 미래 고령화 사회의 평생교육을 위한 사회철학적 분석에 관한 연구. **미래교육연구**, 1(1), 35-56.

홍숙희(2010). 평생교육기반으로서의 지역사회교육 논의의 역사적 변천과정 탐색. **Journal of Lifelong Education**, 16(1), 25-62.

Arendt, H. (2017a). **전체주의의 기원** (*Origins of totalitarianism)*. (이진우, 박미애 공역). 서울: 한길사. (원저는 1976년에 출판).

Arendt, H. (2017b). **인간의 조건** (*Human condition*). (이진우 역). 경기: 한길사. (원저는 1958년에 출판).

Bergevin, P. (2017). **성인교육의 철학(수정판)** (*A philosophy for adult education*). (강선보, 김희선, 최승현 공역). 서울: 원미사. (원저는 1967년에 출판).

Diamond, J. (2019). **총, 균, 쇠** (*Guns, germs, and steel*). (김진준 역). 서울: 문학사상. (원저는 1998년에 출판).

Sigerist, H. (2018). **문명과 질병** (*Civilization and disease*). (황상익 역). 경기: 한길사. (원저는 1943년에 출판).

TECHTARGET (2019). https://www.techtarget.com/whatis/definition/Asilomar-AI-Principles

Polanyi, K. (2011). **거대한 전환: 우리 시대의 정치 · 경제적 기원** (*Great transformation*). (홍기빈 역). 서울: 길. (원저는 1944년에 출판).

Senge, P. M. (2015). **학습하는 조직** (*Fifth discipline: The art and practice of the learning organization*). (강혜정 역). 서울: 에이지21. (원저는 2006년에 출판).

Wilson, E. W. J. (2012). **지식의 대통합 통섭** (*Consilience: The unity of knowledge*). (최재천, 장대익 공역). 서울: 사이언스 북스. (원저 1998년 출판).

찾아보기

인명

저자 소개

강찬석(Kang ChanSeok)

숭실대학교 대학원 평생교육학과 평생교육학 박사
전 숭실대학교 평생교육학과 겸임교수
현 숭실대학교 한국평생교육 · HRD연구소 연구교수

주요 저 · 역서: 세상을 움직이는 리더의 비밀: 온정과 합리의 CR리더십(공저, 미래와 경영, 2018), 대학생의 심리와 커리어 개발(공저, 학지사, 2018), 현대학습이론: 이론과 실천(공역, 아카데미프레스, 2016)
주요 논문: 유가(儒家)적 관점에서 본 온정적 합리주의(CR) 리더십 패러다임의 특성에 대한 고찰(공동, Andragogy Today, 2019), 성인학습인의 영성체험을 통한 영성리더십 개발 과정 탐색(박사학위논문, 2014)

강혜정(Kang HaeJeong)

숭실대학교 대학원 평생교육학과 교육학 박사
전 숭실대학교 평생교육학과 겸임교수
경기과학기술대학교 겸임교수
현 영원중학교 교장
한국외국어대학교 교육대학원 겸임교수

주요 저서: 뉴노멀, 초연결, 플랫폼시대의 평생교육경영론(공저, 동문사, 2021)
주요 논문: 특성화고 학교장의 삶과 리더십에 관한 연구(교육문화연구, 2020), 중등학교장의 온정적 합리주의 리더십 개발과 실천에 관한 내러티브 탐구(박사학위논문, 2019)

김미자(Kim MiJa)

숭실대학교 대학원 평생교육학과 교육학 박사
평택대학교 대학원 사회복지학 박사
전 숭실대학교 대학원 초빙교수
호서대학교 기초교양학부 외래교수
평택대학교 사회복지대학원 외래교수
을지대학교 중독재활복지학과 외래교수
현 (사)CR리더십연구원 이사
구로구 시설관리공단 인사위원회 위원
양천구 생활보장위원회 위원

주요 저서: 평생교육론(공저, 학지사, 2019), 결혼과 가족(공동체, 2018), 평생교육경영론(공동체, 2018), 교육복지 프로그램 개발의 이론과 실제(공저, 공동체, 2016), 평생교육 프로그램 개발론(공저, 공동체, 2016), 노인복지론(공저, 양서원, 2015), 사회복지개론(공저, 정민사, 2015), 사회복지 프로그램 개발과 평가(공저, 양서원, 2014)
주요 논문: 전이학습 관점에서의 여성 결혼이민자의 직업교육과 취업 경험에 대한 사례연구(박사학위논문, 2014), 북한이탈여성의 주관적 삶의 질에 영향을 미치는 요인(박사학위논문, 2008)

연지연(Yeon, JiYeon)

숭실대학교 대학원 평생교육학과 교육학 박사
현 한성대학교 미래플러스대학 교육연구교수
숭실대학교 평생교육학과 겸임교수

주요 저서: 사회 초년생을 위한 리더십 입문(공저, 간디서원, 2020), 한국근대성인교육자의 온정적 합리주의 리더십(공저, 선인, 2020), 평생교육론(2판, 공저, 학지사, 2019), 대학생의 심리와 커리어 개발(공저, 학지사, 2018)
주요 논문: 대학의 성인학습자 대상 의사소통교육 요구분석(공동, 리터러시연구, 2021), 대학의 평생교육체제 지원사업 참여대학의 학사제도 유연화 사례 연구(Andragogy Today, 2020), 한국 대학평생교육정책의 변동과정 분석(Andragogy Today, 2019)

이강봉(Rhee KangBong)

숭실대학교 대학원 평생교육학과 평생교육학 박사
전 금호아시아나그룹 인재개발원 원장
　숭실대학교 교육대학원 겸임교수
현 (사)CR리더십연구원 상임고문

주요 논문: HRD 담당자의 역할과 핵심역량에 관한 인식 연구(박사학위논문, 2009)

이병호(Lee ByongHo)

숭실대학교 대학원 평생교육학과 평생교육학 박사
전 세종대학교 교육대학원 겸임교수
　숭실대학교 교육대학원 겸임교수
　교육부 외국교육기관설립심의위원장
　교육부 장학관 · 영어편수관, 서울시교육청 교육정책국장, 서울교육연수원장
　미국 LA총영사관 LA한국교육원 원장
현 (사)CR리더십연구원 원장
　숭실대학교 한국평생교육 · HRD연구소 연구교수

주요 저서: 고등학교 교육과정 해설: 11. 외국어(영어)(교육부 편, 2000)
주요 논문: 지역사회 발전을 위한 평생교육정책과정 추이(推移) 분석(박사학위논문, 2010),
　한국의 평생교육 정책과정 추이(推移) 분석에 관한 연구(공동, 한국평생교육 · HRD연구, 2009)

조현구(Jo HyunKu)

숭실대학교 대학원 평생교육학과 교육학 박사
전 중원대학교, 경복대학교 겸임교수
숭실대학교, 가톨릭대학교, 대진대학교 교육대학원, 여주대학교, 백석문화대학교 외래교수
현 (주)비앤에스콘텐츠센터 평생교육원 원장
안전평생교육실천협회 회장
대진대학교 외래교수

주요 저서: 평생교육방법론(공저, 동문사, 2019), 평생교육경영론(공저, 동문사, 2018)
주요 논문: 평생교육기관 경영자의 서번트 리더십, 상사신뢰, 구성원의 직무태도, 조직성과 간의 구조적 관계(박사학위논문, 2015), 평생교육기관 경영자의 서번트 리더십이 구성원의 직무태도에 미치는 영향(공동, 한국평생교육 · HRD연구, 2015), 평생교육기관 경영자의 서번트 리더십, 상사신뢰, 구성원의 직무태도, 조직성과 간의 구조적 관계(기업교육과인재연구, 2015)

황우갑(Hwang WooGap)

숭실대학교 대학원 평생교육학과 교육학 박사
전 (사)한국문해교육협회 이사
현 (사)민세안재홍선생기념사업회 사무국장

주요 저서: 성인 교육자 민세 안재홍(선인, 2019), 안재홍의 항일과 건국사상(공저, 백산서당, 2010), 성찰적 지역사회와 시민운동(봉명, 2001)
주요 논문: 민세 안재홍의 성인교육활동과 온정적 합리주의 리더십 연구(박사학위논문, 2019), 민세 안재홍의 성인교육활동과 사상 탐색(공동, Andragogy Today, 2018)

평생교육론

Lifelong Education

2023년 3월 1일 1판 1쇄 인쇄
2023년 3월 5일 1판 1쇄 발행

지은이 • 강찬석 · 강혜정 · 김미자 · 연지연 · 이강봉 · 이병호 · 조현구 · 황우갑
펴낸이 • 김진환
펴낸곳 • (주) 학지사
04031 서울특별시 마포구 양화로 15길 20 마인드월드빌딩
대표전화 • 02)330-5114 팩스 • 02)324-2345
등록번호 • 제313-2006-000265호

홈페이지 • http://www.hakjisa.co.kr
페이스북 • https://www.facebook.com/hakjisabook

ISBN 978-89-997-2888-4 93370

정가 22,000원

저자와의 협약으로 인지는 생략합니다.
파본은 구입처에서 교환해 드립니다.